傳統 中國法의 精神

－ 情·理·法의 中庸調和 －

조국 光復과 민족 解放 60주년의
벅찬 歡喜와 榮光을 기리면서,

日帝말 大東亞전쟁에 끌려가
南洋群島를 헤매다 生還하여
6.25 민족상잔의 역사비극에
투쟁의 조정 배역을 맡고
긴 군사독재에 신음하다가
瑞光이 동트기 전에 入寂하신
先親 光山 金公(諱 永文) 英靈께,

그리고 동족상잔의 恨을 가슴에 안고
35년 간 고된 行商과 모진 逆境 속에서
저희 세 남매를 키우고 가르쳐 주신
慈親 錦城 羅氏(諱 乙禮) 夫人께,

조그마한 이 책의 출판 功德과 榮光을
삼가 廻向해 바치며,

兩親의 昊天罔極 白骨難忘 恩惠에
진심으로 감사 올립니다.

傳統 中國法의 精神

－ 情·理·法의 中庸調和 －

金 池 洙

全南大學校出版部

일러두기

1. 原典자료의 인용은 書名과 篇名만을 적고, 판본이나 출판사·출판지·출판년도 등은 일률 생략한다.
2. 특정인의 註譯이나 校釋이 가해진 참고문헌의 경우, 原典 문구만을 인용·번역할 때에는 原典 명칭만 적되, 특별히 해당 註釋의 내용이 문제 있거나 인용할 필요가 있는 때에 한하여 개별로 註譯 및 校釋의 版本을 밝힌다.
3. 原典자료 중 書名과 人名이 같은 諸子百家의 경우, 그 저자의 진위 및 저작(편집)연대 등 문헌학상의 논란을 피하기 위하여, 문맥상 명백한 상황을 제외하고는 '書名'으로 사용함을 원칙으로 한다.
4. 禮記·周禮·大戴禮記·古文尙書·孔子家語·韓詩外傳과 같이 漢代에 비로소 세상의 빛을 본 문헌의 경우, 그 저자 및 저작연대의 논란이 몹시 판이하고 복잡하며, 특히 漢代의 僞作일 거라는 주장이 강하지만, 설령 漢代 사람이 편집·정리한 僞作일지라도, 실질 내용상 先秦(儒家)의 철학사상을 직접 계승하거나 적어도 그를 반영·대표하는 역사상 지위와 현실상 비중을 참작하여, '儒家의' 철학사상에 참고로 함께 거론한다.
5. 본문 및 註에 쓰는 '§'부호의 지시의미는 다음과 같다.
   ① 中國法制史上의 律令에 관한 인용의 경우, 일률 唐律(疏議) 조문의 총 일련순 서번호를 표시하며(中華書局의 點校本에 의함), 宋元明淸律은 개별로 해당 律·門 및 條文의 명칭을 구체로 밝힌다.
   ② 우리나라·中華民國·中國·日本의 현행법령에 관한 인용의 경우, 해당 법령에 고유하게 매겨진 조문의 총 일련순서번호를 표시한다.
   ③ 老子와 四書(朱子集注本) 등 경전에 관한 인용의 경우, 일반 章句法에 의한 章의 일련순서번호를 표시한다.
   ④ 판례집인 折獄(龜鑑)과 白居易 甲乙判에 관한 인용의 경우, 判例의 총 일련순 서번호를 표시한다.
6. 註에 자주 인용하는 주요 참고문헌의 편의상 略稱은 다음과 같다. 이들 문헌인 용에서 참고편의를 위해 附記하는 아라비아숫자는 準據版本의 面數를 가리킨다.
   ① 秦簡 : 睡虎地秦墓竹簡, 整理小組, 文物出版社, 1978年 版本.
   ② 漢律 : 漢律摭遺, 淸 沈家本, 中華書局 標點本「歷代刑法考」, 1985, 第1版.
   ③ 白判(上)(下) : 白居易集箋校(1-6), 朱金城箋校, 上海古籍出版社, 1988.에 수록한 '甲乙判'으로, (上)은 卷66, (下)는 卷67임.
   ④ 折獄 : 折獄龜鑑, 宋 鄭克 編撰, 劉俊文 譯註點校, 上海古籍出版社, 1988. 이 책은 필자가 한국학술재단의 동서양고전명저번역 사업에 참여해 번역, 출판했다. 절옥귀감, 김지수 옮김, 소명출판, 2001년 초판. 곧 재판할 예정임.
   ⑤ 通考 : 文獻通考, 元 馬端臨, 淸 乾隆 戊辰(1748) 御製重刻本, 中華書局, 1986 影印本.

『傳統 中國法의 精神』을 펴내기까지(自序)

분별 知識을 추구하는 학문이나 분별 없는 智慧를 추구하는 수도나 모두 참으로 험난한 고통의 여정이 아닐 수 없다. 둘 다 궁극에는 영원한 생명과 진리의 바다에서 만날 기약을 하지만, 그 과정은 사뭇 다르지 않을 수 없다. 老子도 말하지 않았던가?!

"학문 연구는 날로 보태 가고, 도덕 수행은 날로 덜어 간다. 덜고 또 덜어서 無爲에까지 이르러, 함이 없으면서도 하지 않음이 없네. (爲學日益, 爲道日損. 損之又損, 以至於無爲, 無爲而無不爲.)"

따라서 그 둘을 동시에 함께 추구한다는 것은 어쩌면 무모하리 만치 어리석은 만용일 수도 있다. 어쩌면 언젠가는 학문을 완전히 놓아 버리고 道의 세계에 들어야 할지도 모른다는 생각을 가끔씩 해본다. 사람의 성향이나 기질에 따라 다를 수 있겠고, 둘 다 똑같이 어렵고 힘든 일이지만, 지금까지 개인 경험을 회고해 보건대, 그래도 지혜를 추구하는 수도보단 지식을 추구하는 학문의 길이 훨씬 힘들고 고통스럽다고 느껴진다. 문자 그대로 과연 "피를 말리고 뼈를 깎는", 그리고 "살을 도려내고 골을 비우는" 게 학문의 길이 아닌가 싶다. 사실 '예수님' 같은 진정한 보살도의 길에 들어서면, 그 고난과 시련을 어찌 상상이나 하고 비유할 수 있겠는가? 다만 우리 범부 중생 수준에서 수박 겉핥기로 말할 따름이다.

화엄경 普賢行願品에는 보현보살이 十大行願을 찬탄하고 있는데, 그 중 여덟째 '常隨佛學'편에 보면 이러한 구절이 나온다.

"항상 부처님을 본받고 배운다 함은 이러하다네. 이 사바세계의 비로자나 여래께서 처음 (진리를 구하겠다고) 發心한 이래 물러섬 없이 정진하시는 동안, 이루 말할 수 없고 또 말할 수 없는 목숨을 기꺼이 보시하시고, 살갗을 벗겨 종이를 삼고 뼈를 쪼개 붓을 만들고 피를 흘려 먹물로 삼아 경전을 쓰신 것만도 수미산처럼 쌓였는데, 진리(佛法)를 중시한 까닭에 생명조차 아끼지 않으셨다네." (言常隨不學者, 如此娑婆世界毘盧遮那如來, 從初發心精進不退, 以不可說不可說身命而爲布施, 剝皮爲紙, 析骨爲筆, 刺血爲墨, 書寫經典, 積如須彌, 爲重法故, 不惜身命.)

대승보살님의 이러한 실제 경지까진 감히 엄두도 못 내고 상상조차 할 수 없지만, 일반 범부의 문학적 철학적 상징비유의 의미로는 학문연구의 길을 여실히 생생하게 묘사하고 있다고 느꼈다.

前生의 業障 탓이겠지만, 본디 허약하게 타고난 육신으로 변변찮은 경제 형편에 공부한답시고 학문의 길을 선택하여, 석사도 마치기 전에 만성활동성 간염을 얻어 군대도 재신검으로 면제받고 나서, 입원해 요양해야 할 형편이라는 의사의 진단서도 찢어버리고 박사과정 휴학한 채 臺灣大學 유학을 감행해, 죽기 일보 직전에 진리탐구를 위해 참된 修道의 길로 운명처럼 들어섰다. 그리고는 지식분별의 학문을 내팽개치고 수도에 헌신 전념하고 싶은 마음이 간절했다. 그런데도 어쩐 연유인지 역시 운명처럼 학문을 포기할 수 없는 그럴듯한 이유를 내심에서 스스로 찾아 외치는 소리가 들렸다.

"지금까지 나를 위해 부모님의 희생봉사와 국가사회의 교육투자로 엄청난 비용을 지불해 왔는데, 남이 하기 어려운 공부를 이만큼 해서 무용지물로 내팽개치는 건, 집안과 국가사회의 기대를 저버리는 낭비이고 배신이 아니냐?"

사실 그보다 더 강한 호소력과 설득력을 불러일으키는 자기 합리화의 구실은 바로 "學道一如"와 "知行合一", 다시 말해 "분별 지식과 무분별 지혜의 변증 통일화합"을 추구해 이루겠다는 것이었다. 또 한 가지 더욱 중요하고도 서글픈 현실의 고려가 있었다. 아무리 훌륭한 道德과 眞理라도, 세상의 일반 범부중생 마음에는 뭔가 그럴듯한 名色을 갖추어야 수긍하고 용납하기 쉽다는 점이다. 즉, 서울대 법학박사라는 학위도 있고, 게다가 어느 대학교수라는 직함까지 있으면, 道德과 眞理의 말도 조금은 씨가 먹힐 것이라는 얘기다. 배우고 닦은 도덕 진리를 널리 전해 사람들을 크게 이롭게 하기 위해서라도, 그 수단방편으로나마 사회에서 어느 정도 인정받을 신분지위와 명성을 얻어 두어야 보탬이 되겠다고 판단한 것이다. 인간세상에선 가끔씩은 실리를 위해서도 명분이 필요한 때가 있는가 보다. 바로 그러한 이유에서 사실 박사학위를 취득한 지 만 7년 만에 19顯20起로 간신히 전남대 교수직에 부임하게 되었다.

그러나 그 과정에서 현실은 결코 생각이나 말처럼 그렇게 쉬운 것이 아니었다. 생명과 진리의 길을 찾아 본격 수도생활을 시작하면서 완전 채식까지 병행하였는데, 한국의 음식문화에서 채식으로 인해 짊어지게 된 십자가는 학문이나 수도 그 자체의 고통과 시련보다 훨씬 참기 어렵고 힘든 것이었다. 그렇게 채식을 고집하며 수도와 학문을 병행한답시고 고군분투 악전고투 속에 허우적거리다 보니, 피가 마르는 것으로 모자라 골수까지 텅 비어 버렸는지, 박사논문 집필 도중 나도 모르게 두 번씩이나 쿵 쓰러졌다. 지금 생각하면 그 충격으로 뇌진탕을 당하지 않은 것만 해도 天幸이 아닐 수 없었다. 논문 마치고 대만 가서 비로소 남들의 지적을 받고 검진해 알게 된 일인데, 수혈을 받아야 할 정도로 심한 악성빈혈 상태였던 것이다. 그런데도 2-3일에 1번씩 등산을 계속해서, 심지어 朔風寒雪 거세게 몰아치는 악천후에도 홀로 冠岳山行을 멈추지 않고 꾸준히 했다.(어림잡아 10년 동안 1천 번 남짓 다닌 것 같다.)

본디 박사학위논문 주제는 "傳統 中國法의 文史哲學적 理念"이었고, 대강의 목차는 이러했다.

제1장 서론 : 解題 : 文史哲學적 이념의 풀이

제2장 道-法 規範源流觀 : 道→德→仁→義→禮→法

제3장 天人合一 : 天道와 人法 : 사람은 하늘(자연)을 법 삼는다.

제4장 情理中庸 : 情理法 삼위일체

제5장 孝忠一貫 : 효도와 충성의 법이념

제6장 常變得中 : 법의 항상성과 변화성 : 법적 안정성과 구체적
　　　　　　　　 타당성

제7장 법의 비유 개념 : 문자 비유와 語源으로 보는 법이념

제8장 결론 : 전통법의 궁극이념 : 정의 실현과 평화 유지

文史哲學이란 文學·史學·哲學을 합친 말로 인문학의 대명사이다. 나는 본디 중문학을 부전공하면서부터 法의 文史哲學을 공부하겠다는 포부를 지니고 '法文史哲學'이란 혼자만의 용어를 곧잘 쓰곤 했다.

처음에 멋모르고 고시 합격해 판사 하겠다고 서울대 법대에 진학하여 법학으로 시작했으나, 전공 1년 공부해 보고 나서 내가 갈 길이 아님을 알고, 3학년 때 중문학 부전공을 선택해 1년 동안 독일어 2과목을 제외하고는 모두 중문학 과목만 수강하며 중문과와 하나 되어 살았다. 그 덕분에 당시로는 아주 稀有한 예외로 5년간 학부를 다녔다. 그러면서 중문학과 대학원에 진학하려고 마음먹었으나, "전공을 사장시키기가 아까우니 법학과로 진학해 전공과 부전공을 함께 살리라"는 중문과 李炳漢 선생님의 권고에 따라, 법대 대학원에 진학해 국사학과 강의를 함께 수강하면서, 朴秉濠 선생님의 지도로 "朝鮮朝 全家徙邊律"로 석사학위논문을 썼다.

박사과정에 진학해서는 철학과에 가서 중국철학도 함께 수강하면서, 전통법제사 연구를 확대심화하기 위해서는 전통 중국법을 공부해야 하겠다는 필요성을 절감해, 李炳漢 선생님의 적극 권유에도 힘입어 國立臺灣大學 法律學研究所에 3년간 遊學 길에 올랐다. 거기서 중국법사상사와 중국법제사 중국가족법 과목만 법학 전공으로 수강하고, 나머진 모두 대학 본부에 모여 있는 국문과(중문과)에서 중국 고전강의에 전념했다. 詩經·書經·易經·禮記·墨子·荀子·莊子 등을 청강하면서, 방학 때는 대만대학 등산부를 따라 등산을 네댓 번 가기도 했다.

그러다가 마지막 학기 시작 직전에 새로운 인연을 만나 본격 修道의 길에 들어서면서 완전 채식을 실행하기로 결심했다. 마지막 학기는 그동안 배우느라 지치게 한 책들을 모두 놓아 버리고 도량에 들어가 반년간 수행에만 전념했다. 죽지 않고 살려고 들어간 수도의 길은 나의 인생과 학문을 완전히 새롭게 換骨脫胎시키는 大轉機가 되었다. 그래서 학문을 버리고 수도에만 전념하려는 생각도 품었다가, 그게 아니다 싶어 學과 道를 하나로 합쳐 완성하려는 마음에서 박사논문을 쓰기로 하였다. 도덕 진리의 관점에서 우리 전통법을 새로이 조망해 보고, 그 법의 정신을 통해 현재와 미래의 우리 법문화 발전에 뭔가 조금이나마 역사철학적 공헌을 하자는 염원이었다. 결국 法→文→史→哲→法으로 한 바퀴 순환해 다시 원래의 法으로 되돌아왔다.

이러한 旅程을 거쳐 전통 중국법의 정신을 크게 윤곽이나마 그려보자는 뜻에서 좀 거창한 주제를 잡고, 그 동안 섭렵해 온 중국 고전들을 새로이 통독하며 자료를 정리하고 구상해 논문을 집필하였는데, 근대 서양식 학위논문 심사제도의 특성상 우리의 전통 학문방법과 사고방식이 선뜻 설득력 있게 받아들여지지 못하였다. 게다가 "지가 무슨 大家라고 이렇게 거창한 주제로 논문을 써?" 하는 調의 心氣가 역력했다. 내가 원래 구상했던 대강의 원고는 초안을 거의 다 썼으나, 당시 막 보급하기 시작한 컴퓨터를 전혀 못해 애를 먹었다. 타자 작업을 도와줄 연분이 넉넉지 못하여 제출한 초고는 원고의 절반쯤에 불과했고, 또 심사과정의 비평이 워낙 막강해서 그대로 통과하기가 몹시 어려웠다. 1차 심사 후 새로 수정하고 보충하라는 지시를 받아 중간에 힘들여 손질했으나, 결국 퇴짜 맞고 한 학기 더 여유를 갖고 차분히 대폭 개편한 결과 이루어진 최종 원고가 지금 출판하는 글의 원형이었다.

처음 구상한 논문의 제4장을 큰 주제로 삼아, 제5장 부분을 통치이념으로 편입해 넣고, 제2장의 '仁'과 제3장의 인도주의 법정신 부분을 일부 사법이념에 편집해 넣었다. 첫 기획 체계가 본의 아니게 흐트러지긴 했지만, 맨 처음 구상한 초안을 언젠가 새로운 체계로 재구성하여 다시 손질하고 보충해서 매듭짓고 싶은 염원은 줄곧 마음속에 간직해 왔다. 이번 박사학위 논문 출판을 계기로 좀 더 구체화하여 박차를 가하고 싶은 소망이 간절해졌다. 뜻 있는 곳에 길도 있음을 믿으면서, 시절 인연 따라 원만히 이루어지길 기원할 따름이다. (최근에 제1초고에서 제2장 道-法규범원류관의 앞부분과 제8장 결론 부분을 떼어내 합친 다음 손질해 「전통 중국 법철학의 규범체계」라는 논문으로 심헌섭 박사 75세 기념논문집, "법철학의 모색과 탐구", 법문사, 2011년 4월 초판, 537-565면에 발표하였다.)

대만 유학 시 한 女丈夫 교수로부터 "人生總是逼出來的"라는 인상 깊은 속담 한 구절 들었다. 그렇다. 인생은 天命이든 宿命이든, 타인의 강요든 시대상황의 요청이든, 아니면 법이나 형벌의 강제에 의해서이든지 간에, 결국 마지못해 궁지에 내몰려 나아가기 마련이다. 박사학위논문의 출판 인연도 결국 이렇게 와 닿았다. 냉혹한 세계정세와 격변하는 시대 상황에서 민주개혁을 통한 사회정의 실현과 남북한 평화통일을 이루는 일이 이 시대를 살아가는 한겨레의 공통된 역사소명이자 최고 중요한 급선무일 것이다. 法文史哲學을 학습하며 법학계에 몸담고 있는 인연으로, 근래 우리사회 개혁의 한 중요한 화두가 된 법학전문대학원(Law School) 도입 움직임과 관련해, 전국의 법대마다 준비가 분주하고 치열한 가운데, 나도 최소한도의 책임을 수행해야 할 형편이 된 것이다.

1993년까지 집필해 1994년 2월 학위를 받았으니, 만 12년 만에 公表하는 셈이다. 그 동안 12支를 한 바퀴 돌면서 충분히 뜸도 들고 무르익어 원만히 숙성하였어야 할 시절인연인데, 내내 덮어만 두었다가 올 여름 새로 潤文하느라 펼쳐 보니, 별로 발전하거나 숙성한 바가 없는 듯해서 부끄럽기 짝이 없다. 시간상 정신상 여유도 없어서 지금 당장 새로 수정·보충할 형편도 아니거니와, 그 동안 학교 현실의 요구대로 따라가다 보니 내 전공으로 강의할 기회가 거의 없어서 숙성할 기회조차 별로 없었던 것 같아 못내 아쉽다. 敎學相長이라던가? 가르치는 게 절반은 배우는 거(惟敎學半)라는데……. 그래서 딱딱하고 생경한 번역투 문체를 좀 부드럽게 潤文하면서, 미진하지만 약간의 수정보충과 교정 작업을 곁들이는 걸로 만족해야만 했다. 다만 좀 새로운 진전이 있다면, 독자들의 열람 편리를 위해 중간 소제목을 달아 세밀한 목차를 만든 정도가 이번 출판준비 작업의 전부다.

그래도 시간과 정신은 내 나름대로 꽤나 쏟아 부었다. 올 여름 장마 막바지쯤인 7월 5일에 착수해서, 무더위가 기승을 부리는 8월 5일까지 꼬박 한 달간 외부와 접촉을 피한 채, 학교서 재작년에 연구교육용으로 공급한 노트북 컴퓨터로 직접 교정 작업에 골몰했다. 이어 지난주에는 석사학위 논문도 손질을 마쳤다. 5층 아파트 맨 위층이라 지붕의 복사열이 만만치 않은데, 냉방기나 선풍기도 없이, 부채는 선물 받은 게 3개나 되지만 펴지도 않은 채, 매일 아침저녁 靜坐와 독경, 그리고 밤에는 五體投地 禮拜 좀 하면서, 이틀에 한번 꼴로 無等山에 逍遙遊하며 浩然正氣를 충전하여, 규칙적인 일과로 꾸준히 손질한 것이다. 창 밖 눈앞에서는 지난 5월 초 시작한 경양초등학교 特殊校舍 신축공사가 장마와 폭염에도 아랑곳없이 4개월째 꾸준히 이어지며 삶의 한 현장을 보여주고 있다. 그리고 지금까지 상영관에서 관람한 영화보다 아마도 많을 10여 편의 명작을 이따금 DVD로 감상하면서, 기분 전환도 하고 새로운 인생철학을 느끼며 사색하게 된 인연도, 이번 여름 작업의 색다른 특징인 것 같다. 인생이 한바탕 꿈이요, 연극이요, 영화라는데, 늦게사 멋진 영화 善知識 내지 道伴(?)을 만난 셈이다.

　인생은 참으로 덧없고(無常) 외롭고 괴로운 煩惱의 연속이다. 그런데도 인생이 의미 있고 살 만한 이유가 있다면, 아마도 덧없고 외롭고 괴로운 번뇌 속에서나마, 스스로 즐겁게 여기면서 떳떳하고(恒常) 영원한 절대불변의 생명의 道와 眞理를 찾고 실현하는 데 있지 않을까 생각한다. 학문을 연구하고 종교신앙 생활을 하며 修道에 헌신해 용맹 정진하는 사람들도 근본 이유는 결국 매한가지이리라. 유난히 무더운 날씨에 힘은 좀 들었지만, 괴롭거나 짜증나지는 않고, 정신의 기쁨을 맛보면서 기꺼이 즐겨 지낸 나날이었다. 올 여름 호젓하고 한적하면서도 熾烈한 인연에 참으로 고맙고 감사할 따름이다.

　이제 마지막으로 인사말씀을 여쭙겠습니다. 이 책을 출판하면서 감사한 분들이 많이 떠오릅니다. 맨 먼저 저를 낳아 기르고 가르쳐 주신 慈親과 先親의 은혜에 감사의 禮拜를 올립니다. 그리고 곰소국민학교·변산중학교·전주고등학교·서울대학교 학부 대학원 석박사 과정·國立臺灣大學 法律學研究所 유학시절을 거치는 동안, 저를 가르치고 일깨우고 지도해 주신 모든 恩師님들과 주위에서 도와주고 곁에서 격려해 준 모든 친지·동학·벗들, 또 줄곧 국공립학교에서 값싼 양질의 교육·연구의 기회를 제공해 주신 조국과 민족, 그리고 臺灣大學 유학시절 등록금도 받지 않으면서 2년 간 장학금까지 주신 中華民國 정부와, 公私 인연으로 각종 장학금과 연구비를 베풀어주신 施主 및 단체들께도 역시 감사의 禮拜를 올립니다. 특히, 알게 모르게 제 몸과 마음과 정신과 영혼의 수양·성숙을 위해 수시로 도처에서 일깨우고 이끌어 주신 有形 無形의 수많은 佛菩薩님들과 天神들과 스승님들과 善知識들께 진심으로 감사와 찬탄의 공경예배를 바칩니다. 박사학위를 받을 때 바칠 감사와 찬탄이 12년이나 늦어져 부끄럽기만 합니다. 늦깎이의 정신이 이제야 철이 좀 드나 봅니다. 이 책이 세상에 빛을 보도록 출판을 맡아 주신 전남대학교출판부 관계자 여러분께도 깊은 감사의 마음을 표합니다.

조국 光復과 민족 解放 60주년 還甲을 맞이하여,
조국의 진정한 解放光復과 한겨레의 自主平和統一이
하루빨리 원만히 이루어져 자손 대대로 무궁히 번영하길
간절히 祈禱 念願하면서!

乙酉年 2005년 8월 15일 한낮 빛고을 光州 無等山 아래서

蓮華淨土를 戀慕하는 淵靜齋 主人 寶積居士 金池洙 恭敬合掌

재판 교정·潤文 손질에 즈음하여

박사학위 논문을 12년가량 묵히다가, 法專院(Law School) 준비를 한답시고 한여름 무더위에 한 달간 꼬박 손질한 게 엊그제 같다. 벌써 어언 6년이 훌쩍 지나 재판을 찍는다기에, 유난히 길고 집중호우 많은 올해 한여름 장마통에 다시 3주가량 꼬박 손질하니, 감회가 무척 새롭다.

초판을 찍어 학부서 한두 번 강의교재로 쓸 때는 서로 별다른 느낌(交感)이 없었는데, 마침내 法專院 문을 열어 작년에 처음으로 1,2학년 동학 57인과 함께 학습한 인연으로, 작은 교감과 切磋琢磨의 실마리도 찾았다. 또, 책이 거의 바닥나 올해 교재를 새로 찍어야한다기에, '원님 덕분에 나발 분다'고 이참에 재판 교정·潤文을 꼼꼼히 손질하고, 눈여겨본 내용도 좀 보태기로 작정하였다. 눈앞에 다른 과제가 제법 밀렸어도 큰 맘 내어, 지난번 태풍 도라지 오던 날부터 손대 어제 제헌절에 본문수정보완을 대강 마쳤다. 이 책이 초판 이듬해 文光部 추천 우수학술도서로 뽑혔고, 어쩜 내 학문의 얼굴이 될 것 같아 사명감도 느낀다.

박사학위를 받고 쉴 때 故 이오덕 선생님의 '우리문장 쓰기' 책을 보게 되어, 우리글을 좀 더 갈고 다듬어 써야겠다고 다짐했다. 글 쓸 때 깜냥에 유념한다고 했으나, 책 한번 보고 머리로 느낀 공감이 手筆에 쉽게 익어 배지는 못했다. 그 뒤 전남대 교수로 부임해 지식인의 사회 책무로 한겨레신문과 경향신문에 글을 몇 번 썼는데, 이수열 선생님이 2007년 5월 내 글이 실린 신문을 잘나내 손수 빨간 글씨로 10군데쯤 교정표시를 해 보내셨다. 참으로 깜짝 놀랐다. 47년간 초중고 교사로 정년퇴임하신 뒤, 주요 신문에 글을 쓰는 여론지도층 인사들의 글을 꾸준히 손질해 우편으로 보내, 우리글 순화에 앞장서라고 경책하시는 사실을 알았다. 그땐 이미 이 책과 '전통법과 광주반정'을 펴낸 뒤였다.

사실, 대학원에 들어가 학문을 연구한답시고, 영어·독일어·일어 책을 함께 강독하면서, 지식인 학자들의 공통병인 번역체 글투에 물들어버렸다. 특히, 존경하는 교수님이 학문의 글은 겸손하고 완곡하게 객관화해 표현하는 西洋語文을 본받아야 한다고 찬탄하시는 말씀을 듣고, 그럴듯하게 여겨 흔한 物主構文이나 피동형 문장이 그대로 배어버렸다. 석사, 박사 몇 년간 수업 듣고 報告書 쓰고 논문 쓰면서, 나도 모르게 어느새 '습관이 제2의 천성'으로 굳어졌다.

이오덕 선생님 책 한번 읽고, 다시 10여년만에 이수열 선생님의 정성스런 '指導鞭撻' 서신을 받고나니, 정신이 번쩍 들었다. 참 묵묵히 숭고한 사명을 몸소 실천궁행하시는 두 분 선생님께 감명과 존경과 감사를 느꼈다. 그 뒤로 시론이나 교양 글은 물론, 학술논문을 쓸 때도 아주 정신 들여, 되도록 우리말에 가깝게 쉽게 분명히 쓰려고 애쓰고 있다. 다만, 전공이 전통법철학과 법제사인지라 한자어가 많아, 안타깝게도 어려움도 많고 어쩔 수 없는 한계도 자주 부닥친다. 이번 재판교정도 나름대로 무척 정신 들여 손질했으나, 새로 쓰는 글이 아니고 워낙에 철석같이 굳어진 문체로 쓴 만연체를 고치는 거라서, 두 분 기대엔 턱없이 못 미칠 걸로 여긴다. 그나마 이런 기회가 다가와 天幸이나, 공공도서관이나 관련 전공학자한테는 이미 초판이 많이 퍼져 안타깝기 그지없다.

작년 法專院에 처녀 개설한 '전통법의 정신' 과목을 수강해준 同學들, 특히 정중한 學究熱誠으로 기말시험에 情理도표의 항목표제어와 墨子 내용의 질문을 적어 敎學相長의 因緣이 된 金鍾甫 同學에 감사한다. 또, 아주 정성스런 긴 답안을 깔끔한 필체로 쓴 뒤, 찬탄과 격려의 말을 잊지 않고 적어준 최유나 동학의 착한 맘씨도 참 고맙다. 학문논리도 날(刃)처럼 갈(研磨)수록 예리해지는 법! 孟子가 천하영재를 얻어 가르침이 군자의 셋째 즐거움이라 여긴 이유는 바로 敎學相長의 切磋琢磨이리라!

萬載一遇일까? 知音 因緣 없으니 누굴 위해 거문고 탈까? 홀로 묵힌 학문과 세월 아쉽지만, 또한 自業自得의 因果法이니, 누굴 탓하랴?! 내 영혼 위해, 현인군자를 기다리며, 쉰 목청과 늘어진 줄을 가다듬어본다!

辛卯年 유월 열여드레 地藏齋日 2011/7/18/월/制憲節 이튿날 한낮
매미울음소리 청량한 빛고을 운암골, 글쓴이 寶積 金池洙 공경합장_()_

목 차

傳統 中國法의 精神 - 情·理·法의 中庸調和 -

국 문 요 약

세계 4대문명의 하나에 속하는 中國의 역사는 法의 영역에서도 中華法系라는 독자적인 문화를 형성하는데, 다른 법(특히 서구법)과 구별하는 특성으로 흔히 仁義와 德禮를 중심으로 삼는 유가의 倫理法적 사상전통이 손꼽힌다. 그러나 실질상으로 보면, 외부에 대의명분으로 표방하는 유가의 윤리사상 이면에, 信賞必罰과 嚴刑重罰을 강조하는 법가의 절대군주제의 法治사상이 伏流하여, 이른바 外儒內法 또는 陽儒陰法의 특성을 나타낸다. 그리고 儒法 양대 사상전통이 융합하여 형성한 秦漢 이후의 律令법제에서는, 周의 禮와 함께 춘추전국시대에 새로이 부상한 (刑)法이 통일조화를 이루면서, 情·理·法 삼위일체라는 중국법 특유의 본질정신이 궁극이념으로 자리 잡는다. 따라서 중국법의 역사·문화적 핵심특성을 이해하는 데에 情·理·法의 범주는 매우 중요하고 필수 불가결한 관건이다.

첫째, 情·理·法의 철학사상 淵源은 유가의 禮敎와 법가의 法治에 동시 병행으로 소급·탐색할 수 있다. 우선 '情'의 관점에서, 전자는 인간의 欲情과 이기심이 지나치게 범람하지 못하도록 절제·극복하는 동시에, 합리적인 일반보편의 常情은 허용·순응하면서, 인격의 자율도덕성에 바탕한 사회질서의 유지를 목표로 삼는다. 반면 후자는 인간의 性情 자체를 순전히 이기적이고 사악한 욕망으로 인식하고, 모든 인간관계를 이해타산의 상품거래 관점에서 규정하여, 이에 대한 전면 부정과 통제를 목표로 삼고, 심지어 중앙집권 절대군주제의 확립을 위해서 심리강제의 차원에서 신상필벌의 수단방편으로 이용하기까지 한다.

그리고 '理'의 시각에서는, 전자가 仁義라는 인간의 주관 倫'理'에 그 궁극의 존재근거를 구하는 반면, 후자는 自然의 道로부터 유래하는 객관 事物의 法'理'에 주로 근거하면서, 절대군주권력의 확립·유지에 필요한 '忠'孝의 통치'理'念을 동시에 강조하는 점이 특색이다. 그리하여 전자가 혈연적인 人情과 禮의 차등성을 농후하게 지니는데, 후자는 엄격한 신분상 평등성과 法의 공평무사로 일관한다.

둘째, 정치 차원의 情·理·法은 주관적인 人情과 倫理를 중심으로 고찰할 수 있다. 우선, 人情의 관점에서 보면, 혈연적인 親情을 소극 허용하기 위해 國法의 관철을 양보하는 親屬相容隱제도와, 부모에 대한 孝情을 적극 권장하기 위해 國法의 집행을 보류 또는 면제해 주는 犯罪存留養親법이 대표로 손꼽힐 수 있다. 이는 물론 유가의 孝悌윤리 보급을 위한 禮敎의 일환이다. 그리고 倫理의 관점에서는 忠孝가 그 중추를 이룬다. 孝는 家父長制적 씨족사회로부터 유래하는 조상숭배사상이 확대·발전하여, 周禮의 봉건 宗法제도에 이르러 그 윤리적 법규범화가 확고해진다. 그리하여 孝는 周禮의 핵심내용을 이루는데, 산 부모에 대한 물질·정신·도덕상의 봉양뿐만 아니라, 죽은 조상에 대한 喪禮와 祭禮의 봉행에 이르기까지, 시종일관의 평생윤리를 강조한다. 이와 함께 刑에 의한 不孝죄의 엄중한 처벌도 周初부터 확인할 수 있는데, 秦漢 이후 律令법제에서는 규범형식상 不孝罪에 대한 처벌규정으로 일원화한다. 忠은 본래 인간관계상 쌍방 간의 순수한 信義誠實의 도덕원칙을 의미하는데, 전국시대 이래 제후들의 부국강병과 중앙집권화의 진행에 따라, 법가의 법치사상에 의해 군주에 대한 臣民의 무조건 복종이라는 일방 윤리로 절대화하였다. 유가의 '齊家·治國'의 수양이론에 바탕하여 '孝以移忠'이라는 대의명분을 표방함으로써, 孝와 忠을 통치이념상 결합시킬 뿐만 아니라, 忠을 孝에 절대 우선시킴으로써 본말이 전도하는 윤리의 역전을 낳았다. 이와 함께 부부간의 혼인법에서도 본디 수평적인 존재(Sein)의 애정결합에 수직적인 당위(Sollen) 義理관계를 강하게 부여하여, 이른바 三綱윤리를 가부장적 전제군주제의 통치이념으로 삼았다.

셋째, 법률 차원에서 情・理・法은 정의실현을 위한 司法이념으로서 주로 법가의 공평무사성이 핵심을 이룬다. 우선, 역대 법제사에서 情・理의 통일 조화는 司法의 기본원칙으로 면면히 이어진다. 범죄구성요건의 사실로서 情은, 행위자의 고의나 惡心에 속하는 주관적 情이 유가의 原心定罪의 원칙 아래 매우 중요하게 다뤄지고, 타인의 범죄사실에 대한 인식으로서 '知情'은 법가의 告奸(不告知)罪의 핵심으로서 중요한 통치방편이 된다. 물론 행위의 객관 사실 그 자체로서 情(황)도 중요한 내용을 이룬다.

그리고 법해석의 원리에서는, 법가의 法治사상에 입각한 전통 중국법상의 죄형법정 및 法治의 원칙이, 근대 서구법 못지않게 형식적・체계적 논리의 완결성을 보이면서 상세한 규정으로 나타난다. 풍부한 立法해석과 상세한 有權註釋・疏議問答, 그리고 학자들의 방대한 學理해석은 그 규모나 실질내용상 전통 중국의 법치사상을 표현하기에 손색이 없다. 그리고 勿論해석에 관한 근거규정 또한 법체계의 논리상 완결성을 보여주는데, 다만 실질적 유추해석의 근거를 제공하는 比附제도와 법 흠결을 보충하는 개괄 범죄규정인 不應爲罪와 공백 처벌(백지위임)규정인 違令罪가 근대 서구의 엄격한 죄형법정주의에 다소 어긋나는 특이한 중국법의 원칙이다. 이는 모든 불법 범죄행위를 철저하게 발본색원하려는 실질 정의의 이념과, 그에 대해 형식상 입법 근거를 완벽하게 전제하려고 한 중국식 법치사상의 발로이다.

또한 법 적용・시행의 기본원칙으로서 강조하는 '理'는 법가의 공평무사성의 관철을 의미하는데, 國法과 公理를 해치는 私情을 철두철미하게 부정・방지한 점이 특징이다. 그러나 전통 중국법 전반에 걸친 내면의 본질정신으로서는, 중국의 黃金律이라고 할 수 있는 유가의 '恕'와 '仁'의 법원리가 중국법의 精華로서 단연 돋보인다. 그리고 이 恕와 仁의 법원리를 바탕으로 실질상 인도주의 법원칙이 입법・사법의 각 영역에서 다양하게 발현한 점도 주목할 만하다.

한편, 유가의 正名論과 법가의 定分論은 실질적·형평적 정의실현을 위한 철학사상의 기초로서 중국법에 특유한 배분적 정의론을 이룬다. 마지막으로 情·理·法의 중용조화를 위한 최후의 司法재판단계에서 거론하는 각종 情狀참작제도도 중국법의 윤리 특성을 대표하는 중요한 요소가 된다. 八議나 自首제도와 같이 입법화한 비중 있는 분야 이외에도, 거의 모든 법 영역에서 가족적·사회적 신분관계상의 人情과 倫理는 물론, 개인의 주관 정상과 행위의 객관 상황 등을 다양하게 종합 반영함으로써, 실질 정의를 실현하도록 情·理·法 삼위일체의 궁극 이념을 최후까지 관철하는 것이다.

주요어(關鍵語 : key words) : 情·理·法·禮·孝·忠

緒　論

1. 문제 제기

아편전쟁과 辛亥革命으로 淸의 봉건군주제도가 몰락하고, 중국은 근대서구의 자본주의 및 사회주의의 정치체제를 도입하였다. 그리하여 지금은 적어도 법체계의 형식상으로는 전통 중국법(律令)체계를 거의 완전히 탈피하여, 어엿한 근대서구법체계를 갖춘 것이 사실이다.

그러나 중국의 전통법체계가 비록 근대 서구법으로 바뀐 지 이미 오래 되었지만, 국가의 공식 법제와는 달리 인민의 법에 대한 의식·관념이라는 法文化의 영역에서는 전통이라는 생명의 실체가 여전히 강대한 활동력과 영향력을 발휘하고 있음을 부인할 수 없다. 사실 100년 내지 150년의 근대법제의 역사는, 수천 년간 지속해 온 전통 법문화(의식)의 수명에 비하면 지극히 짧은 시간에 불과하다. 더구나 근대법제를 세워 시행하는 통치 권력의 주체는, 전통 법문화의 생명토양인 수억의 인민대중에 비하면, 명실상부하게 중과부적이라고 할 수 있다.

사실 법은 본디 정치·사회·경제적인 토양 속에서 생장하여 한 국가와 민족의 역사적 정신을 반영하는 문화의 총 결정체이자, 풍속·습관·종교·윤리·도덕 등 모든 당위의 사회규범이 극도로 발전하여 피워 내는 精華이다. 따라서 법이 비록 국가사회의 강제 제재수단을 핵심 징표로 삼는다고 할지라도, 형식 제도로서 법체계 못지않게 그 내면 정신으로서 철학·사상·의식 등도 법의 중요한 본질 생명을 이룬다.

이러한 의미에서, 법은 국가의 정치사회 공권력에 의해서 타율로 강제하는 외형적 제도와, 그리고 인민의 마음과 정신 속에 뿌리박고 자율로 생동하는 내면적 의식·관념이, 함께 어우러져 상호 모순으로 대립·조화를 이루는 복합 문화현상이라고 할 수 있다. 따라서 중국이나 우리나라에 이식한 근대 서구법체계가 한 세기가 넘도록 확고한 뿌리를 내리지 못하고, 그가 자생한 토양인 서구고향에서만큼 실효성을 거두지 못하는 것은, 어쩌면 지극히 자연스러운 현상일 것이다.

최근 학문의 영역에서 법사회학을 중심으로 일반대중의 의식이나 관념·심리 속에 '살아 있는 법'을 중점 연구하는 풍조가 일기 시작한 것은, 한 국가·민족·사회의 고유한 전통과 문화에 대한 관심의 표현이기도 한 것이다. 물론 이미 역사법학의 입장에서 각 민족의 독특한 역사와 문화를 중시해 온 것이 사실이지만, 법의 역사에 대한 연구에서도 기존의 국가의 공식 법제도, 특히 법전 중심의 경향을 점차 벗어나, 역사 속에 살아 있는 법의식이나 법관념에 대한 관심이 높아지고 있다.

따라서 전통법에 대한 연구도 단순한 역사 제도로서 뿐만 아니라, 현재에 살아 있는 법의식이나 법문화 연구로서도 중요한 의미를 지닌다. 또한 순수한 역사학의 호기심이나 사명감에서 그치지 않고, 근대 법제도와 전통법문화의 원만한 조화·융합을 통해 새로운 미래법을 발전시키는 적극적인 창조정신으로까지 드높여질 수 있다. 즉, 서구의 근대법제가 전통법문화의 토양에서 제대로 활짝 뿌리내리지 못하는 요인을 밝히기 위한 역사의 비판적 계승에는, 과거의 제도적 유물뿐만 아니라 현재의 살아 있는 법에 대한 연구가 필수 불가결한 것이다.

2. 전통 법문화에 대한 反省

이러한 맥락에서 근래 전통 중국법문화에 대한 학문 연구가 활기를 띠는 사실은 매우 주목할 만하다. 이는 우선 정치사회적으로 중국의 현대화라는 시대 요청과 관련하여, 전통 중국의 철학사상 및 문화의식 속에 이른바 '민주'와 '法治'의 발전을 저해하는 요인이 무엇인지 이론상 밝히는 작업으로 나타난다. 물론 여기에서는 유가의 禮와 법가의 法을 둘러싼 禮治(또는 人治)와 法治, 民本과 君主專制의 대립 및 조화라는 이른바 外儒內法의 법문화가 중심과제로 두드러진다.

유가의 民本主義 王道 정치사상과 법가의 '法不阿貴' (법은 존귀한 자에게도 아부하지 않는다)나 '刑無等級' (형벌에는 신분에 따른 차등이 없다)과 같은 평등정신이 엄연히 존재해 왔으면서도, 그러한 民本과 法治의 사상전통이 충분히 발전하지 못한 정치사회적·법률문화적 요인은 무엇인가? 그 주요원인으로는, 유가의 禮治사상의 영향으로 법이 윤리도덕에 종속하여 法治의 독립성·공정성·객관성·엄격성 등이 흐려진 점을 지적할 수 있다. 이와 함께 법가의 절대군주이론을 봉건왕조의 전제정권체제에 유력한 통치술로 이용한 점도 들 수 있다.[1]

비교적 순수한 법률의 관점에서 전통 중국법문화의 독특성에 대한 연구도 활발히 이루어지고 있다. 특히, 전 세계의 법문화영역(法圈)의 분류 차원에서 '中國法系'의 성격 규명이 주관심사가 된다. 이러한 '中華法系'의 특성에 관한 연구들은 전통에 대한 기존의 일방적인 부정과 타도의 입장에서 벗어나, 새로운 비판적 계승의 관점으로 전환하면서, 전통 중국법문화에 대한 긍정의 시각도 점차 부각시킨다. 즉, 중국에서 법률의 儒家化가 禮를 바탕으로 한 중국법의 倫理的 특성을 결정지었다고 파악한다.[2] 특히 '天理'를 법의 이론 근거로 삼고 '天理'에 부합함을 입법의 지도사상으로 채택하여, 일반 고대법의 神授主義와 구별할 수 있는 특징을 강조하기도 한다.[3]

그리고 최근 兪榮根이 출간한 "儒家法思想通論"은 중국 고대법문화의 핵심근간으로서 유가의 법사상을 종합적·체계적으로 다루는데, 그 기초 출발점으로서 중국 민족의 전통 法心理를 거론하는 것이 눈에 띈다.

---

1) 趙吉惠, 「中國哲學中的民主與法的觀念」, 孔子硏究, 1992.2.(中國哲學史, 1992.8. 所收) 8-15면 참조.

2) 대표적인 연구로는 瞿同祖, 中國法律與中國社會, 中華書局, 1981, 270-327면(儒家思想與法家思想) 및 328-346면(中國法律之儒家化); 張晋藩, 中國法律史論, 法律出版社, 1982, 11-25면(中華法系特點探源); 그리고 兪榮根, 儒家法思想通論, 廣西人民出版社, 1992, 5-13면 및 489-659면 등 참조.

3) 예컨대, 陳朝璧의 「中華法系特點初探」(法學硏究, 1980年 第1期) 참조. 兪榮根, 앞의 책, 6면에서 재인용.

즉, 중국 역사와 인민의 의식·관념·감정 속에 살아 있는 法文化·法心理를 '權卽法', '法卽刑', '소송천시', '조정화해의 중시' 등 일곱 측면으로 분류한 뒤, 그 배후의 내재 특성으로서 '血緣情感', '의무본위', '권위주의', '倫理至上'의 네 가지를 요약한다.[4]

이 책에서는 가족주의의 혈연 '感情과 倫理'를 실질상 주요 법의식·법심리로 지적하고 있는데, 이를 바탕으로 유가의 중국 전통법심리의 구조를 "法-情-權"의 모식으로 설정한다. 이 모식구조의 표면에는 情만 거론하고 理는 표현하지 않고 있는데, 그 내면의 실질내용에서는 情이 民情이나 풍속습관 뿐만 아니라 '宗法倫理'를 핵심내용으로 하는 '情理'까지 포함한다고 분명히 밝힌다. 이와 함께 民本主義의 民心과 '合情合理' 등의 심리의식도 언급하며, 조정화해의 중시라는 역사 전통도 宗法상의 혈연적 '情'의 산물이라고 주장한다. 특히, '情(理)'이 빠진 "權-法"의 법가의 법치주의 二元모식은, 비록 '私情'을 금지·단절하기는 하지만, 그와 동시에 '情理'를 초월하여 절대·전제적인 權과 엄형중벌의 法으로 전락하여, 秦과 같이 無法無天의 멸망으로 끝난 뼈아픈 역사 경험을 낳았다고 지적한다. 이는 곧 "法-情-權"이라는 유가의 三元구조가 전통 중국의 사회·경제·정치에 알맞은 종합적이고 평형적인 法文化心理임을 반증하는 대비적인 예이기도 하다.

요컨대, 전통 중국법문화의 특성을 이해하는 데에는, 仁義를 중심으로 하여 忠孝윤리를 중시하고 德主刑輔와 禮主法從을 강조하는 유가의 禮治의 법사상이 핵심이다. 그런데 禮까지 포함하는 전통 중국법관념의 실질 내용을 좀 더 자세하게 깊이 탐구해보면, 그것은 '天理'의 대명사인 禮로서 '法上之法'과, 국가실정법인 律令으로서 '法中之法', 그리고 윤리강상의 親情과 人之常情으로서 '法外之法'을 총칭하는 것으로 볼 수 있다. 즉, 중국인의 마음속에 전해지는 이상적인 法관념은 '天理'(

---

4) 사실 이 두 관점의 각종 특성은 이전의 연구에서도 중국고유법계의 고유한 특징으로서 비슷하게 표현하는 경우가 많다. 陳顧遠, 中國法制史槪要, 三民書局, 1977, 5版, 53-9면 참조.

禮)·'國法'·'人情'의 삼위일체이다.5) 그래서 情·理·法의 법이념은 전통 중국법문화의 핵심 특징과 실질내용 및 중국법의 철학사상을 연구하는 데에 중요하고도 필수 불가결한 주제가 된다.

3. 언어와 언론에 살아 있는 민중법 : 情·理·法

한편, 情·理·法의 이념은 전통 중국법문화의 특성으로 화석화하지 않고, 현대의 법문화 속에서도 '살아 있는 民衆法'으로서 중요한 비중을 차지한다. 우선, 중국에서는 情이나 理·法의 규범의식에 관한 故事成語나 속담이 셀 수 없이 많다. 예컨대, "법은 부귀권세에 아부하지 않는다."(法不阿貴), "법은 私情에 따라 굽히지 않는다."(法不徇情), "법은 다수 대중을 처벌할 수 없다."(法不治衆; 罰不責衆)는 등의 성어는 법의 공평무사를 대변해 준다. 또한 "이치가 굽으면 할 말이 막힌다."(理屈詞窮), "이치상 당연하다"(理所當然), "이치가 곧으면 기세가 당당하다."(理直氣壯) 등의 성어는 理의 正直性을 표현한다. 한편 "정으로 용서하고 이치로 놓아 준다."(情恕理遣), "정상을 참작할 만하다."(情有可原), "실정을 분명히 알면서 일부러 저지른다."(情知故犯; 明知故犯)는 성어는 情의 구체적 참작가능성을 반영한다. 그런가 하면, "천리에 비추어 용서하기 어렵다."(天理難容), "천리가 밝고 분명하다."(天理昭彰)는 성어는, 최고 궁극의 규범으로서 天道(理)의 절대성을 강조하기도 한다.6)

고사성어보다 더욱 통속적인 속담은 일반인민의 규범의식을 그만큼 더 진술하게 담고 있다. 그 의미내용상 성어와 상통하는 바도 많지만,7) 情·理·法을 대비해 거론하여 상호간의 관계를 표현하는 것도 적지 않

---

5) 范忠信·鄭定·詹學農, 情理法與中國人, 中國人民大學出版社, 1992, 1~8면 참조. 李仁哲 역, 中國法律文化研究 - 情理法과 中國人 -, 일조각, 1996년 초판, 12-38면 참조.
6) 中華成語大辭典, 向光忠·李行健·劉松筠 主編, 吉林文史出版社, 1986년, 358-9; 729-730; 972-3 및 1232면의 각 조항 참조.
7) 成語가 일반대중의 언어에 일반보편으로 통용하면 俗談化하기도 한다. 실제로 諺語(속담)에는 성어에서 유래하여 그와 똑같은 구절이 많다.

다. "인정은 왕법을 크게 능가한다."(人情大過王法), "천리와 양심은 도처에 두루 통한다."(天理良心, 到處通行), "율령은 큰 법을 베풀고, 禮(理)는 인정에 순응한다."(律設大法, 理(禮)順人情), "理는 理이고, 법은 법이다."(理是理, 法是法), "理(禮)는 군자를 다스리고, 법은 소인을 다스린다."(理(禮)制君子, 法制小人)는 등의 속담이 대표다.8) 그 중에는 법의 본질속성이자 근원규범으로서 理에 대한 속담이 특히 많은데, 이는 사회생활에서 일반보편의 행위규범으로서 理의 비중을 가늠하게 하는 지표이기도 하다.9)

뿐만 아니라, 중국에서는 '情理法'이나 '合情‧合理‧合法' 등과 같이 더욱 직접적이고 명확한 개념이 삼위일체로 일상 언어관용에 일반 보편으로 쓰이고 있다. 이 중 合法(법에 들어맞다)과 合理(이치에 맞다)는 서양언어에도 적확하게 대응하는 개념이 존재하며, 우리에게도 낯익은 관용어이다. 하지만, 合情(情에 들어맞다)라는 용어는 매우 복합‧다의적인 개념이어서, 서구인뿐만 아니라 같은 전통문화권에 속하는 우리에게조차 상당히 낯선, 다분히 중국적인 독특한 표현이다. 이러한 용어는 일반 개인사이의 사적 거래 및 인간관계는 물론, 국가와 인민간의 공적인 관계에

---

8) 中華諺海, 淸 史襄哉 編, 中華書局, 1927 原版, 上海文藝出版社, 影印本. §§1631‧3983‧5249‧8153‧8156(8875) 참조.

9) 예컨대, 諺語兩千條, 孫治平 外 四人 共編, 上海文藝出版社, 1984년, 14-23면에는, '行爲道理'라는 專篇을 두어 약 80條의 理에 관한 속담을 싣고 있다. 그 대표적 예는 다음과 같다. "사람이 친근한지(情)를 보지 말고 이치가 순조로운지를 보아라."(不看人親不順, 要看理順不順.) "한 이치가 통하면 모든 이치가 융합한다."(一理通, 百理融.) "하늘에는 두 해가 없고 인간에는 두 이치가 없다."(天無二日, 人無二理. 이는 곧 不二法門과 상통함.) "위세로 입을 복종시키고, 이치로 마음을 복종시킨다."(以勢服人口, 以理服人心.) "이치가 있으면 이기고, 이치가 없으면 진다."(有理 贏, 無理輪.) "이치가 있으면 천하에 두루 통하지만, 이치가 없으면 한 발짝도 움직일 수 없다."(有理走遍天下, 無理寸步難行.) "일은 中正에 의지하고, 이치는 公平에 의지한다."(事憑中, 理憑公.) "진실한 정은 이치에 어긋나지 않으며, 진실한 이치는 정에 어긋나지 않는다."(眞情不悖理, 眞理不悖情.) "이치가 올바르면 관가(소송)를 두려워하지 않고, 마음이 올바르면 하늘을 두려워하지 않는다."(理正不怕官, 心正不怕天.) "일은 천리에 따라 행하고, 말은 인심에 맞게 한다."(做事徇天理, 出言順人心.) 이 밖에 情理法과 관련한 중국인민의 규범의식에 대하여는, 范忠信 外(共著), 情理法與中國人, 15-28면 및 兪榮根, 儒家法思想通論, 22-4면 참조.

이르기까지 광범위하게 쓰인다. 특히 정부의 법령시행 및 집행과 관련한 행정처분이나 司法처리 등과 관련하여, 언론이나 일반여론의 법규범적 평가(대개는 부정적인 비판)를 대표하는 경우가 많다.

예컨대, 中華民國(臺灣) 정부가 인민의 大陸探親(중공친척방문)을 공식으로 허용한 지 얼마 안 된 1987년 11월에, 당대의 유명한 작가 梁實秋가 작고하여, 당시 대륙에 거주하던 그의 딸이 대만에 와서 장례식에 참석하려고 입국비자를 신청하였는데, 內政部의 출입국심의위원회가 국가보안법의 규정을 이유로 그의 입국을 거절한 일이 있었다.

이에 진보 언론매체에서는 "法律과 人倫은 무엇이 가볍고 무엇이 무거운가?"라는 제하에 각계 인사의 맹렬하고 신랄한 비판의 소리를 크게 보도하였다. 물론 그들의 일관된 공통 견해는 인도적 입장에서 喪主의 입국을 허용해야 한다는 논지였다. 즉, 적어도 이 사안에서 人倫이란 구체로 人'情'과 倫'理'로서, 정부의 결정은 매우 不合理할 뿐만 아니라, 人情에 가깝지 않다는 것이었다.[10]

또 하나의 예로는, 근래 다소 활기를 띤 노동조합운동과 관련하여, 새로 성립한 '自主工聯'과 '勞工聯盟' 지위의 합법성 문제 및 工會(노동조합)의 분립이나 신설 이후 조합재산 분배방법의 '合情·合理·合法' 문제가 "情, 理, 法, 三者는 어느 하나도 빠뜨릴 수 없다"는 제하에, 구체적인 예와 함께 예리하게 거론하기도 하였다.[11]

그런가 하면, 중국인의 '情理法'의 법규범의식 관점에서 미국의 첫인상이 '情도 없고 理도 없으며, 오직 法밖에 없는'(無情無理 只有法) 국가로 묘사하는 문장도 언론에 실린 적이 있다. 자고로 소송을 장려하지 않는 중국인은 평생 법원에 들어가지 않는 것을 영광으로 여긴다. 현재도 중화민국(대만)에서는 법률 선전 교육에 그다지 신경 쓰지 않기 때문에, 일반인은 무슨 문제가 발생하면, 우선 어떻게 평화롭게 해결할 것인지를 궁리하며, 법률지식 따위는 염두에도 두지 않고, 특히 인간관계에 의지

---

10) 自立晚報, 民國76(서기 1987)年 11月 18日 第2版(면) 참조.
11) 自立晚報, 民國77(서기 1988)年 4月 11日 第2版(면) 참조.

하여 매사를 情·理·法의 순서에 의해 처리하는 것이 보통이다. 이렇게 습관이 든 중국인의 눈에는, 오직 법만 존재하는 미국이 적응하기 매우 힘든 낯선 나라임에 틀림없다.12)(이 점은 한국인에게도 마찬가지리라.)

이러한 일련의 사례들은 근대 서구법체계의 현실 속에 살아 있는 전통법문화·의식·관념의 한 단면을 생생하게 보여주는 증거다. 특히, 情과 理가 法과 함께 是非·善惡·好惡의 가치를 판단하는 표준으로서 명실상부한 삼위일체의 규범실체를 이루며, 나아가 국가실정법 및 그 집행의 정당성이나 타당성을 가늠하는 근본 척도로서 情과 理를 실질상의 法源으로 인식함을 뜻한다. 이러한 법규범의식에 젖은 중국인이 근대서구의 법문화에 쉽게 적응하지 못하는 것은 자연스러운 일이며, 또한 거꾸로 이러한 전통 중국법의 관념이 지배하는 토양에 이식한 근대 서구법체계가 활짝 번성하기 어려운 것도 어쩌면 당연한 이치일 것이다.

4. 국가 실정법이 계승한 情·理·法의 정신

그런데 情과 理의 법이념은 단지 인민들의 의식과 관념에 살아 있는 民衆法에 불과한 것이 아니라, 국가의 공식 법전에 실정법 규정으로도 현존한다. 예컨대, 中華民國 민법 제1조는 "민사에 관하여 법률에 규정이 없으면 관습법에 의하고, 관습법이 없으면 法理에 의한다."고 규정한다. 여기에서 법률과 관습법에 이어 흠결을 보충하는 최후의 法源인 法理가 곧 전통 중국법상의 理를 직접 유전·계승한 후예이다. 1929년에 공포·시행한 중화민국 민법의 이 규정은 그 역사를 다시 소급하면, 淸이 멸망하던 宣統3年(1911)에 法律修訂大臣 沈家本 등이 주도하여 완성한 大淸民律 草案의 제1조에 연원한다.13)

---

12) 工商時報, 1985年 12月. 范忠信·鄭定·詹學農 공저, 앞의 책, 27면에서 재인용.

13) 潘維和, 中國歷次民律草案校釋, 漢林出版社, 1982년, 155면 참조. 다만, 여기에 수록한 草案原文에는 '法理'로 표기하고 있는데, 鄭玉波, 民法總則, 三民書局, 1982, 修訂初版, 17면에서는 본디 日本法律과 같이 '條理'로 일컬은 것을 현행민법에서 '法理'로 개정했다고 적고 있다. 原史料를 구할 수 없는 현재 상황으로 어느 것이

물론, 제1조에 '法源'으로서 규정한 條理(法理)는 중화민국의 민법에만 독특한 것이 아니고, 서구법상 법률의 해석 및 적용 시 그 흠결을 보충하는 法源으로서 거론하는, 이른바 '事物의 本性'(Natur der Sache: 중국에서는 理法으로 번역함)에 상응하는 것이다. 즉, 이는 법관의 재판거부를 금지하는 프랑스민법 제4조의 실질적인 최후의 재판준거법원이나, 오스트리아 보통민법 제7조가 규정하는 '자연법원칙'(die natürlichen Rechtsgrundsäze), 이탈리아 민법의 '법의 일반원칙'(Secondoi principii generali di diritto), 스위스 민법 제1조가 규정하는 '자기가 입법자라면 마땅히 제정하였을 법규'의 개념과 유사하다.14) 그렇지만 그 실질 내용이 완전히 같다고 볼 수는 없을 것이다.

또한 전통 중국법상의 情이념도 현행법이 직접 계승 · 반영하고 있다. 특히, 형법상 量刑의 구체 표준으로 반드시 참작하여야 할 제반사항들은, 전통 율령에서 구성요건으로 규정하거나 司法재판의 근본 기준으로 거론하는 각종 주 · 객관의 情과 상통한다. 예컨대, 중화민국의 형법 제57조는 "일체의 情狀"을 참작하여야 할 기본원칙을 천명하면서, 그 구체 내용들을 열거하는데, 제59조가 형벌의 酌量減輕 사유로 규정하는 일반추상의 포괄적인 "범죄의 情狀"은 더욱 전통법상의 情개념에 접근한다. 또한, 형의 선고유예 및 집행유예(중국법상의 緩刑)나 가석방 등에 참작하는 情狀도 이와 비슷함은 물론이다. 이밖에 개별 · 구체로 직접 · 간접 반영하는 情은 일일이 열거할 수 없이 많다.

특기할 만한 점은, 상당히 적은 조문(各則 총103조)으로 범죄의 구성요건을 매우 일반추상으로 포괄 규정한 中國(대륙)의 구 형법에 두드러진다. 즉, 법관의 재량권을 대폭 확대하다 보니, 그에 상응하여 적지 않은 범죄에서 우선 일반 구성요건과 법정형을 전반부에 규정한 다음, 후반

사실이고 어느 것이 착오인지 확인할 길이 없다. 한편, 우리나라 민법 제1조의 규정은 직접 중화민국 민법 제1조에 근원하는 것임을 알 수 있다.

14) 鄭玉波, 民法總則, 42-3면 및 곽윤직, 民法總則(新訂修正版), 박영사, 1998 新訂修正版, 30-31면 참조.

부에 "情狀"이 비교적 가볍거나 중대하거나 또는 특별히 惡劣한(악질적인) 조건에 대한 감경 또는 가중처벌의 형량을 별도로 추가한 것이다. 1997년 전면 수정한 현행 형법은 대체로 중화민국(대만)의 형법과 비슷한 양상을 보인다.

그리고 전통 人情과 倫理를 실질상 계승·반영한 법규정도 일일이 열거할 수 없게 많다. 특히, 친족·상속법의 경우 혈연적 종법제도에 근거한 가족주의 윤리가 가장 진하게 나타난다. 현행 중화민국 민법상의 家長제도(§1123-1128)는 가부장제적 가족윤리를 대표하는 전형적인 상징일 것이다. 한편, 형법에서 중화민국·중국 모두 內亂·外患의 국가적 범죄를 필두로 내세우고, 사회 公益과 倫理를 해치는 범죄를 다음으로 두며, 개인 법익을 보호하는 규정은 맨 나중에 규정하는 체계를 취한다.

이는 국가와 사회를 가족과 개인에 우선시키는 전통 忠倫理의 직접 반영임이 분명하다. 또한, 중화민국 형법이 직계존속 살해죄 등에 대해 특별히 가중 처벌하는 것은 孝倫理를 강조하는 규정으로 특기할 만하다. 이와 같이, 전통법의 人情과 倫理를 계승한 각종 개별·구체적 현행 법제에 대해 비교분석과 종합평가를 시도하여 법의 역사문화를 비판적으로 계승하는 데도, 情理法의 이념에 대한 연구가 필수임은 물론이다.

5. 기존의 연구 업적들 : 그 성과와 한계

그런데 이처럼 일반보편으로 살아 있는 전통 규범의식을 이루면서, 법의 본질 정신 및 보충 법원이 되기도 하는 중요한 情과 理에 관해서, 지금까지 학문연구는 아직 희소한 편이어서, 열 손가락도 채 꼽기 힘들 정도이다. 우선 제2차대전 후 중화민국(대만)의 법학잡지에는 情理法 삼자를 주제로 한 隨想文 형식의 短文이 몇 편 실렸다. "이들의 논지는 대체로 사물의 시비·곡직을 형량하는 세 가지 척도로서 人情·天理·國法을 거론하는 전통 사고는 현대에서도 의미를 상실하지 않는다는 관점에서, 그 현대적 적응방법을 논하는 것이었다."15) 특히, 中華法系의

특징이 國法 이외에 天理와 人情을 동시에 중시하는 데에 있다고 강조하기도 한다.16)

　본격적인 학술논문으로는 로스코 파운드(Roscoe Pound)의 기념논문집에 실린 曹文彦의 「중국 관습법상의 형평원리」라는 논문을 들 수 있을 것이다. 여기에서는 刑案匯覽·名公書判淸明集·棠陰比事·白氏長慶集 등으로부터 재판사례를 인용하여, 情과 理의 법규범 작용을 설명하고 있다. 그 핵심 요지는 "분쟁의 해결에서 우선 情(human sentiment)에 의거하고, 다음으로 理(reason)에 의거하며, 최후에 法(law)에 의거하는 것이 중국인의 고래의 전통이다."는 점이다.17)

　여기에서 필자는 일상 언어관용의 표현과 순서에 완전히 일치하게 情·理·法을 거론할 뿐만 아니라, 情과 理가 분쟁해결의 규범기준으로서 법에 우선하여 적용하는 관계를 강조한다. 그런데 이 논문의 결정적인 문제점은, 개념의 영어번역상 중국어를 잘 모르는 서양인들에게 자칫 그릇된 편면 인식을 심어 줄 소지가 큰 점이다. 언어의 불완전함이 번역 자체의 곤란성과 한계성을 낳지만, 情을 주관 人情(human sentiment)에 국한하고, 理를 객관 이치(reason)에 한정한 점이 가장 큰 결함으로 보인다. 왜냐하면, 情에는 객관 事情·情狀의 함의도 담겨 있고, 理에는 주관 인간의 倫理 개념도 그 중요한 요소가 되기 때문이다.

　한편, 근래에 일본의 저명한 원로 中國法史學者인 滋賀秀三의 「民事的法源の槪括的檢討 : 情·理·法」이라는 논문18)은 斯界의 학문 연구를

---

15) 저명한 법제사학자 陳顧遠의 「(法務漫談)天理·國法·人情」(法令月刊 第6卷 第11期, 1955, 287-9면)을 필두로 하여, 史延程의 「天理·國法·人情之解說」(法學叢刊 第5期, 1957, 12-3면)과 法律評論의 社論으로 실린 「國法·人情·天理」(第32卷 第5期 1966, 1-3면) 등이 그것이다. 滋賀秀三, 淸代中國の法と裁判, 創文社, 1984년, 269면에서 재인용. 또한 같은 책, 294면의 註 13a) 참조.

16) 陳顧遠, 中國法制史槪要, 47-53면 참조.

17) Wen-yen Tsao, "Equity in Chinese Customary law", in: Essays in Jurisprudence in Honor of Roscoe Pound, Indianapolis/New York, 1962, pp.21-43. 滋賀秀三, 앞의 책 269면에서 재인용. 또한 294면의 註 13b) 참조.

18) 滋賀秀三, 앞 책, 263-304면. 본 논문은 원래 東洋史研究, 40卷1號(1981.6.)에 실림..

대표할 만한 중요한 업적으로 평가할 수 있다. 이는 淸代의 관직을 지낸 개인의 判語나 기타 문집들에 실린 당시의 생생한 재판실무 경험담 및 판결문 등을 주요자료로 삼아, 민사재판[聽訟]에 "다소 보편적인 판단 기준"으로서 적용한 法源의 관점에서 情理法을 상당히 구체적이고 실증적으로 분석한 뒤, 그들의 개념과 상호관계를 체계적으로 종합·정리한 것이다. 본 논문은 실정법학의 관점에 입각하여, 가장 기본이 되는 민사 법원, 즉 재판규범으로서 國法(律例)을 제1차 순서로 다루는 것이 특징이다.[19] 그러나 실제 내용상의 비중은 물론 情과 理에 두는데, 10여 건의 판례를 구체로 분석한 결과, 情과 理의 실질 개념을 귀납적으로 정리하고 있다.

그러나 본 논문은 시대와 주제를 비교적 좁게 한정하고, 자료도 제약을 받아, 情理法의 전체 내용과 체계를 총망라하지는 못한 한계를 지닌다. 우선, 철학사상의 배경과 연원은 차치하고라도, 전통법의 절대 다수를 차지하는 '刑事'가 빠진 점, 그와 함께 법의 가장 중요한 기본 연원인 국가실정법의 구체 내용을 전혀 언급하지 못한 사실 등은, 짧은 논문이 가질 수밖에 없는 기본 한계임이 분명하다. 따라서 일반보편의 事理라는 理의 객관 함의를 제외하고는, 그 철학상 의미나 인간의 주관 倫理의 개념은 전혀 고려할 수 없었을 것이다.

또한 情에서도 일상 事情이나 人情의 개괄 개념 이외에, 좀 더 미묘한 주관적 故意나 心理的으로 미묘한 情은 언급하기 어려웠을 것이다. 더구나 주관 차원의 人情·倫理 및 객관 차원의 事情·事理(특히 법적인

---

19) 전통 중국법 자체가 본디 민사에 관한 규정이 극히 적은 편이다. 특히 州縣에서 처결하는 인민 상호간의 경미한 민사 聽訟은 "教諭的 調停(didactic conciliation)"의 성격을 강하게 지닌다. 따라서 대부분의 안건에서 국법의 실정조문을 인용·적용하는 것은 결코 아니라고 한다. 그리고 判語에 인용하는 국법은 대체로 大淸律例에 국한하며, 기타 大淸會典이나 會典事例·各部의 則例 등 구체적이고 세부적인 법제 편찬물은 거의 적용하지 않는다고 한다. "教諭的 調停(didactic conciliation)"은 Dan Fenno Henderson, "Conciliation and Japanese Law: Tokugawa and Modern"에서 일본 江戸時代의 민사분쟁 처리제도에 대한 성격규정으로 도입한 개념을, 滋賀 교수가 전통 중국법(淸代 민사재판)에 차용한 것이라고 한다. 253-4면 및 265면 참조.

情狀과 法理), 국가 公法과 가족주의 人情·倫理라는 중국 전통규범상의 기본 대립관계는 아예 고려할 여유조차 없다. 즉, 滋賀 교수의 논문은 법사학의 정밀도와 심도는 갖추었으면서, 반면 철학사상 및 이론상 체계의 종합성과 廣博性은 갖추지 못한 한계가 뚜렷하다.

그리고 앞서 소개한 兪榮根의 '儒家法思想通論'은 전통 중국법의 철학사상적 주요근간인 유가의 윤리를 광범위하면서도 심도 있게 집중 연구한 괄목할 만한 업적임에 틀림없다. 그러나 기본 관점 자체가 情理가 아닌 '유가'사상인 까닭에, 그 실질 내용을 인간의 윤리에 국한하여, 그밖의 다른 요소들은 전혀 거론할 소지가 없는 편이다. 이러한 유가의 윤리로서 德이나 禮에 관하여는 기존의 연구 성과도 적지 않은데, 다만 본서가 법사상의 관점에서 종합 정리한 셈이다.

한편, 이 책은 孔·孟·荀의 철학사상을 중심으로 하면서, 그 후 역대의 법사상의 변천을 간략히 다루는 데 그치고 있기 때문에, 실정법의 내용이나 司法판례는 아예 다루지도 않고 있다. 또한, 秦律 이래로 전통 중국법의 또 다른 내면의 핵심요소를 이루는 法家의 철학사상은 애당초 취급하지 않을 뿐만 아니라, 전통 중국법이 마치 유가독존의 사상 배경에 의해 이루어진 듯한 전제를 가정한 점이, 편면적 불완전성으로서 가장 큰 한계이다.

또 다른 하나의 연구는 范忠信·鄭定·詹學農 3인 공저의 "情理法與中國人"이다. 제목에서 드러나듯이, '중국 전통 법률문화의 탐색'(이는 본디 이 책의 副題인데, 우리나라 번역본의 주 제목이 됨)의 핵심으로서 情理法을 전문주제로 삼은 획기적인 연구이다. 본서는 情·理·法의 이념을 비교적 전체적이고 일목요연한 체계로 구성하였으며, 역사상 중요한 약간의 전형 사례에 대한 분석과 논증은 물론, 성문법제와 司法裁判의 실천 측면까지 동시에 참작한 주목할 연구로 여겨진다. 특히, 법의식·관념·문화의 관점에서 개괄적으로 서술한 것이기 때문에, 생동감이 활발하며 문체가 비교적 경쾌하고 유창하여, 일반 계몽교양서로서 별로 손색이 없이 훌륭하다. 다만 상대적으로 학술적인 엄격성이 다소 떨어지는 것이

흠인데, 이는 주제 및 관점의 특성상 불가피한 제약일 것이다. 여하튼 '法上之法'으로서 天理와 禮, '法中之法'으로서 律令 조문, '法外之法'으로서 윤리강상의 情과 人之常情의 흥미로운 개념화를 기초로 펼쳐진 이 책의 내용은, 전통 중국법상 情理法의 의식·관념·감정·문화를 개관하기에 충분하다.

그러나 이 책도 情理法의 개념범주를 일상 언어관용과 법의식의 수준에서 유가의 人情과 倫理에 주안하고 있기 때문에, 그 체계의 절반밖에 구성하지 못한 불완전성이 결정적인 한계다. 유가 윤리의 사상 연원으로서 天理를 거론하지만, 이는 실질상 윤리의 化身(前身)인 주관적 개념범주일 뿐, 객관 차원의 함의는 거의 지니지 못하는 편이다. 즉, 情理의 객관 측면인 事情이나 事理·法理 등에 대해서는 별 관심을 두지 않고 있다. 이는 역시 법가사상을 제외하고 유가 위주로 논의를 전개한 결과 나타난 필연의 결함이다. 비록 형벌의 강제성 위주로 법의 개념을 부각시키면서 단편적인 법가언론을 언급하긴 하지만, 법가사상이 秦漢의 중앙집권 律令國家 형성에 기여한 통치이념의 성격과 그 法理 측면은 전혀 주의하지 못하고 있다. 그 결과 德禮와 함께 孝의 통치이념은 철학사상 및 실정법 내용의 차원에서 비교적 상세히 거론하면서도, 孝와 쌍벽을 이루는 국가주의 왕권절대의 忠理念에 관해서는 일언반구의 언급도 없는 것이다.

한편 서양학자로서는 Joseph Needham이 "중국의 과학과 문명" 제2권 제18장 중 '중국사상과 자연법칙'의 절에서 法·禮·義·命·律·度·紀綱·憲 등, 법규범의 의미를 함축하는 각종 개념들과 함께 '理'와 則을 다룬다. 그런데 그 연구범위가 朱熹와 그 문하 新儒學派의 性理學上 理氣說의 관점에 국한하고 있으며, 법제사나 법철학사상의 근본이념과는 구체적 관련성을 거의 지니지 못하고 있다. 즉, 情에 대한 언급은 전혀 없을 뿐만 아니라, 理에 관해서도 구체적 국가실정법과 관계보다는 일반철학의 관점에서 道나 性·義·則 등 개념과 상호관련성을 소개·분석했을 뿐이다.

6. 본서의 연구 방향과 체제

본서는 서두에서 제기한 문제의식을 지니고, 지금까지 소개한 기존의 연구 성과를 바탕으로 하면서, 그 결함 및 한계점을 보완함으로써, 전통 중국법의 기본이념으로서 情理法의 이론체계를 통시대적인 거시 관점에서 종합하여 새롭게 구성해 보고자 한다. 기본 자료와 그 실질내용에서는 국가실정법의 규정과 그 철학사상의 연원 및 司法裁判상의 실현이라는 삼위일체의 통일조화를 도모하고자 한다.

우선 국가실정법은 현전하는 最古의 완전한 법전인 唐律을 중심으로 한다. 왜냐하면, 법제사상 전통 중국법은 唐律에서 완벽한 체계로 집대성하였으며, 그 이후로 明淸律에 이르기까지 적어도 律文의 규정상으로는 기본 체제와 내용이 별다른 변동 없이 그대로 큰 틀을 유지하였기 때문이다. 물론 唐律과 함께, 그 역사 연원인 前代 律令의 편린, 특히 漢律과 최근 출토한 秦律, 그리고 그 후 계승 변천을 겪은 明淸律 등의 독특한 규정도 포함한다. 여하튼 律의 규정내용과 그 기본원리는 양으로나 질로나 모두 본 연구의 핵심 지위를 차지한다.

법제사건 법철학사상이건, 현실 법제를 떠나서는 법에 관한 어떠한 실질 논의도 근본상 이루어질 수 없음은 당연하다. 律令의 실질내용은 그것이 비록 통치이념상의 허구 명분에 불과할지라도, 당시의 정치·사회·경제·문화적 역사현실을 직접 반영하는 제1차 사료이기 때문에, 결코 무시하거나 경시할 수 없는 가장 중요한 기본 연구자료가 된다.

철학사상의 배경은 秦漢 이후 각종 律令법제에 직·간접의 지도이념을 제공한 유가 및 법가를 중심으로 탐구한다. 물론, 孝를 비롯한 제반 가족주의 윤리를 국가통치의 기본 대의명분으로 제공한 유가의 사상이 주된 지위를 차지하는 것이 사실이다. 그러나 유가의 孝를 바탕으로 군주에 대한 忠을 윤리적으로 연역해 냄으로써, 국가주의 절대왕권을 더욱 강화하는 통치이념은, 전국시대부터 秦漢에 걸쳐 급격히 부상한 신흥 법가사상에 의해 이론체계를 갖추고 현실 법제로 탈바꿈한 사실도 간과할 수 없다.

법제사의 흐름을 보더라도, 西周 初부터 춘추시대까지는 유가의 禮가 국가사회의 주도적 법규범의 지위를 지속해 왔는데, 춘추말엽부터 전국 시대에 걸쳐 신흥 지주계급의 출현과 함께 새로이 부상한 법가에 의해 각국의 변법개혁이 이루어지고, 그 결과 法(刑·律)이 새로운 법규범으로서 점차 禮의 지위를 대체하기에 이르렀다. 법의 절대 지위는 秦의 천하통일을 계기로 절정에 달하였으나, 秦의 멸망과 함께 그 결함과 폐단이 거센 비판과 성토의 과녁으로 떠올랐다.

마침내 漢은 秦의 律令體系를 계승정비하면서, 유가의 德·禮 위주의 통치이념을 대의명분으로 표방하고, 유가의 孝倫理를 법가의 忠理念과 적절히 조화·결합시킴으로써, 이른바 '孝以移忠'(부모에 대한 효도로 군주에 대한 충성을 유도한다)의 명분 아래 중앙집권 절대왕권과 그에 상응하는 律令體系를 완비한 것이다. 즉, 漢과 그를 계승한 역대 왕조의 律令體系는 기본상 유가의 禮(孝)와 그에 대한 反作用으로 등장한 법가의 法(忠)을 철학사상상 合一한 역사 변증법의 산물이라고 할 수 있다.

따라서 법제의 철학사상의 연원으로서, 유가와 함께 법가를 동시에 고찰할 가능성이 충분히 존재하며, 나아가 그래야 하는 당위성까지도 강조할 필요가 있다. 그리고 情理의 객관 측면인 법률요건 사실로서 情과, 法理의 이념, 특히 법의 공평무사를 관철하기 위해 인간의 私情을 엄격히 배제한 사실 등은, 주로 법가사상의 관점에서 부각하는 점을 주목하여야 한다.

한편, 司法判例는 규범이상인 실정법을 최종 선언·실현하는 규범현실로서, 법의 實效性을 가늠하는 결정적 척도이다. 또한 당시 사회에 활발하게 생동하던 '살아 있는 법'으로서 법제 자체뿐만 아니라, 정치 得失과 사회 治亂을 반영하는 중요한 역사평가의 표준이 된다. 물론, 司法判例는 거의 대부분이 역사의 흐름에 파묻혀 사라지고, 史書에 현전하는 극소수의 판례들은 대개 당대를 떠들썩하게 진동시킨 중대한 안건들일 것이다. 따라서 당시 司法現實의 전체적인 '代表性'[전형성]을 충분히 지니고 있다고 여겨진다. 이러한 역사 속의 중대한 전형 판례들에 대한 분석·평가는, 실정법의 내용 및 그 철학사상의 근원과 함께, 情理 이념의 연구에서 세 솥발[鼎足]을 이루는 의미심장한 작업이 될 것이다.

그런데 이 삼자의 상호관계가 매우 긴밀하고 복잡하므로, 그 논술체제에서는 이 세 측면을 각기 따로 분리·독립시킬 수만은 없는 어려움이 뒤따른다. 따라서 본서는 체계의 簡明性과 이해의 편의를 위하여, 다음과 같은 순서와 방법에 의해 논술을 진행하기로 한다.

우선 제2장에서는 전통 中國'法'의 범주 설정 및 본서의 중심 주제인 '情'과 '理'의 개념 분류를 간략히 전제한 뒤, 情理法 이념의 철학사상 연원을 집중 탐구한다. 그 내용은 유가의 禮論 및 법가의 法治思想에 깔린 情理의 이념과 함께, 역대 律令制定의 지도이념으로 제시하는 '天理'와 '人情'이 될 것이다.

다음으로 제3장과 제4장에서는 실정법의 내용을, 크게 주관 人情·倫理와 객관 法理適用의 두 부분으로 나누어 각기 논술하되, 각각 구체적 법제규정의 철학사상 배경 및 그에 관한 역대의 주요 司法判例들을 동시에 첨부하는 방법을 취함으로써, 삼자간의 내면적인 긴밀한 유대관계를 입체로 구성한다.

이중 제3장은 정치[統治]의(political) 관점을 대표하는데, 혈연의 人情과 그에 바탕한 倫理의 통치이념적 법제화가 중심 주제를 이룬다. 즉, 자연적·존재적(Sein) 차원의 人情을 국가 실정법이 소극 허용할 뿐만 아니라, 사회적·당위적(Sollen) 차원의 孝 倫理로 고양하여 적극 권장 또는 명령하고, 나아가 이를 바탕으로 국가(군주)에 대한 절대적 忠 倫理를 강요하기 위한 논리적 연역의 통치이념으로 이용한 실상까지 그대로 밝혀낼 것이다.

기존의 연구가 별로 주의하지 못한 효와 충의 이념상 결합 및 모순과 함께, 그 이전의 존재적인 본래 진면목, 특히 '禮'상 孝와 忠의 기본 내용을 동시에 대비함으로써, 情理의 법이념이 지니는 정치사회적 윤리 도덕성을 더욱 부각할 것이다. 아울러, 부부간의 혼인 및 그로 말미암은

義親관계상의 각종 인륜규범이 법규정 및 재판 사례를 통하여 밝혀지는데, 이는 효 및 충과 더불어 三綱윤리를 구성하는 역사적 규범으로서 더욱 중요한 의미가 있다.

그리고 제4장은 법률[司法]의(judicial) 관점을 대표하는데, 비교적 객관 중립의 순수한 법이념으로서 情理가 사회 정의실현을 위한 절차·방법적인 법제 및 司法現實에 어떻게 나타나는지 주목하게 된다. 법의 해석 및 적용·시행상의 기본원칙과 중국법의 내면 원리로서 '恕'와 '仁'의 철학사상 등을 중점 탐구하면서, 情理法의 중용조화를 위한 재판상 최후의 정상참작 제도 및 사례들을 덧붙여 살펴봄으로써, 다채롭고 생동감 있는 법제사적 조망이 펼쳐질 것이다.

여기서는 주로 법가의 관점에서 객관 법률요건 사실로서 情과 일반 보편의 법칙·원리로서 事理·法理가 주요 관심사다. 특히, 법의 공평무사한 획일적 시행 및 적용으로서 理의 개념본질과, 이를 보장하기 위해 상대적으로 필요한 私情의 방지가, 법의 핵심 특성으로서 매우 중요한 비중을 지닌다. 기존의 연구는 이 점에 비교적 소홀하였다. 물론 부분 내용을 개별로 고찰한 경우는 있어도, 전체적인 '法理'의 체계로까지 구성하지는 못한 편이다. 법과 법가사상에 대한 부정적인 인식이 일반보편인 현실을 감안하면, 이 관점의 고찰이 상대적으로 제법 의미 있게 될 것이다. 나아가 情理의 개념범주에 대한 일반 관념의식까지 다소 확장·수정시킬 수 있는 참신한 시도가 될 것이다. _()_

情·理·法 이념의 역사·철학상 淵源

제 2 장

제1절 法과 情·理의 개념

1. 法의 개념

(1) 법의 두 가지 기능 속성

우리 민족과 마찬가지로 중국 민족도 전통적으로 법에 대해 혐오감과 공포심 같은 부정 의식이 강하다. 이는 의무 본위와 형벌 위주의 법개념으로 말미암는 문화 특성이다. 특히, '法卽刑'이라는 관념은 역사상의 법제현실뿐만 아니라, 일반 철학사상에도 널리 퍼져 인민의 의식을 지배해 온 까닭에, 근대 서구법을 수용한 지 1세기가 넘는 지금까지도 그 심리적·의식적 영향이 뿌리 깊게 남아 있다.[1] 그러나 역사상 法卽刑이라는 관념, 즉 형벌위주의 '협의의 법' 개념은 본디 信賞必罰과 중형엄벌로써 부국강병과 절대군권을 확립하고, 이를 바탕으로 천하통일을 성취하려던 법가의 통치술로부터 생겨났다. 秦이 법가사상을 기반으로 천하통일과 중앙집권 절대군주제를 성취한 후, 漢 이후 역대왕조도 통치이념상으로는 德禮仁義의 유가사상을 표방하면서, 실제로는 통치체제 유지를 위해 중형엄벌의 수단방편을 계속 이용했다. 전통 법관념은 이른바 陽儒陰法(또는 外儒裏法)의 결과 더욱 확대·심화한 산물이다.

---

1) 愈榮根, 儒家法思想通論, 13-23면 및 范忠信·鄭定·詹學農, 情理法與中國人, 11-5면 참조. 이러한 부정적 법의식은 전통적으로 중국법의 직접 영향을 계속 받아온 우리나라에서도 마찬가지다. 朴秉濠, 韓國法制史, 韓國放送通信大學, 1986년, 64-73면 참조.

① 강제적 수단성

물론 정도와 방법(절차)의 차이는 있을지언정, 강제적 제재를 전혀 수반하지 않는 법이란 결코 존재하지 않는다. 강제적 제재수단이 빠진 법은 실효성을 확보할 수 없으며, 그것은 다른 규범이 될 수 있을지언정, 이미 법이 아니다. 국가공권력에 의해 보장·행사하는 강제력이야말로, 다른 사회규범과 구분 짓는 법 특유의 핵심징표(種差)다. 바로 법에서 '刑(罰)'의 개념이 강하게 두드러지는 까닭이다.

가족주의 공동체윤리의 지배와 중앙집권 절대군주의 봉건통치 아래서, 전통 중국법이 근대적 자유·민주정신을 비교적 결여하고 엄형중벌 일변도의 강제성을 강하게 지닌 점은, 확실히 시대적·지역적인 법문화의 한 특성으로 지적할 수 있다. 이러한 특성은 法에 대한 개념정의에도 그대로 나타난다.[2] 아예 법의 강제성을 구체적 내용인 '형벌'로써 규정하는 경우도 흔하다. 일찍이 苗民은 다섯 가지 포학무도한 형벌을 제정하여 '法'이라고 명명했다. 法家의 법개념이 형벌의 강제성을 특히 부각시킴은 물론이다. 管子는 '殺戮禁誅가 法'이라고 규정한다.(心術上편) 한비자는 '법이란 상벌을 民心에 반드시 시행하는 것'이라고 정의한다. (定法편) 愼子는 '참혹하지만 시행하지 않을 수 없는 것이 法'이라고 말한다.(佚文) 또한 鹽鐵論에서도 '法은 형벌로서, 포학함을 금지하는 수단이다'고 정의한다.(詔聖편)

② 규범적 표준성

다른 어느 시대나 지역에서도 그렇겠지만, 전통 중국에서 '(모든) 법은 곧 형벌(형법)이다'는 명제는 법의 본질이나 개념속성상 본디 성립할 수 없다. 또한 철학사상 및 구체적인 법제 현실로도 결코 타당하지 않다. 왜냐하면, 법은 강제적 제재조치라는 수단의 요소와 함께, 규범적 표

---

2) 예컨대, 釋名에서 "法은 핍박(강요)이다. (사람이 모두 자기 뜻대로 하려고 하는 것을) 제한하는 바가 있도록 핍박(강요)하는 것이다."고 정의한다. 이 개념은 법의 강제성을 가장 일반추상화한 대표적 예다.

준·척도라는 기능의 요소로 이루어지는 양면성을 지니기 때문이다. 즉, 법의 강제적 수단 못지않게 규범적 표준척도도 중요한 개념 속성으로 널리 거론한다. 예컨대, 管子는 "法이란 천하의 程式이자 만사의 儀表(표준)"라고 정의하며,(明法解편) 의심스러움을 결단하여 시비를 밝히는 수단이자 백성의 생명이 달린 천하의 儀表라고 규정한다.(禁藏편) 또한 사람이 하늘을 법 삼는다는 天人合一 사상에도 법의 규범적 표준성이 잘 나타난다. 老子는 '사람은 땅을 법 삼고 땅은 하늘을 법 삼으며 하늘은 道를 법 삼고 道는 자연을 법 삼는다.'(§25)고 말했다. 이 명제에서 '法'은 비록 동사로 쓰이고 있지만, '천지자연의 道'가 혼연일체로 人法의 규범적 표준이 됨을 밝혀준다.

무엇보다도 법의 규범적 표준성을 가장 명확히 반영하는 전형적인 예는, 법의 대명사로 쓰이는 각종 규범적 비유개념들이다.3) 예컨대, 型·模·範·鎔 등과 規·矩·準·繩(墨)의 木工도구 및 度·量·衡과 같이 구체 사물을 측량하는 각종 기구가, 인간행위의 추상적인 시비·곡직·선악을 판단하는 객관적인 규범적 표준의 비유개념으로 널리 통한다. 본디 規는 원을, 矩는 사각형(직각)을, 準은 평면을, 繩(墨)은 직선을 각기 긋거나 맞춰 보는 공구인데, 흔히 '規矩'와 '準繩'이라고 병칭하는 언어관용으로 사회규범을 나타낸다. 그리고 度는 寸·尺·丈 등의 길이를, 量은 合·斗·升·石 등의 부피를, 衡은 兩·斤·鈞 등의 무게를 각기 재는 기구이다.

그런데 선진제자백가에 보면, 이들 도량형은 天志나 인륜도덕 등 각기 고유한 규범을 비유하는 개념으로 널리 두루 쓰인다. 특히 法家의 '법'개념 비유가 눈에 띄게 두드러진다. 예컨대, 管子에 따르면, 저울로 달아보면 무게를 속일 수 없고, 자로 재보면 길이를 조작할 수 없듯이,

---

3) 法은 곧 刑이요 상벌이라는 강제적 제재수단으로서 지배적인 법의식을 매우 강조하는 견해도, 規矩·繩墨·權衡 등의 비유개념을 통하여 법의 객관적 규범표준의 성격을 인정하는데, 특히 法家의 사상을 주로 인용·소개하는 것이 눈에 띈다. 范忠信·鄭定·詹學農, 情理法與中國人, 33-5면 참조.

法度로 통제하면 거짓과 기교를 부릴 수 없기 때문에, 法으로써 나라를 다스리는 것은 그 척도에 맡기기만 하면 된다.(明法·明法解편) "먹줄은 잡아 튕겨서 바르게[正]하고, 水準器는 울퉁불퉁한 것을 편편히[平]하며, 그림쇠[鉤]는 굽은 것이 들어가면 곧게[直] 나오도록 하니, 이는 聖君과 賢臣의 法制가 실행됨을 말한다."(宙合편). "尺寸也, 繩墨也, 規矩也, 衡石也, 斗斛也, 角量也, 謂之法."(七法편)

참고로 주목할 만한 흥미로운 사실은, 서양 언어에서도 각종 도량형을 뜻하는 단어들이 법을 상징하는 용어로 의미를 파생한 현상이다. 예컨대, '규칙·법규'를 뜻하는 'rule'은 'ruler'와 같이 본디 '자(尺)'를 뜻하는 단어에서 출발했고, '수단·방책·법안'의 의미도 지니는 'measure'는 본디 '재다·측량하다·크기(길이·무게·부피)'를 뜻하는 도량형의 의미다. 또한 서양의 '법'과 '정의'를 상징하는 '여신'이 오른손의 칼과 함께 왼손에 들고 있는 '저울'도 법의 규범적 표준척도를 뜻하는 것이다.

(2) 중국법의 역사 범주의 변천 : 禮→(刑)法→律

따라서 이러한 규범적 표준성과 강제적 수단성을 동시에 함축하는 '광의의 법' 개념을 설정해 쓸 가능성과 필요성이 존재한다. 왜냐하면, 형벌 위주의 '협의의 법' 개념으로는 전통 중국법문화를 역사적 사실 그대로 이해할 수 없기 때문이다. 뿐만 아니라, 근대 서구법 개념과 관련하여 전통 중국법을 부당하게 편파적으로 왜곡·오해할 소지가 다분하다. 이러한 '광의의 법' 개념은 禮→(刑)法→律이라는 중국법의 역사 범주의 변천을 통하여 더욱 명확하게 파악할 수 있다.

① 最古의 법규범 : 禮

우선 중국 역사상 구체로 실재한 最古의 법규범은 禮이다. 보통 禮의 최초기원은 원시사회의 풍속습관으로부터 유래하는 것으로 인식한다. 계급사회에 접어들면서, 사회의 질서유지 및 인민통치에 필요하고 유익한 풍속습관을 국가권력이 인정하고, 나아가 이를 보충·정비하여 규범

화한 것이 곧 禮라는 것이다. 따라서 이 禮는 형식상 상당히 오랜 기간
(일반으로 夏殷代까지) 不成文의 관습법으로 존재해 온 것처럼 보인다.[4]

문헌기록상 등장하는 最古의 禮는 夏禮와 殷禮로 전해진다. 공자는
일찍이 夏禮와 殷禮는 각기 말할 수 있지만, 그들의 후예인 杞와 宋의
禮制에 대해서는 문헌이 부족하여 징험할 수 없다고 탄식했다. 또, 殷은
夏禮를 바탕으로, 周는 殷禮를 바탕으로 각각 제정한 것이기 때문에, 어
떻게 손익·증감했는지 그 변화내용을 알 수 있다고 선언했다.[5] 이러한
사실을 보면, 적어도 춘추말기까지는 夏禮와 殷禮에 대한 역사기록이나
그 구체 내용에 대한 문헌자료가 전해졌음을 짐작할 수 있다.[6]

그러나 우리가 흔히 일컫는 禮는 周禮(물론 현전하는 十三經 중 이른바 三禮
에 해당하는 '周禮'書가 아님)의 대명사로 통한다. 左傳에는 "周公이 周禮를
'制'定 했다"는 기록이 실려 있다.(文公 18年) 이에 대하여, 禮 자체가 당
시 유행하던 풍속습관이나 先王으로부터 시행해온 관례로서 不(成)文의
관습법이라고 보는 견해의 입장에서는, 당연히 周公의 '制'禮說을 부인
할 것이다.[7] 그러나 절대다수의 통설은, 周公이 夏殷의 古禮를 바탕으

---

4) 栗勁·王占通,「略論奴隷社會的禮與法」, 中國社會科學, 1985.5. 195-210頁(先秦·秦
漢史, 1985.12. 所收) 12면 및 倪正茂·兪榮根·鄭秦·曹培, 中華法苑四千年, 群衆
出版社, 1987년, 10-11면 참조. 한편, 禮의 본질 속성에 대한 학설은 매우 분분하
다. 禮는 법이 아니고 단순한 윤리도덕이며, 刑이야말로 비로소 법이라는 견해; 일
부분의 禮는 법이고 (법의 효력과 작용을 갖추고) 일부분은 도덕이라는 견해; 실질
적인 법으로서 광의의 법에 들어가는 관습법이라는 견해; 禮는 실질상의 법이되,
주로 私法이나 民法을 지칭하며, 이와 별도로 刑法·公法이 존재하여, 결국 禮와 刑
의 두 체계가 공존한다는 견해; 刑은 단순한 형벌로서 법의 내용이 결코 없고, 禮야
말로 일반 보편의 행위규범으로서, 도덕과 법률의 이중성을 지닌다는 견해; 협의의
법에는 刑만 속하고 禮는 독립의 범주를 이루지만, 광의의 법에는 禮도 刑과 함께
일반 행위규범으로서 포함한다는 견해; 禮 자체가 곧 법이며 禮밖에는 어떠한 독립
의 법체계도 존재하지 않고, 刑조차도 禮라는 법의 일부에 속한다는 견해 등이 대
표 학설로 등장하였다. 兪榮根, 儒家法思想通論, 100-9면; 栗勁·王占通, 앞의 글,
9-22면; 林咏榮, 唐清律的比較及其發展, 國立編譯館, 1982년, 18면의 내용 및 거기
에 소개한 학설 참조.

5) 論語, 八佾 §9 및 爲政 §23 참조.

6) 倪正茂·兪榮根·鄭秦·曹培, 中華法苑四千年, 11면 참조.

7) 栗勁·王占通,「略論奴隷社會的禮與法」, 12-14면 참조.

로 당시의 정치사회 요청에 합당하게 이를 손익·증감하고 새로이 정리·편찬하여 法典化·制度化한 것이라고 이해한다.[8] 周禮의 내용은 몹시 광범위하여, 크게는 국가 文物典章 制度부터 작게는 사회 풍속습관에 이르기까지, 정치·경제·군사·윤리·司法·혼인·민사 등의 거의 모든 영역을 총망라한다. 周禮는 국가의 근본 통치규범이자 인민의 행위규범임이 자명하다. 즉, 周禮는 기본상 '法'규범의 지위와 성격을 지닌 것으로 여겨진다. 禮의 객관 행위규범 표준성은 춘추전국시대의 각종 禮論에 잘 드러나 있다. 특히, 역사기록에 등장하는 통치규범으로서의 "禮는 국가를 경륜하고 사직을 안정시키며, 인민을 질서잡고 후손을 이롭게 하는 것이다." 즉, "禮란 백성을 바르게 다스리는 것이다. 그래서 제후는 동맹의 모임으로 상하의 법도를 훈계하고, 재물의 절용을 규제하며, 천자에 대한 朝見으로 爵祿과 장유의 질서를 바로잡으며, 정벌로써 무도한 자의 죄를 성토한다."[9] 요컨대, '禮는 나라의 근간'이고, '禮는 나라의 기강'이며, '周禮는 (나라의) 근본이다'는 명제로 요약한다.[10] 또한 '禮는 정치의 수레'이자, '정치의 수레를 이끄는 것'으로 비유하기도 한다.[11]

禮가 국가통치의 근본기강이라는 말은 국가구성원의 입장에서 보면, 국민 상호간의 쌍방관계를 규율하는 총체적인 사회규범임을 뜻한다. 晏子와 禮記의 禮論은 禮의 이러한 총체적 규범성을 적절히 표현해 준다.

　"禮가 나라를 다스리게 된 것은 매우 오래 되어서, 天地와 함께 나란히

---

8) 張晋藩·張希坡·曾憲義 編著, 中國法制史 (第一卷), 49면; 肯永淸 主編, 中國法制史 簡編(上), 山西人民出版社, 1981년, 28면; 倪正茂·兪榮根·鄭秦·曹培, 中華法苑四千年, 12면; 兪榮根, 儒家法思想通論, 101면; 張晋藩 主編, 中國法制史, 群衆出版社, 1985년, 15면 등 참조. 특히 이에 관한 상세한 문헌자료 정리 및 그 구체적 경과·방법·내용 등의 연구는, 楊善群, 「論周禮的制訂在歷史上的進步作用」, 學術月刊, 1984.11.(先秦·秦漢史, 1985.1. 所收) 27-32면 참조.

9) 左傳, 隱公 11年 및 莊公 23年; 國語, 魯語上 참조.

10) 左傳, 僖公 11年 및 閔公 元年; 國語, 晋語4 참조.

11) 左傳, 襄公 21年 및 荀子, 大略편 참조.

시작하였다. 군주가 명령하고 신하가 공경하며, 부모가 자애롭고 자식이 효성스러우며, 형이 우애하고 아우가 공손하며, 남편이 온화하고 아내가 유순하며, 시어머니가 인자하고 며느리가 고분고분한 것이 모두 禮이다. 군주가 명령하되 사리에 어긋나지 않고, 신하가 공경스러워 두 마음 품지 않으며, 부모가 자애롭게 교화하고 자식이 효성스럽게 명심하며, 형이 사랑스럽게 우애하고 아우가 공경스럽게 순종하며, 남편이 의롭고 온화하며 아내가 바르고 유순하며, 시어머니가 인자하게 분부하며 며느리가 고분고분 잘 받드는 것은, 禮의 가장 좋은 바탕이다.”12)

“천자가 무례하면 사직을 지킬 수 없고, 제후가 무례하면 나라를 지킬 수 없으며, 윗사람이 무례하면 아랫사람을 부릴 수 없고, 아랫사람이 무례하면 윗사람을 섬길 수 없으며, 대부가 무례하면 집안을 다스릴 수 없고, 형제가 무례하면 함께 살 수 없으니, 사람이 禮가 없으면 일찍 죽는 것만 못하다.”13)

“道德仁義는 禮가 아니면 이루어질 수 없고, 인민의 교화와 풍속의 선도는 禮가 아니면 원만해지지 않으며, 분쟁과 소송은 禮가 아니면 해결하지 못하고, 君臣上下와 부자형제는 禮가 아니면 윤리등급이 바로설 수 없으며, 스승을 모시고 학문을 배우는 일은 禮가 아니면 친숙해지지 못하고, 조정의 위계와 군대의 기율이나 관직의 분담 및 법령의 시행은 禮가 아니면 위엄이 행해지지 않으며, 기도와 제사 및 귀신의 봉양은 禮가 아니면 정성과 장엄이 갖추어질 수 없다.”14)

② 禮의 규범적 표준성을 보완하는 刑의 강제성

지금까지 고찰한 禮의 행위규범적 표준성은, 禮가 法과 동질적인 행위규범일 뿐만 아니라, 禮 자체도 ‘法’의 개념범주에 포섭할 수 있음을 보여준다. 한편, 禮의 강제적 수단성은 흔히 禮 개념 자체만으로는 홀로 거론하지 못하고, 禮와 刑의 대비로 병칭하는 것이 일반이다. 이는 法이든 禮이든, ‘刑’(형벌)의 개념을 떠나서는 그 강제적 수단성이 제대로 드

---

12) 左傳, 昭公26年. 晏子春秋, 卷7, 外篇 §15에도 같은 내용이 실려 있음.
13) 韓詩外傳, 卷9 참조.
14) 禮記, 曲禮上편 참조.

러나지 못함을 뜻하며, 거꾸로 '刑'이야말로 '法'의 강제성을 대표하는 전형 요소임을 가리키기도 한다. 사실, 刑은 '法'개념이 출현하기 이전부터 '禮'와 동시에 공존·병행한 것으로 전해진다.15)

이처럼 禮와 刑이 동시에 공존·병행한 까닭에, 전술한 것처럼 강제적 수단성을 刑에만 고유한 것으로 이해하는 것이다. 禮는 법이 아닌 윤리도덕에 불과하다든지, 또는 禮의 법규범성을 인정하더라도 私法(民法)영역에 국한시키고, 이에 대해 公法(刑)을 대비함으로써, 禮와 刑의 두 '법'개념 체계를 인정하는 등, 각종 이론이 분분한 형편이다.

그러나 역사기록의 실증에 의하면, 禮를 위반한 행위에 대해서는 원칙상, 크게는 天子 명의의 征伐에서부터 작게는 구금에 이르기까지, 국가 차원의 각종 강제 제재조치가 취해진 것이 보편 사실이다.16) 당시 사회의 근본 통치조직인 封建宗法制나 그를 유지하기 위한 孝와 忠의 禮를 위반하면 곧 중대한 범죄를 구성하고, 이에 대하여는 '文王이 제정한 형벌'과 같은 '刑'에 명문의 처벌규정을 직접 두었을 것이다. 그 밖의 일반 違禮(失禮) 행위에 대하여는, 그 행위의 객관 성질·정도 및 행위자의 주관 동기·상황 등을 함께 고려하여, 그때그때 개별·구체로 타당한 처벌을 결정하였을 것이다. 이것이 이른바 "先王은 구체 事件을 의론하여 제재를 가하였으며, (미리 명문의) 형벌을 규정하지 않았다"는 중국 고대의 역사 전통이다.17)

요컨대, 禮는 실질상 법적·윤리 도덕적 규범 표준을 중심으로 규정되어 있으며, '禮'에 어긋나는 행위에 대하여는 국가의 강제 제재수단인 '刑'을 부가하는데, 이것이 이른바 '失禮入刑'(혹은 '出禮入刑')의 명제로 일컬어지는 禮治의 실질 내용이다. 그러나 '禮'와 '刑'이 개념상 대립한다고 하여, 양자가 별개의 독립 '法'체계를 이루는 것은 아니다. 이는 지

---

15) 이상의 내용에 관하여는, 倪正茂·兪榮根·鄭秦·曹培, 中華法苑四千年, 14-5면; 張晉藩·林中·王志剛, 中國刑法史新論, 人民法院出版社, 1992년, 9-16; 25-6면 참조.
16) 자세한 내용(實例)은, 栗勁·王占通, 「略論奴隸社會的禮與法」, 14-7면 참조.
17) 左傳, 昭公 6年: 「先王議事以制, 不爲刑辟.」 杜預注: 「臨事刑制, 不預設法.」

금의 일반 '法'과 '刑'의 관계에 대비해보면 쉽게 이해할 수 있다. 지금의 '刑'이 '法'의 규범적 표준으로서 기능(실효성)을 보장하기 위한 강제제재의 수단이며, 결코 '法'과 독립한 별도의 법 범주가 아님은 자명하다. 또한 '刑'이 독자의 개념범주를 지니고 있다고 하여, 누구도 '法'의 강제성에 대하여 회의하지는 않는다. '禮'와 '刑'의 관계도 대체로 이와 비슷하며, 서로 一物兩面의 표리관계를 이루는 것이다.

③ 禮의 차등성과 法의 평등성

지금까지 禮가 국가통치의 근본기강이고 사회질서유지의 기본규범인 점에서, 禮가 法과 서로 같은 성질임을 살펴보았다. 그렇다고 禮와 法이 완전히 같은 것은 아니다. 禮는 周의 기본제도이고, 法은 전국 이후 禮의 지위를 대체한 새로운 사회규범이다. 이러한 역사적 관점에서 두드러지는 양자의 가장 큰 본질 차이는 禮의 차등성과 法의 평등성이다. 물론 이는 철학사상상 유가의 禮論과 법가의 法治를 각기 대표하는 핵심징표이기도 하다.[18] 禮의 차등성은 개인이 소속한 혈연이나 사회의 신분집단에 따라 선천으로 결정하는 고정불변의 수직적 계층질서이다. 이에 반해, 法의 평등성은 그러한 신분에 관계없이, 능력과 공로에 따라 후천으로 이동 가능한 개인 중심의 수평적 사회규범인 것이 원칙이다. 그러나 法, 특히 秦漢 이후의 律令체계가 禮의 지위를 대체하면서, 禮의 본질 특성을 알게 모르게 상당부분 계승한 것은 물론이다.[19] 여하튼, 禮의 차등성은 부자·군신·귀천·존비 등과 같은 사회 전반의 수직적 上下·主從관계를 널리 포괄하며, 법의 평등성과 명확히 대조를 이루는 상대관계를 유지한다. 이러한 禮의 차등성은 본시 周의 통치조직의 근간을 이루는 封建宗法制의 핵심 본질이다.

---

18) 瞿同祖, 中國法律與中國社會, 270-286면 참조. 특히 禮의 차등성을 사회분업론(名分)에 기초하여 합리적으로 정당시하는 춘추전국시대의 각종 언론을 상세히 예시하고 있다.

19) 후대 律令 법체계에 반영한 禮의 신분 차등성에 관하여는, 瞿同祖, 앞의 책, 제3장·제4장(136-249면)에서 '階級'이라는 표제 아래 그 구체 내용을 다양하게 서술하고 있다.

요컨대, 천자가 제후국을 책봉하여 세움으로써 시작하는 封建制는, 제후·卿·大夫·士·庶人·工商에 이르기까지 차례로 漸降하면서, 전체로 피라밋형의 수직적·차등적 신분관계를 형성한다.[20] 이 封建制의 기본원칙은 '親親'을 바탕으로 한 수직적·차등적 신분관계인데, 이는 그대로 封建 禮制의 핵심본질이 된다. 한편, 봉건 신분관계는 王·公·大夫·士·皂(조)·輿·隸·僚·僕·臺라는 열 등급의 연쇄적 主從관계로 표현하기도 하는데,[21] 천자(王) 아래 귀족도 公·侯·伯·子·男의 다섯 계층이 있음은 주지의 사실이다.[22] 여기서 물론 아랫사람은 윗사람을 섬기고, 윗사람은 아랫사람을 보호하고 다스리는 것이 禮이다.[23] 최고의 통치자인 왕은 아래로 천하인민을 다스리면서, 위로는 上帝와 天地神明을 받들어 섬기게(祭祀) 된다. 또한 각 계층의 사람들은 자기 신분에 맞는 고유한 직분을 충실히 지켜야 한다. 천자는 천하를, 제후는 나라를, 대부는 관직을, 그리고 선비는 집안을 각기 사랑하고 다스려야 하며, 그 직책의 관할영역을 벗어나는 짓은 참람한 월권행위로서, 禮가 아니다.[24]

이러한 신분상의 수직적 차등성은 禮論에서도 보편으로 거론한다. 禮는 親疏를 정하고 嫌疑를 판단하며, 異同을 구별하고 시비를 밝히는 규범적 기준이다.[25] 또한 귀천에 등급이 있고, 長幼에 차별이 있으며, 빈부·경중이 제각기 합당한 것이 禮라고 정의한다.[26] 그리고 親親·尊

---

20) 左傳, 桓公 2年 참조.

21) 左傳, 昭公 7年 참조.

22) 공작·후작·백작·자작·남작이라고 하면, 우리가 흔히 중세 유럽의 봉건제를 특징짓는 작위제로 알고 있는데, 사실은 고대 중국에서는 적어도 B.C.10C경 周나라 때 이미 이 5작제를 시행하였다. 그런데 사람 사는 게 크게 봐서 비슷한지라(人同其心, 心同其理.) 동서고금의 역사가 이따금씩 상통하는 현상을 보이곤 하는데, 우연인지 필연인지 중세 유럽의 봉건제도 공교롭게 duke, marquis, earl(count), viscount, baron의 5등급으로 이루어졌고, 근대화와 함께 동서 문화교류에 따라 중세유럽의 봉건제를 동아시아에 소개하는 과정에서 중국 고대의 5작제 명칭을 빌려서 순서대로 상응하는 번역용어로 쓴 것이다.

23) 左傳, 昭公 30年 참조.

24) 韓非子, 外儲說右上 참조.

25) 禮記, 曲禮上 참조.

尊·長長 및 남녀유별과 같은 禮의 차등성은 시대나 지역을 막론하고 결코 바뀔 수 없는, 가장 중대한 人道로 규정하기도 한다.[27] 禮의 신분적 차등성을 이처럼 강조한 것은, 무분별한 혼동이 사람들에게 오해와 의심을 불러일으켜 국가사회의 질서를 어지럽힐까 염려했기 때문이다. 인민으로 하여금 자신의 신분과 직책에 충실하고 분수를 지키게 함으로써 평화로운 질서를 유지하자는 것이 禮의 규범목적인 것이다.[28]

사실, '군주는 군주답고, 신하는 신하다우며, 부모는 부모답고 자식은 자식다워야 한다.'는 명제로 일컬어지는 춘추전국시대의 보편적인 正名論도, 본질상 한결같이 禮의 신분적 차등성을 근거로 사회질서를 유지하고자 한 규범 이념에서 비롯한 것이다.[29] 특히, 君上이 名義와 地位를 신하에게 빌려주거나 빼앗기지 않고, 신분상 차등의 禮를 엄격히 고수하도록 요구하는 正名論은, 국가정권 및 사회질서를 안정시키고 유지하는 法寶로서 매우 중요하다. 심지어 하늘에는 두 해가 없으며, 땅에는 두 왕이 없고, 집에는 두 주인이 없으며, 어떠한 사회집단에도 최고자는 둘이 있을 수 없다는 不二法門은, 유일무이의 君父權 이론으로 군신상하의 차별을 절대화하기도 한다.[30]

---

26) 荀子, 富國 및 禮論편에서는 이를 '別'로 정의한다.

27) 禮記, 喪服小記 및 大傳 참조.

28) 禮記, 坊記 전편의 내용이 차등분별적 禮의 목적과 규범기능을 논술하고 있다.

29) 論語, 顏淵, §11; 國語, 周語 中, §8; 齊語, §7 참조.

30) 禮記, 坊記. 禮의 신분적 차등성은 가장 쉽게 눈에 띄는 일상 衣服제도에서 전형으로 나타난다. 禮의 服制는 크게 두 종류가 있다. 그 하나는 국가 차원에서 관직의 品階와 연결하는 官服制이다. 이는 의복의 빛깔과 文飾의 차이로 구별하며, 흔히 車制와 함께 거론하는 것이 일반이다. 군주는 同姓의 귀족과는 수레를 같이하지 않으며, 異姓의 신하와는 수레는 같이하되 의복은 같이하지 않음으로써, 각기 이들과 구별하는 유일무이한 절대 지위를 표시한다.(禮記, 坊記; 韓非子, 外儲說右下) 한편, 수레는 兵車와 관련하여 百乘·千乘·萬乘 등의 신분상 차등성이 존재한다. 초기에는 天子 六軍과 제후 三軍의 軍制와 함께 車制도 비교적 예법대로 잘 지켜졌는데, 춘추시대 이래로 실력쟁패가 본격 노골화하고, 특히 晉이 五軍을 창설하면서, 차츰 이러한 위계질서가 붕괴하기 시작하였다.(周禮, 夏官·司馬; 左傳, 僖公31年)
　　다른 하나의 服制는 가족 차원에서 친족의 사망에 대한 喪服의 종류 및 기간을 차등 짓는 喪服制이다. 斬衰(참최)三年·齊衰(자최)杖期·齊衰不杖期·齊衰五月·齊

④ 변법 개혁과 禮→(刑)法의 역사 변천

그런데 춘추후기에 들어서면서, 鄭의 子産이 刑鼎을 주조하고, 晉의 趙鞅과 荀寅이 范宣子의 '常法'(夷蒐之法)을 대폭 개혁하여 '刑書'를 주조하였다. 이들을 이어 각국이 속속 成文法을 제정·공포함으로써 변법 개혁을 추진하였다. 이는 그때까지 대의명분상 그런 대로 최고의 통일 법규범의 명맥을 유지하던 周 王室의 禮樂이 완전히 무너져, 더 이상 실효성을 지니지 못하게 되었음을 반영하는 법제사적 사건이다. 또한 정치사회상으로는 군웅할거의 제후들이 부국강병과 실력쟁패로써 새로운 통일을 이루고자 변법개혁 운동을 전개한 결과였다. 요컨대, 鄭과 晉의 刑鼎 주조는 단순한 成文法의 제정 및 공포라는 상징적 의미를 넘어서, '禮로부터 刑(法)으로'라는 대대적인 변법개혁의 시작을 알리는 신호탄으로서 중대한 역사 의의를 함축한다.

한편, 전국시대에 들어서서 魏 文侯(B.C. 445-396 在位)가 李悝(괴) 등을 기용하여 개혁을 추진하는 가운데 '法經'을 편찬하였다. 이는 춘추말기 鄭·晉 등의 변법개혁을 계승하여 당시의 법제를 집대성한 법전이다. 비록 法經은 현전하지 않지만, 盜·賊·囚·捕·雜·具法의 六篇 체계를 정비하여, 중국 成文法典史의 명실상부한 남상을 이룬다. 法經의 제정은 그 자체가 변법의 주요 내용일 뿐만 아니라, 나아가서 정치·사회·경제·군사상 일반 변법개혁을 순조롭게 진행시키고, 그 실효성을 보장하는 강력한 규범적 수단방편이 된다. 즉, 이는 춘추시대 '刑'의 명칭을 '法'으로 바꾼 단순한 문자상의 변동에 그치지 않는다. 법제의 성문화와 공개화를 확립하고, 내용분류에 따라 합리적인 조직체계를 대강 완비한 것도 법전 형식상의 큰 변혁에 속한다. 무엇보다도 실질 내용에서, 당시

衰三月·大功九月·小功五月·總麻(시마)三月의 상복이 그것이다.(大明律集解附例, 喪服圖 및 服制 참조) 이는 封建制의 출발점으로서 사회의 최소기초단위인 가족공동체 안의 親疏와 尊卑의 신분질서를 규정한 핵심 禮로, 수천 년간 전통사회를 지탱해 온 중추 규범이기도 하다. 또한 상복제는 그 자체의 상징성이 뚜렷이 두드러질 뿐만 아니라, 律令制의 근간을 이루기도 하였다. 특히 각종 범죄와 형벌의 경중을 결정하는 기본 신분표준이 된 점에서도, 그 실질 의의가 매우 중대하다.

의 군주통치권을 강화하고 신흥 지주계급의 사회경제적 지위와 이익을 보장하며, 동시에 구 귀족세력의 저항을 봉쇄하는 핵심 무기가 된다. 이를 위해 기존 봉건禮制의 신분적 차등성을 폐지하고, 친소귀천에 관계 없이 일률로 평등하게 대우하며, 다른 한편으로 신상필벌과 엄형준벌의 법가사상을 관철하는 엄격한 法治주의가 法經의 중요한 실질적 변법개혁 내용이다.31) 그리고 秦 孝公(B.C. 361-338 在位)시 商鞅은 李悝의 法經을 기초로 당시 秦國의 실정에 맞추어 보충·수정한 새 법령을 제정하고, 그 명칭을 '法'에서 '律'로 바꾸었다. 주지하듯이, 律의 명칭은 그 후 2천년간 동아시아 전통 율령체제의 최고 법형식이 되었다.

이렇듯이, 춘추말엽부터 전국시대에 걸쳐 진행한 '禮로부터 (刑)法(律)으로' 변화는 확실히 법규범체계의 근본 개혁에 해당한다. 외형상 '명칭'이 바뀌고, 실질 내용상으로는 봉건귀족의 특권을 인정하는 禮의 신분적 차등성이 신흥지주계급의 신분상승 발판을 제공하는 法의 평등성으로 탈바꿈하였다. 그런데 법규범의 기능 속성의 측면에서 보면, 이는 禮의 규범적 표준성보다는 刑의 강제적 제재수단성에 훨씬 치중하는 방향전환을 뜻한다. 즉, 법규범의 사전 예방·교화의 기능으로부터 사후 징계·처벌의 작용으로 옮긴 것이다. 물론, 법가의 '법'도 사전 예방기능을 강조하지만, 그것은 어디까지나 信賞必罰, 특히 엄형중벌의 권위에 의한 공포와 위하적인 금지명령을 뜻하며, 이는 가차 없는 혹독한 처단의 전제에 지나지 않는다.

그러나 한편, 전국시대 변법개혁의 산물로 '禮'를 대체한 '法'(律)이라는 새로운 법규범 체계가 단순히 신상필벌과 엄형중벌의 강제적 수단성만을 강조하는 것은 아님을 특히 주의할 필요가 있다. 앞서 소개한 법가의 법 개념 정의나 법의 비유개념들이 전형적인 실례다. 특히, '法'은

---

31) 張晋藩·張希坡·曾憲義 編, 中國法制史 第1卷, 95-100면 ; 肖永淸 主編, 앞의 책, 121-6면 ; 張晋藩 主編, 中國法制史, 92-4면 ; 張晋藩, 「關于李悝的法經」, 中國法律史論, 89-95면 ; 杜正勝, 「傳統法典始原—兼論李悝法經的問題」, 勞貞一先生八秩榮慶論文集, 臺灣商務印書館, 1986년, 433-447면 ; 小川茂樹, 「李悝法經考」, 小川茂樹著作集 第3卷, 311-345면 등을 참조.

'禮'와는 본질상 전혀 다른 새로운 '규범적 표준성'을 제시하는데, '禮'의 신분적 차등성과 대립하는 '法'의 公平無私性으로 나타난다. 이러한 '法'의 공평무사성이라는 새로운 규범적 표준성은, 전국시대의 변법개혁 운동에 강력한 이념기초를 제공하였고, 法家의 法治사상에서 이를 명확히 강조하면서 직접 실행·완성하였다.

불행히도 '法'의 공평무사성은 '法'의 지나친 강제적 수단성에 가려, 그 본질내용과 의미비중이 상대적으로 상당히 빛을 잃었다.[32] 더구나 역사상 秦이 법가사상의 혹독한 강제수단(특히 절대군주전제 이론)을 남용하여 천하를 크게 어지럽힌 사실이, '法'의 본질속성을 편협하게 왜곡·오해하고 만들고, 나아가 법가사상을 부당하게 부정 일변도로 폄하시키는 중대한 계기가 되었음도 부인할 수 없다.[33] 즉, 춘추말엽부터 전국시대에 걸친 변법개혁과 秦의 천하통일에 유력한 사상 근거와 무기를 제공한 법가의 刑·法·律의 역사 범주는, 禮의 봉건적 신분 차등성과 판이한 '법의 만인 평등'이라는 새로운 규범적 표준 이상을 제시하였다. 그러면서도 그 본질속성인 공평무사를 철두철미하게 실행하기 위하여, 신상필벌과 엄형준법을 가혹한 강제수단으로 동원하여 본말이 뒤바뀌고, 결국 본래의 긍정 가치가 크게 사라진 것이다.

⑤ 禮와 法의 역사 변증법적 통합 : 律令 체제의 확립

그런데 漢代 이후 律令체계에서는 유가의 禮가 律 속에 스며들어, 양자가 융합·조화하는 법규범의 통일, 이른바 '中國法律의 儒家化'가 이루어진다. 주지하듯이, 漢 高祖가 중원에 들어가면서 約法三章을 선포한 것은, 秦의 가혹한 엄형준법의 전면 폐지를 의미하는 획기적인 법제혁

---

32) 근래 법가의 '法'의 公正性 측면을 법의 진정한 정수로서 부각시키면서, 그 역사 공헌을 재평가하는 새로운 견해가 철학계에 대두하여 주목을 끈다. 이는 본 논문에서 公平無私性이라는 법의 규범적 표준성을 강조하는 취지와 일맥상통하는 관점이다. 胡發貴, 「試論先秦法家'法'的公正意蘊」, 浙江學刊, 1990.8.(中國哲學史, 1990.7. 所收)이 그것인데, 법학자가 아닌 철학자의 글임이 특히 이채롭다.

33) 陳玉屛, 「韓非絶對君主專制理論的曇花一現」, 西南民族學院學報: 哲社版, 1992.2.(先秦·秦漢史, 1992.8. 所收), 73-4면 참조.

명이었다. 그러나 漢이 중원을 재통일한 뒤 몇 년이 채 못되어, 兵亂을 수습하고 사회를 안정시키기 위해서는 '三章의 법'이 역부족임을 실감하게 되었다. 이에 蕭何가 秦律을 바탕으로 시대 요청을 참작하여 九章律을 제정하였다. 이는 法經 六篇에 戶·興·廏의 三章을 추가한 것인데, 그 내용상 대체로 秦律을 답습한 것이었다. 따라서 九章律 자체에는 禮의 내용이 원천적으로 거의 빠졌다고 볼 수 있다.

그러나 叔孫通이 제정한 禮儀를 조정의 儀式典禮로서 律令과 함께 법전화하여 '理官'에 간직한 사실은, 그 상징 의미가 크다. 그러다가 文帝 때 賈誼가 民本사상을 바탕으로 禮樂을 일으키고 德教를 시행하여 秦法을 모두 개혁하자고 건의하였다. "무릇 仁義와 恩德은 군주의 칼날이고, 권세와 법제는 군주의 도끼다." 이는 공리주의 색채가 농후한 군권 중심의 德主刑輔論을 역설한 것이긴 하지만, 한편 "무릇 禮란 미연에 금지하며, 법이란 사후에 금지(징벌)한다."는 유명한 명제를 제시한다. 이러한 禮治論은 선뜻 받아들이지는 않았다. 그러나 우여곡절 끝에 周勃 사건을 계기로 文帝가 '刑不上大夫'라는 유가의 '禮'論을 채택함으로써, 유가의 禮가 律에 직접 스며들기 시작하는 첫 계기가 되었다.

한편, 다분히 법가 색채를 띤 漢律 자체를 개정하기가 사실상 거의 불가능한 봉건왕조 체제 아래서, 유가의 禮는 우회 통로를 거쳐 법에 삼투하는 돌파구를 찾게 된다. 武帝가 董仲舒의 건의를 받아들여 '儒家獨尊'의 통치이념을 공식 표방한 이래, 유가의 經典을 인용하여 律令을 해석하고 獄訟을 재판하는 풍조가 현실로 매우 성행하였다. 특히, 판결하기 어려운 중대한 未濟 사건을 董仲舒한테 보내 자문을 받아, 직접 春秋경전에 근거하여 재판하였다. 이러한 春秋決獄은 律令의 흠결을 보충할 뿐만 아니라, 심지어 해석을 통해 그 내용을 개폐하는 '比附'제도로 발전하였다. 이러한 법의 해석·적용의 방법을 통하여 유가의 禮가 비록 간접이긴 하지만 실질상 대량으로 律令 깊숙이 스며들 수 있었다. 이밖에 昭帝 때 개최한 鹽鐵會議에서 賢良文學은 연좌제와 각종 혹형의 폐지를 주장하고, 春秋決獄과 특히 '親屬相容隱'제도에 크게 찬성하였다.

또, 東漢 章帝 때 개최한 白虎觀會議에서는, 三綱·五常·六紀의 윤리도 덕 및 황제와 관리의 爵·號·諡에 관한 법 등 각종 禮儀典章 제도를 총망라하였다. 이로써 중국 봉건법률의 儒家化가 더욱 굳건해졌다.

한편, 魏晉 이후로는 유가가 신흥왕조의 법전편찬 작업에 직접 참여함으로써, 漢代와는 달리 立法 차원에서 유가의 禮가 律令에 명문으로 들어서는 새로운 국면으로 발전하게 된다. 魏의 訟律은 八議제도를 정식으로 입법화하고, 晉의 泰始律은 후대 모든 범죄와 형벌의 기본준거가 되는 '服制'를 제정하였다. 또, 北魏는 犯罪存留養親法과 官當제도를, 그리고 北齊는 十惡의 전신인 '十條의 重罪'를 각기 신설하였다. 이로써 중국 전통법을 집대성한 結晶 精華로 불리는 隋唐律의 주요근간이 실질상 모든 준비를 마친 셈이었다.[34]

지금까지 고찰한 법 개념의 역사변천은, '禮'를 正으로 하고, 그 反으로서 부상한 '法', 그리고 양자의 모순대립을 지양하여 合一의 산물로 탄생한 漢 이후의 '律'이라는 중국 전통법의 역사 변증법의 발전과정을 잘 반영해 준다. 이들 범주가 개념명칭으로나 철학사상으로나 이러한 모순대립을 통해 통일조화의 변증법적 발전을 펼칠 수 있었던 것은, 양자가 실질상 법의 두 가지 본질속성을 모두 갖추면서, 국가사회의 기본 통치규범이라는 넓은 의미의 법 개념 속에 들 수 있기 때문이다.

이처럼 漢代 이후 역대 律令이 禮와 法을 융합한 역사적 사실은 과연 무엇을 의미할까? 철학사상으로 보면, 法家는 法의 규범적 표준으로서 公平無私性을 강조하면서도, 한편으로는 유가의 禮와 德의 사전 예방 및 교화기능을 전면 부정하고, 오로지 신상필벌과 엄형준법의 강제적 수단성에 치중하였다. 반면, 儒家는 德과 禮의 교화에 의한 사전 예방에 중점을 두면서, 政令과 刑罰의 강제 제재가 지니는 죄악금지의 보조적 방편기능도 함께 인정함으로써, 이른바 德主刑輔나 禮主法從이라는 양자의 중용조화를 꾀하였다. 요컨대, 규범적 표준성을 주로 삼고 강제적

---

34) 자세한 내용은, 瞿同祖, 中國法律與中國社會, 328~346면 및 兪榮根, 儒家法思想通論, 489~519면 참조.

제재성을 보조수단으로 여기는 유가 사상이, 법규범의 본질적 이상에도 부합할 뿐만 아니라, 현실의 人情과 통치방법에도 순응하기 때문에, '禮'가 '法'에 자연스레 스며들고, 역사의 과정에서 변증법적 止揚을 통해 '律(令)'이라는 새로운 통합 범주로 발전할 수 있었을 것이다.[35]

⑥ '法'과 '律'의 개념 정의

어쨌든, 禮→(刑)法→律로 계승 발전한 역사 범주에는 한결같이 규범적 표준성과 강제적 제재수단성이 함께 녹아들어 있는데, 이는 漢代 이래 法·刑·律의 각종 개념정의에도 그대로 드러난다. 우선 許愼의 說文解字에 따르면, 法의 古字는 灋인데(周禮에는 모두 이 古字로 표기하고 있음) "灋은 刑이다. 물처럼 (사물을) 평평하게 하(는 기준이)기 때문에 水를 취했다. 廌(치)는 (해태라는 짐승으로서 山牛와 비슷하게 외뿔을 지녔는데, 옛날에 소송을 결단할 때) 정직하지 못한 자를 들이받아 물리쳤기에 廌와 去를 따랐다."고 한다. 그리고 刑의 古字는 荆인데, "刑은 범죄를 처벌하는 것이다. 刀와 井을 따랐는데, 周易에 이르기를 '井은 法이다'고 한다."[36] 여기에서 法과 刑은 상호 순환으로 개념 규정한다.(訓詁學에서 互訓이라 함)

또한 秦漢 이래 2천여 년 법제사의 대명사로 손꼽히는 '律'의 개념도 바로 '度量衡'의 규범적 표준척도와 직접 관련한다. 律은 본디 전통 중국의 音階인 12律, 또는 그중 陽의 音調에 속하는 6律(이것이 陰의 音調 6呂와 대응하여 12律을 형성한다)을 가리킨다.[37] 그런데 도량형 자체가 규범적 비유를 통해 '法'개념으로 승화하면서, '律'의 개념 또한 '法'을 상징하는 비유적 의미를 함축하게 되고, 마침내는 '法'의 대명사로 일반보편화하기에 이른 것이다. 즉, 律로 인간의 법을 제정하여 뭇 분쟁사건을 재

---

35) 任繼愈 主編, 中國哲學發展史(先秦), 人民出版社, 1983년, 741면에서는 법가의 엄형 중벌 일변도의 적나라한 통제가 유가의 '兩手' 주장만 못한 결함이라고 지적한다.

36) 說文解字, 十上篇 및 五下篇 참조.

37) 이에 관한 자세한 원리 및 계산법의 내용은, 國語, 周語下§6 「律度量衡於是乎生」 구절의 韋昭注와 尙書, 堯典, 「同律度量衡」 구절의 蔡沈 注 참조. 音律의 원리에 대한 상세한 연구로는, 李申, 中國古代哲學和自然科學, 中國社會科學出版社, 1989년, 제13장, 276-302면 참조.

판하고 모든 범죄의 형벌을 단정하는 것이, 마치 六律로써 도량형의 표준단위를 정하는 원리와 같기 때문에, 刑書(법전)를 '律'로 명명한 것이다.[38] 그래서 說文의 정의에 따르면, '律은 고르게 펴는 것이다.' 段注는 "律이란 천하의 한결같지 않은 사물에 모범(표준)을 제공하여 통일로 귀결하도록 하는 방편이기 때문에, '고르게 펴는 것'으로 말한다."고 풀이한다.[39] 또한, 爾雅 釋詁에서는 律을 刑과 함께 '法'으로 정의하고, 管子는 '律이 名分을 정하여 분쟁을 종식시키는 객관적 규범표준'이라고 명확히 규정한다.[40] 물론 律에도 法이나 刑의 개념과 같이 제1차로 형벌·형법의 협의가 존재한다. 釋名에서는 "律이란 부담을 가하는 것이다. 사람의 마음에 부담을 가하여 방종하지 못하도록 하는" 강제적 구속장치로 정의한다.[41] 正字通에서는 '律은 刑律'이라고 규정한다. 실제로 역대 법제사의 '律'은 기본상 刑律중심의 체계를 형성하고 있다.

(3) 광의의 '법' 개념의 설정

따라서 전통 중국법의 개념은 철학사상으로 보나 역사로 보나, 모두 禮와 刑(法) 및 律을 모두 포함하는 '廣義의 법' 규범으로 설정하지 않을 수 없다. 이러한 의미에서 法은 정치·사회·경제·문화 등 인간행위의 거의 모든 영역을 총망라한다. 그러므로 전통 中國法制史의 대상과 범위에 관한 문제에서, '法制'의 개념을 협의의 '법의 제도'로서 刑律에 국한시키지 않고, 광의의 '제도의 법'으로서 法律典章 文物制度의 전반을 포함하는 것으로 이해하는 것도 당연하다.[42]

사실, 전통법을 '律'이라는 편협한 고정관념으로 보면, 단순히 형법전

---

38) 丘濬, 大學衍義補, 卷102 참조. 張晋藩·林中·王志剛, 中國刑法史新論, 3면에 인용하고 있음.

39) 說文解字, 二篇下:「律, 均布也.」段注:「律者, 所以范天下之不一而歸於一, 故曰 均布也.」

40) 管子, 七臣七主:「律者, 所以定分止爭也.」

41) 釋名, 釋典藝:「律, 累人心使不得放肆也.」

42) 陳顧遠, 中國法制史, 臺灣商務印書館, (刊年未詳), 1934年 序文版, 1-3면 참조.

에 불과한 것처럼 여겨질지 모른다. 물론 律에 형법만이 들어 있는 것도 아니다. 민사법에 관한 규정도 적지 않다. 다만, 규정방식이 위반에 대한 국가형벌의 제재를 중심으로 이루어졌을 뿐이다. 무엇보다도, 형식상으로는 律의 하위법처럼 되어 있는 令·格·式 등의 법범주가, 실질상으로는 국가의 정치·행정·사회·문화·군사 등 모든 영역을 총망라하는 조직규범이라는 사실이 중요하다. 특히, 明·淸代의 會典을 보면 더욱 분명해진다. 여기에서는 律이 刑部의 조직과 刑事行政 등에 관한 법규정과 함께 刑典의 일부 규범으로 속해 있을 따름이다.[43]

요컨대, 법의 규범적 표준성과 강제적 제재성이라는 양대 기능속성의 측면에서 보자면, 전통 중국법은 춘추 이전의 三代의 禮制 및 유가의 禮와, 춘추전국시대 변법개혁의 주인공으로 등장한 刑·法·律 및 법가적인 法, 그리고 漢代 이후 이들 양자가 융합·조화를 이룬 역사 변증법의 산물로서 律令(例) 체계까지, 삼자를 총망라하는 일반보편의 '광의의 법' 규범으로 개념 정의하여 이해하는 것이 바람직하다.

2. 情과 理의 개념

그러면 이제 이러한 '광의의 법' 규범이 공통으로 지향하는 법이념으로서 '情'과 '理'의 개념을 살펴보기로 하자. '情'과 '理'의 개념은 아주 애매모호한 추상성과 多義性을 지니기 때문에 난해하고 복잡하다. 본서에서는 논의전개의 편리와 내용의 명확한 이해에 좀 더 도움을 얻기 위해, 체계적인 분석의 방편개념으로 理念型(理想型: ideal type)을 도입해 이용한다. 우선 인식방법으로서 情과 理의 개념은 크게 두 축의 이념형으로 나눌 수 있다. 하나는 존재형태에 따라 중국 특유의 天人 범주를 주축으로 한 구분이고, 다른 하나는 일반보편의 요소로서 주관적 주체(能)

---

43) 조선시대 經國大典도 이와 동일한 六典 체제로 이루어져 있다. 당시 일반 刑律로 依用한 大明律은, 刑典의 '用律'조에 의해 포괄 계수한 입법 형식을 취하고 있다. 자세한 내용은 朴秉濠, 韓國法制史攷, 法文社, 1983, 再版, 414-8면 참조.

로서 人(Person)과 객관적 인식대상(所)으로서 事物을 표준으로 삼는다. 여기서 인식대상(所)으로서 사물은 다시 구체 物件(Ding)과 추상 事件(Sache)으로 양분한다. 情과 理의 개념은 이 두 축의 네 범주를 표준삼아, 天理와 天情, 人理와 人情, 物理와 物情, 事理와 事情의 이념형으로 나눈다.

① **物理** : 物理는 구체 物件(物象)의 결(理)을 뜻한다. 物理에는 구체 물건의 구체적인 외재적·정태적 '무늬결(紋理)'과, 구체 물건의 추상적인 내재적 특성이나 존재·생성원리 및 운동변화의 법칙이라는 두 가지 의미가 들어 있다. 전자는 문자학상 '理'의 최원시 개념이며, 후자는 근대 서구학문상의 물리학 범주에 속하는 것이지만, 고대 중국에서도 이미 이러한 정형화한 개념이 널리 쓰였다.

상형문자인 한문의 문자상 의미로 보면, 理의 최초 본의는 보통 '옥돌을 결 따라 다듬어 玉을 만들다'는 뜻으로 풀이한다. 즉, 옥돌은 조직이 매우 치밀하고 단단하여 잘 깨지지 않는데, 그나마 옥돌 사이에 난 결은 비교적 물러서, 그 결에 따라 쪼개고 다듬는 것이 '理'이며, 그 무늬결 자체도 理라고 부른다. 나아가서 理는 나뭇결(木理)이나 나이테, 살결·피부결(腠理·肌理)과 같이, 일반 물질조직의 규칙적인 疏密度의 배열로 구분지어 나타나는 무늬결(紋理)을 통칭하는 일반개념으로 확장한다. 이러한 物理는 무늬결에만 국한하지 않고, 물건의 형체를 구별하여 재단·분할할 수 있는 準據로서 바깥 모습을 가리키기도 한다. 예컨대, 한비자는 물건에 형체가 있음으로 말미암아 자연히 구별 짓는 長短·大小·方圓·堅脆·輕重·黑白 등의 여러 속성을 '理'라고 규정한다.44)

한편, 구체 물건의 추상 특성과 원리로서 物理 개념은 자연의 天을 두드러지게 강조한 순자에 이미 나온다. "높이 올라가 손짓하면 팔이 더 길어진 게 아닌데도 멀리서도 볼 수 있고, 바람결에 따라 소리치면 소리가 더 빨라지는 게 아닌데도 더 크게 잘 들린다. 수레와 말을 빌리면 날랜 발이 아니라도 천리를 내닫고, 배와 노를 빌리면 물에 능숙하

---

44) 韓非子, 解老편 참조.

지 않아도 강물을 건넌다. 군자는 나면서부터 특이한 게 아니라, 만물(의 理)을 잘 빌릴 따름이다."45) 순자에 따르면, "잘 배우는 자는 그 이치를 다(궁구)한다."고46) 하므로, 여기서 '만물'이란 바로 '物理'를 뜻한다.

허나 '物理'라는 용어 자체는 좀 더 뒤늦게 漢代의 淮南子에 이르러 나타난다. 봉화가 태양으로부터 점화하고, 자석이 쇠를 끌어당기며, 좀 벌레가 옻칠한 나무조차 부식하고, 해바라기가 해를 향하는 현상을 가리켜, 제아무리 명찰한 지혜로도 耳目의 관찰만으로는 그 원인을 분석하기 어려운 '物理'라고 규정한다. 불로 나무를 태워 금을 녹이면 道가 행해지지만, 쇠를 끌어당기는 자석으로 기와를 끌어당기길 바라면 어렵다. 특히 이 '物理' 개념은, 추상적 事理에 대한 주관적 가치판단으로서 '是非'(실질적 事理)와 대비함으로써, 그 뜻이 더욱 뚜렷이 나눠진다.47)

② **事理** : 事理는 추상적 일(事件)의 내재적 본질속성이나 이치로서, 추상적 사물의 내용을 체계로 분별할 수 있는 질서정연한 규칙성을 뜻한다. 예컨대, 文理·論理·條理·原理 등이 그러하다. 물론 事理는 보통 '理'라고만 표현하기도 하고, 物理의 의미와 뒤섞여 事物之理의 복합 개념으로 거론하는 경우도 적지 않다.

한편, 事理의 개념이 조금 특수하게 전문화한 범주로서, 인간의 사고·언어·문장·행동 등의 내면적인 체계적 일관성을 뜻하는 '論理'라는 용어가 있다. 물론 이 '論理'라는 의미의 事理 개념이 법의 이념과 직접 긴밀한 관계를 유지한다. 논리는 그 대상영역에 따라 文理·辭理·詞理 등의 범주로 나눌 수 있다. 文理는 법(조문)의 의미를 해석하는 제1차 근거로서 매우 중요한 의미를 지니며, 辭理나 詞理는 司法재판에

---

45) 荀子, 勸學篇: "登高而招, 臂非加長也, 而見者遠; 順風而呼, 聲非加疾也, 而聞者彰. 假輿馬者, 非利足也, 而致千里; 假舟楫者, 非能水也, 而絶江河. 君子生非異也, 善假 於物也." 소리가 크게 들리는 원리는 근대과학에서 도플러효과를 가리킨다.

46) 荀子, 大略篇: "善學者, 盡其理."

47) 淮南子, 覽冥訓: "若夫以火能焦木也, 因使銷金, 則道行矣. 若以磁石之能連鐵也, 而求 其引瓦, 則難矣. 物固不可以輕重論也. 夫燧之取火於日, 磁石之引鐵, 蟹之敗漆, 葵之 鄕日, 雖有明智, 弗能然也. 故耳目之察, 不足以分物理; 心意之論, 不足以定是非."

서 법률사실의 인식확정을 위해 당사자나 증인을 심문·조사하는 절차에서, 진술내용의 진위를 판별하는 핵심표준이 된다. 이밖에 일반적 理의 의미로서 條理도 있다. 특히 법조문의 내용상 논리와 법의 체계원리 및 내면의 정신을 널리 포괄하는 '法理'라는 일반개념이 중요하다.

③ 人理 : 人理는 人道와 상통하는 개념으로서, 인간의 도리를 가리키는 人倫 또는 倫理를 뜻한다. 人理와 人道의 개념 관계는 天理와 天道의 관계에 상응하지만, 실제 언어관용상 人理는 天理만큼 일반 정형화하지는 못하였다. 그러나 唐律에서 不忠죄의 으뜸인 謀反과 不孝죄의 으뜸인 惡逆에 대하여, 각각 '人理'를 패역하고 멸절한 극악무도한 범죄로 규정하는 사실이 특기할 만하다.(唐律 §6. 十惡조)

人理는 일반추상적 도덕철학의 원칙으로서는 보통 이른바 仁義禮智의 四端이 으뜸이지만, 구체적 인간관계의 윤리도덕으로서는 五倫(五常)과 三綱이 대표로 꼽힌다. 그러나 전국말엽 이래 절대군주론의 부상과 함께, 孝로부터 忠을 윤리적으로 연역하여 양자를 일치시키는 통치이념이 강해진 뒤로, 秦漢 이후 역대왕조의 율령법제에서는 충효가 핵심 人理로서 등장함을 주목할 필요가 있다. 윤리도덕의 실정법규범화는 전통사회의 기본 특징이자, 본서의 주요 관심사이기 때문이다.

人理는 그 본질 성격상 자연스러운 존재법칙으로서 天理나 事理·物理 등과는 달리, 인간사회의 당위규범으로서 요구하는 도덕 명령이다. 즉, 인간이 인간으로서 마땅히 하여야 할 道理이자 義務인 것이 공통 특징이다. 그 규율 대상인 신분관계에 착안하면, 人理는 크게 자연적·존재적 혈연관계의 윤리와 사회적·당위적 의리관계의 윤리로 양분할 수 있다. 五常 중의 父子有親과 孝윤리가 전자에 속하고, 나머지 君臣有義 등과 忠윤리는 후자에 해당할 것이다. 부모자식간의 혈친의 孝慈 윤리는 비록 사회적 당위규범의 속성을 지님에도 불구하고, 그 인간관계의 본질상 순수한 도의적 人倫과는 다른 독특성을 지닌다. 한편, 人理는 가족 윤리와 국가사회 윤리로도 나눌 수 있으나, 부부혼인관계의 특수성으로 인해, 앞의 분류와 완전히 일치하지는 않는 편차를 보인다.

④ **天理** : 天理는 하늘의 이치로서, 萬物萬事가 조화를 유지하는 자연의 理法이다. 이는 관점에 따라, 특히 天의 개념에 따라 다양한 함의를 지니면서, 物理·事理·人理 등과 복잡한 관계를 갖는다. 莊子의 寓話에 등장하는 쇠고기 안의 천연 결로서 天理는, 실질상 살결(膝理)을 뜻하는 것으로, 가장 구체적인 物理에 해당한다. 그러나 모든 사물의 이치를 총괄하는 최고궁극의 일반보편의 자연법칙(理法)이 가장 전형적인 天理의 개념이다. 禮記에는 인간이 바깥 사물에 미혹하여 好惡의 감정을 무절제하게 부리는 짓은, '天理를 멸절시키고 人欲을 다하는' 행위라고 경고한다.[48] 여기의 天理는 人心·人情·人欲과 같은 인간의 주관적 감정·욕구에 대응하여, 자연의 객관 보편법칙으로서 거론함을 알 수 있다.

한편, 天理는 人理도 당연히 포함하는데, 특히 유가의 사상전통에서는 실질상 人理, 즉 倫理와 직결하는 경우가 보통이다. 이는 유가의 道가 실질상 人道에 치중하는 성향을 띠기 때문이다. 人心·人情·人欲 등과 대비하여 병칭하는 전술한 天理 개념도 다분히 人理의 속성을 띤다. 그 가운데 禮記에 보이는 天理와 人欲의 대비개념은, 주지하듯이 宋明(性)理學에서 핵심 대우범주를 이룬다. 물론 理學상의 天理도 기본으로는 천지만물의 최고궁극의 본체이자 근원이 된다. 天은 곧 道이자 理로서, 天理는 곧 天道와 동일한 개념이다.[49]

天理의 개념과 관련하여 주목할 점은, 인간의 윤리도덕 중 특히 자연스런 존재적 혈연친족 관계에 국한하여 쓰이는 '天倫'이다. '天倫'은 사회의 당위적 규범적 道義관계를 가리키는 일반 '人倫'에 대응하는 개념으로 두드러진다. '天倫'은 비록 '天理'라는 용어로 쓰이는 경우는 드물지만, 봉건 가족주의를 바탕으로 하는 전통 중국의 禮와 法에서, 양자 관계에 대한 동일시와 구별화의 규범상 효과는 매우 중요한 주제다. 특

---

48) 禮記, 樂記 : 「夫物之感人無窮, 而人之好惡無節, 則滅天理而窮人欲者也.」

49) 張立文, 中國哲學範疇發展史(天道篇), 中國人民大學出版社, 1988년, 81~82면 참조.

히, 부부간에 이혼으로 도덕적 人倫이 끊길지라도, 母子간의 혈연적 天倫은 결코 끊어질 수 없다는 기본원칙은 법률상으로도 확고하다.[50]

⑤ 人情 : 人情은 情의 가장 시원적인 개념범주인데, 흔히 일컬어지는 인간의 感情을 뜻한다. 즉, 情이란 인간의 마음이 바깥사물에 感應하여 육신에 저절로 드러나는 氣色으로서, 마음의 대외적 作用·발현의 측면을 가리킨다. 흔히 말하는 喜·怒·哀·懼·愛·惡·欲의 七情이 대표인데, 경우에 따라서는 六情이나 五情을 일컫기도 한다.[51]

人情은 그 실질내용에 따라 크게 셋으로 나눌 수 있다.

첫째, 마음이나 本性이 사물에 감응하여 육체를 통하여 저절로 나타나는 소극적 심리반응(氣色)으로서 感情인데, 가장 기본적인 情이라고 할 수 있다. 七情이나 六情·五情 가운데 기쁨·노여움·슬픔·두려움·즐거움·근심(喜怒哀懼樂憂) 등이 이에 속한다.

둘째, 단순히 소극적이고 반사적인 感情과 달리, 인간의 마음이 사물에 접촉한 뒤 적극 바라고 추구하는 意志적 欲望의 情이 있다. 예컨대, 눈은 좋은 빛깔을 보고 싶고, 귀는 아름다운 소리를 들으려 하며, 코는 향긋한 냄새를 맡고자 하고, 입은 달콤한 맛을 즐기기를 바라며, 마음은 편안하기를 원한다. 이것은 흔히 사람의 本性을 미혹시키는 다섯 가지 극심한 欲情이라고 일컬어진다.[52] 이들 欲情은 실질상 기본 七情 가운데 맨 마지막으로 거론하는 '欲'의 범주로부터 분화·파생한 다양한 모

---

50) 이는 「母子無絶道」로 표현한다. 唐律 §15, 33, 345의 疏議 참조.

51) 禮記, 禮運 : 何謂人情? 喜怒哀懼愛惡欲, 七者弗學而能.」荀子 正名편과 白虎通 情性편은 喜怒哀樂好(愛)惡의 六情을 거론한다. 일찍이 左傳에서는 好惡喜怒哀樂이 六氣에서 생겨남을 지적하는데, 이것이 실질적인 六情임은 분명하다. 莊子 刻意편에는 悲樂喜怒哀惡를 道德의 부정적 장애물로 언급하기도 한다. 그리고 韓詩外傳이나 불교에서는 후술할 바와 같이 별도로 六情을 거론하는데, 후대에는 喜怒哀樂怨의 五情을 일컫기도 한다.(辭海, 1979年版 縮印本, 上海辭書出版社, 32면 참조)

52) 荀子, 王霸 :「夫人之情, 目欲綦色, 耳欲綦聲, 口欲綦味, 鼻欲綦臭, 心欲綦佚. 此五綦者, 人情之所必不免也.」; 莊子, 天地 :「不失理有五; 一曰五色亂目, 使目不明; 二曰五聲亂耳, 使耳不聰; 三曰五臭薰鼻, 困慢中顙; 四曰五味濁口, 使口厲爽; 五曰趣舍滑心, 使性飛揚. 此五者, 皆生之害也.」

습일 뿐이다. 한편, 음식과 여색은 인간의 자기보존 및 종족보존을 위한 최소한의 본능으로 거론하는 대표적 欲情인데, 인간사회의 기원과 직접 관련하는 중요한 범주다. 서양의 역대 자연법사상에서도 이 두 가지 본능은 자연법의 핵심내용에 빠뜨리지 않고 열거한다. 특히, 법규범의 양대 핵심지주라고 일컬을 수 있는 私有制와 혼인가족제는, 각각 이 두 가지 본능의 欲情을 인정·보장하면서 적절한 통제를 꾀하는 장치다.

셋째, 외부의 사물대상에 대해 주관적 분별선택으로서 좋아하거나 싫어하는 감정이 있다. 기본 七情 중 愛(또는 好)惡(오)가 이에 해당한다. 이는 欲과 마찬가지로 외부대상을 적극 지향하는 의지를 지니지만, 구체적 주관적 판단분별이 특히 두드러진다. 특히 희노의 감정으로부터 비화하는 好惡의 주관적 분별감정은, 법의 공평통일성을 해치는 私情으로 전락하기 쉽기 때문에, 법사상 및 법제사의 주요한 관심대상이 된다.

한편, 人情은 그 본질 속성에 따라 두 측면에서 고찰할 수 있는 양면성을 띤다. 즉, 情의 본체적 근원의 측면을 강조하는 본연의 순수성과, 대외적인 작용의 결과 발현하는 구체적 모습으로서 감응의 복잡성이라는 이중성을 동시에 지닌다. 情의 본래 근원은 인간이 하늘로부터 稟受한 性(品)인데, 性의 선천적 본연의 속성이 바로 情의 자연스런 본연의 순수성을 부여한다. 이러한 본연의 情은 대개 어떠한 의도적인 虛僞나 假飾이 없이 순수하고 '眞實'한 心情이라는 어감을 강하게 지닌다. 즉, 있는 그대로 드러나는 天性과 眞心의 본래 참모습으로서 '眞情'·'實情'을 뜻한다. 반면 情이 밖의 사물에 감응하여 반작용하는 측면은 상당히 복잡해지는데, 대부분 이기적이고 사사로우며 심지어 간악한 성격으로까지 나타나는 것이 보통이다. 즉, 物欲에 물든 후천적 人爲性이 드러나는 것이다. 예컨대, 후술할 바와 같이, 情은 사람의 陰氣로서 사악하고 부정적 욕망으로 규정하여, 선하고 긍정적인 陽氣로서 일컬어지는 性과 명확히 대비를 이루기도 하는데, 바로 情의 이러한 측면을 가리킨다.

그런데 인정의 본질 속성에 따른 존재적 양면성은, 사회규범의 관점에서 보면 양자의 중용조화라는 과제로 떠오른다. 즉, 情의 본연의 순수함은 禮法의 규범이 소극적으로 인정·허용하면서, 반면 지나치게 이기적이고 사사로운 후천적 욕망 감정은 적극 조절·통제할 대상으로 삼는다. 전자는 이른바 人之常情으로 나타나는 인류의 일반보편의 公情이고, 후자는 개인의 특수한 私情이 된다. 예컨대, 희노애락이나 憂懼와 같은 개인의 소극적인 단순한 감수성은, 일반으로 사회의 강제규범, 특히 법의 규율대상이 되지 않는다. 그러나 표현 정도가 지나쳐서 타인의 안녕과 사회평화를 해치거나 위협하면 당연히 통제대상이 된다. 특히, 개인의 자유와 권리보다는 공동체의 질서와 안정을 중시하는 전통사회의 禮규범은, 이러한 단순한 감수성에 대해서도 직접 간섭하고 통제한다.

한편, 愛(好)惡나 욕망과 같은 적극적 의지와 주관적 감정은 사회규범의 특별한 관심대상이 된다. 이는 상대방을 지향하는 관계성이 강하여, 그로 인한 사회적 영향력도 크기 때문이다. 예컨대, 군주의 好惡의 분별은 희노의 감정과 결합하여, 법의 공평통일성을 해치는 私情으로 비화하기 쉽다. 그리고 욕망은 禮와 같은 일반 윤리도덕 뿐만 아니라, 국가의 강제 법규범에서도 가장 중요하고 민감한 규율대상이 된다. 특히 食·色으로 일컬어지는 인간의 양대 본능은 인간사회가 존립하기 위한 기본 필수요건으로서 법규범제도의 핵심 지주가 되지만, 다른 한편으로는 가장 사사롭고 포악하게 범람할 수 있는 무서운 욕정으로서, 거의 모든 죄악의 근원이 되기도 한다. 요컨대, 人情의 양면성을 적절히 규율·통제하여 중용조화를 이루는 것이 법규범의 핵심이념이며, 情理의 이념도 이러한 맥락에서 펼쳐짐은 물론이다.

⑥ 物情 : 物情은 구체 물건의 있는 그대로 모습, 삼라만상의 진실한 모습을 가리킨다. 物情은 개념상 바깥모습으로서 物象(物相)과 속내(內在) 본질로서 실질 내용으로 나눌 수 있다. 그러나 일반 언어관용상의 物情 개념은, 뜻이 뚜렷하지 않고 어지럽게 뒤섞여 쓰인다. ('세상 物情을 잘 모른다.'는 막연한 개념이 대표다.) 예컨대, 맹자는 사회의 분업 및 협업(分工合作)의 원리에 따른 신분계층 분화의 정당성과, 財貨교역상 물건의 장단·

경중·다과·대소의 차이에 따른 가격차별화의 합리성을 이렇게 설명한다. "물론 물건이 가지런하지(같지) 않은 것은 곧 物件의 情이다."[53] 여기서 物情은 표면의 문맥상 구체로 물건의 길이·수량·크기 같은 객관의 바깥 모습을 가리킴이 분명하다. 허나 실질적 의미맥락은 물건의 추상 품질(내재적 실질내용)도 포함할 수 있고, 또한 대화논쟁의 전체 맥락상 사회 분업과 신분계층의 분화라는 추상적 事情까지도 망라할 수 있다. 즉, 사물의 상대적 차별성 전반을 특징짓는 중요한 개념요소가 된다.

⑦ 事情 : 事情은 추상적인 일(사건)의 객관적인 진실한 모습을 가리킨다. 事情은 순수하게 일(사건) 자체의 眞相·상황이라는 객관 사실과, 사건 당사자 또는 행위자의 주체적 신분에 관련한 情狀이라는 주관 實情으로 나눌 수 있다. 예컨대, 법률행위요건이나 범죄구성요건에 해당하는 행위 자체의 사실이 전자라면, 행위의 책임성 판단 및 量刑과 관련한 각종 주관적·객관적 상황은 후자가 될 것이다. 양자 모두 司法재판상 판단의 핵심 표준으로서 중요한 의미를 지님은 물론이다.

物情과 事情은 흔히 '객관 事物의 眞相·實情'이라는 의미에서 서로 통용하거나 혼용하는 경우가 많다. 한편, 物情과 事情의 이러한 의미파생은 사람 마음의 '있는 그대로 참된 모습'이라는 속성으로부터 말미암는다. 거짓(僞)이 아니라 참이라는 '眞'이나, 텅 비어(虛) 있지 않고 가득차 있다는 '實'의 사실적 존재속성을 뜻한다. 특히 법적인 眞實이나 범죄사실 등의 개념으로도 쓰임에 주목할 필요가 있다.[54] 또 이름(名分·名義)이나, 소문 또는 허위와 상대적인 의미로 일컫는 情은 순수한 추상적 事實·眞實·實質 등의 개념임이 분명하다. 또한 僞와 함께 '情僞'라는 단어를 이루는 情은 眞(참)의 의미로서, 곧 '眞僞'와 같은 말이 된다.

---

53) 孟子, 滕文公 上, §4 : 「夫物之不齊, 物之情也.」
54) 예컨대 論語, 子張편에는 士師가 된 陽膚에게 曾子가 司法원칙을 다음과 같이 충고한다. "임금의 정치가 도덕성을 잃어 백성들이 흩어진 지 오래 되었으니, 만약 백성들의 범죄사실이 드러나더라도 (붙잡았다고) 기뻐하지 말고, 오히려 슬퍼하고 긍휼히 여겨라." 「上失其道, 民散久矣, 如得其情, 則哀矜而勿喜.」

⑧ 天情 : 天情이라는 용어는 天理처럼 그리 널리 쓰이지는 않는다. 개념상 하늘로부터 품수한 자연스런 선천적 본연의 情이라는 뜻으로, '情' 자체의 개념과 크게 다르지 않다. 다만 先天性·자연성을 강조하기 위한 개념으로, 그 대상은 반드시 인간에 국한할 필요는 없으며, 만물에 두루 쓰일 수 있다. 전형적 예는, 荀子가 인간의 好惡喜怒哀樂의 감정을 '天情'으로 규정한 것이다. 즉, 하늘의 無爲自然의 造化로서 天職과 天功에 의해, 인간의 외형 육신이 갖춰지고 내면 정신이 생기면서, 그와 동시에 그 안에 감춰지는 선천적인 본연의 감정을 '天情'으로 일컫는다.[55] 天情을 포함한 일련의 범주는, 순자의 天이 일반 유가와 달리, 순수한 자연의 天을 가리키는 개념정의에 치중하는 점과 긴밀히 관련한다.

⑨ 情理의 이념형 개념

물론, 이러한 이념형의 도구개념이 철학사상이나 특히 법제사에서 거론하는 구체적 실제용어와 정확히 일치하지는 않으며, 때로는 뒤죽박죽 섞여 多義로 쓰이기 때문에, 항상 명확한 주의와 분석이 필요하다. 앞서 개별 개념 설명에서도 일부 언급하였지만, 이들 이념형 중에서 철학사상이나 법제사에서 특히 강조·중시하는 개념은, 주관적인 人情과 倫理 및 객관적인 事情과 事理이다. 전자는 정치 차원의 통치이념으로서 유가의 禮敎의 근본을 이루는데, 철학적 궁극성을 강조하기 위하여 거론하는 天理가 실질상 倫理를 가리키는 점이 특징이다. 반면, 후자는 법률 차원의 司法이념으로서 법가의 法治의 핵심을 이루는데, 事理에는 법가특유의 法理가 중요하며, 國法의 公理를 관철시키기 위해 人情을 '私情'으로 단호히 내치는 부정적 태도가 특색 있다. 또 법의 경직성을 완화하고, 임기응변의 융통성과 구체적 타당성을 위해, 司法의 마지막 단계에 참작하는 '情理'의 중용조화에는, 주관적 人情과 倫理는 물론 객관적 事情과 事理까지 망라하여, 복합적인 독특한 개념을 이루기도 한다.

情理의 이념형 개념을 일목요연한 도표로 정리하면 다음과 같다.

---

55) 荀子, 天論편 참조. : 「形具而神生, 好惡喜怒哀樂臧焉, 夫是之謂天情.」

情理의 이념형 분류 도표

		인 식 방 법		
		理		情
存在形態	天 (自然)	天理 (天道)	自然萬物之理 : 최고궁극의 　　　　　　天道 倫理┬포괄적 인륜 　　└天倫:血緣的↔當爲的・ 　　　　社會的 자연인 구체적 무늬결	天情┬선천적인 본연의 감정, 喜怒哀樂好惡 　　└天壤之情・萬物之情
	人 (主觀)	人理 (倫理・ 人道)	혈연적・존재적 : 父母子女 도의적・당위적 : 君臣・ 　　　　　　　　夫婦・朋友 가정 : 孝(父子)・敬(夫婦) 국가・사회 :忠(君臣)・信(朋友)	人情┬對物적・소극적 감수성. 심리반응 　　│(喜怒哀樂憂懼) 　　├의지적・적극적 욕망 : 欲(五欲)・食色 　　└대물적・주관적 분별선택 : 好(愛)惡 양면성┬본체적 근원 : 본연의 순수성←性(陽) 　　　└작용적 발현 : 감응의 복잡성→欲(情) 　　　　　　　　　　　　　　　　(陰) 정도┬常情(公情) 　　└過情(私情)
객관인식대상	物 (客觀・ 具體)	物理	무늬결 : 구체적・외형적 　　　　玉理・木理・肌理・腠理 원리 : 추상적・내재적 법칙	物情┬物相(象) : 외면적 모습・형태(量) 　　│장단・경중・다과・대소의 차이 　　└내재적 본질내용 : 품질・신분・ 　　　　　　　　　　　　직업(質)
	事 (客觀・ 抽象)	事理	일반적・추상적 사건의 이치 전문적・특수한人의 言行관련적 論理・詞理・辭理・文理・法理	事情┬객관적 사실 : 일 자체의 진상・상황 　　└주관적 정상 : 사건 당사자의 주체적 　　　　　　　　　　신분관련사항, 행위의 　　　　　　　　　　동기・목적・배경

제 2절   禮治의 근본으로서 情과 理

1. 禮治와 法治의 일반론

(1) 禮法의 본질과 起源

禮와 法이 무엇인가라는 본질 문제는, 禮와 法이 왜 필요하며 어떻게 생겨났는지, 그 起源 문제와 직결한다. 禮와 法이 사회에서 어떠한 임무 (기능)와 성격을 지니는지는 새삼 거론할 필요도 없다. 예와 법은 국가와 인민을 통치하는 수단방편인데, 인민을 통치함은 그들의 죄악과 非理를 다스려 착하고 올바르게 인도함으로써, 국가사회의 혼란을 방지하고 평화질서를 유지함을 뜻한다. 특히 禮는 法이나 형벌보다 우선하는 예방규범으로서, 죄악과 혼란을 미리 방지하는 교화선도의 기능에 치중한다.

그런데, 죄악과 비리의 행위는 주관적으로 인간의 부정적인 劣惡한 欲情(에 물든 마음)으로부터 말미암는다. 물론 객관적으로 그러한 欲情을 자극·유발하는 事物에게도 책임이 없는 것은 아니다. 결국 죄악은 근본적으로 마음의 正因과 사물의 助緣이 결합하여 이루어지는데, 이것이 죄악의 因緣和合이다. 따라서 죄악이 생기지 않게 미리 막으려면, 이들이 결합하지 못하도록 적어도 어느 하나를 제거하는 수밖에 없다. 이것이 바로 정치의 핵심내용이며, 禮와 덕의 교화기능이다.

물질 방면을 예로 들면, 정치는 생산의 증대와 분배의 균형을 통해 민생경제를 넉넉하게 안정시키도록 적극 노력해야 한다. 衣食이 족해야 예절을 안다는 격언은 이를 일컫는다. 그러나 아무리 풍부한 물질 공급으로도 인간의 감정욕망을 충분히 만족시킬 수 없음은 선험으로나 경험으로 명백한 법칙이다. 오히려 때로는 지나친 물질 풍요가 인간의 정신을 타락시키는 주범이 된다. 그래서 老子는 아예 얻기 어려운 재화를 귀중하게 여기지 않으면 백성들이 도둑질을 하지 않고, 욕망을 자극하거나 부추길 사물을 보이지 않으면 인민의 마음이 미혹하지 않을 것이라고, 극단의 방도를 제시한다.(§3) 그러나 그런 이상은 현실로 불가능한 일이다. 인간의 육체가 존재하는 한, 생존유지를 위해 물질공급이 완전히 끊길 수는 없기 때문이다.

이처럼 객관 요인을 완전히 제거할 수 없음이 명확해진 이상, 인간의 주관 欲情을 해결하지 않으면, 죄악과 혼란은 결코 발본색원할 수 없는 셈이다. 즉, 인간의 내면 이성과 주체적 善意志를 계발·함양함으로써, 각자 감정과 욕망을 스스로 다스리도록 敎化를 베푼다. 특히 군주가 솔선수범으로 敎化를 펴는 德治가 이상형인데, 禮는 그 방편제도이다. 그러나 인간의 欲情도 하늘로부터 부여받은 자연스런 本性의 발현이기 때문에, 이를 완전히 제거하거나 억제할 수는 없다. 또한 모든 인간의 내면적 선의지가 항상 믿을 만큼 안정을 지키지는 못하며, 德과 禮의 교화도 현실에서 언제나 효과적으로 실시하기는 어렵다. 그래서 최후의 보조 방패로서 법과 형벌의 위엄을 세워두지 않을 수 없게 된다. 물론 이와 함께, 넉넉하고 적절한 물질공급을 통하여 욕망과 감정의 불만족을 풀어주도록 民生경제정책을 병행하는 것이 가장 바람직한 통치다.

요컨대, 정치란 물질풍요와 도덕교화를 통하여, 인민의 열악한 욕망과 취약한 감정이 죄악에 빠지지 않도록 통제함으로써, 국가사회의 평화질서를 유지하는 것이다. 민생경제의 안정과 윤리도덕의 진작 모두 통치의 필수불가결한 지주인 셈이다. 그래서 공자는 정치의 세 요체로 足食·足兵·民信을 들면서, 군주가 솔선수범으로 德禮의 敎化를 베풀어 民信을 확보하는 것이 가장 중요한 급선무라고 꼽는다. 또 인구의 증대·경제적 풍요·도덕적 교화의 세 가지를 통치의 순차적 목표로 언급하여, 교화를 최후의 완성 절차로 지적하기도 한다.[56] 또한 管子는 인

---

56) 足食·足兵·民信(論語, 顔淵, §7)은 子貢의 질문에 대한 답변이고, 庶矣·富之·敎之(子路, §9)는 冉有의 질문에 대한 답변이다. 그런데 양자의 중점, 특히 도덕 교화의 순서가 서로 相反하는 것은, 질문한 사람의 구체적 心性과 의도에 따라 개별로 답변을 달리하는 '因才而施敎'(불교의 對機說法)의 교육원리 때문이다. 예컨대, 子路와 冉有가 똑같이 '듣는 대로 실행할까요?'라고 물은 적이 있는데, 공자가 子路에게는 '父兄이 계신데 어찌 임의로 행할 수 있느냐'고 반문하고, 冉有에게는 '실행하

민이 예절과 榮辱을 알기 위한 선결요건으로 의식주의 풍족을 들면서, 인민이 화합단결하고 법령에 복종하기 위한 전제조건으로 군주의 법도와 四維(禮義廉恥)라는 도덕기강을 강조하고 있다.(牧民) 그리고 老子가 욕망을 자극할 수 있는 물질 재화를 제거하자고 이상론을 주장하면서도, 한편으로 少私寡欲과 安分知足이라는 인간의 주체적 도덕수양을 자주 거론해 강조하는 것도, 마찬가지 맥락이다.[57]

(2) 性→心→情→欲의 人性論

이렇듯이 禮는 정치 교화의 일익을 담당하는 주요한 윤리도덕으로서, 인간의 감정과 욕망을 절제하는 사회규범이다. 이러한 유가의 禮論은 人性論에 기초한 性과 情의 관계로부터 펼쳐진다. 우선, 마음이 바깥사물에 맞닿아 감정을 발현하기 이전의 본래 고요한 바탕, 즉 마음의 本體이자 情의 근원을 性이라고 일컫는다.[58] 흔히 말하는 本性인데, 인간이 태어날 때부터 하늘로부터 품수한 자연스런 성품이라는 뜻에서 天性이라고 일컫기도 한다. 性이 바깥사물에 접촉하여 인간의 육신에 나타나는 喜怒哀樂好惡가 곧 情이다.[59] 性은 이러한 반응을 일으키기 이전의 순수한 정신적 靈魂의 본체로서, 일반보편의 자연법칙인 天道가 인간이라는 생명체에 구체로 부여(분양)한 개별의 道인 셈이다. '타고난 바가 性이다.'는 告子의 개념정의나, '하늘이 명한 바를 性이라고 한다.'는 中庸의 명제는 바로 이러한 의미이다.[60]

그래서 情은 마음에서 생기고, 마음은 性으로부터 비롯하는 삼자의 관계를 물의 흐름에 비유하기도 한다. 性이 물 자체라면, 그 물이 움직

라'고 답변하였다. 이에 公西華가 어리둥절하여 그 까닭을 묻자, 冉有는 소극적으로 후퇴하기 때문에 촉진시키고, 子路는 너무 적극 돌진하기 때문에 다소 억제한 것이라고 설명하고 있다. 論語, 先進, §21: 「求也退, 故進之; 由也兼人, 故退之.」

57) 老子, §19; §33; §44; §46 참조.
58) 關尹子, 四符: 「性者, 心未萌也, 無心則無意矣.」
59) 荀子, 正名: 「生之所以然者, 謂之性; 不事而自然, 謂之性; 性之好惡喜怒哀樂, 謂之情.」
60) 孟子, 告子下: 「生之謂性.」; 禮記, 中庸: 「天命之謂性.」

여 흐르는 것이 마음이고, 그 흐름의 결과 생기는 물결이 情이라는 것이다.[61] 한편, 荀子는 하늘이 부여한 바가 性이고, 性의 바탕이 情이며, 情의 반응이 欲이라는 이론체계를 구성한다.[62] 心의 의지적 주체성은 따로 인정하지만, 性과 情 사이의 논리관계 사이에는 매개시키지 않고, 그 대신 欲을 情의 하위개념으로 종속시킨 것이다.

性→心→情→欲의 기본논리가 일관함에도 불구하고, 한편으로는 마음과 사물의 상호 교감작용을 경계로 하여, 그 이전의 性과 그 이후의 情(欲)이 상호대비 관계로 두드러지는 것이 보통이다. 性이 정신(靈魂)에 속하는, 선천으로 순수한 일반 보편의 본질이라면; 情은 육신을 통하여 나타나는, 후천으로 감염한 개별 구체의 작용 · 발현이라고 보는 것이다. 이러한 상대관계에서 보면, 性은 선하고 公正하며 긍정적인 陽의 세계에 존재하고, 情은 惡하고 사사로우며 부정적인 陰의 세계에 속하는 것이 된다. 그래서 情은 사람의 陰氣로서 욕망을 지니는 것이며, 性은 陽氣로서 착한 바탕이라고 규정한다.[63]

물론 性과 情의 이러한 상호대비의 관념은 고정불변이 아니다.[64] 사실 情 자체도 근본상 性으로부터 말미암는 것이기 때문에, 情에 性의 ‘本然’적 특성이 내재함은 오히려 당연한 논리의 귀결이다. 그래서 性과 情의 개념은 서로 混同하여 쓰일 뿐만 아니라, 심지어 두 글자가 합쳐

---

61) 關尹子, 五鑑:「情生於心, 心生於性. 情, 波也; 心, 流也; 性, 水也.」

62) 荀子, 正名:「性者, 天之就也; 情者, 性之質也; 欲者, 情之應也.」

63) 說文解字, 十下篇:「情, 人之陰氣, 有欲者; 性, 人之陽氣, 性善者也.」 높고 善하고 긍정적인 사물이 양에 속하고, 낮고 惡하며 부정적인 사물이 음에 해당한다는 관념은, 음양오행설의 기본 이론이다. 예컨대, 天 · 君 · 父 · 夫 · 德은 陽이고 地 · 臣 · 子 · 婦 · 刑은 陰이다.(董仲舒, 春秋繁露, 陽尊陰卑편 참조) 사실 性陽情陰 · 性善情惡의 이론은 董仲舒가 天人感應說에 근거하여 구성한 것으로(春秋繁露, 深察名號편 참조), 白虎通義의 性情편에서 계승 발전하였는데, 說文의 정의는 漢代의 이러한 學風을 반영하는 結晶인 셈이다. 方立天, 「中國哲學的“性情”範疇」, 中國哲學史研究, 1984年 第1期(總14期), 8-9면 참조.

64) 性과 情의 기본 관계에 대한 중국철학사상의 통시대적인 학설 개관은, 方立天, 앞의 글, 7-12면 참조. 여기에서는 性과 情의 관계를 크게 네 관점으로 정리한다. 첫째, 同一한가 상이한가? 둘째, 本末관계, 셋째, 善惡문제, 넷째 性靜情動說이다.

져 한 단어로 쓰이기도 한다. 孟子의 性善說과 荀子의 性惡說의 대립도, 실제로는 性情의 개념 차이를 반영하는 것에 불과하다. 똑같이 性을 언급하면서, 善과 惡의 양립할 수 없는 모순개념으로 규정하는 것은 무슨 까닭인가? 맹자가 말하는 선한 性은 위에서 말한 기본 바탕의 원칙적인 본체 개념이다. 구체로는 인간이 누구나 타고나는 仁義禮智의 四端之心을 가리키며, 그 마음의 발현인 情도 善을 행할 수 있다는 가능성의 관점에서 善이라고 규정한다.(告子上, § 6) 즉, 맹자가 말하는 인간의 性情은, 동물의 순수한 육체 본능으로서 욕정(예컨대, 食·色)과 구별하여, 인간 특유의 先天 道德性으로 파악하는 것이다.[65] 또한 맹자는 四端之心의 性善說을 기초로, 이른바 五倫(五常)이라는 인륜교화의 가능성과 당위성을, 인간이 금수와 다른 種差의 人道로서 규정하기도 한다.[66]

이에 반하여, 순자가 말하는 악한 性은, 실제로 性이 바깥사물에 감응하여 발현한 육체적 욕망으로서 情을 가리키는 것에 불과하다. 특히 그는 性과 情을 병칭하는데, 이익을 좋아하고 해악을 싫어하며, 耳目口鼻의 기호에 따라 聲色味香을 좇는 욕망으로 규정한다.(性惡篇) 性과 天道를 별로 언급하지 않았다는 공자는, 일찍이 '(선천) 性은 서로 가까운데, (후천) 습관이 서로 멀 뿐이다.'(性相近也, 習相遠也.: 論語, 陽貨, §2)는 유명한 명제를 남겼다. 즉, 공자는 人性이 서로 비슷하게 근접한다는 본질상의 추상적 성격만 언급할 뿐이며, 仁과 같은 도덕성을 근거로 性의 구체적 善을 직접 규정하지는 않고 있다. 그런데 맹자는 仁義(禮智)의 端心에 근거하여 人性을 善하다고 선언함으로써, 그 도덕성을 더욱 확고하게 부각시킨 점이 다르다. 이는 물론 공자의 '性相近'이라는 선천적 본질의 측면을 계승 발전시킨 것이다. 반면 순자의 性惡說은 공자의 '習相遠'이라는 후천적 작용의 측면을 강조한 것이다.

이처럼 인간의 情은 양면성을 지닌다. 이는 性의 善惡이라는 가치판

---

65) 朱貽庭 主編, 中國傳統倫理思想史, 華東師範大學出版社, 1989년, 102-105면 및 姜國柱·朱葵菊, 中國歷史上的人性論, 中國社會科學出版社, 1989년, 15-19면 참조.

66) 孟子, 滕文公 上 §4 및 朱貽庭 主編, 中國傳統倫理思想史, 91-92면 참조.

단과 관계있는 존재적 사실이다. 한편, 情은 天性으로부터 직접 말미암는 非人爲적인 本能이기 때문에, 설사 性惡說의 관점에서 아무리 사악하게 파악하더라도, 이를 후천 현실에서 완전히 제거하거나 부정할 수만은 없다. 예컨대, 음식과 남녀의 情欲을 완전히 없앤다면, 인간에게 생존의 여지가 전혀 없을 것은 자명하다. 물론 性善說의 관점에서 인간의 선천적 도덕성으로 이어지는 人之常情은 더욱 그러하다.

다른 한편으로, 性이 비록 순수하게 선할지라도, 외부 사물에 맞닿아 발동하는 감정 욕망은 이기적이고 사악한 성향을 띠기 마련이다. 따라서 이를 전혀 통제하지 않고 자연스런 취향에만 방임한다면, 인간사회는 분쟁과 혼란으로 질서유지가 불가능해질 것이다. 따라서 禮란 人情의 이러한 두 성격을 모두 동시에 참작하고 통제하지 않으면 안 된다.

2. 禮治의 節制 대상인 부정적 欲情

우선 禮란 궁극으로 天理에 근거하여, 인간의 喜怒哀樂愛惡欲의 자연스런 감정욕구를 방종하거나 범람하지 않도록 합리로 통제하고 적절히 선도하는 방편 규범이다. 本性이 선하다고 보든지 악하다고 보든지 간에, 生을 좋아하고 死를 싫어하며, 좋고 이로운 것을 선택하며 싫고 해로운 것을 피하는 것이 인지상정이다. 인간이 자신의 감정 욕구에 따라 안일과 쾌락만을 좇다 보면, 서로 부닥쳐 다투고 해치기 마련이다. 또한 처자식의 기쁨에 탐닉하다 보면, 부모에 대한 효성이 시들고; 개인의 안락에 만족하다 보면, 친구에 대한 신의와 국가에 대한 충성이 쇠미해진다. 무엇보다도 음식 절제와 남녀 분별이 없게 되면, 부자간에도 친화하지 못하고 서로 싸워, 금수와 다를 바가 없어진다.

그래서 天理에 근거한 禮로써 인간의 끝없는 감정욕구를 절제하고 교화할 필요가 있다. 인간이 짐승과 다른 점이 있다면, 바로 인간 상호관계를 평화롭게 조정하는 禮[사회규범]가 존재하기 때문이라고 설명하는 것도 이러한 까닭이다.

(1) 공자의 '性相近'의 人性論과 '習相遠'의 禮論

일찍이 공자는 '性相近也'라는 명제만 천명하고, 인간의 선천 성품이 善한지 惡한지 구체로 구분하지 않았다. 하지만 '習相遠也'라는 대응명제를 음미하면, 人性이 후천 습관으로 타락하거나 '惡化'할 가능성과, 또한 향상하거나 '教化'할 가능성을 간접으로 인정하고 있음이 분명하다. 그런데 공자가 周禮의 회복을 위해 그토록 열성으로 강조한 각종 禮論에는, 이러한 열악한 人情(태어난 후 타락한 惡習으로서 人性)의 '節制'와 '約束'이 禮(教)의 본연 임무임을 언급하는 실질 내용이 적지 않다.

論語에는 "군자가 學'文'을 널리 배우면서 '禮'로써 制'約'한다면, (道에서) 크게 어긋나지 않을 것"이라는 공자의 말씀이 되풀이해서 나온다. (雍也, §25; 顏淵, §15) 그런데 공자의 수제자인 顏淵은 스승의 위대함을 찬탄하면서, "스승이 제자들을 순순히 잘 유도·교화하면서, 學'文'으로써 널리 가르쳐 주고 '禮'로써 잘 制'約'해 준다."고 술회한다.(子罕, §10) "制'約'으로써 실수(잘못)하는 경우는 드물다."(里仁, §23)는 명제도, 이러한 맥락에서 禮에 의한 절제를 뜻하는 것으로 풀이된다. 그래서 공자의 제자 有子는 "先王의 크고 작은 道가 모두 禮의 사용(실행)에서 '和'(인간관계상의 화기애애한 화목·평화)를 귀중히 여기지만, 그렇다고 '和'樂함만 알고서 '禮'로써 '節'制하지 않으면 또한 결코 안 된다."고 강조한다.(學而, §12) 이러한 일련의 사상이 반드시 인간 현실의 열악한 性情을 전제하거나 또는 선천의 性惡을 가정하지는 않지만, 적어도 세상을 살아가면서 인간의 이기적이고 자의적인 감정욕망이 언제든지 방종하거나 범람할 수 있는 가능성, 즉 인간 性情이 후천 환경·습관에 의해 오염·타락할 취약성을 염두에 두고 있음이 명백하다.

더구나 仁의 실행방도로 제시하는 '克己復禮'의 명제는, 개인의 이기적이고 사사로운 감정욕망을 절제·극복하고, 사회의 윤리도덕 규범인 '禮'의 상태를 회복(유지)할 것을 강조하는데, 사실 그 절제·극복의 수단방편 자체도 바로 '禮'임은 물론이다. 여기서도 인간 性情이 오염 또는 타락할 수 있는 취약성을 경계하여, '禮가 아니면'(非禮: 禮에 어긋나면) "보지도 말고, 듣지도 말며, 말하지도 말고, 움직이지도 말라."는 이른바 '四勿(놀이)'의 자아절제(수양) 방법을, 가장 어질다는 수제자 顔淵에게 일러주고 있다.(顔淵, §1) 이처럼 공자 문하의 제일 수제자가 視·聽·言·動의 일거수일투족을 모두 禮에 의해 자아절제(克己)하여야 할 때, 하물며 그 아래 제자들이나 일반 평범한 사람들은 더욱 말할 것도 없다.

그런데 사실 공자도 인간이 선천 지혜와 재능에서 상하나 고저의 차이를 보일 수 있다고 인정한다. 예컨대, 인간은 최상등의 '生而知之者'(천생으로 아는 자)로부터 '學而知之者'(후천으로 자발로 배워 아는 자)와 '困而學之者'(곤궁함을 당하여 배우는 자), 그리고 최하등의 '困而不學者'(곤궁함을 당해서도 배우지 않는 자)에 이르기까지 네 부류의 근기로 나눠진다.(季氏, §9) 그리고 최상등의 지혜로운 사람과 최하등의 우매한 사람은 그 선천 재질이 서로 바뀌지 않을 만큼 거의 결정론적 차이를 보인다.(陽貨, §3) 이러한 선천 재질의 차이에 따라 후천 '學習' 및 '敎化'의 방법도 판이하게 갈라진다. 즉, 中人 이상에게는 上等의 수준 높은 학문을 가르쳐 줄 수 있지만, 中人이하에게는 그럴 수가 없다.(雍也, §19)

물론, 선천 재질의 智愚 차이를 인정한다고 하여, 그것이 곧 선천 本性의 善惡으로 직결한다고 보기는 어렵다. 그러나 上智와 下愚의 현격한 재질의 차이는, 天性의 善惡이라는 도덕성의 의미도 함축할 수 있는데, 적어도 후천 性情의 善惡은 확실히 인정한다. "오직 仁者만이 사람을 좋아할 수도 있고, 사람을 싫어할 수도 있는데",(里仁, §3) 이는 곧 好惡 대상의 도덕상 善惡을 가리킴이 분명하다. 그리고 德으로써 怨望에 보답하면 어떻겠느냐고 묻는 혹자의 질문에 대하여, 공자는 그러면 무엇으로써 德에 보답할 것인지, 이른바 형평성의 문제가 심각하게 일어난다면서, "正直(즉 怨望)으로써 怨望을 갚고, 德으로써 德에 보답하라"고 답변한 적이 있다. 이 유명한 명제도 德과 怨이 곧 인간 性行의 善惡을 각기 대표함은 물론이다.(憲問, §36) 요컨대, 선천 本性의 근접성에도 불구하고, 후천 學習 환경에 따라 서로 현격한 善惡의 차이가 발생할 수 있는 것이다. 이는 비단 中人 이하의 下愚 뿐만 아니라, 中人 이상의 上智에게조차도 동시에 해당하는, 후천 性情의 劣惡한 취약성이다. 이러한 열악하고 취약한 性情이 이기적인 욕망에 지배당하지 않도록 節制하는 克己의 수양이 곧 仁이라는 도덕인격의 궁극이상이며, 禮는 그 일반보편의 수단방편으로 제도화한 사회 윤리규범인 것이다.

(2) 孟子의 性善說과 仁義禮智 四端論

性善說을 주장하는 孟子도, 인간이 배불리 먹고 따뜻하게 옷 입으며 편안히 거주하기만 하고 교화가 없으면, 감정욕구의 방종으로 짐승에 가깝게 될 것이기 때문에, 성인이 司徒의 관직을 두어 人倫의 禮로써 교화하게 되었다고 설명한다.(滕文公 上, §4 참조) 즉, 인간의 선천 도덕성이 의식주라는 후천 물질생활의 욕망에 의해 타락·상실할 수 있기 때문에, 이를 절제·방지하기 위하여 五倫의 禮教가 필요하다는 것이다. 사실 인간 누구나가 堯舜이 될 수 있다는 맹자의 性善說에서, 惻隱·羞惡·辭讓(恭敬)·是非의 마음이라는, 이른바 仁義禮智의 四端은, 문자 그대로 선천 도덕성의 端緒(실마리), 즉 종자(씨앗)를 의미할 뿐이다. 이 단서(종자)가 곧바로 仁義禮智의 도덕성 자체와 같지는 않다. 이 네 가지 도덕성을 완성하여 堯舜이 되려면, 그 단서(종자)를 잘 풀어서(싹 틔워서) 함양·성장시켜야 한다. 따라서 인간의 주체적인 후천 수양의 노력이 절대로 필수 불가결한 요소임을 강조한다. (불교의 관점에서 말하자면, 실마리로서 씨앗이 佛性이라는 正'因'이고, 후천 환경과 노력이 修行이라는 助'緣'에 해당한다.)

다만 그 방법은, 순자의 성악설처럼 본디 선천상 사악한 人性을 人爲의 교화로 적극 矯正·修飾하는 것이 아니라, 타고난 선량한 人性이 타락·상실하지 않도록 소극으로 보존·유지하는 점이 독특하게 다를 뿐이다. 仁義禮智의 도덕성은 '구하면 얻고 놓으면 잃기' 때문에, 이를 늘 생각하고 보존·함양하기만 하면 된다. 이른바 '存心' '養性'의 수양방법이다. 인간이 짐승과 차이 나는 선량한 도덕성을 잘 보존·함양하면 君子가 되고, 이를 잃어버리면 서민(범부중생)이 되는 것이다.(離婁下, §19)

'大人'이란 선천으로 타고난 선량한 '어린애의 마음'(赤子之心)을 잃어버리지 않는 자를 가리킨다.(離婁下, §12) 그런데 그 선량한 心性을 보존·함양하는 구체 방법으로는 욕심을 줄이는 '寡慾'보다 나은 것이 없다.(盡心下, §35) 즉, 앞서 언급한 의식주의 물질 욕망을 節制하는 것이 선천 善性을 잃지 않는 최선의 방책인 것이다.

外物에 대한 감정욕망을 좇느라 타고난 仁義의 '良心'을 놓아 버리는 도덕성의 상실은, 마치 도끼로 수풀의 싹을 매일 아침 베어버리는 행위와 같다고 비유한다. 수풀의 싹을 일부러 잘라내지만 않으면, 저절로 성장하여 아름다운 숲을 이루듯이; 인간의 선량한 선천 心性도 후천 물질 욕망에 의해 방종하지만 않고 보존하면, 자연히 堯舜과 같은 성현의 도덕을 성취할 것이라는 것이다.(告子上, §8) 이는 浩然之氣의 함양이 외부의 물질욕망에 마음을 움직이지 않고(不動心), 단지 道義로써 함양하여 해치지 않으면 저절로 이루어진다는 이론과 일맥상통한다. 또 揠苗助長(알묘조장)처럼 얼른 자라라고 싹을 일부러 성급하게 뽑아 올려 해치지만 않으면, 농작물은 자연히 성숙할 것이라는 비유가 빗대진다.(公孫丑上, §2)

이와 함께, 후천 환경과 직업의 중요성도 선량한 선천 心性의 감염·타락을 예방하기 위한 방법으로 특히 강조한다. 예컨대, 왕자가 일반서민과 의식주를 같이 하지만, 그 기품이 특이하게 고상한 것은, 그가 거처하는 환경이 氣質을 개조시키고, 함양하는 바가 풍채를 변화시키기 때문이다.(盡心上, §36) 따라서 왕이나 왕자를 善하게 하려면, 薛居州와 같은 선량한 선비(善士)들을 스승으로 모셔 왕의 거소에 항상 함께 거처하도록 하면 된다. 마치 齊人들 틈에 머물면 齊語를 배우고, 晉人들 사이에 살면 晉語를 배우게 되는 것처럼!(滕文公下, §6)

특히, "화살 만드는 사람이 방패 만드는 사람보다 어찌 본래부터 어질지 않겠는가마는, 화살 만드는 사람은 오직 자신의 화살이 표적(사람)을 쓰러뜨리지 못할까 염려하고; 반면 방패 만드는 사람은 자신의 방패가 날아오는 화살과 창으로부터 방패 든 사람을 견고히 보호하지 못해 살상을 초래할까 두려워한다." 자기 기능을 최고도로 연마하려는 이른바 전문직업(術) 정신의 차이로 말미암아, 그 후천 마음씀(用心)이 천양지차로 현격해지기 때문에, 직업선택이 인성 수양의 향방을 결정하는 핵심 관건이 된다고 대조한 비유다. 이 비유는 매우 유명하며 암시하는 바가 의미심장하다. 그래서 맹자는 공자가 말한 '어진 마을에 거주하는 것이 매우 아름답다'는 명제를 인용하면서, 구체로 '仁'이라는 '하늘의 높은 벼슬(天之尊爵)'과 '인간의 편안한 주택(人之安宅)'에 거처하는 것이 군자대인의 지혜로운 처신이자, 자아수양의 입문이라고 강조한다.(公孫丑上, §7) "천하의 넓은 거처(天下之廣居)에 거주하라!"는 명제도 동일한 맥락이다.

(3) 荀子의 性惡說과 禮敎論

性惡說을 주장하는 荀子의 입장에서, 인간의 열악한 감정욕망의 적극 통제와 그를 위한 禮義의 교화기능이 더욱 두드러짐은 말할 나위도 없다. 순자는 좀 더 근원적인 상호투쟁의 이유를 인간의 내면 본질에서 찾는다. 性惡說이 그것이다. 그에 따르면, 인간의 飲食男女에 대한 생존 본능 뿐만 아니라, 부귀와 名利에 대한 이기적 욕망도 모두 인간의 사악한 本性의 표출에 불과하다. 인간이 자연스런 性情에만 따라 행동한다면, 반드시 쟁탈을 일삼고 의리와 명분을 범하며, 결국 혼란을 초래하게 될 것은 자명하다. 그래서 聖人이 인간의 사악한 性情을 다스리고 轉化하기 위하여, 선량한 人爲의 禮義와 法度를 제정한 것이다. 이점이 바로 禮敎의 필요성이자 禮의 기원으로 떠오르는데, 禮의 적극 통제·교정 기능을 강조하는 것도 性惡說의 논리상 필연의 귀결에 불과하다.

> "禮는 어째서 생겨났는가? 사람은 태어나면서부터 욕망을 지니는데, 욕망이 채워지지 않으면 밖으로 구하기 마련이다. 구하는 데 정도와 한계가 없으면 다투지 않을 수 없고, 다투다 보면 어지러워지며, 어지러워지면 서로 곤궁해진다. 先王은 혼란을 방지하기 위하여 禮義를 제정함으로써 한계를 그었다. 인간의 욕망을 供養해주고 추구하는 바를 공급해주되, 욕망이 재물의 부족으로 곤궁해지지 않고, 재물 또한 욕망에 종속하지 않음으로써, 양자가 서로 균형관계를 지속하도록 하였다. 이것이 禮의 기원이다."[67]

"옛날에 聖人은 인간의 본성이 사악하고 편협·음험하여 올바르지 못하며, 패역하고 혼란스러워 잘 다스려지지 못함을 근심하였다. 이에 군주를 세워 그 권세로써 군림하면서, 禮義를 밝혀 교화하고 바른 법을 제정하여 다스리며, 형벌을 무겁게 하여 금지함으로써, 천하의 인민이 모두 평안하고 선량해지도록 하였다. 이것이 성왕의 통치이자, 禮義의 교화이다."[68]

이와 같이 性惡說에 근거한 순자의 禮治論은, 맹자의 性善說의 입장과 근본상 판이하게 갈라진다. 순자는 맹자와 같은 仁義禮智의 선험 도덕성의 존재를 완전히 부인하고, 禮義라는 윤리도덕을 성현이 후천 환경 속에서 도야·양성해 낸 인위의 사회규범으로 규정한다. 순자가 말하는 선천의 性이란, 순전히 감각적인 물질상의 감정욕구에 국한하는 육체적 본능의 대명사에 불과하다. 이는 인간사회의 현실을 더욱 중시하고, 인간의 생리 본능과 물질 욕망에 대한 공리주의적 정당성을 무시하지 않으면서, 무엇보다도 禮義에 의한 후천 도덕교화의 필요성과 당위성을 적극 부각시킨 점에서 긍정할 가치가 크다. 순자의 禮治사상이 실질상 '法術'의 관념을 함축하면서 法治에 접근하고, 나아가 그의 문하에서 韓非나 李斯와 같은 法家의 집대성자가 나온 것도, 이러한 性惡說의 이론기초와 무관하지 않다.

그러나 순자가 인간의 선천 本性을 순수하게 물질상 본능의 관점에 국한하여 邪惡한 것으로 규정한 점은, 본질상 의문의 여지가 분명히 있다. 특히 성현의 本性도 사악한 것이라면, 그가 사악한 本性으로부터 어떻게 선량한 禮義의 도덕규범을 제정할 수 있는지, 그 합리성을 설명할 수 없는 자가당착의 모순에 빠지게 된다.

무엇보다도 특히 주목할 점이 있다. 비록 人性論의 기본출발점은 순자와 맹자가 판이하지만, 그 궁극의 목적은 仁義나 禮에 의해 인민을 교화하여 성현과 같은 윤리도덕 경지로 나아가는 귀결점이 완전히 일치한다. 맹자가 '사람은 모두 堯舜이 될 수 있다'(告子下, §2)고 강조한 것이

---

67) 荀子, 禮論편 참조.
68) 荀子, 性惡편 참조.

나, 순자가 '길가의 사람이 모두 禹가 될 수 있다'(性惡편)고 주장한 사실
은, 바로 이점을 증명해 준다. 맹자는 공자의 '性相近'의 관점에서 정신
상의 도덕성에 치중하고, 순자는 공자의 '習相遠'의 측면에서 물질상 욕
망본능의 통제조절을 중시한 점이 다를 뿐이다.[69]

한편, 순자의 禮治論은 秦漢 이후 유가의 禮論에 이어져 그 사상 주
류를 이룬다. 특히, 禮記의 이론은 순자와 거의 비슷한데, 다만 '性惡說'
의 이론기초에 관한 직접 언급이 거의 없다. 이는 순자의 禮論이 반드
시 性惡說에 근거하지 않고도 충분히 성립할 수 있음을 의미하며, 맹자
의 性善說의 인륜교화이론과 실질상 상통함을 반증하기도 한다. 결국,
性惡說의 이론기초가 슬며시 빠짐으로써, 맹자의 性善說의 인륜교화와
서로 융합하여 유가의 보편적인 禮論이 이루어진 것으로 보인다.

> "선왕이 禮樂을 제정한 것은, 이목구비의 욕망을 극도로 만족시키기 위
> 함이 아니고, 장차 이로써 인민을 교화하여 희노애락의 감정을 균형 있게
> 조절하여, 올바른 人道로 복귀시키기 위함이다. 사람이 타고난 천성은 고
> 요한데, 바깥사물에 접촉하여 감정욕구가 발동하게 된다. 좋고 싫은 감정
> 을 내면에서 절제하지 못하고, 바깥사물에만 이끌려 자신의 本性을 되돌아
> 볼 줄 모르면, 天理가 滅絶하게 된다. 무릇 바깥사물이 인간을 움직임은
> 끝이 없는데, 인간이 (주체적으로 내면의) 好惡의 감정을 절제하지 않으면,
> 이는 사물이 이르는 대로 인간이 사물에 휩쓸리는(同化)는 것이 된다. 인간이
> 사물에 휩쓸림은 天理를 滅絶시키고 人欲을 만족시키는 것이다."[70]

여기에서 인간이 공통으로 가지는 가장 큰 기본 욕망은 이른바 飮食
과 男女로서, 이는 서양의 역대 자연법 이론에서도 줄곧 한결같이 승인
해 온 자기보존 및 종족보존을 위한 생명본능이다. 또한 사망과 빈곤·
고통은 누구나 피하는 공통의 혐오다. 그런데 이 욕망과 혐오는 평소에
개인의 마음속에 감추어져 있기 때문에, 언제 어떻게 꿈틀거려 다툼과

---

69) 이상 순자의 性惡說적 禮治에 대한 평가는, 任繼愈 主編, 中國哲學發展史(先秦),
   706-711면 참조.
70) 禮記, 樂記편 참조.

혼란을 야기할지 예측할 수 없다. 그리하여 이에 대한 사전예방의 차원에서 객관상의 표준규범으로 禮가 필요한 것이다.[71]

3. 禮治의 순응 目的인 긍정적 性情

그러나 한편 情이란 근본상 자연스런 天性의 발현이기 때문에, 이를 전적으로 부정하거나 억누를 수만은 없다. 천자의 지위와 권세로도 감정과 욕망을 완전히 충족할 수 없지만, 성현의 도덕과 禮義로도 이를 완전히 제거할 수는 없는 것이다. 다만, 통치자는 인민의 통상 감정과 욕망을 되도록 충분히 만족시켜 주도록 노력하고, 성현은 불합리하고 사사로운 욕망과 감정이 지나치게 방종하지 못하도록 절제시킬 수 있을 뿐이다.[72] 마치, 강물을 무조건 막기만 하다가 급기야 범람하면, 홍수의 재앙을 감당할 수 없기 때문에, 적절히 물길을 터서 홍수와 가뭄을 동시에 조절하는 것과 같다. 즉, 모든 인간이 함께 지니는 통상의 감정욕구(人之常情)는, 그것이 타인의 자유 권리와 사회질서를 일방으로 해치지 않는 한, 이를 인정하고 존중할 필요가 있다.

(1) 혈연상의 親情 : 부모에 대한 三年喪 등

실제로 '親親'이라는 혈연의 宗法制와 '尊尊'의 도의상 分封制를 근간으로 삼는 周의 봉건 禮制는, 기본상 이러한 人情에 근거하고 순응하여 제정한 사회규범이다. 신분 차등이라는 禮의 본질도 결국 人情의 親疏·尊卑라는 구분으로부터 말미암는 필연의 귀결인 셈이다. 따라서 유가의 禮治사상에서 '人情에 순응'한다는 禮의 본질론을 상당히 강조하는 것도 당연한 사리다.

예컨대, 禮의 가장 중요한 핵심 내용으로 거론하는 부모에 대한 三年喪(햇수로 3년을 가리키며, 만으로는 2년인데, 大祥은 25개월이고, 상복을 벗는 禫祭까지

---

71) 禮記, 禮運편 참조.
72) 荀子, 正名편 참조.

는 27개월임)에 대한 논의를 살펴보자. 일찍이 공자의 제자 宰我가 三年喪이 너무 길지 않느냐고 물었다. 천지자연(농사)의 운행주기가 期年(만 일주년)인데, 군자가 3년간 禮樂을 행하지 않으면 예악이 붕괴할 것이라고 염려한 것이다. 그러자 공자는 三年喪의 기본 정신과 본질을 이렇게 설명한다. 자식이 부모의 喪中에는 음식 맛도 모르고, 음악을 들어도 즐거운 줄 모르며, 평상시의 거주가 불안하기 때문에, 이들을 행하지 않는다고! 그리고 공자는, 자식이 태어난 지 3년이 지나야 부모의 품에서 벗어나기 때문에, 부모에 대한 3년상은 그에 대한 보은의 답례로서 '天下의 通喪'(보편공통의 상례)임을 강조한다. 아울러 宰我는 부모 품에서 3년간 사랑을 받지 않았느냐고 반문하고 나서, 宰我를 不仁하다고 몹시도 매섭게 질타했다.(陽貨, §21) 여기에서 공자는 3년상이라는 전통 禮制(孝윤리)의 본질을 부모자식간의 사랑이라는 혈연의 親情으로 근거 짓고, 나아가 이를 좀 더 근원 윤리인 '仁'에까지 고양시키고 있다.[73]

맹자도 滕文公이 父君의 喪禮를 물어 오자, 3년상이 천자로부터 서민에까지 이르는 보편 예법으로서, 夏·殷·周 三代에 걸쳐 공통으로 시행해 왔음을 강조한다.(滕文公上, §2) 아울러 비록 어진 자는 사랑하지 않음이 없지만, 堯舜같은 성현의 仁으로도 모든 사람을 두루 똑같이 사랑할 수는 없기 때문에, 어버이와 賢人을 급선무로 삼는 것은 당연하다고 주장한다. 따라서 부모에 대한 삼년상을 제대로 행하지 못하면서, 그보다 소원한 친족에 대한 喪禮를 거론하는 것은, 선후와 완급을 모르는 어리석음에 불과하다고 비난한다.(盡心上, §46) 맹자는 공자보다 한 걸음 더 나아가, 삼년상이 그 이하의 상례보다 더 중대하고 우선한다는 厚薄의 차등성을 분명히 구분하는데, 이는 말할 것도 없이 혈연상 人情의 親疏 차이에 근거한다. 이것이 바로 '자기를 미루어 남한테 미친다(推己以及人)'는 유가의 단계적 '仁'愛이다. 맹자가 仁政의 구체 내용으로 '내 어른에 대한 공경으로부터 남의 어른에 대한 공경에 미치고, 내 어린애

---

73) 李澤厚, 中國古代思想史論, 人民出版社, 1986년, 20면 참조.

에 대한 자애로부터 남의 어린애에 대한 자애에 미치는' 이른바 '推恩'
의 마음을 강조하는 것도, 바로 人情의 친소 차이 때문이다.(梁惠王上, §7)

순자의 禮論에 이르면, 삼년상의 이론 근거는 더욱 상세하고 체계 있
는 논리로 다듬어진다. 부모에 대한 삼년상은 人情(자식의 구슬픈 喪心의 감
정)을 저울질(참작)하여 제정한 예법으로서, 다른 일반 상례의 기간과 親
疎·貴賤의 차이를 구분하는 것이기 때문에, 더 덜거나 보탤 수 없는
항구적인 제도라는 것이다. 예컨대, 육체의 상처가 크고 질병고통이 심
하면 낫는 데 오랜 시간이 걸리듯이; 어버이를 잃은 喪心과 고통의 감
정은 가장 크고 심하기 때문에, 그 진정과 치유에도 당연히 가장 긴 기
간이 걸린다. 본디 조부모와 같은 지극한 近親에 대한 상복도 만 1주년
(朞年)으로 정하는데, 이는 천지자연의 운행이 1년 四時의 순환으로 완성
함을 본받은 것이다, 그런데 부모는 가장 가까운 血親이기 때문에, 그
구슬픈 감정과 공경의 예법을 융숭하게 倍加하여, 朞年을 두 번 반복하
는 3년상(만 2년; 25개월)으로 정한 것이다. 그래서 伯叔父母나 그밖에 좀
더 疎遠한 친족에 대한 大功(9개월)·小功(5개월)·緦麻(3개월)의 상례는 거
꾸로 체감한다. 천지간에 血氣가 있는 동물은 어느 것이나 모두, 자기의
무리(群)나 짝(匹)을 잃은 경우, 슬피 울며 머뭇거리고 안절부절 못하다
가 어느 정도 시간이 지나 감정이 가라앉은 뒤 그 자리를 떠나간다. 하
물며 만물의 영장인 인간이 그 부모의 사망에 대해 무궁한 슬픔의 감정
을 느끼지 못한다면, 이는 짐승만도 못하게 된다. 이렇게 해서 친족간의
혈연으로 인한 人情의 親疎에 비례하여, 길고 짧은 기간의 차등적 喪禮
가 정해진 것이다. 이는 봉건 宗法제를 근간으로 하는 周禮와 그를 계
승·발전시키고자 한 유가의 禮治論에 널리 잘 나타나고 있다.

특기할 만한 점은, 순자의 禮論에서는 부모뿐만 아니라 군주에 대한
3년상의 이론 근거도, 사회 윤리도덕의 관점에서 동시에 당위로 설명하
는 사실이다. 이는 물론 君·師·父 삼위일체의 윤리사상에 기초하는
것이다. 순자는 만물 생명의 근본인 天地 및 종족의 근본인 先祖와 함
께, 통치교화의 근본인 君師가 나란히 '禮의 세 가지 근본'으로 거론하

여 禮論의 핵심내용을 이룬다. 부모에 대한 3년상이 자연의 혈연적 親情의 最近親性에 근거하듯이, 군주에 대한 3년상은 사회의 도의적 人情倫理의 最重厚性에 기초한다. 이밖에도 순자는 祭禮가 돌아가신 부모·조상·친족에 대한 '사모의 情'을 바탕으로 忠信과 敬愛의 마음을 표현하는 예절이라고 규정한다.(禮論편) 그리고 전국시대부터 漢初에 걸쳐 유가의 禮治사상을 종합 정리한 禮記에는, 공자·맹자·순자의 '人情에 순응하는 禮'의 이론 체계가 각종 구체 禮制 별로 상세히 펼쳐진다.

禮制의 근본정신 이외에, 司法상 형사정책에도 혈연의 親情을 직접 반영하는 유가 특유의 예외적 예법이 존재한다. 뒤에 상술할 바와 같이, 漢 이후 역대 律令 법제에서 '親屬相容隱'제도로 정착하는 예법인데, 부모자식간의 범죄은닉을 허용하는 예법이 그것이다. 한번은 葉公(섭공)이 공자한테, 자기네 공동체에서는 아버지가 이웃 양을 슬쩍하면 아들이 고발하고 증언할 만큼 正'直'하다고 자랑했다.(이는 후에 법의 공평무사성을 관철시키고자 하는 법가의 法治사상이기도 하다.) 그러자 공자는 자기네는 그와 다르다고 대답하면서, 아버지와 아들이 서로 잘못을 숨겨 주는 가운데 곧 자신(유가)의 正'直'이 존재한다고 반론한 것이다.(子路, §18) 人之常情으로서 혈연상의 親情을 용인하기 위하여 國法의 형벌권까지 양보할 수 있다는 것이, 유가 禮治의 또 다른 일면인 셈이다. 이러한 사실은, 식초를 얻으러 온 사람에게 자기 집에 식초가 없음을 사실대로 말하지 않고 이웃집에 가서 다시 얻어다가 준 微生高의 행실을 공자가 不正'直'하다고 힐난한 점과 대비해보면 더욱 명백해진다.(公冶長, §23) 즉, 일반 인간관계에서는 순수하게 타인을 위한 人情이든 혹은 자신의 생색과 호의를 표방하기 위한 心情이든 간에, 객관 사실과 다른 不誠實은 결코 正'直'이 될 수 없다. 반면에, 혈연상의 親情을 위해서는 심지어 國法에 저촉하는 범죄 사실조차 은닉하거나 짐짓 묵언할 수 있는 것이 유가 禮治의 기본정신이다.

이와 관련하여 맹자는, 천자인 舜의 부친이 살인한 경우 법관이 어떻게 처리해야 할지를 묻는 제자의 질문에 대해서, 법관의 범인체포라는 법치의 기본직책은 舜도 직접 금지하거나 간섭할 수 없다고 전제하면서, 다만 舜이 천하를 헌신짝처럼 버리고 몰래 부친을 훔쳐 멀리 달아나 숨어야 할 것이라고 대답한다.(盡心上, §35) 공자의 경우보다 더욱 극단의 첨예한 상황설정 아래서, 국가주의의 공평무사한 法治사상이 상당히 보편화하여 周禮의 신분 차등적인 禮治를 대체하기 시작한 전국시대의 역사 배경을, 맹자도 전면 부정할 수만은 없었을 것이다. 그 결과, 國法의 공평무사성과 禮敎상 혈연의 親情이 적절한 선에서 조화를 이루도록, 타협책을 대안으로 제시한 것이리라.

(2) 人之常情의 본능 욕정

한편, 인간관계상 혈연의 親情 이외에도, 인간의 外物에 대한 이기적 欲情도 人之常情의 범위 안에서는 禮治가 긍정하는 대상이다. 이는 보통 군주의 통치 관점에서 유가의 '民本'주의 德政·仁政의 王道정치사상으로 나타난다. 즉, 군주의 통치는 일방적인 강제 政令이나 형벌보다는 德과 禮에 의한 자율 敎化에 중점을 두어야 하는데, 이것이 곧 권력의 자기 기반인 人心에 순응하는 '民本'주의 禮治德化인 것이다. 공자가 정치의 3대 강령으로 足食·足兵·民心을 거론하면서, 부득이한 경우에는 民信이 최우선임을 강조한 것도(顔淵, §7), 곧 '民心'이 통치권 존립의 가장 중요한 기초임을 말한다. 나아가 더욱 자세한 정치의 실천덕목으로 '五美'를 거론한다. 인민이 이롭게 여기는 바에 따라 혜택을 베풀면서 낭비하지 않을 것, 民力이 감당할 만할 노역을 시켜 인민의 원망을 사지 않을 것, 그리고 통치자의 의욕이 仁에 합당하여 탐욕스럽지 않을 것 등이 그 주요내용이다.(堯曰, §2)

이는 곧 정치가 이익을 좋아하고 해악과 고통을 싫어하는 人情에 순응할 것을 뜻한다. 그래서 공자는 특히 통치자한테 사사로운 欲情을 절제하라고 강조한다. 국가재정을 節用하면서 인민을 농한기에 동원할 것은 물론,(學而, §5) 흉년에는 각별한 긴축재정으로 조세를 탕감하여 民生 부족을 초래하지 않아야 한다.(顔淵, §9) 특히, 도둑이 횡행할까 걱정하며 대책을 묻는 季康子에게, 공자는 통치자가 탐욕을 부리지 않으면, 인민은 비록 상을 준다고 할지라도 결코 훔치지 않을 것이라고 단언한다.(顔淵, §18) 조세수취가 가벼워 민생만 안정을 이루면 타인의 재물을 탐할 필요가 없는 것이 소박한 人之常情이기 때문이다.

맹자는 이러한 民本주의 사상전통을 계승하여, 王道에 입각한 仁政으로 활짝 꽃피운다. 경제상 민생안정과 정치상 민심획득을 매우 중시하는 맹자의 仁政사상은 保民과 畏民으로까지 확대한다. 그래서 인민 전체의 이익을 위해서는 포학무도한 군주를 정벌할 수 있다는, 이른바 暴君放伐론의 혁명이론까지 제기한다.74) 특기할 점은, 자신이 재물을 탐하고 여색을 좋아하는 欲情이 강하여 王道仁政을 행하기 어렵다고 변명하는 齊 宣王에게, 맹자는 그러한 欲情이 인간의 보편적인 본능이라는 전제 아래서, 백성의 재물과 여색에 대한 욕정도 인정하고 만족시켜 주라고 맞장 뜬다. 推己以及人의 적극적인 仁政을 강조하는 언론이다. 즉, 백성들이 재물 좋아하는 마음을 헤아려 주어 민생을 안정시키고, 남녀혼인의 욕정을 살펴 홀아비나 노처녀가 없도록 배려하는, 이른바 '與民同樂'을 제시하는 것이다.(梁惠王下, §5) 이것이 곧 人情에 순응하는 禮治의 기본내용임을 물론이다. 맹자가 음식과 女色(남녀관계)은 천성(본능)이라고 인정한 것도, 인간 이전에 자연의 생명체로서 자기보존 본능과 종족보존 본능을 가리키며, 이는 주지하듯이 서양의 역대 법사상에서도 자연법의 기본내용으로 인정해 온 人之常情이다.

순자에 이르면, 일반 民本주의 仁政보다는 구체적인 人情과 욕구에 근거하는 禮治가 더욱 핵심사상으로 부각한다. 禮의 기원이 욕망으로 인한 인간의 상호 투쟁과 혼란을 방지하기 위해서, 그 물질 욕망을 供養해주되 그 한계를 구분함으로써, 균형조화를 유지하는 방편규범으로 제정한 것임은 앞서 살핀 바와 같다. 즉, 순자는 인간의 欲情이 비록 사

---

74) 자세한 내용은, 任繼愈 主編, 中國哲學發展史(先秦), 302-312면 및 陳葛滿, 「試論孟子的民本思想」, 浙江師院金華分校學報, 1982年 第1期(中國哲學史, 1982.3. 所收), 65-8면 참조.

악한 것으로 인식하지만, 그 선천 본능은 최소한도 기본은 인정해 주어야 함을 전제한다.

> "무릇 통치를 말하면서 (인민의) 欲情을 제거하길 기다리는 것은, 욕정을 계도할 줄 모르고 욕정에 곤혹(지배)당하는 것이다. 무릇 통치를 말하면서 寡欲을 기다리는 것은, 욕정을 절제할 줄 모르고 多欲에 곤혹(지배)당하는 것이다. 有欲과 無欲은 전혀 판이한 개념으로, 生死(와 같은 존재상의 대립개념)이며 治亂(과 같은 사회의 당위 가치규범)이 아니다. 性은 하늘이 부여한 것이고, 情은 性의 바탕이며, 欲은 情의 감응이다. 바라는(欲) 바가 얻을 수 있어서 이를 구하는 것은 누구도 결코 피할 수 없는 情이다. 그러므로 비록 문지기(같은 비천한 사람)도 욕망을 완전히 제거할 수는 없다. 天性이 부여한 것이기 때문이다. 비록 천자라도 욕망을 완전히 충족할 수는 없다. 욕망을 비록 모두 충족할 수는 없지만, 추구하면 충족에 가까울 수 있으며; 욕망을 비록 모두 제거할 수는 없지만, 구하는 바를 얻지 못하여 깊이 생각하면 욕망을 절제할 수 있다. 道란 (욕망을 추구하여) 나아가면 충족에 가깝고, 물러나면 절제할 수 있으니, 천하에 이만한 것이 없다." (正名편)

여기에서 인간의 물질 欲情을 한편으로는 적극 충족시켜 주면서, 다른 한편으로는 소극 절제시켜 주는 '道'란, 순자한테는 실질상 다름 아닌 '禮'의 대명사일 뿐이다. 즉, 禮란 바로 그 물질 欲情을 供'養' (또는 '養'育) 해주는 규범 근거이다. 五味의 음식으로 입(미각)을 공양(養口)하고, 향기로 코(후각)를 공양(養鼻)하며, 화려한 무늬와 빛깔로 눈(시각)을 공양(養目)하고, 음악으로 귀(청각)를 공양(養耳)하며, 의복과 주거시설로 몸(촉각)을 공양(養體)하는데, 이러한 각종 供養을 총체로 규율하는 규범제도가 禮이다. 그래서 '禮는 養이다'고 규정한다.

(3) 신분상 체통과 정신의 고상함 : 義利관계론

그러나 이러한 물질상 供養규범으로서 禮는, 상하·귀천·장유·빈부에 따라 그 신분지위에 합당한 區'別'이 가해진다. 이것이 禮의 핵심 징표인 신분상 차등이다. 그래서 천자나 제후와 같이 부귀한 신분에게는,

일반 물질상 감각의 공양 이외에, 신분상 체통유지에 필요한 '信'義 · 權 '威' · '安'樂 등을 供養하는 고상한 禮制(禮器 · 禮物)가 별도로 필요하게 된다. 말하자면 서양의 에티켓이나, 특히 귀족들한테 요구하던 'noblesse oblige'에 상응한다고 할까? 요컨대, "禮義의 文理(문화)는 인간의 性情을 供養하는 사회규범이다." 따라서 인간이 生死 · 利害 · 安危 등과 같은 상반한 好惡감정을 중용으로 조화시키기 위해서는 반드시 禮義를 준수해야 한다. 만약 인간이 자연스런 사악한 性情에만 좇다 보면 혼란에 빠지게 된다.(禮論편)

물론 유가에서 인격수양의 이상으로 지향하는 군자는 마음을 평안하고 和樂하게 다스려, 누추하고 비천한 의식주로도 이목구비의 각종 欲情을 충분히 공양한다. 이러한 자세가 자기 정신(마음)을 중시하면서 물질은 養生의 보조수단으로 적절히 이용하는(重己役物) 올바른 군자의 道다.(正名편) 禮란 이러한 자율적 인격수양의 경지에 이르지 못한 일반사람의 욕정을 적절히 통제하면서 공양해 주는 보편 사회규범인 셈이다.

한편, 인간의 자율 도덕성을 상징하는 정신상의 '義'와, 본능적 이기심을 대표하는 물질상의 '利'의 관계는, 고대 중국 정치철학의 핵심 주제로서, 西周 초기부터 토론하기 시작해 춘추시대에 이르러 다채롭게 꽃피고, 전국시대에는 제자백가의 상이한 정치 · 경제 · 사회 철학사상의 이론기초로서 계승 발전한다.[75] 그중 유가와 묵가는 대체로 인간의 정신 윤리도덕으로서 義를 강하게 부각시킨다. 개인의 물질 욕망인 私'利'를 부정 · 비판하면서, 인민 전체의 관점에서 公'利'의 개념을 가지고 義를 새롭게 해석 · 규정하는 것이 일반 경향이다.[76] 특히 유가의 義利관계는 覇權을 비판하고 王道를 주장하는 仁政 · 德化 · 禮敎의 정치사상 관점에서 한결같이 '義'(仁義, 禮義)를 강조하고 '利'를 경시하는 듯하다.

---

75) 黃偉合, 「從西周到春秋"義利"思想的發展軌迹, 學術月刊, 1990.1.(中國哲學史, 1990.4. 所收), 74-80면 참조.

76) 張書印, 「先秦儒墨義利觀的共同點及其借鑒」, 理論探討, 1990.5.(中國哲學史, 1990.10. 所收), 20-22면 참조.

"군자는 의에 밝고, 소인은 이익에 밝다."(君子喩於義, 小人喩於利: 里仁편) "군자는 천하에 처신함에, 특별히 좋은 것도 없고 특별히 안될 것도 없으며, (오직) 의와 나란히 더분다."(義之與比: 里仁편) "(군자는) 의를 최상으로 여기며"(義以爲上:陽貨편) "의를 바탕으로 삼는다."(義以爲質: 衛靈公편) 흔히 이러한 명제들을 들어, 공자가 義와 利를 군자와 소인의 구별표준으로 삼고, (公)義에 편중하여 (私)利를 지나치게 경시함으로써, 특히 후대 유학자들에 편협한 악영향을 끼쳐 개성과 자유의지를 억압하고 창조적인 노동생산발전을 저해했으며, 수많은 지식분자들로 하여금 실제에 힘쓰지 않고 공리공담에 빠지도록 이끈 주범이 되었다고 비판한다. 물론 개인의 사회(전체)에 대한 도덕책임을 강조한 점은 중화민족의 이익과 단결을 유지한 척추가 되고, 安貧樂道하면서 생사를 초월한 불굴의 의지와 강인한 절개의 전통으로 이어져 수많은 애국지사를 낳았다는 긍정 평가도 빠뜨리지는 않는다.[77]

물론 전반적인 공자 사상의 경향상, 이익보다는 도의를 더 숭고한 근본 가치로 중시한 점을 부인하기는 어렵다. 그리고 공자 사상이 후대의 편협하고 고루한 유학자나 선비들한테 자기합리화의 구실로 악용당한 부작용도 크고 많았다. 그러나 공자는 경제적·물질적 이익이라고 해서 결코 무시하거나 부정하지 않았다. 다만 仁과 恕의 원리에 비추어, 나의 이득으로 말미암아 필연으로 뒤따를 남의 손실도 함께 배려하자는 것뿐이다. 그러한 쌍방거래의 원리를 공자는 "이익을 보면 의로운지 생각하라.(見利思義)"는 명제로 표현했다. 見利思義는 成人의 요건이다.(憲問편) 또 "얻음을 보면 의로운지 생각한다.(見得思義)"는 군자의 아홉 사유(九思) 중 하나다.(季氏편 :子張편에 제자 자장의 말로 똑같은 구절이 실려 있다.) 그래서 공자는 의롭지 못한 부귀를 부질없는 '뜬구름(浮雲)' 같다고 비유했다.(述而편)

당시 公文子라는 사람이 말하지도 않고 웃지도 않으며 남들한테 전혀 취함이 없다고 평판이 높았던 모양이다. 한번은 공자가 그의 제자인 公

---

77) 朱貽庭 主編, 中國傳統倫理思想史, 華東師範大學出版社, 1989, 50-52쪽 및 李奇 主編, 道德學說, 中國社會科學出版社, 1989, 제1판, 87쪽 참조.

明賈한테 정말로 그런지 물어 보았다. 그러자 공명가는 말한 사람이 좀 지나쳤다며, "우리 선생님은 말할 때가 되어야 말씀하시기에 사람들이 그 말씀을 싫어하지 않고, 즐거운 다음에 자연스레 웃으시기에 사람들이 그 웃음을 싫어하지 않으며, 의로운 다음에 취하시기에 사람들이 그 취함을 싫어하지 않습니다."고 답변하였다. 이에 공자는 "그러면 그렇지, 어찌 그럴(전혀 말하지도 웃지도 취하지도 않을) 리가 있겠는가?"라고 감탄하였다.(憲問편) 이 대화 내용에서도 利得과 正義의 관계가 간명하게 잘 드러나 있다. 요즘말로 공자는 "權利를 보거든(주장하려거든) 義務도 생각하라(이행하라)."고 역설한 것일 따름이다.

이러한 공자의 합리적인 正義로운 利得 관념을 올바로 이해했더라면, 굳이 農工商의 근면한 생산 활동이나 정당한 거래(교환)행위를 공자가 부정하거나 억제했다는 터무니없는 비난은 더 이상 논란거리가 되지 않을 것이다. 절대 권력의 추종자들에게, 공자의 義利관념은 백성의 私利보다는 국가의 公義가 절대 우선한다는 그릇된 先公後私로 왜곡하기에 안성맞춤이었을 것이다. 중국 전통법문화에서 서양과는 달리 權利보다 義務 본위의 법의식이 뿌리 깊게 발전한 요인의 하나도, 바로 그러한 통치이념의 장구한 역사적 왜곡에 내재하지 않았을까? 공자는 명명백백히 義(務)는 뒷전에 두고 (權)利만 내세우는 일방통행의 利己주의를 부정했을 따름이다. 그런 얌체 짓은 공자의 仁과 恕의 법원리에도 어긋날 뿐만 아니라, 이른바 同時履行의 抗辯權으로 대등한 교환(거래)을 요구하는 근대법의 기본원칙에서도 결코 용납하지 않는다.

그런데 특기할 점은, 순자는 '利'가 '義'와 함께 인간이 동시에 겸유하는 양대 속성이라고 인식한 사실이다. 이는 그의 性惡說의 이론기초와 서로 직결한다. 인간이 利益을 추구하는 性情은 비록 사악할지라도, 선천 본능으로서 이를 인정하지 않을 수 없다는 논리다. 이는 맹자가 통치자한테, 財色에 대해 자신이 느끼는 욕정을 거울삼아 인민의 財利와 여색에 대한 욕정도 인정하고 충족시켜 주라고, 與民同樂의 仁政을 주장하는 것과 대비할 만하다. 즉, 民本주의 王道의 실행이라는 궁극 지향점은 일치하면서, 그 출발점과 이론전개의 관점은 다소 다른 편이다.

> "義와 利는 인간이 함께 겸유하는 것이다. 비록 堯舜이라도 인민의 이
> 익추구 욕정을 (완전히) 제거할 수는 없으며, 다만 그 이익추구 욕정이 義
> 좋아하는 마음을 이기지(초과하지) 못하도록 누를 수 있을 뿐이다. 반면 비
> 록 桀紂라도 또한 인민의 義 좋아하는 마음을 (완전히) 제거할 수는 없으
> 며, 단지 義 좋아하는 마음이 이익추구 욕정을 이길(초과할) 수 없도록 할
> 뿐이다. 그러므로 義가 利를 이기면 治世가 되고, 利가 義를 이기면 亂世
> 가 된다. 君上(통치자)이 義를 중시하면 義가 利를 이기고, 君上이 利를 중
> 시하면 利가 義를 이기게 된다."[78]

따라서 천자나 제후·경대부와 같은 통치계층은 이해득실을 따지거나
말하지도 않으며, 더구나 息財나 謀利의 행위는 부업으로 해서도 안 된
다. 즉, 순자의 義利관계도 결국 '重義'論으로 귀결하는 점에서, 공자나
맹자와 일치한다. 이는 개인의 윤리도덕 인격수양을 중시하고, 그를 바
탕으로 治國平天下하고자 하는 유가 王道사상의 공통점이다.

그렇지만, 순자가 利를 義와 본질상 대등한 인간 고유의 性情으로 인
정하면서, 다만 그 양적인 조화균형의 관계를 정치의 治亂得失을 판단
하는 핵심 표준으로 삼은 점은, 공자나 맹자와는 상당히 다른 새로운
사상 발전인 셈이다.(그런데 후술할 바와 같이, 한비자는 '利'를 인간의 유일한 속성
이자 모든 인간관계의 본질로 규정하고 도덕상의 '義'를 전면 부정함으로써, 순자의 義利
론을 편협하게 극단화시켜 국가공리주의 관점에서 중앙집권적 절대군주제의 이론기초로
활용하게 된다.) 그래서 순자는 舜임금도 인민의 欲情에 따라 통치했다고
주장한다. "禮는 人心에 순응하는 것을 근본으로 삼기 때문에, 설령 禮
經(禮制)에 없더라도 人心에 순응하는 것은 모두 禮이다."라고![79]

더욱 주목할 만한 사실은, 인간이 이익과 영예를 좋아하고 손해와 치

---

78) 荀子, 大略편. 한편, 순자의 이러한 人性論은 제4장 제4절 3.(8)에서 후술할 바와 같
이, 漢 宣帝시에 蕭望之가 贖刑제도의 시행을 반대하는 가운데, 그 이론 근거로서
거의 그대로 계승·인용하고 있음이 눈에 띈다.

79) 荀子, 大略편: 「舜曰: '維予從欲而治.' … 禮以順人心爲本, 故亡於禮經而順人心者,
皆禮也.」

욕을 싫어하는 욕정이 있기 때문에, 그 욕정에 근거하여 상벌이라는 권선징악의 法을 시행하는 것이 인간사회의 통치라고 인식하는 점이다. 예컨대, 순자는 宋子가 인간의 欲情이 본디 적음을 사람들에게 일깨워 주려는 변론은 몹시 부당하다고 반박한다. 눈·귀·입·코·몸이 아름다운 빛·소리·맛·냄새·안일을 각기 원함에는, 많을수록 좋다고 여기는 것이 인간의 욕정이다. 그래서 예로부터 성왕들이 많음을 바라고 적음을 싫어하는 인간의 욕정에 근거하여, 부귀로써 상을 주고 손해(박탈)로써 형벌을 시행했다. 만약 인민이 바라지 않는 것을 상주고 반대로 원하는 것을 형벌로 삼는다면, 사회의 혼란이 막심해질 것이다.(正論篇)

이와 함께 순자는 사람이 모욕을 수치스럽게 여기고 싫어하여 투쟁까지 불사하는 人情에 바탕을 두고, 성왕이 영예와 모욕을 구분함으로써 천하를 통치한다고 강조하기도 한다. 다만, 이를 다시 자율적인 내면의 도덕 영예(義榮)나 모욕(義辱)과, 타율적인 외재의 세속(물질) 영예(勢榮)나 모욕(勢辱)으로 구분한다. 도덕군자는 설혹 勢辱을 당할지라도 義辱은 있을 수 없으며, 세속 소인은 비록 勢榮은 있을지라도 義榮을 겸비하기는 어렵다. 또한 군자만이 도덕과 세속의 영예를 모두 겸유할 수 있으며, 도덕과 세속의 모욕은 소인이라야 한꺼번에 당할 수 있다. 이러한 榮辱의 구분은 성왕의 국가통치 법령이자 사대부의 인격수양 도덕이며, 관리의 직책수행 귀감이자 인민의 일상생활 습속이 되는 만세불변의 사회규범이다.(正論篇)

물론, 심리강제상 상벌의 시행근거로는 타율적인 외재의 세속 榮辱이 더욱 효과 있고 중요한 의미를 지닌다. 물질상 이해와 사회상 영욕이 지니는 이러한 심리강제 기능과 효과는 후술할 바와 같이, 법가의 信賞必罰, 특히 엄형중벌이라는 철저한 法治사상의 핵심근거가 된다. 순자가 유가로부터 법가로 이전하는 과도기의 인물이나, 심지어는 법가 자체로 여겨지기도 하고, 그의 禮治사상이 실질상 이미 法을 禮와 함께 병칭하여 法治에 상당히 접근해 있다고 평가받는 점은, 그래서 결코 허무맹랑하지만은 않다. 그의 禮治가 그의 제자인 한비자에 의해 法治사상으로 전환·발전한 역사 사실이 이를 더욱 확실히 증명해 준다.

4. 禮治의 근원·정신인 仁義의 (倫)理와 道(德)

지금까지 禮治의 절제·극복의 대상이면서 동시에 허용·순응의 목적이 되는 人情을, 객관적인 物欲의 감정과 주관적인 親愛의 감정 측면에서 논술하였다. 이제 禮의 더욱 직접적인 근원이자 정신으로서 '理'의 범주를 살펴볼 필요가 있다. 물론 유가에서 禮治의 근본원칙으로 삼는 '理'는 주관적인 사회 倫理(人理)를 주로 지향하기 때문에, 후술할 법가의 法治上 객관적인 자연의 事理·法理·道理 등과는 성질이 다르다. 그리고 이 '理'의 범주 자체도, 법치에서처럼 일찍이 독자로 체계 있는 개념을 형성하지는 못하고, '理'의 실질 내용을 이루는 '仁義'라는 구체적 倫理道德으로 직접 등장하는 것이 일반 특징이다.

(1) 仁義와 禮의 관계

우선 공자 사상에서 仁과 禮는, 비록 그 주도 지위에 대한 후학들의 인식이 일치하진 않지만, 양자가 그 핵심 내용을 이룸에는 이론이 없다. 양자의 관계도 그 주도 지위에 따라 다소 다르게 설정할 수 있지만,[80] 원칙상 禮가 외재상의 형식적 행위규범(禮制·禮節)이며, 仁은 그 내면의 실질적 본질정신을 이룬다는 관계 설정이 통설이다. 물론 이 禮는 西周

---

80) 仁이 禮의 본질정신으로서 禮를 통괄·포섭한다는 관계가 일반이다. 다만, 侯外廬, 中國思想通史, 第1卷(159면)에서는 仁이 禮에 한정·종속한다고 본다. 胡止歸, 「孔子之'道''德'思想體系探原」(孔孟學報, 第10期, 1965.9. 13-21면)에서는, 論語 중에 등장하는 각 글자(덕목) 상호간에 수평상하의 지위관계를 설정하여, '仁'이 '禮'의 하위에 속하는 (직접 종속은 아님. 仁은 德에 수직으로 하위에 종속하는데, 禮는 이 德과 평행한 지위로 설정함) 개념이라고 논증한다. 그리고 黃淑灌, 「仁說」(孔孟學報, 第9期, 1965.4. 246-250면)에서는, 仁의 개념을 廣義와 狹義로 나누어, 협의의 仁은 義·禮·智 등과 병렬의 수평관계에 있고, 광의의 仁은 禮를 포함한 모든 덕목을 통괄·포섭한다고 주장한다. 또한 蔡尙思, 「孔子論'仁'的重點和范圍」(孔子研究, 1991.1.(中國哲學史, 1991.4. 所收) 23-5면)에서는, 仁이 禮의 제약을 받는 '종법적이고 등급적인 禮의 仁'이라고 규정하면서, 禮가 仁보다 높다고 주장한다.

초 周公이 제정(편찬정리)한 이래 춘추시대까지 전승해 온 周禮인데, 봉건 宗法제도의 동요와 함께 무너져 가던 춘추말엽의 형식화한 禮에, 새로운 도덕 의미를 부여하고 내면의 본질정신을 고취함으로써, 周禮의 부흥을 시도한 철학사상이 곧 공자의 '仁'이다. '仁'으로 '禮'의 본질정신을 새롭게 해석·규정함으로써, 仁을 禮의 이론기초로 삼은 것이다.81)

한편, 공자의 '義'는 仁이나 禮에 비하여 거의 관심을 받지 못하는 편인데, 최근 '義'의 중요성 및 '義'와 '仁' '禮'의 관계를 공자의 언론 및 당시 '義利'論에 근거하여 새롭게 부각시킨 주장이 등장하였다. 이 견해에 의하면, 禮는 義의 실체이고 義는 禮의 정신인데, 禮의 정신에는 義 이외에 仁이 더 있어, 삼자간에 유기적인 종합체계가 이루어진다고 본다. 즉, 仁은 義의 출발점 또는 목적이며; 義는 원시씨족사회 내부의 평등한 인도주의 정신인 仁에 등급의식을 부여하여, 仁의 실행이 親愛의 차등성에 적당히 부합하도록 제약하는 것인데; 그 구체 표준으로서 사회규범이 곧 禮이다. 따라서 禮를 실행하는 데는 반드시 仁과 義의 정신을 체현하여야 형식화하지 않는다. 그리하여 仁과 義는 상호 대립·보충의 관계를 유지하면서 禮의 정신으로 통합한다. "克己復禮가 곧 仁을 실행하는" 것이고(顏淵, §1), "사람으로서 仁하지 못하면 禮가 무슨 소용이 있느냐?"(八佾, §3)는 등의 강한 주장은, 仁이 禮의 정신임을 말해준다. 그런가 하면 "군자는 義를 최상으로 삼고"(陽貨, §23), 천하에서 특별히 친근하거나 소원함이 없이 "오직 義와 더불어"(里仁, §10), "義로써 바탕(質)을 삼고 禮로써 실행한다."(衛靈公, §17)는 명제 등은, 義 또한 仁 못지않은 숭고한 도덕으로서 禮의 본질이 됨을 밝혀 준다.82)

---

81) 李澤厚, 中國古代思想史論, 20-2면 및 任繼愈 主編, 中國哲學發展史(先秦), 182-3면 참조.

82) 田耕滋, 「孔子的思想核心是一個整體結構」, 孔子研究, 1990.3.(中國哲學史, 1990.11. 所收) 50-54면 참조. 한편, 춘추초기부터 禮와 義의 본질 관계를 논하는 언론이 이미 적지 않게 등장한다. "名으로써 義를 규정(제약)하고, 義로써 禮를 나타낸다."(左傳, 桓公2年) "禮로써 義를 실행하고, 信으로써 禮를 지킨다."(左傳, 僖公28年) 禮記 禮運편에는 "禮란 義의 열매(實:실체)다."는 정의도 보인다.

한편, 맹자와 순자도 공자의 仁·義·禮 삼자를 기본 윤리사상으로 계승하는데, 다만 각기 심화·발전시킨 중점에서 서로 다른 경향을 보인다. 맹자는 내면의 본질정신으로서 仁義를 특별히 강조한다. 반면, 순자는 외재의 형식규범으로서 禮를 핵심사상으로 부각시키면서, 그와 함께 義를 중시하여 '禮義'로 병칭한다. 이러한 사상의 분기 경향은, 물론 그들이 근거하고 있는 人性論의 차이로부터 결정 난다. 맹자가 인간의 선량한 선천 본성으로서 四端이라는 도덕성을 주장하면서, 특히 '仁義'를 중심으로 한 개인의 '存心' '養性'의 도덕수양과 국가사회의 '仁政' '王道'를 강조한 점은 주지의 사실이다. 그런데 맹자는, 입·귀·눈의 맛·소리·빛에 대한 감각과 기호가 사람마다 대체로 같듯이, 모든 사람의 마음 또한 '理'와 '義'에 대한 인식 판단이 한가지라고 규정하였는데, 이 점이 특기할 만하다. 즉, 사람의 마음이 모두 한결같이 그러하다고 여기는 일반의 선험 도덕관념이 곧 '理'이자 '義'인데, 성현은 이러한 '理義'의 마음을 먼저 깨달아 보통사람의 마음을 기쁘게 계도해 준다고 한다.(告子, §7) 여기서 '義'가 '理'와 똑같은 뜻으로 나란히 일컬어지는데, 이는 '義'가 인간의 주관적인 心理 내지 倫理로 여겨짐을 뜻한다.

그런데 외형의 禮制에 치중하면서 '禮義'를 병칭하는 순자는, '義'의 속성을 '理'로 정의하면서, 禮(法)의 본질정신으로 강조하는 경향이 더욱 두드러진다. 순자는 공자처럼 "군자가 禮로써 義를 실행하는 것이 진정한 義이다."(大略편)고 일반 추상적 정의를 내린다. 그리고 "禮(의 실행)에서, 그 義(理)상 중지하여야 하면 누가 행할 수 있으며, 그 義(理)상 실행할 만하면 누가 중지할 수 있겠느냐?"(禮論편) 왜냐하면 "禮란 긴 것을 잘라 짧은 것에 이어 보충하고, 남는 것을 덜어 부족한 곳에 보태며, 敬愛에 통달한 文飾으로서, 義의 아름다움을 실행하여 성취시키는 규범이다."(禮論편) 즉, 禮는 義를 표출·실행하는 외형의 방편제도이고, 義는 禮의 표현·실행을 결정하는 본질정신이라는 기본관계가 세워진다. "성심껏 義를 실행하면 理에 부합하여 현명해지"기 때문에(不苟편), "義로운 자는 理에 순응하"는데(議兵편), "義가 곧 理이기 때문에 행한다."(大略편)

곧, '義'와 '理'의 일체 관계가 펼쳐진다.83)

한 걸음 더 나아가면, "禮라는 것은 항구 불변의 理이다."(樂論편)는 정의까지 등장한다. 義가 禮의 본질정신인데, 그 義가 理와 일체 관계를 유지하기 때문에, 理 또한 禮의 본질이 되고, 禮란 그 理의 규범상 제도화인 셈이다. 그래서 순자는 모든 言行에서 理에 합당하고 유익하면 행하며, 理에 어긋나고 무익하면 버리는 것이 군자의 이상인 中庸의 道라고 주장한다.84) 성인도 보통사람과 똑같이 감정욕구를 지니지만, 이러한 理로써 이를 잘 통제하는 것에 불과하다.85) 감정욕구는 인간이 하늘로부터 타고난 본성으로서, 그 많고 적음을 따질 수가 없다. 문제는 마음의 인식판단과 행동이 '理'에 합당하면, 비록 욕정이 많아도 修身이나 治國에 전혀 지장이 없으며; 반대로 마음이 '理'를 상실하면, 비록 욕정이 아무리 적어도 혼란을 면할 수 없기 때문이다.(正名편)

이러한 理가 구체화하고 체계화한 結晶이 禮인데,(바로 이러한 점에서 禮와 法은 똑같이 理에 근원하는 동질의 법규범이다.) 理를 인식하여 禮를 제정할 수 있는 근본바탕은 곧 性이다.86) 性은 감정욕구의 震源이기도 하지만, 그 감정욕구를 절제할 수 있는 禮의 本源이기도 하다. 즉, 情과 理는 함께 道(性)로부터 발원하고, 동시에 禮 속으로 합류하여, 상호 모순대립 속에서 통일조화를 지향하는 人間性의 양면이라고 할 수 있다. 그리고 禮記에 이르러서는, 禮가 天理를 바탕으로 人情을 다스린다(治理)는 본질을 강조하기 위하여, 아예 禮를 '理'라고 개념 규정하는 명제까지 등장한다.(현대 中國語에서 禮와 理의 발음이 완전히 같은 것도 흥미로운 사실이다.) 더구나 禮의 본질로서 '理'를 樂의 '情'이나 '節'의 속성과 대비시켜 병칭하는 사실은, 禮에서 情과 理의 상호관계와 비중을 가늠하게 해준다.87)

---

83) 陳大齊, 「荀子所說的義」, 孔孟學報, 第21期, 1971.4. 43-59면 참조.

84) 荀子, 儒效:「君子之所長也, 凡事行有益於理者, 立之; 無益於理者, 廢之; 夫是之謂中事.」

85) 荀子, 解蔽:「聖人縱其欲, 兼其情而制焉者, 理矣.」

86) 荀子, 解蔽:「凡以知人之性也, 可以知物之理也.」

87) 禮記, 仲尼燕居:「禮也者, 理也; 樂也者, 節也.」; 樂記:「樂也者, 情之不可變者也; 禮

(2) 天理와 人情의 天人合一의 禮論

　요컨대, 禮란 天道(天理)를 받들어 人情을 다스리는 것인데,[88] 그 구체 표현이 五常十義라는 기본 윤리도덕임은 물론이다. 道理로써 欲情을 절제하면 안락하여 혼란에 이르지 않고, 欲情으로 인하여 道理를 망각하면 미혹하여 안락할 수 없게 된다.[89] 성인이 법칙(사회규범)을 제정함에는, 반드시 天地의 道理를 근본으로 삼고 禮義를 그릇(연장)으로 삼으며 人情을 밭으로 여긴다는 멋진 개념 비유는, 禮義와 天理 및 人情의 상호관계를 간명하고 적확히 표현해 준다.

　　"성인이 법칙을 제정함에는, 반드시 천지를 근본으로 삼고, 陰陽을 단서로 삼으며, 四時를 손잡이(柄)로 삼고, 해와 별을 벼리(紀)로 삼으며, 달을 期間으로 삼고, 귀신을 무리(徒)로 삼으며, 五行을 바탕으로 삼고, 禮義를 도구(器)로 삼으며, 人情을 밭(田)으로 삼고, 四靈(기린·봉황·거북·용의 네 가지 신령스러운 동물)을 가축으로 삼는다. 이러한 까닭에, 무릇 禮는 반드시 大一(太極)에 근본을 두는데, 이것이 분화하여 天地가 되고, 다시 전환하여 陰陽이 되며, 변화하여 四時가 되고, 나열하면 귀신이 된다. 그러므로 禮義란 인간의 중대한 단서(실마리)로서, 天道에 통달하고 人情에 순응하는 위대한 통로이다. 오직 성인만이 禮를 폐지할 수 없는 줄 알아, 이를 제정·시행하는데; 국가가 멸망하고 집안이 끊어지며 사람이 사망하는 것은, 반드시 그 禮를 먼저 제거하기 때문이다. 그래서 사람한테 禮란 술을 빚는 누룩과 같아서, 군자는 醇厚하게 遵行하고 소인은 粗薄하게 행동한다. 그런 까닭에, 성왕은 義의 근본(柄)과 禮의 질서를 정비하여 人情을 다스린다. 즉, 人情이란 성왕의 밭(田)으로서, 禮를 제정하여 갈고(耕), 義를 베풀어 씨뿌리며(種), 학문을 강론하여 김매고(耨), 仁에 근본하여 모으며(聚), 樂(음악)을 뿌려 편안하게(安) 만든다."[90]

　즉, 성인이 (仁義樂 등을 포함하여) 禮로써 人情을 다스림은, 마치 쟁기나

　　也者, 理之不可易者也.」 이 중 앞 구절은 孔子家語, 卷 6, 論禮편에도 등장함.

88) 禮記, 禮運: 「夫禮, 先王以承天之道, 以治人之情.」

89) 禮記, 樂記: 「以道制欲, 則樂而不亂; 以欲忘道, 則惑而不樂.」

90) 禮記, 禮運편 참조.

보습으로 논밭을 경작하는 것과 같다는 것이다.[91] 禮는 통치의 수단방편이고 人情은 통치의 궁극 대상·목적이며, 天理(天道)란 이러한 통치의 근본원칙이자 禮의 지도이념이 된다. 따라서 성인이 나라를 경영하고 인민을 통치한다는 것도, 결국 인간의 情을 다스린다는 의미에 불과하다.

요컨대, 禮란 人情에 근거하되, 여기에 節制와 文飾을 가하여, 그 범람을 예방하는 규범이라고 일컬어진다.[92] 예컨대, 혼례란 남녀의 종족보존 본능의 情欲을 사회적으로 공인하면서 합리적으로 통제하는 제도이다. 鄕飮酒禮와 鄕射禮는 인간의 기호와 승부욕을 펼치되, 그를 통하여 혼란과 투쟁에 이르지 않도록 교화·계도하는 적극적 질서유지 규범이다. 특히, 禮記에서 추수감사 축제의 飮酒歌舞를 狂亂이 아닌 환희로서 찬탄한 사실은 뜻 깊다. 한 해의 수고로움을 하루의 유쾌한 축제로써 위안하는 일은, 단순한 감정욕구의 해방이라는 상징성을 초월하여, 人情을 다스리는 이상적인 道로 칭송한다. 情이란 축 풀어질 수만은 없지만, 그렇다고 항상 억누를 수도 없다. 긴장과 이완을 되풀이해 조절하면서 중용조화를 유지하는 것이 文武의 궁극 道라는 것이다.[93]

이러한 의미의 人情은 실질상 天性의 함의를 지니며, 天理(혹은 天道)와 함께 나란히 禮의 궁극 근원으로 승화한다. 다시 말해, 禮는 天理에 근거함과 동시에, 이러한 人之常情에 순응하여 제정하는 것이 이상이다. 여기의 人情은 형식상 天理와 동등한 병렬 위상에 놓이는데, 실질 의미는 오히려 상반하며, 서로 보충하며 통일조화를 지향한다. 즉, 天理는 항상 불변의 획일 평등한 보편법칙성을 뜻하는데, 人情은 개별 구체화한 차등성과 융통·변화성을 부여하는 근거로 작용한다.

---

91) 禮는 유가 '文'化의 핵심내용이 되는데, 이를 人情이라는 전답의 耕作에 비유하는 것은, 서양에서 文化·敎化·敎養이라는 의미의 'culture'가 어원상으로 耕作·재배 (cultivate)의 개념에 연원하는 사실과 상당히 흡사하여, 매우 흥미롭게 느껴진다.

92) 禮記, 坊記; 韓詩外傳, 卷2 및 卷5 참조.

93) 禮記, 雜記下편 참조. "百日之蜡, 一日之澤, 非爾所知也. 張而不弛, 文武弗能也. 弛而不張, 文武弗爲也. 一張一弛, 文武之道也."

"무릇 禮의 근본대강은, 천지를 체현하고 四時를 법 삼으며, 음양을 본받고 人情에 순응하는데, 이런 까닭에 禮라고 일컫는다. 禮에서 吉凶을 분간하여 서로 섞이지 않도록 하는 것은 음양의 원리에서 취하고, 喪服에 네 가지 법도(仁義禮知)가 있어 時宜에 따라 적절히 변화하는 것은 사계의 법칙에서 취하였으며, 恩情이 있고 理致가 있으며 節度가 있고 權變이 있는 것은 人情에서 취하였다. 恩情이란 仁이고, 理致란 義이며, 節度란 禮이고, 權變이란 知이다. 仁義禮知로써 人道가 모두 갖추어진 것이다."[94]

"禮라는 것은, 天時에 부합하고 地利에 마땅하며, 귀신에 순응하고 人心에 부합하여, 만물을 다스리는 것이다."[95]

"정치를 잘하는 군주는 性情의 마땅함에 따르고 음양의 질서에 순응하며 본말의 이치에 통달하고 天人의 관계에 합일하는데, 이와 같으면 천지도 인간을 잘 봉양하여 만물이 풍성하고 아름답게 된다."[96]

사실, 禮가 천지자연의 법칙(天道·天理)에 근본하면서 동시에 인간의 性情에 순응·조화함을 궁극이상으로 삼는다는 禮의 본질론은, 일찍이 춘추시대부터 제법 널리 펼쳐진 철학사상의 연원을 가진다. 춘추말엽 晋의 趙簡子가 '禮'를 묻자, 鄭의 子大叔은 禮를 그 외부의 형식표현인 '儀'와 구분하면서, 그 본질 정신을 다음과 같이 논하였다.

"나는 일찍이 先大夫 子産이 '무릇 禮란 하늘의 經이며 땅의 義이고(天經地義) 인민의 行(爲規範)이다'고 말하는 것을 들었소. 천지의 經이기 때문에, 인민이 실로 이를 법칙으로 삼는 것이오. 하늘의 밝음(明)을 법 삼고 땅의 성질에 말미암기 때문에, 六氣가 발생하고 五行이 활용하는데, 맛으로는 五味가 되고, 빛으로는 五色이 되며, 소리로는 五聲이 되오. 그런데 이들(물질 감각)이 지나쳐 어지러워지면, 인민들이 그 本性을 상실하기 때문에, 禮를 제정하여 이를 절제하고 奉養하는 것이오. 六畜·五牲·三犧로써 五味를 봉양하고, 九文·六采·五章으로써 五色을 봉양하며, 九歌·八風·七音·六律로써 五聲을 봉양하오. 군신상하의 관계는 地義를 법 삼는

---

94) 禮記, 喪服四制편 참조.
95) 禮記, 禮器편 참조.
96) 韓詩外傳, 卷7 참조.

것이고, 부부내외의 관계는 二物(陰陽)을 본받은 것이오. 부자·형제·姑姉(출가외인)·甥舅(외숙과 생질)·혼인(인척)·同婚의 관계는 天明을 상징한 것이고, 政事·부역·행정은 四時에 순응하는 것이오. 형벌과 감옥으로 인민을 경외하게 함은 천동번개의 위엄을 취한 것이고, 온화와 慈惠(의 德教仁政)는 하늘의 만물생육을 본받은 것이오. 인민의 好·惡·喜·怒·哀·樂의 감정은 六氣에서 생기기 때문에, 각각 본받은 사물의 유형을 살펴 六志를 절제하게 되오. 예컨대, 슬프면 울고, 즐거우면 노래하고 춤추며, 기쁘면 기꺼이 보시하고, 노하면 싸우는데, 기쁨은 좋아함에서 생기고, 노함은 싫어함에서 생기오. 그래서 政令을 신중히 미덥게 내리고 賞罰의 법을 시행함으로써 生死를 통제하게 되오. 生은 좋은 것이고 死는 싫은 것인데, 좋은 것은 즐거워하고 싫은 것은 슬퍼하는 법이오. 그러기 때문에, 슬픔과 기쁨을 禮의 절도에서 벗어나지 않게 하여, 천지자연의 本性에 協和함으로써 오래도록 평화와 질서를 유지할 수 있는 것이오. 요컨대, 禮란 상하의 기강이고 천지의 經緯이며, 인민이 생존·생활하는 법도(방편규범)라오. 그래서 先王이 禮를 숭상하였으니, 사람이 스스로 그 性情을 굽히(절제하)거나 곧바르게(바탕으로) 하여 禮에 부합하도록 행동할 수 있으면, 곧 成人(도덕 완성자)이라고 일컫는 것이오."[97]

이처럼 人情(人心)과 天理는 天人合一의 궁극이념에서 禮의 제정근원 및 통치의 최고이념으로 승화한 것이 분명하다. 그래서 공자도 일찍이 聖人의 마음을 안고 道德의 영역에서 노닐면서, 天理에 의지하고 人情을 관찰함으로써, 仁義를 일으켜 세상을 구제하려고 노력한 것으로 전해진다.[98] 요컨대, 군주가 禮를 제정하여 나라를 통치함에는, 먼저 반드시 인민의 性情에 통달하여야 한다.[99] 그렇지 않고 天理에 어긋나거나 人情에 화합하지 못하면, 자연 재해와 인민의 반발이 빈발하여 혼란에 빠지게 된다.[100]

---

97) 左傳, 昭公 25年. 본문에 등장하는 개념들의 구체 내용은 杜預注를 참조 바람.
98) 韓詩外傳, 卷5 참조.
99) 大戴禮記, 子張問入官편 참조.
100) 韓詩外傳, 卷6 참조.

사실, 人情에 부합하고 순응하는 예의를 인민들이 쉽게 따를 수 있으며, 따라서 그 실효성도 높을 것은 자명한 이치다.[101] 그래서 실제로 많은 구체적 禮制가 人情을 참작하여 변화융통성을 보이고 있다. 이는 民心이 부드럽게 복종할 수 있도록 중용조화를 꾀하는 것이다. 예컨대, 喪服制에서 혈연의 親疏에 따라 그 期間과 喪服의 종류를 다섯 등급으로 나누는 것은, 유가의 仁愛가 구체화한 결과로서, 바로 人情의 厚薄에 따라 구체적 타당성을 꾀하는 변통의 대표다. 전술한 것처럼, 부모에 대한 三年喪은 昊天罔極의 은혜와, 그에 상응하는 지극한 비통의 감정을 위하여 특별히 가중한 禮制이다.[102] 이밖에도 禮의 본질인 차등성으로 표출하는 수많은 禮節은, 대부분이 객관의 구체 상황 속에서 人情의 경중을 참작하여 형평과 조화를 꾀한 산물들이다. 특히, 喪禮는 悲哀의 감정이 지나쳐 산 사람의 생명과 건강을 해칠 것을 염려하여, 이를 節制하는 데에 중점을 둔 합리적인 禮制이다.[103]

이처럼 감정욕구는 단순히 禮의 피동적인 통제대상일 뿐 아니라, 나아가서 禮의 적극적인 제정근원이 됨을 알 수 있다. 통제대상으로서 人情은 天理와 대립하는 존재에 불과하지만, 禮의 제정근원으로서 人情은 天理와 대등한 위상에서 天人合一의 궁극이상의 발현으로 이해할 수 있다. 사실, 人情이 禮의 근원이 될 수 있는 것은, 모든 인간에게 공통으로 존재하는 일반보편성의 원리 때문이다. 천만 사람의 情이 곧 한 사람의 情과 동질이기 때문에,[104] 사람으로 사람을 헤아리고 情으로 情을 짐작할 수 있는 것이다. 그래서 성인은 자신의 情을 미루어 일반사람의 情을 알 뿐만 아니라, 자신의 선입감정을 버리고 백성의 마음을 자기 마음으로 삼기도 한다.[105] 그리하여 이를 바탕으로, 남한테 해악을 끼치

---

101) 韓詩外傳, 卷5 참조.
102) 荀子, 禮論편 및 禮記, 三年問편; 論語, 陽貨, §21; 禮記, 問喪; 喪服四制 참조.
103) 禮記, 喪服四制. 이밖에 禮記, 雜記 下 및 問喪편 등에 이러한 구체 사례가 다수 등장함.
104) 荀子, 不苟편 참조..
105) 老子, §49 : 「聖人無常心, 以百姓心爲心.」 한편, 荀子, 非相편이나 韓詩外傳 卷3에

지 않는 일반보편의 情은 인정하고 순응하며, 인간사회에 해로운 사사로운 욕정은 절제하고 방지하는 것이다. 이러고 보면, '推己以及人'이라는 恕의 원리와 仁愛의 마음이 곧 人情을 禮의 근원으로 승화시켜 주는 근본법칙임을 알 수 있다. (恕와 仁에 관하여는 제4장 제5절에서 전통중국법의 근본원리로서 상세히 논술한다.) 人情 자체에 내재하는 原理(법칙성)가 人情으로 하여금 天理와 더불어 대등한 禮의 근원이 되도록 하는 것이다.

요컨대, 天性이야 善하다고 보든지 惡하다고 보든지 간에, 그 天性이 외부사물에 접촉하여 구체로 발현하는 후천 감정과 욕망은 부정적이고 사악한 성격을 강하게 띠기 쉬운 것이 사실이다. 性惡說의 입장에서는 사악한 天性 자체가 그대로 표출하는 것을 방지하여 이를 교화 · 시정하는 것이 禮의 임무라고 보며, 性善說의 입장에서는 선량한 本性이 외부의 사물이나 환경에 오염당하지 않도록 예방하여 보호 · 선도하는 것을 禮의 기능으로 파악하게 된다.106)

禮란 선천의 天性이 후천으로 사악하게 표출하는 것을 통제하는 규범지침인데, 禮 자체도 先天의 天道 · 天理[자연법칙]가 인간(성현)의 지혜를 통해 후천으로 實定化한 제도이다. 여기서 통치의 목적(대상)인 인간의 性情이나 통치의 방편(수단)인 사회의 禮法 모두, 각기 선천의 本質과 후천의 형식이 서로 균형조화를 이루는 게 이상임을 확인할 수 있다. 즉, 禮란 선천의 자연스런 天性 · 天理에 그 궁극의 존재근원을 두고, 人情 · 欲情을 통제하기 위하여 제정하는 인위의 사회성 善方便이다. 情과 理가 禮의 본질로서 중요한 의미를 지니는 것은 바로 이러한 맥락이다.

도 같은 내용이 등장하는데, '以人度人' 또는 '以心度心'으로 기록하고 있다. 또 중국에는 '사람마다 그 마음이 같고, 마음마다 그 이치가 같다.(人同其心, 心同其理.)'라는 속담도 있다.

106) 禮記는 비록 荀子의 禮論과 상당히 겹치며, 감정 욕구의 부정적 성격을 보편적으로 인정하는 것이 사실이지만, 그렇다고 반드시 직접 性惡說을 전제로 한다는 명문의 근거는 찾아지지 않는다. 즉, 禮記의 禮論은 性善說의 기초 위에서도 충분히 立論할 수 있는 것이다.

(3) '文質彬彬'의 君子 禮論

일찍이 공자는 바탕(本質)과 무늬(文飾)가 서로 어울려 균형조화를 이루어야('文質彬彬') 이상적인 군자가 된다고 말하였다.(雍也, §16) 여기에서 바탕이란 인간의 보편적인 선천 性情을 가리키고, 무늬란 개인별 후천 교육·습관을 지칭한다. 禮義도 바로 이러한 후천 무늬의 하나인데, 마치 아름다운 눈동자와 귀여운 보조개 띤 웃음을 지닌 얼굴 바탕에 예쁘게 화장하는 것이나, 흰 화면에 갖가지 색으로 그림을 그리는 일에 비유한다.(八佾, §8) 또한 부귀한 사람이 禮를 좋아하는 것은, 옥돌(本質)을 그 결(理)에 따라 切磋琢磨하는(文飾) 일에 비유하기도 한다.(學而, §15) (여기서 琢은 玉石을 理에 따라 쪼고 갈고 다듬는[治理] 일을 뜻하며, 切·磋·磨도 같은 개념을 그 대상에 따라 달리 표현한 것에 불과하다. 그런데 禮는 인간의 性情을 天理에 의해 다스리는 방편이니, 개념 비유가 제법 적확하게 들어맞음을 알 수 있다.)

순자의 禮論도 바로 이러한 '文質彬彬'의 중용 조화로부터 연원하며, 또한 이를 궁극이상으로 지향한다. 즉, 인간의 性이란 하늘이 부여한 선천의 존재이고, 禮義란 성인이 제정한 후천의 當爲로서 '僞'(人爲)의 대표 전형이다.(性惡) (순자가 말하는 僞란 일반 虛僞假飾의 부정적인 폄하의 의미보다는, 글자 모습 그대로 순수한 '人爲'의 성격을 강조하는 개념이다.) 환언하면, 性은 질박한 본바탕이고, 禮義라는 僞는 이를 수식하는 화려한 文理가 된다. 性이 없다면 인위의 文理를 수식할 바탕이 근본상 존재하지 않으며, 인위의 禮義가 없다면 性의 본바탕이 아름다운 文理를 얻을 수 없다. 따라서 性과 僞(禮)가 합해져 균형조화를 이루어야만, 천하가 잘 다스려지고 성인의 공적이 이루어질 수 있다. 이는 마치 하늘과 땅이 합하여야 만물이 생장하고, 음과 양이 교감하여야 변화가 일어나는 것과 같다. 하늘이 인간과 만물을 낳고, 땅이 이를 기르지만, 천지가 이들을 다스릴 수는 없다. 오직 성인만이 인간을 다스리고 만물을 지배할 수 있는데, 그 수단방편이 곧 天地의 道理에 근원하여 제정한 人爲의 禮義라는 것이다.(禮論) 그 禮義로써 인간의 사악한 性情을 교정·수식하여 天道(理)에 부합하도록 선도하는 것이, 곧 성현의 통치인 것이다.(性惡)

제 3 절   法治의 근본으로서 情과 理

지금까지 살핀 유가의 禮論에서와 마찬가지로, 法家를 중심으로 한 국가통치, 즉 法治의 사상에서도 情과 理는 핵심 본질을 이룬다. 물론, 그 구체 내용과 관점은 서로 다를 수밖에 없다. 우선 法과 일반통치도 禮처럼 인간의 일반 보편의 情을 기본으로 인정하지 않을 수 없다. 그러나 인민을 통치(統治)의 목적과 근본으로 전제하는 사상은, 주로 초기 法家를 대표하는 管子에 의해 펼쳐진다. 전국시대에 중앙집권 절대군주제의 확립을 지상목표로 철저한 法治를 강조한 상앙이나 한비자 같은 전형적인 법가의 대표자들은 이러한 '民本' 관념을 거의 언급하지 않는 점이 특징이다.

여하튼, 管子는 인민이 국가와 군주통치권의 존립기반이기 때문에, 인민의 常情이 통치의 기본 출발점임을 명백히 인식한다.(覇言편) 관자에 따르면, 人心과 民情을 얻어야만 帝王이 되어 천하를 지배할 수 있음은 물론,(禁藏편) 民心에 순응하고 人情에 부합하는 통치를 행하여야 왕권을 오래 유지하고 공적을 성취할 수 있다.(版法解편) "군주는 천하의 위세(통치권)를 가진 자인데, 백성을 얻어야 위세가 존립하며, 백성을 잃으면 위세도 상실하기" 때문이다. 따라서 통치의 실질 수단인 法令도 마땅히 人情에 순응하여야만, 권위를 얻고 인민의 복종을 기대할 수 있다.(形勢解·法法편) 民心에 크게 어긋나는 명령은 그 실효성을 크게 상실할 뿐만 아니라, 인민의 원망과 반발만을 살 뿐이다.

보통사람의 情은 삶을 좋아하고 죽음을 싫어하며, 이익을 추구하고 해악을 피하기 마련이다. 이는 마치 물이 아래로 흐르고 불길이 위로 치솟는 것과 마찬가지로 영구불변의 진리다. 그러므로 法으로 인민을 통제할 때에는 利害의 소재를 잘 살펴서, 백성이 좋아하는 바를 명하고, 싫어하는 바를 금지하는 것이 가장 바람직한 이상이다. 특히 군주는 말을 모는 마부와 같아서, 民力이 감당할 수 있는 일을 명령하여야만 비로소 백성들이 따를 수 있으며, 인민이 행할 수 없는 바를 강요하면 그 법령은 유명무실해지며, 어떠한 실효도 거둘 수 없게 된다.(禁藏·形勢解편) 백성이 넉넉하지 못하면 법령의 권위가 떨어지고, 백성이 고통과 재앙에 빠지면 법령이 행해질 수 없기 때문이다.(版法解편)

더 나아가서 백성은 군주 자신을 비추는 거울과 같아서, 군주의 선악을 있는 그대로 밝히 비추면서 명예를 칭송하기도 하고 훼손하기도 한다. 그래서 백성은 군주한테 두려운 존재로 여겨지며, 이러한 의미에서 民本과 함께 '畏民'사상까지 펼쳐진다.(小稱편) 구체로는 利益을 따르고 害惡을 피하는 人之常情에 순응하여, 인민을 위한 '除害興利'의 능동적인 정치를 적극 실행하는 것이 民心을 얻는 聖王의 道로 중요하다.107)

이와 함께 管子는 통치자의 常情도 주체적 요건으로 상당히 중시한다. 정상적인 人情을 지니지 못한 사람은 인민의 情도 올바로 살피고 이해할 수 없을 것이기 때문이다. 그래서 병석에 누운 管仲은 자신의 후계자를 자문하는 齊桓公에게, 지나치게 沒人情한 세 近臣을 절대 등용하지 말라고 당부한 유명한 일화가 전해 온다.

桓公의 口味에 맞추기 위해 자식의 머리를 삶아 바친 요리사 易牙와, 내시가 되기 위해 스스로 거세한 竪刁(수조), 그리고 군주를 섬긴다고 15년 동안 부모를 한 번도 찾아보지 않은 公子開의 세 사람이 그들이다. 자식을 사랑하고 제 몸을 아끼며 부모를 봉양하는 것이 人情 중의 가장 기본 핵심인데, 그토록 몰인정한 사람이 인민을 어떻게 다스리고 군주인들 어찌 공경할 것이며, 또한 장차 무슨 짓인들 못 저지르겠느냐는 이치였다.108) 그리고 管仲이 桓公에게 관리를 추천하면서, 大理[법관]의 자격으로, 人情에 익숙하여 訟辭를 밝히 살피고 청렴결백하며 공평무사한 사람을 거론하는 것도 주목할 만하다.109)

---

107) 이에 관한 언급은 상당히 많은데, 管子, 禁藏·形勢解·版法解·治國·政世편 등이 대표다.
108) 管子, 小稱, 韓非子 十過 및 難一편, 呂氏春秋, 知接편 등을 참조.
109) 韓非子, 外儲說左下편 참조.

1. 法治의 대상인 열악한 人情

(1) 法治의 人性論 기초 : 철저한 이해타산의 性惡說

물론 法治에서도 다스려야 할 부정적인 人情이 있기 마련이다. 그러나 법가의 통치에서는 유가의 禮論처럼 '民本'주의 관점에서 인민의 情欲을 통치의 目的대상으로 삼아 이를 절제시키고 선도·교화하는 데에 중점을 두지는 않는다. 요컨대, 法家사상의 가장 큰 특징은, 사람의 본성이 지극히 이해 타산한다는 '性惡'說의 人性論을 法治의 이론 근거로 전제하면서, 중앙집권적 절대군주제의 확립을 위해 국가공리주의의 관점에서 人性을 철저히 통제하고 이용하라고 강조한다는 점이다.

상앙이 보기에, 인간은 "살아서는 實利를 따지고 죽을 때는 名譽를 생각"하여 "명예와 실리가 몰리는 곳이면 모두 그곳으로 쫓아가"고, 또한 "길이를 재면 긴 것을 취하고, 무게를 달면 무거운 것을 취하며, 사물을 선택할 때는 유리한 것을 찾는다." 상앙은 인간을 이해타산의 존재로 인식한다.[110] 荀子의 제자인 韓非子는 인간의 '性惡'의 본질을 더욱 적나라하게 부각시키는데, 다만 荀子처럼 '性惡'의 개념을 사용한 이론체계까지 동원하지는 않는다. 무엇보다도 가장 다른 점은, 순자의 性惡說이 인간의 사악한 선천 性情의 절제를 위하여, 비록 후천적이긴 하지만 성현의 禮義로 귀결하는데 반하여; 한비자는 인간의 이해타산의 본성을 통치하기 위하여, 엄격한 신상필벌의 法令을 강조하는 것이다. 즉, 한비자에게는 유가의 인간상에서 전제하는 자율적 윤리도덕관념이 끼어들 여지조차 없는 셈이다.

이러한 한비자의 人性論은 일반사회인의 계약관계는 물론, 君臣관계와 부부관계, 심지어 가장 자연스런 존재의 차원인 부모자식간의 혈연관계까지, 모두 철저하게 상호 대립의 이해타산 관계로 규정하는 점이 가장 두드러진 특징이다. 우선, 서로 다른 신분(계급)간의 고용관계에서

---

110) 商君書, 算地편 참조. 송영배, 「고대중국 상앙학파의 법치주의: 그 진보성과 반동성」, 철학과 현실 所收, 철학과 현실사, 1988년, 135·139면 참조.

서로 이해득실을 따지는 것은 지극히 당연한 인지상정이다. 고용주가 피고용자를 좋은 의식주로 대접하는 것은, 그를 사랑하기 때문이 아니라, 그로 하여금 더욱 열심히 일하도록 장려하기 위함이다. 반대로 피고용자가 힘을 다해 일하는 것은, 주인을 공경하기 때문이 아니라, 좀 더 나은 보수와 노동여건을 얻기 위해서다.(外儲說左上편) 그리고 수레 만드는 목공이 타인의 부귀영화를 바라고, 棺 만드는 목수가 남들이 죽기를 기다리는 것은, 타인에 대해 특별한 호감이나 미움을 품기 때문이 아니라, 오직 그들의 상품이 잘 팔려 돈 많이 벌기만을 추구하는 이기심의 발로에 불과하다.(備內편)

한편, 조정의 君臣관계가 본디 골육의 혈친이 아닌데도, 신하가 군주에게 목숨을 바쳐 충성하고, 군주가 신하에게 후한 벼슬과 녹봉을 부여하는 것은, 오직 각자가 이해득실을 계산하는 상품교환의 경제원리에 근거할 뿐이다.(備內·難一·飾邪편) 부부도 골육 혈친이 아닌 점은 군신관계와 마찬가지인데, 서로 사랑할 때는 친근하지만, 싫어지면 소원해지는 혼인계약 관계에 불과하다. 특히 군주의 부인인 경우에는, 남편이 자신의 시들어가는 미색을 대신하여 새 여색을 구하는 것을 질투한다. 나아가 자신이 버림받거나 자기 아들이 태자가 못될까 봐, 군주의 죽음을 바라거나 급기야 꾀하기도 한다.(備內편)

심지어 부모자식 간에도 철저한 이기심의 본성이 지배한다. 부모가 아들을 낳으면 서로 축하하고 딸을 낳으면 살해하는 것은, 미래의 장기적인 이해득실을 고려하기 때문이다.(六反편) 또한 부모가 자식을 빈궁하게 양육하면 자식이 성장한 후 부모를 원망하고, 반대로 자식이 성장한 후 부모에 대한 봉양을 소홀히 하면 부모가 노여워하는 것도, 모두 자신의 이익만을 위하는 마음(自爲心 : 利己心)의 소치다.(外儲說左上)[111]

이러한 이해타산의 인간관계는, 한편으로는 전국시대 농업생산력의

---

111) 이상 한비자의 性惡論에 대한 내용과 평가에 관하여는, 侯外廬 外, 中國思想通史, 第1卷, 618-620편; 李澤厚, 中國古代思想史論, 97-9면 및 任繼愈 主編, 中國哲學發展史(先秦), 736-8면 참조.

급격한 발전과 상품교환경제의 확대라는 사회경제 여건의 반영이며; 다른 한편으로는 신흥지주계급을 중심으로 기존의 차등적인 세습 신분계급제도를 타파하고, 새로운 평등한 인간관에 근거한 중앙집권적 관료제도를 확립하여, 부국강병과 중원통일을 꾀해 치닫던 정치법률 사상의 요청이기도 하다. 이것이 기존 西周의 봉건제를 유지하려는 유가의 禮論의 신분 차등성과 본질상 차이나는 법가의 法治의 절대 평등성의 이론기초인 셈이다. 또한 한비자의 性惡論이 그 스승인 순자의 性惡說을 계승하였으면서도, 인간의 자율적인 도덕의지에 근거한 禮義를 전면 부정하고, 철저하게 국가공리주의의 法治로 일관하게 된 요인이기도 하다.

요컨대, 法治사상의 고유한 특징은, 人情의 劣惡性과 취약성을 '君主'의 관점에서 南面統治術의 방편으로 적극 이용하여, 이를 효과적으로 통제하는 데 치중한다는 점이다. 편안함과 이로움 및 부귀를 좋아하고 추구하며, 위태로움과 해악 및 빈천을 싫어하고 피하는 것이 人之常情임은 물론이다.112)

(2) 勸善懲惡의 信賞必罰론

이러한 人情의 好惡(호오)를 살펴 賞祿으로 勸善하고 刑罰로써 懲惡하면, 인민의 情을 장악하고 統御할 수 있다는 것이 法治의 기본사상이다. 우선, 管子는 賞罰의 구체 내용으로 貧·富·貴·賤·殺·生의 여섯 가지 방편의 權柄을 거론한다.(權修·小匡편) 그리고 상벌시행의 이론기초로 다음과 같은 人性論을 편다.

> "무릇 인민은 형벌을 싫어하고 죄악을 두려워하지 않음이 없다. 그래서 군주는 근엄한 교화로써 훈시하고 형벌을 분명히 공포하여 경외하도록 한다."113)

> "성인이 후한 상을 두는 것은 사치가 아니고, 엄중한 금지를 세우는 것은 포악함이 아니다. 상이 작으면 인민이 이롭게 여기지 않고, 금지가 가

---

112) 韓非子, 姦劫弑臣편 및 難三편 참조.
113) 管子, 版法解편 참조.

벼우면 사악한 자가 두려워하지 않기 때문이다. 사람이 이롭게 여기지 않는 상을 가지고 부리려고 하면 인민이 힘을 다하지 않으며, 사람이 두려워하지 않는 벌을 가지고 금지하려 하면 사악한 자가 그치지 않을 것이다. 이러한 법을 공포하고 명령을 내리면 인민이 복종하지 않는다. 인민이란 무서운 형벌에 굴복한 후에야 순종하고, 이익을 본 후에야 힘을 쓰며, 다스림을 받은 후에야 바르게 되고, 편안한 바를 얻은 후에야 조용해지는 자이다."114)

人情의 열악성·취약성을 피치자인 人民의 수동성으로 파악하여 군주의 절대 통치권의 수단으로 이용하는 법치사상은, 秦의 孝公을 보필하여 변법개혁에 성공함으로써 천하통일의 정치경제상 기반을 직접 제공한 상앙의 철학사상에서 전형으로 나타난다. 즉, 모든 강적을 이기고 천하를 제패하려면, 반드시 먼저 인민을 제압하여 복속시켜야 하는데, 그 근본 수단이 상벌의 법이다.(畵策) 그런데 상벌의 근본은 바로 好惡의 人情으로서, 이를 잘 살펴 법을 제정하여야만 효과 있는 통치를 이룰 수 있다. 그렇지 않고 상벌의 시행이 人情에 부합하지 못하면, 형벌이 있어도 인민이 복종하지 않고, 상이 많아도 간사함만 늘어난다.(錯法; 壹言)

무릇 인민의 情은 배고프면 먹을 것을 구하고, 힘들면 편안함을 구하며, 괴로우면 즐거움을 찾고, 치욕스러우면 명예를 찾는 법이다. 또한 소박하면 힘을 아끼지 않고 노동하며, 곤궁하면 지혜를 동원하여 이해득실을 따지는 것이 인지상정이다. 인민이 이해득실을 따져 형벌을 두려워하고 상을 구하여 기꺼이 힘을 다할 때에, 노동과 공적에 따라 상벌을 시행하고 公信性을 보임으로써, 인민을 제압하고 부릴 수 있는 것이다.(算地; 錯法).

특히, 상앙이 農戰論에서 잘 집약하듯이, 인민이 가장 고역스러워 하는 농업과 가장 두려워하고 싫어하는 전쟁에, 인민을 효과적으로 강제 동원하여 부국강병을 이룩하기 위해서는, 이러한 人情에 편승한 心理强制의 상벌이 필수 불가결한 수단방편이다.(算地) 용감한 자는 상으로써

---

114) 管子, 正世편 참조.

그의 욕구를 충족시켜 죽음도 불사하게 만들며, 비겁한 자는 형벌로써 그의 혐오를 위협하여 용기를 고무시킨다. 가난한 자는 형벌로써 노동 (농업)에 힘쓰도록 강제하면 부유해지고, 부유한 자는 상으로써 재산을 헌납하도록 유도하면 가난해진다.115) 이것이 人情을 통제하여 인민을 제압하는 비결이자, 부국강병으로 천하를 제패하는 첩경이라는 것이 상앙의 법치주의 사상의 핵심이다.116)

한비자도 상앙의 이러한 법치사상을 그대로 계승하는데, 심리강제의 信賞必罰과 특히 공리주의의 重刑厚賞을 주장함이 그 책의 전편을 일관하는 핵심사상이다.117) 우선, 한비자는 상벌을 통한 人情의 순응과 절제를 국가통치의 여덟 가지 기본방도(八經) 중 첫째로 손꼽는다. 그런데 그의 법치사상에서는 단순한 권선징악의 교화에서 머무르지 않고, 오히려 人情을 역이용하여 心理强制라는 상벌의 일반예방기능을 적극 강조하는 것이 두드러진 특징이다. 특히, 유가의 仁愛는, 마치 어머니의 맹목 애정이 자식을 도리어 망치는 것처럼, 인민을 게으름과 요행에 빠지도록 하는 도적과 같다고 비유한다.

"무릇 천하를 다스림에는 반드시 人情에 근거하여야 한다. 人情이란 좋아함과 싫어함이 있기 때문에, 상벌을 이용할 수 있다. 상벌을 이용할 수 있으면, 금지와 명령을 내려 통치의 방도를 갖출 수 있게 된다. 군주가 權柄을 쥐고 威勢를 거느리는 까닭에, 그의 명령과 금지가 행해진다. 權柄이란 살생할 수 있는 제도이고, 위세란 대중을 압도할 수 있는 자본이다. 상은 후하여서 인민이 이를 이롭게 여기고, 명예는 훌륭하여 인민이 이를 영광스러워 하며, 형벌은 엄중하여 인민이 이를 두려워하고, 훼방은 추악

---

115) 商君書, 說民편 및 法强편에도 같은 내용이 나옴.

116) 좀더 자세한 내용은, Vitaly A. Rubin, Individual and State in Ancient China: 임철규 역, 중국에서의 개인과 국가, 현상과 인식, 1985, 2판, 106-119면 참조. 또한 송영배, 「고대 중국 상앙학파의 법치주의」, 141-5면 및 송영배, 「제가백가의 다양한 전쟁론과 그 철학적 문제의식(1)」, 시대와 철학사 所收, 한국철학사상연구회, 1992년, 165-7면 참조.

117) 구체 例文은 이루 다 열거할 수 없을 정도로 많다. 그 대표 내용은 姦劫弒臣·飾邪·難一·難二·六反·八經·五蠹편 등을 참조.

하여 인민이 이를 수치스러워하도록 하는 것이 가장 바람직하다. 그러한 후에 법을 통일시켜 시행하되, 사사로이 처벌하는 것을 엄금한다."(八經편).

"法의 道는 처음에는 고통스럽지만 길게는 유리하며, 仁의 道는 구차하게 안락을 꾀하지만 나중에는 곤궁해진다. 성인은 그 경중을 저울질하여 큰 이익을 꾀하기 때문에, 법의 고통을 참으면서 仁의 동정심을 이겨내는 것이다. 학자들이 모두 말하는 輕刑의 주장은 혼란과 멸망의 첩경이다. 무릇 상벌이 기필 이루려는 것은 권선징악이다. 상이 후하면 원하는 바를 빨리 얻고, 벌이 중하면 바라는 바를 얼른 금할 수 있다. 이익을 원하는 자는 해악을 싫어하기 마련이다. 해악이란 이익의 반대인데, 바라는 바에 반하는 것을 어찌 싫어하지 않겠는가? 다스리고자 하는 자는 혼란을 싫어하는 법인데, 혼란이란 다스림의 반대이다. 그래서 다스림을 몹시 원하는 자는 그 상이 반드시 후하며, 혼란을 싫어하는 자는 그 벌이 반드시 중하다.

한 간사한 죄인을 무겁게 처벌하여 나라 안의 사악을 모두 그치게 하는 것이 다스림의 방도이다. 중벌의 대상은 도적이지만, 두려워하는 자는 모든 선량한 인민이다. 다스림을 바라는 자라면 어찌 重刑을 주저할 것인가? 그리고 후한 상이란 단지 공로 자체를 상주는 것이 아니라, 전국의 인민을 권장하는 것이다. 상을 받는 자는 그 이익을 기뻐할 것이며, 상을 받지 못하는 자는 이를 부러워할 것이다. 이는 한 사람의 공로에 보답하여 전국의 백성을 권장하는 것이니, 다스림을 원하는 자라면 어찌 후한 상을 머뭇거릴 것인가?

무릇 중형으로 그치는 죄악은 경형으로 반드시 그치지는 않지만, 경형으로 그치는 죄악은 중형으로 반드시 그치게 된다. 이런 까닭에 군주가 중형을 시행하면, 간사한 죄악이 모두 그치게 된다. 간사함이 모두 그치게 된다면, 이것이 어찌 인민에게 해롭겠는가? 이른바 중형이란, 간사한 죄악으로 얻는 이익은 작은데, 군주가 이에 가하는 불이익이 큰 것이다. 작은 이익 때문에 큰 죄를 무릅쓰지 않을 것이므로, 반드시 그친다는 것이다. 이른바 경형이란, 간사한 죄악으로 얻는 이익은 큰데, 군주가 이에 가하는 불이익은 작은 것이다. 인민이 큰 이익을 탐하여 작은 죄를 대수롭지 않게 여길 것이므로, 간사함이 그치지 않는 것이다. 이런 까닭에 인민을 위한 방도로서 경형은, 국가를 혼란시키지 않으면 인민을 함정에 빠뜨리는 것이니, 인민을 해치는 것이라고 할 수 있다.

그러므로 현명한 군주가 나라를 다스림에는, 그 벼슬과 상을 후하게 베풀어 인민의 지혜와 능력을 다하도록 하고, 그 형벌을 중하게 정하여 간사한 죄악을 금한다. 인민으로 하여금 죄가 있으면 벌을 받고, 공을 세워야 상을 받으며, 어떠한 인자한 혜택이나 요행을 생각하지 않도록 하는 것이, 바로 帝王의 정치이다."(六反편)

"현명한 군왕은 법령을 준엄하게 하고 형벌을 무겁게 한다. 상은 후하면서 믿음이 있어, 백성들로 하여금 이를 이롭게 여기도록 한다. 벌은 무거우면서 기필하여, 백성들로 하여금 이를 두려워하게 한다. 법은 한결같으면서 견고하여, 백성들로 하여금 이를 알게 한다. 그래서 군주는 상을 베풂에 변덕이 없고, 형벌을 행함에 용서가 없다. 명예를 상에 덧보태고 수치를 형벌에 얹는다면, 성현과 범인을 막론하고 모두 힘을 다할 것이다."(五蠹편)

이처럼 한비자는 嚴刑重罰의 합리성과 정당성을 역설함과 동시에, 상의 남발을 매우 경계하기도 한다. 가벼운 죄를 무겁게 처벌하면 모든 범죄가 끊기지만, 무거운 죄를 가볍게 처리하면 범죄가 극심하게 번져, 오히려 번잡한 형벌을 초래한다는 것이 법가의 일반 주장이다. 이른바 以刑去刑의 논리인 것이다.[118] 무거운 형벌은 비록 인민이 싫어하지만 국가를 다스리는 필수 방편이다. 거꾸로 백성을 동정하여 형벌을 감경하는 것은, 인민의 환심을 살 수는 있지만, 국가를 위태롭게 하는 화근이 된다. 그러므로 성인이 법으로 나라를 다스림에는 비록 세속 人心에 거스를망정 '道德'에 순응하는데, 이것이 진정한 지혜다.(姦劫弒臣)

나아가서 형벌이 가벼우면서 상이 많고 번잡한 것은 혼란의 근본이라고 단정한다.(飭令) 경우에 따라서는 인민을 상으로 권장·유도하기보다는, 형벌로써 강제 위협하는 것이 더욱 효과 있다고 강조한다. 위급하고 고역스러운 일은 상으로도 자발 참여를 기대하기 어렵고, 또한 상의 財源을 조달하자면 국고가 바닥이 나도 모자랄 수 있다는, 지극히 현실적인 공리주의 계산이다.(內儲說上) 이러한 맥락에서, 공로가 없는 자에게

---

118) 韓非子, 飭令; 商君書의 法强·說民·開塞·靳令편 등에 같은 내용이 거듭 나옴.

상을 남발하고 죄지은 자를 사면하는 헤픈 恩情은, 혼란과 위기의 근본이라고 반대한다. 이것이 법가의 信賞必罰론이다.[119]

(3) 仁德의 恩惠와 사면의 폐해

이는 공로가 있는 자를 상주지 않고 죄 없는 자를 처벌하면, 도리어 人心을 잃고 民怨을 초래한다는 유가의 信賞必罰論과 정반대의 관점에 입각한 이론이다. 상과 사면의 무절제한 남용은, 비록 특정인에게 불이익을 적극 끼치지는 않지만, 공로가 있어 마땅히 상 받을 자와 죄 없는 일반 선량한 사람에게 소극적으로 상대적인 피해의식과 불평불만을 야기할 것이기 때문이다. 사회의 실질 정의의 관점에서 보면, 양자는 똑같이 형평성을 상실한 처사로서, 신상필벌을 해치는 상호 표리의 해악이 된다. 그래서 한비자의 신상필벌론은 심리강제 차원에서 공리주의의 엄형중벌을 강조하는 특성을 지니면서, 한편으로는 유가의 仁德과 恩惠의 情을 적극 반대·비난하는 것이다.

아무 공로도 없는 인민에게 단지 빈곤하다는 이유만으로 그냥 베풀어주는 세속의 仁義는, 인민으로 하여금 안으로는 요행을 바라고 농경의 생업에 힘쓰지 않도록 하며, 밖으로는 전쟁에서 무적의 용기를 고취하지 않게 만든다. 이는 부국강병의 해독이 된다. 그런가 하면, 백성을 불쌍히 여겨 죄지은 자도 차마 처벌하지 못하는 세속의 은혜와 자애는, 포악한 무리의 발호를 은근히 조장하여 사회혼란의 근원이 된다. 이러한 불공평이 쌓이면 법제가 문란해지고 국가 멸망도 멀지 않다.[120]

특히, 한비자는 군주의 헤픈 恩情이 백해무익함을 집안의 母情에 비유한다. 모친의 자식에 대한 애정은 부친보다 배가 넘지만, 그 명령이 통하지 않음은 열 배에 이른다. 관리의 인민에 대한 다스림은 전혀 애정이 없지만, 그 명령의 시행은 부친의 만 배나 된다. 결국, 모친의 두터운 애정은 자식을 도리어 망치고, 부친의 무서운 매가 오히려 자식을

---

119) 韓非子, 難二; 內儲說上; 外儲說右下편 참조.

120) 韓非子, 姦劫弑臣·內儲說上·難二·外儲說右下·八經편 참조.

선도한다. 이는 스승이나 관리와 같은 사회의 道義·法治 관계에서 더욱 그 효과가 높아진다. 그래서 군주는 가녀린 恩愛의 心情을 품지 말고, 강인한 위엄의 권세를 증대시켜야 한다.[121] 특히 친척이나 존귀한 신분도 피하지 않고, 가장 사랑하는 사람조차 사면 없이 처벌하는, 예외 없는 철저한 신상필벌을 법치론의 핵심으로 주장한다.[122]

군주의 이러한 헤픈 恩情과, 특히 사면에 대한 준엄한 비판과 반대는 일찍이 管子가 논리정연하게 제기했다. 그는 군주의 은혜와 사면을 法과 대립하는 개념으로 일컫는데, 실질상 公法과 私情의 대비를 뜻한다.

"인민에게 중대한 죄가 없는 것은, 허물이 크지 않기 때문이며; 인민이 큰 허물을 짓지 않는 것은, 군주가 사면하지 않기 때문이다. 군주가 작은 허물을 사면하면, 인민이 중대한 죄를 많이 범하게 되는데, 이는 그 폐단이 쌓인 소치이다. 그래서 赦免이 내려지면 백성은 不敬해지고, 은혜가 베풀어지면 허물이 날로 더해 간다. 은혜와 사면이 인민에게 베풀어지면, 감옥이 비록 가득 차고 형벌이 비록 많아도, 간사함을 다 이길 수 없게 된다. 그래서 간사함은 일찍 금지하는 것만 못하다고 말한다. 무릇 赦免은 이익이 작고 해악이 큰 것으로, 오래 되면 그 禍를 이길 수 없게 된다. 赦免이 없으면 해악이 작고 이익이 커서, 오래가면 그 福을 이길 수 없게 된다. 그러므로 赦免은 달리는 말의 고삐를 늦추는 것이며, 赦免이 없음은 종기에 뜸돌을 얹는 것이다. 은혜는 赦免을 많이 행하는 것인데, 처음에는 쉽지만 갈수록 어려워져서, 오래 되면 그 禍를 이길 수 없게 된다. 法은 처음에는 어렵지만 갈수록 쉬워져서, 오래 되면 그 福을 이길 수 없게 된다. 그러므로 은혜는 백성의 怨讐이며, 法은 백성의 父母이다."[123]

---

121) 韓非子, 六反·八說·五蠹편 참조.

122) 韓非子, 內儲說上·外儲說右下·五蠹편 참조.

123) 管子, 法法: 「民毋重罪, 過不大也, 民毋大過, 上毋赦也. 上赦小過, 則民多重罪, 積之所生也. 故曰: 赦出則民不敬, 惠行則過日益. 惠赦加于民, 而圄圉雖實, 殺戮雖繁, 姦不勝矣. 故曰: 邪莫如早禁之. 凡赦者, 小利而大害者也, 故久而不勝其福. 毋赦者, 小害而大利者也, 故久而不勝其福. 故赦者, 奔馬之委轡; 毋赦者, 痤疽之砭石也. … 惠者, 多赦者也, 先易而後難, 久而不勝其禍; 法者, 先難而後易, 久而不勝其福, 故惠者, 民之仇 讐也; 法者, 民之父母也.」

물론 인정에 순응하여 이를 활용하는 상벌의 시행은 순수한 권선징악의 기본방편으로서, 어느 시대와 장소를 막론하고 일반보편으로 존재하는 필수불가결의 제도임에 틀림없다. 예컨대, 周代 封建制의 핵심근간을 이루는 다섯 등급의 爵位制는 춘추시대 이후 점차 문란해졌는데, 秦漢의 중앙집권 통일왕조에서 이를 계승·발전시켜 20등급의 爵位制를 시행하였다. 이는 물론 祿과 함께 공로에 대한 보답으로 부여하는 명예상이다. 특히 주목할 점은, 그 명예를 다시 박탈함으로써 수치심을 자극하는 심리강제의 형벌제도[奪爵之法]를 동시에 병행한 점이다.(현대의 자격상실 및 정지의 형벌에 가까울 것이다.) 그런데 東漢 말의 王粲(왕찬)은 「爵論」에서, 작위제도의 이러한 상벌 기능을 매우 적확하게 설명하고 있다.

"律에 의하면 작위를 박탈하는 법이 있다. 이는 옛날에 작위제도가 (명실상부하게) 행해질 적에, 인민이 작위를 하사 받으면 기뻐하고, 작위를 박탈당하면 두려워하는 人情과 心理에 근거하여, 그 與奪로써 법(상벌)을 삼은 것이다. 그런데 지금은 작위제도를 실질상 폐지하여, 인민은 작위가 무엇인지도 모른다. 그래서 이를 박탈해도 두려워하지 않고, 이를 수여해도 기뻐하지 않으니, 이는 空文을 규정한 것일 뿐, 아무 소용이 없다. 재화로써 상을 주자면 그 재원을 다 감당하지 못하고, 조세와 부역의 감면[復除]으로 상을 삼으면 국고수입이 감소한다. 하지만 작위로써 상을 부여하면, 인민을 권장하면서도 비용을 들이지 않을 수 있기 때문에, 옛사람들은 작위제도를 중시하였다."[124]

또한 舜임금 때부터 五刑과 동시에 시행한 벌금속죄[金作'贖刑'] 제도도, 생명이나 신체·자유·명예 등을 박탈하는 일반형벌과 마찬가지로, 재물의 이득을 추구하고 그 손실을 싫어하는 인간의 欲情을 박탈함으로써, 죄악을 범하지 않도록 유도하는 심리강제 기능이 그 본래의 주목적으로 풀이된다.[125] 이는 물론 私有制의 기초 위에 세워진 것이다. 일반

---

124) 漢律, 卷11, 具律 3, 「奪爵爲士伍」조에서 재인용.
125) 通考, 卷162, 刑考 1, 刑制條(1409下) 참조. 물론 贖刑의 제1차 기능과 본질은, 의심스러운 범죄나 가벼운 과실범죄에 대하여 완전히 사면하지는 못하는 경우에, 그

'賞'과 대응하여 법의 심리강제 수단의 양대 지주인 '賞罰'의 개념을 이루는 '罰'은, 본래 이 贖刑의 벌금제도에서 유래한다. 다만, 재물이 생명이나 신체 또는 자유에 비해 가치비중이 다소 가볍기 때문에, 그 심리강제의 효과도 다소 낮은 것이 일반일 것이다. 그러나 財利를 위해서는 물불도 가리지 않고, 심지어 생명에 대한 위협조차 무릅쓰는, 일반속인의 근시안적인 현실 욕정을 감안하면, 그 재산권의 적극 박탈이 가져올 범죄억제 기능도 무시할 수는 없을 것이다.[126] 그래서 人情의 절제와 순응을 중시하는 유가의 禮論에서도, 비록 德禮에 주도 지위를 부여하지만, 이와 함께 그 실효성을 담보하는 최후의 보조수단으로서 상벌의 필요성을 인정하지 않을 수 없는 것이다.

(4) 법가의 절대전제 統治術의 한계

한편 특기할 점은, 상벌을 통한 심리강제의 법치사상이, 세속 人情의 열악성과 취약성을 단순히 현실의 존재 차원에서 역이용하는 데에 결코 만족하지 않았다는 사실이다. 국가공리주의의 관점에서 군주의 절대통치권을 지상명령으로 삼는 法家사상은, 상벌의 통치술이 실현가능하고 좀 더 실효를 거둘 수 있도록, 臣民의 이러한 취약하고 열악한 人情을 적극 이용하고 나아가 당위로 요구하기에 이른다. 즉, 부귀와 名利를 좋

타협책으로 감형조치를 취하는 주요수단이라고 해석하는 것이 일반 통설이다. 그리고 역대법제사의 현실 측면에서는, 벌금을 준조세로서 징수하여 부족한 국고에 충당한 부수 기능을 오히려 주목적으로 적극 활용한 경우도 적지 않은데, 漢代와 明代에 더욱 심하였다. 그 결과, 부자는 형벌을 모면하고 가난한 사람만 처형당하는 계급차별의 모순을 초래하여, 법의 본래 목적인 공평무사성과 실질 정의를 크게 해치기도 하였다. 通考, 卷171上, 刑考10上, 贖刑條(1481-3); 西漢會要, 卷62, 刑法 2, 贖罪條(615-8); 明會要, 卷67, 刑 4, 贖罪條(1282-6) 등 참조.

126) 예컨대, 宋代의 鞠眞卿은 潤州 지사 재직 시, 폭행범죄에 대하여 법정형벌과 별도로, 먼저 下手한 자로 하여금 나중에 응한 자에게 배상금을 물도록 하는 처벌을 부가하였다. 재물을 본래 아끼는데다가, 더구나 적에게 금전을 내줄 수 없다는 소인배의 심리를 적절히 이용한 것이다. 과연 이 처벌법은, 사람들이 종일 분쟁하며 서로 노려보기는 할지언정, 감히 먼저 下手하지는 못하도록 유도하여, 폭행억제 효과를 크게 거두었다고 한다. 折獄, 卷8, 嚴明篇, §250 燕肅息鬪條 참조.

아하고 빈천과 害惡을 싫어하는 세속의 欲情이 있어야, 상벌을 통한 심리강제로써 이들을 통제하고 사역할 수 있다는 논리다. 名利를 보고도 기뻐하지 않고, 죽음을 당하여도 두려워하지 않는 도덕 높은 성현군자는, 아무리 후한 상으로도 유혹할 수 없고, 어떠한 준엄한 형벌로도 위협할 수 없기 때문이다.

법가사상은 인간의 본성에 자율 도덕성이 존재하지 않는다고 인식하는 데에서 그치지 않고, 어느 누구든 그러한 윤리도덕성을 지닐 수 없다고 당위 차원에서 부정하고 강요한 것이다. 모든 사람 위에 절대 권위로 군림하고 싶은 통치자한테, 伯夷 叔齊와 같은 성현은 한낱 명령할 수 없는 인민이며, 쓸모없는 신하에 지나지 않는다.[127] 그래서 군주의 절대통치권을 위해서는, 인민의 감정과 욕망을 무한히 자극하고 유발시켜야 한다는 권모술수까지 제기하기도 한다.[128]

이처럼 법가의 統治論은 군주의 절대통치권을 지상목적으로 삼고, 人情은 기본상 그 통치술의 수단방편으로 여기고 만다. 따라서 상벌을 통한 法治란, 이를 통제하고 역이용하는 심리강제가 본연의 주임무인데, 심지어 인간의 무한한 欲情을 당위로 강요하고 유혹하는, 비인도적이고 沒人情한 본말전도에까지 이른 것이다. 이는 확실히 人情 그 자체를 목적대상으로 삼아, 그 범람과 방종을 절제·선도하는 유가의 인도적인 民本주의 禮治論과는 정반대의 사상이다. 특히 그 엄벌중형론은, 법의 도덕적 정당성 문제는 접어 두더라도, 그 실효성의 관점에서도 소기의 목적을 원만히 달성할 수 없을 뿐만 아니라, 역사의 경험법칙으로 보아도 머지않아 도리어 역효과를 초래할 것이 지극히 당연하다.

아무리 준엄하고 가혹한 형벌이라도, 정당한 道德으로부터 말미암지 않으면 행해지기 어려울 뿐만 아니라, 공신력과 권위조차 서지 않는다는 유가의 비판은 자못 의미심장하다.[129] 가파른 산은 높지 않고, 날카

---

127) 韓非子, 說疑편 및 姦劫弑臣편 참조.
128) 呂氏春秋, 爲欲편 참조.
129) 荀子, 議兵편 및 韓詩外傳 卷4에서도 인용하고 있음.

로운 날이 쉽게 무디어진다. 마찬가지로 포학한 절대 왕권이 쉽게 무너지고, 가혹한 중형엄벌이 이내 혼란스러워짐은, 숱한 역사 경험이 실증하는 산 지혜이다. 실제로 그러한 법가사상을 주장했던 吳起나 상앙이 자기가 만든 苟令峻法에 스스로 잔혹한 죽임을 당하고, 이들을 등용하여 천하를 통일한 秦이 불과 30년 만에 멸망한 역사 사실은, 실로 비참하고 애처로운 역설이 아닐 수 없다.[130]

법가의 重刑厚賞의 심리강제 기능을 주장한 관자도, 일찍이 그 부작용을 우려하여 경계하고 있다. 무거운 법령을 자주 되풀이해 시행한 결과 인민의 심리 감각이 무뎌지면, 더 이상 범죄를 방지할 수 없게 되어, 간사한 죄악이 반사적으로 급증할 수가 있다.[131] 老子도 지적한 것처럼, 인민이 죽음도 두려워하지 않을 경우에는, 아무리 준엄한 형벌로도 더 이상 위협할 수 없으며, 마침내 저항과 혁명이라는 가장 큰 위험을 자초하게 된다.[132] 그래서 인민을 통치함에는 권력에 의한 강박이나 중형엄벌에 의한 위협을 되도록 止揚하고, 덕으로 감싸주는 仁政을 앞세워야 한다.[133] 도덕 있고 정의로운 仁政을 행하여, 상주지 않아도 인민이 저절로 선해지고, 벌하지 않아도 간사한 죄악이 스스로 그치는 것이, 天理와 人情에 동시에 순응하는 가장 훌륭한 통치의 이상임에 틀림없다. 그래서 엄벌후상은 말세의 정치라고 힐난당하는 것이다.[134]

요컨대, 사람의 본성을 사악한 것으로 인식하고, 모든 인간관계를 획일적이고 평등한 이해타산의 상품교환경제로 파악하여, 국가공리주의의 신상필벌과 엄형 위주의 공평무사한 법치주의를 철저히 시행한 법가사상이, 농업생산력 증대와 전투력 향상을 통한 부국강병으로 중앙집권의 절대군주제를 확립하고, 나아가 전국 제후를 병합하여 중원의 통일이라

---

130) 韓詩外傳, 卷1 참조.

131) 管子, 七臣七主편 참조.

132) 老子, §74 참조.

133) 管子, 小問편 참조.

134) 呂氏春秋, 上德편 참조.

는 시대 요청을 성공리에 수행한 역사 공헌은 긍정적으로 평가하여야 할 것이다. 그러나 반면, 인간의 자율 도덕성을 전면 부정하고 유가의 仁義와 德禮에 의한 王道정치를 완전히 반대함으로써, 실질상 국가지상의 군국주의와 왕권절대의 전제주의 통치이론을 확립하여, 신흥지주계층의 지위를 확보하고 구귀족의 세습신분을 타파하는 데 그치지 않고, 더 나아가 일반인민에 대해 적나라한 억압 통제를 자행함으로써, 결국 보수반동의 성격을 드러낸 점은, 법가의 본질적 한계로 지적할 수 있을 것이다. 중국역사상 최초의 통일 왕조인 秦이, 또한 중국역사상 최초의 농민의거에 의해 순식간에 멸망한 역사 사실 하나만으로도, 법가 사상에 대한 비판과 부정 평가는 충분히 요약할 수 있겠다.[135]

2. 통제의 대상인 통치자(특히 臣下)의 私情

지금까지 피통치자인 일반인민의 실리 지향적이고 이해 타산적인 열악한 性情을 통치에 이용하는 법치사상의 본질 특성을 살펴보았다. 이는 농업생산력의 증대 및 군비확대(農戰論)를 통한 부국강병으로 천하통일을 향해 끝없이 겸병전쟁을 행할 수밖에 없었던 전국 말엽의 정치사회 요청에 부응하는 이론 기초이다. 또한, 세습 귀족 중심의 신분 차등성을 본질로 하는 周의 봉건 禮制를 대체하여, 새로운 사회규범체계로서 등장한 만인평등의 진보 법치사상의 핵심 본질을 이루기도 한다.

(1) 상벌과 법령의 통일평등 : 壹賞·壹刑·壹敎와 法不阿貴

그런데 법가의 법치사상에서는 피치자의 人情 뿐만 아니라, 통치계층, 특히 군주를 보필하는 측근 高官大臣의 人情까지도 본질상 利己적이고 奸邪하다고 규정하여, 이를 적극 통제하라고 강조한다. 인민을 다스리는 통치 권력의 유일무이한 배타성의 관점에서, 측근의 高官大臣은 군주한

---

135) 任繼愈 主編, 中國哲學發展史(先秦), 741-3면: 侯外廬 外, 中國思想通史(1), 622-5면; 송영배, 「중국 고대 상앙학파의 법치이론」, 127-8면 및 145-7면 참조.

테 경쟁하고 도전하며 심지어 위협까지 가할 수 있는 존재로 부상할 수 있기 때문이다. 그래서 신하들의 私情이, 오히려 일반인민의 열악한 性情보다 중앙집권의 절대왕권에 더욱 중대하고 심각한 문제로 여겨진다. 왜냐하면, 군주와 신하란 전술한 것처럼, 본질상 철저하게 이해타산으로 고용계약을 맺은 상호대립의 관계에 불과하기 때문이다. 실제로 춘추전국시대의 역사 경험현실이 증명하는 바에 의하면, 신하가 군주를 시해하고 정권을 탈취한 사례가 무수하다.

따라서 法治의 주 대상에는 일반인민의 性情과 함께, 왕권에 도전하는 신하의 私情도 당연히 들어간다. 사실, 획기적인 혁신으로서 法治의 公平無私성은 본질상 일반인민 상호간의 평등한 대우에 관심을 기울이기보다는, 신분 차등성을 바탕으로 하는 禮制에서 절대 세습특권을 누리던 구 귀족의 정치사회상 지위를 약화시키는 데 초점을 맞추고 있다.

우선 관자는, 국가통치의 주요한 수단으로 명령·형벌·祿賞의 三器와 함께, 이를 침공하여 훼손시키는 망국의 근원으로 六攻을 거론하고 있다. 그런데 六攻이란 親戚·權貴·財貨·女色·巧佞·玩好이다. 이는 모두 한결같이 측근 대신이나 그와 직접 관련한 邪術로서, 군주의 사사로운 감정을 움직여 법의 공평무사를 해치고 국가기강을 어지럽히는 장본인들이다. 六攻이 국가의 치명적 해독이 되는 이유는, 명령을 듣지 않아도 버젓이 행세하고, 금지를 범하여도 제재를 받지 않으며, 공로가 없는데도 부귀를 얻을 수 있기 때문이다.

이러한 사사로운 六攻이 존재하는 한, 아무리 추상같은 명령으로도 인민을 움직일 수 없고, 엄중한 형벌로도 대중에게 위세를 보일 수 없으며, 후한 祿賞으로도 백성을 권장할 수 없다. 이처럼 민중이 군주의 뜻에 따르지 않으면, 전쟁에서 승리할 수 없음은 물론, 나라를 견고하게 유지하기도 어렵다. 이들이 경우에 따라서 군주의 통치권을 약화시키거나 그 지위를 위협할 것은 물론이다. 그래서 이러한 사사로운 六攻으로 말미암아 명령을 변경하거나 형벌을 감면하거나 또는 祿賞을 가감하는 불공평이 없어야, 비로소 나라가 제대로 다스려질 수 있게 된다.(重令)

한편, 상앙은 治國의 세 가지 요체로 祿賞·형벌·교화의 통일평등성을 거론한다. 이른바 壹賞·壹刑·壹敎가 그것이다. 우선, 壹賞이란 봉록과 관작을 오로지 兵戰상의 武功에 따라 수여하며, 달리 사사로이 시행하는 바가 없음을 가리킨다. 이렇게 함으로써, 知愚·貴賤·勇怯·賢不肖를 막론하고, 모두 목숨을 내걸고 자신의 지혜와 능력을 다하기 때문에, 천하에 대적할 자가 없게 된다.

壹刑이란 형벌의 시행에 어떠한 차별이나 등급이 없는 것이다. 재상이나 장군부터 일반서민에 이르기까지, 군주의 명령을 준수하지 않거나 국가의 금지를 위반하거나 또는 법제를 어지럽히는 자는, 모두 용서 없이 처형한다. 설사 이전에 공로나 선행이 있는 자라도, 뒤에 죄악이나 실패를 범하면, 형벌 감면의 혜택 없이 법대로 처리하며, 충신효자도 또한 罪過에 따라 법조문대로 처단한다. 법령을 집행하는 관리가 직책을 소홀히 하는 경우에도, 가차 없이 사형에 처하고 三族을 함께 멸한다.

壹敎란 박문다견·변론·지혜·忠信·예악·修行 등 어떠한 덕행이 있는 자라도, 감히 개인 자격으로 법령을 평론하거나 의론을 개진하지 못하며, 더구나 이로 말미암아 부귀공명을 얻을 수 없게 하는 것이다.

이렇듯 상과 형벌·교화의 삼자를 통일해서 시행하면, 형벌을 당하는 자도 포악하다고 원망함이 없고, 상을 받는 자도 인자하다고 칭찬함이 없다. 또한 성인이라도 덧보탤 것이 없고, 평범한 군주라도 덜 것이 없어, 완전무결한 법치가 이루어질 수 있다고 한다. 그리고 壹賞의 결과 천하무적이 되면, 전리품으로 얻는 타국의 재화로써 상을 줄 수 있기 때문에, 자신이 상을 주지 않아도 되는, 이른바 '無賞'의 경지에 이른다. 壹刑의 결과 인민이 감히 법령을 위반하지 못하면, 형벌이 필요 없는 '無刑'의 목적을 달성할 수 있다. 壹敎의 결과 신하가 사사로운 의론을 감히 펴지 못하면, 국론이 통일을 이루어 부국강병에만 전념할 수 있기 때문에, 특별한 교화가 새삼 필요하지 않는, 이른바 '無敎'의 경계에 이르게 된다.[136) 이것이 곧 秦의 천하통일에 가장 큰 원동력을 제공한 법령 및 교화의 통일 사상이자, 焚書坑儒의 포학무도로 천하를 상실한 장본인이 된 획일주의 武斷이기도 하다.

한비자도 법령의 통일과 평등성에 관하여 관자나 상앙과 일맥상통하는 사상을 보인다. 도량형이 특정인을 위하여 다소나 장단·경중을 달리하지 않듯이, 현명한 군주의 법령 또한 평등히 일률 시행하여야 한다. 군주나 관리의 사사로움이나 뇌물의 횡행으로 법이 굽혀질 수 없다.(八說) 명령이란 가장 존귀한 말이며, 법이란 가장 적합한 일이다. 그래서 법령을 한번 시행하면, 이를 어기는 짓은 신분지위를 막론하고 한결같이 엄금한다. 다시 말해서, 한비자가 말하는 존귀한 명령이나 적합한 법은 唯一無二의 절대지상성을 지닌다.(明辯) 이는 법령 자체의 객관적 절대유일성의 관점에서 언급하는 것이 특징이다.

그러나 여기에는 입법주체인 군주의 절대 독점권과 법 시행상의 예외 없는 통일평등성의 의미도 동시에 담겨 있다. 특히, 범법이나 반역의 죄악은 한결같이 존귀한 權臣으로부터 말미암는데, 법령의 적용과 형벌 시행은 항상 비천한 일반백성을 주 대상으로 삼는다. 그래서 세력 없는 자들은 절망하여 하소연할 길조차 없다.(備內) 그리하여 한비자는 마침내 이러한 역설적 규범현실을 비판하면서, 저 유명한 명제를 내세운다.

"법은 권세에 아부하지 않는다."(法不阿貴: 有度편) "친근함이나 고귀함도 피하지 않고, 법은 가장 친애하는 사람에게도 시행한다."(不避親貴, 法行所愛: 外儲說右上편) 이는 상앙의 壹刑·壹賞·壹敎의 명제와 함께, 법 앞에 만인이 일률 평등하다는 대원칙으로 손꼽힌다. 이는 禮制上의 八辟(팔벽: 후대의 八議)이라는 봉건귀족의 정치·법률상 특권을 부정하며, 특히 '刑 (의 시행)은 大夫에게 올라가지 않고, 禮(의 실시)는 서민에게 내려오지 않는다.'(刑不上大夫, 禮不下庶人)는 전통 禮治의 철칙을 정면으로 부인하는 법치주의의 정화인 셈이다.[137]

---

136) 商君書, 賞刑편 참조. 좀 더 자세한 내용은, Vitaly A. Rubin 저·임철규 역, 중국에서의 개인과 국가, 119-127면 및 宋榮培, 「고대 중국 상앙학파의 법치주의」, 137-8면 참조.

137) 宋榮培, 「고대 중국 상앙학파의 법치주의」, 135-8면 및 胡發貴, 「試論先秦法家'法'的公正意蘊」, 47면 참조.

"노련한 목수는 눈가늠과 어림짐작이 먹줄에 딱 들어맞지만, 그래도 반드시 먼저 規矩로써 척도를 삼는다. 지혜로운 현인은 총명함과 움직임이 사리에 딱 부합하지만, 그래도 반드시 先王의 法으로써 표준을 삼는다. 그러므로 법으로 나라를 다스림은, 그 표준에 따라 행하거나 멈추기만 하면 된다. 법은 권세에 아부하지 않으며, 먹줄은 비뚤어진 사물이라고 굽혀 주지 않는다. 법이 적용하는 바는 지혜로운 자도 변론할 수 없고, 용맹스러운 자도 다툴 수 없다. 허물을 처벌함에는 大臣도 피하지 않고, 착함을 포상함에는 匹夫도 빠뜨리지 않는다. 백성을 통일하는 軌道는 法만한 것이 없다."[138]

(2) 법 집행관료의 철저한 法治 羈束

그런데 신하의 私情을 방지하기 위한 법의 공평무사성은, 신하를 대상으로 하는 법 적용상의 획일평등성의 관점뿐만 아니라, 신하가 주체가 되는 법 집행상의 엄격한 依法(준법) 차원도 포함한다. 즉, 法治관료는 법제도의 확립을 위해 철저히 법에 羈束당해야 함이 법가사상의 공통 주장이다. 전자가 구 귀족의 소극적인 법 밖의 (불법 범죄행위에 대한 면책) 특권을 부정하는 것이라면, 후자는 구 귀족뿐만 아니라 신흥지주계층을 포함한 모든 법치관료한테 인민에 대해 적극 법을 남용하지 못하도록 금지하는 것으로, 전자 못지않게 중요한 의미를 지닌다.

우선, 管子는 법의 公布에 관한 상세한 절차를 언급하면서, 법령의 공포 및 시행을 지체한(留令) 죄로부터, 법령이 공포된 후 이를 시행하지 않는(不從令) 죄, 임의로 첨가한(專制) 죄 및 삭제한(虧令) 죄 등을, 모두 사면할 수 없는 사형죄로 규정한다.(立政편) 그리고 법령을 공포하기 전에는, 설사 공로가 있어도 상줄 수 없고, 죄악을 저질러도 처벌할 수 없다는, 이른바 賞刑法定주의의 엄격한 法治를 강조한다.(法法편)

상앙도 법의 공포시행에 관해 비슷한 내용을 기술한다. 법령의 조문을 한 글자만 덜거나 보태도 사형에 처하며, 법 집행을 망각(遺棄)한 경

---

138) 韓非子, 有度편 참조.

우나 인민에게 법령을 주지시키지 않아 인민이 이를 모르는 경우에는 해당 조문의 죄로써 처벌(反坐)하고, 禁室 중에 보관하는 법령 원본의 글자를 한 자만 덜거나 보태도 사형에 처한다고 규정한다.(定令編)

한비자는 관리의 법 집행을 엄격한 직책준수의 관점에서, 일체의 크고 작은 越權 言行을 철저하게 처벌할 것을 주장한다. 설사 아무리 훌륭한 언론이나 공적을 행하더라도, 그것이 자신의 직책범위를 조금이라도 벗어나면, 포상은 고사하고 오히려 형벌을 받아야 한다. 심지어 술에 취해 잠든 군주가 추위로 감기 들까 봐 옷을 덮어 준 신하조차, 그 직책이 아니라는 이유로 처벌한 고사까지 예시한다.(二柄編)

이처럼 기계적 法治를 엄격히 요구하는 것은, 형벌권을 남용하여 인민을 억압·침탈하는 범죄행위뿐만 아니라, 상이나 은혜를 사사로이 시행하여 인민의 환심을 사고, 나아가서 당파를 형성하여 절대왕권을 잠식·위협하는 간사한 私情까지 원천 봉쇄하기 위한 고도의 統治'術'의 배려 때문이다.139)

(3) 군주의 주관적 南面統治 '術': 권모술수

한편, 대신의 私情을 통제하는 수단으로, 법의 통일공평성 못지않게 중요한 무기가 있다. '法' 및 '勢'와 함께 法治사상의 3대 핵심 본질을 이루는 '術'이 바로 그것이다. 術은 刑名을 위주로 하는 黃老사상에 치중한 申不害가 주로 강조하고, 한비자가 계승·발전시킨 군주의 통치술을 가리킨다.140) 法家의 집대성자인 한비자는 申不害의 術과 商鞅의 法을 계승하여, 양자의 통일조화를 君主의 통치방편의 이상으로 제시한다. 여기에서 法의 평등한 객관성과 公開性이 術의 독점적 주관성과 은밀성에 뚜렷한 대비를 이루며 나란히 등장하는 것이 특징이다.

---

139) 任繼愈 主編, 中國哲學發展史(先秦), 739-740면 참조.
140) 예컨대 史記, 卷63, 老子韓非列傳은 申不害와 韓非를 나란히 기록하는데, 그들의 학문이 모두 黃老에 뿌리를 둔 刑名法術임을 밝히고 있다. 자세한 내용은, 侯外廬 外, 中國思想通史(1), 596-9면 및 611면: 任繼愈 主編 中國哲學發展史(先秦), 731-2면; 郭沫若, 十批判書, 全集·歷史篇2, 人民出版社, 1982년, 330-341면 참조.

"君主의 보물은 法이 아니면 곧 術이다. 法은 서적으로 편찬하여 관청에 비치하고 백성에게 공포하는 것이며, 術은 君主의 마음속에 감추어 두고 개별 사건에 맞추어 은밀히 신하를 제어하는 것이다. 따라서 法은 분명할수록 좋고, 術은 드러내지 않아야 한다. 그런 까닭에 현명한 君主가 法을 공포하면, 나라 안에 귀천을 막론하고 이를 들어 알지 못하는 사람이 없고, 術을 사용하면 가장 친애하는 측근조차도 알 수가 없다."[141]

"術이란 능력에 따라 관직을 주고, 名分에 맞춰 실질을 요구하며, 살생의 권한을 쥐고 신하한테 책임을 부과하는 것으로서, 君主가 가지는 것이다. 法이란 법령을 관청에 비치해 두고, 형벌을 인민의 마음속에 새겨 두며, 法을 신중히 준수하는 자에게 상주고, 명령을 간악하게 위배하는 자에게 벌주는 것으로서, 신하가 스승 삼는 것이다. 君主가 術이 없으면 윗자리가 위태로워지고, 신하가 法이 없으면 아래지위가 혼란해진다. 이들은 어느 하나도 없어서는 안 되는 帝王의 통치도구이다."[142]

요컨대, "術은 군주가 장악하고, 法은 관리가 준수·집행하는 것이다."(說疑편) 법이 관리(신하)와 인민의 관계를 규율하는 데 반해, (실제로는 전술한 것처럼 법의 공평성도 군주의 유력한 신하 통제 방편임은 물론이다.) 術은 전적으로 군주와 신하간의 관계를 지배하는 점이 중요하다. 물론, 術에 의한 통제대상은 주로 군주의 친인척이거나 측근의 고관대신들이다. 이들은 아래로는 법을 남용하여 인민을 억압·착취하고, 위로는 사사로운 당파를 결성하여 법 밖의 특권을 자행하면서, 군권을 농단하거나 위협하는 권세가이다.[143]

특히, 이들은 주로 당시의 변법개혁과 상호적대의 이해관계를 지니는 봉건 세습귀족이었다. 그래서 진보적인 평등한 법치개혁을 반대하고, 나아가서 이러한 개혁의 실질 주체세력인 법가 인물들과 共存同生할 수 없는, 첨예한 모순대립관계를 형성하였다. 한비자 자신도, 법치개혁의

---

141) 韓非子, 難三편 참조.
142) 韓非子, 定法편 참조.
143) 韓非子에서 이들은 重人, 貴重之臣, 姦臣, 亂臣, 大臣 등으로 일컬어지는데, 八姦편의 여덟 부류나 八經편에 나오는 여섯 부류의 作亂 주체가 대표이다.

주체인 智術之士와 能法之士가 이러한 막강한 구 귀족세력의 반대와 위협 속에서 생명의 위험까지 느낌을 명백히 인식하고 있다.(孤憤편) 이러한 현실 상황 아래서, 봉건특권 구귀족을 타파하고 "天下之大公"의 법치를 관철하여, 중앙집권적 절대군주제를 확립하기 위해서는, 공개적이고 객관적인 법 자체의 평등만으로는 역부족이었을 것이다.

이 점을 알고, 군주의 통치권이라는 지위(勢)에 의지하여, 주관적이고 은밀한 '術'을 상호 보충하여 병행하는 것을, 통치의 필수 불가결한 방편으로 채택한 것이다. 즉, 한비자 자신이 나무의 곁가지를 잘라내어 본줄기를 강대하게 키우는 '强幹弱枝'의 정책으로 비유한 것처럼,(揚權편) 부국강병과 절대군주권의 확립이라는 시대 요청을 확실히 실행하기 위하여, 法·術·勢를 삼위일체로 한 군주에게 집중시키는 것이 法治사상의 주임무였다.

그래서 術은 본디 法과 밀접 불가분의 관계를 지니며 서로 혼합하기도 하는데,[144] 많은 경우 術은 사용 자체가 공평하고 객관적인 法治의 관철을 보장하기 위한 방편성을 띤다. 예컨대, 군주의 用術 방법으로 거론하는 개념에는 七術·六微·八說·八經 등이 있는데, 이중 대표적인 七術의 내용에는 疑詔詭使(거짓 詔書와 명령)·挾知而問(알면서도 물어 봄)·倒言反事(정반대 되는 말과 일)와 같은 순수한 權術 외에도, 衆端參觀(모든 단서를 두루 살펴봄)·一聽責下(모든 신하들의 의견을 한결같이 청취함)와 같은 진실파악의 參驗방법이나, 必罰明威(형벌을 기필하여 위세를 밝힘)·信賞盡能(상을 반드시 시행하여 능력을 다하게 함)과 같은 공개적이고 객관적인 순수한 法治도 포함하고 있다.[145]

법가의 術은 구귀족 權臣들의 私情을 방지하여 중앙집권 절대군주제의 확립에 기여한 역사공헌도 크지만, 그에 상응하는 부정 측면과 그로 인한 역사상 후유증도 적지 않았다. 확실히 術은 "국가의 利器(통치권력)

---

144) 예컨대, 韓非子, 人主편에는 大臣과 상호 대립하는 법치개혁의 주체를 '法術之士'로 일컫고 있다.

145) 이상 術의 내용은, 任繼愈 主編, 中國哲學發展史(先秦), 733-4면 및 738-9면 참조.

는 인민(신하)에게 보일 수 없다."(國之利器, 不可以示人.)는 道論의 陰性 표현
으로서,146) 法의 공개적·객관적 陽性과 상호보충의 표리관계를 이루면
서, 法治사상의 핵심을 이룬다. 그러나 이 陰術은 본질상 통치계층 내부
의 음험한 권력투쟁의 속성을 노골화하여, 모든 신하와 인민을 간사한
대상으로 여기고, 각종 음모술수를 가리지 않고 시행하는, 편협하고 조
잡한 수단방편이라는 결정적 결함을 지닌다.

이는 인민상호간의 죄악과 비리 고발(告奸)을 권장·강요하는 법가사
상으로 발전하여, 역대 법제사에서 각종 불법고문과 特務제도를 낳기도
했다. 奸臣(적대세력)의 제거를 위해서는, 독약과 刺客의 수단까지도 서슴
지 않는다.(八經편) 이러한 術의 이론은, 인간의 윤리도덕 가치를 완전히
말살하고, 모든 인간을 이해상반의 적대원수관계로 파악하는 刻薄少恩
의 극단이다. 법치개혁을 주도한 법가들이 주도 지위를 잃었을 때, 반대
세력한테 잔혹하게 살륙 당한 것도, 바로 術論의 반작용인 셈이다.147)

사실, 동서고금의 역사에서 숱하게 되풀이해온 온갖 독재정권들은,
나치즘과 파시즘, 군국주의와 제국주의, 군사개발독재와 중공 및 북한의
공산일당독재에 이르기까지, 한결같이 마키아벨리즘과 흡사한 선진 법
가의 그릇된 법치이론에 중독당하여, 헤어나지 못하고 비인도·반인륜
의 만행을 저질러 오고 있다. 역사의 산 경험교훈을 알아보고 되새길
안목과 지혜가 없거나, 또는 권력의 마수에 떨어져 역사의 거울 앞에서
아예 제 눈을 가리거나 감아버리는 어리석음을 저지르고 있는 것이다.

---

146) 이는 老子, §36의 명제로서, 道家의 사상을 대표하는 것으로 여겨진다. 그러나 유
가의 正名論에서도 名과 器의 배타적 독점성을 강조한다. 예컨대, 孔子는 衛穆公
이 功臣에게 祿邑이 아닌 禮制名分을 포상으로 허용한 데 대하여, "器와 名은 臣
民에게 빌려줄 수 없는 군주의 독점 통치권이다."고 탄식한 바 있다.(左傳, 成公2
年 참조) 또한 韓詩外傳, 卷7에는 宋의 子罕이 군주의 형벌권을 전담하여 정권을
장악한 사실에 대하여, 老子의 바로 이 명제를 인용하여 비평하기도 한다.

147) 任繼愈 主編, 中國哲學發展史(先秦), 740-1면 참조. 특히 司馬遷은, 한비자가 군주
(통치자)에 대해 遊說(유세)하기 곤란함을 명백히 인식하여, '說難(세난)'이라는 편
명을 두어 그 내용을 상세히 기록하였으면서도, 결국 자신도 그 환난을 벗어나지
못하고 비참하게 독살당한 史實을 전하면서, 비극적 운명의 역설을 거듭 되풀이하
여 탄식한다. 史記, 卷63, 老子韓非列傳 참조.

(4) 군주 자신의 公平無私

한편, 法의 본질 생명인 公理를 해치는 私情으로, 특히 통치주체자인 군주의 사사로운 감정과 개인 욕망을 엄격하고 단호히 부정하는 점이 특히 주목할 만한 법가의 공통 특징이다. 즉, 군주는 자신의 私欲을 法에 합당하도록 理에 의해 다스려야 하는데,148) 이는 법의 '公平無私性'과 직접 관련하는 핵심 내용이다.

우선, 管子는 法을 제정하고 시행하는 君主의 관점에서 無私性을 강조한다. 君主의 명령과 금지를 포함한 통치행위 전반 자체가 규범적 구속력과 법적 강제력을 가지기 때문에, 우선 君主의 사사로운 恣意性의 배제가 法의 公平性 확보를 위한 핵심과제다. 私情이 횡행하면 公法이 망가지므로, 公法이 행해지기 위해서는 먼저 소극적으로 私情이 끊겨야 한다.(八觀; 五輔) 私情은 정치 혼란을 초래하고, 군주의 지위와 국가의 존립까지 위태롭게 하는 화근이 되기 때문이다.(任法; 君臣 下) 齊 桓公이 기득 권력과 지위를 잃지 않고 유지할 수 있는 방법을 묻자, 管仲은 "개인의 好惡 감정으로 公正을 해치지 말라"고 간명히 답하고 있다.(桓公問)

君主의 명령은 국가를 바르게 하는 것이어야 하지, 개인 욕망을 충족시키기 위한 수단이 되어서는 안된다. 백성들에게 은혜를 베풂에도 한결같아서 사사로움이 없어야 천하가 모두 心服하게 된다. 따라서 無私는 爲政者의 기본요건이라고 할 수 있다.(宙合; 牧民) 군주가 나라를 다스림에는, 법 밖에 자의를 전횡하지 않고, 법 안에 사사로운 은혜를 베풀지 않으며, 오직 법대로만 공평무사하게 행하면 된다. 위세를 둘로 다르게 부리지 않으며, 政令을 두 문으로 달리 내리지 않는, 통일된 法治가 가장 중요한 핵심이다.(明法) 이것이 이른바 '不二法門'으로 일컬어지는 법의 統一性이다. 마치 하늘이 특정한 사물을 위하여 時節을 바꾸지 않듯이, 현명한 군주도 또한 특정한 사람을 위하여 국법을 굽히는 일이 없어야 한다. 하늘의 일정한 운행법칙 앞에 만물은 균등하며, 군주의 통

---

148) 韓非子, 說疑편 참조.

일된 국법 아래 만민은 평등한 것이다.(白心)

군주가 법을 통일로 시행하면, 百官이 그 법을 준수하지만; 군주의 법이 한결같지 못하면, 아래에서 법을 위반하고, 사사로운 논리를 내세우는 자가 반드시 많아진다.(法禁) 이는 법이 본디 백성을 통일로 규율하는 통치수단이라는 사실에 기인하는 당연한 논리 귀결이다.(明法解) 따라서 저울·말·자와 같은 度量衡의 규격이 통일을 이루고, 兵器의 법도가 한결같으며, 책이 같은 문자를 쓰고, 수레의 軌幅이 같은 것처럼; 국가의 法制도 統一性을 지닐 때, 비로소 지극한 公正을 실현할 수 있다.(君臣上)

일반백성이 법을 준수하는 것은 당연한 일이지만, 군주 또한 자신이 제정한 법의 시행에 복종하여야 한다. 비록 법을 제정하는 자는 군주이고, 법을 집행하는 자는 신하이며, 법을 준수하는 자는 백성으로 구분한다. 하지만 君臣上下가 貴賤없이 모두 법에 복종할 때, 비로소 가장 이상적인 통치(大治)라고 일컬어진다.(任法) 이것이 관자가 말하는 궁극적인 법의 統一性이기도 하다. 심지어 君主는 天地日月과 같은 至高의 公平無私性을 본받도록 엄격한 요구를 받는다.

> "聖人은 하늘과 같아서 사사로이 덮음이 없고, 땅과 같아서 사사로이 실음이 없다. 사사로움은 천하를 어지럽히는 것이다."149)
> "하늘은 公平無私하여 善惡을 모두 덮고, 땅은 公平無私하여 크고 작은 것을 모두 실으며, 道德忠信孝弟와 같은 버릴 것 없는 규범은 公平無私하여 어질고 不肖한 자를 모두 쓴다. 그러므로 聖人의 버릴 것 없는 규범은 천지의 公平無私함과 함께 짝을 이룬다."150)

한편, 군주의 私情 방지에 대한 상앙과 한비자의 주장은, 앞서 신하의 私情 방지를 위한 법의 공평무사성과 관련하여 이미 언급하였다. 그런데 상앙은 法을 私의 개념과 대비시켜 의론하고 있다. 그는 우선 '나라가 혼란해지는 원인이, 법을 방치하고 私議에 맡겨 정치하기 때문이

---

149) 管子, 心術下편 참조.
150) 管子, 形勢解편 참조.

라고 인식한다. 따라서 현명한 君主는 私를 제거하고 법에 의해 통치하여, 나라에 빈틈이나 좀벌레가 없도록 한다. 특히 그는, 국가를 다스리는 세 방편으로 法과 信과 權을 드는데, 그 중 法은 군신이 함께 지키는(共操) 것이고, 信은 군신이 함께 존립하는 거라고 정의한다. 결국 상앙한테 法은 私와 대립하는 公共의 治國방편인 셈이다.(修權)

한비자도 法을 私의 개념과 대립시켜 인식한다. 우선 그는 문자상 어원론의 관점에서, 私의 本字는 厶인데 公이란 곧 厶(私)를 두 사람이 서로 등진(八) 상태라고 묘사한다.[151] 私를 행하는 것이 먹줄 밖의 일로서, 먹줄 밖과 법의 안은 서로 용납할 수 없는 원수사이라고 말한다.(外儲說右上) 먹줄 자체가 법의 비유개념인데, 私는 법과 양립할 수 없는 속성이라는 뜻이 된다. 거꾸로 말하면, 無私, 즉 公이 법의 본질 속성이다. 사실 '公平'과 '無私'는 동어반복이다.

한비자는 또 법령을 제정하는 목적이 私를 폐지하기 위함이므로, 법령을 제대로 시행하면 私道가 저절로 스러질 것은 자명하며, 법을 어지럽히는 장본인은 私라고 주장한다. 다시 말해 혼란은 私로 말미암고, 통치는 법으로 이루어진다. 여기서도 법과 私는 공존할 수 없는 모순관계에 놓인다.(詭使) 無私의 公이 법의 본성임은 물론이다. 뿐만 아니라, '公'의 본질 속성을 '法'자에 덧붙여, 아예 '公法'이라는 개념을 사용하기도 한다. 私曲·私行·私術을 제거하고 公法을 받들어 행하는 것이, 부국강병과 安民을 실현할 수 있는 통치의 근본이다.(有度) 반면, 公法을 경시하고 私心을 행하는 간사한 신하가 득세하면 망국의 화근이 된다. 사실, 군주의 私情 방지는 친인척이나 대신에 대한 법 밖의 특권을 인정하지 않는, 법 적용 및 집행상의 공평무사로 귀결한다.

3. 法治의 궁극근원인 理와 道

이상에서 논술한 인간의 온갖 이기심과 사사로운 감정 욕망을 다스

---

151) 韓非子, 五蠹편 및 說文解字, 二上篇 참조.

리는 궁극의 근원은, 물론 유가의 禮論에서와 마찬가지로 법가의 법치에서도 理이다. 다만, 法治사상에서 거론하는 理의 개념은, 유가의 유일독존의 人道的 '天理'와 달리, 다양한 보편의 '理'치로 확산하는 것이특징이다. 즉, '理'의 개념의 일반보편화가 이루어지고 있다. 法의 핵심본질로서 理의 개념은 후술할 바와 같은데, 사실 그 이론체계는 법가사상에 의해 이뤄진다. 유가의 禮論의 근원으로서 (天)理는, 엄밀히 말하면법가의 法治論의 (道)理보다 오히려 다소 뒤늦게 출현한다. 우선, 법치사상의 근원으로서 理는 주로 도가의 無爲自然의 (天)道로부터 유래한다.

예컨대, 管子는 心術上·下 및 白心·內業의 네 篇에서 老子 道德經과 상통하는 도가 풍의 自然의 道를 전면 논술하여, 관자 전편의 정치철학사상(君主南面之術)의 이론기초로 삼고 있다.[152] 또한 한비자는 老子道論의 일부를 해석과 비유로써 발전시킨 解老·喩老의 두 專篇을 두어그 法治사상의 이론토대로 삼는다.[153] 다만, 한비자는 老子의 柔弱無爲의 宗旨를 따르지 않고, 도리어 剛强有爲를 주장함으로써, 중앙집권 절대군주제의 法治사상에 합당한 '法術'의 이론을 독자로 발전시킨 것이다.[154] 이는 관자나 한비자와 같은 법치사상의 '法'이 직접 '道'로부터연원함을 의미하는데,[155] 그 구체 내용에서는 '理'의 개념을 매개로 '道'와 '法'을 직접 연결하는 이론체계가 펼쳐진다.

그런데 道로부터 理와 義를 이끌어냄은 일찍이 莊子가 치밀하게 연역한 바 있다. 예컨대, 莊子는 '道는 理이며, 道에 條理스럽지 않은 바 없

---

152) 張舜徽, 周秦道論發微, 中華書局, 1982년, 33면 및 199면 참조.

153) 그래서 史記, 卷63에서는 老子가 韓非를 통합하여 한 列傳으로 기술하면서, 한비자의 참혹하고 각박한 法術이 모두 老子의 '道德'사상에 연원한다는 太史公의 평론으로 매듭짓는다.

154) 范文瀾, 中國通史(第1冊), 人民出版社, 1978년 제5판, 256면 및 任繼愈 主編, 中國哲學發展史(先秦), 743면 참조. 한편 李澤厚, 中國古代思想史論, 77-105면에서는, 兵家→老子→韓非子로 계승·발전하는 구체적·경험적·실용적인 고도의 냉정한理智의 변증법의 사상전통을 강조한다.

155) 최근 출토한 黃帝四經의 첫 편 「經法」의 첫 구절이 '道生法'이라는 유명한 명제로시작함은 잘 알려진 사실이다.

는 것이 義이다.'고 규정한다. 또, '道를 아는 자는 반드시 理에 통달'하고, '義로 말하면 理에 어긋난다.'는 말도 한다.156) 즉, 理는 道와 義의 공통 본성이면서, 양자를 연결하는 개념으로 인식할 수 있다. 뿐만 아니라, 莊子는 道의 본질인 '眞'을 지극한 精誠으로 정의하면서, 이를 '人理'에 적용하면 부모에 효성스럽고 군주에 충성스럽게 된다고 말한다.157) 理가 또한 인간의 사회 倫理의 의미까지 확장함을 뜻한다. 특히, 忠孝의 倫理는 단순한 도덕규범에 불과하지 않고, 그 자체가 中國法의 양대 이념 지주인 점을 감안하면, 人理는 法의 근원이 되기도 한다.

요컨대, 莊子의 道-(義)理라는 이론상 연역을 바탕으로, 관자와 한비자는 다시 法을 도출해낸 셈이다. 그리하여 道-(義)-理-法라는 개념의 일관성이 법치사상의 핵심내용을 이룬다. 관자는 하늘이 '理' 즉 天道로써 천체를 운행시키고 만물을 다스리는데, 군주는 '法'으로써 천하 인민을 다스리고, 부모는 '義'로써 자손을 다스린다는 개념 대비를 부각시킨다. 또한 현명한 군주는 天道를 본받아서 理·公理·正理·理義를 실행하여야 하는데, 이것은 곧 정당하고 도덕적인 법을 뜻한다.(形勢解) 그리고 인간의 믿음 있는 행위는 하늘의 순조로운 운행 및 땅의 견고한 운행과 더불어 삼위일체의 無爲의 行을 이루는데, 理는 바로 이를 실행하는 것으로서, 公理에 따라 私情을 다스림을 뜻하기도 한다.158) 그래서 理에 통달하는 것을 군주의 道라고 일컫는가 하면, 修身과 治國의 방도가 한 가지 理일 뿐이라고 말하기도 한다.159)

개인의 인격수양 차원에서는, 혐오함에 理를 잃지 않고 좋아함에 情을 지나치지 않는 것이 군자의 이상으로 일컬어진다.160) 국가통치의 차원에서는 神聖한 자가 王이 되며, 어질고 지혜로운 자는 君이 되며, 힘

---

156) 莊子, 繕性:「道, 理也; 道無不理, 義也.」; 秋水:「知道者, 必達於理.」; 在宥:「說義耶? 是悖於理.」
157) 莊子, 漁父:「眞者, 精誠之至也. 其用於人理也, 事親則慈孝, 事君則忠貞.」
158) 呂氏春秋, 序意편 참조.
159) 呂氏春秋, 愼勢편 참조.
160) 管子, 心術上편 참조.

세고 용기 있는 자는 우두머리가 되는 것이, 天道이자 人情이라고 일컫어진다.161) 그리고 구체 현실의 법치 관점에서는, 군주의 명령이 民心에 거스르지 않고 理義에 어그러지지 않아야만 천하 인민을 편안히 다스릴 수 있다.162) 현명한 군주로부터 나온 道術과 德行이 인민의 마음에 義理를 싹 틔우기 시작하면, 인민은 저절로 道에 복귀하기 때문이다.163)

옛 성왕들은 모두 天理·天性을 살펴 이에 순응함으로써 人情과 욕망을 실행하였기 때문에, 인민이 그 법령에 복종하지 않음이 없고, 하는 일마다 성공하지 못한 바가 없었다고 한다.164) 군주가 인민을 통치함에 솔선수범으로 道를 의론하고 理를 실행하면, 모든 신하가 저절로 그 敎슈에 心服하게 된다. 또한 왕도로써 천하를 다스려 공덕을 성취하려면, 반드시 '理義'에 순종하여야 한다. 理에 순응하지 않으면 천하를 통치할 수 없고, 義롭지 못하면 인민을 다스릴 수 없기 때문이다.165) 무엇보다도 주목할 만한 점은, 義 및 禮와 理의 상호관계다.

> "義란 각기 그 마땅함(宜)에 처하는 것을 이른다. 禮는 사람의 情에 말미암고, 義의 理에 따라서 절제와 수식을 가하는 것이다. 그러므로 禮란理가 있음을 일컫는다. 理라는 것은 분별을 명확히 하여 義를 알려준다는 뜻이다. 따라서 禮는 義[理]에서 나오고 義[理]는 理[義]에서 나오며, 理[義]는 宜(或說은 '道'라 함)에서 말미암는다."166)

여기에서 비록 原文校正의 학설이 서로 엇갈리고 있어, 禮와 義 및

---

161) 管子, 君臣下편 참조.
162) 管子, 形勢解편 참조.
163) 管子, 君臣下편 참조.
164) 呂氏春秋, 爲欲편 참조.
165) 管子, 七法 :「居身論道行理, 則群臣服教. 戒功立事, 必順於理義; 故不理不勝天下, 不義不勝人.」
166) 管子, 心術 上 :「義者, 謂各處其宜也. 禮者, 因人之情, 緣義之理, 而爲之節文者也. 故禮者謂有理也. 理也者, 明分以諭義之意也. 故禮出乎義[理], 義[理]出乎理[義], 理[義]因乎宜者也.」 (여기에서 [ ] 안은 王引之의 校正本에 의한 것인데, 郭沫若全集 歷史篇 第六卷인 管子集校(二), 人民出版社, 1984년, 420면에서는 王校를 반대하고 原文을 따르는데, 다만 마지막의 '宜'자는 '道'자 형체상의 비슷함으로 잘못 쓰여진 것이라고 주장한다).

理의 순차적 선후성은 확정하기 어렵지만, 이 삼자의 내면의 상호관계가 매우 긴밀함을 확인할 수 있다. 그리고 학자에 따라서는 道가 義를 대신하여 이들의 궁극 근원으로 이해함을 알 수 있다. 그런데 韓非子는 理를 道의 핵심본질로서 대칭으로 거론하거나, 아예 "道理"라는 통일 개념으로 合稱한다. 이는 한비자가 老子의 道論을 진일보 발전시켜 독창한 철학 범주이다.[167] 나아가서 道를 천지만물의 일반보편의 규칙성이자 자연만물의 존재근거로 최상의 지위에 규정하면서, 理는 개별 사물의 속성 또는 구체적인 특수 규칙성으로 정의한다.

> "道는 만물을 그렇게 (존재하게) 한 바이자, 만물의 이치가 모인 바이다. 理란 사물을 이루는 무늬이며, 道란 만물이 이루어지는 근거이다. 그래서 '道는 만물에 결을 부여하는(즉 만물을 다스리는) 자이다'고 말한다. 사물에 理가 있어서 서로 가벼이 할 수 없으니, 理는 만물을 제어하는 것이다. 만물에 각각 다른 理가 있어서 道가 다하게 된다. 만물의 理는 모두 모으면 생장 변화하지 않을 수 없다. … 무릇 理란 네모지고 둥긂, 길고 짧음, 거칠고 섬세함, 굳고 무름의 구분이다."[168]

理란 개별·구체의 사물을 구분하고 한계 짓는 근거로서, 일반보편의 道가 사물 속에 발현하는 것이다. 따라서 理는 사물이 道를 얻어 존재하고, 또한 道가 만물의 근원이 되도록 만들어 주는 중간매개자가 되는 셈이다.[169] 한비자는 만사만물의 상호 모순대립 속성의 구체 규율인 '理'를 통하여, 老莊의 '道'를 구체로 구분·설명함으로써, 老莊의 철학적 道論을 정치사상적 法治사상의 이론기초로 계승·발전시킨 것이다.[170]

---

167) 韓非子, 解老편 및 喩老편 참조. 侯外盧, 中國思想通史(1), 626-7면 참조.
168) 韓非子, 解老 :「道者, 萬物之所然也, 萬理之所稽也. 理者, 成物之文也; 道者, 萬物之所以成也. 故曰; '道, 理之者也.' 物有理不可以相薄, 故理之爲物之制. 萬物各異理而道盡. 稽萬物之理, 故不得不化. 凡理者. 方圓·長短·麤靡·堅脆之分也. 故理定而後可得道也.」
169) 張立文, 中國哲學範疇發展史(天道篇), 546면 참조.
170) 任繼愈 主編, 中國哲學發展史(先秦), 743-6면 및 李澤厚, 中國古代思想史論, 99-101면 참조.

그리하여 한비자는 '理'를 竹帛에 成文化한 것이 法典이라고 개념 규정한다.(이는 理를 체계화한 結晶이 禮라는 유가의 禮論과 상통한다.) 그리고 '道'가 人情에 순응하여야, 명령하지 않아도 인민이 저절로 복종한다고 강조한다.(安危) 이밖에도 군주의 일반 통치나 政事의 기본원칙으로서 理·理義·事理 등의 개념도 매우 널리 들먹인다. 이치에 맞게 거동하면 해가 적고, 사리에 합당하게 일을 행하면 적은 힘으로도 쉽게 성공할 수 있다.(解老; 外儲說右下) 治亂을 法術에 의지하고, 是非를 상벌에 따르며, 경중을 저울에 맡기는 것이, 바로 한비자가 주장하는 法治다. 그 궁극의 실천이념은, 天理에 거스르지 않고 인간의 情性을 손상시키지 않으며, 무위자연을 법 삼는 이른바 '因道全法'에 있다고 한다.(大體) 人情을 구체로 다스리는 방법과 목적이 비록 다르긴 하지만, 法治의 궁극이상도 禮論의 天人合一과 마찬가지로 情과 理의 통일조화를 지향하는 것이다.

제4절 律令制定의 근본지도이념으로서 天理와 人情

지금까지 주로 先秦時代의 禮論과 法治사상을 중심으로 情과 理를 서술하였다. 이제 秦漢 이후 역대 법제사, 특히 律令의 제정과 시행을 통하여 구현한 天理와 人情의 궁극 이념성을 실제로 고찰해 볼 필요가 있다. 秦은 법가의 法治사상을 그대로 채용하였으므로, 秦의 律令이 기본상 법가의 情理 관념을 그 입법 및 사법상의 최고지도이념으로 삼았을 것은 자명하다. 그리고 漢 이후의 역대왕조는 대체로 秦의 가혹한 엄벌중형을 귀감으로 삼아, 유가의 德主刑輔의 禮論을 대폭 수용하여 이를 최고의 통치이념(國是)으로 표방하였으므로, 유가의 禮論상 情理 이념을 대체로 지향하였을 것은 물론이다.

그런데 漢 이후의 역대왕조가 비록 德主刑輔의 禮論, 즉 德과 禮에 의한 교화를 앞세우고 궁극의 통치이념으로 지향하고 있지만, 현실 통치의 구체 수단방편은 역시 律令이라는 법가의 實定法임이 분명하다. 따라서 역대 律令의 근본이념에는 유가의 禮論과 법가의 法治관념이 동시에 융합해 있다고 할 수 있다. 사실 禮와 法은 동질성을 띤 법규범이면서, 양자가 본디 서로 의존하고 보충하는 통일조화의 관계를 유지하기 때문에, 그 역사적 융합은 어쩌면 자연스러운 현상에 불과할 것이다.

唐 이전의 律令은 완전하게 전해지는 것이 없기도 하지만, 正史 중에 수록한 각 刑法志에도 立法의 근본이념으로서 情과 理를 禮論이나 법치사상에서처럼 명확히 대비시켜 거론하는 구체적 실례가 그리 많지 않은 편이다. 다만, 그 실질 내용상 天理와 人情을 궁극의 실천이념으로 지향하고 있음을 짐작하게 하는, 간접적이거나 암시적인 기록들이 단편으로 드러날 뿐이다. 이것이 개별 구체적인 역사상의 實定法制와 일반 추상적인 철학사상의 성격 차이이기도 할 것이다. 즉, 律令은 직접 인민을 다스리는 현실 제도로서, 그 실효성 자체가 그 법의 원리나 목적·이념 등에 관한 철학 이론보다 더 중요하고 우선하기 때문이다. 따라서 律令의 조문규정 내용상으로는, 특별한 경우를 제외하고는 직접 情이나 理를 언급하는 일이 거의 없다. 주로 律令의 제정에 즈음한 각종 詔書나 表文, 또는 律令의 疏義 및 註釋 등에서, 입법의 동기와 목적, 법 해석 및 적용상의 기본원리나 지침 등을 거론하는 가운데 등장하는 것이 대부분이다.

우선, 漢書 刑法志의 첫머리에서는 禮와 法의 기원으로서 '人法天'의 근본원리를 다음과 같이 천명한다. "성인이 명석한 本性을 몸소 체득하고 천지의 마음(心)을 통달하여, 禮를 제정하여 敎化를 펴고 法을 세워 형벌을 시행함에, 항상 인민의 情에 말미암으며 하늘을 법삼고 땅을 본받는다."[171] 여기에서 성인이 禮法을 제정하는 주관 근거인 本性은 인간의 지혜로운 理性을 뜻하며, 객관 근거인 천지의 마음(心)이란 자연의 운행법칙(理法)을 뜻한다. 이것이 실질상 天理를 가리킴은 쉽게 짐작할 수 있다. 하늘을 법삼고 땅을 본받는다는 老子 풍의 구절도 곧 '天理'를

---

171) 漢書, 刑法志편 참조.

가리키며, 이것을 '民情'과 대비시켜 병칭하고 있음이 명확하다.

晉書 刑法志는 張斐가 泰始律을 注解한 뒤 올린 表文의 요지를 수록하고 있다. 張斐도 律이 마땅히 그 變化에 신중히 대응하여 그 理致를 잘 살펴야 한다고 강조한다. 理란 정밀하고 玄妙하여 일방으로 행할 수 없는데, 律이란 그윽하고 오묘한 理致이기 때문에, 또한 한 가지만 고집할 수 없다고 규정한다. 구체 事實에 따라 情을 다하고, 때에 따라 적절히 취사선택하여, 변화융통성을 발휘한 다음에야 理가 곧바르고 刑(法)이 올바르게 된다는 것이다. 아울러 周易의 변화 무상한 原理를 거론하며, 천하의 모든 情을 망라하여 해결하는 원대한 뜻을 강조한다.

여기에서도 물론 情과 理의 직접 대비는 명확히 거론하지 않는다. 그러나 '理'에 대응하는 '變'이 실질상 事情과 人情의 변화무상함을 의미하며, 이러한 '情'을 다스리는 '理'도 변화무상하여야 한다는 내용을 종합하면, 律이란 '理'에 근거하여 천하의 '情'을 다스리는 것이라는 기본명제가 간추려질 수 있다. 특히, '刑(法)이란 理를 담당하는 관직인데, 理란 情의 기미를 살피는 것이며, 情이란 心神의 움직임이 드러난 것이다.'는 司法상의 근본원리도 이를 직접 반영해 준다.[172]

唐律은 맨 처음 疏議에서 刑法이 필수 불가결한 이유를 대체로 유가의 禮論에 근거하여 밝히고 있다. 인간이 비록 가장 존귀한 氣質을 부여받아 만물의 靈長이 되었지만, 그 情이 방자하고 어리석으며 그 의식이 낮고 거친 凡夫가 존재하기 마련이다. 이들이 국가사회의 질서를 어지럽히기 때문에, 부득이 刑法을 시행할 수밖에 없다고 한다. 그래서 성인이 한편으로는 하늘의 법칙을 본받고, 다른 한편으로는 인민의 그릇된 행위(죄악)를 금하는 것이 義라는 정신에 입각하여, 범부의 정을 통제할 法律을 제정한 것이다.[173]

그런데 이에 대한 釋文에서는, '人心'으로부터 발동하여 사사로운 욕망을 일으키는 喜怒哀樂愛惡欲의 情과, '道心'에 근거하는 仁義禮智의

---

172) 晉書, 刑法편 참조.
173) 唐律疏議, 名例편 참조.

性을 대비시켜 거론한다.[174) 道心이란 인간의 天性을 義理의 관점에서 일컬은 것으로 '天理'와 상통하며, 人心이란 인간의 情欲을 氣質과 形體의 시각에서 살핀 것으로 곧 '人情'을 뜻한다.[175) 즉, 法律이란 義理의 道心에 근거하여 情欲의 人心을 절제시키는 통치방편인 셈이다.

그리고 唐律疏議에 대한 元代 柳贇(류윤)의 序에서는, 律의 기본체계는 비록 唐代에 집대성하였지만, 변화무상한 '人情'과 '法理'를 지극히 통달하는 법의 근본이념인들 어찌 唐律에서 완전히 정지할 수 있겠느냐고 반문한다.[176) 또한 清末 沈家本의 序에서는, 律이란 인민의 생명이 달린 까닭에 몹시 중대하고 그 義理가 지극히 정밀한 것이라고 전제한 뒤, 律은 '天理와 인민의 本性(윤리)'에 궁극으로 근원하며 변화무상한 '人情과 事實'을 적절히 참작하여 제정·시행하여야 한다고 강조한다. 天理를 궁구하지 않으면 人情과 事實의 진위를 살펴 분별할 수가 없고, 공평하고 청렴한 義理의 마음을 지니지 않으면 사사로운 감정과 의견을 제거할 수 없기 때문이다.[177) 이처럼, 후대의 唐律疏議에 대한 평론에서는 天理와 人情이 그 근본정신으로 명확히 손꼽히고 있음을 알 수 있다.

그런데 明律을 편찬하여 올리는 表文에는 입법의 동기 및 목적과 함께 그 근본원칙이 더욱 직접 뚜렷이 드러나고 있다.

"하늘이 인민을 내리심에 욕망이 없을 수 없는데, 욕망이 발동하고 감정이 지나치게 되면, 속임수와 거짓이 날로 불어나게 됩니다. 힘세고 포학한 자가 제멋대로 날뛰게 되면, 부끄럽고 겁 많은 사람은 제대로 살 수가 없습니다. 그래서 성인이 나타나서 때에 맞추어 통치를 시행함에, 刑罰과 법을 제정하여 이를 예방하는 규범으로 삼았습니다. 이는 사악한 자가 두

---

174) 이 구절은 본디 唐律(혹은 宋刑統) 釋文의 일부분인데, 후에 唐律의 疏議로 잘못 편입한 것이라고 한다. 唐律疏議 19-20면 校勘註 참조.
175) 人心 및 道心의 개념 대비는, 荀子, 解蔽편의 '人心之危, 道心之微'와 僞古文尙書, 大禹謨편의 '人心惟危, 道心惟微, 惟精惟一, 允執厥中'의 구절로부터 비롯한다. 이는 堯舜禹湯, 文武周公으로 이어지는 유가 道統의 16자 心法이라고 일컬어진다.
176) 唐律疏議, 序 唐律疏議 附錄 663면 참조.
177) 唐律疏議, 序 唐律疏議 附錄 669면 참조.

려워할 줄 알고, 선량한 자가 편안함을 얻도록 하기 위함입니다. 폐하는 사려가 몹시 깊어, 위로는 天理를 살피고 아래로는 人情을 헤아려, 자손만 대에 전승할 이 규범을 이루었습니다. 이는 실로 周易의 오묘한 뜻을 갖추고, 好生의 德을 밝히 드러내어, 민심에 흡족합니다."[178]

여기서 '天理'와 '人情'이 明文으로 직접 대비를 이루는 외형상의 특징을 확인할 수 있다. 이는 宋代 (性)理學의 직접 영향을 받은 소치로 여겨진다. 전술한 것처럼 (性)理學에서는 '天理'와 '人欲'의 對偶範疇가 보편 주제를 이루는데, '天'과 '人'의 대비뿐만 아니라, '理'와 '欲'의 대립도 명확한 점이 특징이다. '欲'은 人'情'의 일부로서, 특히 그 부정적인 사악한 속성만을 대표한다. 이는 법이념으로 지향하는 人'情'이 절제·극복하여야 할 私情·欲望과 함께, 순응·허용하여야 할 긍정적인 常情까지 고루 포괄하는 점과는 사뭇 다르다. 철학사상은 완전한 이상을 지향하는 관념성이 강한 반면, 法은 현실의 實效를 지향하는 타협성이 강하기 때문에, 그로 말미암아 두드러지는 근본 차이일 것이다.

한편, 淸律도 明律의 이러한 입법정신을 그대로 계승하고 있다. 高宗 乾隆 5년의 御制大淸律例 序에는, '天理를 헤아리고 人情을 참작하여, 한결같이 至公함에 근본하고 至當함에 귀결하도록 절충하고 가감한' 결과, 淸律 편찬이 이루어졌음을 스스로 밝히고 있다.[179]

이상에서 살펴 본 바와 같이, 漢부터 淸까지 역대 주요한 律令(例)들은, 한결같이 天理와 人情을 입법의 근본이념으로 지향하고 있음을 직접 명시하거나 간접 암시하고 있다. 이제 이를 바탕으로 역사상 구체 법제가 반영·표현하고 있는 情理의 실질내용을 살펴보기로 한다.

---

178) 劉惟謙, 進大明律表. 明代律例彙編, 卷首 1-3면에서 재인용. 한편, 太祖의 明律 제정 시 太孫으로서 직접 참여한 惠帝는, 즉위 후 刑官에게 "무릇 律은 大法을 펴고 禮는 人情에 순응한다."고 말하면서, 형벌로 다스리는 것이 禮敎만 못하다고 강조하기도 하였다. 또, 英宗 때 陳祚는 祖宗의 법이 "情을 참작하여 律을 제정"한 것이라며, 준법의 원칙성을 주장한 적도 있다. 明史, 刑法1·2 및 明會要, 卷64, 刑1, 律令條(1245-6면) 참조.

179) 高宗純皇帝御制大淸律例 序. 大淸律會通新纂, 13면 참조.

法制化한 통치이념 : 人情과 倫理

지금까지 情·理·法 이념의 역사·철학적 연원을 고찰하였다. 이제 이를 바탕으로 역사에서 구체로 실현한 情·理·法 이념의 산 모습을 살펴볼 필요가 있다. 즉, 역대 법제사 속에 실정화하여 입법규정(律令)으로 나타나는 情·理의 化身과, 司法재판 현실에서 심판을 통해 실현한 情·理·法의 分身을 좀 더 구체로 윤곽 짓는 실증 연구가 필요하다. 역사 실증작업은 다양한 시각에서 시도할 수 있다. 그러나 '法'의 영역에서는 규범의 당위성이라는 특성을 감안하여, 주로 정치사회의 차원과 순수한 법률(司法)의 관점으로 양분하여 고찰하는 것이 바람직하다.

인간은 사회적 동물이자 특히 정치적 동물이고, 사회 있는 곳에는 법이 있기 마련이다. 따라서 법이란 결국 정치 결정이자, 제반 사회관계의 복합 산물이다. 즉, 법은 정치·사회와 밀접 불가분의 관계를 지니며, 법의 강제성과 당위성도 본질상 정치의 명령성과 사회 규범성에서 말미암는 셈이다. 그러나 법이 비록 정치사회의 토양에서 출생·성장하지만, 정치사회 현실의 존재적 사실성과는 판이한 당위적 규범성 및 가치적 윤리성을 독자로 지니게 된다. 즉, 법이 일반 정치·사회와 달라지는 고유한 영역으로서, 순수한 법률 속성의 차원이 존재하게 된다. 이러한 전제에서 本章에서는 우선 법의 기초 토양인 정치사회의 차원에서 이른바 '統治理念', 즉, 정치사회의 윤리강령으로 실정 법제화한 情·理를 중점 탐색하고, 순수한 법률 측면에서 正義 실현의 '司法理念'에 관하여는 다음 章에서 별도로 고찰하고자 한다.

법의 통치이념이란 주로 인간의 정치사회 관계의 평화적 유지와 효과적 규율을 지향한다. 여기에는 대체로 일반 인민상호간의 수평적 사회관계와, 통치권(국가·군주)과 국민 상호간의 수직적 정치관계가 해당할 수 있다. 개인주의 자유 시민사회에 입각한 근대 서구법은 주로 전자를 중심으로 이루어진 반면, 가족주의 봉건 종법제에 바탕한 중국의 중앙집권 전제군주제의 전통법은 후자에 치중하는 것이 일반 특징이다. 특히, 중국법에서는 국가(군주)와 인민간의 수직적 통치관계를 부모와 자식간의 가족주의 혈연윤리관계에 대비시켜, 孝로부터 忠을 윤리적으로 연역·도출해 냄으로써, 이념적 당위성을 더욱 부각시킨다.

그 결과 忠과 孝가 가부장제를 매개로 봉건군주제의 통치이념으로 일체화하면서, 동시에 부모자식간의 혈연적 존재의 '親情'관계조차도 사회의 당위적 '倫理'性으로 거의 완전히 탈바꿈하기에 이른다. 따라서 情·理·法의 정치사회 측면은 忠과 孝로 손꼽히는 統治'倫理'를 위주로 하면서, 그 전제로서 '親情'의 본래진면목을 다소간 첨부하는 방법으로 고찰하는 것이 바람직하다. 물론, 忠孝와 함께 三綱윤리를 구성하는 부부간의 혼인관계 및 그로부터 파생하는 道義적 윤리관계도 동시에 거론하지 않을 수 없는 중요한 부분이다.

그러나 三綱에는 들지 않고 五倫에만 나오는 長幼有序와 朋友有信은 생략할 수 있다. 朋友有信은 수평적인 일반사회관계를 대표하며 대등한 쌍방 간의 교유 및 왕래의 신의를 강조하는 점에서, 근대 민사(거래)상 신의성실의 원칙으로 직결할 수 있어 상당히 중요하다. 하지만 주로 순수한 윤리도덕의 차원에 머물고, 국가 강제규범인 율령 차원으로 實定化하지는 못한 편이다. 한편, 長幼有序는 宗族 내부의 혈연적 尊卑親疏와 일반사회(특히 鄕黨 촌락사회)의 연령 및 신분·지위상의 上下主從 관계를 모두 포함하는 중요한 윤리다. 하지만 宗族 내부의 윤리는 孝의 연장으로서 悌에 포괄하며, 사회 윤리는 忠의 아류로서 敬에 포섭할 수 있다.[1] 이러한 이유 때문에 양자에 대한 별도의 전문고찰은 생략하기로

---

1) 사회란 기본상 가족관계가 모여서 이루어지는 것이며, 사회가 조직으로 체계화·분업화할 때 비로소 국가가 출현하고 군신간의 통치관계도 등장함은 말할 필요가 없다. 따라서 개인간 또는 사회공동체 안의 일반 禮와, 군신간의 禮 및 국가의 기본통

하는 것이다. 앞으로 별도의 전문연구가 필요하리라 여겨진다.

사실, 부모와 자녀의 관계는 義緣인 부부로부터 직접 파생하면서도, 血緣의 시초이자, 또한 최초의 수직적 인간관계를 이룬다. 그래서 부모와 자식의 관계는 자손만대를 계승할 家系의 첫 출발점이자, 君臣·上下·長幼의 수직적 사회질서를 형성하는 전형(단위세포)으로서 매우 중대한 의미를 함축한다. 人情이란 본디 부모로부터 자식에게 물처럼 자연스럽게 내리 흐르는 사랑인 까닭에, 자식의 부모에 대한 報恩의 정이란 보통은 부모의 자식에 대한 애정에 비할 바가 못된다. 그래서 孝의 윤리도덕이 가족과 국가사회의 질서유지를 위한 근본규범으로 중요하다고 강조한다. 그 중에서도 喪禮와 祭禮가 특히 중요한 까닭은, 부모가 돌아가신 뒤 눈에서 멀어지면 사모하는 마음도 더욱 소원해지기 쉬운 것이

치규범은, 논리상 최후에 발생하는, 가장 사회적인 인위의 산물이 된다. 특히, 長幼有序의 윤리를 통하여 각종 사회분쟁을 미연에 방지하고 평화질서를 유지하기 위한 鄕飮酒禮나 鄕射禮 등이 그 대표 禮이다. 술은 본디 祭禮나 각종 애경사에 필수불가결한 禮物이자, 노쇠한 혈기를 보충하고 질병의 치유를 보조하는 의약이다.(禮記, 射義) 그리고 활을 비롯한 각종 무기는 맹수나 적으로부터 자신의 생명과 재산을 보호하는 도구이다. 그러나 술이 지나치면 혈기를 충동하여 투쟁을 자극하고, 여기에다 무기까지 주어지면 폭력과 살기를 가중·심화시켜, 사회 평화와 질서를 어지럽힘은 물론, 인명을 살상하고 재산을 파괴하는 재앙을 초래한다. 그래서 분쟁과 혼란의 주된 근원인 술과 무기를 통해서 그 예방 및 근본 치유책을 강구하고자 하는 것이 바로 鄕飮酒禮와 鄕射禮이다.

다른 禮는 물론이고, 법을 포함한 모든 사회규범이 한결같이 분쟁의 예방·해결 및 평화 질서유지를 궁극 이념으로 지향하고 있다. 그러나 鄕飮酒禮나 鄕射禮처럼 그 이념 목적이 직접적이면서 독특한 역설적 수단방법을 사용하는 규범은 드물다. 법의 형벌도 刑期無刑이나 殺以止殺의 역설적 이념을 표방하긴 하지만, 그 본질 성격은 현격히 다르다. 형벌은 사후 징계나 사전 위하를 통해 사람들로 하여금 죄악을 범하지 말도록 경고하고 기대할 수 있는 것이 고작이다. 반면에 酒禮나 射禮는 공경과 사양으로 술을 마시고 활을 쏘는 법도를 직접 체득함으로써, 不爭의 덕성을 수양하는 살아 있는 敎化인 것이다.(禮記, 鄕飮酒義; 射義) 이는 사실 孝弟의 가족 윤리가 사회로 확대한 것에 불과하다.

요컨대, 禮를 분류하면 여러 종류가 되지만, 한편 종합해보면 서로 일관성 있게 연결 회통한다. "禮는 冠禮에서 시작하여, 혼례에 근본하며, 상례와 제례를 중시하고, 朝禮와 聘禮를 존귀하게 여기며, 鄕飮酒禮와 鄕射禮에서 和平을 이루는데, 이것이 禮의 큰 요체이다."(禮記, 昏義)

인정이기 때문이다. 不孝罪의 주된 발생 원인이 상례와 제례를 제대로 실행하지 않기 때문이라고 진단하며, 그 치유책으로 상례와 제례를 보급 시행하자는 주장은 상당히 합리성 있다.[2] 죽은 부모를 지극히 사모하면 산 부모에게 효성스러울 것은 당연하며, 부모에 효도하는 사람이라면 일반 사회의 인간관계에도 신의성실을 지킬 것이기 때문이다.

한편, 사회적인 禮는 군신간의 통치관계에 이르러 최고절정에 이른다. 춘추전국시대에 제후들이 실력쟁패를 벌이면서, 절대군주권을 주장하는 법가사상이 등장하고, 그를 바탕으로 秦漢의 중앙집권 통일왕조가 출현하여 절대 규범성을 확립한다. 즉, 秦漢 이래 역대의 律令體系는 부모에 대한 가족주의 孝윤리로부터 군주에 대한 국가주의 忠윤리를 직접 연역하여, 이를 최고의 통치이념으로 표방할 뿐만 아니라, 지상절대의 법률명령으로 제도화하게 된다.

이제 이러한 사회규범의 비중에 근거하여, 禮制와 律令이 규정하는 각종 인간관계상의 人情과 倫理 중, 특히 孝와 忠에 관한 대표 규범내용을 정리하면서, 그 철학사상 연원을 함께 살펴보고자 한다. 다만 논술의 순서는 통치규범 및 법이념의 실제 비중에 따라, 부자간의 효윤리와 그로부터 연역하는 군신간의 충윤리를 차례로 살핀 다음, 부부간의 情과 義理는 마지막에 언급하기로 한다.

제1절 親情(孝悌)의 소극 허용과 적극 권장

혈연 중심의 가족주의 종법제도에 바탕을 둔 周의 봉건 禮制가 孝의 윤리를 중시함은 당연하다. 새로운 중앙집권 군주체제를 확립한 진한 이후의 역대왕조도 전통 가족주의 종법제를 계승하여 통치의 기본바탕으로 삼았음은 주지의 사실이다. 따라서 律令법체계에서도 禮의 근본정

---

2) 大戴禮記, 盛德편 참조.

신이 그대로 재현하는데, 그 기본 출발점은 역시 가족주의의 혈연적 親情으로부터 비롯한다.

전통 율령국가는, 인민의 군주에 대한 충윤리를 비롯한 모든 사회 윤리도덕을 강조하기 위한 통치이념의 전제로서, 자식의 부모에 대한 효윤리를 비롯한 가족 윤리는 법규범상 각별히 보호한다. 특기할 만한 사실은, 강제적 당위규범인 국법이 자율적 당위규범인 도덕으로서 효윤리를 당위 의무로서 적극 요구·명령하기에 앞서, 그 전제가 되는 부모자식을 포함한 친족 상호간에 존재하는 혈연적 親情(孝弟의 情)을 소극 인정·허용함과 동시에, 적극 권장하기까지 한다는 점이다.

예컨대, 大明律 제정 당시에 太孫(후의 惠帝)은 5條 이상 수정을 청하여 太祖의 칭찬을 받은 뒤, 다시 "五倫과 관련한 조문은 마땅히 모두 法을 굽혀서 人情을 펴 주어야 한다."고 간청하여, 무려 73조나 개정한 적이 있다.3) 즉, 최고의 통치이념인 충윤리의 규범적·사실적 근거를 확고히 관철하기 위해서, 국가통치의 기본 질서에 다소 어긋나는 혈연적 친정도 보호해 주는 것이다. 국법의 일반보편성이란 대원칙을 양보하고 굽히면서까지 혈친의 인정을 허용하는 특별한 예외규정들은, 확실히 효를 핵심으로 하는 가족주의 전통윤리를 지키려는 법이념임이 분명하다.

이는 일반보편의 관점에서 보면 法理와 人情의 긴장대립 및 조화의 문제이고, 조금 특수한 한정적 시각에서 보면 가정의 효와 국가의 충 사이에 발생하는 윤리규범의 상충 및 조화의 문제가 된다. 국법의 원칙에 대한 철저한 준수는 준법상의 忠實일 뿐만 아니라, 나아가서는 그 법의 제정·명령권자이자 최고의 執法·司法기관으로서 군주에 대한 충성을 뜻하기 때문이다.

확실히 혈연적 親情은 가장 친근한 기본 人之常情이다. 특히, 母子간의 생물학적 혈연의 정은 어떠한 후천의 윤리도덕이나 당위규범에 의해서도 결코 끊어질 수 없는 절대 人倫이다. 그래서 禮法에서도 모자간의

---

3) 明史, 刑法 1 및 明會要, 卷64, 刑 1, 律令條(1244) 참조.

법적 신분효과는, 그 전제인 부모(부부) 간의 혼인관계 해소와 관계없이 독자로 영원히 존재함을 인정한다.(§25, §331, §345) 그리고 부모자식 및 祖孫 상호간의 親情에 순응하여, 流刑의 경우 父祖子孫의 임의동행권을 허용하기도 한다.(§24)

일반으로 혈연적 親情을 소극 허용하고 나아가 효의 윤리를 적극 권장하기 위한 국법의 양보조치는 크게 두 각도에서 관찰할 수 있다. 하나는 효로부터 충을 권장·강조하기 위한 통치이념의 관점에서, 효 의무자인 자손의 행위자체에 대하여 법적인 금지 조치를 예외로 해제하거나, 그 범죄구성을 특별히 면제해 주는 일종의 違法性阻却의 제도다. 다른 하나는 효의 목적대상인 부모조부모에 대한 국가의 공적인 欽恤救濟 조치의 결과, 효 의무자가 반사적인 혜택을 입는 제도가 있다.

전자는 주로 소극 측면에서 不孝를 범하지 않도록 법적 의무의 강요를 완화하는 것인데, '親屬相容隱' 제도가 대표다. 반면 후자는 적극 효를 실행하도록 기회를 부여하기 위하여, 법적 강제제재조치인 형벌집행을 감면 또는 보류해 주는 것인데, '犯罪存留養親'法이 전형이다. 그러나 주의할 점은, 이러한 親情의 허용·순응이라는 優惠 조치는 법제사에서 보면 禮法상의 적극적 孝道윤리나 소극적 不孝범죄보다 훨씬 뒤늦게 나타난다는 사실이다. 이들은 대체로 漢代 이후 중앙집권 통일왕조의 통치이념이 정교하게 체계화·이론화하는 과정에서 비로소 실정화한 부산물이다. 시대상으로는 뒤늦지만 내용논리상 먼저 살펴보기로 한다.

1. '親屬相容隱' 제도[4)]

(1) '親屬相容隱' 규정의 내용과 역사 연원

이는 大功 이상이나 기타 同居親族은 물론, 비록 禮法상 喪服은 없지만 윤리도덕상 人情이 중후한 外祖父母·外孫·孫婦·남편의 형제·형

---

4) 이 제도의 개괄 소개는, 瞿同祖, 中國法律與中國社會, 56-60면 및 范忠信·鄭定·詹學農, 情理法與中國人, 99-104면 참조. 臺灣은 지금도 '親屬'법이라 부른다.

제의 처 등이, 謀反·謀大逆·謀叛을 제외한 일반 죄를 범한 경우, 이를 소극으로 은닉해 주거나 정보를 제공하여 은신·도피하도록 해도 국법이 처벌하지 않고 소극 허용하는 제도다.[5] 노비나 部曲이 주인의 범죄를 숨겨주는 행위도 마찬가지로 허용하며, 小功 이하의 친족에 대해서는 일반인에 비해 3등급 감경 처벌한다.(§46) 이는 친족 상호간의 범죄에 주동적 고발을 적극 금지하는 '干名犯義'의 告親罪(§345~§347)와 상호보충의 표리관계를 이룬다.[6] 즉, 부모 등을 적극 고발하는 행위는 不孝로 금하고, 부모 등 친족의 범죄를 소극 용은하는 행위는 親情을 손상시키지 않기 위하여 법이 양보로 허용한다. 이 제도는 법제사상 일찍이 漢代부터 연원하는데,[7] 宣帝의 詔書에 그 상세한 원칙이 밝혀진다.

> "부자간의 親情과 부부간의 도리는 天性이다. 비록 재앙과 환난이 있을지라도, 오히려 죽음을 무릅쓰고 보호해 주어야 하니, 마음에 정성과 사랑을 품는 것은 지극한 仁義로서, 어찌 이를 어길 수 있겠는가? 지금부터 자식이 부모를 숨겨 주고 아내가 남편을 숨겨 주며 손자가 조부모를 숨겨 주는 행위는 모두 처벌하지 말라. 다만, 부모가 자식을 숨겨 주고 남편이 아내를 숨겨 주며 조부모가 손자를 숨겨 주는 행위는, 그 죄가 비록 사형에 해당하더라도, 모두 廷尉(司法官)를 통하여 上請하라."[8]

여기서 비속친의 존속친에 대한 용은만 일방으로 명확히 허용하는

---

5) 현행법도 범인은닉 및 증거인멸의 범죄에서 혈연적 人情을 고려하여 친족간의 특례를 인정하는 것이 일반이다. 우리 형법(§151·§155)은 범인의 친족·호주 또는 동거가족에게 전면적인 처벌면제의 특례를 허용하고, 중화민국 형법(§167)은 배우자·5친등 이내의 血親·3친등 이내의 姻親에게 그 형벌의 감경 또는 면제를 규정한다. 다만, 中國 형법은 구법(§162)에 이어 전면 개정한 신법(§310)에서도 이에 관한 명문의 특례규정이 없는데, 이는 국가지상의 사회주의 이념의 반영으로 보인다. 마치 군주의 절대 권력을 확립하기 위해 부자간의 容隱을 적극 부인한 法家의 법치지상주의를 방불케 하는 입법례로, 공산당독재에 흔히 나타나는 특성 같다.

6) 干名犯義는 明淸律上의 條文 명칭이며, 唐律에서는 직접 命名은 없지만 다른 곳에서 '告親罪'라는 명칭을 쓰고 있다.(§453 참조)

7) 물론, 告姦을 법적으로 권장·강요하고 가혹한 연좌제를 시행한 秦代에는, 이 제도가 아예 등장할 여지조차 없다. 이는 후술할 법가의 주장과도 부합하며, 최근 출토한 秦簡의 내용에는 부부간의 범죄은닉을 명백히 부인하는 규정이 나온다.

8) 漢書, 宣帝紀, 地節 4年(B.C.66)조 참조.

점이 특색인데, 이는 孝로써 천하를 다스린다는 漢代의 통치이념을 반영한다. 존속친의 비속친에 대한 은닉을 일률로 규정하지 않은 점은, 존속친이 평상시 자손을 敎化하지 못한 도의 책임을 중시하기 때문이라고 풀이한다.9) 일찍이 武帝 시에, 자식이 없어 길에서 주워다가 기른 養子가 살인을 범했는데, 이를 養父가 숨겨 준 행위가 문제가 되었다. 이때 董仲舒는 義親도 血親과 다를 바 없으며, 부모가 자식을 숨겨주는 것이 '春秋之義'라는 논거로, 마땅히 용은해 주어야 한다고 해석했다.10)

이것이 이른바 春秋折獄의 전형 사례인데, 당시 그 영향력을 감안하면, 司法현실상에서는 부모의 자식 용은행위도 대체로 인정하는 관례가 있었을 것이다. 이는 昭帝 시에 열린 유명한 鹽鐵會議에서, 文學측이 '자식이 부모를 숨겨주고 부모가 자식을 숨겨주는' 쌍방 인정윤리를 강력히 주장한 사실에서도 간접 확인할 수 있다.11) 그리고 쌍방 용은을 모두 허용하는 唐代에는, 자식의 도적질을 고발한 부모가 '大義滅親'이라는 國法의 공평무사성을 표방하자, 도덕상 가정교육을 상실하고 윤리상 慈愛의 인륜과 天性을 손상시키며 법이 허용한 親情의 禮法까지 위배한 처사라고 명백히 비난한 적도 있다.12)

(2) '親屬相容隱' 법에 관한 부수 규정

한편, 친족상용은법의 기본정신을 실효성 있게 관철하기 위해서 마련한 부수 규정도 있다. 예컨대, 서로 숨겨야 할 친족의 범죄는 설령 고발하더라도 원칙상 受理할 수 없으며, 이에 어겨 고발을 수리한 官司도 피고발 범죄보다 1등급 감경처벌을 받는다. 왜냐하면, 범죄의 고발에는 반드시 객관 행위사실을 모두 진술해야 하기 때문이다.(§355) 또한 법관이 죄수를 신문하는 과정에서도, 이러한 신분관계에 있는 친족은 증인

---

9) 漢律, 卷10, 具律2, 親親得相首匿條 참조.
10) 漢律, 卷22, 春秋斷獄條 및 程樹德, 九朝律考(上), 漢律考7, 春秋決獄考(198면) 참조.
11) 鹽鐵論, 周秦篇 참조.
12) 白判(下), §33 참조.

으로 채택할 수 없다.(§474) 왜냐하면, 증인으로 법정에 나서서 친족의 범죄 사실을 증언하는 것은, 비록 피동적이고 소극적으로나마 그들을 고발하는 것과 동일한 실질효과를 가져오기 때문이다.13)

親屬相容隱 제도가 尊親의 고발·고소를 금지하는 干名犯義 법과 서로 표리관계를 이룬다는 의미도 바로 이러한 맥락에서다. 특히, 증인의 신문과정에서 곤장을 칠 수 있도록 공식으로 허용한 전통법 제도 아래서, 친족의 범죄 사실을 증언하지 않기를 기대하기란 거의 불가능할 것이다. 불리한 진술을 강요당하지 않을 묵비권이 피의자는 물론 증인에게도 사실상 주어지지 않기 때문이다. 한편, 범죄 피의자의 친족 개인으로 보면, 증언을 강요당하지 않고 증인신문에 따르는 體罰도 받지 않을 수 있다는 반사적 혜택을 뜻하기도 한다.

법제사상으로는 南朝의 宋 文帝(424-453 재위) 시에, 蔡廓이 자손의 부모·조부모 범죄증언을 금지하도록 건의하여 시행한 것이 최초로 직접 명문화한 제도가 아닌가 싶다. "獄訟을 심문함에 자손으로 하여금 부모·조부모의 죄를 명백히 말하도록 진술을 요구하는 것은 마땅하지 않습니다. 교화를 해치고 人情을 손상하는 것은 이보다 큰 게 없습니다. 지금부터는 가족을 다만 죄수와 면회하도록 허용하되, 만약 억울함을 호소하는 재심청구(乞鞫)가 없으면, 이는 그 죄에 승복함을 (간접으로) 증명하기에 족하니, 더 이상 가족으로 하여금 진술을 요구할 필요가 없습

---

13) 현행법제에서 민사나 형사를 막론하고 모든 국민은 법률에 특별한 규정이 없는 한, 재판상 증인을 거절할 수 없는 것이 일반이다. 실체법상의 사회정의실현을 위한 절차법상 의무의 전형이다. 그런데 법률상 특별한 예외로 인정하는 것이 곧 近親의 증언거부 권리다. 중화민국 민사소송법(§307)은 당사자의 과거·현재·미래의 배우자 또는 과거·현재의 4친등 이내의 血親 및 3친등 이내의 姻親(단, 과거·현재의 동거가족의 출생·사망·혼인 또는 기타 신분상의 사항 및 친족관계로 발생한 재산상 일에 관하여는 증언을 거부할 수 없음. §308)에게, 그리고 형사소송법은 피고 또는 고소인의 과거·현재의 배우자·5친등 이내의 血親·3친등 이내의 姻親 또는 家長·가족에게 각기 증언거절 권리를 부여한다. 우리 민사소송법(§285)과 형사소송법(§148)도 친족·호주·가족을 위한 증언거부권을 허용한다. 다만, 중국의 형사소송법(구법 §68; 신법 §§97-98)과 민사소송법(§70)은 일반 증언의무를 일률 규정할 뿐, 명문의 예외를 인정하지 않는데, 역시 사회주의 입법의 특징으로 보인다.

니다."[14) 바로 이어 南朝의 梁 武帝 天監3年(1504)에는, 실제로 어머니의 사형범죄를 심문하는데 자식이 증언하였는데, "평소 죄악에 빠지지 않도록 예방의 도리를 다하지 않고, 범죄에 당하여 모친을 극형에 빠뜨려 풍속교화를 손상시켰다."는 죄목으로 流刑에 처한 사례가 있었다.[15)

(3) '親屬相容隱' 법의 부수 효과

親屬相容隱의 부수 효과를 들자면, 우선 숨겨줄 수 있는 친족의 대리 자수는 본인의 자수와 동일시한다. 심지어 범인을 고발할 수 없는 친족이 본인의 의사에 반하여 고발한 경우에도, 범인의 범죄 자체는 대리 자수로 의제하여, 본인의 자수와 동등한 혜택을 받는다.(이 경우 고발한 후 죄인이 출두하여야 하며, 범죄은닉은 전면 허용하지 않고 다만 감경처벌 대상만 되는 小功 이하의 친족의 범위는 의제 자수의 혜택 없이 법대로 처벌한다.) 다만, 이를 고발한 卑屬親族이 告親罪로 처벌받음은 별도의 문제다.(§37, §346)

이와 관련하여, 南朝 宋 때에 자식의 劫奪 범죄를 아버지가 관가에 고발한 사건이 생겼는데, 그 司法처리가 매우 특기할 만하다. 당시 새로 시행한 법에는, 사람을 劫奪하면 범인 자신은 斬刑에 처하고, 그 가족은 모두 棄市刑에 처한다는 참혹한 연좌제 규정이 있었기 때문이다. 아버지는 가족이 몰살당할까 두려워해 스스로 고발했는데, 법의 해석·적용상 논란이 일었다. 이에 尙書 何叔度는 법의 근본이념인 '情理'를 내세워, 죄를 사면해 주도록 건의하였다. 즉, 법을 제정하여 간악을 금지함은 情과 理에 바탕을 두는데, 한 사람이 잘못하면 온 집안이 처형당하기 때문에, 죄가 가족에게 미치는 경우에는 가족이 서로 고발하여 범죄자 신병을 인도하도록 허용한다. 부자간의 親情으로는 자식을 도망치게 하는 것이 일반이지만, 천륜의 혈육을 떼어 관가에 이송하는 아버지의 행위는, 마치 팔이 독충에 물렸을 때 생명을 보전하기 위해 마지못해 그 팔을 잘라내는 自救행위와 같은 고육지책인 셈이다. 이는 人'情'으로

---

14) 南朝宋會要, 刑, 律令條(607) 및 通考, 卷 165, 刑考 4, 刑制(1431上) 참조.
15) 隋書, 刑法志 및 通考, 卷 169, 刑考 8, 詳讞(상언) 條(1468上) 참조.

도 연민할 만하며, 法'理'상으로도 마땅히 용서해야 한다는 논지였다.16)

또 다른 부수효과도 있다. 범인체포의 정보를 제공하여 도망치도록 도와준 자가, 해당 범죄의 斷定 이전에 그 범인을 다시 스스로 체포한 경우, 도망치게 한 원래의 죄를 면죄해준다. 이 경우 親屬相容隱의 신분 관계에 있는 친족이 대신 체포하여도, 자신의 체포와 마찬가지로 인정해 면죄하는 것이다.(§445) 또 다른 상관 파급효과도 있다. 비속친족의 범인은닉행위를 존속친족이 알고 허용한 경우에는, 은닉주체인 비속친족만 처벌한다. 또한 존속친족이 범인을 은닉하다가 사망한 뒤, 이를 계속 숨겨준 비속친족의 행위는 5등급 감경 처벌하는데, 만약 숨겨주던 범인이 떠난 뒤에 비로소 그 사실이 드러난 경우에는 면죄해 준다. 특히 숨겨줄 수 있는 친족의 共犯도 함께 숨겨줄 수 있도록 허용한 것은, 親屬相容隱法의 실효성을 관철하기 위한 세심한 배려 규정이다. 왜냐하면, 친족의 공범을 고발하면 그의 심문과정에서 친족의 공범사실이 터져 나와(綻露), 친족은닉의 실효성을 기대하기 어렵기 때문이다.(§468)

또한 관가의 명령이나 동의 없이 누구라도 체포할 수 있는 현행범의 종류에, 호적을 같이하는(同籍: 반드시 同居할 필요는 없으며, 良賤 親疏를 불문함.) 사람을 간음하는 죄가 끼어 있다. 물론, 쌍방 모두 容隱할 친족일 경우 체포나 고발 모두 금지한다. 그런데 범죄은닉 대상인 친족이 타인과 간통할 경우, 법적으로는 한편으로 현장 체포가 가능하면서, 다른 한편으로 告親罪가 성립할 소지가 생긴다. 이 경우 이를 일부러 고발한 것이 아니라, 간음 상대방인 타인을 체포하다가 저절로 친족이 연루한 때에는, 체포한 자의 죄를 묻지 않고 간통한 쌍방만 법대로 처단한다고 해석한다.(§453) 그리고 타인의 성명을 대고 軍役을 대리한 죄인의 처벌에서, 동거 친속이 대리한 경우에는 2등급 감경해 준다.(§228) 범죄은닉과 성질이나 범위가 완전히 일치하는 것은 아니지만, 친족간의 혈연적 인정을 감안한 특별조치임에 분명하다.

---

16) 通考, 卷169, 刑考 8, 詳讞 條(1467下-8上) 참조.

(4) '親屬相容隱' 제도의 의의와 철학사상 연원

사회 정의의 원만한 실현과 국가 형벌권의 존엄성(특히 사법권위)을 보장하기 위하여, 국가가 일반국민에게 범죄의 고발이나 범인체포에 대한 협조를 윤리도덕의 책임이나 법적 의무로 요구함은, 동서고금의 공통 문화일 것이다. 전통 중국에서 이는 患難相恤의 일환으로 禮制에 규정한 것이, 국법 율령에서 그대로 계승하여 상당히 중요한 의무로 강력히 요구한다. 예컨대, 범죄사실을 알면서 죄인을 소극 숨겨주거나 그의 은신·도피를 적극 방조하는 일체의 행위는, 보통 죄인보다 1등급 낮은 범죄로 규정한다.(§468)

또한 이웃에 살인·강도·절도 같은 중대한 범죄가 발생하면, 그 사실을 통고받거나 우연히 들어 안 경우에도 가서 구조할 법적 의무가 있다. 주관 역량과 객관 정황으로 보아 구조할 수 없는 경우, 즉각 관가에 신고해야 하는데, 신고하지 않은 경우에는 구조하지 않은 것과 같은 범죄를 구성한다.(§456) 이러한 범죄는 누구라도 법적으로 현장에서 체포하여 관가에 이송할 권한을 가진다. 심지어 里正[이장]부터 시작하여 각 단계의 모든 행정책임자는, 이러한 범죄가 관할행정구역에서 발생한 책임뿐만 아니라, 다른 지역에서 발생한 이들 범죄인이 자기 관할구역으로 진입하는 것을 허용한 책임까지 무과실책임을 져야 한다.(§301)

이러한 법체계와 법문화 속에서, 가장 가까운 곳에서 발생하고 은둔 도피 중인 친족의 범죄를 고발하지 않아도 좋을 뿐만 아니라, 이들을 적극 숨겨 주고 도피시킬 수 있는 권리까지 법적으로 보장받는다는 사실은, 확실히 특별한 예외에 속한다. 물론, 범죄를 은닉할 수 있는 대상은 반드시 부모자식 간에 국한하는 것도 아니며, 또한 자식의 부모에 대한 일방 관계만 인정하는 것도 아니다. 따라서 법적인 규정범위에 의해 형식상 엄격히 말하면, 친속상용은법은 단지 효윤리를 권장하기 위한 것이 아니라, 널리 일반으로 가족주의 血親의 人情을 고려한 보편 법이념이라고 할 수 있다.

한편, 철학사상상으로 이 법제는, 부모가 羊을 슬쩍한 경우, 자식이 이를 숨겨주는 것이 正直이라고 강조한 공자의 윤리도덕에서 비롯한다. 즉, 葉公(섭공)이 자기네 정직한 사람은 그 부친이 남의 羊을 몰래 슬쩍하면 자식이 이를 고발한다고 자랑한 적이 있다. 이에 공자가 자신 문하의 정직한 사람은 이와 반대로, 부모가 자식을 위해 숨겨주고 자식이 부모를 위해 감추어주는데, 그 가운데 정직함이 있다고 답변한 유명한 일화가 전해온다.17) 呂氏春秋에서도 이와 비슷한 사례를 비유로 들어, 공자의 견해를 거듭 부각시키고 있다. 즉, 楚의 정직한 사람이 그 부친이 양 훔친 것을 군주에게 고발한 뒤, 왕이 처형하려고 하자 다시 그 부친의 형벌을 대신 받겠다고 요청하였다. 그리고 자신을 처형하려고 하자, 법관에게 이렇게 항변하며 따졌다. "부모의 절도를 고발한 것은 國法[군주]에 대한 (忠)信이고, 부모의 형벌을 대신 받는 것은 효인데, (忠)信과 효를 겸비한 인민을 처형하면, 나라에 처벌받지 않을 사람이 누가 있겠느냐?" 이 같은 궤변으로 처형을 모면한 사실에 대하여, 呂氏春秋는 이러한 (忠)信은 아예 (忠)信이 없는 것만 못하다고 평론한다.18)

그러나 군주에 대한 충을 부모에 대한 효보다 절대로 우선시키는 '先公後私'의 이념을 강조하는 법가는, 이에 정면으로 반대하는 입장을 밝힌다. 한비자는 楚의 정직한 사람이 아버지가 양 훔친 사실을 고발한 고사를 인용하면서, 군주의 忠直한 신하가 부모에게는 포학한 不孝자식이라고 평한다. 이와 함께, 군주를 따라 전쟁에 참가한 사람이 자기가 죽으면 노부모를 봉양할 사람이 없다고 매번 패배하여 달아난 사례를 거론하면서, 부모의 효자가 군주에게는 반역하는 신하라고 힐난한다.

문제는, 유가의 견해를 따라 혈연적 親情을 앞세우면 역효과가 발생한다는 것이다. 전자의 경우, 부모를 고발한 죄로 군주(국법)에 정직한 신하를 처벌하면, 간사한 죄악이 파묻힌다. 후자의 경우, 부모에 대한 효성을 칭송·포상하면, 전쟁에서 병졸의 항복이나 패주를 고무시키는

---

17) 論語, 子路 §18:
18) 呂氏春秋, 當務篇 참조.

꼴이다. 철저한 법치와 용감한 전쟁을 부국강병의 절대조건으로 내세우는 법가사상의 관점에서 보면, 이러한 행위는 국가(군주)의 '公法'을 해치는 개인의 '私情'에 불과하다. 그래서 한비자는 이러한 규범현실의 모순을, 서로 용납할 수도 없고 양립할 수도 없는, 公과 私의 相背性(이율배반)으로 설명하면서, 유가의 입장을 혹독하게 비난하는 것이다.[19]

법제사상 일찍이 秦은 법가의 사상(특히 상앙의 주장)을 채택하여, 부모자식간의 범죄도 고발하도록 강요하는 沒人情한 혹독한 법치주의를 시행하였다.[20] 그 뒤 漢이 秦의 역사교훈을 바탕으로 혈친간의 人情을 보호하기 위하여 국법을 다소 굽힘으로써, 친족상용은 제도는 역대 律令의 기본 법제로 면면히 전승한 것이다. 그 적용 범위는 본디 부모자식간의 親情으로 출발한 것이, 그 후 법제상 가족공동체 일반으로 확대해 혈연적인 親族간의 人情 일반도 혜택을 받게 되었다. 律의 규정상 '同居'친족은 호적의 동일성이나 喪服의 유무에 관계없이 모두 포함한다.

(5) 기타 효를 권장하기 위한 국법의 양보 규정

효를 권장하기 위해 국법의 형벌권을 양보·보류하는 규정들이 몇 가지 더 있다. 우선, 부모·조부모가 공격당할 때 자손이 현장에서 즉시 반격하거나 방어한 경우, 折傷[팔다리가 부러지는 정도의 重傷]을 초래하지 않는 한 위법성을 면제하며, 致死에 이르지 않는 경우에는 일반범죄보다 3등급 감경하는 규정이 있다.(§335) 비록 부모 등의 피살에 대한 살인의 복수는 법적으로 공식 인정하지 않지만,[21] 일반 피해행위에 대해 제한

---

19) 韓非子, 五蠹篇 참조.

20) 秦簡의 法律答問(157-8면)에는, 아내나 자식이 남편이나 부친의 절도죄를 은닉해 주거나 그 贓物을 함께 소비한 경우에, 원칙상 그 장물의 수량만큼 범죄인과 동일한 죄책을 진다고 해설한다.

21) 전통 중국법상의 복수에 관한 비교적 상세한 연구로는 楊鴻烈, 中國法律思想史(下), 臺灣商務印書館, 1987, 臺7版, 175-195면; 瞿同祖, 中國法律與中國社會, 65-84면; 潘維和, 「唐律上家族主義之研究」, 中國文化大學 華岡學報 第1期, 1965년, 346-353면; 張瑞楠, 「中國固有法上之復讐」, 中國法制史論文集, 中國法制史學會, 1981년, 253-297면; 穗積陳重, 復讐と法律, 岩波書店, 1982 ; 西田太一郎, 中國刑法史研究,

적이나마 실질상 '보복권'을 명문으로 허용한 것은, 孝子의 人情을 배려해 부모·조부모를 대신한 자손의 '대리정당방위'를 공인한 법제다.

또한 人質犯이 발생한 경우, 해당 관원이나 상호구휼 의무 및 연대책임 있는 이웃사람이 체포하지 않고 피하면, 제법 엄중히 처벌한다. 그런데 만약 인질로 붙잡힌 사람이 부모·조부모 등 가까운 혈친인 경우에는, 범인의 체포에 가담하지 않아도 괜찮다.(§258) 자칫 혈친을 살상할지 모르는 위험에서 빼내주어, 자손의 효를 온전히 보장해주기 위해서다. 실제로 많은 역사 실례에서도 확인하듯이, 범인이 인질을 잡는 경우, 대부분 그와 혈친관계가 있는 사람의 人情을 심리적 약점으로 악용하기 위한 사전의 고의가 깔려 있기 때문이다.22)

그리고 국가 公文書나 군사상의 기밀소식을 전담하는 파발관원[驛使]이 해당 문서 등을 남에게 대리로 위탁하면, 중대한 불충죄로 엄하게 처벌한다. 그런데 만약 자신이 질병에 걸렸거나 '부모의 喪을 당하는' 등 중대한 사유가 있는 경우에는, 면책사유로 인정하여 寄託해도 괜찮다.(§124) 이밖에도 긴급을 요하는 公私의 사유가 있는 경우, 일반 금지조치를 예외로 해제하여 편의를 허용하는 제도가 몇 가지 더 있다. 예컨대, 城 안의 거리나 대중이 모여 있는 곳에는 수레나 말이 통행할 수 없으며,(§392) 야간에는 거리 통행을 전면 금지하는데,(§406) 부모의 喪事나 疾病 등의 사유가 있는 경우에는 예외로 통행을 허용한다. 또한 관

岩波書店, 1974년, 95-120면; 심희기, 「復讐考序說」, 부산대 법학연구, 제26권 제1호(1983.8), 1-13면 등을 참조.
22) 예컨대, 韓詩外傳 卷6 및 卷10에 실려 있는 齊의 石他 및 楚의 申鳴에 관한 고사가 대표다. 이들은 한결같이 부모에 대한 孝情과 군주에 대한 忠義가 서로 직접 정면 충돌한 사례로서, 결국 양자택일의 모순 속에 비운으로 끝나고 있다. 한편, 後漢末 橋玄은 문 앞에 놀던 10세 아들을 세 명의 강도가 인질로 삼고 재물을 요구한 범행을 당하자, 이에 불응할 뿐만 아니라, 인질을 손상시킬까 두려워하여 강도의 체포를 주저하는 관원에게, "어찌 한 자식의 목숨 때문에 국법을 파괴하는 도적을 놓아줄 수 있느냐!"며, 범인들을 강공으로 체포하도록 손수 지시하였다. 그 결과 자식은 죽고 도적은 체포했다. 이를 계기로 玄은 황제에게 인질강도는 모두 처형하고, 결코 벌금으로 贖罪할 수 없도록 건의하였다. 그리하여 당시 부귀한 자녀를 대상으로 한 인질범죄의 거센 풍조가 사그라졌다고 한다. 後漢書, 卷51, 本傳 참조.

원으로부터 범인체포의 협조를 요청 받은 주위의 行人은, 특별한 사유가 없는 한 그에 협력하여야 할 법적 의무가 있는데, 이 경우에도 부모의 喪事 같은 긴급한 일은 예외라고 거론한다.(§454) 이들은 모두 효의 원만한 실행을 방해하지 않기 위하여, 국법의 원칙을 상당히 양보·후퇴하는 구체 실례이다.

2. '犯罪存留養親'法[23]

(1) '犯罪存留養親'法의 요건과 효과

'犯罪存留養親'法이란, 범죄인의 부모·조부모가 연로하거나 중병을 앓는데, 집안에 범인 밖에 달리 시중·간호할 근친이 없는 경우, 해당 범죄가 아주 악질의 중죄가 아닌 한, 특별히 황제에게 奏請하여 부모·조부모를 봉양할 수 있도록 형벌을 감면하거나 또는 그 집행을 보류해 주는 법제도다.(§26) 구체 구성요건이나 법적 절차 및 효과 등은 시대에 따라 다르고, 특히 唐律과 明淸律이 적지 않은 차이를 보이는데, 당률을 중심으로 그 주요한 내용을 살펴보면 다음과 같다.

우선, 사형에 해당하는 죄는 구성요건상 해당 범죄가 十惡에는 속하지 않아야 한다.(明淸律의 경우 일반사면에 포함하지 않는 범죄로, 이는 十惡보다 범위가 훨씬 광범위하다.) 이는 十惡죄로 보호하는 충이나 효, 기타 기본 人道倫理의 최고궁극성을 절대로 우선시하는 이념 표현이다. 사실 아주 악질의 중죄를 차마 저지를 수 있는 잔인한 자라면, 노부모를 효성스럽게 봉양할 수 없을 것이다. 또한 부모에게 효성스러운 사람이라면, 그러한 중대한 범죄는 저지르지 않을 것이다. 특히, '不孝'죄를 저지른 죄인에게 효를 기대하기란 거의 불가능하다. 이는 범죄존류양친법의 근본취지

---

23) 이 제도의 내용에 관한 개괄 서술은, 瞿同祖, 中國法律與中國社會, 62-65면 및 范忠信·鄭定·詹學農, 情理法與中國人, 150-4면 참조. 다만, 전자는 緩刑(집행유예)·免刑의 제목으로 다루고, 후자는 仁政·王道의 범주에 포함시키는데, 그 관점과 시각이 모두 본 논문의 주제의식과 사뭇 다른 점이 특기할 만하다.

및 그 실효성과 직결하는 기본 요건이다.

다음으로, 부모·조부모가 80세(明淸律의 경우 70세) 이상이거나, 가장 중증인 '篤疾'(두 눈 모두 멀거나 두 支體 이상이 불구인 경우, 明淸律은 이보다 다소 경미한 '廢疾'로 눈 하나가 멀거나 팔다리 하나가 없는 불구.)을 앓는데, 집안에 범인 밖의 다른 期親의 장정(21세 이상 59세 이하)이 없어야 한다. 즉, 범인 이외에 달리 부모의 老病을 시중·간호할 자가 없음을 뜻한다. 이러한 요건에 해당하는 경우에는 황제에게 보고하여 특별재결을 요청한다. 물론이 법의 본래 목적은 되도록 범죄인의 형벌을 감면하거나 집행 유예하여, 부모를 효성스럽게 봉양할 기회를 주는 것이지만, 그렇다고 반드시모든 경우에 허용하는 것은 아니다. 이는 구체 상황에 따라 개별로 결정하는 황제의 최고 전속재량권에 속한다.

한편 流刑에 해당하는 범죄의 경우에는, 비록 十惡에 속할지라도, 省의 차원에서 자체로 직접 存留養親을 허용하고, 상부에까지 보고하지않는다. 그 대신 流刑의 경우에는, 다만 流配라는 형 집행을 보류하는법 규정에 불과하며, 省에 그 형벌 자체를 최종 감면 처분하는 재량권까지 부여하는 것은 아니다. 그 결과, 流刑罪에 대한 存留養親은 일반사면령의 혜택에서도 빠지고, 租稅 등의 부역은 여전히 부담하여야 한다. 또한 집안에 21세 이상의 장정이 새로 생기게 되거나, 부모가 사망하여 만 1년의 服喪期間만 경과하면, 일시 보류한 형 집행을 재개하여, 유배가야 한다. 따라서 사형 죄의 경우에는 황제의 특별재량에 따라 형벌 자체가 완전히 감면할 수도 있겠지만, 流刑 罪의 경우에는 집행의유예만 있을 뿐, 형벌의 영원한 소멸은 존재하지 않는다. 이러한 불균형은 황제의 절대권 이외에 다른 어떠한 합리적 근거나 이유로도 설명할수 없는 전통법의 특색이자 흠이다.

그리고 徒刑에 해당하는 일반범죄의 경우에는, 오로지 '효'를 통치이념으로 표방하는 存留養親法에 해당하지 않고, 그보다는 한 차원 낮은일반 보편의 인도주의 '欽恤'정신에 의해 별도로 규정한다. 즉, 徒罪를범한 자의 집안에 다른 장정(妻도 포함)이 존재하지 않아, 범인이 복역하는 경우 그 생계유지가 곤란한 경우, 복역할 날수를 杖刑으로 환산하여 대체 집행한 후 석방하는 제도이다. 다만, 타인의 신체나 재산을 침해한 盜賊罪의 경우에는 원칙상 이를 허용하지 않는데, 이 경우에도 부모·조부모가 연로하거나 중병을 앓는 '存留養親'法의 특별사유가 있으면 예외로 杖刑으로 대체 집행한다.(§27) 따라서 徒刑의 경우에는 存留養親法의 효 이념을 포함하는, 좀 더 넓은 인도주의 가족윤리에 의해 규정함을 알 수 있다.[24]

또한 별도의 독특한 상관 규정도 존재한다. 謀反大逆罪 등의 가족 緣坐에서, 80세 이상이나 篤疾의 男夫와, 60세 이상이나 廢疾의 婦人은, 인도주의 관점에서 특별히 빠지도록 허용한다.(§248) 이들에 대한 구휼 정신을 관철하기 위하여, 자손 중 한 아들을 별도로 연좌에서 면제하여, 老疾의 부모·조부모를 봉양하도록 배려하는 제도이다.(§249) 비록 주관의 受刑動機와 객관의 법영역은 서로 판이하지만, 부모에 대한 봉양의 효를 권장하기 위해, 국법이 규정하는 형벌을 감면해 주는 근본정신은 범죄존류양친법과 같다.

(2) '犯罪存留養親' 法의 법적 성격과 역사 연원

확실히 '범죄존류양친'법은 효윤리를 표방하고 권장하는 그 어떠한 법제도보다 가장 독특한 규정이다. 이는 사전예방의 규범적 기준으로서 법제도라기보다는, 오히려 사후 처분적 은혜로서, 통치행위에 가까운 형사정책이라고 볼 수 있다. 그러한 의미에서 효행을 표창하고 특별히 천거·등용하는 것과 같은 정치적 혜택에 더욱 접근한다. 이 법이 이루어진 역사 과정에서나 이념적 내용본질에서나 모두, 이러한 독특성은 잘

---

24) 한편, 가혹한 法治의 전형으로 꼽히는 秦代에도, 한 집안에 2인 이상이 벌금이나 公債償還을 위하여 勞役刑에 복무하는 경우, 그 집안을 돌볼 사람이 없으면, 그 중 한 사람만 그대로 복역하게 허용하며, 또한 일반으로 농경 시에는 20일의 自耕休暇를 두는 제도도 시행하였다.(秦簡, 秦律十八種, 司空條, 85 및 88면 참조) 그리고 동거 가족은 2인 이상이 동시에 변방수비근무에 종사할 수 없다는 戍律의 규정도 특기할 만하다.(秦簡, 秦律雜抄, 147면 참조)

드러난다. 우선, 이 법은 親屬相容隱法과 같이 효행을 권장하는 다른 일반 법제도와 달리, 그 역사 연원이 상당히 뒤떨어진다. 현전하는 漢代 이전의 사료에서는 이 법에 관한 규정이나 사례가 아직 찾아지지 않는다. 최초의 역사 실례는, 東晋 咸和2年(327년)에 句容令 孔恢가 棄市의 죄를 범했는데, 부친이 연로한 외아들이라는 사유로 특별히 용서받은 경우이리라.25) 이것이 범죄존류양친법의 효시일 듯하다. 이것은 군주의 일회성 특별사면조치로 행해진 것이며, 법으로 제도화한 것은 아니다.

최초의 실정법 규정은 北魏의 孝文帝 太和12年(488年)에 비로소 등장하는데, 唐律과 대체로 비슷한 대강의 윤곽이 그려져 北魏의 法例(唐의 名例)律에 정착하기에 이른다.26) 그러나 北魏 때 毒藥으로 살인한 범죄가 발생했는데, 범인의 모친이 이 법규정을 원용하여 자식의 사면을 청구했으나, 판결이 나기 전에 모친이 죽자, 州에서는 3년상을 마친 후 처형하도록 결정하였다. 허나 중앙 刑部에서는 범죄의 주관동기가 잔인하고 노모가 사망한 객관사실 등을 들어, 3년상을 기다릴 필요가 없다고 판단하여, 즉결처분으로 바꾸어 시행한 구체 사안도 있었다.27) 즉, 처음부터 이 법은 모든 경우에 적극 적용한 것이 아님을 알 수 있다.

한편, 이 법의 궁극목적이 인민에게 효를 권장하기 위함은 분명하다. 그러나 효의 권장대상은 단순히 범인개인에 직접 국한하는 것이 아니다. 오히려 범죄인에 대한 특별사면이라는 상징 조치를 통하여, 궁극에는 천하의 모든 인민에게 효윤리를 강조·권장하고, 나아가서 국가에 대한 충을 교화유도하기 위한 통치이념의 발로다.28) 특히, 범죄인에 대한 형벌 감면 및 집행완화라는 혜택은 외관상의 피상 관계에 불과하다. 내면의 주된 실질 목적은 범죄인의 부모로 하여금 老病의 시중봉양을 받도록 하는 데 있다. 바꿔 말하면, 범인이 받는 것은 부모가 받을 혜택

---

25) 太平御覽, 卷646, 刑部12, 棄市條 참조.
26) 魏書, 刑罰志 및 高祖紀下 참조.
27) 魏書, 刑罰志 참조.
28) 大明律, 名例, 犯罪存留養親條 纂註 참조.

의 반사적 이익으로서, 이는 효행을 실행하여야 윤리도덕상 책임과 법적 의무를 수반하는 조건부 권리인 셈이다.

또한 범죄행위 자체가 부모 및 부모에 대한 효행과 아무런 관련성을 갖지 않는다는 사실은, 이 법이 효를 권장하는 다른 규정들과 판이한 특색이다. 이 법을 본격으로 법제화한 北魏의 孝文帝가, 諡號에서도 알 수 있듯이 지극히 효성스러웠을 뿐만 아니라, 재위 29년 동안 鰥寡孤獨이나 빈민·노인·병자 등에 대한 소극적인 부역 면제 및 적극적인 구휼조치 등, 효와 직접 관련한 대규모의 정책만 25회 이상 실시한 사실도, 이 법의 특징을 간접으로 반영해 준다.[29]

(3) '犯罪存留養親' 法의 모순과 부작용

그러나 '범죄존류양친'법의 이러한 제반 독특한 성격은, 국가의 항구 법제로서 본질상 적지 않은 모순점과 함정을 동시에 내포한다. 우선, 객관상 범죄행위 자체와 범인의 부모가 어떠한 직접 관련성을 갖지 않는다는 絶緣性이다. 이는 범인한테 부모의 老病이라는 우연한 사정으로 뜻밖에 '法 밖의 과분한 人情'을 법적으로 정당하게 횡재시켜 주는 셈이다. 특히 淸代에는 條例에 의하여 이 법의 적용이 아주 넓어진다. 즉, 부모의 老疾뿐만 아니라, 20년 이상 守節한 50세 이상 과부에 대해서도, 그 貞節을 표창하기 위하여 이 법을 확대 적용한다.[30] 또한 살아있는 '老疾'의 부모에 대한 시중·간호의 봉양뿐만 아니라, 돌아가신 뒤 제사를 받드는 '承祀'를 위해서도 이 법을 점차 관대히 적용하게 된다.[31] 그리하여 처음에는 情實·緩決·矜·疑의 네 종류로 구분하던 秋

---

29) 魏書, 卷七 上·下, 高祖紀 참조.

30) 明初에 한 知縣[현감]은 輪作[노역]형에 해당하는 죄를 지었는데, 모친이 元末의 난리통에 守節하여 지금 연로한데 봉양을 잃게 되었다고 스스로 陳情하여, 특별사면을 받고 종신토록 봉양한 일이 있다.(明史, 刑法2 참조) 또 한 知縣은 사형 죄를 지었는데, 처가 老母 봉양할 사람이 없다고 대신 사형을 받겠다고 자청해, 황제의 특별한 동정으로 용서받은 일도 있다.(明會要, 卷67, 刑4, 赦宥雜錄條 1292면 참조)

31) 欽定大淸會典(乾隆本), 卷69, 欽恤條 및 薛允升, 讀例存疑, 卷3, 犯罪存留養親條 참조.

審制度가, 雍正 이후에는 '留養承祀'를 정식으로 덧보태 다섯 가지로 되었다. 이 留養承祀에 해당하는 자는 두 달간 구금한 뒤 곤장 40을 시행하여 석방하되, 살인범인 경우 銀20兩을 추징하여 피살자 유족에게 생계비로 지급하는 것을 원칙으로 하였다.[32]

뿐만 아니라, 비록 條例로 정식 규정하지는 않았지만, 아주 특이한 사례가 刑案匯覽에 적지 않게 나온다. 집안의 형제 모두가 사형범죄를 저질러, 그 결과 부모를 봉양할 자손이 없는 요건을 갖추게 되는 경우에는, 그 중 비교적 용서할 만한 한 사람에게 存留養親의 혜택 기회를 부여하는 것이다.[33] 특히, 이 제도가 국법에 明文으로 實定化한 사실은, 이 법이 더 이상 단순한 일시적 예외가 아니라, 이미 일반보편의 원칙으로 승격하였음을 뜻한다. 그리하여 간사한 무리가 부모의 老病 등 객관 구성요건을 악용하여 흉악한 범죄를 자행하도록 자극·유인하는 결과적 부작용도 적지 않았다. 이러한 뜻밖의 폐단은 淸 仁宗의 탄식 어린 諭旨에 적확하게 간추려져 있다.

> "짐이 생각하건대, 律例 안의 承祀와 留養에 관한 두 법조문은 원래 법밖의 仁愛로서, 반드시 그 정상과 죄질이 몹시 가벼움을 살핀 다음에 적용해야 한다. 그래야만 은혜의 시행을 줄이지 않으면서도, 또한 여전히 죄악을 징계하는 본의를 잃지 않아, 비로소 공평성과 타당성을 유지할 수 있다. 만약 범죄 사안의 경중을 형량하지 않고서, 단지 집안에 다른 성년의 남자가 없다는 이유만으로 承祀와 留養을 일률 허용한다면, 흉악한 무리들이 律例에 명문의 법조문이 있음을 기화로, 자신이 외아들이기 때문에 죄를 범해도 처형당하지 않으리라 믿고, 필경 흉악을 자행할 것이다. 그렇게 되면 承祀와 留養의 법은 仁愛를 베푸는 것이 아니라, 도리어 간악을 조장하기에 알맞고, 심지어 인민을 범법의 함정에 빠지도록 유인하게 될 것이니, 이것이 어찌 국가의 신중한 형법시행과 欽恤의 도리이겠는가?"[34]

---

32) 淸史稿, 刑法三 참조.
33) 元代에도 이와 비슷한 법규정과 구체 사례가 존재하였다. 大元通制, 盜賊편 참조.
34) 淸 仁宗 嘉慶6年 5月 13日字 諭旨: 大淸律例會通新纂, 名例律上, 犯罪存留養親條, 361면 참조.

이 법의 또 다른 중대한 근본모순은, 주관의지로 사형이나 流刑에 해당하는 중죄를 차마 저지를 수 있는 惡人한테, 부모에 대한 효를 기대하고 요구한다는 점이다. 물론, 고의나 惡意가 전혀 없이 우연히 터진 범죄도 없는 것은 아니지만, 사회에서 비난받을 범죄행위를 감행하는 사람은 보통 부모에게 효성스럽지 못할 것이기 때문이다. 그래서 철학사상으로나 유가의 禮論에서는 모두, 일시의 분노를 참지 못하여 부모에게 수치와 모욕을 끼치는 불명예를 중대한 不孝로 규정한다. 律文上 '최소한도 十惡이나 일반사면에 포함하지 않는 중대한 범죄는 아닐 것'을 원칙으로 규정한 본래의도도, 바로 이러한 근본모순을 최소한도로 완화하기 위한 한 배려이다.

그러나 후대에 이 법을 확대 적용하고 임의로 남용하면서, 이러한 근본모순은 효의 통치이념에 가려 묻히는 경우가 많았다. 그 결과, 이 법이 본래 목적한 효성스러운 봉양이 얼마나 실효성 있게 행해지고, 국가 전체로 효의 윤리도덕이 어느 정도 교화효과를 거두었는지, 다분히 회의적 비판이 일 수 있다. 실제로 金代에 世宗은 봉양을 필요로 하는 연로한 부모의 독자가 살인한 사안에 대하여, 이러한 주관 인격상의 모순을 근거로 存留養親을 부정하기도 하였다. 즉, 타인과 싸우지 않는 것이 효이고, 효성스러운 연후에 비로소 부모를 봉양할 수 있는데, 한 순간의 분노를 참지 못하고 자신의 장래조차 잊는 자에게, 어떻게 부모 봉양의 효심을 기대할 수 있겠느냐는 논리였다. 그래서 법대로 처형하되, 그 부모는 관청에서 생계물자를 급여하도록 명하였는데, 이러한 조처는 일찍이 법령규정의 원칙으로 발전한 듯하다.[35] 淸末에 沈家本은 淸律修訂의 근대화 작업을 주도할 때, 이 법에 대한 金代의 이러한 비판 입장과 정책을 善政으로 칭송하면서, '범죄존류양친'법이 善政이나 禮敎와 아무런 본질적 관계가 없다는 이유로 이를 삭제하였다.[36] 이러한 역사 사실은 이 법에 대한 有權的인 法制史的 총평이 될 것이다.

35) 金史, 卷7, 世宗本紀中, 大定13年 및 金史, 卷5, 海陵帝紀, 天德3年 4月條 참조.
36) 沈家本, 明律目箋, 卷1 및 寄簃文存, 卷8 참조.

(4) 기타 親情을 감안한 국법의 불간섭

이밖에 혈친 간의 인정을 감안하여 국법이 되도록 직접 간여하지 않거나, 그 죄책과 형벌을 일반인의 범죄보다 감경 처분하는 법규정도 있다. 이른바 親告罪와 親族相盜罪가 그것이다. 예컨대, 자손의 부모나 조부모의 훈계명령[敎令]을 따를 수 있는데도 어기거나[違犯敎令], 봉양할 능력이 있으면서도 이를 소홀히 하는[供養有闕] 경우에는, 각기 徒2年의 형벌에 처한다는 규정이 있다. 이는 비교적 가벼운 일반 不孝罪에 해당하는데, 반드시 조부모나 부모의 親告가 있어야만 비로소 논죄할 수 있는 점이 특징이다.(§348) 또한, 부모나 조부모가 죄를 범하여 囚禁 중인데 혼인하는 행위는, 居喪婚姻에 버금가는 不孝罪로서, 부모·조부모의 형량에 비례하여 처벌하는 것이 원칙이다. 그런데 그 혼인이 집안사정(예컨대 後嗣의 조속한 생산) 등으로 인하여, 수금 중인 부모·조부모가 직접 명령하여 이루어진 경우에는, 가정의 私的 自治와 친권의 존엄성 및 혈연적 親情 등을 감안하여 논죄하지 않는다. 다만, 이때에도 연회가무를 베풀 수 없다.(§180)

친족 상호간의 절도죄에 대한 감경 처벌도 혈친의 人情을 감안한 국법의 양보에 속한다.37) 물론 자손은 尊長의 허락 없이 임의로 家財를 사용·처분할 수 없는 것이 원칙이다.(§162) 그러나 친족의 재물을 훔친 경우, 緦麻와 小功親은 일반인에 비하여 1등급, 大功親은 2등급, 期親은 3등급씩 각각 감경 처벌한다.(§287) 또한 이들 친족의 牛馬를 도살한 경우에는, 주인 자신의 직접 도살과 마찬가지로 徒1年에 처하는 특례도 있다.(§205) 뿐만 아니라, 3번 이상 도둑질한 累犯에 대한 특별 가중처벌 규정도 친족 상호간의 도둑죄에는 예외로 적용하지 않는다.(§299)38)

---

37) 范忠信·鄭定·詹學農, 情理法與中國人, 142-3면 참조. 그러나 한편 秦律은 부친과 동거하는 자식이 부친의 노비나 가축을 살상 또는 절도한 경우, 이는 '家罪'로서 타인이 고발할 수 없도록 규정한다. 물론, 부친이 그 자식을 처벌하거나 심지어 죽이더라도, 이는 역시 공개 고발을 허용하지 않는 '非公室告'로서, 타인의 고발은 수리하지 않는다. 秦簡, 法律答問, 195-8면 참조.

38) 이러한 혈연의 親情을 참작한 형벌감면의 특례는 현행법에도 그대로 이어진다. 중

親屬相姦이나 비속친의 존속친에 대한 신체(자유) 및 생명에 관한 일
반범죄는 일반인보다 훨씬 가중하는데, 이에 반하여 유독 재산상의 범
죄만큼은 오히려 대폭 감경 처벌하는 것이다. 이는 중국 특유의 가족주
의 倫理와 人情의 반영인데, 다른 한편으로는 人(命)을 중시하고 (財)物을
경시하는 輕物重生의 仁사상(人道主義)의 발로라고 볼 수 있다. 즉, 화목
과 친애의 윤리를 바탕으로 환난상휼의 도의를 강조하는 법규범의 표현
인 셈이다. 그래서 飢寒 같은 경제 궁핍이 아닌 특수한 원인으로 절도
하는 경우에는 감면받지 않기도 하며, 그로 인하여 殺傷의 결과를 초래
하는 경우에는 服制에 준한 가중처벌을 면할 수 없게 된다.[39]

참고로, 근대법에서는 물건의 매매계약을 체결하고 중도금 내지 잔금
을 지불한 뒤 매매목적물을 다른 사람에게 다시 팔면, 이중매매의 배임
죄로 형사 처벌한다. 그런데 혼인 계약 후 결혼을 한 뒤에 다른 사람에
게 혼인의 순결을 파는 간통은, 性的 자기결정권과 행복추구권이 더 중
요하다는 이유에서, 간통죄로 형사 처벌해서는 안 된다고 한다. 자본주
의에서나 사회주의에서나 돈과 물질을 사람과 마음보다 더 중요시하는
기본 철학을 바탕으로 삼는 까닭일까? 이젠 배우자의 자리에 애완동물
이 대신 들어서는 것은 아닌지?

화민국 형법은 5친등 이내의 血親이나 3친등 이내의 姻親 간에 발생한 절도
(§320-4)·侵占(§335-8: 횡령)·사기·배임(§339-343)죄를 기본상 親告罪로 규정한
다. 특히, 직계혈친과 배우자 및 재산을 같이 하는 동거친족 간에는 그 형벌을 면
제할 수 있다[여기에는 장물죄(§349-351)도 포함]고 규정한다. 우리 형법도 친족간
의 권리행사방해죄(§323·328)·각종 절도죄(§329-332·344)·사기와 공갈의 죄
(§347-354)·횡령과 배임의 죄(§355-361)·장물에 관한 죄(§362-5)를 親告罪로 규
정하며, 특히 직계혈족·배우자·동거친족·호주·가족 또는 그 배우자 간에는 그
형을 아예 면제한다고 규정한다. 그리고 중화민국의 존속혈친폭행죄(§281)과 우리
나라의 존속폭행죄(§260)는, 비록 일반인에 대한 범죄보다 가중 처벌하지만, 친고
죄로 규정하고 있다. 특히 우리나라의 존속협박죄(§283)는 反意思不罰罪인 점도 특
기할 만하다. 그러나 중국 형법은 친족간의 재산범죄에 대한 특례규정을 별도로 두
지 않으며, 다만 가족에 대한 학대죄는 구법(§182)에 이어 신법(§260)에서도 이를
친고죄로 규정하고 있을 뿐이다. 역시 법가의 엄격한 법치사상을 이어받은 국가지
상의 공산주의 입법의 특징일 것이다.

39) 瞿同祖, 中國法律與中國社會, 52-53면 참조.

제 2 절 孝와 忠 윤리의 법규범화

1. 孝와 忠 윤리의 서막

전통 중국법은 父子·祖孫간의 혈연적 親情을 소극 허용하거나 적극 권장하는 데 머무르지 않는다. 나아가 이들 사이에 존재하는 자연스런 親情 관계를 당위의 인위적 倫理관계, 특히 자손의 부모·조부모에 대한 일방적인 孝윤리로 발전시켜, 이를 법적 의무로 강제하기에 이른다. 부모자식 간의 혈연관계는 인간사회의 첫 출발점이며, 가족은 국가의 기본 구성단위이다. 그래서 孝윤리는 인간의 공동체사회의 출현과 동시에 존재해 왔으며, 그 법규범화도 국가권력의 조직과 함께 이루어졌다. 가족 공동체사회에서는 父權과 君權(族長權)이 실질상 일체를 이루기 때문에, 효윤리 이외에 충윤리를 따로 강조할 필요가 없었을 것이다.

허나 사회가 확대하고 조직체계가 분화하면서, 국가의 등장과 함께, 부모에 대한 효윤리와 군주에 대한 충윤리가 점차 독자의 윤리로 발전하였다. 국가는 본디 가족공동체의 기반 위에 성립·존재하기 때문에, 가족의 평화로운 질서유지는 국가의 존재기반 확보와 직결하는 핵심 전제요건임을 인식하지 않을 수 없다. 즉, 효윤리를 법규범상 의무로 강제하는 것은, 그를 바탕으로 인민의 군주에 대한 충윤리를 연역하고 확립하려는 통치이념의 요구다. 그런 까닭에, 인간사회의 존재적인 발생순서는 父子관계가 군신관계보다 훨씬 우선하지만, 그들 사이의 당위적인 윤리도덕, 특히 법규범관계는 국가의 등장과 함께 동시에 實定化한 것이다. 그러나 존재적인 혈친관계의 효윤리는 일찍이 일반보편 개념으로 정착하였는데 반하여, 당위적인 군신관계의 충윤리는 그 개념의 일반화는 물론, 행위의 정형화도 훨씬 뒤늦게 등장한다.

우선, 문헌자료에 나타나는 용어개념상의 가장 두드러진 외형상 특징은, 孝가 먼저 등장하고 忠은 뒤늦게 출현한다는 사실이다. 詩經이나 尙書 등의 周初 문헌에는 孝의 개념만 자주 나타날 뿐, 忠의 용어는 보이지 않는다. 이는 마치 德이 周初 문헌의 가장 중요한 핵심규범으로 등장하며, 그보다 더 근원적인 (구체 '길'의 의미가 아닌 일반 추상의 '진리·道理' 의미로서) 道의 용어는 오히려 훨씬 뒤인 춘추시대에 이르러서야 비로소 나타나는 역사와 흡사하게 상응한다. 즉, 孝는 德이나 禮와 함께 周初 문헌에서 가장 비중 높은 의미로 가장 빈번히 쓰이는 중추 개념인데, 반면 忠은 道나 仁과 마찬가지로 周初 자료에서는 거의 보이지 않다가, 춘추시대에 바야흐로 보편화하기 시작한 용어이다.

이처럼 국가사회 윤리인 忠보다 가족공동체 윤리인 孝를 절대로 우선하여 거론하는 것은, 바로 家族 혈연관계를 기본바탕으로 형성한 周의 封建통치구조로부터 직접 말미암는다. 즉, 王室이 곧 天下인 周의 통치구조 성격으로 보면, 王室의 嫡統으로 王權을 계승하는 宗子·宗孫은 물론, 各國의 公侯(엄격히는 公侯伯子男)로 封해지거나 王室의 公卿·大夫로 임명받은 支子 支孫이 모두 공통 조상인 先王과 宗家에 孝誠을 다하기만 하면, 王室은 물론 천하 통치가 저절로 안정을 이룰 것이다.

예컨대, 書經에는 周王(특히 成王이나 그를 대신하여 攝政한 周公)이 宗親을 제후국에 봉하거나 특별한 정치 大事에 임하여 발한 誥誡(당부·경계·훈시의 명령)가 다수 실려 있다. 그런데 그 안에는 王 자신이 천하통치권의 주체인 국가사직을 '王家'나 '我家' 등과 같이 가족공동체의 용어로 표현하고 있다.[40] 여기의 '家'란 직접으로는 周의 王室을 가리키며, 실질은 곧 그 王室이 지배·통치하는 천하를 의미하는 것이다. 그리고 周의 王室을 창업한 文王과 武王을 누누이 거론하면서, 이들을 본받아 德政을 베풂으로써 王家의 천하통치권을 자손만대 계승해 나가도록 당부한다. 즉, 王室에 대한 孝를 천하(통치권)에 대한 忠의 기본출발점으로 인식·강조하는 것이다.

특히, 平王은 왕실의 東遷에 지대하게 공헌한 晋 文侯에게, '文武를 법삼아 先王께 孝道하라.'고 칭송하는가 하면, 成王의 遺命을 받들어 宗

---

40) 예컨대, 尙書의 金縢·大誥·酒誥·顧命편 등을 참조.

親의 公卿諸侯가 어린 康王의 즉위를 보필하면서 '두 마음 없는 신하(즉 一心의 忠臣)가 王家를 보전할' 것이라고 맹세하기도 한다.[41] 또한 공자는 일찍이 書經의 말을 인용하여, '오직 孝로써 출발하여 형제에게 우애하고, 나아가 이를 나라와 천하의 정치에 베푸는' 것도 또한 정치하는 것이라고 강조하였다.[42] 이들은 모두 王室의 가족적 孝가 천하의 정치적 忠으로 직결함을 간명하게 웅변한다.

일찍이 夏代의 聖王으로 칭송받는 舜은, 부친(瞽瞍)이 완고한 맹인이고 모친은 시끄러운 수다쟁이이며 이복동생은 오만하기 짝이 없는 가정환경 속에서도, 화해와 돈독한 孝誠으로 감화시켰다. 그래서 그들이 누구도 간사한 죄악에 이르지 않게 잘 다스린 덕성으로 말미암아, 舜은 堯로부터 천자의 지위를 禪讓받았다고 한다. 한편, 周公은 武王을 계승한 어린 成王을 섭정하면서, 자신이 '유순하고 孝誠스러우며 다재다능하고 귀신을 잘 섬긴다.'고 자부하면서, 사심 없는 衷情을 맹세하기도 하였다.[43] 그런데 여기에서 귀신을 잘 섬긴다는 말 속에는, 뒤에 언급할 것처럼 조상신, 즉 宗廟의 祭祀를 잘 받들어 지낸다는 孝의 의미가 내재해 있다. 이는 바로 孝에 바탕을 두고 忠으로 섭정에 임한다는 뜻이다.

그리고 周公은 나중에 康叔을 衛에 봉하면서 훈계한 康誥에서 明德愼罰의 기본 통치방침을 매우 신신당부하고 있다. 예컨대, 周公은 康誥에서 반드시 처벌할 네 유형의 죄악을 열거한다. 즉, 타인의 재산을 약탈하거나 생명을 살상하여 사회치안을 파괴하는 자, 不孝不友한 자, 국법을 준수하지 않고 별도로 사사로운 명령을 인민에게 布告하여 군주의 통치권에 도전·거역하는 관리, 그리고 자신의 통치관할에 속하는 가정과 나라를 잘 다스리지 못하고 위세와 포악으로 군림하며 王命을 저버리는 제후다. 이러한 자는 단호하게 처형하거나 또는 征討하여야 한다. 여기에서 '不孝不友'罪를 직접 明言하면서, 文王의 법을 따라 즉각 처형

---

41) 尙書, 文侯之命 및 顧命편 참조.
42) 論語, 爲政, §21. 이 구절은 현전하는 古文尙書의 君陳편에 실려 있다.
43) 尙書, 堯典 및 金縢편 참조.

하되, 결코 사면하지 말라고 강조한다. 한편, 忠이란 용어는 직접 거론하지 않지만, 셋째와 넷째의 죄악이 실질상 不忠罪에 해당하기 때문에, 孝와 忠이 동시에 나란히 법규범적 의무로 올랐음을 알 수 있다.

또한 개별로 후술할 바와 같이, 중국 역사상 초유의 중앙집권 절대군주제를 실행한 秦이, 절대 父權을 인정하면서 不孝罪에 대한 私的 처벌 및 公的 형벌을 엄하게 규정한 사실도, 孝와 忠이 규범상 同位임을 명확히 반영해 준다. 漢代에도 이러한 윤리 전통은 그대로 계승한다. 公羊傳에 대한 何休의 注에 보면, "군주를 존경하는 마음이 없고 성인을 비방하며 부모에 불효한 자는 모두 斬刑을 시행하여 梟首에 처한다."는 내용이 나온다. 이는 당시에 시행한 漢律의 직접 인용으로 보인다.[44]

이처럼 周初에는 혈연적 封建制를 근간으로 한 가족주의 통치구조의 성격상, 孝가 지상최고의 윤리도덕이자 통치이념으로 손꼽히고, 忠은 그 안에 자연히 내재할 뿐, 별도의 독자 지위나 개념을 형성하지는 못하고 있는 형편이다. 위에서 대표로 예시한 실질상 不忠罪의 유형에서 볼 수 있듯이, 후대의 忠에 해당하는 실질 윤리도덕이 아직 개념으로 정형화하지 못한 채, 각종 다양한 용어 및 행위유형으로 나타나고 있음을 쉽게 알 수 있다. 周 王室이 公侯나 臣民에게 王命에 복종할 忠誠 의무를 강조할 것은, 봉건제도의 기본성격과 국가조직의 본질상 자명한 일이다.

이러한 기본 특징은 詩經에도 그대로 나타난다. 다만, 역사기술서인 尙書와는 달리 문학적 文體를 취하는 까닭에, 당위규범의 명령이 아니라, 사실적인 묘사나 서술, 또는 소망이나 축원·축복·찬미의 형식으로 표현하는 것이 보통이다. 특히, 조정에서 君臣 상호간이나 외교사절·접대의 宴樂에 쓰거나 宗廟에서 先祖들의 제사에 頌祝하던 雅·頌의 작품 속에는, '孝'의 개념을 구체로 직접 명시하여 孝의 윤리도덕과 통치이념을 강조·부각시키는 경우가 허다하다. 그 중에는 구체로 특정한 王의 孝誠스런 마음이 만민의 모범법칙이 됨을 칭송하거나, 또는 일반보편으

---

44) 漢律, 卷5, 賊律3 (1457면) 참조.

로 군왕의 孝와 德이 천하의 법칙임을 찬미하는 시가 있다. 그리고 魯는 周公이 책봉 받은 국가로서, 禮樂에서 周 王室에 비견하는 수준과 지위를 지녔는데, 魯頌 중에는 僖公의 孝誠스런 덕을 칭송하며 축복하는 시가 두 편이나 들어 있다.[45]

그러나 가장 중요하면서 절대다수의 비중을 차지하는 전형은, 宗廟에 제사지내는 주체(周王)의 선조에 대한 孝心을 칭송하며, 그에 대한 조상들의 祝福을 기술한 내용이다. 특히 小雅의 楚茨(초자)편은 전형적인 祭祀詩의 대표작이다. '孝孫'이 정성스러운 禮儀를 갖추어 '孝祀'를 지내는 모습과, 선조들이 이를 기쁘게 흠향하고 그 보답으로 '孝孫'에게 각종 경사와 복록·만수무강을 하사할 것이라는 축복이 전편을 일관한 주요 내용이다. 이밖에 小雅 文月편은 尹吉甫에게 張仲이라는 '孝友'가 있음을 찬미하기도 한다. 그리고 '孝'라는 용어는 구체로 등장하지 않지만, 邶風(패풍)의 凱風(개풍)편은 거룩하고 착한 모친의 고생에 대한 안타까운 孝誠을 묘사한다. 또 小雅의 蓼莪(륙아)편은, 자신을 양육하느라 고생만 하고 돌아가신 부모에 대하여, 그 昊天罔極의 은혜에 보답할 길 없는 애통한 孝心을 노래하기도 한다.

법규범은 강제적 수단성을 강하게 띤다. 그래서 효와 충 윤리의 법규범화는 보통, 효와 충 윤리의 긍정적 도덕명령을 묵시의 대전제로 삼아, 그를 어기는 不孝·불충의 행위에 부정적 형벌(불이익)을 부과하는 규정 형식을 취한다. 앞의 묵시적 도덕명령은 실제로 禮의 핵심내용을 이루고, 뒤의 명시적 처벌은 刑(法)·律에 규정하는 것이다. 마치 근대 형법에서, 예컨대 "사람을 죽이지 말라."는 소극적 금지명령을 묵시의 전제로, "사람을 죽인 자는 사형, 무기징역 또는 5년 이상의 유기징역에 처한다."는 처벌규정을 두는 형식과 비슷하다. 다만, 충효의 경우 "효도하고 충성하라"는 적극적 정언명령을 전제하는 점이, "사람을 죽이지 말라."는 소극적 금지명령을 묵시의 전제로 삼는 일반 형법과 다르다.

---

45) 詩, 大雅의 下武·卷阿편 및 魯頌의 泮水편 참조.

이러한 규정형식상의 특성을 감안하여, 본서에서는 우선 禮(制)상 孝 윤리의 기본내용과 실정 법제화한 不孝죄를 고찰한다. 이어 忠의 윤리 적 본래내용과 律令상의 불충죄를 살피면서, 중요한 규정은 그 묵시적 도덕명령인 禮制의 내용이나 철학사상의 연원을 밝힌다. 그 다음 節을 바꾸어, 효와 충 윤리의 본질속성과 그 결합에 내재한 통치이념, 그로 말미암는 忠孝윤리의 상호 긴장대립 관계를 차례로 살펴보기로 한다.

2. 孝 윤리의 기본내용

위에서 살펴본 바와 같이, 孝가 封建 宗法제도에서 최고의 윤리도덕 이자 통치이념으로 부각한 것은 지극히 당연한 사리이자 자연스러운 현 상이다. 그러면 孝의 개념 의미는 무엇이고, 그 구체 내용은 어떠한가? 이상에서 고찰한 周初의 문헌상에는, 그 문헌의 기본 성격(詩는 문학작품이 고, 書는 역사기록이라는 특성) 및 고대 문헌의 簡約性·함축성 등의 객관적 제약으로 인하여, 이러한 孝의 구체 개념이 자세히 적히지 않고 있다. 다만 돌아가신 부모님이나 선조에 대한 추모의 정과 정성스런 제사도 孝의 연장으로 몹시 강조하고 있음을 확인할 수 있다. 이는 영혼불멸의 사상과 조상신 숭배의 관념이 보편이었던 고대사회의 종교 성격을 반영 하는 것으로 보인다.

한편, 효는 고대사회에서 최고의 가치관념이자 윤리도덕으로 표방하 였고, 또한 군왕부터 직접 실천하였을 孝는 당시에 매우 일반으로 퍼졌 을 것이므로, 그 구체 내용은 새삼 언급할 필요나 가치도 없을 정도로 누구에게나 명백히 알려졌을 것이다. 물론, 산 부모님을 어떻게 섬긴다 든지, 죽은 조상님을 어떻게 제사지낸다든지, 孝의 구체 내용은 당시의 기본 윤리규범인 禮法(周禮)에 상세히 규정하였을 것이다. 그러나 이런 문헌은 일찍 사라지고 실제 禮法도 점차 문란해졌기 때문에, 그 정확한 내용은 확인할 길이 없다. 즉, 孝가 일상 윤리규범이었던 사실도 효의 구체 내용에 관한 문헌자료의 전승을 끊기게 한 요인이 될 수 있다.

여기에서는 춘추시대 이후 역사기록과, 周禮를 통치이상으로 여긴 공자 및 그 제자(유가)들의 주요한 사상언론, 그리고 漢代에 정리한 유교경전의 내용을 중심으로, 孝의 기본 개념을 정리해 보기로 한다. 이는 漢代 이후 역대 실정법에서 규정하는 孝의 내용과 각종 不孝罪의 직접 근원이 되므로, 법제사 및 법사상에서도 매우 중요한 의미를 지닌다. 그 다음에 唐律을 중심으로 不孝罪의 규정내용을 요약하기로 한다.

(1) 생전 부모님의 봉양

우선, 孝의 문자 象形이 어떻고 어원상 의미가 어찌 되었든 간에, 孝의 기본 개념은 부모님·조부모님을 잘 섬긴다는 의미로 간추릴 수 있다.46) 이 점은 漢代 이후 역대 律令의 법규정 양식에서도 간접 확인할 수 있다. 즉, 부모님을 거론하는 조문에서는 거의 대부분 조부모님을 으레 병칭하는 것이다.(백숙부모는 항상 별도로 분리 규정함) 즉, 조부모님과 부모님은 법의 구성요건상 거의 항상 신분적 일체성을 유지한다. 즉, 전통

---

46) 우선 '孝'의 문자 형상을 보면, '老'의 생략형인 '耂(로)'와 '子'가 위아래로 조합하였음을 쉽게 볼 수 있다. 이는 자식이 늙은 부모님을 떠받드는 모습으로, 부모님을 잘 섬기는 것이라고 풀이한 것이 일반이다.(爾雅, 釋訓:「善父母爲孝」; 說文解字:「孝, 善事父母者, 從老聲, 從子, 子承老也.」) 그러나 '父'를 사용하지 않고 '老'를 취한 문자의 원형에 충실히 따른다면, 반드시 부모님뿐만 아니라 집안의 祖父母님이나 伯父·叔父 등 모든 老人이 孝의 대상에 들어간다고 볼 수 있다. 또한 그 관점도 자손이 노인을 떠받드는 모습이라기보다는, 오히려 노인이 주체가 되어 자손을 짚고 의지하는 형상으로 파악할 수도 있다. 이렇게 보면, 자손이 거동 불편한 집안 노인을 부축한다는 의미가 된다.
    이는 '老'와 본래 같은 의미다. 또한 고대에 상호 통용한 '考'의 문자 구성을, '老'人이 杖(지팡이)을 짚고 있는 모습으로 풀이하는 사실과 비추어 보아도, 상당히 설득력 있다. 즉, 考는 노인이 지팡이를 짚고 있는 모습이며, 孝는 노인이 지팡이 대신 자손을 의지하는 형상이라고 할 수 있다. 물론 이 경우, 자손의 관점에서 보면 노인을 부축하는 의미가 될 것이다.(常用古文字字典, 王延林 編, 上海書畵出版社, 1987년, 482면에 '孝'자조에 인용한 張日昇의 견해 참조.) 그리고 이는 앞서 살핀 바와 같이, 詩經 중에 '孝子'와 함께 '孝孫'의 용어도 빈번히 등장하며, 실제로 고대 대가족사회에서 집안에 부모님뿐만 아니라 조부모님·백숙모 등이 동거하고, 또한 祭祀의 대상도 부모님에 국한하는 것이 아니라, 始祖 이하의 모든 조상님까지 총망라한 역사 사실 등에 비추어 보아도, 충분히 설득력 있는 합리 해석이 된다.

적으로 孝의 기본대상이 부모님과 조부모님이었음은 부정할 수 없는 확실한 사실인 셈이다.

그러면 효의 개념은 구체로 어떠한 내용들을 포함하는가? 효의 기본 내용에 관하여, 일찍이 공자는 '어김이 없는 것'(無違)이라고 단언하면서, 다음과 같이 간단한 개념정의를 부연한 바 있다. "살아 계실 때는 禮로써 섬기고, 돌아가신 후에는 禮로써 장사지내고 禮로써 제사지낸다."[47] 여기에서 효의 대상에는 기본으로 살아 계신 부모님(조부모님 포함, 이하 같음)은 물론이거니와, 돌아가신 부모님까지 당연히 포함함을 알 수 있다. 그리고 그 방법과 내용은 한마디로 '禮'로써 행하는 것이다. 그 禮란 구체로 당시 周初에 자세히 규정했겠지만, 특히 돌아가신 부모에 대한 禮는 흔히 일컫는 喪禮와 祭禮가 될 것이다.

그런데 중요한 사실은, 예의 본질은 禮器나 禮物 등 물질이나 威儀·동작과 같은 외부형식에 있지 않고, 바로 공경심이나 悲哀·사모의 마음과 정신에 있다는 점이다. 따라서 禮로써 부모님을 섬기는 효에서도, 가장 기본이고 중요한 것은 산 부모님에 대한 공경심과 돌아가신 부모님에 대한 비애감·사모심이 된다. 즉, 산 부모님은 공순하게 봉양하고, 돌아가시면 비애로 葬禮 지내고, 服喪이 끝나면 忌日을 잊지 않고 때맞춰 사모하는 마음으로 공경하게 祭禮를 올리는 것이 가장 바람직한 효의 이상이다. 이것이 효의 三道로서, 이 3가지 효도를 다해야만 완전한 孝子라고 할 수 있다.[48] 이제 이를 구분하여 조금 구체로 정리해보자.

우선, 산 부모님에 대한 효는 3종류의 차원으로 나눠질 수 있다. 첫째가 육체적·물질적 봉양이고, 둘째가 소극 차원에서 부모님께 근심걱정 및 치욕·불명예를 끼치지 않는 것이며, 셋째가 적극 차원에서 부모님을 공경·존중하고 나아가 그 명예를 드높이는 것이다. 또 육체적 힘과 물질적 봉양으로 섬기는 小孝, 仁義로써 정신적 수고로움을 아끼지 않는 中孝, 이 양자를 겸비하여 모자람이 없는 大孝로 나누기도 한다.[49]

---

47) 論語, 爲政, §5. 孟子, 滕文公上편에서는 이 구절을 曾子의 말로 인용하고 있다.
48) 禮記, 祭統편 참조.

① 물질 봉양과 육체 시중

물질 봉양과 육체 시중이 효의 필수 불가결한 기본내용임은 새삼
말할 필요가 없다. 그래서 天時를 놓치지 않고 地利를 선용하며, 근면
성실히 생업(고대사회의 농경을 주로 가리킴)에 종사하여, 근검절약으로 부모
님을 부족하지 않게 봉양하는 일이, 가장 평범한 서민의 기본 효로 여
겨진다.50) 그리고 일상생활에서 부모님의 起居와 擧動을 보살피는 육체
시중도 필수적인 효로 간주한다. 예컨대, 겨울에는 따뜻하고 여름에는
서늘하게 거처를 보살피며, 저녁 취침과 아침 기상 시에 문안 올리는
것이 자식의 도리다. 또한 부모님이 분부할 바가 있어 부르시면, 자식은
'예'하는 대답과 함께 즉시 빠른 걸음으로 나아가야 한다. 손에 잡고 있
던 일도 그 자리에 놓고, 입안에 먹던 음식도 뱉으면서, 생각할 겨를조
차 없이 무조건 부름에 임해야 한다.51) 이러한 봉양·시중의 대표적인
예로, 文王이 世子때 王季에게 행한 孝行을 손꼽을 수 있다.52)

평상시의 起居와 음식에 대한 봉양도 중요하지만, 특히 질병이 발생
하거나 노쇠해진 경우의 시중은 더욱 세심한 주의를 다하여야 한다. 음
식과 起居에 더욱 정성을 쏟음은 물론이고, 의원을 청하여 치료하되, 약
물을 복용할 경우에는, 자식이 아무리 존귀한 신분이더라도 친히 약을
준비하여 먼저 맛본 뒤에 올리는 것이 禮에 합당한 효이다. 무엇보다도
특히, 부모님의 질병에 대한 근심과 걱정을 잠시도 마음에서 잊거나 떠
나서는 안 된다. 머리를 빗거나 손질할 여유도 없고, 말과 행동도 시무
룩해지며, 거문고를 손에서 놓음은 물론, 술과 고기의 맛이 변하고, 웃
음이나 노여움도 그칠 정도로, 오직 부모님의 질환을 염려하고 간호해

---

49) 大戴禮記, 曾子大孝편 참조.

50) 孝經, 庶人편 참조.

51) 禮記, 曲禮上 및 王藻편 참조. 이밖에 부모를 시중·봉양하는 사소한 구체 儀節은
    무수히 많은데, 禮記의 각 편에 널리 산재한다. 특히, 曲禮와 內則편에 집중해서 실
    려 있다.

52) 禮記, 文王世子편 참조.

야 한다. 이러한 질병 시중의 대표적인 孝行으로는 武王의 文王에 대한 간병이 전해진다.53)

이러한 물질 봉양과 육체 시중은 너무도 평범하고 당연한 효이기 때문에, 孝經이나 禮書에 그 細節이 적힌 것을 빼면, 공자나 맹자 같은 유가의 대표 사상가들이 직접 나서서 이를 적극 강조하고 권장하는 일은 거의 없다. 다만, 맹자가 소극 관점에서 세속 의미의 다섯 가지 不孝로, 건장한 사지를 놀리거나, 도박·오락·음주를 좋아하거나, 또는 재물 및 처자식에 눈이 어두워 부모님께 대한 봉양을 돌보지 않는 것 등, 세 가지를 거론하는 정도에 그친다.(離婁下, §30) 이는 봉양시중의 효가 중요하지 않다고 하기보다는, 오히려 지극히 일상적인 기본이고, 따라서 가장 중요한 효의 출발점임을 뜻한다.

② 尊敬하는 마음과 공순한 언행

그러나 좀 더 차원 높고 본질적인 효는 단순한 물질적·육체적 봉양만으로는 모자란다. 무엇보다도 부모를 尊敬하는 마음과 공순한 언행이 함께 따라야 한다. 그래야만 형식과 본질, 물질과 마음을 겸비한 봉양으로서 진정한 효가 될 수 있다. 사실 존경심과 공순함이 없는 단순한 형식상의 물질공급과 육신시중은 효가 아닐 뿐만 아니라, 봉양 자체로 인정받기도 어렵다. 그래서 일찍이 공자는 물질 봉양을 효의 전부로 여기던 당시의 기존관념에 대하여, 개나 말도 봉양이 있을 수 있거늘, 인간의 봉양이 공경스럽지 못하다면 이와 다를 게 무엇이냐고 힐난하였다.54) 또한, 일이 있으면 자식이 수고를 하고, 음식이 있으면 부모에게 먼저 바치는 것이 효이냐고 반문하면서, 마음과 정성의 발현인 '氣色'의 효가 정말 어려운 본질적 효라고 강조하기도 하였다.55)

---

53) 禮記, 曲禮 및 文王世子편 참조.
54) 論語, 爲政, §7. 이 의미에 관하여, 개나 말이 주인인 인간에게 犬馬之勞로 봉사한다는 해석(十三經注疏)과, 인간이 개나 말을 사육한다는 견해(朱子集註)가 대립한다.
55) 論語, 爲政, §8. 色의 의미에 대해서도, 자식이 부모의 氣色을 살펴 봉양하는 것이라는 해석(十三經注疏)과, 반대로 자식이 온유하고 기쁜 氣色으로 정성껏 부모를 섬기는 것이라는 견해(朱子集註)가 대립한다.

맹자도 음식만 주고 사랑하지 않으면 돼지를 사육하는 것이고, 사랑하기만 하고 공경하지 않으면 애완동물을 기르는 것이라고 단언한다. 인간관계의 가장 핵심 본질이 恭敬心에 있음을 강조한 것이다.(盡心上, §37) 특히 부모에 대한 효에서 그러함은 물론이다. 왜냐하면, 섬김에는 부모를 섬기는 일이 가장 큰 근본이며, 진정한 事親은 입과 몸을 봉양함(養口體)이 아니라 뜻을 봉양함(養志)이기 때문이다.(離婁上, §19)

요컨대, 부모님을 봉양하는 효는 물질 풍요에 있지 않고, 형편에 맞는 하찮은 음식이라도 기쁜 마음을 다해 바치는 데에 존재한다.[56] 부모의 마음을 즐겁게 하여 그 뜻을 어기지 않으며, 그 눈과 귀를 기쁘게 하고 그 거처를 편안하게 하는 것이, 가장 이상적인 효로 일컬어진다.[57] 반면 아무리 물질 봉양과 육체 시중을 모자람 없이 다한다고 하더라도, 부모를 존경하는 마음과 공순한 기색과 겸손한 언사가 없으면 효라고 할 수 없게 된다.[58] 부모님은 천하보다 더 존귀하기 때문에, 가장 지극한 孝子는 부모님을 극진히 존경하여 천하로써 봉양한다. 보통 사람이 어릴 때는 부모 품을 떠나지 않지만, 좀 성장하면 여색을 사모하고, 결혼하여 처자식이 생기면 처자식에 탐닉하기 마련이다. 게다가 벼슬길에 나가면 군주를 사모하여, 혹시 그의 환심을 사지 못할까 심신을 바쳐 열중하는 것이 인지상정이다. 그러므로 부모님을 생각하고 존경하는 마음은 나이가 들수록 희박해지는 것이 일반 현상이다.

그래서 가장 위대한 효는 종신토록 부모님을 사모하는 것이라고 규정하는데, 그 전형 예로 천자의 신분으로 50세에 이르러서도 부모님을 그리워한 舜이 단연 손꼽힌다. 舜은 남들이 선망하는 명예와 천하를 소유한 부귀나, 堯의 두 딸을 처로 맞이한 美色 등으로도 자기의 근심을 다 풀지 못하고, 오직 부모님께 공순한 효심으로만 안심할 수 있을 정도였다고 한다.[59] 일찍이 공자가 "부모님의 연세는 항상 알고 염두에

---

56) 禮記, 檀弓下편 참조. 孔子家語, 卷10, 曲禮子貢問편에도 같은 내용이 보인다.
57) 禮記, 內則편 참조.
58) 韓詩外傳, 卷9 참조.

두면서, 한편으로 한해한해 수명을 더해 감에 기뻐하고, 다른 한편으로는 점차 노쇠해져 돌아가심에 가까워짐을 두려워해야 한다."고 지적한 것도, 바로 이러한 효심을 일컫는다.(里仁, §21)

③ 근심과 치욕을 끼치지 않음

한편, 부모님을 존경하여 공순하게 섬기는 孝子라면, 부도덕한 행실로 타인의 비난이나 사회의 물의를 일으켜, 부모님께 수치와 모욕의 불명예를 끼치는 일은 없을 것이다. 특히, 순간의 감정을 절제하지 못해 남과 다툼으로써, 윤리도덕의 비난과 법적 형벌을 받는 일은 결코 있어서는 안 된다. 자신이 옳고 남이 그르다는 생각으로 사소한 말다툼에서 비롯하는 폭행투쟁은, 자신의 장래는 물론 부모님과 군주(국가사회)까지 망각한 패가망신의 어리석은 범죄이기 때문이다. 좀 더 폭넓게 일반으로 말하면, 부모님이 자신의 언행에 대하여 근심하거나 염려하는 일이 없도록, 方正한 품행을 유지하는 것이 효의 또 다른 중요한 내용이다.[60]

그래서 공자는 일찍이 부모가 자식에 대해서 오직 그 질병만을 근심하는 것이 효라고 정의하였다.[61] 또한 부모님이 계시면 오래도록 멀리 떨어져 있지 아니하고, 外遊할 때는 품행을 方正히 지님은 물론, 반드시 그 소재를 밝혀서 부모님께 걱정을 끼치지 않아야 한다고 강조하였다.[62] 그리고 閔子騫의 孝行은 남들이 그 부모형제를 비방하거나 욕하는 일이 없을 정도로 方正하다고 칭송하기도 하였다.[63] 따라서 부모님

---

59) 孟子, 萬章上, §4·§1 및 告子下, §3 참조.

60) 禮記, 曲禮上; 大戴禮記, 曾子立孝; 荀子, 榮辱 참조.

61) 論語, 爲政, §6. 이 해석과 관련하여, 자식이 부모의 질병을 근심하는 것이 효라고 해석하는 유력한 반대견해가 있다. 康有爲, 論語注, 中華書局, 1984년, 20면 참조.

62) 論語, 里仁, §19. 여기의 方은 품행의 方正과 方所(소재)의 두 의미로 해석이 가능하다. 禮記, 曲禮上편의 구절은 후자 의미에 가깝게 풀이하는데, 그러나 그 자체가 실질상 품행의 方正性을 겸유한다.

63) 論語, 先進, §4. 본문의 해석은 十三經注疏의 견해를 따른 것인데, 朱子는 '부모형제가 그의 효행을 칭송하는데도, 남들이 모두 믿고 다른 말을 꺼내지 않는다.'는 의미로 해석한다. 어떻게 해석하든, 타인이 부모형제를 불신하거나 비방하는 불명예가 없는 것이 그의 효행이라는 사실에는 대체로 일치한다.

으로부터 타고난 육신을 훼손하지 않는 것이 효의 시작이다.64) 반면, 육체의 욕망과 물질 향락에 탐닉하거나, 武勇을 좋아하고 투쟁을 일삼아, 부모님을 욕보이는 일은 중대한 不孝가 된다.65) 특히, 상급자로서 교만하여 패가망신에 이르거나, 하급자로서 소란을 피워 형벌을 당하거나, 동료들과 말다툼으로 폭행살상에 이르는 자는, 비록 매일 세끼를 천자의 음식으로 공양하여도 不孝를 면할 수 없다.66)

④ 부모님의 不義에 대한 간언

부모님을 욕보이지 않는 효는, 이처럼 자식이 소극으로 부도덕한 비행을 범하지 않음으로써 저절로 이루어진다. 그러나 한편 좀 더 적극의 관점에서 보면, 부모가 혹시 불합리하거나 부도덕한 행실이 있을 경우, 자식이 이를 道理로써 공경스럽게 간언하여, 부모님 당신이 직접 치욕스러운 불명예에 이르지 않도록 하는 일도, 매우 중요하고 차원 높은 효가 된다. 그래서 일찍이 공자는, 부모님을 섬김에는 은미하고 완곡하게 간언하되, 부모님께서 이를 받아들이지 않거든 더욱 공경하여 거스름 없이 거듭 간언하며, 수고로움을 원망하는 일이 없어야 한다고 강조한 바가 있다.(里仁, §18) 이를 禮記에서는 좀 더 상세히 부연 해설한다.

"부모님께 허물이 있으면, 心氣를 가라앉히고 기쁜 안색과 부드러운 언성으로 간언하되, 만약 간언이 받아들여지지 않으면, 더욱 공경과 효성을 더해야 한다. 기뻐하시면 다시 간언하며, 기뻐하시지 않더라도 부모님으로 하여금 동네이웃과 지방에서 불명예스런 罪過를 얻게 하는 것보다는, 차라리 은근하고 완곡히 계속 간언하는 편이 낫다. 그래도 부모님이 기뻐하지 않고 노하여 매질하거든, 피가 흘러도 감히 미워하거나 원망하지 않으며, 더욱 공경과 효성을 다해야 한다."(內則)

그리고 효경에서는 공자의 말을 인용하여, 천자에게 諫爭하는 신하 7

---

64) 孝經, 開宗明義편 참조.
65) 孟子, 離婁下, §30 참조.
66) 孝經, 紀孝行편 참조.

인만 있으면 비록 포학무도하더라도 천하를 잃지 않고, 선비에게는 諫爭하는 벗 하나만 있으면 덕망을 잃지 않듯이, 부모에게 諫爭하는 자식이 있으면 종신토록 불의의 죄악에 빠지지 않는다고 강조한다. 부모님의 不義를 보면 자식은 諫爭하지 않을 수 없다. 만약 諫爭하지 않고 부모님의 명령에 맹종하여 죄악에 이르게 하면 효라고 할 수 없다.[67]

순자는 진일보하여 인간의 행실을 셋으로 분류하는데, 세속의 보통 孝弟는 小行에 불과하며, 군주와 부모님께 맹종하지 않고 道와 義를 따르는 것이 大行이라고 규정한다. 아울러 孝子가 부모님의 명령에 순종하지 않는 세 가지 경우를 거론한다. 순종하면 부모님이 위태롭거나 치욕스럽거나 야만인이 되고, 반대로 복종하지 않으면 부모님이 편안하고 영예스러우며 문화인이 되는 상황이 그것이다. 이러한 경우에는, 그 명령에 복종하지 않는 것이, 곧 孝子의 衷情이고 道義이자 恭敬이 된다. 따를 만한 명령에 순종하지 않는 것은 자식이 아니지만, 따라서는 안될 명령에 맹종하는 것은 자식으로서 효가 아니다. 그러므로 순종할 만한 명령인지 그 道義를 밝게 살펴서, 공경스럽고 충실하게 삼가 실행하는 것이 진정한 大孝가 된다.(子道편)

그래서 曾子가 부친의 몽둥이를 맞고 실신하였다가 깨어난 행실은 효가 아니라고 비난받는다. 舜처럼 부친의 작은 회초리는 맞지만 큰 몽둥이는 피하고, 부친이 분부하러 찾을 때는 항상 곁에 있지만, 죽이려고 찾을 때는 근처에 얼씬도 하지 않는 행위가 진정한 효라고 칭송받는다. 자신의 몸을 부모님의 불합리하고 포학한 분노에 잠시 맡겨 크게 다치거나 죽으면, 부모님을 不義의 죄악에 빠뜨리는 꼴이 되기 때문이다.[68]

또한 부모님의 작은 허물에 대하여 원망하는 것은, 자식 개인의 격정과 분노이기 때문에 不孝가 되지만; 반대로 부모님의 큰 허물에 대해서도 서운하고 못마땅한 원망의 뜻을 표현하지 않는 것은, 혈연의 親情을 더욱 소원하게 만들기 때문에, 역시 마찬가지로 不孝가 된다.[69]

---

67) 孝經, 諫爭편 참조. 또한 荀子, 子道편에도 비슷한 내용이 나온다.
68) 孔子家語, 卷4, 六本편 및 韓詩外傳, 卷8 참조.

요컨대, 자식은 원칙으로 부모님의 뜻을 먼저 살펴서 받들어 행하되, 그 뜻과 명령이 부당하고 불합리한 경우에는 道와 義로써 諫爭하여, 부모로 하여금 道에 순응하고 倫理에 어긋나지 않도록 하는 것이, 군자의 진정하고 위대한 효가 된다.[70] 흔히 孝를 道와 결합하여 '孝道'라고 일컫는 것도, 어쩌면 이러한 의미맥락에서 연유한 것으로, 그 함축 의미가 상당히 심오하고 당연함을 알 수 있다. 그래서 큰 뜻을 세우고 학문을 닦아서, '道를 행함'으로써 후세에 훌륭한 명성을 날리는 일이, 부모님을 영광스럽게 하는 가장 위대한 효의 궁극완성이 되는 것이다.[71]

(2) 사후 부모님의 상례와 제례

돌아가신 부모님께 喪禮와 祭禮로써 사모하고 섬겨야 함은 이미 언급했다. 비록 구체 방법과 내용은 다를지라도, 공경과 정성의 禮로써 모셔야 함은, 산 부모님께 대한 효와 죽은 부모님께 대한 효가 기본상 마찬가지다. 그래서 '죽은 부모님 섬기기를 산 부모님 섬기듯 한다.'는 보편 명제까지 나온다.[72] 喪禮와 祭禮의 기본정신은 이미 언급한 바와 같거니와, 구체 방법과 사소한 예절은 禮記와 특히 儀禮에 상세히 적혀있다.

① 장례와 三年喪

죽은 부모님께 대한 효의 기본 출발점이자 가장 중요한 내용은 이른바 三年喪이다. 이것이 공자를 비롯해 유가가 일관하여 주장하는 지론임은 주지의 사실이다. 이미 전술한 거처럼, 공자는 三年喪의 당위성을 자식이 태어나서 부모님 품에 3년간 자란 은혜에 대한 보답의 道理로 설명하였다.

한편, 맹자는 葬禮의 기원과 필요성에 관하여, 시체를 그냥 내버리는 경우, 짐승이나 곤충이 침식하거나 또는 저절로 부패하는 참담한 모습

---

69) 孟子, 告子下, §3 참조.
70) 禮記, 祭統편 및 大戴禮記, 曾子大孝편 참조.
71) 孝經, 開宗明義편 참조.
72) 左傳, 哀公 15年; 禮記, 祭義; 中庸, §10 등 참조.

을 어진 '孝子'가 차마 볼 수 없기 때문에, 이를 매장하게 된 것이라고 설명한다.(滕文公上, §5) 또한 천하의 어떠한 것을 위해서도, 부모님의 葬禮를 인색하게 치르지 않는 것이 군자의 효라고 강조하기도 한다.[73]

한번은 어떤 제자가 공자한테 죽은 자의 영혼이 知覺이 있는지에 대하여 물었다. 만약 죽은 뒤 영혼이 있다고 하면, 孝子가 부모님의 시신을 차마 매장하지 못하거나, 무리하게 葬禮를 치르고 식음을 전폐하며 服喪하여, 그 결과 죽은 부모가 산 자식을 해치게 될 것이다. 반대로 없다고 하면, 不孝子가 부모님의 시신을 葬禮지내지 않고 내버릴 것이다. 그래서 진퇴양난에 빠질 수 있기 때문에, 공자는 두 가지 폐단을 모두 염려하여 직접 明言으로 답변하지 않았다는 故事가 전해지기도 한다.[74]

② 제례

한편, 3년상이 끝난 뒤 忌日을 지켜 제사를 지내는 일은, 특히 시경에서도 자주 나오고 강조하는 것처럼 아주 중요한 효다. 제사란 본질상 효를 밝히고 권장하는 禮制다.[75] 그래서 왕위와 가계를 잇는 군주가 즉위하면, 먼저 后妃를 물색하여 혼인함으로써 종묘의 제사를 받드는 것이 자손의 효도의 기본이며, 나라를 다스리는 모든 禮法의 출발이 된다.[76] 이것이 이른바 奉祀의 효인데, 이는 군주뿐만 아니라 公卿大夫 및 士庶人에 이르기까지 누구에게나 보편으로 요구하는 공통 효다.

그래서 유가의 禮에 의하면, 세 가지 不孝 중에 후손이 없어 家系血統과 조상제사가 끊어지는 것이 가장 큰 죄가 된다. 후손이 없는 경우에는, 舜처럼 부모님께 알리지 않고 처를 취하는 행위도 오히려 죄가 안 될 정도다.[77] 뿐만 아니라 처에게 자식이 없어서 대를 잇지 못하거

---

73) 孟子, 公孫丑, §7 참조. 이 구절은 본래, 財富가 없어 棺材를 구할 수 없으면 할 수 없지만, 재력이 넉넉한 경우에는 禮를 갖추어 孝心을 다하는 것이 자식의 도리라는 뜻이며, 결코 무리한 厚葬을 권장하는 것이 아니다.

74) 孔子家語, 卷2, 致思편 참조.

75) 國語, 魯語上편 참조.

76) 左傳, 文公 2年 참조.

77) 孟子, 離婁上, §26 참조.

나, 惡疾이 있어서 조상의 제사를 함께 받들지 못하는 경우에는, 이른바 '七去之惡'에 해당한다. 다만 특별한 예외의 하나로, 남편과 더불어 시부모의 3년상을 치른 경우에는 '三不去'의 사유가 된다.[78]

제사를 받드는 효가 이처럼 중대하기 때문에, 일찍이 공자는 제사에 致誠한 禹임금을 극찬했다. 자신은 거친 음식을 먹으면서 귀신에게 '孝誠'을 다하고, 남루한 의복을 입으면서 祭服 등 예복에 아름다움을 다하여, 그 덕이 위대하다고 극구 칭송한 것이다.(泰伯, §21) 禮法에 의하면, 궁궐을 건축할 때에는 제일 먼저 종묘를 지으며, 祭器를 완성하기 전에는 일상 器物을 만들지 않고, 옷을 준비할 때에는 祭服을 먼저 만든다. 아무리 가난해도 祭器는 결코 팔 수 없으며, 아무리 추워도 祭服을 평소에 입어서는 안 된다. 또한 祭器는 남에게 빌려줄 수도 없다. 사대부가 부득이 고국을 떠나는 경우에도, 祭器는 국경을 넘을 수 없으며, 자기와 동등한 신분의 친구에게 맡겨야 한다. 그리고 군주나 사대부 모두 원칙상 망명할 수 없다. 군주가 망명하려는 경우에는 어떻게 사직을 떠날 수 있느냐고 만류하고, 대부의 경우에는 종묘로써, 그리고 士의 경우에는 조상의 분묘로써, 망명을 단념하도록 최대한 설득해야 한다.[79]

③ 상례와 제례의 정신 : '愼終追遠'

돌아가신 부모님께 대한 喪禮와 祭禮에서도, 물론 효의 핵심 본질은 형식이 아닌 정신에 있다. 애통한 마음으로 삼가 喪禮를 치르고, 부모님을 잊지 않고 추모하는 마음으로 때맞춰 제사를 지내는 것이, 이른바 '愼終追遠'의 근본이다. 특히, 3年喪 동안에는 그 기간이나 형식보다도, 부모님의 생전의 道와 뜻을 어기거나 바꾸지 않고 그대로 지키는 것이 가장 중요한 효다.[80] 군주 같은 통치자의 신분인 경우에는, 先王의 신하나 정치를 바꾸지 않고 계속 유지하는 것이 진정으로 위대한 효다.[81]

---

78) 大戴禮記, 本命편 참조.
79) 禮記, 曲禮下 및 王制편 참조.
80) 論語, 學而, §11 및 里仁, §20 참조.
81) 論語, 子張, §18 참조.

武王과 周公은 이처럼 先王의 뜻을 잘 계승하고 그 政事를 잘 발전시킨 '통달한 효도'의 전형으로 손꼽는다.[82] 부모님의 喪服을 입고 있는 동안에 혼인할 수 없음은 물론이다. 그러나 納幣하고 吉日을 이미 택한 뒤에 일방의 부모님이 사망한 경우에는, 三年喪을 마칠 때까지 혼례가 멈춰진다. 親迎 도중에 신랑의 부모상이 발생하면 신부가 喪服으로 바꿔 입고 服喪하지만, 신부가 부모상을 당한 경우에는 도중에 친정으로 되돌아가 服喪하여야 한다.[83]

제사 때에는 반드시 먼저 3일간의 沐浴齋戒를 행하는데, 이 기간에는 오직 부모님의 생전 거처와 웃음·말씀·생각·뜻 및 부모님이 좋아하고 즐긴 것만을 생각한다. 祭日에 이르러서는 부모님이 바로 그 자리에 계심을 눈으로 보고, 그 음성이 울림을 귀로 듣는 듯이, 항상 마음에서 잊지 않고 공경과 정성을 다한다. "제사 지낼 때는 조상님이 앞에 계신 것처럼, 신께 제사 지낼 때는 신이 강림하신 것처럼 모신다.(祭如在, 祭神如神在. 論語, 八佾편)"는 공자 말씀처럼, '念親'이 가장 중요한 孝心이다. 文王은 제사를 지냄에 죽은 부모님 생각하기를, 마치 자신이 더 이상 세상에 살고 싶지 않은 마음이 들 정도로 간절하였다고 한다. 제사는 喪의 연장이나 다름없어서, 忌日을 終身의 喪이라고 일컫는다. 또, 돌아가신 뒤의 喪禮와 祭禮는 산 부모님께 대한 효의 연장이므로, 3年喪과 제사도 終身토록 산 부모님 봉양하듯 공경과 정성의 禮를 다해야 한다.[84] 梁武帝는 본디 건장했는데, 부친상 소식을 듣고 荊鎭서 京都까지 달려온 뒤 친지들도 알아보지 못할 정도로 몰골이 상했고, 哭을 할 때마다 피를 몇 되씩 쏟았다고 한다.[85]

요컨대, 살아서는 친애와 공경으로 섬기고, 돌아가신 뒤에는 비애와 정성으로 사모하는 것이, 자식의 부모님께 대한 근본 道理이자 孝行의

---

82) 中庸, §19 참조.
83) 禮記, 曾子問편 참조.
84) 禮記, 內則 및 祭義편 참조.
85) 梁書 권3, 本紀第3, 武帝下편 참조.

완성이다. 다시 말해, 起居에 시중들 때에는 공경을 다하고, 衣食을 공양함에는 즐거움을 다하며, 질병을 간호함에는 근심을 다하고, 服喪 기간에는 애통함을 다하며, 제사지낼 때에는 엄숙함을 다하는 것이, 효자가 부모님을 섬기는 기본 정신이다.86) 그러나 가장 중요한 효는, 돌아가신 뒤에 昊天罔極의 비통한 심정으로 사모하고 제사지내는 것보다, 누추한 衣食으로나마 살아계실 때 정성과 공경을 다해 섬기는 일이다. "나무가 고요하고자 하나 바람이 그치지를 않고, 자식이 봉양하고자 하나 부모님이 기다리지 않는다.(樹欲靜而風不止, 子欲養而親不待.)"는 옛사람의 탄식은, 孝 윤리의 중요성을 일깨우기에 모자람이 없을 것이다.

3. 不孝의 罪

그러면 이제 唐律을 중심으로 역대 실정법이 규정하는 不孝의 罪를 간추려 정리해 보자.87)

'불충'의 죄와 달리, '不孝'의 죄는 일찍이 周初부터 일반개념으로 자주 등장한다. 秦漢 이후에는 律令체계에 본격 편입하여, 北齊律부터는 특히 十惡의 하나로까지 개념 규정하기에 이른다. 다만, 漢律 이래 '不敬'의 죄명이 실질상 不忠의 죄에 해당한다. 그러나 十惡에서 말하는 '不孝'죄가 모든 不孝의 죄를 총망라하는 것은 아니기 때문에, 개념상의 혼동을 피하기 위하여 용어사용을 구분할 필요가 있다. 여기서는 史料나 法典에서 '不孝'의 이름으로 직접 일컫는 경우에는 협의의 '不孝죄'로 표기하고, 모든 유형의 不孝 행위를 포괄해 지칭하는 일반 不孝의 개념은 광의의 '不孝의 罪'라고 적기로 한다. 특히, 十惡의 하나로 규정한 '不孝'죄는 특정 고유 죄명이므로, 다소 유의할 필요가 있다.

---

86) 孝經, 喪親 및 紀孝行 참조.

87) 林咏榮, 唐清律的比較及其發展, 381-7면에서는 唐(宋)律과 (明)清律상의 각종 不孝罪에 관한 규정을 '父子有親'이라는 제목 아래 일목요연한 도표로 대비하고 있다. 范忠信·鄭定·詹學農, 情理法與中國人, 107-129면에서는 '孝道와 刑法'이라는 章을 설정하여, 각종 중요한 不孝罪를 역대 주요 律文규정과 사례를 인용하여 해설하고 있다.

특기할 만한 점은, 효의 대상이 반드시 '부모님'에 국한하지 않고, 조부모님은 물론, 伯叔父母 등과 같은 대가족 공동체 안의 모든 尊長을 널리 포괄하는 점이다. 적어도 한대 이후 律令上으로 부모님과 함께 병칭하는 조부모님은 직계 존친속으로서 효의 직접 대상에 포함함이 분명하다. 문제는, 부모·조부모님과는 다소 경중을 달리하지만, 이들의 후순위에 나오면서, 親疏에 따라 체감하는 형벌로 나란히 함께 규정하는 伯叔父母 등 期親 이하 五服親[방계친]에 대한 범죄도, 넓은 의미의 不孝의 죄에 포함시킬 수 있는지 여부다. 전통 禮法에 공통하는 기본특징인 尊卑上下의 질서에 관한 가족주의 윤리 자체를 가장 넓은 의미의 효, 즉 孝悌의 개념으로 파악할 수도 있다. 다만, 律令에서 이들 신분 대상을 개념상 엄격히 구분하고, 그에 대한 법적 효과의 경중도 친소에 따라 상당한 차이를 두고 있다. 여기서는 편의상 일반 관점에서 부모님과 조부모님(曾高祖도 포함함. §52)께 대한 효를 중심으로 서술하기로 한다.[88]

(1) 惡逆

惡逆은 十惡 중 넷째로 등장하는 죄로서, 일곱째에 규정하는 특정의 '不孝'죄보다 훨씬 우선한다. 물론 惡逆에는 조부모님이나 부모님을 구타 또는 謀殺하는 不孝행위 뿐만 아니라, 백숙부모 등 가까운 친족을 살해하는 범죄도 포함한다. 따라서 부모·조부모님만으로 그 대상을 한정하는 '不孝'죄의 특별범죄라기보다는, 가족공동체 질서의 孝悌倫理 전반에 대한 가장 중대한 악질 범죄라고 여겨진다. 그러나 부모·조부모님께 대해서는 단순한 구타 및 살해의 모의만으로도 惡逆罪가 성립하는 점에서, 기타 친족에 대한 살해완성의 요건과 현격한 차이가 있다.[89]

어쨌든, 부모·조부모님께 대한 惡逆의 범죄는, '不孝'죄 중에서 특별

---

88) 秦律에도 高大父母[증조부모]에 대한 범죄행위는 大父母[조부모]에 준하여 처벌한다는 유권 해석이 보인다. 秦簡, 法律答問, 184면 참조.
89) 漢律은 부모에 대한 구타죄를 梟首로 규정하는데, 唐律은 梟首가 없고 斬刑이 최극형이기 때문에, 실질상 동등한 입법인 셈이다. 漢律, 卷5, 賊律3, 1457-8면 참조.

히 악질인 반역 행위를 별도로 떼어내 독립 규정한 것이다. 가족 내의 악역죄는 국가에 대한 謀反大逆과 마찬가지로, 가장 중'大'하고 '惡'질인 반'逆'행위라는 점에서 일맥상통한다. 즉, 惡逆은 '不孝'죄의 특별범죄이며, '不孝'죄는 일반 不孝의 죄 중 중대한 행위를 특별히 유형화한 특정 고유명사의 범죄에 속한다. 마치 謀反大逆이 '大不敬'죄의 특별범죄이며, '大不敬'죄는 일반 불충·불경(예컨대, 관리의 직책상 불충실)의 죄 중 중대한 행위를 특별히 유형화한 별도범죄에 해당하는 것과 같다.

특기할 만한 사실은, 부모·조부모님 등 緦麻 이상 尊長의 시체를 훼손하거나, 火葬 및 水葬 또는 遺棄하는 행위가 鬪殺罪에 의하여 惡逆에 해당하고, '不待時'의 斬刑으로 卽決한다는 점이다. 다만, 부모님 등의 유언에 의하여 水葬·火葬하는 것은, 본인의 의사와 親權의 존엄을 중시하여 예외로 처벌하지 않는다.(§266)[90] 그리고 악역죄 중에서도 백숙부모 등 近親을 謀殺하는 범죄는 賊盜篇에 일반규정이 독립으로 존재한다.(§253) 부모·조부모에 대한 謀殺行爲는 별도의 규정이 없고, 다만 鬪訟篇에 욕설(폭언) 및 구타의 죄만 언급하는 점도 눈에 띈다.(§329)

文理解釋상 백숙부모 등의 謀殺罪가 斬刑에 해당하고, 부모·조부모님께 대한 욕설과 구타가 각각 絞刑 및 斬刑에 속하기 때문에, 이들보다도 더 중대한 범죄로서 더 이상 가중할 형벌이 없는 부모·조부모님 모살 행위는, '勿論' 별도로 규정할 필요조차 없을 것이다. 이는 謀反大逆罪를 斬刑으로 명문 규정하고 있는 사실과 대비해 보면, 부모·조부모님 모살 행위가 더욱 중대한 反逆行爲임을 반증해 준다. 사회의 당위 규범에 속하는 군신관계에는 저항혁명이나 반역반란이 발생할 가능성이

---

90) 일찍이 南朝 宋 때 한 사람이 잔치 집에 가서 술 마신 뒤 돌아와 병들어 독충을 토하고 죽었는데, 임종에 처에게 자기 배를 갈라 병의 원인을 확인하도록 유언하였다. 이에 처와 아들이 배를 갈라 오장이 모두 문드러진 상태를 보았는데, 이것이 불효죄 등으로 문제가 되었다. 劉勰은 유언에 의한 것이고 그 본심이 잔인하지 않으므로 정상을 참작하여야 한다고 의론하였다. 그러나 顧覬之는 "작은 人情을 허용하지 말고 큰 法理로써 처단하여야 한다."고 주장하여, 결국 자식은 不孝, 처는 不道罪로 엄형에 처한 적이 있다. 南朝宋會要, 刑, 律令條(613); 通考, 卷169, 刑考 8, 詳讞(1468上); 宋書, 卷81 및 南史, 卷35의 顧覬之傳 참조.

비교적 존재한다. 하지만 자연스런 존재윤리에 속하는 혈연의 부자관계에서 謀殺이 생긴다는 것은 정상의 사고와 정신으로 도저히 상상할 수조차 없는 불가능에 가깝다. 그래서 疏議에서도 昊天罔極한 부모님의 은혜를 망각하고 인간의 윤리[人理]를 끊어 버리는 '窮惡盡逆'이라고 규정한다.[91] 범죄의 발생가능성에 반비례하여 비난가능성이 커진 것이다.

(2) '不孝'

'不孝'죄는 부모·조부모를 잘 섬기지 않는 행위 중, 죄질이 비교적 중대한 것을 따로 가려내 일반개념으로 유형화한 대표적인 不孝의 죄다. 그런데 '不孝'죄에 속하는 행위들은 '大不敬'죄와 대비해 보면, 그 죄질과 형량 및 부수적인 법적 효과 면에서 서로 그리 대등하지도 않으며, 다소 가벼운 것이 일반이다.

첫째, 부모·조부모님을 고소·고발(誣告도 포함함은 勿論해석상 당연한데, 明清律에서는 개별로 차등화하고 있음)하거나(§345), 저주하거나(§264), 욕설(폭언)하는 행위(§329)가 가장 중대한 범죄로, 絞刑이나 流二千里에 해당한다.[92] 그런데 唐律上 처가 夫나 夫의 조부모를 고발하는 죄는, 비록 사실에 부합하더라도 徒2年에 처한다는 명문규정이 있는데, 유독 夫의 부모님을 고발하는 죄는 빠져 있다(§346). 이는 처나 첩이 부의 조부모·부모님께 욕설하는 죄를 나란히 徒3年으로 규정하고(§330), 기타 조문에서도 부모님과 조부모님을 병칭하는 것이 보통인 唐律의 형식에 비추어

---

91) 그러나 비애롭게도, 北宋 仁宗 嘉祐 5年(1060) 한 해에 생긴 (처리한) 死刑 범죄 2560건 중, 부모·백숙부모·형제·형제의 처·처·처의 부모·남편 등을 살해한 '惡逆'罪가 140건이나 되어 전체의 5.5%를 차지한다는 통계는, 骨肉相殘의 잔인한 人心과 각박한 풍속의 단편을 반증한다. 通考, 卷167, 刑考6, 刑制條(1448上) 참조.

92) 일찍이 南朝 宋代에 아들이 자기 처와 함께 모친께 심한 욕설을 퍼부어, 그 모친이 분함을 이기지 못하고 자살한 사건이 발생하였다. 나중에 사면령이 내려졌어도 아들은 욕설죄[棄市]보다 무거운 구타 및 殺傷의 죄에 준하여 梟首에 처하고, 처(며느리)는 血親이 아닌 정상을 참작하여 사면령에 의한 감형처분을 내렸다. 宋書, 卷54, 孔季恭傳; 南史, 卷27, 孔靖傳; 南朝宋會要, 刑, 律令條(614면); 通考, 卷169, 刑考8, 詳讞(1467下); 折獄, 卷4, 議罪, §82 등 참조.

볼 때, 명백한 律文의 흠결이 틀림없다. 당률의 完整한 체계를 손상시키는 玉의 티와 같은 누락인데, 다만 律 전체의 체계를 해석하는 실질 논리상으로는 별 문제가 생기지 않는다. 왜냐하면, 후술할 바와 같이, 律文에 正條(개별 구성요건)가 없는 경우, 범죄를 구성하는 행위요건은 가벼운 것으로써 무거운 것을 포함한다는 논리 당연한 '勿論解釋'의 원칙이 名例律(§50)에 뚜렷이 정해져 있기 때문이다. 따라서 좀더 疏遠한 夫의 조부모님을 고발하는 게 죄가 된다면, 그보다 더 친근한 夫의 부모님은 말할 것도 없기 때문이다. 이는 夫 자신의 조부모님 및 부모님께 대한 고발이 똑같이 絞刑에 해당하는 일반규정에 비추어 보아도, 형평에 맞는 比附[유추]해석이 된다.93)

한편, 저주로써 살상을 꾀한 경우에는, 그 결과 발생의 여부와 관계없이 직접 謀殺罪로 논하기 때문에, 惡逆에 해당하여 斬刑이 된다. 특히, 고소·고발의 죄는 전술한 親屬相容隱의 법과 상호 표리관계를 이루는데, 자식이 부모님의 죄악을 숨겨주는 것이 정직한 미덕이라고 칭송하는 유가 사상 및 禮의 정신이 법에 그대로 이어진 것이다. 즉, 부모님께 과실이 있으면 효성과 공경을 다하여 부드럽게 諫爭함으로써, 부모님을 죄악에 빠뜨리지 않도록 하는 것이 효윤리의 기본내용인데, 하물며 그 허물을 드러내 적극 죄악과 형벌을 받도록 하는 행위는 不孝 막심한 패륜행위가 된다.

자식이 부모님을 고발하는 행위는 告奸을 적극 장려·강요한 혹독한 秦律에서도 절대 금지하였다. 그 고발은 '非公室告'로서 관가에서 수리할 수도 없으며, 그 고발자는 엄중히 처벌하였다.94) 漢律도 이를 그대로 계승한 것으로 보인다. 일찍이 襄平侯(상평후)의 아들이 謀反한 뒤 들통나자, 그 부친도 모반의 사실을 알았다(知情)고 진술(고발)하였는데, 이에 '不孝'죄를 추가하여 그 妻子 및 동거가족을 모두(그 부친은 면죄) 棄市에 처한 적이 있다.95) 그리고 明淸律에서는, 이러한 범죄가 '명분과 도의를

---

93) 漢律, 卷6, 囚律, 告劾條(1476) 참조.

94) 秦簡, 法律答問, 196면 참조.

범한다'는 뜻에서 '干名犯義'라는 공식 罪名을 붙이기도 하였다.[96] 또한 현행 중화민국 형법(§170)은 直系血親尊親屬에 대한 誣告罪를 일반무고죄보다 그 형의 1/2까지 가중하도록 특례규정을 두는데, 이는 기본상 干名犯義罪의 윤리정신을 계승한 것으로 보인다.[97]

둘째, 부모·조부모님의 생존 중에 호적이나 재산을 달리하는 분가독립행위(§155) 및 부모·조부모님께 봉양을 소홀히 하는 행위(§348)는 효의 가장 기본인 형식상의 禮조차 위반하는 범죄다. 전자는 이른바 '別籍異財'로서 일컬어지는데, 가족공동체를 이탈하고 부모의 통솔권을 背叛하는 행위로서, 내면에 효심이 없고 이념상 名義를 어김이 특히 큰 잘못이다. 그러나 부모님의 喪服을 벗은 뒤에는 형제간에 자유로이 분가할 수 있으며, 이를 방해하는 행위는 국가의 戶口 및 賦稅 행정상 엄격히 처벌한다.(§161) 그리고 봉양 소홀의 죄는, 집안형편이 넉넉한데도 일부러 공양을 게을리 하는 행위를 뜻하며, 또한 부모님의 고소가 있어야만 비로소 처벌하는 親告罪인 점이 특기할 만하다.

셋째, 부모님의 喪중에(조부모님 불포함) 자기 의사로 혼인하거나(§179) 간음하는 행위(§416),[98] 또는 喪服을 벗고 吉事에 종사하거나, 슬픔을 잊고 음악을 연주하는 행위(§120), 또는 조부모·부모님의 喪 소식을 듣고도 이를 감추고 發喪擧哀하지 않는 행위,(§120. '不孝'죄의 일반규정에는 조부모

---

95) 漢律, 卷3, 賊律1, 大逆無道조(1413-4) 참조.

96) 明 成祖 때 설치한 특별정보기관인 東廠이 중기 이후 권세를 남용하여, 정상 司法機構의 직권을 침해하고, 간교하고 가혹한 수단방법을 가리지 않았다. 子弟의 父兄 고발 및 노비나 일반인민의 주인·관원 고발까지 수리하는 폐단이 많았다. 이에 시정을 건의하여 받아들여지기도 하였다. 明會要, 卷67, 刑4, 東廠條(1305) 참조.

97) 이상 부모에 대한 직접 범죄행위에 속하는 '不孝'죄와 惡逆이 가장 중대하고 악질인 불효의 죄임은 물론이다. 이 부류에 해당하는 불효의 범죄는 중화민국과 우리나라 현행 형법에도 상당히 강하게 반영하고 있다. 즉, 직계존속(우리 형법의 경우 배우자의 직계존속도 포함)에 대한 각종 범죄행위를 일반인에 대한 경우보다 상당히 가중 처벌하는 특별규정이 그것이다. 이것이 근대 자유민주주의의 헌법상 평등정신에 어긋나는지 여부에 관한 찬반 논란이 팽팽함은 주지의 사실이다.(劉基天, (改稿) 刑法學(各論講義上), 一潮閣, 1980, 17版, 31-36면 참조). 그 구체 규정내용을 도표로 대비하면 다음과 같다.

제3장 法制化한 통치이념 : 人情과 倫理 193

님과 부모님을 동시에 병칭하나, 개별 규정상 법적 효과는 부모님의 경우 流二千里, 조부모님의 경우 徒1年으로 현격한 차이가 남을 주의할 것) 그리고 조부모·부모님의

		中華民國(臺灣)		韓國		日本	
		일반인	直系血親尊親屬	일반인	直系尊屬	일반인	直系尊屬
殺人		§271. 10년이상·死刑·無期(예비범:2년이하)	§272. 사형·무기(예비범:3년이하)	§250. 사형·무기·5년이상	§250. 사형·무기(배우자의 직계존속 포함)	§199. 사형·무기·3년이상	§200. 사형·무기(배우자의 존속 포함)
傷害		§277. 보통:3년이하(치사:7년이상·무기; 致重傷:3~10년)	§280. 각 1/2까지 가중	§257. 7년이하·10년이하 자격정지·벌금	§257. 1~10년	§204. 10년이하·벌금·과료	해당 없음
		§278. 중상해:5~12년(치사:무기;7년이상)	§280. 각 ½까지 가중	§258. 중상해:1~10년	§258. 2년이상	§205. 상해치사:2년이상	§205. 무기·3년이상
暴行		해당 없음	§281. 1년이하·拘役·벌금(親告罪)	§260. 2년이하·벌금·구류·과료(친고죄)	§260. 5년이하(친고죄)	해당 없음	해당 없음
遺棄		§294.(부양의무자) 6월~5년(치사: 무기·7년이상; 致重傷: 3~10년)	§295. 1/2까지 가중	§271. 3년이하(생명위험:7년이하) §273. 학대:2년이하·벌금	§271. 10년이하(생명위험:2년이상); §273. 5년이하	§217. 일반유기:1년이하; §218. 책임자:3월~5년	§218. 6월~7년
自由妨害		§302. 5년이하·拘役·벌금(치사:무기·7년이상; 致重傷: 3~10년)	§303. 1/2까지 가중	§276. 체포감금:5년이하;§277. 중체포감금:7년이하;§283. 협박:3년이하·벌금·구류·과료(反意思不罰)	§276. 10년이하;§277. 2년이상;§283. 5년이하·벌금(반의사불벌)	§220. 체포감금:3월~7년;§222. 협박:2년이하·벌금;§223. 강요:3년이하	§220. 6월~7년

　　이밖에 중화민국 형법은 직계혈친 존친속에 대한 誣告罪(§169)와 시체·분묘에 대한 침해죄(§247~§249)의 경우, 일반인에 대한 범죄의 형벌보다 각기 1/2까지를 가중 처벌하며, 직계 또는 3親等 이내 방계혈친과 간통(和姦)한 죄를 일반 간통죄(§239. 1년 이하 有期徒刑)보다 무겁게 처벌하는(§230. 5년 이하) 특유한 규정도 있다. (다만 간통죄는 일반이건 친족이건 모두 친고죄다.)

98) 唐律上 居喪姦淫은 일반인은 간음에 비해 2등급 가중 처벌하는 정도에 불과하다. 그런데 漢律은 몹시 엄중하여, 諸侯는 작위를 폐하여 변방에 유배하고, 일반인은 棄市에 해당할 정도였다. 이 죄를 범한 제후는 自殺한 경우가 많았다. 漢律, 卷8, 雜律, 未除服姦條(1520) 참조.

사망을 사칭하여 휴가를 구하거나 부역 등 의무를 회피하는 행위(§383) 등, 부모님 喪禮와 관련한 일련의 범죄가 있다.[99] 사망은 인간의 終身大 事로서, '愼終'을 중시하는 유가사상에 의해 禮에서도 喪禮가 그 과정절 차 등에 관한 규정이 가장 상세하며, 내용 비중이나 분량도 압도적으로 크고 많다. 따라서 법에서도 喪禮에 관한 '不孝'죄의 비중이 높은 것은 당연한 이치다. 물론 服喪 기간은 禮에 의한 27개월(禪祭 포함)의 3年喪이 며, 居喪의 핵심 본질은 '悲哀'에 있다. 특기할 만한 점은, 부모의 喪은 매우 중대한 일이기 때문에, 타인을 골탕 먹이기 위하여 거짓으로 그 부모의 喪을 赴告하는 행위도, 비록 律에는 明文의 개별 규정은 없지만, '不應爲'의 重罪(§450. 杖80)로써 처벌한다는 사실이다.(§383의 疏議問答) 그 리고 일방이 부모님의 喪中인 사실을 알고도 그와 더불어 혼인한 상대 방도, 5등급 감경한 杖1百의 처벌을 받는다. 한편, 喪中의 혼인이 남녀 당사자의 의사가 아니라, 主婚權者인 尊親의 명령에 의한 경우에는, 남 녀의 '不孝'죄가 성립하지 않는다.(§181) 자유와 권리가 없는 곳에는 책 임과 의무도 존재할 수 없기 때문이다.

(3) 부모님 喪과 관련한 일반 不孝의 죄

十惡에 속하는 惡逆과 '不孝'죄 이외에, 일반 不孝의 죄로 우선 부모 님의 喪과 관련한 행위가 중대하다. 부모님의 喪中에 자식을 낳거나(이 는 출산이 아니라 임신을 기준으로 함. §20 참조) 형제가 분가 독립하는 행위 (§156), 관리가 관직을 사임하지 않기 위하여 부모님의 喪을 다른 친족 의 喪으로 사칭하는 행위, 또는 조부모·부모님이나 남편의 喪을 사칭 하여 휴가를 구하거나 부역의무를 회피하는 행위, 이미 사망한 부모님 喪을 사칭하는 행위(§383),[100] 25개월의 正喪(大祥)은 지났지만 27개월의

---

99) 심지어 宋代에는 벽지에서 3년간 관직을 지키는 동안 부친의 사망소식을 못 듣고 전근 온 뒤에야 알아 發喪한 사람에 대하여, "비록 喪을 고의로 숨긴 것은 아니지 만, 3년간이나 부모에게 소식을 통하지 않은 행위가 어찌 孝라고 할 수 있겠느 냐?"면서 해직시킨 사례도 있다. 折獄, 卷4, 議罪, §99 참조.

100) 晋律은 부모님의 喪을 사칭하는 행위가 棄市의 극형에 해당하였다. 일찍이 별세한

禪祭는 아직 해제하지 않은 상황에서 벼슬을 성급히 구하는 행위(§121), 喪中에 각종 오락잡기를 즐기거나 음악을 듣고 吉席에 참여하는 행위(§120. 스스로 吉事에 종사하면 '不孝'죄에 해당함) 등이 이에 해당한다.

왕실조정의 각종 祭禮를 담당하는 관원의 경우, 부모님을 포함한 緦麻親 이상의 喪中에는 吉事인 종묘의 祭祀에 執事로 참석할 수 없다. 다만, 천지와 사직에 대한 제사는 절대 존엄하여 私喪보다 우월하기 때문에 예외로 참석한다.(§101) 그리고 私忌日[제사]을 경건하게 엄수하지 않고 음악을 즐기는 행위도 國忌와 마찬가지로 금지한다(§390). 또한 부모님 喪中의 간음행위를 일반 간음보다 2등급 가중 처벌하는 점도 不孝가 이유임은 물론이다. 다만, 간음 주체의 신분을 개별화하여 喪中의 당사자만 가중 처벌한다.(§416) 明淸律에서는 喪葬을 禮制에 따라 봉행하도록 명문으로 규정하며, 風水地理說 등에 미혹하여 장례를 지연하거나, 喪禮 중 남녀가 혼잡하여 酒肉을 먹는 행위 등을 금지하기도 한다.(禮律, 儀制, 喪葬條)[101]

(4) 기타 不孝의 죄

이밖에도 不孝의 죄에 속하는 행위가 적지 않다. 부모·조부모님이 죄를 범하여 囚禁 중인데 혼인하는 행위는, 부모·조부모님의 형벌경중에 비례하여 처벌한다. 이 경우 당사자의 의사에 의하였으면 당연히 남녀가 正犯이 되지만, 기타 친족이 主婚한 때에도 남녀가 從犯으로 처벌을 면할 수 없다.(居喪婚姻과 이 점이 다르다.) 다만 집안사정 등으로 인하여

부모님의 喪을 거짓으로 發哀한 행위에 대하여, "부모님 喪 사칭죄의 본래 의도[法意]는, 부모님이 생존해 계신데 그 횡사를 감히 발설하는 패역무도한 '情理'에 있기 때문에, 폭언·구타죄와 동일하게 여겨 극형에 처한다."는 法理를 들면서, 단순히 망령스런 과실죄로서 감경 처분한 사건이 있었다. 이는 객관 행위사실보다 주관 情狀을 헤아린 忠恕의 법도로 평가하기도 한다. 折獄, 卷4, 議罪, §80 참조.

101) 일찍이 南朝 宋代에도 葬禮에 위반한 행위를 처벌할 뿐만 아니라, 이웃의 고발을 허용하는 법규정이 행해진 것으로 알려진다. 南朝宋會要, 刑, 律令條 610-1면 참조. 또한 南朝 梁代에는 居喪無禮의 죄목으로 流刑에 처한 사례도 있다. 南朝, 梁會要, 刑, 科罪條(545) 참조.

수금중인 부모·조부모님이 직접 혼인을 명령한 경우에는, 私的 自治와 親權의 존엄성을 감안하여 논죄하지 않는데, 이때에도 令에 의하여 연회는 베풀 수 없다.(§180) 특히, 부모·조부모님이 死罪를 범하여 수금 중인 때에는, 음악을 연주해서는 안 된다.(§121)

또한, 부모·조부모님이 연로(80세 이상)하거나 질병[篤疾]으로 시중·간호를 필요로 하는데, 다른 近親이 없는 경우에는 부모를 떠나 벼슬할 수 없다.102) 만약 府의 正號나 官의 명칭에 부친이나 조부의 諱(휘: 이름)가 들어있는 경우에는, 해당 관직을 임명받아서는 안 된다.(§121. 다만, 일상 문서나 언어상 父祖의 諱에 관한 명문의 규정은 律에 나타나지 않는다.) 부모·조부모님이 타인에게 살해당한 경우, 자손이 가해자와 私和하는 행위는 流二千里의 중대한 不孝의 죄다(§260). 비록 법적으로 적극 복수를 허용하는 명문의 규정은 없지만, 소극이나마 私和를 금지하는 규정은, 禮와법, 人情과 法理의 절충 타협인 셈이다. 私和의 대가로 재물을 받은 경우에는, 별도로 절도죄에 준하여 논죄한다. 또 비록 私和하지는 않더라도, 피살사실을 안 후 30일이 지나도록 관가에 고발하지 않으면, 私和보다 2등급 감경한 형벌에 해당한다.

가장 흔하고 기본이면서 또한 중대한 不孝의 죄로, 부모·조부모님의 훈계명령을 순종하지 않는 '違犯敎令'죄가 있다. 물론, 훈계명령이 사리에 합당하여 복종할 만한 것이어야 하며, 특히 국가의 법을 위반하여 범죄를 구성하는 명령은 따르지 않아도 죄가 되지 않는다.(이 경우 따라서

---

102) 이는 "부모가 80세면 한 아들이 벼슬하지 않고, 90세 이상이면 전 가족이 벼슬하지 않으며, 부모가 심한 질환을 앓거나 맹인인 경우에도 벼슬하지 않고 봉양한다."는 禮記(王制·內則篇)의 사상에 근원한다. 漢代에는 90세 이상인 경우 한 아들이 벼슬하지 않도록 그 부역을 면제해 주며, 80세 이상인 경우에는 두 사람 분의 조세를 감면해 주는 등, 高年과 孝子에 대한 각종 혜택을 시행하였다. 漢律, 卷 14, 戶律 1(1632-3) 참조. 그리고 이러한 정책은 역대 왕조가 기본으로 계승하였다. 전술한 犯罪存留養親法도 이러한 이념의 맥락에서 시행하였음은 물론이다. 唐代의 白判(上) §23에는 70여세 된 부모를 위해 외아들이 벼슬하지 않겠다고 청원하자, 비록 戶役이 줄어들고 政事가 繁忙하다 할지라도, '孝'윤리의 표창을 위해 인정해야 한다고 주장한다.

는 안될 것이다.) 그리고 교화명령위반죄는 봉양해태죄와 마찬가지로 부모의 고소가 있어야 비로소 처벌할 수 있는 親告罪다.(§348. 唐律에서 本罪가 鬪訟篇에 실린 사실은 親告罪인 점과 직접 관련하는 듯하다.)

그런데 자손의 '違犯敎令'죄의 법적 처벌 자체보다 실질상 더욱 중요한 규정은, 교화명령을 위반한 자손에 대한 부모의 私的 처벌이다. 자손의 명령위반죄의 법정형은 唐律이 徒2年, 明淸律은 杖1百에 불과하다. 반면 명령을 어긴 자손에 대해, 부모·조부모님은 살해를 제외한 모든 징계권한을 법적으로 정당하게 향유한다. 명령 위반한 자손을 폭행치사한 경우에는 徒1年半, 흉기를 사용한 致死의 경우에는 徒2年의 처벌이 고작이다.(자손에 대한 일반 고의살해는 이보다 각기 1등급씩 가중 처벌한다.) 명령 위반한 자손을 '法에 의해 처벌하다가 과실로 致死한' 경우에는 완전히 무죄다.(§329. 明淸律에서는 자손의 폭언구타에 대하여 부모·조부모가 폭행치사한 경우에도 무죄라는 명문의 규정이 있는데, 당률도 법리상 마찬가지로 풀이한다.)

여기에서 '法에 의한다'는 내용이 구체로 무엇을 의미하는지 확실하지 않은데, 律 이외에 별도로 슈의 규정이 있었는지 알 수 없다. 그러나 확실한 것은 명령을 어긴 자손에 대해 부모·조부모님이 절대 징계권을 가진다고 법이 부여하고 있으며, '合理的인' 징계처벌 도중에 발생하는 과실치사에 대해서는 면책특권을 인정하는 점이다.(明淸律에서는 부모의 '非理' 구타치사죄를 규정하고 있으므로, '依法'의 과실치사는 '合理'적인 징계에 해당하는 셈이다.) 즉, 부모·조부모님은 명령을 어긴 자손에 대하여 과실치사의 生殺權까지 가진 셈이 된다.103)

---

103) 秦律에서도 자식이 부모 재산을 절도한 경우, 부모가 그를 처벌하다가 살상하더라도, 그 고발을 허용(수리)하지 않는다. 이는 私的 징계에 의한 과실치사를 논죄하지 않는 규정으로 보인다. 그러나 일반 擅殺(무고한 임의 살해: 본디 중국 자전의 독음은 '선살'이나 우리는 흔히 '천살'로 읽음.)은 刺字한 뒤 노역형에 처하는 명문의 규정으로 보아, 生殺權 자체를 인정하지 않음을 알 수 있다. 이는 군주절대권과 국가형벌권의 확립을 반영하는 것이다. 한편, 선천 기형아를 살해하는 행위는 처벌하지 않는데, 단지 자식이 많아 양육하지 않겠다고 살해하는 행위나, 자식이 없어 아우의 아들(조카)을 後嗣로 입양했다가 살해하는 행위 등은 모두 금지한다. 秦簡, 法律答問, 196면 및 181-2면 참조. 漢代에도 서민이 빈곤을 이유로 그

(5) 不孝의 죄에 附隨하는 법적 효과

不孝의 죄와 관련하여 특기할 만한 부수적인 법적 효과로는 官員의 파면처분이다. 즉, 관원이 조부모·부모님 상중에 혼인하거나 자식을 가지거나(출산이 아니라 임신을 기준으로 함) 또는 형제간에 분가 독립하는 경우, 25개월 正喪(大祥)은 지났지만 27개월 禪祭를 아직 해제하지 않은 동안이나 또는 心喪 중에 있는 동안 벼슬을 구한 경우, 조부모·부모님이 연로(80세 이상)하거나 篤疾을 앓고 있어 달리 시중·간호할 친족이 없는데 이를 떠나 관직에 있는 경우, 부친이나 조부의 이름[諱]글자가 들어있는 명칭의 관직에 재직하는 경우 등에는, 본인이 현재 지니고 있는 관직[居官] 중 가장 높은 관직 하나를 파면한다. 勳官을 가진 때에는 그 職事는 면제하되, 職事가 없으면 역시 가장 높은 勳官을 해임한다.(§20) 그리고 부모·조부모님이 사형죄를 범하여 수금중인데 혼인을 하거나 음악을 연주하는 경우에는, 職事官·散官·衛官 및 勳官을 포함한 모든 관직을 파면하고, 3년이 지난 뒤에 비로소 원래 品官보다 2등급 강등하여 다시 敍用한다.(§19)

또 하나의 중요한 부수적인 법적 효과로는, 不孝의 죄가 절대의 고소사유라는 사실이다. 본디 80세 이상이나 10세 이하 및 篤疾者는, 죄를 범하여도 원칙상 형벌을 받지 않는 형사책임무능력자다.(§31) 따라서 이들에게는 본인의 책임무능력에 상응하여, 남의 범죄를 고발할 능력이나 자격도 원칙상 부여하지 않으며, 이들의 고발은 관가가 수리해서도 안 된다. 그런데 謀反大逆 및 謀叛과 함께 자손의 '不孝'죄는 특별한 예외로 이들의 고발도 허용하는 것이다.(§352) 律文의 '子孫不孝'라는 표현이

양육을 기피하기 위해 영아를 살해하는 행위를 일반살인죄와 같이 처벌하였다. "도적이 인민을 해치는 것은 흔히 있을 수 있는 이치[常理]지만, 모친이 자식을 차마 죽이는 행위는 天倫과 人道를 거역하는 중대한 범죄"라고 몹시 중시한 기록이 보인다. 北魏의 鬪律 중에도 "조부모·부모님이 분노로 인하여 흉기를 가지고 자손을 살해한 경우에는 5歲刑에 처하고, 폭행치사나 증오로 살해한 경우에는 1등급 감경한다."는 규정이 나온다.(刑罰志 참조) 이는 秦漢律의 기본원칙을 계승한 법제로 보인다. 漢律, 卷5, 賊律3, 殺子條(1460-1) 참조.

不孝에 관한 죄 일반을 보편으로 포함하는지, 아니면 十惡 중의 '不孝' 죄만 지칭하는지 확실히 알 수는 없다. 謀反大逆 등과 병칭하고, 특별한 예외적 허용이라는 사실의 중대성에 비추어 볼 때, 十惡 중의 '不孝'죄로 이해해야 할 가능성이 높다. 물론 이 경우에도 '不孝'죄보다 더 중대한 '惡逆'은 당연히 포함하는 것으로 물론해석을 해야 할 것이다.

그러나 규범현실에서 '不孝'죄의 개념은 상당히 모호하고, 따라서 탄력성 있게 해석·적용한 것으로 보인다. 그런데, 거의 전시대에 걸쳐 부모님이 자식을 不孝의 명목으로 고발하여 그를 죽여 달라고 청구할 수 있도록 허용한 점이 특기할 만하다. 예컨대, 秦律은 60세 이상 노인이 자식을 '不孝'로 살해할 것을 청원하는 경우, 즉각 체포하도록 규정하였다. 특히, 자식의 발을 잘라 변방에 유배 보내 영원히 그곳을 떠나지 못하도록 요구하는 경우와 함께, 청원하는 告狀 書式이 상세히 전해진다.104) 南朝 宋律에는 "자손이 부모님의 교화명령을 어기거나, 공경스러운 효행을 하지 않아, 부모가 죽이고자 청하는 경우에는, 모두 허용한다."는 명문의 규정이 있었다.105) 특히 淸代에는 부모님한테 不孝한 자식을 먼 변방으로 유배 보내도록 청구할 수 있는 법적 권한이 주어졌다. 그 不孝 사유는 실질상 十惡 중 '不孝'죄에 해당하지 않으면서, 단지 훈계명령 위반이나 음주방탕에 불과한 경미한 경우도 많았다.106)

요컨대, 不孝의 죄는 실정법 규정상으로나 규범현실로나, 부모의 자식에 대한 절대 親權을 보장해 준 家父長制의 대의명분인 셈이다.

---

104) 秦簡, 法律答問(195면) 및 封診式, 遷子·告子條(261-3면) 참조.

105) 南朝宋會要, 刑, 律令條(608) 및 宋書, 卷64, 何承天傳 참조. 한편, 역대로 부모가 자식을 不孝罪로 살해 청구할 수 있는 법제의 악용폐단도 적지 않았다. 특히, 과부나 계모가 타인과 부정한 간통을 은폐하고 안심하기 위하여, 그 자식을 제거하려는 수단으로 악용한 경우가 많았다.(折獄, 卷5, 懲惡篇의 §115·§118 및 同察姦篇의 §139 참조.) 그런가 하면, 가난으로 부모를 봉양하지 못하는 자식에 대한 不孝의 소송도 있었다. 이 경우 재판관이 봉급을 털어 주며 타이르기도 하고, 일시의 분노나 과오로 인한 경우에는, 덕행과 교화가 부족한 탓으로 반성하며, 인륜과 사리로 훈계·설득하기도 하였다.(折獄, 卷8, 矜謹, §267·§268 참조.)

106) 瞿同祖, 中國法律與中國社會, 7-15면 참조.

(6) 無子의 불효 : '七去之惡'과 '七出' 및 '自宮' 행위

전통 禮法에 의하면, 수천 가지 죄악 중 不孝보다 막대한 죄가 없다.[107] 특히, 일반 유가의 不孝罪 중에서는, 후손(자식)이 없어 조상 대대로 전승해 오는 혈통을 잇지 못하고 조상의 제사를 받들지 못하는 죄가 으뜸이다.[108] 그래서 처가 자식을 낳지 못하는 것은, 시부모에게 孝順하지 못한 행위와 더불어, 禮制上 '七去'之惡의 으뜸 요건이다.[109] 역대 律令에서도 '七出'이라는 명칭으로 禮制上의 七去制度를 계승 규정하고 있다. 예컨대, 唐令에서는 '七出'의 사유를 규정하고, 唐律은 '七出'을 義絶事由와 함께 '出妻'의 원칙 요건으로 승인한다. 그런데 특기할 사항은, 唐令에서는 '無子'를 七出의 첫째 사유로 거론한다는 점이다.

또한 律에서는 禮의 적극적 규정방식과 달리, '七出 및 義絶의 사유가 없는데, 처를 축출하는 행위를 처벌한다.'는 내용으로 소극적 관점에서 규정한다.(§189) 이는 국법이 개인의 사적 혼인생활에 최소한도로 간여하고, 당사자의 의사를 최대한도로 존중한다는 의지 표명이다. 즉, 七出은 당위의 명령이 아니라, 자유권한의 부득이한 허용이다. 따라서 남편 집안의 인도적인 배려와 자유의사에 따라서는, 비록 七出의 사유가 있어도 처를 축출하지 않고, 다만 자손생산을 위하여 법적으로 허용하는 妾을 들일 수가 있다.(그러나 義絶은 절대적 강제이혼사유이며, 正妻 명의의 重婚은 법적으로 엄금한 사실을 주의하여야 한다.)

그래서 律에서는 별도로, 嫡妻가 50세 이상이 되도록 자식이 없으면, 庶長子를 嫡子로 세울 수 있다고 규정한다.(§158) 따라서 無子를 이유로 처를 축출할 수 있는 기본 연령조건도 처의 나이 50이 된다. 즉, 49세까지는 자식이 없더라도 처를 축출할 수 없다.(§189. 疏議問答) 그러나 그 이전에라도 妾을 두어 庶子를 낳을 수 있음은 물론이다.

비록 불공평하게 일방적이긴 하지만, 처의 無子가 축출사유인 것은,

---

107) 孝經, 五刑篇 및 呂氏春秋, 孝行篇 참조.
108) 孟子, 離婁上, §26 참조.
109) 大戴禮記, 本命篇 참조.

시부모님(시댁)께 대한 실질상의 '不孝'를 근거로 함이 분명하다. 無子는 자연스런 숙명이기 때문에, 종교상 전생의 業罪에 대한 인과응보의 '天罰'로 인식할 수는 있다. 그러나 인위의 의지 소산은 아니기 때문에, 이를 적극적인 '不孝'죄로 규정하여 강제로 '人罰[형벌]'을 부과할 수는 없다. 그런데 현실에서 인위의 의지로 無子의 不孝를 초래하는 경우에는, 윤리도덕상 죄악이 될 것이다. 스스로 去勢하는 '自宮'행위가 그것이다.

律文上 이에 관한 명시의 규정은 아직 찾지 못했지만, 법제사의 규범 현실에서는 고의의 '自宮'행위를 '不孝'罪로 규정하여 엄격히 禁斷하는 명령조치가 적지 않다. 특히, 明代에는 太祖 때부터 전 왕조시기에 걸쳐 거의 모든 군주가 '自宮'을 '不孝'로 엄금하고, 먼 변방에 유배 보내 充軍[軍役에 충당]시키는 것이 상례였다. 또한 自宮으로 內侍가 되고자 자청하는 자에 대해서는, "조상의 혈통을 끊어 부모에게 不孝하는 잔인한 마음으로, 어떻게 군주에게 충성할 수 있겠느냐?"고 엄하게 호통치고 充軍시키는 경우도 많았다.[110] 이는 곧 管仲이 齊 桓公에게 내시가 되기 위해 스스로 거세한 신하를 절대로 등용하지 말라고 유언한 고사와 비슷하게 상통하는 논리이다. 다만, 관중은 출세를 위해 제 몸을 아끼지 않는 沒人情을 거론한 점이 다소 다른 점이다.

이밖에도 일반 自害行爲는 흔히 부역의 회피와 관련하여 행해지고, 국법에서 처벌하는 것이 상례다. 예컨대, 南朝 宋代에 정당한 이유 없이 스스로 신체를 손상시키는 자는, 특별한 노역형에 처한다는 법규정이 있었다. 그런데 그 自害行爲의 근본원인이, 가혹한 정치로 인민이 그 부담을 감당할 수 없어 비롯하는 자포자기라는 사실을 알아차려, 곧 이를 폐지한 적이 있었다.[111] 그 후 唐初에도 부역을 회피하기 위한 自害의 풍조가 여전히 이어져, 太宗은 이를 법대로 처벌하고 그 부역을 여전히 부과하도록 특별히 명령한 적이 있다.[112] 그러나 같은 太宗 때에 "身體

---

110) 明會要, 卷52, 民政3, 禁自宮條 및 卷64, 刑1, 刑制條(1238) ; 明史, 刑法二 참조.
111) 南朝宋會要, 刑, 律令條(608) 및 宋書, 卷3, 武帝紀下, 永初 3年 8月條 참조.
112) 唐會要, 卷39, 議刑輕重條(708) 참조.

髮膚는 受之父母"라는 명제를 거론하면서, 自害行爲者를 먼저 별도로 곤장 40을 시행한 뒤 본죄를 논하라는 勅令을 내리기도 하였다.113) 이는 명백히 '不孝'罪로 의식하였음을 뜻한다. 唐律에서 부역을 회피하기 위해 질병을 사칭하는 경우와 함께, 自害行爲도 좀 더 무거운 구성요건으로 규정하면서, 그 경우 부역의 회피 유무와 관계없이 똑같이 처벌한다는 별도의 注文을 부기했다. 이는 군주에 대한 '不忠'과 함께, 부모님께 대한 '不孝'를 동시에 징계함을 상징하는 것으로 보인다.(§381)

4. 忠 도덕의 본래 의미

忠이라는 용어가 현전하는 周初 이전의 문헌에 등장하지 않음은 전술한 바와 같다. 문헌상으로는 춘추시대의 역사나 사상철학을 전국 초기에 기록한 춘추의 左傳이나 論語·老子 등에 비로소 충이 등장한다. 그렇다고 周初 이전에 충의 실질 개념조차 존재하지 않는 것은 아님도 또한 이미 언급하였다. 예컨대, 尙書 康誥 편에는 '不孝' 죄와 함께 실질상 '不忠'에 해당하는 죄목이 나란히 나오며, 封建制의 근본이념인 가족주의 효윤리 속에 충의 개념도 함께 녹아 있는 것이다.

특히, 후술할 바와 같이 충의 본질 개념속성에 해당하는 '一心無二'의 용어는 시경과 서경에 직접 등장하기도 한다. 商代의 군주인 盤庚은 수도를 殷으로 이사할 때, 천도를 싫어하는 臣民들한테 '一心'을 종용하면서 설득했다. 만약 자신과 '同心'으로 천도에 임하지 않으면, 조상들이 벌과 재앙을 내릴 것이라고 경고하는 방식으로! 천도 후에는 신하들에게 영원히 '一心'을 지니고 인민을 위해 德政을 베풀도록 훈시하고 있다. 그런가 하면, 周 武王은 紂를 정벌하는 牧野의 盟誓에서, '上帝께서 지켜보시니, 두 마음을 품지 말라'고 臣民들을 경고한 적도 있다.114)

周의 왕권이 확고하여 가족 혈연 중심의 봉건 禮制가 제 기능을 발휘

---

113) 唐會要, 卷41, 雜記條(745) 참조.

114) 尙書, 盤庚中편; 詩經, 大雅, 大明 및 魯頌, 閟宮편 참조.

하는 동안에는, 그 핵심 이념인 孝윤리만으로도 천하의 통치질서와 기강을 안정시키고 유지하는 데 별 어려움이 없었을 것이다. 따라서 西周 시기에는 孝 이외에 별도로 忠이 두드러질 필요조차 없었을 것이다. 그 후 東遷과 함께 왕실의 권위가 점차 약해지고, 춘추시대에 들어서서 제후들이 실력으로 실질상 자치와 독립을 획득하여 서로 패권을 다투는 分權化가 가속화하면서, 새로운 통치이념이 필요하게 되었다.

周왕실의 천하통일의 통치질서가 제후 國家를 중심으로 分化·재편하면서, 기존의 혈연 중심의 가족윤리인 효 대신에, 제후(군주)와 大夫·家臣 간의 비혈연적 사회윤리인 충이 새로운 통치이념으로 부각하기 시작한 것이다. 이 시기에는 여전히 尊周攘夷의 대의명분이 패권의 지도이념이 되어, 周왕실과 제후, 그리고 제후 상호간의 정치사회상 기본관계가 아직 그 명맥을 유지하고 있었다. 따라서 효가 핵심 사회윤리의 지위를 지키면서, 새로이 등장한 충의 가치관념은 아직 절대 이념으로 경직하지 않은 채, 소박하고 순수한 인간적 윤리도덕으로 살아 있었다.

그러면 충 개념의 애초 본래 의미는 무엇이고, 그 구체 내용은 어떠한가? 물론, '충'의 용어가 처음 등장하여 쓰이는 초기에, 그 의미내용이 명확한 개념정의로 나타나기를 기대하기는 어렵다. 다만, 당시의 문헌에 나타나는 구체 용례를 대상으로, 그 형식상 특징과 문맥상의 실질 의미를 종합·정리하여 귀납법으로 그 의미를 추론할 수 있을 뿐이다. 우선 이러한 방법론에 의해 간추려지는 충의 개념은, 크게 네 가지 핵심 의미로 파악할 수 있다. 첫째는 誠信·眞實이며, 둘째는 恭敬이고, 셋째는 善良이며, 넷째는 中心·一心이다.

⑴ '忠信'으로 병칭하는 誠信·眞實의 의미

첫째, 충의 용례상 가장 두드러진 외형 특징은, '信'과 결합하여 '忠信'으로 병칭하는 점이다. 공자가 '忠信'을 '孝弟'와 나란히 거론한 이래, 전통 유가사상에서 이 양자가 각기 대외적인 사회도덕(忠信)과 대내적인 가족윤리(孝弟)를 전형으로 대표해 온 것은 주지의 사실이다.[115] 예컨대, 忠信을 위주로 하는 것이 군자의 도리이자 德을 숭상하는 근본이며, 또한 忠信을 말하면서 이를 공경으로 돈독하게 실행하는 것이 군자의 궁극 德行이다.116) 공자는 항상 文·行·忠·信의 네 가지로 제자들을 가르쳤는데, 자신의 忠信은 상당히 긍정하며 자부하고 있었다.117)

論語 이외에도 忠信은 병칭하는 곳이 많다. 左傳에서는 군주가 즉위하여 맨 먼저 실행하여야 할 忠信卑讓의 道를 거론하는가 하면, 忠信篤敬을 君臣上下가 함께 하는 것이 곧 하늘(자연)의 道이며, '忠信貞義'를 지닌 사람은 죽일 수 없다고 강조하기도 한다.118) 國語에서는 禮로써 그 사람의 忠信仁義를 관찰할 수 있으며, 오직 忠信만이 외국의 군대를 국내에 유치하여도 해를 당하지 않는다고 강조한다. 왜냐하면, 忠에는 暴虐을 행할 수 없고, 信은 침범할 수 없기 때문이다. 그래서 군주를 보필하여 패권을 다투고자 하는 신하는, 반드시 忠信의 덕을 근본으로 삼아야 한다. 師傅가 태자를 교육하는 데에도, 忠信은 필수불가결한 우선덕목으로 손꼽힌다.119) 뿐만 아니라, 老子는 禮란 忠信의 천박한 말단지엽에 불과하다고 언급한다.(§38)

결론부터 말하자면, 信과 병칭하여 한 단어를 이루는 충의 기본의미는, 대체로 誠의 개념에 해당한다고 볼 수 있다. 이는 곧 誠信·誠實·忠誠·眞實의 의미를 가리킨다. 이들 각 글자의 본래 개념은 모두 일맥으로 상통하는데, 거짓이 아닌 참, 虛妄이나 假僞가 아닌 實質과 眞을 뜻한다. 문자의 發生史로 보면, 論語에서 공자가 직접 '誠'을 언급한 경

---

115) 공자가 직접 孝와 弟를 나란히 거론한 것은, 論語, 學而 §6과 子路 §20 등이다. 그리고 그 제자인 有子가 '孝弟'를 한 단어로 병칭하고 있다.(學而, §2) 엄격히 말하면, 공자한테 孝는 가족내 자손의 도덕이고, 弟는 지역 사회내 후배(後生)의 도리를 가리킨다고 할 수 있다. 弟는 본래 兄이나 일반 尊長에 대한 개념인 까닭에, 가족 내외로 모두 통용할 수 있는데, 후대에 忠信과 대칭하는 孝弟의 개념은 일반으로 좁은 鄕村 사회를 포함한 가족 공동체 내의 윤리도덕으로 쓰인다.

116) 論語, 學而, §4·§8; 子罕, §24; 顔淵, §10; 衛靈公, §5 등을 참조.

117) 論語, 述而, §24; 公冶長, §27 등을 참조.

118) 左傳, 文公元年; 襄公 22年; 昭公元年 등 참조.

119) 國語, 周語上; 晋語2; 晋語8; 楚語上 등 참조.

우는 단 한번일 뿐이며, 周初 문헌에도 거의 등장하지 않는 듯하다.[120]
'誠'은 맹자 이후 유가사상에서 敬과 함께 쌍벽으로 대칭하는 핵심 덕
목이다. 敬은 禮·孝·德 등과 함께 周初부터 보편으로 쓰인 비교적 구
체적인 외재 개념인데 반해, 誠은 忠·仁·道 등과 같이 뒤늦게 등장하
는 추상적인 내면 개념에 속하는 사실을 주목할 필요가 있다.

그리고 說文解字에서는 誠과 信을 상호 교차로 개념 규정하고 있는
데, 忠의 개념이 사용초기부터 信과 밀접하게 병칭하여 한 관용어를 이
루는 사실도 매우 중요하다. 즉, 忠은 후대의 誠의 의미를 포함하는 개
념으로 등장하며, 信과 나란히 결합하여 '忠信'이라는 同義重疊語를 형
성한 것으로 보인다. 또 후대에 誠이 敬과 대칭으로 쓰이는 것에 상응
하여, 후술할 바와 같이 忠도 敬과 나란히 언급하는 언어관용이 잦다.
이러한 사실도 忠이 誠의 의미임을 반증하는 유력한 논거가 된다. 후대
에 誠의 글자가 출현함에 따라, 忠에 담겨 있던 誠의 개념이 따로 파생
해 나간 한편, 忠 자체도 여전히 誠의 의미로 함께 쓰이는 것 같다. 그
래서 忠信과 마찬가지로 忠誠이나 誠信의 同義重疊語가 이뤄지고, 忠實
과 誠實·信實의 용어 등도 상통하는 의미로 쓰이는 것이다.[121]

---

120) 論語에서 공자가 직접 '誠'을 언급한 경우는, "착한 사람이 나라를 백년 동안 다
   스리면, 또한 잔혹함을 극복하고 살인을 제거할 수 있다고 하는데, 참되도다, 이
   말씀이여!(善人爲邦百年, 亦可以勝殘去殺矣. 誠哉是言也.)"라는 子路편(§11)의 한
   구절뿐이다. 이밖에는 論語, 顏淵 §10에 인용하는 詩經, 小雅, 「我行其野」의 '誠不
   以富, 亦祇以異'라는 한 구절이 더 있을 뿐인데, 현전하는 詩經에는 誠이 成으로
   적혀 있다. 이에 대해 朱子集註를 비롯한 전래의 통설은, 시경의 成을 誠의 假借
   字로 보아 '진실로'라는 의미로 해석한다. 그러나 이밖에 시경에서 誠이나 그 假
   借字인 成이 등장하는 용례가 거의 나타나지 않고, 일반으로 '진실로'라는 의미는
   시경에서 '信'이나 '允' 등의 다른 글자로 쓰이는 것이 보편이다. 또한 詩經의 본
   문맥상 이 구절의 의미를 '인간의 成就·成功이 財富에 있지 않고, 奇異한 才德에
   있다'고 해석하는 유력한 이견이 새로이 등장하기도 한다.(高亨, 詩經今注, 上海古
   籍出版社, 1982, 第2刷 참조) 공자 사후에 제자들이 論語를 편집하는 과정에서, 同
   音으로 혼동을 빚어 잘못 기록한 것이 아닌가 추측하기도 한다. 특히, 공자 자신
   의 말이 아니라 詩經의 구절을 인용한 사실과, 이 구절 자체가 錯簡이라고 程子·
   朱子 등이 주장해 온 점을 감안하면, 그러할 가능성은 더욱 높아진다.
121) 說文解字: 「信, 誠也, 從人言.」「誠, 信也, 從言, 成聲.」 사실 후대의 程子나 朱子

이처럼 충과 신은 상통하는 의미에서 忠信으로 병칭하지만, 엄밀히 구분하자면 조금 다른 측면이 두드러진다. 물론, 공자나 老子는 단지 忠信을 병칭했을 뿐, 그밖에 어떠한 구체적 개념정의도 내리지 않고 있다. 조금 후대에 내려와서 언어의 개념분화와 함께, 충과 신의 의미상 차이점도 분간한다. 예컨대, 曾子는 자신을 하루에 세 번(또는 세 가지로) 반성하였는데, 그 표준의 둘은 남을 위하여 사려하고 도모함에 '不忠'은 없는지, 벗과 사귐에 '不信'은 없는지 여부였다.122) 여기에서 信은 분명히 친근하고 대등한 朋友간의 수평적인 윤리도덕이며, 충은 다소 불명확하지만, 벗처럼 친밀하지는 않은 일반인과의 평범한 사회관계나, 또는 신분이나 지위·연령상의 상하 수직적인 윤리도덕, 그것도 다소 직업상·사무상 責務(계약적·거래적 책임·의무)의 성격을 띠는 듯한 인상을 풍긴다. 특히, 후대의 이른바 事君以忠과 交友以信이라는 윤리의 형성과 관련하여, 그 의미상 연원을 역으로 소급해보면 그러할 개연성이 높아진다.123) 그러나 초기의 개념상 忠과 信의 의미 분화는 그렇게 명확한 것은 결코 아닌 듯하다.

(2) 敬과 병칭하거나 통용하는 恭敬의 의미

둘째, 충은 敬과 병칭하거나 또는 상호 교환하여 통용하는 특징이 두드러진다. 우선, 공자는 거처함에 恭하고, 일을 행함에 敬하며, 남과 더불음에 忠한 것을, 仁의 핵심 실천덕목으로 강조한다. 또 군자의 9가지 생각을 거론하면서, 모습은 恭을 생각하고, 말은 忠을 생각하며, 일은 敬을 생각하는 3조목을 나란히 언급한다. 한편, 季康子가 인민들을 '敬

등도 忠信을 함께 '實' 또는 '誠'으로 해석하고 있다. 學而편 「主忠信」 朱子集註 참조. 한편 邢昺疏에서는 忠을 忠心으로, 信은 誠信으로 부연 해석한다.
122) 論語, 學而, §4 참조.
123) 論語에 보면, 子夏는 '군주를 섬김에 몸을 바치고 벗과 사귀는 데 말에 믿음이 있으면' 실질상 학문이라고 규정한다.(學而, §7) 子游는 '군주를 섬김에 빈번하면 욕되고, 친구를 사귐에 빈번하면 도리어 소원해진다.'고 경고한다.(里仁, §26) 양자는 모두 군주에 대한 실질상 忠을 벗에 대한 信과 대조로 거론하는 좋은 실례다.

忠'하도록 다스리는 방법을 묻자, 공자는 통치자의 장엄과 孝慈를 선행 조건(솔선수범)으로 요청하기도 한다. 忠과 敬은 忠과 信처럼 밀접 불가분한 관계로 동시에 병칭함을 알 수 있다.

뿐만 아니라, 공자는 子産이 군자의 네 가지 道를 지녔다고 칭송하면서, 자신을 실행함이 恭하고 군주를 섬김이 敬하다고 일컫는다.[124] 또 군주를 섬김에는 먼저 자신의 일(직책)을 공경스럽게 행한 뒤에 俸祿을 받는 것이 정당한 도리라고 강조한다. 여기서 군주를 섬기는 敬이란 실질상 忠을 뜻하는데, 忠과 敬이 의미상 상통함을 보여주는 좋은 실례다. 군주를 섬김에 禮를 다해야 한다든지, 군주는 신하를 禮로써 대우하고 신하는 군주를 忠으로 섬겨야 한다는(여기서 말하는 禮는 본질정신인 恭敬의 관점에서 이해한다) 명제와 대비해보면, 이러한 사실은 더욱 명확해진다.[125]

論語뿐만 아니라 좌전이나 국어에도 忠과 敬을 병칭 또는 통용하는 예는 적지 않다. 예컨대, 魯의 大史克은 臧文仲의 '事君之禮'를 인용하면서, 孝·敬·忠·信을 吉德으로 나란히 규정한다. 이어 역사상 구체실례로서 高辛氏의 여덟 아들이 지녔던 '八元'의 덕을 언급한다. 여기에 忠이 肅·恭과 함께 나온다.(肅은 敬의 의미임) 또한 군주는 믿음을 지키고 신하는 공경을 지녀야 하는데, 忠信篤敬을 군신상하가 함께 하는 것이 나라를 다스리는 이상적인 방도이자 하늘의 道라고 강조한다.[126]

그리고 군주는 敬으로써 섬기고 부모는 孝로써 섬기는 것이 당시의 보편 규범 명제인데, 군주의 명령을 받고 이를 자의로 변경함이 없이 그대로 실행하는 것이 敬이다. 심지어 죽는 한이 있더라도 군주를 잊지 않는 것이 敬이라고 강조한다. 여기의 敬은 孝와 대칭하는 실질상의 忠인데, 사실 孝·敬·忠·貞이 군주와 부모를 편안하게 하는 덕목으로 나란히 일컬어진다.[127] 특히 관직을 받고서 군주의 명령을 어기는 것은

---

124) 論語, 子路, §19; 季氏, §10; 爲政, §20; 公冶長, §15 참조.
125) 論語, 衛靈公, §37 및 八佾, §18·§19 참조.
126) 左傳, 文公 18年 및 襄公 22年 참조.
127) 國語, 晋語1·2 참조.

不敬이고, 장래 군주의 후환이 될 적을 유리하게 하는 행위는 不忠인데, 忠과 敬을 잃으면 무엇으로도 군주를 섬길 수 없다고 강조한다. 忠과 敬이 실질상 상통하는 同義중첩의 개념으로까지 쓰이는 것이다.

한편, 신하로서 '恭敬'을 잊지 않는 사람은 사직과 인민의 정신상 지주인 까닭에, 비록 군주가 명령할지라도 그를 해치는 것은 '不忠'이라고 판단해 불복종한다.[128] 공경을 해치는 것이 不忠이면, 충이란 곧 공경의 편에서 이를 보호·유지하는 것임은 물론이다. 충과 공경이 실질 의미상 완전히 同位 내지 同價의 관계에 있음을 다시 한번 분명히 확인할 수 있는 좋은 근거다. 그래서 說文解字에서는 아예 忠을 敬으로 개념 규정하는데, 敬은 恭과 마찬가지로 肅으로 규정하고, 肅은 일을 행함에 敬을 다하는 것이라고 정의한다. 한편, 苟(설문에서는 敬이 苟部에 속함)는 자신을 스스로 단속하고 경계하여 말을 조심한다는 뜻이고, 惰는 不敬이라고 풀이한다.[129]

(3) 善·良·貞·直 등과 병칭하는 善良의 의미

셋째, 忠은 善·良·貞·直 등의 글자와 병칭하는 경우도 적지 않다. 예컨대 공자는, 벗이란 서로 忠告하고 善導하되, 이러한 忠과 善이 받아들여지지 않으면 사귐을 그만두어, 더 이상 자신을 욕보이지 않아야 한다고 가르친다.(顔淵, §23) 좌전에서는 '忠良'한 사람과 더불어 사귈 수 있으면, 이보다 더 길한 것이 없다고 평론한다. 국어에서는 군주이면 누구나 얻기를 원하는 '良臣'을 거론한다. 여기의 良臣이란 구체로 學文으로 군주를 인도하고, 공순함으로 명령을 능력껏 부지런히 실행하여 죽음까지 불사하는 신하로서, 실질 의미상 忠臣의 개념과 전혀 다를 바가 없다.[130] 또한 충을 貞과 나란히 거론하거나, 여기에다 信義나 孝敬 등

---

128) 左傳, 僖公 5年 및 宣公 2年; 國語, 晋語5 참조.
129) 說文解字:「忠, 敬也. 盡心曰忠, 從心中聲.」「敬, 肅也·從攴苟.」「恭, 肅也, 從心共聲.」「苟, 自急勅也. 從勹口, 猶愼言也.」「惰, 不敬也.」
130) 左傳, 成公 17年 및 國語, 晋語9 참조.

과 더불어 병칭하는 경우도 적지 않다.[131] 특히, 僞古文尙書 중에는 '顯忠遂良'(仲虺之命편), '逆忠直'(伊訓편), '焚炙忠良'(泰誓上편), '世篤忠貞'(君牙편), '咸懷忠良'(囧命편) 등의 구절이 나온다. 이상에서 충은 善良・貞直 등과 관련한 의미의 관점에서 파악할 수 있는데, 굳이 별도의 새로운 의미를 파생시키지 않고, 앞서 살핀 전형 의미로 해석해도 무방하다.

(4) 中心・一心無二의 의미

넷째, 충은 특히 문자학상 어원적 의미와 관련하여, 中心・一心無二 등의 일반 추상 개념으로 정의하기도 한다.[132] 그러나 그 실질 의미는 이미 고찰한 誠과 敬이라는 충의 본래 개념으로 귀결해 합류한다. 즉, 中心이란 속마음으로서 眞心・衷情・誠意를 뜻하며,[133] 一心無二란 恭敬으로 상통한다. 우선, 忠이 中과 心의 조합으로 이루어진 글자임은 외형상 명백하다. 여기에서 '中'에 초점을 맞추면, 中을 살피고 衷(본래 衷은 속옷을 뜻하는데, 中의 假借字로 널리 통용한다.)을 헤아리거나, 또는 자신의 우매함이나 미혹을 제거하고, '中心'을 견고히 세운 뒤 外部에 대응하는 것이 忠이 된다. 그래서 信은 자기 몸소 실행하는 '自身'으로 풀이하고, 이에 대응하여 충은 자기 안(가운데)으로부터 말미암는 '自中'으로 풀이한다.[134] 또한 孝道의 위대한 全德性과 관련하여, 忠은 바로 孝에 適中

---

131) 左傳, 僖公 9年 및 昭公元年; 國語, 晉語1 참조.

132) 문자학상으로 흔히 '忠'을 '心'의 뜻과 '中'의 소리가 조합한 形聲字로 파악한다. (說文解字, 十下편 및 鄭曉江, 앞의 글, 25면 참조) 그러나 많은 경우 形聲字의 聲符가 의미를 동시에 겸유하기도 하는데, '忠'자도 그 대표적 예에 속한다.

133) 맹자는 인간의 속마음이 눈과 얼굴에 드러남을 지적한다.(滕文公上, §5) 또한 王이 德으로써 仁政을 행하면 인민들이 '속마음으로 기뻐하며 참으로 복종하는' 心服에 대하여 언급한다.(公孫丑上, §3) 여기서 忠의 개념은 직접 등장하지 않지만, 中心이 곧 誠으로서 실질상 忠을 의미함이 분명하다. 그리고 '忠'의 용어가 아직 등장하기 전인 周初에도, 진실하고 참된 속마음이라는 의미의 '中心'이란 용어는 시경에 매우 자주 나온다. 이는 忠의 문자학적・어원적인 제1차 의미의 직접 연원으로 보인다. 이들 敍情詩에서 거론하는 '中心'은 한결같이 인간의 喜怒哀樂愛惡欲이라는 진솔한 감정욕망을 표현하는데, 실질상 眞心・誠意・衷情 등을 뜻하는 '忠'의 본래 의미와 직결함이 분명하다.

하는 것으로 풀이하고; 충의 全知性과 관련하여서는, 충을 알면 맨 먼저 中을 알게 된다고 해설하기도 한다.135) 심지어 '忠'字를 '中'으로 대신 통용하는 사례도 없지 않다.136) 그리고 '心'의 관점에서 충의 의미를 파악하면, 자신의 내면 마음과 뜻으로부터 우러나오는 진실이 忠이 된다. 때문에 충을 논할 때는 반드시 마음과 뜻이 함께 따라다니기 마련이다. 그래서 충은 마음을 다하는 것이라고 정의하며, '忠心'이라는 용어도 이러한 맥락에서 사용한다.137)

　요컨대, 忠은 中과 心이 합해져서 기본상 中心이라는 의미를 함축한다. 그래서 忠은 직접 '中心'으로 개념정의하거나, 또는 中心으로 말하는 것이 忠이라고 해석하는 것이다.138) 이는 마치 恕를 如心으로 풀어서, '나의 마음처럼 남을 대하는 것', 즉 나의 마음을 미루어 남의 마음도 내 마음 같이 헤아리고 이해해 주는 일이라고 해석하는 것과 마찬가지다. 따라서 忠과 恕는 모두 남을 대하고 그 마음을 이해함에, 나의 마음에 비추어, 내 마음같이, 그리고 나의 中心(속마음·內心·眞心)을 다한다는 의미에서 일관해서 상통하는 개념이 된다. 그래서 공자의 一貫하는 道로 '忠恕'가 나란히 일컬어지는 것이다.139)

---

134) 國語, 周語上 및 晋語2·8 참조.

135) 大戴禮記, 曾子大孝편 및 小辨편 참조.

136) 예컨대, 최근 출토한 秦簡, 爲吏之道(283면)편에는 '中信敬上'을 관리의 五善 중 첫째로 거론하는데, 여기의 '中'은 '忠'의 대체 글자임이 명백하다. 그런데 같은 편에 人臣의 '忠'이 별도로 나란히 등장하고 있다.

137) 國語, 周語下 및 吳語 참조. 說文解字: 「盡心日忠」

138) 예컨대 禮記, 內則편의 「孝子以其飮食忠養之」를 疏에서는 '中心養之'로 해석한다. 周禮, 大司徒에서 거론하는 六德의 하나인 '忠'을 鄭玄注는 '言以中心'으로 해설하는데, 疏에서는 다시 '中心曰忠, 中下從心, 謂出言於心, 皆有忠實也'라고 부연설명하고 있다.(이상 모두 十三經注疏 참조)

139) 論語, 里仁, §15 참조. '忠恕'의 개념에 대하여, 周禮, 大司徒의 疏에서 '如心曰恕, 如下從心; 中心曰忠, 中下從心. 言出於心, 皆忠實也.」라고 문자학상으로 정의한다. 茶山은 이에 덧붙여, '中心事人, 謂之忠; 忖他心如我心, 謂之恕'라고 부연 해설하면서, 忠으로써 恕를 실행한다고 설명한다.(論語古今注, 丁若鏞, 與猶堂全書二 所收, 景仁文化社, 1981년, 189면 참조) 한편 朱子는 周禮 疏의 문자학적 해석을 인용하여 긍정하면서, 義理의 관점에서 '盡己之謂忠, 推己之謂恕'라고 注釋하는데,

그러나 忠과 恕를 엄밀히 구분한다면, 충은 자신의 中心이라는 내면성, 즉 마음의 본체에 중점이 두어지며; 恕는 내 마음과 '같이 (如)한다'는 외향성, 즉 타인이나 外物을 향한 마음의 작용에 비중이 크게 놓이는 편이다. 물론, 마음의 내면적 본체와 외향적 작용은 양자가 균형조화를 이루는 一體의 양면에 불과하다. 충의 中心이라는 본체도 外物에 대응하는 구심점으로서 바야흐로 의미가 부각하며, 恕의 如心이라는 작용도 내 마음(中心)이라는 본체를 전제로 하여 비로소 존재할 수 있기 때문이다. 그래서 충은 '타인에 대한' 충실의 의미를 지니고, 恕는 '내가 원하거나 원하지 않는' 바를 강조한다. 이는 마치 忠信의 상호관계와 비슷하다. 어쨌든 忠과 信, 그리고 忠과 恕가 하나로 묶여 동의중첩어로 쓰이는 것도, 바로 이러한 내면적 의미가 일관 상통하기 때문이다.

한편, 孝와 忠의 유교 윤리도덕을 최고 통치이념으로 삼은 漢代에 이르러, 父君이 하늘이라면 子臣은 땅이라는 天地自然의 비유 개념으로써, 忠孝윤리에 이론적 정당성과 이념적 당위성을 부여하게 된다. 이는 물론 기본상 天尊地卑의 상대적 위치관계가 절대적 질서관념으로 전환한 것이다. 그런데 여기서 특히 지나칠 수 없는, 주목할 사실이 있다. 자식과 신하의 지위 및 윤리도덕이 땅에 해당하는 것은 天에 상대하는 地의 관계로도 설명하지만, 그 못지않게 五行 중의 '中心'에 위치하는 土의 본질 속성으로 비유한다는 점이다.

기본상 군주는 天의 운행을 법삼고, 신하는 地의 도덕을 법삼는다. 그래서 孝가 자식의 부모에 대한 기본도리이자, 신하의 군주에 대한 忠의 근원윤리로서, 天經이면서 동시에 '地義'가 되는 까닭은, 地가 天을 섬기는 것처럼, 아래에 있는 자식과 신하가 위에 있는 부모와 군주를 섬기는 '大忠'이기 때문이다. 그런데 한편 大忠과 일체가 되는 孝가 地義인 또 다른 중요한 원인은, 土가 五行의 中心에 위치하는 가장 존귀

여기의 己란 곧 자기의 마음(己心, 中心)을 의미한다.(經書, 成大 大東文化研究院, 1980, 10版, 影印本, 126-9면 참조) 그래서 '忠謂盡中心也'라고 정의하기도 한다. (十三經注疏 참조)

한 존재이기 때문이다. 그래서 충신의 의리와 효자의 행실을 土의 덕성에 비유하여 地義라고 규정한다는 것이다. 요컨대, 효자충신의 지위와 도리가 땅(地)에 빗대지는 것은, 땅(土)이 五行의 '中心'에 위치하여 하늘의 덕택을 받으면서, 동시에 하늘의 팔다리로서 충성과 공경을 다해 하늘을 섬기기 때문이다. 土德으로서 忠은 효자충신 뿐만 아니라 성현의 가장 존귀한 덕행이기도 하다.[140] 여기에서도 비록 이념적이긴 하지만, 忠이 '中心'이라는 土의 덕성으로 풀이됨을 확인할 수 있는 셈이다.

다음으로 忠의 中心이라는 의미는, 유일무이한 한 중심(一中心)의 개념에 초점을 맞추기도 한다. 즉, 마음이 한 중심을 바로잡는 것이 '忠'이라는 것이다. 이는 문자학상 '患'자가 두 중심(中中心)으로 이루어진 것과 서로 대응한다. 사람의 마음이 한 중심에 전념하지 못하고, 두 중심을 가지는(두 마음을 품는) 것은, 근심걱정(患難)의 근본 발생 원인이 되곤 한다. 예컨대, 눈은 동시에 두 사물을 볼 수 없고, 귀는 동시에 두 소리를 함께 들을 수 없으며, 두 손도 동시에 각기 다른 일을 병행할 수 없다. 이는 곧 天道의 唯一無二性의 발현인데, 성인군자가 一心의 忠을 숭상하며 二心의 患을 천시하는 까닭이기도 하다. "上帝께서 항상 너희에게 강림하시니, 너희 마음을 두 가지로 품지 말라"는 詩經의 구절도, 바로 이러한 天道의 一心의 忠을 두고 일컫는다.[141]

물론, 이러한 이론 체계와 추상 개념화는 漢代 동중서에 의해서 精緻하게 이루어진 것이다. 하지만 忠을 一心無二의 의미로 해석하는 것이 그에 의해 처음 이루어진 것은 아니거니와, 또한 전혀 근거 없이 허무맹랑하게 이념화한 관념의 산물은 결코 아니다.(단순히 시대 선후로 말하면, 마음을 다하는 敬을 忠이라고 문자학상 개념 정의한 許愼의 說文解字는 동중서보다 훨씬 뒤인 後漢 때의 일이다.) 忠의 실질 의미를 '一心無二'의 개념으로 규정하거나 해석 사용한 것은 先秦시대에 이미 보편이었다. 商代나 周初에 上帝에 대한 一心無二의 실질 忠을 강조한 사실은 전술한 바와 같거니와, 춘

---

140) 董仲舒, 春秋繁露의 離合根·五行對·五行之義편 참조.
141) 董仲舒, 春秋繁露, 天道無二편 참조.

추전국시대에도 忠의 개념과 직접 관련하여 一心無二를 거론 강조하는 것은 매우 일반이었다.

선비가 군주와 君臣의 禮를 갖추어 올리고 한번 조정에 신하로서 이름을 등록하면, 두 마음을 품지 않고 진심전력으로 그 명령을 받들어 행하되, 국가와 군주를 위해서는 목숨까지 바쳐야 한다. 능력과 지혜를 다하여 섬기다가, 더 이상 신하의 道義를 완성할 수 없는 경우에는, 차라리 군신관계를 그만둘망정, 신하의 지위에 머물러 있으면서 두 마음을 가져서는 결코 안 된다. 두 마음을 품는 것은 가장 큰 姦邪한 죄악으로, 군신관계의 본래 목적을 이룰 수 없을 뿐만 아니라, 오히려 이를 해치기 때문에, 서로 재앙을 초래하게 된다.142) 따라서 신하는 군주를 위하여 어떠한 患難도 피하지 않을 뿐만 아니라, 군주에게 허물이나 죄를 범하면 그 형벌도 달게 받으며, 두 뜻이나 원망의 감정을 품어 군주의 명령을 욕보여서는 결코 안 된다.

일찍이 晋의 士燮은 魯에 사신으로 갔을 때, 成公이 뇌물을 주면서 晋이 鄭(담)의 정벌을 멈추도록 요청하자, 士燮은 군주의 使命은 둘이 있을 수 없기 때문에, 신하가 이를 달리하여 군주에 대한 忠信을 저버리고 國事를 어그러뜨릴 수도 없다고 거절했다. 晋의 荀息은 君權 계승 투쟁의 와중에서 先君(獻公)의 遺命에 대해 두 마음을 품을 수 없다며, 先君이 명한 태자의 옹립을 고수하다가 다수파에 밀려 殉死했다.143) 객관 대세의 취향을 명백히 알고, 또한 자신의 고집이 현실로 별 실익이 없음도 잘 알면서도, 一心을 지키기 위해 죽음까지 피하지 않은 것이다. 이러한 一心無二가 실질상 忠을 뜻함은 새삼 두말할 필요조차 없다.

신하뿐만 아니라, 군주도 다른 제후나 신하에게 두 마음을 품거나 두 명령을 내려서는 안 된다. 군주가 신하에 대해 두 명령을 내리지 않는 것은 예로부터 전승해 오는 기본 법제라고 강조하기도 한다. 특히, 패권을 다투는 제후가 두 마음을 품어 同盟의 믿음을 저버리면, 다른 제후

---

142) 國語, 晋語1·4·9 참조.
143) 左傳, 襄公 3年; 成公 8年; 僖公 9年 참조.

들을 잃어 패권도 유지할 수 없게 된다.[144] 요컨대, 군주와 신하 모두 서로 상대방에게 一心無二의 忠信을 지켜야 사직을 보위하고 인민을 다스릴 수 있게 된다. 그래서 군주가 신하에게 내리는 명령에 둘이 없는 것이 義이고, 신하가 군주의 명령을 받들어 행함에 두 마음을 품지 않는 것이 信이라고 정의하기도 한다. 또한 군주를 섬김에 두 마음 없는 것이 신하이고, 명령을 내림에 好惡의 감정을 바꾸지(즉 두 가지로 달리 하지) 않는 것이 군주라고 개념 정의하기까지 한다.[145]

(5) 일반보편의 사회윤리 公德으로서 忠

충의 본래 의미와 관련해 지나칠 수 없는 중요한 사실이 또 있다. 충이 후대의 일반 관념처럼 오직 신하의 군주에 대한 일방적인 맹목의 윤리도덕을 가리키는 것은 결코 아니다. 지금까지 서술에서도 직간접으로 드러난 것처럼, 충은 본디 인간 상호간의 사회관계를 규율하는 보편 윤리도덕이다. 曾子가 매일 자신이 남을 위해 사려하고 도모함에 不忠은 없는지 반성했다는 사실은 좋은 예다. 그래서 鄭의 駟歂(사선: 子然)이 鄧析을 살해한 뒤, 鄧析이 저술한 '竹刑'을 시행한 사실에 대하여, 좌전의 史家는 '不忠'이라고 비평한다. 사람을 생각하면 그가 심은 나무도 아끼는 법인데, 하물며 그 사람의 道는 이용하면서 그 사람을 저버리는 행위는, 이미 인간관계의 기본 '忠'에 어긋나기 때문이다.[146]

또한, 충이 신하의 군주에 대한 공경뿐만 아니라, 군주의 신하에 대한 信義를 포함함도 앞서 대강 언급하였다. 군주는 즉위와 동시에 대신들을 각국에 사절로 보내, 전통 우호를 재확인하고 서로 동맹결속을 도모하는 등, 선린외교로써 국가사직을 보위하고 內政을 안정시키는 것이 기본 '忠信卑讓의 道'다. 또한, 군주는 인민에게 忠實하고 神에게 誠信하는 것이 통치의 기본 道인데, 인민에 대한 忠이란 군주가 인민의 이

---

144) 左傳, 僖公 24年 및 國語, 魯語下 참조.
145) 左傳, 宣公 15年 및 國語, 晋語4 참조.
146) 左傳, 定公 9年 참조.

익을 생각하는 것이라고 규정한다. 그리고 군주를 포함한 통치계층은, 인민을 刑法으로 강압하기에 앞서, 솔선수범으로 仁을 숭상하고 禮를 행하며, 信을 지키고 政으로써 糾察하면서, 敬으로써 임하고 忠으로써 가르쳐야 한다. 그래서 聖哲한 군주와 明察하고 忠信스러운 통치수뇌들이, 인민을 다스리는 가장 중요한 선결요건으로 손꼽힌다.147)

한편, 신하의 군주에 대한 기본 충도, 군주 자신의 사리사욕이나 개인의 목적을 위한 맹목적 복종을 의미하는 것이 결코 아니다. 충이란 어디까지 국가사직과 인민의 운명공동체를 위한 공공의 이익과 목적을 위한 사회 윤리도덕이다. 신하가 혼신의 힘을 다하여 忠貞을 바치는 것은, 오직 국가 公室의 이익과 사직의 안정을 위한 것이다. 그리하여 국가사직을 환난으로부터 구하고 인민을 이롭게 하기 위해서는 죽음도 불사하는, 절대적이고 숭고한 자기희생의 도덕이 진정한 충이다.148)

예컨대, 晉 文公이 鄭의 무례함을 정벌하면서 叔詹(숙점)을 요구하자, 鄭 文公이 허락하지 않았다. 그런데 叔詹 본인은 오히려 자기 한 사람을 희생하여 백성을 구하고 사직을 안정시킬 수 있다면, 한 신하를 아낄 것이 무엇이냐고 자청하였다. 자신을 희생하여 강대국의 분노를 풀고, 자국의 죄를 용서받게 하는 것이 충이라고 그가 변론하자, 晉은 결국 그를 살려 돌려보내기에 이르렀다. 또한, 晉이 衛가 陳을 구원한 일을 구실로 衛를 토벌하려고 책임자를 처형하라고 요구해 오자, 孔達은 사직을 이롭게 하는 일이라면, 자신의 죄를 물어 晉의 요구를 만족시키라고 말하면서 자살한 적도 있다. 晉의 董安于는 사람이 어차피 한번 죽는 법인데, 다만 조금 일찍 죽고 늦게 죽는 차이뿐이라면서, 국가조정의 안녕을 위하여 자결하였다.149) 한편, 衛 懿公(의공)은 狄人(적인)의 침공을 받아 죽임을 당한 뒤, 肝만 남겨진 채 모든 육신이 처치 당했다. 그러자 그 신하인 弘演이 통곡하고 자결하면서, 자기 肝을 빼내고 군주

---

147) 左傳, 文公元年; 桓公 6年; 昭公 6年 참조.
148) 左傳, 僖公 9年·28年; 襄公 15年; 昭公元年 참조.
149) 國語, 晉語4; 左傳, 宣公 13年·14年 및 定公 14年 참조.

의 肝을 제 몸에 집어넣어 그 치욕을 감추었다. 그 뒤 齊 桓公은 그의 忠節을 높이 칭송하면서, 衛를 復國시켜 주기도 하였다.[150] 이러한 실례는 모두 殺身成仁과 舍生取義에 해당하는 충의 최고봉이라고 하겠다.

충이 국가사직과 인민의 公益을 위한 자기희생의 도덕이라는 말은, 환언하면 어떠한 이기심이나 私邪로움도 없다는 의미가 된다. 신하가 군주 개인의 好惡 감정이나 사리사욕에 아첨하지 않음은 물론, 신하 자신도 개인의 사리사욕을 철저히 배제하는 것이 충의 중요한 내용이다. 그래서 私가 없음(無私)을 충이라고 규정하기도 하는데, 거꾸로 私로써 公을 해치는 것은 충이 아니게 된다. 개인의 은혜나 원망 같은 사사로운 감정을 그 자손에게까지 미치지 않는 것이 곧 충의 도리다.[151]

그 전형적인 실례로 靑史 속에 칭송받는 인물이 있다. 晉이 魯의 季文子를 인질로 잡고 위협하자, 子叔聲伯을 사절로 보내 그 석방을 요청하였다. 이에 晉의 范文子는 魯의 인질과 사절 두 사람의 私心 없는 충에 감복하여, 季文子를 석방하고 魯와 화해하기에 이르렀다.

> "季孫이 魯의 재상으로 두 군주(宣公과 成公)를 보필해 오고 있는데, 그 첩은 비단옷을 입지 않고, 그 말(馬)은 곡식을 먹지 않으니, 충이라고 하지 않을 수 있겠는가? 아첨하고 간특한 자를 믿고, 충성스럽고 선량한 사람을 버린다면, 제후들은 어찌할 것인가? 또한 子叔聲伯은 군주의 使命을 받들어 행함에 사사로움이 없고, 국가의 이익을 도모함에 두 마음이 없으며, 자신을 생각함에도 그 군주를 잊지 않는구나! 만약 그 요청을 들어주지 않는다면, 이는 善人을 버리는 것이다."

특히, 季文子는 그 후 襄公(상공)까지 세 군주를 섬기다가 죽을 때까지, 여전히 비단옷 입는 첩과 곡식 먹는 말이 없었을 뿐만 아니라, 집안에 金玉이나 귀중한 기물설비 등의 私財를 전혀 축적하지 않았다. 史筆은 이를 두고 국가 公室에 대한 忠의 전형으로 극구 칭송하고 있다.[152]

---

150) 韓詩外傳, 卷7 참조.
151) 左傳, 成公 9年 및 文公 6年 참조.
152) 左傳, 成公 16年 및 襄公 5年 참조.

요컨대, 爲公無私는 충의 핵심 본질인 셈이다.[153] 이는 곧 법의 公平無私라는 궁극이념과도 직통한다. 후술하는 바와 같이, 충이 孝와 함께 전통법의 양대 핵심 통치이념을 구성하는 것도 이러한 연유에서다. 사실 국가사직의 '公室'이라는 개념은 엄격히 말하면, 본디 周 천자한테 分封 받은 여러 나라 군주의 통칭인 '公'의 '室'이라는 의미다. 마치 당시 천하를 '周'의 '室' 또는 '王'의 '室'이라고 표현한 것과 대응한다. 室은 물론 개인의 집안·방이라는 의미이지만, 이는 혈연적 가족주의를 기반으로 하는 봉건제의 외형(명칭)상 특징에 불과하다. 그보다도 諸侯를 '公'이라는 용어로 호칭한 본래 의도가 '인민을 公平無私하게 다스려라'는 이념성을 지향하는 사실이 더 중요하다. 이는 충의 의미내용과 관련한 이상의 언급에서도 명백히 확인할 수 있는 것이다.

(참고로, '公'은 본래 周 封建制의 5등 爵位인 公侯白子男 중, 천자의 庶子(천자왕위를 계승하는 적장자를 뺀 여러 아들)한테 分封한 제1등급의 작위 명칭이다. 나중에 제후 아래의 하급 작위들은 합병·소멸하거나 또는 신분상승하거나 실력을 강화하여, 춘추말엽 이후로는 거의 모든 諸侯의 공식호칭이 '公'으로 통일하다시피 한다. 그러면서 이들을 함께 통칭할 때는 '諸公'이라 하지 않고 '諸侯'라고 불러 개념부조화를 드러내곤 한다.)

5. 不忠의 罪

이제 唐律을 중심으로, 역대 실정법상 不忠의 罪를 정리해 보자.[154]

---

153) 忠의 어원상 의미나 도덕상 본래 정신이 일반통속의 '愚忠'이라는 잘못된 선입관념과 달리, 내면의 中心을 속임 없이 공경을 다한다는 관점에서, 忠을 '心誠無私'의 한 단어로 개념 정의하는 견해가 근래 나왔다. 그 대상과 각도의 차이에 따라, 그 구체 내용을 '利民'·'利國'·'盡職'·'利君'의 4종류의 사려 및 행위로 분류하는데, 여기서도 인민과 국가사직 및 직책의 公利가 忠의 보편성으로 강하게 부각함을 확인할 수 있다. 鄭曉江, 「"忠"之精神探源」, 江西師範大學學報: 哲社科版, 1991.4.(中國哲學史, 1991.12. 所收 25-6면 참조.

한편, 黃中業·張本政, 「忠孝道德評述」, 中國哲學史研究, 1985年 第2期(總19期), 7면에도, 춘추시대 忠의 원래 개념을 서술하면서, 경대부의 국가사직 및 公室에 대한 도의상 관계를 군주 개인에 대한 관계보다 우선 거론한다. 다만, 실질상 公室과 국가사직에 대한 忠은 그를 대표하는 최고 권력자인 군주에 대한 忠과 일치하는데, 군신간의 도덕준칙으로서 忠도 물론 비맹목적 쌍방관계임을 함께 강조한다.

154) 林咏榮, 唐清律的比較及其發展, 374-381면에서는 明清律과 唐宋律상의 不忠罪에

禮制나 律令 등의 실정법체계 안에서는 '不忠'罪라는 일반 개념이 등장하지 않으며, 실질상의 '不忠'의 죄가 개별·구체로 산재한다. 이는, '不孝'라는 일반개념이 周初부터 이미 보편으로 쓰여 오다가, 律令에서도 十惡의 하나로 완전히 정형화한 사실과는 아주 판이하게 대조할 만한 외형상 특징이다. 그런데 진·한 이후 중앙집권 통일왕조의 律令체계 안에서는, 不忠의 죄가 不孝의 죄보다 실질내용상 처벌규정이 더욱 준엄해질 뿐 아니라, 법체계의 형식상으로도 律의 첫머리에 등장하는 사실이 아주 중요한 특징이 된다. 통치이념상으로도 이미 충을 효보다 우월하게 강조하고 우선 언급해 왔지만, 법이념 차원에서는 효와 충의 본래 지위와 비중이 완전히 역전·도치하여, 律令 체계에서는 '不忠'으로서 확고히 실정화한 것이다. (이 전통의 무의식적 계승인지, 동아시아 각국의 현행형법도 국가민족에 대한 '不忠'의 죄를 최우선 규정하여 엄중 처벌하는 공통특징을 보인다. 우리나라와 中華民國 및 日本 형법에는 내란·외환의 죄와 國交에 관한 죄(그 다음은 우리나라는 공안을 해하는 죄, 中華民國은 공무원의 瀆職罪, 日本은 공무집행방해죄)를 冒頭에 차례로 규정한다. 사회주의 중국 형법에도 국가·공공 안전을 해치는 죄가 으뜸으로 등장한다. 특히 개정 前 日本형법은 皇室에 관한 죄를 맨 처음 규정했었다.)

(1) 十惡 중 不忠의 죄

전통 중국법의 가장 두드러진 외형상 특색의 하나는, 律令이 규정하는 모든 죄목 중 가장 악질의 범죄 10종류를 '十惡'이라는 일반개념으로 체계화하여, '五刑'의 명칭 다음에 규정하는 사실이다. 이 十惡 중 不忠의 죄가 네 가지나 된다. 첫째 謀反과 둘째 謀大逆, 셋째 謀叛, 그리고 여섯째 大不敬이 그것이다. 종류의 수효로나 규정 위치상으로나, 不孝의 죄보다 절대로 우월함을 쉽게 알 수 있다.(§6)

① 謀反 : 謀反은 社稷을 위태롭게 하려고 하는 謀議행위다. 사직이란 본디 국가의 토지(社) 및 곡식(稷)을 담당하는 신이다. 그런데 군주는 모든 신명의 주인으로서, 군주의 尊號를 직접 지칭할 수 없기 때문에, 사

관한 규정내용을 '君臣有義'라는 제목 아래 일목요연한 도표로 대비하고 있다.

직으로 대신 표현한 것에 불과하다. 물론, 군주가 곧 왕실과 국가를 상징으로 대표하긴 하지만, 법이념상으로 謀反의 '不忠'性은 제1차로 군주 개인을 지향하고 있음이 눈에 띈다. 즉, 군주의 지위를 위태롭게 하려고 꾀하는 모의·계획·준비에 착수하기만 하면 謀反에 해당한다. 하물며 국가왕실의 전복 행위는 말할 것도 없다. 그래서 疏議에서는 '逆心'을 강조하는데, '君父'라는 칭호나 '자식과 신하는 오직 충성하고 효도해야 한다.'(爲子爲臣, 惟忠惟孝.)는 해설 등에서도, 충이 효보다 절대로 우선함을 확인할 수 있다.

② **謀大逆** : 謀大逆은 宗廟나 山陵 및 궁궐을 훼손하려고 도모하는 행위다. 종묘는 군주의 조상신을 모시고 제사지내는 곳으로, 왕실의 혈통 근원이다. 山陵은 군주의 조상(先君)들의 시신을 매장한 무덤이며, 궁궐은 군주 및 왕실이 거처하는 장소이다. 비록 군주 자신에 대한 구체 모해인 謀反과는 다르지만, 그 추상적이고 상징적인 반역의 마음이 重罪가 된다. 즉, '大逆'이란 '道와 德에 어긋나고 기강을 범하는 不順한 행위'라는 의미인데, 실질상으로는 '謀反'과 크게 구별하지 않고 흔히 '謀反大逆'으로 병칭하기도 한다.155)

③ **謀叛** : 謀叛이란 본국을 배반하고 敵國의 편을 들거나, 또는 군주·왕실에 대항하는 불순한 반란조직에 가담하는 행위를 말한다. 군주나 왕실에 대한 직접 모해보다 다소 가볍지만, 적국이나 반란단체에 가담함으로써 간접적·반사적인 해악을 끼치는 의미에서, 역시 중대한 不忠의 죄다.

④ **大不敬** : 大不敬은 군주에 대한 臣民의 예를 크게 상실한 행위로서, 不敬은 실질상 不忠의 의미에 해당한다. 이는 앞의 세 죄명과는 달리, 여러 죄목을 종합으로 포괄하는 일반 개념이다. 上帝·천지신명 및

---

155) 漢律上의 규정 및 시행 내용을 참고로, '反'은 謀議 준비단계에 초점을 두며 '逆' 은 이미 實行에 착수한 단계를 가리키는 것으로서, 謀反大逆이 본디 한 가지라고 해석하기도 한다. 漢律, 卷3, 賊律, 大逆無道條(1414) 참조.

종묘 등 大祀에 사용하는 禮器나 군주가 사용하는 기물을 훔친 죄,(§270) 옥새를 훔치거나 위조한 죄,(§271, 362) 군주의 약을 과실로 本方과 달리 처방하거나 조제한 죄,(§102) 군주의 음식을 과실로 잘못 요리한 죄, (§103) 군주가 사용할 선박을 과실로 잘못 제작한 죄,(§104) 군주를 지칭하며 비방하거나 중대한 불경을 범한 죄, 군주의 명령을 봉행하는 使臣에게 대항하거나 심히 불경스럽게 대한 죄(§122) 등이 여기에 들어간다. 특히, 약이나 음식·선박 등에 관한 범죄가 고의나 악의에 의한 경우에는 직접 謀反에 해당하며, 부주의로 인한 직무상 중대과실죄만 대불경에 속한다. 앞의 세 죄목도 실질상 대불경에 들어가지만, 특별히 엄중하기 때문에 별도로 독립 규정한 것에 불과하다. 이는 조부모님 및 부모님을 구타하거나 謀殺하는 행위가 실질상 '不孝'죄임이 분명하지만, 특히 악질의 범죄이기 때문에 별도로 '악역'이라는 죄명으로 분리 독립시킨 것과 마찬가지 이치다. 또한 후술할 각종 不忠의 죄도 '불경'에 해당하지만, 이들 광의의 '불경', 不忠의 죄 가운데 중대한 죄목만 가려 '十惡'에 포함시킨 것이 바로 '대불경'죄이다. 따라서 불경죄는 곧 不忠죄와 동등한 의미가 되는 것이다.

(2) 秦漢代 절대군주제 하의 不忠罪

한편, 十惡의 죄명이 아직 정형화하지 않은 漢代에도 이에 해당하는 不忠罪가 많았다. 흔히 '不道'·'不敬'·'大不敬' 등의 명칭으로, 다소 막연하고 포괄적인 개념을 이루고 있다. 특히, 秦의 중앙집권 郡縣制와 함께, 漢代에는 황제의 아들·功臣·외척 등을 諸侯王·제후 등에 책봉하는 지방분권의 王國制를 동시에 실시하여, 漢代는 郡國制라는 특수한 행정조직체계를 형성하였다. 그 결과, 지방 諸侯나 王의 세력이 커져서, 謀反大逆 사건이 심심치 않게 계속 발생하는 직접 화근이 되었다. 그래서 이들의 반란을 진압하거나 사전에 제거하기 위한 수단방편으로, (大)不敬이나 不道의 죄명은 각종 행위유형을 광범위하게 포괄하는 상당히 일반 추상적인 명분이 된 셈이다.

우선, 不道는 후대의 十惡에서 보자면, 사형죄에 해당하지 않는 1가족 3인 이상의 무고한 양민을 학살하는 범죄로서, '非人道'의 전형이다. 그런데 漢代에는 이를 포함하여, 보통 '禮節에 어긋나고 倫理를 끊는'(逆節絶理) 無道한 범죄 일반을 총칭한다.[156] 예컨대, 제후가 관할구역 내의 금전·재물을 훔치거나 토지(영역)를 침범하는 행위, 관리가 뇌물 등 거액의 불법재산을 취득·축적하는 행위, 대신이 亡國의 역사를 인용하여 현실을 비방하는 행위, 군주를 기망하는 不忠 행위, 사면령 이전의 일을 거론하여 군주의 은택을 손상시키는 행위, 詔書의 시비를 의론하거나 先帝의 명예를 훼손하는 행위, 조정에서 의론한 국가기밀을 누설하는 행위 등이 不道罪에 들어간다.[157]

不敬이나 大不敬도 이와 비슷한데, 군주에게 할 말이 아닌 말을 한 행위(非所宜言), 군주에게 올릴 상소문을 사전에 공개한 행위, 군주의 측근인 대신을 공공연히 상해한 행위, 군주를 기만하는 행위, 조정의 국사를 누설하는 행위, 朝會에 무단히 결근하는 행위, 중요 제사에서 술에 취해 노래하고 탄식하는 행위, 제후의 喪에 지각하는 행위, 궁전문 출입시 말과 수레에서 내리지 않는 행위, 국가의 孝廉 천거정책을 봉행하지 않는 행위 등이 널리 (大)不敬에 해당하는데, 많은 경우에 不忠이라는 용어와 혼용·병칭하기도 한다.[158]

이러한 不忠의 죄는 정치적으로 남용 또는 악용하는 경우가 많았다. 誹謗·妖言의 죄목은 비단 秦代 뿐만 아니라 漢代에도 재현하여, 그 참혹한 黨錮의 화를 초래하였다. 이는 포학무도하거나 우매한 군주에 아부하는 사악한 간신들이 발호한 소치인 경우가 많다. 자고로 忠諫이나

---

156) 이는 본디 晉書, 刑法志에 실린 張裴의 '律注表'의 개념인데, 漢律의 내용을 계승·정리한 것으로 보인다. 漢律輯證3 및 漢律, 卷3, 賊律1, 不道條(1422-4) 및 卷5, 賊律3, 亨姬不道條(1461-2); 卷20, 律說(1751) 등 참조.
157) 漢律上 不道 개념은, 大庭脩, 秦漢法制史の研究, 創文社, 1982년, 101-150면 참조.
158) 이상의 내용은 漢律에 인용한 내용을 정리한 것인데, 대개 卷2, 盜律과 卷3-5, 賊律에 많이 등장한다. 특히 卷3, 賊律1, 大逆無道篇에 유형화한 謀反·大逆·不道·非所宜言·大不敬·不敬의 여러 조목을 참조할 것.

正言을 誹謗이라고 일컫고, 深遠한 計策이나 군주의 과실에 대한 지적을 妖言이라고 매도하는 정치현실은, 忠과 奸, 公과 私가 본말이 뒤바뀐 윤리규범의 역설을 반증하기도 한다.[159] 군주의 입장에서는, 宗廟나 王陵 등 先君에 관한 사항을 엄형 중법으로 다스리는 것이 마치 자신의 孝道이고, 그렇지 않으면 不孝라고 생각하기 쉽다. 이러한 王室 내의 가족주의 효윤리까지 가세하여, 不忠罪를 더욱 확장·가중시키곤 하였다.

그리고 군주의 절대 권위로 말미암아, 율령을 제정하는 신하의 입장에서는 무사안일의 심리가 작용하기 쉽다. 즉, 군주와 관련한 사항은 중벌위주로 기초하는 것이, 자신의 충성을 확인시키고 신변의 안전을 확보하는 첩경이라고 생각하는 게 통속의 인지상정이다. 그리하여 漢代에 王陵의 물건을 훔치거나 그 부지를 침범하는 행위, 군주의 기물을 훔치는 행위, 또는 先君의 종묘나 왕릉에 관하여 의론하는 행위 등을 모두 사형에 처하는 법령이 많았다.[160]

(3) 十惡 중 不忠 죄의 법적 효과

十惡에 해당하는 不忠의 죄는 원칙상 斬이나 絞의 극형에 처한다. 다만, 불경죄 중, 大祀에 쓰는 禮器 및 군주가 쓰는 기물을 훔친 죄는 流二千五百里에 처한다. 또 謀反 및 謀大逆의 경우, 16세 이상의 父子는 絞刑, 15세 이하 및 母女·처첩·형제자매와 家産은 모두 沒官, 伯叔父나 친조카는 流 三千里에 처하는 광범위한 緣坐刑을 수반한다.(§248) 謀叛의 경우에도 처자는 유형에 연좌한다.(§251) 대불경에 속하는 각 죄는 구성요건에 정합하는 정범을 최고형으로 처하되, 동류의 범죄도 주관행

---

159) 漢律, 卷3, 賊律1, 誹謗妖言 및 腹非條(1415-21); 通考, 卷163, 刑考2, 刑制條(1413 下-14上) 참조.

160) 漢律, 卷2, 盜律(1394-7) 및 卷19, 祀令(1731) 참조. 한편, 唐 때 大將軍이 왕릉의 잣나무를 벤 사건에서, 법관이 관직에 의한 사형 감경 처분을 의론하였는데, 高宗은 이는 자신의 不孝를 상징한다며, 특별히 처형할 것을 명령한 적이 있다. 그러나 법관이 法理와 人道에 근거해 끈질기게 충간한 덕분에, 결국 황제가 설득 당했다. 唐會要, 卷40, 臣下守法條(723) 및 通考, 卷170, 刑考 9, 詳讞 條(1471上) 참조.

위 및 객관상황에 따라 체감하는 방식으로 다소 감경한 처벌을 받는다.

특기할 만한 점은, 謀反·大逆 및 謀叛 등의 사실을 아는 자는, 즉시 가까운 관가에 밀고하여야 하며, 신고를 받은 관가는 즉시 병력을 출동해 체포하여야 한다. 이를 알고 고발하지 않은 자(不告知罪)나, 신고를 받고 半日 이상 지체한 관원은, 絞刑이나 流 二千里의 중형에 처한다. (§340) 또한 謀反·大逆을 誣告한 죄는 斬刑에 해당하고, 이에 가담한 자도 絞刑에 처한다. 이는 反坐 처벌을 원칙으로 하는 誣告의 일반 법리에 부합한다. 그런데 사실을 제대로 살피지 않은 부주의가 있을 뿐, 誣告의 의도가 아닌 경우에는, 군주에게 奏請하여 특별재결을 받는다. (§341) 反逆 등의 중대성을 감안한 특별규정인 셈이다.

이러한 특별한 예외규정은 익명투서나 고발의 관할권에도 그대로 나타난다. 익명투서는 원칙상 고발은 물론, 습득·전달이나 受理도 절대 하지 말도록 엄금하고 있다. 이를 발견·습득한 제3자는 즉시 소각해야 한다. 그러나 중대한 예외의 法理가 있는데, 그 내용이 謀反·大逆인 경우에는, 소각하지 말고 즉시 군주에게까지 보고해야 한다. 그리고 익명투서의 내용이 허위인 경우에는 투서인을 무고죄로 처벌하지만, 사실인 경우에는 역시 반역의 중대성과 사실고발의 위험성 등을 감안하여 특별 재결하게 된다.(§351) 또한 감옥에 구금중인 죄수나 80세 이상 또는 10세 이하 및 篤疾者는 타인의 범죄를 고발할 능력이 원칙상 없으며, 관가도 이들의 고발을 수리해서는 안 되지만, 謀反·大逆 및 謀叛 등의 범죄는 예외로 고발하고 수리할 수 있다.(§352) 또 범죄인의 自首는 가까운 관할 관가에 출두해야 하며, 軍府의 관리는 원칙상 이를 접수할 수 없는데, 역시 謀反·大逆 및 謀叛의 '중대한 해악'은 예외로 수리할 수 있다.(§353)

(4) 十惡 외의 일반 不忠의 죄

十惡 이외에도 일반 不忠의 죄는 일일이 열거할 수 없을 정도로 많기 때문에, 유형별로 거론하여 중요한 특징을 지적하는 편이 바람직하다.

우선, 당률에서 總則에 해당하는 名例律의 바로 뒤에는, 各則의 첫머리에 衛禁律이 등장하는데, 이것이 일반 不忠罪의 대표 전형이다. 총 2卷 33條에 달하는 衛禁律(§58~§90)은 晋代에 衛宮律이라는 명칭으로 기본체계를 창제한 뒤, 北齊 때 關禁에 관한 규정을 추가하여 禁衛律로 일컫다가, 隋 開皇律부터 衛禁律로 개칭하였다. 즉, 위금률은 역사 발전과정에서도 알 수 있듯이, 궁궐의 警衛에 관한 '衛'律과 국경의 關禁에 관한 '禁'律로 이루어져 있다. 궁궐의 경비와 保衛가 군주 및 사직의 안전과 직결하는 '對內'의 충성의무라면, 국경의 關禁은 국가의 주권 및 안정에 관한 '對外'의 충성을 규정하는 것이다.[161] 이는 마치 十惡에서 謀反·大逆의 대내적인 직접성과 謀叛의 대외적인 간접성이 대비를 이루는 것과 비슷하다. 疏議의 해석에선 '군주를 호위하고 불의의 우환을 방비하는 일이 무엇보다도 중대하기 때문에, 名例의 바로 아래, 모든 편의 첫머리에 둔다.'고 밝힌다. 충이 효를 포함한 어떠한 윤리도덕보다 절대로 우선하는 체계상의 특징이 두드러짐을 알 수 있다.(衛禁律 篇首 疏議)

위금률 다음에 위치하는 총 3卷 59條에 달하는 職制律(§91~§149)은, 각종 官員의 직무상 책임과 의무에 관한 제도로서, 행정법에 해당한다고 볼 수 있다. 그 실질 규정내용은 단순한 행정 조직이나 체계에 관한 것이 아니라, 관원의 행정직무상 태만 및 유기·과실·무능력 등을 처벌하는 관점으로 시종일관하고 있다. 이는 결국 국가의 최고 통치권자인 군주에 대한 不忠의 죄를 규정한 것과 다름없다. 군주의 통치대리인으로서 관리가 준수하여야 할 직무상의 충성의무라고 할 수 있다.[162]

---

161) 白判(上) §49에서는, 관리가 월경한 범죄인을 체포하기 위해 밤에 關門을 넘으려는 사안에 대하여, 국내의 법 집행은 작은 일이지만, 關禁은 국가의 큰 방비라는 이유로, 이를 불허한다.

162) 以法爲敎, 以吏爲師의 법치사상을 통치이념으로 실행한 秦代에, 법령의 공포 및 시행에 관해 관리의 직무를 매우 엄격히 강조한다. 법령을 공포한 뒤에 인민이 여전히 이를 준수하지 않을 경우에는, 縣令 등 해당 관원을 엄중히 문책한다. 알고도 묵인하고 검거하지 않으면, 이는 군주의 明法을 공공연히 폐기하고 죄악을 비호하는 '不忠'이 된다. 이를 모른 경우에는, 이는 직무를 감당할 수 없을 만큼 무능하고 무지한 것이다. 따라서 어느 경우에든 그 죄책을 져야 한다. 秦簡, 語書, 15-6면 참조. 한편 白判(下) §26에서는, 하급관리가 刺史와 같은 상급관원의 違法을 안 경우에는, 비록 관직품계의 고하질서가 있지만, 事君의 大節을 위해 법에

따라서 이는 衛禁律보다는 간접적이고 다소 거리감이 있는 不忠의 죄에 해당하는데, 충의 일반 보편의 개념인 '忠實'의 의미에 좀 더 근접한다고 볼 수 있다. 이러한 관점의 不忠罪는, 물론 職制律 뿐만 아니라 律의 모든 영역에 걸쳐 두루 산재한다. 특히 戶婚·廐庫·擅興·斷獄편 등에 관리의 직책상 不忠罪가 많은 편이다.

이밖에 특별히 언급할 만한 不忠罪로는, 令에서 규정하는 각종 國忌의 공휴일을 공경·엄숙하게 지키지 않고, 음악이나 歌舞 등을 즐기는 행위가 있다. 君父一體의 관점에서, 私忌日에 근신하지 않는 不孝의 죄와 함께 나란히 규정하고 있는데, 國忌가 좀 더 우선하고 형벌도 더 무거운 것이 특징이다.(§390)

또 하나 중요한 不忠罪는, 臣民이 군주나 宗廟 先王의 이름(諱)을 언어나 문서에 거론하는 행위다. 군주에게 올리는 上疏文은 물론, 어떠한 기타 문서에서도 諱를 범할 수 없을 뿐만 아니라, 일상 언어에서도 부주의로 실언해서도 안 된다. 특히, 개인의 이름에 諱字를 취하는 일은 가장 무겁게 처벌한다.(§115)[163] 禮制상으로 보면, 詩書나 文章 또는 宗廟 祭祀 및 敎學 등에서는 본래 어떠한 禁忌나 避諱가 없다.[164] 神明에 대한 공경과 학문 언론의 자유를 절대로 우선 보장하기 때문이다. 그런데 漢 이래 역대 절대왕권은, 특히 후대로 내려올수록, 군주와 왕실의 신성존엄을 절대로 강조하기 위해서, 이러한 예의 본질 정신까지 무시하고, 어떠한 경우에도 諱를 범할 수 없도록 금지하였다.[165] 그 결과 적

따라 이를 糾正하거나 군주에 보고하여 忠誠을 다해야 한다고 강조한다.

163) 諱를 범하는 죄가 이처럼 중대하기 때문에, 전통적으로 군주의 이름은 알기 어렵고 쉽게 피할 수 있는 僻字를 취하는 것이 일반 관례다. 漢 宣帝는 일찍이 이 점을 거론하면서, 그 諱를 변경한 뒤 그 이전의 觸諱 범죄를 모두 사면한 적도 있다. 漢律, 卷16, 越宮律條(1677) 참조.

164) 禮記, 曲禮上:「詩書不諱, 臨文不諱, 廟中不諱.」; 玉藻:「凡祭不諱, 廟中不諱, 敎學臨文不諱.」

165) 예컨대, 淸 仁宗 嘉慶 20년에 重刊한 宋本十三經注疏本에는 '玄'을 한결같이 '元'으로 바꾸었는데, 鄭玄을 鄭元으로 표기함은 물론, 심지어 唐의 玄宗까지 元宗으로 기재하고 있다. 이는 聖祖 康熙의 이름 愛新覺羅玄燁에 들어있는 玄字를 避諱

지 않은 文字獄으로 많은 선비들이 筆禍를 당하였는데, 특히 정치권력을 둘러싼 黨爭의 소용돌이 속에서, 간사한 무리들이 형식상 이념명분을 내세워 몹시 참혹한 환난을 야기·확대하는 중요한 화근이 되었다. 충의 이념적 절대화가 보여주는 최고절정의 실례인 셈이다.

6. 忠의 至上絶對性과 孝의 否認

앞에서도 군주에 대한 충이나 국법준수의 충실성이 부모에 대한 가족주의 효보다 상대적으로 우선하는 경우를 일부분 언급하였다. 가까운 예로, 國忌日의 불경한 遊樂행위는 杖一百인데, 私忌의 경우 2등급 감경 처벌한다.(§390) 또한 군주를 직접 지칭하는 경우는 상황에 따라 斬刑이나 徒2年의 형벌에 해당하고(§122), 宗廟 先王의 諱를 실수로 범한 경우에도 경중에 따라 徒·杖·笞刑을 받는다.(§115) 그러나 부친이나 조부의 경우 諱에 관한 일반 규정이 없고, 다만 그 이름 글자가 든 관직에 부임할 수 없다는 금지조항만 있다.(§20. §121) 이들은 不忠과 不孝가 병존 양립할 수 있는 동종의 사항에서, 군주에 대한 존엄성을 상대적으로 더 중시하는 경우에 불과하다. 十惡에서 謀反·大逆 및 謀叛 등과 같은 不忠의 죄가 惡逆 및 不孝罪보다 우선 등장하는 것도 마찬가지 이치다.

(1) 不忠罪의 孝道 否認 : 효도 허용·권장 법규의 유보

그러나 효와 충이 정면으로 충돌하여 양자가 결코 동시에 공존·양립할 수 없는 경우에는, 어느 한 이념을 절대로 우선하는 양자택일의 방법만이 유일하게 존재하게 된다. 예컨대, 전술한 '親屬相容隱'제도나 '범죄존류양친'법, 또는 존친의 고발을 금지하는 '干名犯義'죄들은, 효의 윤리도덕을 권장·보급하기 위한 통치이념의 차원에서 국법의 관철이라는 충실(원칙)성을 상당히 양보·후퇴한 모범의 실례에 속한다. 그런데 효 윤리를 표방하는 이들 제도도 군주 및 국가사직의 존립에 정면으로

하기 위한 것으로 보인다. 이러한 예는 부지기수로 많다.

배치하거나 상당한 위험성을 보이는 경우에는, 지상절대인 충의 이념에 밀려 그 적용을 유보하거나, 아예 존재 자체까지 부인하기도 한다.

한대 이후 법제가 표방하는 유가의 통치이념도 일반 가족주의 사회 윤리에 국한하며, 국가주의 통치체계의 영역에서는 군주의 절대권에 대한 법가의 충 윤리가 일체의 효를 부인하는 지상명령으로 명확히 두드러진다. 사실 이러한 국가주의 충 윤리의 절대지상성은 가족주의 효 윤리를 통치의 근본이념으로 삼는 필연의 귀결이다. 왜냐하면, 국가는 큰 가족이기 때문이다. 그래서 謀反·大逆 및 謀叛의 不忠죄에서는 '친속상용은'律의 적용을 전면 배제하고,(§46) 부모·조부모님이 이들 謀反·大逆 및 謀叛의 범죄를 저지른 경우에는 자손이 고발하여도 죄가 되지 않는다.(§345, §346) 자손은 부모·조부모님의 謀叛 이상 不忠죄를 소극차원에서는 숨겨 줄 수 없을 뿐만 아니라, 적극차원에서는 고발할 수 있다.

그러면 자손이 이들 범죄를 일부러 숨겨 주지는 않지만, 그렇다고 주동으로 관가에 고발하지 않는 경우에는 어떻게 되는가? 律文은 부모님의 不忠죄를 자손이 고발하는 경우, 干名犯義의 '不孝'가 성립하지 않는다고 그 소극 허용을 규정할 뿐, 적극 고발을 강제로 명령하지는 않고 있기 때문이다. 또한 不忠죄의 사실을 아는 경우 이를 고의로 적극 은닉·도피시키는 행위를 금지할 뿐, 역시 소극으로 침묵하는 不告知罪에 대한 특별규정은 없다.

문제는 謀反·大逆 및 謀叛 사실을 알고도 고발하지 않는 不告知罪가 絞刑이나 流 二千里에 해당한다는 일반규정의 존재다.(§340) 여기에는 친족간의 容隱 관계를 특별히 거론하고 있지 않기 때문에, 이들 범죄에 '친족상용은' 제도의 적용을 배제한다는 규정과 함께 대비해보면, 이들 범죄에는 친족간에도 不告知罪가 일반보편으로 해당한다고 해석할 수 있다. 그러나 실질상 형벌의 관점에서 보면, 자손이 부모님의 謀反 등 죄를 고발하지 않는 경우, 不告知罪에 의하거나 단순한 연좌에 의하거나, 그 형벌은 별 차이가 없다. 따라서 부모님의 謀反·大逆罪에 대한 자손의 不告知罪는 立法上 실익이 전혀 없다.

한편, 범죄가 들통 나기 이전에, 범인을 법적으로 容隱해줄 수 있는 친족이 대신 자수하거나 고발하는 경우에는, 죄인 자신의 자수로 간주한다. 특히 연좌제를 적용하는 謀反·大逆 및 謀叛죄의 경우에는, 자손이 부모·조부모님을 체포하여 관가에 이송하는 행위까지, 죄인의 직접 자수로 의제해 준다는 규정도 있다.(§37) 결국 자손은 부모님의 不忠죄에 대해서 숨겨 줄 수는 없으며, 고발할 수는 있되, 고발하는 경우에는 부모님 자신의 자수와 같은 법적 혜택을 인정받는다.(고발 후 범인인 부모님이 자진 출두하지 않는 경우에도, 고발한 자손은 자수의 효과를 개별로 받는다.) 그러나 고발하지 않는 경우에는 不告知罪나 연좌형이 실질상 거의 동등하기 때문에, 고발에 대한 명령규정으로서 법적 강제성은 별 실효성이 없게 된다. 요컨대, 법은 부모님의 不忠죄를 자손이 고발하도록 권장은 하지만, 결코 강요하고 있지는 않는, 절충식 타협을 취하고 있는 셈이다.

이밖에도, 군주에 대한 직접 충은 아니지만, 國法(국가의 형벌권 또는 군주의 司法權)의 관철이라는 충실(원칙)성을 우선하여, 사사로운 효를 허용하지 않는 법규정들도 있다. 부모님의 피살에 대한 자손의 복수를 허용하는 명문의 규정이 없는 것도 이러한 의미로 이해할 수 있다. 그리고 자손이 부모님의 훈계명령에 복종하지 않는 행위가 가장 기본이면서 중요한 不孝의 죄임은 전술한 바와 같다. 그러나 훈계명령이 사리에 합당하지 않는 경우에는, 복종하지 않아도 죄가 되지 않는다. 더구나 국가의 법령에 어긋나는 부모님의 명령을 따르는 결과 죄악을 범하게 되는 경우에는, 더욱 말할 필요도 없다.(§348) 이 규정은 실질 내용상 국법에 대한 충실을 부모님 명령에 대한 孝順보다 우선시키는 대표 예다.

또한 죄수를 훔치거나 겁탈하여 도주하는 행위는, 자손의 부모님에 대한 효심의 동기에 의한 경우에도 절대로 엄금한다.(§257·§470) 사형수인 부모·조부모님의 승낙이나 명령에 의하여 자손이 직접 또는 타인을 시켜 그를 살해해 주는 행위도 절대 금지한다. 비록 부모님의 명령에 의하더라도 효가 아닐 뿐 아니라, 오히려 不孝로서 故殺과 마찬가지로 '惡逆'으로 처벌한다.(§471) 물론 국법에 대한 막대한 不忠임은 당연하다.

요컨대, 국가형벌권이 정식으로 발동한 이후에는 혈친간의 효윤리 또한 국법을 적극 침해하는 私情에 불과하게 된다.166)

(2) 忠誠 위한 孝道 否認 : 奪情(起復)

또 하나 독특한 제도는, 군주에 대한 충이 적극 필요한 경우, 부모에 대한 자식의 효를 양보하도록 강제로 명령하는 '奪情'의 규정이다. 이는 부모를 여읜 효자의 哀痛한 人情을 빼앗는다는 의미다. 군주의 신하나 국가의 관리로서 현명하고 유능한 사람이 부모·조부모의 喪을 당한 경우에, 부득이 국가의 필요(본래는 군사상 위급한 상황에 한함)에 의해서, 3년喪의 孝情을 행하지 않고 곧바로 관직에 부임하도록 요구하는 제도다. 부모가 돌아가신 경우, 자식은 관직을 사임하고 3년喪을 모셔야 한다. 관직에 대한 탐욕이나 미련을 버리지 못하고, 부모의 喪을 숨기거나 사칭하는 경우에는, 不孝의 죄로 엄벌하는 것이 전통법의 확고한 일관 원칙이다. 이에 대한 특별한 예외가 충의 필요에 의해서 열린 것이다.

탈정의 유래는 멀리 漢代까지 거슬러 올라간다. 漢 高祖가 중원을 통일한 뒤, 蕭何가 제정한 九章律에는 대신들에게 부모 3년상의 휴직[告寧]을 허용하는 제도가 있었다. 그런데 孝文帝가 임종에 인민을 사랑하는 마음으로, 자신의 장례를 검소하게 치르며, 臣民의 자신에 대한 喪服도 출상 후 3일만에 모두 벗도록 遺詔를 남긴 일이 있었다. 그 후로 대신들이 이를 빙자하여, 관직에 계속 유임하기 위하여 3년상의 禮制를 제대로 지키지 않는 것이 관례가 된 듯하다. 前漢 말엽 孝哀帝가 즉위 초에 博士弟子들에게 부모 3년상의 휴가를 주었다는 기록은, 이러한 사정을 간접으로 반증해 준다.167) 그러나 원칙상 부모의 3년상을 몸소 실행

---

166) 宋代에 獄卒이 도둑을 체포했는데, 도둑의 모친이 자식을 탈취하려고 꾀하다가, 옥졸의 제지를 받고 땅에 엎어져 다음날 사망한 사건이 발생하였다. 이에 법관이 鬪殺(폭행치사)의 죄명으로 그 옥졸을 棄市刑에 판결했다. 이에 通判은 도둑을 관장하는 관리가 정당한 합법 직무를 수행하다가 발생한 과실치사를 일반폭행으로 논죄한다면, 누구도 더 이상 도둑체포의 공직을 감당할 수 없을 것이라는 이유로 상소했다. 결국 원심은 파기당하고, 杖刑으로 낮춰졌다. 이는 국가의 公法이 모친의 私情에 절대로 우선함을 증명하는 좋은 실례다. 折獄, 卷4, 議罪, §95, 참조.

하지 않은 자는 관리에 등용할 수 없다는 律文의 규정이 있었다고 전해 진다.168) (물론 신규임용의 조건으로 3년상 이행을 요구하는 것과, 3년상 실행을 위하여 해직 또는 휴직을 허용하는 것은 별개의 제도다.)

그러다가 後漢 光武帝 때에 새로운 통치조직 정비에 분주하여 대신들의 3년상 휴직제도를 전면 중단하면서, 탈정제도는 거의 원칙상의 정책으로 확고해진 것처럼 보인다. 그 뒤 孝安帝 元初 3년에 대신들에게 3년상을 실행하도록 잠시 허용했다가, 다시 5년 후에 이를 부인하고 있다.169) 이는 元初 중에 鄧太后가, 刺史나 二千石과 같은 長吏가 인민을 선도하고 풍속을 교화하는 솔선수범의 師表라는 논거로, 부모의 3년상을 친히 실행하지 않은 관리는 選擧에 관여할 수 없도록 제한한 조치와 보조를 같이 하는 내용이다.170)

요컨대, 세속의 人之常情으로 보면, 부모의 3년상 자체를 禮法대로 지키기도 어렵고 지키고 싶지도 않은데, 국가의 통치이념과 律令제도의 강제명령에 의해 마지못해 겨우 실행하였을 것이다. 그러던 것이 孝文帝의 遺詔를 계기로, 관직에 대한 명예욕과 3년상에 대한 혐오감이 결합하여 告寧제도는 유명무실해지고, 後漢초 국가통치상의 요구가 더해지면서 법적 의무로서 부모 3년상 휴직제도는 사실상 폐지한 것이다.

그래도 지극히 효성스러운 소수의 신하들이 개별로 3년상을 지키기 위하여 관직의 사임을 요청하는 告寧은 현실로 여전히 존재한 것 같다. 예컨대, 耿恭·桓焉·張酺 등은 재직 중 부친이나 모친의 상을 당하여

---

167) 漢書, 卷 11, 哀帝紀 : 「博士弟子父母死, 予寧三年.」 이에 대한 補注에서는, 何悼의 말을 인용하여, 漢의 법제상 관리가 부모의 3년상을 행하지 않은 것보다 더 큰 실책은 없으며, 실질상 3년상의 예법이 거의 사라졌다고 기술한다. 부모의 喪에 대한 일반 관리의 휴가는 사망 시부터 장례 후 36일에 불과했다고 한다. 漢律, 卷16, 傍章, 予寧條(1662) 참조.

168) 漢書, 卷87下, 楊雄傳下 : '結以倚盧' 구절의 應劭注 : 「漢律以不爲親行三年服不得選擧.」

169) 이상의 기타 내용에 관하여는, 漢書, 卷4, 孝文帝紀 및 後漢書 卷5, 孝安帝紀 ; 同 卷46 陳郭列傳, 陳忠편 참조.

170) 後漢書, 卷39, 劉愷傳 참조.

3년상을 시행하고자 하였으나, 황제가 특별히 詔書에 의해 酒肉을 하사하고 '釋服' 또는 '脫服'시켰다는 기록이 이를 증명해 준다.171) 이것이 탈정 개념의 最古의 직접 연원인 셈인데, 注의 해설에 따르면 奪情하여 상복을 더 이상 계속 입지 못하도록 한다는 의미라고 전한다.

그 후로 탈정제도는 관례화하여 꾸준히 이어진다. 北朝의 李德林은 관직에 재직하는 동안 모친상을 당했는데, 지극한 효성이 조정에까지 알려져, 군주가 백일喪으로 탈정하여 '起復'(起用復職)하려고 하였으나, 끝내 固辭했다.172) 南朝에서는 脫服의 요청을 고사하거나, 장례 후 상복을 벗고 복직한 사례들이 수없이 전해진다.173) 唐代에도 奪情起復의 관행은 지속한 것으로 보인다. 戰亂의 위급한 상황이 아니면, 관직을 떠나 3년상을 제대로 지키도록 하자는 건의가 특히 많이 눈에 띈다. 그 결과, 특별한 勅命에 의한 경우나, 翰林・軍職 등을 제외한 일반 文官들에 대해서는, 원칙상 탈정起復을 제한한 것 같다.174) 당률에 이에 관한 명문의 규정이 존재하지 않는 것도, 탈정제도가 본디 위급하거나 특수한 상황에서 황제의 權宜로 행해지는 임기응변의 예외조치임을 뜻한다.

한편, 後唐 때에는 부모에 대한 孝로부터 군주에 대한 忠이 말미암는다[孝以移忠]는 명백한 통치이념을 표방하면서, 부모의 喪을 당한 자는 원칙상 3년 服制를 마쳐야 한다는 칙령이 내려졌다. 다만, 전쟁병란[金革]과 같은 국가의 중대사가 있는 경우에 부득이 奪情하되, 卒哭을 마친 후에 복적하도록 하였다.175) 그런데 明代에 이르러서는, 이 특수한 예외였던 탈정이 공식 제도로 律文규정에 등장한다. 관리가 부모의 상을 당하면 마땅히 관직을 사임하고 3년상을 지켜야 한다는 원칙규정과 함께, 조정에서 '탈정起復'하는 경우에는 이 원칙을 적용하지 않는다고 예외

---

171) 後漢書, 卷19, 37, 45의 각 列傳 및 東漢會要, 卷7, 脫服조 참조.
172) 北史, 卷73, 李德林列傳 참조.
173) 南朝宋會要, 凶禮, 脫服 및 葬畢攝任조; 南朝齊會要, 凶禮, 葬畢攝任조; 南朝梁會要, 職官, 遭喪攝任조; 南朝陳會要, 凶禮, 脫服조 등 참조.
174) 唐會要, 卷38, 奪情조 참조.
175) 五代會要, 卷9, 奪情條(110-1) 참조.

조항을 명문화한 것이다. 그리고 이 예외조항은 국가에 중대한 일이 있어 조정에서 權制로서 부득이 기용하는 경우에 국한한다는 註釋을 첨부하고 있다.[176] 한때 이 예외조항은 되도록 엄격히 제한해 적용한 것으로 보이는데, 특히 英宗 正統(1436-1449) 이후에는 文官의 탈정起復을 금지하는 특명을 빈번히 내려 슈에 규정하기도 하였다.[177]

허나 현실은 오히려 그 반대였던 것 같다. 憲宗 成化2년(1466)에 1만여字의 對策으로 庭試에 장원급제해 翰林修撰이 된 羅倫이, 大學士 李賢의 喪中 起復을 만류하다가 李賢이 듣지 않자, 당시 20세이던 憲宗한테 장문의 상소를 올려 간언한 내용에 당시 상황이 여실히 드러나 있다.

> "신이 엎드려 살피건대, 근래 조정에서는 奪情을 일상 법전으로 삼고, 사대부는 起復을 미덕 명예로 삼습니다. …… 자기를 굽히는 자는 남을 곧바르게 할 수 없으며, 어버이를 잊는 자는 임금님한테 충성할 수 없습니다. …… 설혹 창칼의 전란이 있(어 부득이 탈정기복이 있)을지라도, 최소한 얼굴에 먹을 칠하고 상복을 입은 채 종군하는 변통을 따르며; 밖으로 군사의 중책을 맡을지라도, 안으로 心喪의 비애를 다하는 법입니다. 조정이 단정하면 천하가 한결같이 따를 것이며, 대신이 법을 지키면 뭇 신하가 본받을 것이니, 이로 말미암아 인륜이 밝아지고 풍속이 저절로 도타워질 것입니다."[178]

奪情起復제도와 가장 밀접히 직접 관련성이 있는 유가에서 보자면, 禮의 기본정신은 본래 이를 부정하는 입장이었다. 孔子家語의 기록을 보면, 子夏가 부모의 3년상 중 卒哭 후 국가가 위급한 전쟁병란을 당하

---

176) 明律, 禮律, 儀制, 匿父母夫喪조 참조.

177) 明會要, 卷 18, 凶禮, 奪情조 참조. 太祖 때 한 지방관리가 모친의 3년 상복을 입기 위해 휴직을 청구했다가, 吏部尙書의 거절을 당하자, 登聞鼓를 쳐서 황제에게 訴請하였다. 이에 太祖는 吏部尙書를 책망하고, 그 관리의 3년상을 허용했다고 한다. 明史, 刑法2 및 明會要, 卷67, 刑4, 登聞鼓條(1294) 참조.

178) 明史, 卷179, 列傳 第67, 羅倫傳 참조. 「臣伏見比年以來, 朝廷以奪情爲常典, 縉紳以起復爲美名. … 枉己者不能直人, 亡親者不能忠君. … 脫有金革之變, 亦從墨衰之權; 使任軍事於外, 盡心喪於內. 將朝廷端則天下一, 大臣法則群臣效, 人倫由是明, 風俗由是厚矣.」

면, 이를 피하지 않고 從軍하는 게 禮냐고 여쭌 적이 있다. 이에 공자는
夏·殷·周 三代의 기본 禮制가 부득이한 復職을 허용함을 설명한 뒤,
그러나 군자는 남의 부모(에 대한 효도)를 빼앗지 않으며, 또한 남의 큰
變故도 빼앗지 않는다고 답하였다. 이에 子夏가 다시 국가의 환난을 피
하지 않는 것이 非禮냐고 여쭈었다. 공자는 魯의 始祖인 伯禽(周公의 長子)
이 모친상 중에 오랑캐의 침입을 받아 부득이 종군한 사실을 소개하면
서, 아울러 그 당시 名利를 위해 부모 3년상을 내팽개치는 일반현실을
크게 개탄했다. 사실 이 점이 가장 중요한 본질정신이다.[179]

漢 이후의 탈정기복제도도, 실제로는 喪主인 관원이 3년상에 대해 번
잡하고 지루한 혐오감을 품고, 게다가 관직의 명리에 대한 미련과 집착
을 떨치지 못한 게 실질상 주요원인인 경우가 많았다. 국가대사 및 군
주에 대한 충성은 대의명분을 가장하는 이념 표방에 불과하기 일쑤였
다. 군주가 주동으로 신하의 3년상의 효행을 빼앗지 않으며, 나라의 존
망이 걸린 위급한 전쟁병란의 상황이 아니면, 신하는 관직에 나아가기
위하여 3년상의 효를 굽히는 일이 있어서는 안 되는 것이, 유가의 禮의
본래정신인 것이다.

벼슬과 관련한 또 다른 중요한 忠倫理가 있다. 관리는 합리적인 정당
한 이유 없이 임의로 사직할 수 없으며, 또한 군주가 벼슬에 취임을 요
구하는 경우에도 특별한 이유가 없으면 이를 거절할 수 없는 점이다.
律令上 이에 관한 명문의 규정은 아직 찾아지 않는데, 일반으로 大夫는
70세가 넘거나[告老] 질병으로 인하여 관직을 감당할 수 없는 경우가 아
니면, 원칙상 사임할 수 없다.[180]

漢代에는 군주가 임명한 관직이 비천하다는 이유로 질병을 사칭하거
나 조카[兄子]의 喪을 핑계로 부임하지 않은 자를 곤장이나 禁錮에 처한

---

179) 孔子家語, 卷10, 曲禮子夏問편 참조 : 「三年之喪, 既卒哭, 金革之事無避, 禮與? 君
子不奪人之親, 亦不奪故也. 魯公伯禽有爲爲之也, 今以三年之喪從利者, 吾弗知也.」
180) 白判(上), §26 참조. 漢代에 질병으로 인한 휴가가 만 3개월이 되면 면직하는 제도
가 있었는데, 晋과 唐도 이를 계승했다고 한다. 漢律, 卷16, 傍章(1662-4) 및 卷19,
予告令(1733-4) 참조.

경우가 있다.181) 또 부모의 喪이 아닌데 정당한 이유 없이 관직을 떠난 자에게 10년 또는 5년의 금고령을 내리기도 하였다.182) 그래서 관직을 회피하기 위해 巫家 출신임을 자칭하거나, 형수와 소송을 일부러 벌이는 경우도 있었다.183) 특기할 만한 史實로는, 明 太祖가 明律 제정 이전에 일시 시행한 大誥라는 혹독한 특별형법에는, 군주의 벼슬임용에 불응하는 士大夫를 십대 죄목에 포함시키고 있는 점이다. 물론 이는 천하의 모든 인민을 臣下로 명령하려는 법가의 절대군주제 이론기초로서, 秦이나 隋와 같은 포학무도한 통치권의 상징이기도 하다.184)

제3절   父子有親(情)과 君臣有義(理)의
절대적 도덕성과 상대적 쌍방윤리성

1. 孝와 忠의 절대성

(1) 인륜의 첫출발인 孝

효가 충보다 앞서 출현하여, 德·禮의 개념과 함께 始原의 윤리도덕 규범을 이루어 왔음은, 이미 살핀 바와 같다. 이는 곧 효가 가장 기본이 되는 제1차 人倫임을 뜻한다. 이처럼 효가 인간 사회규범의 출발이 되는 까닭은, 본질상 자손과 부모·조부모님의 관계가 가장 친밀한 인간관계이기 때문이다. 특히, 자식과 부모님에 한정해 본다면, 이들 사이는 이른바 '1寸'이라는 혈연관계로서, 가장 가까운 인간관계다. 물론 앞서

---

181) 漢律, 卷11, 具律 3(1579) 참조.
182) 後漢書, 卷5, 孝安帝紀, 延平 元年 9月條 참조.
183) 後漢書, 卷83, 逸民列傳, 高鳳條 참조. 白判(下), §31에도 이에 상당하는 사안이 나온다. 吏曹가 처벌하자고 주장하지만, 법관은 天子도 人情에 거스를 수는 없다며, 隱逸의 뜻을 존중하도록 판단하고 있다. 이른바 "평안감사도 자기 하기 싫으면 못한다."는 속담은, 人情에 순응하는 유가 사상의 발로이다.
184) 明會要, 卷64, 刑1, 律令條(1244) 참조.

언급한 바와 같이, 부부간의 혼인관계가 모든 인류의 출발점인 것은 사실이다.(흔히 부부간에는 無寸이라고 한다.) 그러나 이는, 혈연적 인류관계를 창출하는 비혈연적 당위의 사회관계로서, 부모와 자식 사이처럼 영원불변하는 절대의 天倫관계는 아니다. 그러한 의미에서 부모와 자식 간의 관계는 혈연적·존재적 인류관계의 출발점으로서 상당히 중대한 의미를 함축한다. 따라서 이들 사이의 윤리도덕인 孝도 모든 사회 윤리와 규범의 시원적 출발점으로서 상징 의의가 매우 크다.

그래서 孝弟로 나란히 일컬어지는 효는, '仁을 행하는 근본' 또는 '仁의 始祖'라고 정의하기도 한다.[185] 요순의 道도 孝弟일 따름이고, 성현의 덕도 효에 덧보탤 것이 없을 정도라고까지 단정한다.[186] 또한 효는 모든 道德의 근본으로서, 모든 사회 교화의 출발점으로 강조한다.[187]

예컨대, 개인의 인격수양과 처신에서 장엄하지 못한 것뿐만 아니라, 군주를 섬김에 충성스럽지 못하거나, 관직을 담당함에 공경스럽지 못하며, 벗과 사귐에 신의가 없고, 전쟁에 임하여 용맹스럽지 못한 행위 등은, 모두 효가 아니라고 규정한다. 심지어 적합하고 필요한 때가 아닌 시기에 나무 한 그루라도 함부로 베거나 짐승 한 마리라도 함부로 죽이는 행위조차 효가 아니다. 또한 仁·義·禮·信·强 등의 윤리도덕 규범도 모두 효로부터 출발하여, 효를 믿고 효에 적합한 행위를 힘써 실천함으로써 남을 사랑하는 것에 불과하다.[188]

그런 까닭에 일찍이 공자는 제자들에게 學文의 선행조건이 되는 덕행으로, 집안의 孝와 집밖의 弟를 첫째로 꼽았다.(이 밖에 謹身·愛衆·親仁을 차례로 더 열거함.) 맹자도 마찬가지로 孝弟를 모든 사회교화의 으뜸으로 강조한다.[189] 반면 不孝는 모든 범죄 중에서 가장 중대한 죄악으로 단

---

185) 論語, 學而, §2 및 管子, 戒편 참조.
186) 孟子, 告子下, §2 및 孝經, 聖治 참조.
187) 孝經, 開宗明義.
188) 禮記, 祭義 및 大戴禮記, 曾子大孝 참조.
189) 論語, 學而, §6 및 孟子, 滕文公下, §4; 梁惠王上, §3·§7; 盡心上, §32·§39 참조.

정한다. 춘추시대 제후들의 同盟誓約에서도 不孝를 용서 없이 처형하는 일이 제1조목으로 거론할 정도였다.[190]

왜냐하면, 그 사람됨이 효성스러워 부모를 사랑하고 공경하는 자라면, 사회에서도 남의 자유와 권리, 생명과 재산을 침해하는 난포한 죄악은 감히 행하지 않을 것이기 때문이다. 더구나 사회질서를 어지럽히고 윗사람이나 임금을 거역하는 인민은 물론, 사리사욕에 눈이 어두워 인민을 수탈하고 난포하게 학대하는 통치자는, 결코 효자로부터 생길 수 없는 까닭이다. 서민이 효성스러우면 질서와 법도를 잘 준수하는 선량한 국민이 되고, 통치자가 효성스러우면 인민을 사랑하여 도덕 교화와 仁義 정치를 행하는 훌륭한 임금이 될 것이다.[191] 효가 모든 인륜 도덕의 근본 출발점이라는 의미는 바로 이 때문이다.

(2) 효도의 궁극성

이처럼 효는 모든 윤리도덕을 포괄하는 근원적인 종합 규범이기 때문에, 효를 원만하게 실행하기란 거의 불가능에 가까운 형편이 된다. 앞서 효의 내용에서도 크고 작은 각 차원의 효행에 대하여 소개하였지만, 효행의 점층 단계에 관한 이론을 살펴보면, 효가 그 대상뿐만 아니라, 시간과 공간의 차원에서도 절대 초월의 경지로 확장하여, 실로 다다르기 어려울 만큼 무궁함을 알 수 있다.

"백성의 근본 교화가 효인데, 그 실행이 곧 봉양이다. 봉양은 가능하지만 공경하기가 어렵고, 공경은 가능하지만 마음 편안히 모심이 어렵다. 마음 편안히 모심은 가능하지만 이를 오래 지속하기가 어렵고, 오래 지속할 수는 있지만 종신토록 받들기는 어렵다. 부모가 돌아가신 후에는 몸가짐을 조심스럽게 행하여, 부모에게 추악한 불명예를 끼치지 않아야만, 효를 끝마친다(완성한다)고 할 수 있다. 仁이란 이것(孝)에 어진 것이고, 禮란 이것을 이행하는 것이며, 義란 이것에 합당한 것이고, 信이란 이것을 믿는 것

---

190) 孝經, 五刑; 呂氏春秋, 孝行; 孟子, 告子下, §7 등 참조.
191) 孝經, 天子 및 論語, 學而, §2 참조.

이며, 强이란 이것에 힘쓰는 것이다. 樂(음악 또는 즐거움)은 이것(孝)에 순응함으로부터 생기고, 刑罰은 이것에 거역함으로써 일어난다. 무릇 孝란 가만히 놓아두면 천지간에 충만해지고, 펼치면 사해에 가득 차며, 후세에 전하면 아침저녁 없이 항상 존재하게 된다. 詩(經)에 '서에서나 동에서나 남에서나 북에서나, 모두 복종하지 않는 바가 없다'고 말하는 것은, 바로 이를 일컫는다."192)

특히 주목할 만한 주장은, 이러한 전통적인 유가의 효와 조금 다른 철학사상의 관점에서, 다소 초월적이고 절대적인 효의 단계설을 펼치는 莊子의 견해이다.

"공경으로 효를 행하기는 쉬우나, 사랑으로 효를 행하기는 어렵고; 사랑으로 효를 행하기는 쉬우나, 부모를 잊기는 어렵다. 부모를 잊기는 쉬워도, 부모로 하여금 나를 잊도록 하기는 어렵고; 부모로 하여금 나를 잊도록 하기는 쉬워도, 천하를 두루 잊기는 어렵다. 천하를 두루 잊기는 쉬워도, 천하로 하여금 두루 나를 잊도록 하기는 어렵다."193)

여기에서 '공경'이란 외적인 언행이 예법에 어그러짐이 없는 형식성에 치중하고, '사랑'이란 내면의 진실한 마음의 본질을 강조하는 개념일 것이다. 부모를 잊는다 함은, 부모의 명령이나 타인의 도덕 비난과 같은 외부의 심리강제에 의해 마지못해 행하는 당위의무로서가 아니라, 기꺼이 자발로 행하는 내면의 존재적 기쁨의 차원에서 효를 실행한다는 의미이다. 부모로 하여금 나를 잊게 한다 함은, 나의 언행으로 인하여 부모에게 모욕이나 수치·근심·걱정 등을 끼치지 않는 소극적인 효행을 뜻한다. 그리고 천하를 두루 잊는다 함은, 맹자가 비유로 든 순임금처럼 부모를 위해서는 천하의 부귀공명도 모두 헌신짝처럼 버릴 수 있다는 의미이다. 천하로 하여금 나를 잊게 한다 함은, 자기 효행의 도덕이 저절로 천하인민을 두루 감화시키면서도, 그 공덕을 스스로 자랑하지 않

---

192) 禮記, 祭義편 참조. 한편 大戴禮記, 曾子大孝 및 呂氏春秋, 孝行에도 같은 내용이 실려 있다.
193) 莊子, 天運편 참조.

음은 물론, 천하 인민도 이를 전혀 의식하지 못하는, 이른바 무위자연의 궁극경지를 뜻할 것이다.194) 격양가에 나오듯이, 인민들이 태평성대를 누리면서도 제왕의 덕을 전혀 아랑곳하지 않는 무위자연이다.

이쯤 되면, 孝도 천하 만물이 평등한 至公無私의 大孝로 확대하는데, 이른바 '至仁無親'의 大道로 귀결한다. 천지를 만물의 부모로 여기는 무위자연 철학의 관점에서 보면,195) 인간 차원의 부모뿐만 아니라 자연 차원의 부모인 천지도 똑같이 공경스럽게 섬기는 것이 궁극의 大孝임은 자명하다. 천지를 부모처럼 섬긴다 함은, 천지의 운행질서와 자연법칙으로서 天道를 믿고 숭상하며 순응·遵行한다는 의미가 될 것이다. 그렇게 되면, 大孝도 앞에서 살핀 '人法天'이라는 전통법의 궁극이상과 일관 회통하여, 결국 그 속에 녹아들어 하나로 조화를 이루는 것이다.

(3) 忠의 궁극성

한편, 충의 '道德'적 절대성과 궁극성도 효 못지않게 중요하다. 물론 효가 모든 윤리도덕의 근원이자 출발점인 점은 아무리 강조해도 지나침이 없지만, 충 또한 효와 나란히 모든 도덕규범의 실질상의 핵심을 이룬다. 충이 문자의 상형으로나 실질 의미상으로 모두 '中心'을 지칭함은 이미 기술한 바와 같다. 이 '中心'이라는 개념의 본체상의 제1차 의미는 자신의 내면 衷心으로서 中心을 가리킨다.

하지만 여기서 한 걸음 나아가 작용상의 제2차 파생의미를 궁리하면, 모든 윤리도덕의 실질상 '中心'을 이룬다는 뜻이 된다. 공자의 一貫 道로 일컬어지는 '忠'恕는 본체상의 제1차 의미로서 자신의 내면 中心을 지칭한다. 또한 공자가 항상 '主'로 삼아, 孝弟와 함께 유가의 기본도덕이 된 '忠'信은, 작용상의 제2차 의미로서 사회 윤리도덕의 '中心'을 뜻한다. '忠信을 主로 한다(主忠信)'는 말은, 곧 모든 사회윤리 가운데 '忠'信을 '中

---

194) 유가에서 효의 궁극 이상으로 칭송하는 舜의 大孝가 이에 비견할 만할 것이다. 孟子, 離婁上, §28; 萬章上, §4; 盡心上, §35 및 中庸 §17 등을 참조.

195) 莊子, 達生: 「天地者, 萬物之父母也.」

心'으로 삼는다는 뜻이다. 그래서 孝弟가 내면의 仁의 始祖라면, 忠信은 社會 交遊의 기본 法度라고 표현하기도 한다.196) 결국, 忠의 '中心'이라는 개념은 나의 내면의 진실한 '中心'이 곧 모든 사회 윤리도덕의 실질내용상 '中心' 이 된다는 의미로 요약할 수 있다. 이렇게 보면, 忠의 도덕적 중요성과 궁극성은 저절로 명확해진다.

忠의 '一心無二' 개념도 '中心'과 마찬가지로 충의 궁극성을 대표해 준다. 사물에서 '中心'이란 '唯一無二'한 궁극의 點(존재)이듯, 사람한테도 忠이라는 中心은 唯一無二한 궁극의 절대성을 필요로 한다. 사실 충의 '一心' 속성은, 바로 후술할 바와 같이, 충의 이념적 유일성과 절대성의 직접 근거가 되기도 한다.

충을 '道'의 개념으로 표현하는 것도, 충의 이러한 궁극의 中心性과 절대 唯一性에 직접 근거한다. 공자의 一貫 道가 '忠'恕로 일컬어짐은 주지의 사실이다. 그런데 중용에서는, "道가 인간에게서 멀리 떨어져 있지 않은데, 인간이 道를 멀리한다."고 말한다. 道의 비근한 일상성과 평범성을 강조하면서, '忠'恕가 道에서 멀리 떨어져 있지 않다는 다소 완곡한 표현법이다.197) 그래서 忠은 天命과 자연법칙에 부합하는 天道이자, 동시에 군주가 인민을 다스리는 데 필수 불가결한 人道로서 강조한다.198)

그런가 하면, 충 그 자체의 道를 직접 거론하며, 충이 훌륭한 德이라고 표현하기도 한다.199) 특히, 충이 통찰할 수 있는 이른바 '九知'의 조목들은, 충의 '中心' 비중이 얼마나 중요하고 위대한지 실감나게 보여준다. 사람이 忠信스러우면, 안으로 자신을 살펴 그 마음을 다하기 때문에 中을 알게 되고, 中으로써 誠實하게 상응하니 恕를 알며, 자신의 내심으로 타인의 마음을 헤아리니 外物(밖)을 알고, 내심과 外物을 균형 있게 참작하니 德을 알며, 德으로써 인민을 온유하게 다스리니 政을 알고, 正義로써

---

196) 管子, 戒편 참조.
197) 中庸, §13 참조.
198) 左傳, 昭公 28年; 襄公 22年 및 國語, 周語上 참조.
199) 左傳, 文公元年·6年; 昭公 11年 참조.

관직의 법도를 분별하니 官을 알며, 관직의 기강과 사물의 질서를 바로 세우니 事를 알고, 일을 처리함에 뜻밖의 환난을 경계하니 備를 알게 된다. 만사에 미리 철저히 준비하면, 자연히 근심걱정이 없어지고 안락을 향유할 수 있으니, 이것이 忠의 道德적 궁극이상이라는 것이다.[200)]

한편, '충'을 臣民이 군주 및 국가에 대해 복종하는 '충성'의 좁은 의미로 한정하는 경우, '孝'가 충의 기본전제라고 이해하는 것이 일반이다. 부모와 자식 간의 관계가 군주와 인민 간의 관계보다 더 原始로 존재하는 까닭에, '부모에 효도하는 자식이 군주에게도 충성하는 臣民이 된다.'는 도덕규범상의 논리를 연역할 수 있다.

그러나 '충'의 본래 의미가 '내면으로 자신의 '中心'을 살피고 다하는 것'이라는 관점에서 보면, 부모에 대한 孝도 결국 나 아닌 타인에 대한 외재적 도덕규범이기 때문에, 충이 효보다 선행하여 존재할 것이라는 논리가 성립할 수도 있다. 그래서 실제로 충이 효의 근본이라는 명제도 등장한다. 즉, 진정한 효의 실행은 忠을 근본으로 삼고 禮를 중시한다. 환언하면, 부모를 忠心과 親愛로써 기쁘고 공경스럽게 받드는 것이 이상적인 군자의 효라는 것이다.[201)] 여기서 忠은 바로 진실하고 정성스러운 내면의 '中心'으로서 本義를 지칭함은 물론이다.

(4) 父와 君의 唯一無二성

그런데 효와 충의 도덕적 절대궁극성은, 그 대상인 父와 君의 唯一無二한 주체성을 특별히 요구한다. 우선 자기를 낳아 준 부모가 유일함은 엄연히 존재하는 사실이다. 국가의 권력다툼으로 父와 夫가 생사를 같이할 수 없는 양자택일의 상황 아래서, 딸이 모친에게 어느 쪽을 택하여야 할지를 물은 적이 있다. 이에 그 모친은, 남자는 모두 남편이 될 수 있지만, 부친은 오직 하나 뿐인데, 어떻게 서로 비교할 수 있느냐고 반문하였다. 결국 딸의 부친이 남편을 처치하였음은 물론이다.[202)] 또한

---

200) 大戴禮記, 小辨편 참조.
201) 大戴禮記, 曾子大孝편 참조.

부친의 명령에 대한 절대복종을 강조하면서, 부친 없는 나라가 있다면, 부친의 명령을 저버려도 자식이라고 할 수 있다고 逆說하기도 한다. 때로는 부모님의 생명을 구제하기 위하여 죽음에 이르더라도, 부모님을 저버릴 수가 없다.[203]

한편, 충은 본래 一心無二의 의미를 지니는데, 이는 忠의 대상에서 유일성보다는, 그 주체의 用心상 專一性을 지칭한다. 물론, 주체의 用心이 專一하기 위해서는, 그 관심의 대상도 유일하게 특정하는 것이 일반일 것이다. 예컨대, 눈이 동시에 두 사물을 보기 어렵다든지, 귀가 두 소리를 함께 듣기 힘들다는 원리와 같다. 그런데 특히 군신간의 윤리로서 '忠'의 개념에 국한하면, 그 대상인 군주의 유일무이성이 절대로 두드러진다.[204] 그러나 군신관계는 부자관계와 달리, 혈연적 존재가 아니라 사회계약의 당위성을 띠기 때문에, 때로는 두 군주가 존재할 수 있기 마련이다. 그래서 군주에 대한 충의 유일무이성이 당위로 더욱 부각하는 것이다. 신하가 자발로 두 군주를 섬기는 행위는, 물론 가장 큰 奸惡으로 患難을 면할 수 없다.

문제는, 조정에서 왕권계승을 둘러싼 쟁투가 발생하는 경우, 그 사이에 낀 신하의 忠이 누구를 지향할 것인가라는 현실의 모순이다. 예컨대, 鄭 厲公이 子義에게 君權을 빼앗겨 14년간 망명하다가 다시 복귀한 뒤, 그간 조정에서 子義를 섬긴 신하를 문책하였다. 이에 그 신하는, 국가사직의 주인이 엄연히 존립하는 현실에서, 나라 안의 백성 치고 신하 아닌 자가 누가 있느냐고 항변하였다. 조정의 신하는 나라 밖의 망명한 자에게 두 마음을 품지 않는 것이 하늘의 법도라며, 결국 자결하였다.

---

202) 左傳, 桓公 15年 참조. 여기서 딸의 부친은 곧 모친의 남편이다. 참고로, 예전에 三國演義(삼국지)를 읽은 기억에, 유비가 아마도 조조한테 쫓겨 몹시 곤궁하게 도망 다닐 때, 어느 산골벽지에 이르러 한 집에 묵었다. 집주인이 유비를 알아보고, 집에 귀한 손님을 대접할 게 없자, 마누라는 다시 얻으면 되지만, 존귀한 분은 다시 만나 뵙기 어렵다며, 마누라 엉덩이 살을 떼어 요리해 대접했다는 일화가 나온 듯하다.

203) 左傳, 桓公 16年 및 昭公 20年 참조.

204) 荀子, 勸學편 참조.

그리고 衛 獻公도 군주의 지위를 빼앗겨 망명하다가, 殤公을 처치하고 복귀하였는데, 그의 復位에 참여하지 않은 내부의 신하를 문책하였다. 그러자 한 신하가 자신은 殤公의 신하로 명을 받들었기 때문에, 두 마음을 품고 외부와 내통하여 공모할 수 없었다고 죄를 자청하기도 하였다. 또한 晉 懷公은 망명한 重耳(후의 文公)를 수행하는 신하를 소환하기 위해, 그 부친을 인질로 잡고 귀환을 종용하였다. 이에 그 부친은 자식이 본래 重耳의 신하인데, 그를 부르는 것은 부모가 자식에게 군주에 대한 二心을 가르치는 것이라며, 스스로 죽음을 택하였다.[205]

요컨대, 한 나라에 두 임금이 존립하는 것은, 누구도 감당할 수 없는 현실의 불행임에 틀림없다.[206] 그래서 일찍부터 '周室에는 두 王이 없고, 제후에는 두 군주가 없다'는 명제가 보편으로 통했다. 특히 '하늘에 두 해가 없듯이, 땅(백성)에는 두 왕이 있을 수 없다'는 비유도 널리 나돌았다.[207] 그리고 이는 喪主나 宗廟의 神主가 둘일 수 없고, 부친이 살아계실 때 모친의 喪服은 斬衰3年이 아니라, 齊衰期年 밖에 행할 수 없다는 명분론으로 이어지기도 한다.[208]

또한 易傳에서는, 陽爻 하나와 陰爻 둘로 이루어진 陽卦(震·坎·艮)는, 한 군주와 두(다수) 인민을 상징하기 때문에 군자의 道라고 본다. 반대로 한 陰爻와 두 陽爻로 이루어진 陰卦(巽·離·兌)는, 한 인민이 두(다수) 군주의 통치를 받는 소인의 道를 비유한다고 풀이한다.[209] 왜냐하면, 군주나 부친은 나라와 집안을 각기 통솔하는 최고 명령권자인데, 그 최고정점이 하나이면 중심이 제대로 잡혀 다스려지지만, 둘이면 중심이 분산하여 患亂만 초래하기 때문이다.[210]

---

205) 左傳, 莊公 14年; 襄公 26年; 僖公 23年 참조.

206) 左傳, 昭公 7年 참조.

207) 國語, 吳語; 孟子, 萬章上, §4; 禮記, 坊記편 참조.

208) 禮記, 曾子問 및 喪服四制편 참조.

209) 易, 繫辭下傳 참조.

210) 荀子, 致士 및 管子, 霸言 참조.

2. 효와 충의 쌍방관계성

(1) 윤리의 상대성

지금까지 고찰한 효와 충 윤리의 절대궁극성은, 자칫 자식과 신하의 일방적이고 맹목적인 절대복종으로 오해하기 쉽다.[211] 실제로 그러한 당위적 의무를 지나치게 강조한 역사 현실도 적지 않다. 특히 후술할 바와 같이, 군주에 대한 절대복종을 강요하기 위하여 충과 효를 통치이념상 결합시킨 역사는 그 전형이기도 하다. 그러나 사실은 효와 충 윤리는 본질상 상대적인 쌍방관계성이 그 핵심이다. 즉, 자식의 부모에 대한 효는 부모의 자식에 대한 자애와, 그리고 신하의 군주에 대한 충은 군주의 신하에 대한 禮義와, 각기 상호 교환적인 상대적 쌍방윤리관계를 구성한다.

우선, 舜이 契(설)을 司徒로 임명하여 五敎로써 천하를 다스린 사실은 유명하다. 그 五敎란 부친의 의로움·모친의 자애로움·형의 우애·아우의 공경 및 자식의 효도로 일컬어진다.[212] 여기서 자식의 효에 상응하여 부모의 의로움과 자애가 쌍방 윤리도덕으로 명백히 나온다. 뿐만 아니라, 周初의 문헌에서는 부모자식간의 쌍방윤리가 법규범상 의무로까지 요구하는 규정이 나타난다. 周公이 康叔을 衛에 봉하면서 훈시한 통치강령 중에는, 不孝不友罪에 대해 용서하지 말고 처벌하라는 조목이 들어 있다. 그런데 그 구체 내용에서는, 자식이 부모에게 복종하지 않아

---

211) 그래서 孝와 忠의 기본내용이 '人性'에 근본하는 '全民'의 도덕으로서, 시간을 초월하는 '永遠性'과 공간을 초월하는 '萬能性'을 지니는 절대 윤리로 '神秘化'하여, 이른바 唯心主義 체계를 구성한다고 부정하는 비판론도 일고 있다. 黃中業·張本政, 「忠孝道德評述」, 5-6면 및 12-14면 참조.

212) 尚書, 堯典 : 「契! 汝作司徒, 敬敷五敎.」; 左傳, 文公 18年 : 舜臣堯, 擧八元, 使布五敎于四方, 父義·母慈·兄友·弟恭·子孝, 內平外成.」 孟子 滕文公上, §4와 蔡沈의 尚書集傳에서는 五敎를 후대에 통칭하는 五常(五倫)으로 해석한다. 이 경우 그 구체 내용은 다소 달라지지만, 부자간에 서로 친함이 있고 군신간에 서로 의리가 있어야 한다는 '쌍방성'에는 변함이 없다. 더구나 주체 상호간에 동일한 윤리를 강조하는 사실이 눈에 띈다.

마음 아프게 하는 행위와 함께, 부모가 자식을 자애롭게 양육하지 않고 학대하는 행위가 동시에 나란히 나온다. 아울러 아우가 형을 공경하지 않는 행위와 함께, 형이 아우를 우애하지 않는 행위도 상대로 언급한다.213) 이와 함께 臣民의 실질상 不忠罪도 지적하는 것은 물론이다. 그 못지않게 중요한 사실은, 군주의 인민에 대한 '明德愼罰'의 통치강령이 핵심 내용인 점이다. 사실 明德愼罰이라는 군주의 정치 道義는 尙書 전편을 일관하는 중추 사상일 뿐 아니라, 동서고금을 막론하고 국가의 존립과 군주 통치권의 유지에 필수인 기본 윤리다.

춘추시대에 들어서면 그 구체 내용이 더욱 상세히 체계화한다. 특히 제후들의 실력 강화 및 패권의 출현과 함께 군신간의 윤리도덕을 공식으로 명백히 거론하기에 이른다. 예컨대, 초기부터 등장하는 '여섯 가지 順理'(六順)에는 군주의 의로움을 필두로 하여, 신하의 君命奉行, 부모의 자애, 자식의 효도, 형의 우애, 아우의 공경이 들어있다.214) 또한, 군신·상하·부자·형제·내외·대소(長幼) 상호간에, 각각의 신분 지위와 예법에 합당한 威儀가 있어야 한다고 강조하기도 한다. 군주에게는 군주의 威儀가 있어야, 신하가 그를 경외하고 친애하며 본받기 때문에, 국가를 통치할 수 있을 뿐만 아니라 후세에 길이 이름을 남길 수 있다. 그 대표로 文王의 사적을 예시하기도 한다. 특히 狐假虎威처럼 신하가 군주의 威儀를 가장하는 것은 過分한 참람이라고 힐난한다.215)

요컨대, 신하는 반드시 신하답고, 군주는 반드시 군주다워야 한다. 공경과 근검으로써 군주를 섬기되, 두 마음을 품지 않는 것이 신하의 도리고; 관용과 엄숙으로 은혜를 신민에게 베풀되, 好惡의 감정을 바꾸지

---

213) 尙書, 康誥：「元惡大憝, 矧惟不孝不友. 子弗祗服厥父事, 大傷厥考心; 于父不能字厥子, 乃疾厥子; 于弟不念天顯, 乃弗克恭厥兄, 兄亦不念鞠子哀, 大不友于弟. 乃其速由文王作罰, 刑玆無赦.」

214) 左傳, 隱公 3年 :「君義, 臣行, 父慈, 子孝, 兄愛, 弟敬, 所謂六順也.」

215) 左傳, 襄公 31年 :「有威而可畏謂之威, 有儀而可象謂之儀. 君有君之威儀, 其臣畏而愛之, 則而象之, 故能有其國家, 令聞長世. 臣有臣之威儀, 其下畏而愛之, 故能守其官職, 保族宜家. 順是以下皆如是, 是以上下能相固也, 言君臣上下父子兄弟內外大小皆有威儀也.」

않는 것이 군주의 신의다. 군신의 쌍방 윤리가 제대로 행해지면 나라가 잘 다스려지고, 그렇지 않으면 혼란을 초래한다.[216] 전술한 것처럼, 禮가 국가통치의 근본규범이자, 국가구성원인 인민 상호간의 쌍방관계를 규율하는 총체적 사회규범으로서, 父子와 君臣 뿐만 아니라 형제·부부·姑婦·長幼 등 제반 인간관계를 그 핵심내용으로 대등하게 포함하는 禮論도, 忠孝 윤리의 상대성을 분명히 대표함은 물론이다.[217]

그래서 齊 景公이 정치를 묻자, 공자는 군주가 군주답고 신하가 신하다우며, 부모가 부모답고 자식이 자식다운 것이라고 답변하였다.[218] 또한 魯 定公이 국가 부흥의 不二法門을 묻자, 공자는 '군주하기가 어렵고, 신하노릇 하기도 쉽지 않다'는 격언을 인용하면서, '군주하기가 어려운 줄 알면, 나라를 부흥시킬 수 있지 않겠느냐?'고 반문하였다. 이와 함께, '군주의 좋지 못한 명령을 거스르지 말고 무조건 복종하라고 강요한다면, 이는 나라를 망치는 일이 아니겠느냐?'고 덧붙이기도 하였다.[219] 이것이 공자가 爲政의 최급선무로 내세운 이른바 '正名論'이다. 비록 각 주체간의 구체적 윤리내용은 직접 명시하지 않지만, 군신 및 부자 상호간의 쌍방 윤리관계를 천명하는 기본원칙은 분명하고 중요하다. 특히, 신하나 자식의 의무보다 군주나 부모의 도리를 앞세우는 사실이 주목할 만하다. 공자가 군주의 정치상 솔선수범을 누누이 강조하는 것도 이러한 맥락이다. 속담에서 말하듯이, '윗물이 맑아야 아랫물도 맑다'는 이치 때문일 것이다.

공자를 계승하여 民本사상과 王道정치를 강조한 맹자는, 실력쟁패로

---

216) 國語, 周語中 : 「爲臣必臣, 爲君必君. 寬肅宣惠, 君也.」 ; 晉語4 : 「事君不貳是爲臣, 好惡不易是謂君. 君君臣臣, 是謂明訓; 明訓能終, 民之主也.」 ; 齊語 : 「爲君不君, 爲臣不臣, 亂之本也.」

217) 左傳, 昭公 16年 및 晏子春秋, 卷7, 外篇, §15에 수록한 晏子의 禮論이 대표다. 孟子, 滕文公上, §4의 五倫과 呂氏春秋, 壹行편의 十際, 禮記, 禮運편의 十義도 마찬가지다.

218) 論語, 顏淵, §11: 「齊景公問政於孔子, 孔子對曰 : '君君臣臣父父子子.'」

219) 論語, 子路, §15: 「人之有言曰 : '爲君難, 爲臣不易.' 如知爲君之難也, 不幾乎一言而興邦乎? 如不善而莫之違也, 不幾乎一言而喪邦乎?」

혼란이 극심한 전국시대의 상황에 맞추어, 군신간의 쌍방윤리에서 특히 군주가 솔선수범하는 도의를 더욱 부각시킨다. 신하가 군주를 공경하는 '貴貴'와 군주가 신하를 공경하는 '尊賢'은 기본상 같은 윤리도의다.[220] 군주가 되고자 하면, 堯가 인민을 다스린 것과 같은 君道를 다해야 한다. 신하가 되고자 하면, 舜이 堯를 섬긴 것과 같은 臣道를 다해야 한다.[221] 그러나 이미 혼란이 극심한 전국시대에, 그러한 이상적인 군신간의 도의를 기대하기란 거의 불가능하였다. 그래서 맹자는 패권쟁취에 혈안이 된 제후들의 현실 야심을 감안하여, 군주가 신하한테 도의상 예우를 다하도록 특히 강조한다. 예컨대, 湯이 伊尹을 스승으로 모셔 桀을 정벌하고 천하를 얻은 사실이나, 또는 桓公이 管仲을 스승으로 삼아 천하를 쟁패한 고사를 인용하기도 한다. 또한 費 惠公이 子思를 스승으로 섬기고, 晋 平公이 亥唐의 가르침에 순순히 따른 예를 거론하기도 한다.[222] 군주가 이익만 추구하면, 臣民들도 한결같이 개인의 이익만 도모하여 상호 쟁탈이 끊이지 않고, 마침내 군주의 지위와 국가의 운명까지 위태롭게 하는 결과를 초래한다. 또한 군주가 신하를 손발처럼 여기면, 신하도 군주를 心腹처럼 대하지만; 군주가 신하를 마소나 흙·풀처럼 보면, 신하도 군주를 행인이나 원수처럼 생각한다.[223] 따라서 군주가 솔선수범으로 臣民을 仁義와 예절로써 대하고 다스려야 한다.[224]

순자도 인륜규범의 상대적 쌍방성을 강조하기는 마찬가지다. 군주는 禮로써 베풀고 나누어주되, 치우침이 없이 두루 공평해야 하며; 신하는 禮로써 군주를 섬기되, 충성과 순종으로써 게으름이 없어야 한다. 또한 부모는 관용과 은혜를 베풀되 禮를 지켜야 하고, 자식은 공경과 친애로

220) 孟子, 萬章下, §3: 「用下敬上, 謂之貴貴; 用上敬下, 謂之尊賢. 貴貴尊賢, 其義一也.」
221) 孟子, 離婁上, §2: 「欲爲君, 盡君道; 欲爲臣, 盡臣道. 不以舜之所以事堯事君, 不敬其君者也; 不以堯之所以治民治民, 賊其民者也.」
222) 孟子, 公孫丑下 §2 및 萬章 下 §3 참조.
223) 孟子, 梁惠王上 §1 및 離婁 下 §3 참조.
224) 鄭曉江, 「'忠'之精神探源」, 27-8면에서도, 공자와 맹자의 忠 도덕을 신하의 군주에 대한 일방통행식 愚忠이 아니라, 군신 상호간의 쌍방 윤리관계로 강조한다.

섬기되 우아해야 한다. 형은 자애로써 우애를 보이고, 아우는 공경을 다하여 거스름이 없어야 한다. 남편은 功業에 힘써 방탕하지 않고, 매사에 분별력이 있어야 하며; 아내는 남편이 예의바르면 부드럽게 순종하되, 남편이 무례할 때는 두려움과 근신으로써 처신하여야 한다.

그런데 가장 중요한 사실은, 이러한 人道가 일방통행으로 치우치면 인간관계가 혼란스러워지고, 쌍방이 상대로 동시에 균형 있게 실행하여야만, 비로소 인륜이 바로 서고 사회가 평화롭게 다스려진다는 점이다.225) 예컨대, 군주가 신하들에게 공평무사하지 못하면, 신하들도 내심의 충성을 다하지 않는다. 군주가 어진 이를 멀리하고 편파로 인재를 등용하면, 간신들이 몰려들어 어진 이를 질투·비방하고, 군주에게 아첨으로 관직을 다툴 것이다.226) 물론 순자한테 이들 인간관계를 총망라할 수 있는 핵심 윤리도덕은 禮가 된다.

한편, 禮記에서는 부모의 자애·자식의 효도·형의 선량·아우의 공경·남편의 신의·아내의 복종·윗사람의 은혜·아랫사람의 유순·군주의 인자·신하의 충성이 인간의 10가지 道義라고 거론한다.227) 그리고 至善에 머무르는 것을 이상으로 삼는 大學之道에서는, 군주가 仁에 머물고 신하가 敬에 머물며, 자식은 孝에, 부모는 慈에, 그리고 일반인과 사귐은 信에 각각 머무르는 것을 구체로 열거하기도 한다.228) 이밖에 老子는 '孝慈'를 2번 병칭하는데, 비록 구체 언급은 없지만, 자식의 효도와 부모의 자애를 쌍방 윤리로 인식하고 있음이 분명하다.229) 또한

---

225) 荀子, 君道 : 「爲人君, 以禮分施, 均偏而不偏; 爲人臣, 以禮待君, 忠順而不懈; 爲人父, 寬惠而有醴; 爲人子, 敬愛而致文; 爲人兄, 慈愛而見友; 爲人弟, 敬詘而不苟; 爲人夫, 致功而不流, 致臨而有辨; 爲人妻, 夫有禮則柔從聽待, 夫無禮則恐懼而自竦也. 此道也, 便立而亂, 俱立而治, 其足以稽矣.」

226) 荀子, 王霸 : 「人主不公, 人臣不忠也. 人主則外賢而偏擧, 人臣則爭職而妬賢.」

227) 禮記, 禮運 : 「父慈, 子孝, 兄良, 弟弟, 夫義, 婦聽, 長惠, 幼順, 君仁, 臣忠, 十者謂之仁義.」

228) 禮記, 大學 : 「爲人君止於仁, 爲人臣止於敬, 爲人子止於孝, 爲人父止於慈, 與國人交止於信.」

229) 老子, §18 : 「六親不和, 有孝慈.」; §19 : 「絶仁棄義, 民復孝慈.」

兼愛를 핵심 사상으로 주장하는 묵자는, 겸애야말로 은혜로운 군주·충성스러운 신하·자애로운 부모·효성스러운 자식·우애하는 형·공순한 아우한테 공통하는 근본덕목으로서, 만민을 크게 이롭게 하는 성왕의 도라고 강조한다.(墨子, 兼愛下)

(2) 忠孝 윤리의 일방성을 강조하는 요인

이상에서 살핀 바와 같이, 효와 충은 결코 일방통행의 의무가 아니라, 부모의 자애 및 군주의 仁義·은혜 등에 상응하는 상대적인 쌍방 윤리도덕임을 알 수 있다. 그런데 왜 현실에서는 효와 충만 유별나게 강조하고 요구하는 것일까? 우선, 부모의 자식에 대한 자연의 혈연관계는 주로 존재 차원의 본능 감정에 의해, 마치 물이 위에서 아래로 흐르는 것처럼, 일방통행으로 헌신적인 사랑을 베푸는 것이 일반이다. 이러한 종족보존 본능을 현대의 진화론적 생물·유전과학에서는 이기적 유전자의 驅動으로 설명하는 모양이다.

반면, 자식의 부모에 대한 봉양과 공경은, 물을 역류하는 것처럼 부자연스럽고 곤란하다. 그렇다고 동물의 세계처럼 종족보존본능에 따라 이기적 유전자의 조종이 당연하다는 이론으로 순전히 자연스런 감정의 취향에만 맡기면, 약육강식과 자연도태의 혼란과 공포만이 존재할 것이다. 그러나 누가 생로병사를 면할 수 있으며, 어느 자식이 커서 새로운 부모가 되지 않겠는가? 이에 성현이 이성과 지혜로써 인간에게만 특유한 사회규범을 제정하여 비존재적·逆自然的 당위의 질서를 정립하였으니, 그것이 바로 孝弟를 핵심 내용으로 하는 禮法이다.

한편, 사회의 조직화와 국가의 출현은 논리필연으로 군신상하의 통치관계를 수반하기 마련이다. 그 평화로운 질서와 안정·발전을 유지하기 위하여, 그 근간으로서 군신관계의 순수한 인위적 당위의 윤리도덕을 요구하게 된다. 여기서 군주의 仁義와 은혜는 주로 소수 통치 권력의 자율 각성에 근거하며, 여러 계층을 총망라하는 집합적인 인민대중의 경우, 조직적이고 체계적인 통치명령에 타율로 지배당하는 속성이 강한

게 사실이다. 여기에다 군주 개인의 사사로운 감정이나 절대 권력에 대한 야심이 발동하면, 인민한테 우선 무조건 복종을 강요하는 것이 人之常情이요 역사현실이다. 이것이 臣民의 忠을 효보다 앞세워 일방적인 복종의무로 와전시키는 근본요인이자, 나아가 효의 윤리도덕적 일방성과 절대성까지 일부러 부각시키는 원인이 되는 것이다.230)

(3) 孝와 忠의 非盲目性

한편, 효 및 충의 상대적인 쌍방윤리성과 관련하여 빠뜨릴 수 없는 중요한 본질속성은, 바로 효와 충의 非盲目性이다. 효와 충의 비맹목성은 효와 충이 일방적인 무조건 절대복종이 결코 아님을 뜻한다. 자식이 부모의 허물이나 잘못에 대해 합리적으로 온유하게 설득하고 간언하며, 부모로 하여금 不義의 죄악에 이르지 않도록 하는 것이 효자의 도리임은, 이미 효의 기본내용에서 살핀 바와 같다. 즉, 효는 기본상 道義에 알맞아야 하며, 부모를 치욕스러운 불명예로 이끄는 맹목의 순종은 도리어 불효가 된다. 일반인과 교유할 때도 道義로써 일깨워 주되(즉 忠告), 이 충고가 받아들여지지 않는 경우, 차라리 교제를 그만두는 것이 진정한 忠信임도 앞서 말하였다. 여기서는 제후들의 실력쟁패와 함께 군권이 강력해지는 춘추전국시대를 배경으로, 신하의 군주에 대한 충이 결코 맹목적인 무조건 순종은 아니라는 철학사상을 주로 살피기로 한다.

우선, 공자는 가장 이상적인 '大臣의 忠'에 대해, '道로써 군주를 섬기되, 그것이 불가능하면 차라리 그만두는 것'이라고 정의한다. 다시 말해, 아첨하거나 속이지 않고, 정직한 도덕으로 거리낌 없이 군주를 일깨워야 한다.231) 그래서 공자는, 당시 季氏의 신하이던 子路와 冉求(염구)가 季氏의 야욕을 간언으로 저지하여 국가의 內戰 위기를 구제하지 않

---

230) 예컨대, 五倫은 父子有親을 君臣有義보다 우선 거론하는데, 신라시대의 이른바 花郎五戒에서는 事君以忠을 事親以孝보다 먼저 규정한다. 여기에서 父子와 君臣간의 親과 義라는 쌍방 윤리도덕이, 신하의 군주에 대한 충과 자식의 부모에 대한 효라는 일방 윤리로 뒤바뀌고 있음을 확인할 수 있다.

231) 論語, 先進, §23; 憲問, §23·§8 참조.

은 것을 신랄히 책망한다. 아울러, 그들은 결코 명실상부한 대신이 못되고, 유명무실한 형식상의 신하에 불과하다고 평하는데, 그렇지만 최소한 부모나 군주를 弑害하는 不孝不忠만큼은 결코 맹종하지 않을 것이라고 기대한다.232)

춘추시대의 역사기록에서도 이러한 충의 비맹목성을 보편으로 거론한다. 예컨대, 晉 獻公이 驪姬(려희)에게 홀려, 태자 申生을 내쫓고 그의 소생 奚齊(해제)를 세우려고 했을 때, 신하 사이에 의견이 갈라졌다. 荀息은 一心無二의 맹종 충성을 다짐한 반면, 조鄭은 군주를 섬김에는 道義를 좇고, 미혹에 아첨해서는 안된다고 반대의견을 개진했다. 군주의 미혹은 인민을 誤導하여 덕망을 상실하기 때문에, 결국 인민을 저버리게 된다는 것이었다. 즉, 인민에게 군주가 존재하는 것은, 道義로써 다스려 인민을 이롭고 풍요롭게 하기 위함이라는 民本주의 군주론이었다.233) 그 뒤 獻公이 申生을 자살시키고 荀息에게 후사를 유언했는데, 獻公이 죽자 결국 奚齊 및 그의 지지 세력이 모두 살해당하고, 晉國은 일대 內亂을 겪어야 했다. 군주의 사심과 미혹을 충간으로 구제하지 못한 맹종의 결과로 치른 혹심한 대가인 셈이다.

한편 晉의 智武子는, 趙宣子가 일찍이 襄公과 靈公에게 미움을 사면서도, 죽음까지 거리끼지 않고 直諫을 다하여 섬긴 일을 '忠'이라고 칭송한다.234) 그러나 宋 文公이 죽자, 신하가 그를 厚葬하면서 산 사람까지 殉葬했는데, 이러한 행위는 신하의 도리가 아니라고 비난받는다. 신하란 군주의 번잡함을 바로잡고 미혹을 제거하기 위하여, 죽음을 무릅쓰고 諫爭하여야 한다. 그런데도 이들은 군주가 살아있을 때에는 그 미혹에 맹종하고, 죽은 뒤에는 사치와 부도덕을 덧보태, 결국 군주를 죄악에 빠뜨렸기 때문이다.235) 또한 崔杼(최서)가 齊 莊公을 弑害했을 때, 두

---

232) 論語, 季氏, §1; 先進, §23 참조.
234) 國語, 晉語1 참조. 이 사건의 시말에 관하여는, 左傳, 僖公 4 · 5 · 9年 참조.
234) 國語, 晉語6 참조.
235) 左傳, 成公 2年 참조.

신하는 망명하면서 신하로서 자신의 무기력한 처지를 다음과 같이 한탄
했다. "군주가 혼미할 때 바로잡지 못하고, 위태로울 때 구제하지 못하
고, 시해 당했는데도 殉死하지 못했으니, 그 누가 우리를 받아줄까?"[236]

요컨대, 신하가 군주를 섬김에는, 그 선행은 고무하되 허물은 간언하
고, 옳은 것은 권장하되 불가한 일은 저지하며, 능력 있고 어진 인재를
선택하여 천거하되, 아침저녁으로 善惡得失을 거론하여 받아들이도록
일깨워야 한다. 도덕과 학문의 능력을 다하여 부지런히 유순하게 실행
하고 목숨까지 바칠 수 있어야 하지만, 충고와 간언을 들으면 신하로서
나아가 섬기고, 이를 듣지 않으면 그만두고 물러나는 것이 진정한 충신
의 도리다.[237]

충의 道義적 비맹목성은 전국시대 제자백가의 사상에 이르러 더욱 강
하게 두드러진다.[238] 묵자는 군주의 명령에 맹목으로 순종하는 신하는
그의 그림자나 메아리에 불과하다고 비판한다. 굽히라면 굽히고 펴라면
펴는 행위는 그림자와 같고, 부르면 대답하고 가만히 있으면 고요한 거
동은 메아리와 같아서, 군주에게 어떠한 실질 도움을 줄 수 없다. 그가
말하는 충신이란, 군주에게 허물이 있으면 완곡하고 상세히 간언하고,
자기에게 훌륭함이 있으면 군주에게 그 지혜를 바치되, 남한테 과시하
지 않는다. 밖으로는 군주의 사악함을 바로잡아 선으로 인도하고, 군주
와 道義를 함께 하되 아래로 당파 짓지 아니한다. 아름답고 훌륭한 일
은 모두 군주에게 되돌려 그를 안락하게 하며, 원한과 허물은 자신이
감당하여 그 근심을 해결하는 것이, 이상적인 충신의 도리다.[239]

---

236) 左傳, 襄公 25年 참조.
237) 國語, 晋語9 참조.
238) 鄭曉江, 「'忠'之精神探源」, 28-9면에서는, 묵자와 순자의 忠개념이, 孔孟에서와 같
　　이 인간관계의 일반보편 도덕에 초점을 맞추는 게 아니라, 군신관계에 집중하면
　　서, 특히 신하의 군주에 대한 '忠臣'개념에 한정하고 있다고 지적한다. 다만, 그
　　실질 내용이 무조건의 일방 맹종관계가 아니라, 道義에 근거한 正直한 忠諫임을
　　강조함은 물론이다.
239) 墨子, 魯問편 참조.

(4) 진정한 忠臣

暴君放伐의 혁명론을 주장하는 맹자나, 君舟民水의 저항권을 암시한 순자한테, 군주에 대한 맹목적 순종은 결코 생각할 수 없으며, 도의에 합당한 참된 충성이 民本주의 철학사상의 당연한 귀결이다.

우선, 맹자는 타인을 善으로써 교화하는 것이 진정한 忠이라고 규정한다.(滕文公上, §4) 아울러 군주에게 어려운 일을 문책하여 자극하는 것이 恭이고, 善을 개진하며 사악을 폐쇄하는 것이 敬이라 정의한다.(離婁, §1) 군자가 군주를 섬김에는 오직 仁義에 뜻을 두고, 군주를 道에 합당하도록 인도하는 데에 힘써야 한다.(告子下, §4·§8) 그래서 군주의 잘못된 마음을 바로잡아 주어, 그로 하여금 仁義로써 바르게 통치하도록 하는 길이, 국가를 안정시키고 인민을 교화하는 진정한 大人의 충이 된다.(離婁上, §20) 반면, 우리 군주는 王政을 행할 수 없다고 섣불리 예단하거나, 더불어 仁義를 論하기에 부족하다는 마음으로 君主를 대하는 것은, 君主와 人民을 해치는 가장 큰 不敬不忠이 된다.(離婁上, §1; 公孫丑下, §2) 특히, 仁義를 저버리고 利益을 도모하는 마음으로 군주를 섬기는 일은, 국가를 멸망시키는 근본이 된다. 또, 道를 저버리고 仁義에 마음이 없는 군주를 위해, 전쟁에 必勝하여 영토를 확장하고 국고를 채우는 데에만 힘쓰는 것은, 桀紂와 같은 暴君을 도와주는 인민의 도적이 된다.(告子下, §4·§9)

순자는 '臣道'篇을 두어, 全篇에 걸쳐 시종일관 忠의 非盲目적 道義性을 강조한다. 우선, 순자는 신하를 道義적 根本과 백성교화의 정치능력을 기준으로, 態臣·簒臣·功臣·聖臣의 4종류로 나눈다. 신하가 군주를 섬기는 기본 방법과 태도도 분류하는데, 군주의 명령에 복종하여 군주를 이롭게 하면 順從이지만, 불리하게 만들면 아첨이고; 반대로 명령을 거역하여 군주를 이롭게 하면 충성이지만, 불리하게 만들면 찬탈이 된다. 그리고 군주의 명예나 국가의 이익을 고려하지 않고, 그저 자신의 무사안일만 구태의연하게 추구하는 행위는 國賊이라고 정의한다.

또한, 군주의 개인 명령에 따르지 않고 오직 道德에 복종하여, 正義

로써 국가사직을 보필하는 충신의 유형도 넷으로 나뉜다. 즉, 군주에게 중대한 허물이 있거나, 국가사직을 위태롭게 할 失政이 행해지는 경우에, 조정의 대신이나 군주의 가까운 친족은 군주에게 충언을 다해야 한다. 물론, 군주가 이를 받아들여, 改過遷善하고 위기를 극복하면 천만다행이다. 하지만 이를 듣지 않는 경우에, 신하는 어떻게 처신할 것인지, 진로를 결정하지 않을 수 없다. 이때 伊尹이나 箕子처럼 조정을 떠나가는 것이 諫이고, 比干이나 子胥처럼 목숨을 바쳐 충언을 관철하는 것이 爭이다. 또한 趙의 平原君처럼 문무백관의 힘과 지혜를 모아, 군주로 하여금 듣지 않을 수 없도록 유도하여, 국가의 환난과 해악을 해소하는 것이 輔이다. 그리고 魏의 信陵君처럼 군주의 명령에 항거하고, 그 권세를 잠시 훔쳐 군주의 뜻과 다르게 행사함으로써, 그 결과 국가의 위기를 극복하고 군주와 인민의 이익을 도모하는 것이 拂이 된다.

그리고 군주의 주관 도덕과 능력에 따라, 신하가 섬기는 방법도 달라진다. 聖君을 섬김에는 공경스럽고 유순하게 복종하기만 하면 되고, 諫爭할 필요나 간쟁할 일이 전혀 없을 것이다. 평범한 中君을 섬김에는 오직 忠信으로서 간쟁하여, 옳은 것은 옳고 그른 일은 그르다고 직언하며, 결코 아첨함이 없어야 한다. 그러나 暴君을 피하지 못하고 부득이 섬겨야 하는 경우에는, 조화를 이루되 휩쓸리지 않으며, 유순하게 따르되 굴종하지 않고, 관용으로 대하되 혼란에 빠지지 않으면서, 지극한 도덕으로써 인민을 최대한도로 안정시키고 군주를 감화시켜야 한다. 요컨대, 군주를 섬기는 기본 바탕은 공경으로 동일한데, 그 대상에 따라 현명한 군주는 존귀와 친애로써 공경하고, 포학하고 不肖한 군주는 畏懼心으로 疏遠하게 공경하는 것이다.

또한, 忠의 개념도 그 방법에 따라 3단계로 분류하기도 한다. 첫째, 周公처럼 德으로써 군주에게 보답하여, 그를 교화하는 것이 가장 이상적인 大忠이다. 둘째, 管仲처럼 德으로써 군주의 마음과 언행을 잘 조절하고 보충하여, 죄악으로부터 구제하는 것이 次忠이다. 셋째, 子胥처럼 옳은 것으로써 그릇된 행위를 直諫하여, 군주의 분노를 자극하는 것은

下忠에 속한다. 그리고 어떠한 방법의 충성도 통하지 않는 극한 상황에 이르면, 暴君放伐의 혁명이 최후의 道義적 忠으로 남는다고 거론하기도 한다. 즉, 목숨을 내걸고 정직하게 사심 없이 간쟁하여, 君主의 善과 국가인민의 안녕을 회복하는 것이, 가장 이상적인 순응의 충성(通忠之順)이다. 하지만, 부득이 포학한 군주를 제거하고, 그 권세를 빼앗아 군신상하의 지위를 바꾸는 혁명(權險之平)이 필요한 경우도 있는 것이다.[240]

이밖에, 후기 유가의 경전에도 대체로 비슷한 내용의 비맹목적 忠諫이 자주 나온다. 우선, 군주에게 道義에 따라 諫爭하는 신하가 있으면, 비록 군주가 무도하더라도 국가가 멸망하지는 않는다고 하여, 충신의 필요성과 중요성을 강하게 부각시킨다.[241] 왜냐하면, 목재가 먹줄을 받아야 곧게 자를 수 있듯이, 사람도 간언을 들어야 더욱 현명해지는 법인데, 군주에게 간쟁하는 신하가 없으면, 正義를 잃고 잘못을 저지르기 쉽기 때문이다.[242] 따라서, 신하는 군주의 간사한 부도덕에 맹목으로 복종해서 죄악에 빠뜨리지 말고, 먼저 따라야 할 바를 잘 살펴야 한다. 심지어 군주의 도덕성을 신중히 헤아린 뒤에 섬기기를 결정해야 한다고 강조하기도 한다.[243] 공자가 일찍이 衛靈公이 비록 무도하지만, 仲叔圉가 外交를, 祝鮀가 內政을, 王孫賈가 軍事를 각각 잘 다스리기 때문에, 아직 멸망하지 않고 있다고 평한 것도 이러한 맥락이다.(論語, 憲問, §20) 그리고 충신의 간쟁방법은 譎諫·戇諫·降諫·直諫·風諫의 5종류로 나누어 거론하기도 한다.[244]

한편, 諫言하여도 군주가 무도하여 듣지 않을 경우, 충신이 선택하는 최후의 처신방법도, 역사 실례와 함께 몇 가지 유형으로 나눠 거론한다. 신하는 군주 면전에서 直諫하되, 배후에서 비방하는 일은 없어야 한다.

---

240) 이상 내용에 관하여는, 荀子, 臣道편 참조. 이중 忠의 3단계에 관한 내용은 韓詩外傳, 卷4에도 대체로 비슷하게 인용한다.

241) 韓詩外傳, 卷10; 孝經, 諫爭; 孔子家語, 卷2, 三恕 참조.

242) 孔子家語, 卷5, 子路初見 및 卷4, 六本편 참조.

243) 孔子家語, 卷2, 三恕 및 卷10, 曲禮子貢問; 禮記, 少儀; 大戴禮記, 衛將軍文子 참조.

244) 孔子家語, 卷3, 辯政 참조.

직간을 듣지 않으면 떠나갈 뿐, 원망할 필요는 없다.245) 공자가 군자의 전형으로 칭송한 衛의 蘧伯玉이 이러한 대표 인물이다. 그런가 하면, 도끼날이 두려워 군주에게 감히 爭諫하지 못하는 것은 충신이 아니라는 강직파도 있다. 楚의 孫叔敖가 이러한 直諫을 행한 것으로 전해진다.246)

특히, 공자가 나라에 도가 있을 때나 없을 때나 항상 화살처럼 곧다고 칭송한 史魚가 참으로 인상 깊은 충신이다. 史魚는 일찍이 靈公에게 蘧伯玉의 현명함을 누차 천거하고, 彌子瑕의 간사함을 거듭 일깨웠다. 그래도 靈公이 듣지 않자, 임종에 자식한테 喪禮를 다 갖추지 말라고 유언하였다. 살아서 군주를 바르게 교화하지 못했기 때문에, 죽어서 예를 다 받을 수 없다는 신념이었다. 弔問 중에 이 사실을 들은 靈公이 그때서야 깨닫고 개과천선했다고 전해진다. 이것이 이른바 忠直의 극치로 칭송받는 '屍諫'이다.247) 이는 군주의 善惡是非를 사실 그대로 기록하는 것을 절대 생명으로 삼는 史臣의 강직성에 비견할 만하다.248)

제 4 절 孝와 忠의 이념적 결합과 모순

1. 孝와 忠의 결합

(1) 효자가 충신 된다.

효와 충이 사실로나 규범으로나 일관·상통하여 서로 결합하게 됨은, 지금까지 살핀 내용으로도 그 윤곽이 이미 대강 드러났다. 즉, 일반인의 심성과 덕행에 비추어 볼 때, 자신의 中心·眞心에 충실한 사람이 부모에게도 효성스러우며, 또한 집안에서 부모에게 효성스러운 자식이 사회

---

245) 荀子, 大略; 禮記, 少儀 및 曲禮下; 孔子家語, 卷9, 正論; 大戴禮記, 衛將軍文子 참조.
246) 韓詩外傳, 卷10 참조.
247) 韓詩外傳, 卷7, 孔子家語, 卷5·困誓; 大戴禮記, 保傅 참조.
248) 孔子家語, 卷9: 「夫良史者, 記君之過, 揚君之善.」

에서 군주와 국가사직에 충성하는 것은 자연스러운 존재 현실이다. 그래서 사회 윤리도덕이나 국가 禮法규범의 당연한 지상명령처럼, 효가 사회질서의 유지 및 통치이념의 선양을 위한 기본전제가 되어 왔다. 이처럼 효와 충은 존재 사실의 차원에서나 당위 가치의 수준에서나 모두, 본래부터 서로 맞물리는 긴밀한 관계를 유지하고 있다.

舜이 완고한 부모한테 효성을 다한 덕행으로 堯의 발탁을 받고 천자의 지위까지 선양 받았다. 혈연의 가족관계를 바탕으로 봉건제도를 시행한 周는, 효를 천하통치의 근본인 덕의 핵심내용으로 삼아 이를 강조하였다. 춘추시대 鄭 莊公은 권력다툼으로 아우를 토벌하고 모친을 다시 보지 않겠다고 맹세하였는데, 穎考叔(영고숙)이 자신의 모친에 대한 지극하고 순수한 효로써 莊公의 마음을 감동시키고 원한을 해소시킨 적도 있다.249) 신하의 효가 군주에 대한 충 및 군주 자신의 효를 동시에 실현시킨 것이다. 한편, 晉 獻公이 後妃의 꾐에 빠져 後妃의 아들을 세우기 위해 태자 申生을 축출하려고 하자, 이에 申生은 부친이자 군주인 獻公의 뜻을 따르기로 결심하면서, 敬(忠)으로써 군주를 섬기고 孝로써 부모를 섬기는 법인데, '君父'를 편안케 하는 孝·敬·忠·貞은 저버릴 수 없다고 강조하기도 하였다.250) 그리고 魯의 臧文仲은 군주 섬기는 충의 예를 가르치면서, 군주에게 충성스럽고 예의바른 사람 섬기기를 마치 효자가 부모 섬기듯 하라고 말하였다.251)

제자백가의 철학사상에 이르면, 효는 신하의 군주에 대한 충의 근본도덕을 이룰 뿐만 아니라, 군주가 천하를 통치하는 기본 출발점으로 인식·주장하게 된다. 예컨대, 공자는 尙書의 말을 인용하여, 집안에서 '孝友'하는 덕행 자체만으로도 국가 사회의 '施政'이 된다고 지적한다. 또 군주가 '孝慈'하면, 인민은 저절로 '忠'誠스러워질 것이라고 강조한다. 물론, 대외로 公卿을 섬기는 忠과 대내로 父兄을 섬기는 孝가 나란

---

249) 左傳, 隱公 元年 참조 :「穎考叔, 純孝也, 愛其母, 施及莊公.」
250) 國語, 晉語 1 :「事君以敬, 事父以孝, 孝敬忠貞, 君父之所安也. 棄安而圖, 遠於孝矣.」
251) 左傳 文公 18年 :「見有禮於其君者, 事之, 如孝子之養父母也.」

히 일컬어지기도 한다.252) 선비[士]의 개념정의에서, 최상의 선비는 국제
외교사절로서 군주의 使命을 욕보이지 않는 충을 실행하며, 차선의 선
비는 집안과 동네에서 孝弟의 명예를 누린다고 말하기도 한다.253) 한편,
詩經의 학문상·덕행상의 중요성을 강조하여, 詩를 배우면 가까이는 부
모를 효성스럽게 섬길 수 있고, 멀리는 군주를 충성스럽게 섬길 수 있
다고 평론한다.254) 특히, 공자의 제자 有子는 孝弟를 仁의 근본이라고
정의하면서, 사람이 효성스러우면 윗사람을 침범하거나 난리를 일으키
는 不忠이 거의 발생하지 않는다고 역설한다.255)

효와 충이 상호 일체가 되는 연관성은 개념상으로도 나타나는데, 군
주와 부모에 관한 용어가 서로 통하는 현상이 적지 않다. 예컨대, 묵자
는 신하와 자식이 군주와 부모에게 '孝'誠스럽지 못한 것을 혼란이라고
말한다.256) 또 천자가 천하의 인민한테, 그리고 '國君'이 국가의 백성한
테, 각각 법을 공포하고 명령을 하달하는 통치행위와 상응하여, 부모가
가족을 통솔하는 것은 '家君'이 그 집안에 법을 공포하고 명령을 내린
다고 표현하기도 한다.257) 이는 易傳에서 부모를 家人의 '嚴君'이라고
부르는 것과 상통하는 용어법이다.258) 특히 주목할 만한 것은, 군주를
인민의 부모로 일컫는 사실이다. 하늘이 禹에게 내려 준 것을 殷末의
箕子가 周 武王에게 다시 전수해 준 洪範九疇에서는, 天子가 인민의 부
모로서 천하를 통치하는 왕임을 분명히 선언하고 있다.259) 뿐만 아니라
시경에서도, 周의 王을 비유하는 '君子'가 인민의 부모로 일컬어진다.260)

---

252) 論語, 子罕, §15:「出則事公卿, 入則事父兄, 何有於我哉!」
253) 論語, 子路, §20 :「行己有恥, 使於四方, 不辱君命, 可謂士矣. 其次曰, 宗族稱孝焉,
    鄕黨稱弟焉.」
254) 論語, 陽貨, §9:「詩, 邇之事父, 遠之事君.」
255) 論語, 學而, §2:「其爲人也孝弟, 而好犯上者, 鮮矣; 不好犯上, 而好作亂者, 未之有也.」
256) 墨子, 兼愛上:「臣子之不孝君父, 所謂亂也.」
257) 墨子, 尙同上 :「家君發憲布令其家, 國君亦爲發憲布令於國之衆, 天子亦爲發憲布令
    於天下之衆.」
258) 易, 家人, 彖傳:「家人有嚴君焉, 父母之謂也.」
259) 尙書, 洪範 :「天子作民父母, 以爲天下王.」

이밖에 僞古文尙書 泰誓편에는 하늘이 만물의 영장인 인간 중에서 특별히 총명한 자를 元后(大君)로 선임하여 인민의 부모로 삼았다는 기록이 보인다.261) 그리고 이러한 '인민의 부모' 개념은 맹자가 '王道'정치사상의 핵심전제로 사용하면서 더욱 보편화하기에 이른다.262)

(2) 법가 절대군주론의 충효론

그런데 전국말엽 법가사상이 秦의 천하통일에 중요한 사상적·이념적 원동력을 제공하면서, 그 절대군주론이 효와 충의 이념적 결합에 가세하게 된다. 물론 그 사상 내용은 법가가 독창한 것도 아니고, 유가와 상

---

260) 詩, 小雅, 南山有臺 : 「樂只君子, 民之父母.」; 大雅, 洞酌 : 「豈弟君子, 民之父母.」

261) 僞古文尙書, 泰誓 : 「亶聰明作元后, 元后作民父母.」

262) 孟子, 梁惠王 上 §4; 梁惠王 下 §7; 滕文公 上 §3 참조. 사실 부모(엄격히 말하면 부친)와 군주의 개념상 동질성은 일찍이 그 문자의 형상과 語源에서부터 뚜렷이 나타난다. 우선 '父(ㅊ)'자는 사람이 (오른)손(ㅋ :又)에 막대기를 들고 있는 모습으로서, 가장인 부친이 가족을 통솔·교화하는 의미를 취한 것이다. 그래서 곧 가족이 따라야 할 모범 법도(矩)라는 뜻으로도 풀이된다.(說文解字 : 「ㅊ (父), 巨(矩)也. 家長率敎者, 從又擧杖.」). 그러나 초기에는 가족공동체의 부친에 국한하지 않고, 널리 부족공동체의 인민의 수령을 지칭했을 것이다. 父權 중심의 가족제도가 확립하면서, 집안의 주인이 된 부친을 父로 일컬었을 것이라고 추측하기도 한다. (常用古文字字典, 168면 참조.) 한편, '君'자는 尹자와 口자가 결합한 합성자이다. 尹(ㅋ)자는 父(ㅊ)자와 마찬가지로, 역시 사람이 (오른)손으로 막대기(지휘봉)를 든 모습인데, 공동체의 우두머리가 민중을 통솔·지휘하여 일을 처리하는 의미로, '다스린다'고 해석하는 것이 일반이다. 여기에 口자가 합쳐져 입으로 호령을 발하는 뜻이 보태진 것이다. 그래서 君은 官民에게 명령을 내려 나라를 다스리는 군주의 의미가 되는데, 그 존귀한 지위의 개념이 파생하여 타인에 대한 일반 존칭으로까지 확대한 것이라고 한다.(說文解字 : 「ㅋ (尹), 治也. 從又ノ, 握事者也.」; 「君 (君), 尊也. 從尹口, 口以發號.」; 또한 常用古文字字典, 61면 참조.). 즉, 문자가 생기던 초기부터 부친과 군주는 각기 해당 공동체 안에서 그 구성원을 통솔·지휘하는 최고의 지위 및 절대 권력의 주체라는 상통하는 의미를 함축하였다. 여기에서 이미 君과 父의 개념적 동일성 및 이념적 일체성이 확실히 나타나는 셈이다.

흥미로운 사실은, 가부장권이 막강했던 고대 로마법에서도 父權인 manus의 어원은 본디 손(手)이란 뜻이며, 여기서 家父權(patria potestas), 夫權(manus), 主人權(dominica potestas), 所有權(dominium)이 파생했다고 한다. 자세한 내용은, 金池洙, 中國 傳統社會의 家父長權, 전남대학교 법학연구소, 법학논총, 제27집 제2호(2007년), 237-275쪽 및 거기서 인용하는 여러 참고문헌들, 특히 仁井田陞, 中國法制史研究(家族村落法) 331-3면 참조.

반하는 것도 아니다. 오히려 중용조화를 중시하는 유가사상을 취하고, 여기다 도가의 道의 절대성을 교묘히 결합시킴으로써, 군주의 절대 권위를 새롭게 창출한 것이다. 예컨대, 법가의 집대성자인 한비자는, '忠孝'라는 독립의 篇을 두어 군신·부자간의 관계를 전문으로 거론하는데, 군주에 대한 '충'과 부모에 대한 '효'의 자리를 맞바꾼 용어상의 특징이 눈에 뜬다. 그는 여기서, 세상 사람들이 유가의 孝弟忠信의 道가 옳은 줄만 알고, 이를 잘 살펴보지 않기 때문에, 천하가 혼란스럽다고 주장한다. 그리고 堯舜의 禪讓이나 湯武의 暴君정벌을 절대로 비난하는데, 그 이유는 다음과 같다.

"신하는 군주를 섬기고, 자식은 부모를 섬기며, 아내는 남편을 섬기는데, 이 세 인륜이 순조로우면 천하가 다스려지고, 역행하면 천하가 혼란해진다. 이는 천하의 항구적인 道로서, 명석한 군주와 어진 신하는 감히 침범할 수 없다. 만약 현명한 자식이 있어 부모를 위하지 않는다면, 부모가 집안에서 매우 고통스러울 것이다. 또 현명한 신하가 있어 군주를 위하지 않는다면, 군주의 지위가 매우 위태로워질 것이다. 그렇다면 부모에게 현명한 자식이 있고, 군주에게 현명한 신하가 있는 것은, 단지 해가 되기에 충분할 뿐이며, 무슨 이익이 있겠는가? 그렇다면 어찌 '충신은 그 군주를 위태롭게 하지 않으며, 효자는 그 부모를 비난하지 않는다.'고 이를 수 있겠는가?"[263]

여기에서 유가의 五常(五倫) 가운데, 漢代에 이르러 그 이념 체계를 본격으로 이루는 三綱의 기본구조가 드러난다. 즉, 君臣·父子·夫婦 관계에 일방적이고 무조건적인 상하 복종관계를 강조하는 것이다. 이 세 가지 기본 인륜은 물론 이전의 유가에서도 거론하는 것이지만, 그것은 어디까지나 상대적 쌍방관계로서 비맹목성을 전제로 하는 것이었다.

그런데 군주의 절대성을 당위로 확립하기 위하여, 한비자는 유가의

---

263) 韓非子, 忠孝 :「臣事君, 子事父, 妻事夫, 三者順則天下治, 三者逆則天下亂. 此天下三常道也, 明王賢臣而弗息也. 則人主雖不肖, 臣不敢侵也. 今有賢子而不爲父, 則夫之處家也苦; 有賢臣而不爲君, 則君之處位也危. 然則父有賢子, 君有賢臣, 適足以爲害耳, 豈得利哉! 焉所謂忠臣不危其君, 孝子不非其親?」

입을 빌어 그 이념적 각색을 더욱 강화한다. 예컨대, 유가가 장기(博)를 싫어하는 이유는, 兵卒이 장군(梟)을 죽임으로써 승리하기 때문이며; 주살을 사용하지 않는 까닭은, 아래에서 위로 쏘아 떨어뜨리기 때문이고; 가야금(瑟)을 타지 않는 까닭은, 작은(가는) 줄이 큰(높은) 소리를 내고, 큰(굵은) 줄이 작은(낮은) 소리를 내기 때문이라고 말한다. 즉, 이들은 臣下가 君上을 살상하거나, 大小의 질서와 귀천의 지위가 뒤바뀌는, 본말전도의 상징 의미를 함축하기 때문이다. 또한, 갓(冠)은 비록 낡고 천하더라도 반드시 머리에 쓰며, 신발은 아무리 화려하고 귀한 것이라도 꼭 발에 신는다는 고사를 비유로 되풀이하여 거론하기도 한다.264)

이는 군주와 신하의 상하지위가 항상 불변의 절대 관계임을 강조하는 군주론으로, 漢 景帝 때 조정에서 크게 논란이 일었는데, 景帝가 혁명의 언급을 금지함으로써 통치이념의 상징성을 확고히 굳힌 셈이다.

> "黃生曰: '湯武는 천명을 받은 것이 아니라, 弑逆한 것이다.'
>
> 轅固生曰: '그렇지 않다. 무릇 桀紂가 포악·음란하여, 천하의 민심이 모두 탕무에게 귀순하므로, 탕무가 천하인민과 더불어 걸주를 주륙한 것이다. 걸주의 인민도 그들을 위해 싸우지 않고, 오히려 탕무에게 귀순하였기 때문에, 탕무가 부득이 천자의 지위에 오른 것이다. 천명을 받지 않았다면, 어찌 그러할 수가 있겠는가?'
>
> 황생曰: '갓은 비록 해져도 반드시 머리에 쓰며, 신발은 비록 새것이라도 반드시 발에 신는 법이다. 왜 그러한가? 상하가 뚜렷이 갈라지기 때문이다. 지금 걸주가 비록 도덕을 상실했어도 여전히 君上이며, 탕무는 설령 성현일지라도 臣下이다. 무릇 군주의 행실에 잘못이 있으면, 신하가 忠諫으로써 그 과실을 바로잡아 천자를 존귀하게 하여야 하는 법이다. 헌데 그러지는 못할망정, 도리어 그 과실을 빌미로 정벌하여 대신 왕위에 오른다면, 이것이 弑逆이 아니고 무엇인가?'
>
> 원고생曰: '반드시 네가 말한 대로라면, 漢 高祖가 秦을 대신하여 천자에 즉위한 것도 그러하단 말인가?'

---

264) 이상의 내용은 韓非子, 外儲說左下편 참조.

이에 景帝曰: '고기를 먹는데 말의 간을 먹지 않는다고 해서 맛을 모른다고 말할 수 없듯이, 학자가 탕무의 혁명을 말하지 않는다고 해서 어리석은 것은 아니다.'

이에 논쟁이 끝났는데, 그 후로는 어느 학자도 감히 혁명이냐 시역이냐를 따질 수가 없었다."265)

(3) 漢代 이후 禮와 孝經의 교화

한편, 漢이 중원을 재통일하여 중앙집권의 절대왕권을 수립한 뒤, 겉으로는 점차 유가사상을 통치의 대의명분으로 표방하지만, 실제로는 초기부터 黃老 및 법가의 절대군주론의 통치술을 흡수하게 된다. 여기에서 제자백가의 철학사상이 정치상으로 혼연일체가 됨과 동시에, 君父의 일체성도 윤리도덕의 당위규범으로 더욱 강화하기에 이른다. 그 결과 출현하는 것이 漢代에 재정리한 유가의 각종 경전들인데, 특히 禮와 孝經이 그 대표 전형이다.266) 물론, 이들 경전의 근본 대강은 분명히 周初의 禮法이나 공자의 사상을 대표·반영하고 있지만, 漢儒들이 편집·정리하는 과정에서 통일왕권의 정치사상과 통치술이 알게 모르게 스며들거나 덧보태짐으로써, 충효의 절대성과 그 이념적 결합이 더욱 확고해진 것은 부인할 수 없는 사실이다.267)

우선 禮에 의하면, 효자가 군주를 잘 섬기는 것은 당연하여, 군주가 있기 이전에 먼저 충신을 알 수 있다고 예언한다.268) 충신이 군주를 섬

---

265) 史記, 卷121, 儒林列傳 및 漢書, 卷88, 儒林傳의 轅固條 참조. 한편, 唐律, 戶婚, §178에는 妻와 妾의 지위를 뒤바꾸는 嫡庶 질서문란행위를 규정하고, 그 疏議에서는 '갓과 신발을 전도시키는' 인륜모독이라고 해석한다. 이에 대한 釋文(卷13)에서는, 바로 갓과 신발에 대한 古人의 비유를 인용하면서, 妾이나 婢는 비록 천하의 美色이라 할지라도, 결코 妻로 삼을 수 없다고 禮經의 正名論을 강조한다. (635-6면 참조)

266) 劉修明, 「"漢以孝治天下"發微」, 歷史研究, 1983年 第6期, 37-50면 ; 晋文, 「論'春秋''詩''孝經''禮'在漢代政治地位的轉移」, 山東師大學報: 社科版, 1992.3.(中國哲學史, 1992.8. 所收 84-8면 참조.

267) 鄭曉江, 「'忠'之精神探源」, 29-32면에서도, 일반보편의 윤리도덕인 忠이 君臣大義로서 일방적인 당위규범으로 변질하고, 특히 맹종적인 愚忠으로 절대화한 것은, 秦漢 이후 중앙집권 통일왕조의 통치이념 산물이라고 평가한다.

기는 것은, 곧 효자가 부모를 섬기는 것과 그 근본 바탕이 같기 때문에, 효성스럽게 부모의 명령에 순종하는 자는 누구든지 잘 섬기게 된다.[268] 그래서 '孝로써 군주를 섬긴다.'는 명제나, '군주를 섬김에 충성스럽지 못하면 효가 아니다.'는 명제가 정형화하기도 한다.[270] 신하가 군주에 대하여, 자식이 부모에 대한 것처럼 斬衰(참최) 3年의 喪禮를 치러야 하는 것은, 君父의 일체성과 충효의 동질성이 禮에 나타난 최고의 結晶이다.[271] 군주는 인민의 부모라는 전통 관념이 그대로 비춰진 것이다. 이는 또한 人生의 3근본으로서 君·師·父의 삼위일체나, 禮의 3근본으로서 天地·先祖·君師의 삼위일체 사상과 일맥상통한다. 부모님이 낳아 주시고, 스승님이 가르쳐 주시며, 임금님이 보호 양육해 주시는데; 또한 천지자연이 없으면, 인간의 생존 자체가 불가능하기 때문에, 이들을 섬기는 禮法이 서로 같다는 것이다.[272] 漢代 이후에도 군주 자신이 '인민의 부모'임을 자처하거나, 관리에게 인민의 부모로서 솔선수범으로 善政을 베풀도록 당부하며, 이를 어긴 관리는 가중처벌하기도 하는 것이 일반보편의 통치이념이었다.

한편, 공자의 사상으로부터 출발하여, 曾子의 제자들이 편집 정리해 전승한 것으로 보이는 孝經이,[273] 漢代 이래 통치이념의 근간을 이루며 유가의 經典에 끼어든 사실은, 효와 충의 통치이념 결합에 결정적인 의미를 지닌다. 왜냐하면, 효경 자체가 내용상 효를 군주에 대한 충의 전

---

268) 大戴禮記, 曾子立孝 : 「未有君而忠臣可知者, 孝子之謂也. 故曰 孝子善事君.」

269) 禮記, 祭統 : 「忠臣以事其君, 孝子以事其親, 其本一也.」; 祭義 : 「孝以事親, 順以聽命, 錯諸天下, 無所不行.」; 喪服四制 : 「子於事父以事君.」

270) 禮記, 坊記 : 「孝以事君, 示民不貳也.」; 大學 : 「孝者, 所以事君也.」; 祭義 : 「事君不忠, 非孝也.」 이 가운데 뒤 구절은 大戴禮記, 曾子大孝편과 呂氏春秋, 孝行편에도 각기 보인다.

271) 禮記, 坊記 : 「喪父三年, 喪君三年, 示民不疑也.」; 喪服四制 ; 「爲君亦斬衰三年, 以義制者也.」 또한 禮記, 檀弓上편 및 韓詩外傳 卷6 참조.

272) 國語, 晉語1과 禮論 및 大戴禮記, 禮三本편 등을 참조. 한편 스승에 대한 心喪三年은 禮記, 檀弓上편에서 君父의 三年喪과 나란히 거론한다.

273) 黃得時, 孝經今註今譯, 臺灣商務印書館, 1983, 9版의 代序 참조. 특히 현전하는 유가의 十三經 중 본래부터 '經'으로 일컬어진 것은 효경뿐인 사실이 눈에 띈다.

제로 삼을 뿐만 아니라, 천자를 비롯한 제후·경대부가 인민을 통치하는 근본도덕으로 규정하고 있기 때문이다. 우선, 효가 부모를 섬기는 데서 출발하지만, 효의 중심이 군주를 섬기는 데 놓인다는 사실은 주목할 만하다. 즉, 부모를 섬기는 공경심에 근거하여 군주를 섬기기 때문에, 효자가 충신에 되는 것은 의심의 여지가 없다. 결국, 부모에 대한 효는 자연스럽게 군주에 대한 충으로 옮아간다.[274]

그래서 역대왕조는 효경의 보급 및 교육을 몹시 중시하였다. 漢 武帝 시에 五經博士를 설치한 후, 論語에 이어 孝經을 추가함으로써 七經제도가 된 이래, 孝經은 통치자의 필독서로서 태자교육의 기본교재가 되었다. (이는 태자로 하여금 先王에 대한 孝를 바탕으로 천하를 다스려, 왕실과 선왕의 家業을 잘 계승해 내려가라는 통치이념에서 실시한 것으로, 후술할 '孝'字 諡號의 채택과도 직접 관련성이 있다.) 뿐만 아니라, 효경은 중앙과 지방을 막론하고, 각종 學校의 필수 교과목으로 가르쳤다. 그리하여, 春秋가 정치상 大一統사상을 제공한 것과 더불어, 孝經이 혈연적 가족윤리를 보급한 점은, 漢代 통치이념의 핵심을 이루었다.[275] 그 뒤 梁 武帝와 梁 簡文帝는 孝經에 직접 注를 달았으며, 특히 唐 玄宗은 今古文 시비를 통일하기 위하여, 御註 孝經을 2차례에 걸쳐 편찬하고, 친히 序文을 쓰기도 하였다. 또 宋 眞宗은 邢昺 등에게 효경을 포함한 十三經의 注에 대한 상세한 疏를 달도록 명령하였다.[276]

그러나 일반 백성한테 부모님에 대한 효로써 군주를 충성스럽게 섬기라고 가르친 교육 못지않게 중요한 사실은, 군주 및 통치계층이 효를 바탕으로 인민을 다스린다는 솔선수범성이다. 즉, 천자나 제후·경대부 등이 자신의 부모님한테 敬愛하는 효의 마음으로써, 인민을 仁德으로

---

274) 孝經, 開宗明義章 : 「夫孝, 始於事親, 中於事君, 終於立身.」 ; 士章: 「資於事父, 以事君, 其敬同. 故以孝事君則忠.」 ; 應感章 : 「君子之事親孝, 故忠可移於君.」

275) 東漢會要, 卷29, 民政中, 崇孝行條(314-5) 참조. 또한 劉修明, 「"漢以孝治天下"發微」, 39-40면; 孫筱, 「孝的觀念與漢代新的社會統治秩序」, 中國史研究, 1990.3. (先秦·秦漢史, 1990.9. 所收), 59-60면; 黃中業·張本政, 「忠孝道德評述」, 11면 등을 참조.

276) 黃中業·張本政, 「忠孝道德評述」, 12면과 孝經序 및 孝經注疏序 참조.

교화하는 것이 통치의 근본이다.277) 군주가 부모님에 대해 효를 행함은,
天地를 받들어 섬기는 독점적 지위 및 자격의 기본요건이기도 하며, 또
한 인민으로 하여금 부모님한테 효성하고 군주에게 충성하도록 교화하
는 솔선수범의 사표가 되기도 한다.278) 예컨대, 漢代에 실행한 천자의
親耕과 황후의 親蠶(잠)은, 물론 천하 인민의 衣食 우환을 솔선수범으로
체험한다는 民本주의 王道政治思想과,279) 農者는 天下之大本이라는 勸農
務本 정책의 성격이 강하다.280) 그러나 더욱 중요한 사실은, 황제 자신
이 詔書에서 밝히듯이, 천자가 직접 경작한 오곡과 황후가 몸소 누에친
비단으로 宗廟의 祭物과 祭服을 받들어 공양한다는, 이른바 '皇室의 孝'
가 천하 인민의 솔선수범이라고 강조한 통치이념이다.281)

그래서 지극히 효성스러운 군주는 王道에 가깝고, 지극히 공경스러운
군주는 覇權에 가깝다고 일컬어진다.282) 예컨대, 舜이 천자로서 부모 섬
기는 효도를 지극히 다하자, 천하의 모든 부모자식 간의 인륜이 저절로
감화하여, 천하가 크게 다스려졌다고 한다.283) 한편, 춘추시대에 齊가
魯를 침범하였다가 제후 동맹군에 패해 강화조약을 맺었는데, 그 패권
을 쥔 晉이 갖은 보옥의 뇌물도 거절하고, 오직 齊 頃公의 모친을 볼모
로 요구한 적이 있었다. 이에 齊에서는, 覇者가 제후한테 명령함에 '不
孝'를 요구하는 것은 德에 어긋난다고 분노하면서 강하게 항변을 제기
하자, 晉에서는 그 요구를 취소한 일이 있었다.284)

확실히 중국 역대왕조는 한결같이 효를 최고의 통치이념으로 표방하

---

277) 孝經, 天子・諸侯・卿大夫・孝治의 각 章 및 韓詩外傳, 卷5 참조.
278) 孝經, 應感章 : 「明王事父孝, 故事天明; 事母孝, 故事地察; 長幼順, 故上下治.」; 廣
要道章 : 「教民親愛, 其善於孝.」
279) 韓詩外傳, 卷3 : 「先王之法, 天子親耕, 后妃親蠶, 先天下憂衣與食也.」
280) 漢書, 卷4, 文帝紀, 13年; 卷5, 景帝紀, 後3年; 卷8, 宣帝紀, 本始 4年條 참조.
281) 漢書, 卷5, 景帝紀, 後2年 참조.
282) 禮記, 祭義 : 「至孝近乎王, 至弟近乎覇.」
283) 孟子, 離婁 上, §28 : 「舜盡事親之道而天下化, 天下之爲父子者定, 此之謂大孝.」
284) 左傳, 成公 2年 : 「吾子布大命於諸侯, 而曰必質其母以爲信, 其若王命何? 且是以不孝
令也, 若以不孝令於諸侯, 其無乃非德類也乎?」

면서, 군주 자신들의 솔선수범의 효를 상당히 중시하였다. 이를 증명하는 가장 뚜렷한 외형상의 특징으로, 역대 군주의 대부분이 '孝'를 諡號나 廟號로 취한다는 사실을 들 수 있다.[285] 이러한 사실 하나만으로도, 효가 전통 왕조의 최고 통치이념으로 얼마나 중요한 윤리도덕인지 쉽게 짐작할 수 있다. 이는 한편으로, 시호상 '孝'의 名義가 반드시 군주의 실질 '孝行'을 명실상부하게 정확히 평가하는 용어법은 아닐 것이라는 의혹을 갖게 한다. 즉, 후대로 갈수록 시호상의 '孝'는, 한편으로는 통치이념을 표방하고, 다른 한편으로는 군주를 칭송하기 위하여, 단지 형식상의 美名으로 관행이 되어버린 느낌이 강하다.(특히 시호가 죽은 사람에 대한 평가이며, 그 평가의 주체와 객체(대상) 모두 황제라는 최고 유일의 절대 존재인 사실을 감안하면 더욱 그러하다.)

그러나 예외로 北魏의 孝文帝 같은 군주는, 명실상부한 시호를 받았

---

285) 西周의 孝王을 필두로 하여, 춘추시대에는 魯와 齊의 孝公 및 晋의 孝侯, 전국시대에는 燕과 秦의 孝公, 趙의 孝成王, 燕의 孝王, 秦의 孝文王 등이 있다. 특히, 중원을 재통일하여 孝經 등의 유가경전을 집대성·보급하고 유교사상을 통치이념으로 표방한 漢代에는, 高祖를 계승한 孝惠皇帝 이하 모든 황제가 일률로 '孝'자를 諡號로 덧붙이는 점이 독특하다. 그리고 後漢代에도 초대 世祖 光武帝를 제외하고는, 다른 모든 황제가 역시 '孝'자를 시호의 머리글자로 사용하는 것이 공통이다. 이에 대하여 師古는, "효자는 부친의 뜻을 잘 계승·발전시키기 때문에, 漢代의 諡號는 惠帝 이하 모든 황제가 '孝'자를 일컫는다."고 註釋을 달고 있다. (東漢會要, 卷29, 民政中, 崇孝行條에 인용한 荀爽의 對策에도 이 사실을 명백히 지적하고 있는데, 다만 後漢書, 卷62, 本傳에는 이 구절이 보이지 않는다.) 또한 漢代에는 황제의 아들을 王侯로 봉함에서도, 梁孝王·代孝王·楚孝王·中山孝王 등과 같이 '孝'자를 빈번히 사용하였다. 이밖에도 南朝 宋의 孝武帝와 北周의 孝閔帝, 北齊의 孝明帝가 있으며, 특히 西晋의 孝惠帝·孝懷帝·孝愍帝 및 東晋의 孝武帝가 있고, 北魏의 孝文帝·孝明帝·孝莊帝·孝武帝 및 그를 이은 東魏의 孝靜帝가 존재하는 사실도 매우 두드러진 특징이다. 한편, 唐代 이후에는 황제를 흔히 廟號로써 일컫는데, 宋과 明에 각기 孝宗이 있다. 그러나 諡號상으로는 唐·宋·明의 한족 왕조뿐 아니라, 遼·金·元과 같은 이민족 왕조의 군주도 거의 대부분 '孝'자를 공통으로 취하고 있다. 요컨대, 漢代 이후 역대 왕조는 거의 모든 군주의 諡號에 '孝'자를 원칙으로 취한 셈이다. 唐은 則天武后와 德宗만 제외한 19人 모두 '孝'를 사용하며, 宋은 太宗을 제외한 14人이, 明은 太祖·惠帝·代宗·孝宗·思宗을 제외한 11人이, 그리고 遼도 太祖와 天祚帝를 제외한 7人 모두, 金은 太宗 등을 제외한 6人이, 元은 成宗 이하 7人이 각각 諡號에 '孝'자를 취하고 있다.

다고 평가할 만하다. 그는 천성이 몹시 어질고 효성스러워, 네 살 때 父君의 종기를 입으로 빨아 치료하고; 환관의 讒訴(참소)로 太后가 수십 대를 매질하여도, 묵묵히 맞기만 하고 변명하거나 원망하지 않았다고 한다. 특히, "3천 가지 범죄 중에 不孝보다 막대한 것이 없는데, 律에 자손이 부모에 불손한 행위가 髡刑(곤형: 삭발형)에 그치는 것은, '理'에 비추어 미흡하다."고 말하면서, 이를 개정하라고 명령한 사실이 눈에 띈다.[286] 이미 전술한 바와 같이, 인민을 자식처럼 사랑하여, 범죄인의 부모가 연로하거나 심한 질병으로 간호시중을 필요로 하는데, 범인 이외의 다른 가까운 血親이 없는 경우, 특별히 부모를 봉양하라고 형벌을 감면 또는 보류해 주는, 이른바 '犯罪存留養親法'을 처음으로 제정하는 등, 효를 권장하고 실행하는 각종 仁政과 혜택을 자주 베풀었다.[287]

한편 廟號로서 '孝宗'은, 관례화한 시호상의 '효'처럼 단순한 형식상의 미명이 아니라, 실질상 '孝行'을 직접 반영하는 명실상부한 역사 평가로서 의미가 있다. 예컨대, 宋의 孝宗은 자고로 어느 군주 못지않게 궁궐 안의 효를 극진히 다했다고 전해진다. 일찍이 父君인 高宗의 禪讓 의사를 여러 차례 사양하고, 父君이 서거한 뒤에는 신하들의 간청에도 불구하고 3년喪을 몸소 실행하였다. 그래서 宋代 孝宗은 仁宗과 함께 부끄러움 없이 명실상부한 廟號라고 평가받는다.[288] 또한 明의 孝宗도 太祖·成祖나 仁宗·宣宗 등과 함께 칭송할 만한 훌륭한 군주로, 특히 공경과 절검으로 인민을 사랑하는 仁政에 힘써 태평무사를 잘 保持하였다고 평가받는다.[289]

---

286) 魏書, 刑罰志, 太和 11年 참조.

287) 魏書, 卷7上·下, 高祖紀 참조 : 「帝長而淵裕仁孝. 年四歲, 顯祖曾患癰, 帝親自吮膿. 宦者先有譖帝於太后, 太后大怒, 杖帝數十, 帝默然而受, 不自申明, 太后崩後, 亦不以介意, 其經緯天地, 豈虛諡也!」

288) 宋史, 卷35, 孝宗紀三 : 「然自古人君起自外藩, 入繼大統, 而能盡宮庭之孝, 未有若帝. 終三年喪, 又能却群臣之請而力行之. 宗之廟號, 若仁宗之爲仁. 孝宗之爲孝, 其無愧焉, 其無愧焉!」

289) 明史, 卷15, 孝宗紀 "太祖成祖而外, 可稱者仁宗宣宗孝宗而已. 孝宗獨能恭儉有制, 勤政愛民, 兢兢於保泰持盈之道, 用使朝序清寧, 民勿康阜」

이밖에도, 효를 통치이념 및 일반 윤리도덕으로 권장·보급하기 위하여 역대왕조가 시행한 각종 정책 배려도 많다. 최고의 법이념으로까지 승화하여 律令 규정에 명문화한 여러 不孝罪와 孝道의 법규범상 의무는 차치하고라도, 순수하게 정치·사회·경제의 차원에서 효행을 장려하는 혜택으로서 통치행위도 적지 않다. 그중 대표로 손꼽을 만한 정책은, 효행이 남달리 특출한 사람을 특별히 천거·등용하는 選擧제도와, 효성스러운 사람에게 특별한 혜택을 하사하는 조치다.

漢代에 청렴과 효행을 특별히 천거하는 제도를 시행한 이래, 거의 모든 왕조가 이를 계승하고 있다. 때로는 지방 관리에게 '孝廉'을 천거하도록 의무를 부과하여, 이를 실행하지 않는 경우에는 '不敬罪'로 의론하기도 하였다.[290] 또한 '孝弟'는 力田(생업에 근면한 사람) 및 高年(연로자)과 함께, 양식·비단과 같은 특별은전을 하사하는 대상이 되었는데, 漢 高后 이래로 孝弟·力田·三老라는 명칭의 鄕官을 설치하여 인민을 선도하는 기능을 맡기기도 하였다.[291] 특히, 이들 鄕官은 중앙에서 파견한 관리가 아니라, 향촌에 토착하는 學德 있는 元老였다. 그래서 그 지역에 고유한 조직과 방식으로 향촌인민을 자치로 영도함으로써, 漢 왕조의 정치·사상적 지주가 됨과 동시에, 사회경제상으로도 통치기반을 공고히 안정시키는 데에 결정적 기여를 하였다.

孝悌는 인민의 윤리도덕행위와 사회풍속을 장악하고, 力田은 인민의 생산활동을 관리·감독하며, 三老는 가족 혈친 간의 孝를 중심으로 일반 교화를 담당하였다. 이들은 인민을 영도하는 師表로서, 중앙의 통치자가 감당할 수 없는, 그들 특유의 기본 사명과 중차대한 기능을 수행

---

290) 漢書, 卷6, 武帝紀, 元朔 元年 참조.

291) 이상의 효행 권장 제도 및 정책은, 通考, 卷34, 選擧考7(孝廉); 西漢會要, 卷45, 選擧 下(擧廉·孝弟力田) 및 卷48, 民政三 ; 東漢會要, 卷28, 民政上(鄕三老, 孝悌力田) 및 卷29, 民政中(崇孝行); 漢律, 卷19, 養老令(1724-5); 唐會要, 卷76, 貢擧中(孝廉擧) ; 明會要, 卷49, 選擧三(孝廉) ; 그리고 南朝의 宋·齊·梁·陳會要의 選擧 및 民政편 中 孝에 관한 각 조항 등을 참조. 특히 漢代 孝廉천거의 구체 사례는, 劉修明, 「"漢以孝治天下"發微」, 37-8면 및 孫筱, 「孝的觀念與漢代新的社會統治秩序」, 58-9면 참조.

한 것이다. 이는 곧 가족 중심의 孝 윤리가 小農經濟를 기반으로 하는 漢代 통치질서에 알맞은 정치사상이었음을 뜻하기도 한다.[292] 특기할 만한 사실은, 역대 官撰의 正史 중에는 魏晉 이래 ‘忠義傳’과 함께 ‘孝義傳’·‘孝行傳’·‘孝友傳’·‘孝感傳’ 등을 계속 기록하여, 忠臣·孝子의 사적을 통해 충효이념의 선양 및 권장보급에 크게 기여한 점이다.[293]

(4) 三綱 윤리의 확립

마지막으로, 효와 충의 이념적 결합에 중대한 규범 기능을 수행한 ‘三綱’ 윤리의 확립도 간과할 수 없다. 상대적인 쌍방윤리로서 五典·五倫·五常 등의 규범은, 앞서 살핀 바와 같이, 역사기록과 함께 존재해 왔다. 그중에서 특히 父子·君臣 및 夫婦의 관계를 추출하여, 수직적이고 일방적인 절대윤리로 이념화한 것은, 아마도 한비자가 집대성한 전국말엽의 법가사상에서 비롯하는 듯하다. 전술한 바와 같이, 한비자는 절대 군주론을 정당화하기 위하여, 신하가 군주를 섬기고 자식이 부모를 섬기며 아내가 남편을 섬기는 세 가지 윤리가 천하의 항상 불변의 도덕으로서, 인민통치에 필수 불가결한 기본전제라고 강조한다.

이러한 절대군주론 사상이 유가의 禮論을 명분으로 표방하면서, 漢의 통치이념으로 자연스럽게 삼투해 들어간 것으로 보인다. 禮記에서는 子夏의 입을 빌어, 태고의 태평성세에 성인이 부자 및 군신 관계에 윤리 규범을 설정하여 이를 인륜의 ‘紀綱’으로 삼았는데, 이러한 ‘紀綱’이 되는 인륜이 바로잡힘으로써 천하가 크게 안정을 찾았다고 설명한다.[294] 물론, 이 단계에서는 부자가 군신 개념보다 앞서 나오며, 특별히 일방적인 수직관계에 대한 언급이 없다. 따라서 공자를 비롯한 원시 유가의 본래사상에 부합하며, 인륜도덕의 내용과도 일치함을 알 수 있다. 그러

---

292) 자세한 내용은, 劉修明, 「“漢以孝治天下”發微」, 40-8면 참조.
293) 黃中業·張本政, 「忠孝道德評述」, 7, 12면; 鄭曉江, 「‘忠’之精神探源」, 30면 참조.
294) 禮記, 樂記 : 「夫古者, 天地順而四時當, 然後聖人作爲父子君臣, 以爲紀綱, 紀綱旣正, 天下大定.」

나 '紀綱'이라는 비유개념이 비로소 등장함으로써, 이후 '三綱'윤리의 정립에 결정적인 단서를 매개한 것으로 보인다.295)

예컨대, 동중서는 부부·부자·군신의 관계를 천지음양의 상대적 결합에 비유하며, 이 세 관계가 인간윤리의 기본 道義이자 '王道의 三綱'이라고 규정한다. 즉, 君·父·夫는 하늘의 陽에 속하며, 臣·子·婦는 땅의 陰에 속한다. 이는 天尊地卑의 上下貴賤 개념이나 陰惡陽善의 상대적 가치 관념에 비추어 보면, 수직적인 종속 관계를 의미함이 분명하다.296) 따라서 동중서가 비록 '三綱'의 구체 내용을 정의하고 있지는 않지만, 실질상 그 체계를 이미 확립한 셈이다. 이러한 이론체계를 기본 바탕으로 계승하여, '三綱六紀'의 사상을 집대성한 것은 白虎通이다.

> "三綱이란 무엇을 일컫는가? 君臣·父子·夫婦를 이른다. 六紀란 諸父 (伯叔父를 포함한 부친 항렬)·형제·族人·諸舅·師長·朋友를 이른다. 그래서 含文嘉에 이르기를, 군주는 신하의 기강이고, 부친은 자식의 기강이며, 남편은 아내의 기강이라고 한다. 또 모든 父兄을 공경하면, 六紀가 두루 통행하여, 외숙부에게 도의가 있으며, 族人에게 질서가 있고, 형제에게 친근함이 있으며, 師長에게 존엄함이 있고, 벗에게 의리가 있게 된다.
>
> 무엇을 綱紀(벼리)라고 이르는가? 綱이란 펼치는 것(張)이고, 紀란 다스리는 것(理)이다. (그물의) 큰 벼리가 綱이고, 작은 벼리가 紀인데, (그물을 펼치는 것처럼 인간의) 상하관계를 펼쳐 다스림으로써, 人道를 가지런히 하는 규범이다. 인간은 모두 五常의 본성을 타고나서 친애하는 마음이 있는 까닭에, 紀綱으로써 교화할 수 있는 것이다. 마치 그물에 벼리가 있음으로써, 모든 그물눈이 정연하게 펼쳐질 수 있는 것과 같은 이치다."297)

여기서 보면, 오륜에서 '父子有親'이 제1차 윤리였던 것과는 달리, 삼강에 이르러서는 '君爲臣綱'이 최우선의 윤리도덕으로 그 지위가 뒤바

---

295) 그래서 唐의 孔穎達은 禮記의 이 구절에 대한 疏에서, 禮緯 含文嘉의 '三綱'을 인용하여, '紀綱'의 내용을 구체로 해설한다. 十三經注疏本 691면 참조.

296) 董仲舒, 春秋繁露, 基義편 참조 : 「君臣父子夫婦之義, 皆取諸陰陽之道. 王道之三綱, 可求於天.」 또한 朱貽庭 主編, 中國傳統倫理思想史, 210~211면 참조.

297) 白虎通義, 三綱六紀.

꿰었음을 알 수 있다. 뿐만 아니라, 부자·군신 상호간의 상대적 쌍방관계가, 君父의 臣子에 대한 우월성을 전제하는 절대적 일방윤리로 탈바꿈한 사실이 특히 눈에 띈다. 효와 충의 이념적 결합은 삼강에 이르러 최고 結晶의 체계를 확립한 셈이다.

문제는 개인의 인격 수양 차원에서 존재적·사실적 도덕으로 자연스럽게 이어지는 효와 충의 일체 관계가, 특히 진한 이후 절대왕권에 의해 국가의 통치이념 차원에서 당위적·규범적인 윤리로서 탈바꿈하여, 정책적 결합을 통해 인민에게 권장·강요하는 데 있다. 즉, 효가 충으로 옮겨가는 존재적인 윤리도덕의 특성에 근거하여, 역으로 충을 효로부터 연역·도출하려고 하는 당위적인 윤리정책을 시행한 것이다. 자유와 권리도 소극적인 허용·보장의 차원을 넘어서 적극적인 요구·명령의 단계에 들어서면, 그것은 이미 자유와 권리의 본래 의미를 잃어버리고, 오히려 인민을 속박하는 책임과 의무로 변질·전락하고 만다. 존재적이고 사실적인 本性으로서 효와 충의 '無爲自然' 관계가, 당위적이고 규범적인 가치로서 '有爲人工'의 윤리로 전환하는 것도 비슷한 이치다.

효성스러운 자식이 충성스러운 신하가 된다고 하여도, 역으로 충성스러운 신하가 반드시 효성스러운 자식인 것은 아닌 법이다. 하물며, 충성스러운 신하가 되기 위하여 먼저 효성스러운 자식이 되라고 요구·명령한다면, 그러한 윤리규범의 정당성과 타당성은 어떻게 확신할 것인가?

(참고로, 五倫의 父子有親과 君臣有義가 秦漢대에 三綱의 君爲臣綱과 父爲子綱으로 순서가 뒤바뀐 다음, 신라로 건너와 이른바 花郎五戒에 이르면, 事君以忠과 事親以孝로 변화한다. 여기에서 父子와 君臣간의 親과 義라는 쌍방 윤리도덕이, 신하의 군주에 대한 충과 자식의 부모에 대한 효라는 일방 윤리로 크게 변질하는 통치이념상의 왜곡과 역사적 변천을 확인할 수 있다. 게다가 근대에 박정희가 군사쿠데타로 정권을 잡아 이른바 '유신' 체제로 종신 군사독재를 자행하면서 '화랑정신'을 크게 악용해 '맹목충성'을 강요하였다.)

2. 孝와 忠의 상호 모순 및 충돌

지금까지 서술한 것처럼, 효와 충은 기본으로 상호동질성을 공유하면서, 존재적 도덕이나 당위적 윤리로서 상통하는 일체성까지 보이고 있다. 부모님(특히 父)과 군주는 각기 家와 國에서 유일무이의 최고 지위에 군림하면서 절대 권위를 지니는 상징 존재다. 그래서 신하의 군주에 대한 충은, 자식의 부모에 대한 효와 본질상 비슷하게 상응하고, 이를 바탕으로 효로부터 충을 자연스럽게 연역하는 이념적 轉移가 가능해진다. 군주에 충성스럽지 못하면 효가 아니라는 명제가, 존재로나 당위로나 설득력 있게 통하는 것도 이 때문이다. 또 '군주에게 충이 되면서 부모님께 효가 못되는 일은 효자가 행하지 않고, 부모님께 효가 되면서 군주에게 충이 안 되는 바는 군자가 행하지 않는다.'는 관념도, 군주나 부모 어느 일방도 저버릴 수 없는 '忠孝雙全'의 궁극이상을 대표한다.298)

그런데 본디 존재 사실의 차원에 있는 효와 충의 도덕을 당위 규범의 윤리로 권장·요구하고, 특히 효와 충이 통치이념 상의 목적에서 서로 긴밀히 결합해 하나가 되면서, 존재와 당위 및 효와 충의 상호관계에 현실의 모순 및 이념상 대립 충돌이 발생하게 된다.

⑴ 충효 통치이념의 역설과 허구성

우선, 효자가 부모에게 버림받고, 충신이 군주에게 처형당한 숱한 역사 현실은, 효와 충의 통치이념상 선양이 역설적인 허구임을 단적으로 드러내는 반증이다. 예컨대, 殷末의 比干은 紂에게 충간하다가 심장이 갈라졌고, 춘추시대에 陳의 洩冶(설야)는 靈公과 대신들의 간음을 간언하다가 결국 죽임을 당했다. 吳의 子胥는 夫差에게 越을 합병하라고 극력 충고하다가, 마침내 자살을 당하기도 하였다. 한편, 효자가 부모에게 버림받는 것은, 대부분 부친이 후처나 첩의 奸計와 이간질에 미혹당하여 말미암는다. 殷 高宗의 아들 孝己나 尹吉甫의 아들 伯奇, 晋 獻公의 태자 申生 및 왕자 重耳·夷吾 등이 부친에게 쫓겨나거나 죽임 당한 예가 대표다.299) 특히, 왕권계승쟁탈과 관련하여, 忠孝스러운 자식이 君父에

---

298) 韓詩外傳, 卷8 참조.
299) 莊子, 外物편 및 呂氏春秋, 必己편 참조.

게 미움 받는 사례는 역사에 적지 않게 나타나고 있다.

이처럼, 효와 충의 윤리를 통치이념으로는 권장·명령하면서, 규범현실로는 효자와 충신이 도리어 미움 받고 쫓겨나거나 심지어 죽임까지 당하는 모순은, 과연 어떻게 받아들여야 할까? 그래서 효와 충을 가르치고 주장하는 선각자 자신도 심한 당혹감과 탄식을 금하지 못한다. 예컨대, 일찍이 陳의 洩冶는 군주의 간음을 간언하다가 살해당하였는데, 공자는 '국가와 인민에 邪僻이 많을 때에는, 스스로 법도를 높이 세워 위험을 초래하지 말라.'는 내용의 詩句를 인용하면서, 그의 희생을 몹시 애석해 한 적이 있다.(左傳, 宣公 9年) 이는 '나라에 道가 있을 때에는 말과 행동을 고상하게 지키며, 나라가 무도한 경우에는 행실은 고상하게 하되 말은 겸손하게 하라.'고 가르친 공자 말씀에 부합한다.(憲問, §4) 또 '천하에 道가 행해지면 드러나 벼슬하고, 무도한 경우에는 물러나 숨어 뜻을 지킨다.'는 처세의 기본입장이나, '위태로운 나라에는 들어가지 않고, 어지러운 나라에는 머물지도 않는다.'는 관념도 바로 이러한 의미맥락이다.(泰伯, §13)

忠直이 대접받기는 고사하고, 도리어 해침을 당하는 현실의 모순과 역설 때문에, 일찍부터 '음란한 나라에 忠直한 말하기를 좋아하면, 반드시 원한을 초래하여 환란을 당하게 된다.'는 탄식과 경계가 널리 퍼진 것이다. 충언이란 남의 허물과 잘못을 있는 그대로 직접 들추어내 지적하는 것이다. 이 말이 상대방에게 받아들여지면 다행이지만, 일반으로 자신의 잘못을 감추고 수식하려고 하는 보통사람의 경우, 이를 알고 들추어낸 자를 역공격하거나, 심지어 제거함으로써 자신을 보호하려고 하는 것이, 인간의 비열한 감정본능이기 때문이다.

좋은 약이 입에 쓴 것처럼, 忠直한 간언은 보통 사람의 귀에 거슬리기 마련이다.(良藥苦口利於病, 忠言逆耳利於行.) 마치 龍의 목에 있는 '逆鱗'을 건드리는 것처럼!(韓非子, 說難 참조) 귀에 거슬리고 마음에 맞지 않는 忠言을 克己와 인내로써 기꺼이 받아들여, 자신의 개과천선 및 인민의 복리 증진에 활용할 수 있는 지혜와 용기는, 현명한 군주가 아니면 기대하기 어렵다. 그런 까닭에, 殺身成仁의 강직한 희생정신이 아니면, 난세의 忠言은 자칫 바위에 계란을 던지고, 기름을 불에 끼얹는 것과 같이 어리석고 무모한 짓이 되기 쉽다.

君權의 절대성을 강조하는 법가의 한비자가, 특히 이러한 忠言逆耳의 진실과 忠臣受難의 역설을 무수히 거론하는 점은, 자못 주목할 만하다. 한비자의 孤憤·說難·和氏·姦劫弑臣·人主편 등에서는, 忠臣이 우매한 군주와 간신에 의해 배척당하거나 살해당하는 역설적인 현실을 지적하고, 그래서 法術 있는 충신이 지혜와 간언을 다하지 못하는 비운에 대해 장탄식을 거듭 한다. 이는 상앙과 李斯가 秦의 천하통일 및 절대왕권 수립에 결정적으로 공헌하였으면서도, 나중에 그 절대 권력으로 말미암아 자신이 제정한 법령의 올가미에 스스로 빠지거나, 권력투쟁의 소용돌이에 휘말려 든 역설적 사실과 일맥상통으로 비견할 만하다. 군주의 절대 권력을 위해 무조건 복종의 忠을 통치이념화 해준 보답으로, 자신의 충성스러운 지혜와 책략도 결국 군주의 절대 권력에 무조건 종속당하여, 필경에는 버림받는 역설을 연출한 것이다. 한비자 자신도 그러한 역설적인 悲運을 명약관화하게 예견하면서, 그 탄식과 우려를 감출 수는 없었을 것이다.

한편, 또 다른 특기할 만한 사실은, 효와 충을 반드시 우대한다는 보장이 없는 역설적 규범현실로 말미암아, 묵자가 부모나 군주·스승을 초월하는 궁극의 규범연원으로 하늘을 법삼도록(法天) 주장한 점이다. 즉, 천하의 숱한 부모·군주·스승들이 반드시 어진 것은 아니기 때문에, 인간을 사랑하고 이롭게 하는 자를 복 주며, 인간을 미워하고 해롭게 하는 자는 벌주는 하늘이야말로, 가장 공평하고 정의로운 이상적인 '法儀'(모범 儀表)라는 것이다.(墨子, 法儀) 바꾸어 말하면, 부모와 군주를 사랑하고 공경하며 이롭게 하는 효자·충신이, 반드시 그 부모와 군주로부터 복 받고 대우받는 것이 아닌 인간의 규범현실 대신에, 인과응보의 하늘의 법도로서 자연법칙을 강조하는 것이다.

그리고 老莊의 도가에서는, 바로 이러한 충효의 역설적 현실을 이유로, 충효를 포함한 유가의 인간사회의 당위규범을 비판·부정하고 있다. 우선, 老子는 집안 친족이 화목하지 못한 연후에 비로소 자식의 孝와 부모의 慈愛가 드러나며, 국가가 어지러워진 뒤에야 충신의 존재가 바야흐로 두드러지는 규범현실의 역설성을 꼬집는다.(§18) 그래서 인간사회의 당위규범으로 강조하는 유가의 禮는, 진정한 忠信의 천박한 말단지엽이자, 혼란의 으뜸가는 대명사에 불과하다고 혹평하는 것이다.(§38) 물론, 이는 평소에 효자와 충신이 전혀 존재하지 않는다는 사실 인식차원의 서술이 아니다. 오히려 역설적인 규범현실을 강도 높게 힐난하고 탄식하는 가치판단의 평론이다.

무릇 집안이 화목하고 국가가 태평스러운 평상시에는, 효자·충신의 존재가 제대로 대접받거나 크게 두드러지지 못하며, 그 필요성과 가치도 잘 인정받지 못하는 법이다. 그러다가 집안이 불화하고 국가가 위태로운 환난이 닥쳐야, 비로소 효자충신의 존재가치와 필요성을 절감하고, 효와 충의 윤리도덕을 소중하게 바라는 게 인간의 情理다. 마치 松柏이 늘 푸르지 않은 것은 아니지만, 일반 활엽수들이 추위를 더 이상 감당하지 못하고 모두 落葉歸根한 뒤에야, 그 푸름이 더욱 돋보이는 것처럼!

한편, 장자는 충효의 역설적 윤리도덕을 더욱 신랄하게 풍자하고 비판한다. 그는 比干·伍子胥 외에 龍逢·箕子·伯夷叔齊·介子推·申徒狄 같은 숱한 역사 인물들의 실례를 언급하면서, 모든 부모와 군주가 효자·충신을 원하면서도, 실제로는 효자·충신을 대접하기커녕, 축출하거나 살해하는 정치사회 현실을 힐난한다. 아울러, 흔히 세속의 윤리도덕 관점에서 충신이라고 칭송·부각하는 인물들의 비참한 현실 운명은, 오히려 후세 사람들의 비웃음만 살 뿐이라고 역설을 강조한다.

인간의 내면적 道德정신에 대한 자아성찰을 통하여, 천지자연의 절대적 존재세계로 복귀·합일하는 것을 궁극이상으로 지향하는 장자의 철학사상에서 보면, 세속에서 칭송하는 유가의 忠信仁義나 孝廉 등의 윤리적 당위규범은, 한낱 부질없는 '自己 밖의 물건'(外物)에 불과할 따름이다. 그래서 군자가 忠孝 등의 '名義'를 추구하는 것은, 마치 小人이

財利를 추구하는 것과 진배없이, 천지자연의 '道理'에 어긋나는 '外物' 일 뿐이다. 결국, 충효의 윤리규범은 일반세속의 부귀영화와 마찬가지로, 가장 소중하고 유일무이한 '自我' 및 절대적인 천지자연의 道理를 해치는 재앙과 환난의 근원인 셈이다.(莊子, 外物 및 盜跖 편 참조.)

(2) 효와 충의 상호충돌과 그 解法

효와 충의 윤리적 당위규범화에서 발생하는 중요한 역설적 모순은, 바로 효와 충 자체의 상호충돌 관계다. 즉, 충효 통치이념의 현실화 과정에서 효와 충의 윤리도덕이 항상 그렇게 이상처럼 조화를 이루고 일치하는 것은 아니다. 한 사람의 신분이 자식이면서 신하인 중첩 지위에 놓일 때, 부모에 대한 효와 군주에 대한 충이 서로 긴장·대립하는 충돌이 생길 수 있다. 이는 물론 효와 충이 각기 家와 國이라는 서로 다른 공동체의 윤리도덕이라는 사실에도 기인한다. 부모와 군주가 각기 해당 공동체 안의 유일무이의 절대 존재인데, 두 공동체가 하나로 통합하거나 겹칠 때, 새로운 유일무이의 절대권을 위한 두 최고자간에 상대적 우위쟁탈이 발생할 것은 명약관화한 事理다.

본디 효는 부모자식간의 혈연관계에서 자연히 생기는 존재적 도덕인 반면, 충은 군주와 신하라는 사회관계에서 강제로 요구하는 당위적 윤리다. 이러한 본질속성의 차이가 좀 더 근원적인 대립충돌의 원인이 된다. 즉, 효와 충의 긴장대립은 家의 혈연적·존재적 도덕과 國의 사회적·당위적 규범 사이의 이질성에서 말미암는 불협화음인 셈이다. 특히, 이는 漢代 이후 법제사에서 實定의 國法과 自然스런 人情 사이의 양립할 수 없는 긴장대립으로 첨예하게 드러난다. 부모의 원수에 대해 보복하려는 자연스런 정의감정과, 복수 등 私刑을 포함한 모든 人命殺傷을 금지하는 實定的 정의규범이, 禮와 法의 규정 속에서 타협조화를 모색하는 것은 그 대표적 예다. 문제의 핵심은 효와 충의 상호충돌이라는 규범현실의 모순을 어떻게 해결하느냐에 쏠린다. 그리고 양자 간의 우열비중은 물론 주체의 입장과 객관 관점에 따라 그 향방이 달라진다.

① 天倫인 孝의 상대적 우선주의

첫째, 피는 물보다 진하다는 철학사상의 관점에서는, '天倫'으로서 효가 '人倫'으로서 충보다 상대로 우선할 것은 자명한 이치다. 우선, 공자는 비록 직접 군주에 대한 전형적인 충을 명백히 언급하지는 않지만,(사실 공자의 '충'개념이 군주를 유일한 대상으로 하지도 않음은 전술한 바와 같다.) 부모에 대한 私적인 효를 國法(국가의 형벌권 및 군주의 司法權)에 대한 公적인 충보다 확실히 우선시킨다.

맹자는 천자인 舜의 부친이 살인한 경우, 법관은 어떻게 할 것인지를 묻는 제자의 질문에 대해, 다음과 같이 답변한다. 법관은 살인한 천자의 부친을 법대로 공평하게 구속·처벌하여야 하며, 舜은 이에 대해 추호도 사사로이 간섭해서는 안 된다. 다만, 舜은 개인적으로 父子의 天倫을 천자의 지위보다 더 소중하게 여겨, 천하를 헌신짝처럼 버리고, 살인범인 부친을 몰래 업고 도망하여, 먼 해변에 숨어 종신토록 부친을 모시고 즐겁게 살면 된다는 것이다.(盡心上, §35) 맹자의 비유에서도, 군주에 대한 충의 개념을 직접 거론하는 것은 아니지만, 천자의 지위 및 직책상의 충, 그리고 천하까지 능가하는 효라면, 일반 충은 말할 것도 없다.

그러나 군주에 대한 구체적이고 직접적인 충보다 효를 명백히 우선시키는 언론도 등장한다. 부모님이 군주보다 소중하다고 말하는 신하한테 군주가 노여워하면서, 그러면 어찌하여 부모님을 떠나 군주를 섬기느냐고 반문하는 비유적 고사가 있다. 이에 신하는, 군주의 토지가 아니면 부모님이 거처할 곳이 없고, 군주의 녹봉이 없으면 부모님을 봉양할 수 없으며, 군주의 벼슬이 아니면 부모님을 명예롭게 높이기 어려운 까닭에, 군주를 섬기는 것이라고 답변한다. 군주한테 받아서 부모님께 바치니, 군주를 섬기는 충은 부모님을 받들기 위한 효의 수단방편에 불과하다는 논리다.[300] 이쯤 되면, 효가 충에 비해 절대로 우월한 궁극의 윤리도덕임이 분명해진다.

---

300) 韓詩外傳, 卷7 참조.

② 公德인 忠의 절대적 우월 원칙

둘째, 인간의 사회성을 기본전제로, 가족보다는 더 큰 국가공동체의 규범질서를 앞세우는 '先公後私'의 정치현실이나, 군주의 유일한 절대권력을 강조하는 법가사상의 관점에서는, '공중도덕'인 충이 '개인윤리'인 효보다 절대로 우월하게 된다. 이는 국가공동체의 출현과 함께 당연히 요구하는 현상인데, 특히 제후들의 실력쟁패로 군주권력이 두드러지게 강해지는 춘추시대에 들어서면, 이미 일반보편의 규범현실로 확실해진다. 예컨대, 鄭이 포로로 잡아 晉에 헌납한 楚의 鍾儀는, 晉 景公의 질문에 답변하는 자리에서, 자기 부친의 이름을 避諱하지 않고 직접 거론하여, 晉의 군주를 존중하였다. 그의 예의바른 군자의 풍도는, 晉이 楚와 평화조약을 맺는 결정적 계기가 되었다. 비록 외국의 군주에 대한 예의이긴 하지만, 충이 부모에 대한 효보다 존귀한 규범현실을 반영하는 한 실례가 된다.301) 이는 군주와 上官이 있는 곳에서는, 公的인 군주의 避諱 밖에 다른 避諱는 행하지 않는다는 禮의 기본정신과도 일치한다. 이러한 원칙은 周初의 예법에서도 그대로 통했을 것이다.302)

이와 함께, 군주에 대한 喪服이 부모의 상복을 포괄하는 우월한 禮制로 주목할 만하다. 즉, 조정에 벼슬하는 士大夫는 군주의 喪服을 입는 동안에는, 부모에 대한 사사로운 喪服을 입을 수 없다. 뿐만 아니라, 부모의 喪服을 벗을 즈음에 군주의 喪을 당하면, 탈상(除喪)의 예를 행할수가 없다. 또 군주의 喪禮를 진행하는 도중에 부모의 喪을 당하여도, 최소한도의 기본 禮를 지키는 외에는, 군주의 治喪이 우선이다.303)

그리고 군주의 명령이나 국법에 의해 처형당한 경우에, 그 자손은 군주에 대해 복수를 생각할 수도 없다. 군주나 국법에 대한 저항은 효 이전에 不忠의 弑逆으로 절대 금지한다. 군주의 명령은 하늘과 같아서, 이를 원수로 여기는 것은, 자연스런 사망에 복수를 도모하는 것과 마찬가

---

301) 左傳, 成公 9年 참조.
302) 禮記, 曲禮上 및 玉藻편 참조.
303) 禮記, 曾子問편 참조.

지라고 비유한다.304) 복수란 대등하거나 하등의 신분에 대해서만 행할 수 있고, 군신상하관계에서는 엄두조차 낼 수 없는 관념인 것이다.

③ 절충적 타협과 자아희생

셋째, 효와 충이 동시에 양립할 수 없는 모순 상황에 처한 개인이, 구체로 어느 한쪽을 우선 선택하는 절충적인 타협의 규범현실도 있다. 이 경우, 거대한 두 사회 규범조직의 틈바구니에 끼인 미약한 한 구성원은, 그 정면충돌에 희생당하여 어느 한쪽에 들러붙는 가련한 신세를 면하지 못한다. 이 경우도 크게 둘로 나눌 수 있다.

우선, 부모에 대한 효를 온전히 실행하고, 불충에 대한 죄책을 스스로 감당하는 경우가 있다. 楚 昭王 때에 石渚라는 공평무사한 법관은, 한 살인자가 그의 부친인 사실을 알고, 그를 잡지 않은 대신 국법위반의 죄를 자청했다. 군주의 특별아량에도 불구하고, 私情으로 國法을 폐하면 忠臣이 아니라며 끝내 자결하였다.305) 이에 대해 후대의 언론은 忠과 孝를 겸비하였다고 평론하는데, 개인의 효를 충보다 우선하여 선택한 사실은 분명하다. 그런가 하면 卞莊子는 노모의 봉양을 위해 전쟁에서 세 번 패주하였는데, 모친의 3년상을 마친 뒤 從軍을 자청하여, 용감무쌍한 戰功으로 이전의 패전책임을 보상하고 끝내 전사하였다. 이에 대해 후인은, 부모님을 봉양하는 효의 시작만 알고, 대를 잇고 제사를 받드는 효의 끝은 저버렸다고 애석하게 탄식한다. 이 역시 효를 우선 선택하였음이 분명하다.306)

또한 齊의 田常이 簡公을 시해하고, 자기에게 동조하지 않는 자는 가족을 멸살하겠다고 위협한 일이 있었다. 이에 石他는, 군주의 환난에 殉死하지 못하고 부모를 위하는 것은 不忠이며, 그렇다고 부모를 버리고 군주를 따라 죽는 일은 불효임을 분명히 인식하고 있다. 난세에 태어나서 포학한 무리를 만나 正義를 실행하지 못하는 비운과, 충효가 양립할

---

304) 左傳, 定公 4年 및 國語, 楚語下 참조.
305) 呂氏春秋, 高義편 및 韓詩外傳, 卷2 참조.
306) 韓詩外傳, 卷2 참조.

수 없는 규범현실의 모순을 탄식한 것이다. 결국, 반역자에게 동조하여 부모의 생명을 보전한 뒤, 물러 나와 자결함으로써 군주에 대한 충을 보상하였다.[307] 이러한 예들은, 효와 충이 상충하는 進退維谷에서 효에 먼저 나아간 뒤, 그에 대한 보상으로 충을 추가로 보충하는 절충적 타협안인 셈이다.

반면, 군주에 대한 충을 먼저 선택하고, 개인의 불효 책임을 죽음으로 속죄하는 경우도 있다. 춘추시대 楚의 군주가 棄疾의 부친인 令尹(재상) 子南을 장차 처형하고, 棄疾은 계속 기용할 의향을 밝혔다. 그러자 棄疾은 처형당하는 자의 자식이 어떻게 계속 벼슬할 수 있겠느냐고 완곡하게 사양하면서, 그러나 군주의 명령을 누설하여 혼란은 초래하는 不忠은 범하지 않겠다고 답변하였다. 결국, 군주에 대한 충을 먼저 지켜 부친의 처형을 보고 나서, 자신은 부친의 시체를 장례 지낸 뒤, 자살의 길을 선택하였다. 부친을 버리고 원수를 군주로 섬기는 不孝까지는 차마 계속 범할 수 없다는 것이었다.[308]

또한 楚의 申鳴은 지극한 효성으로 군주의 초빙을 받자, 효와 충이 공존하기 어려움을 예견하고 사양하였다. 그러나 부친의 종용으로 벼슬에 나아갔는데, 반란이 일어나 그 주모자가 申鳴의 부친을 인질로 잡고, 그의 동조를 강요하는 상황이 벌어졌다. 이에 그는, 군주의 봉록을 받으면서 그 환난을 피하면 충신이 아니고, 군주를 받들어 임무를 수행하느라 부친을 죽게 하면 효자가 아니라고 탄식하였다. 결국 그는, 처음에는 부모의 자식이었지만 지금은 군주의 신하라고 판단한 뒤, 부친의 사망을 감수하고 반란군을 토벌하여 충신의 도리를 다하였다. 그리고는 효와 충의 德行名義가 모두 온전하게 양립할 수 없는 규범현실을 비탄하면서, 자살로써 불효에 대한 자책감을 속죄하였다.[309]

효와 충은 존재의 도덕성 차원이나 당위의 윤리규범 차원에서 모두,

---

307) 韓詩外傳, 卷6 참조.
308) 左傳, 襄公 22年 참조.
309) 韓詩外傳, 卷10 참조.

일관해서 상통하는 동질성을 분명히 공유한다. 그러나 한편, 효와 충은 공존·양립할 수 없는 모순충돌로 말미암아, 인간에게 양자택일을 강요하기도 한다. 특히, 자식과 신하의 신분을 겸비하는 사람이 구체적 규범 현실에서 어느 일방을 우선 선택한 뒤, 다른 일방에 대한 보충적 속죄로 자기희생을 감수하여야만 하는 경우도 있는 것이다. 이러한 進退兩難의 골짜기는, 인간 사회만이 지니는 가장 중대한 이념적 역설이자, 어쩌면 최고 비참한 현실의 필요악인지도 모른다.

제 5 절   婚姻法상의 人情과 倫理

1. 夫婦관계의 對等性과 婚姻法의 始原性

부부간의 혼인관계는 사회적으로 매우 독특한 규범 성격을 지닌다. 남녀는 본디 일반사물이나 동물의 세계처럼 천지자연에 존재하는 음양의 법칙에 의해 愛情으로 결합하는 사실 관계로부터 비롯한다. 그러나 인간이 단순히 순간의 일회성 자연결합에만 의지한 시대엔, 동물세계와 다름없이 혼란과 무질서, 약육강식의 폭력만이 지배하였을 것이다. 인간의 이성과 지혜가 발달하고 사회조직이 발전함에 따라, 인간 특유의 당위 윤리로써 질서 있고 항구적인 규범관계를 형성하기 시작한 것이, 남녀 결합을 부부 혼인관계로 정형화한 첫걸음이었다. 인간사회의 시원적 출발점인 남녀부부관계가 안정을 찾지 않고는, 부모자식간의 가족이나 군주신하간의 국가라는 상층조직은 원래 존립할 수가 없기 때문이다.

즉, 인간사회의 자연발생 기원은, 우선 한 사람의 개인으로부터 남녀 결합을 통하여 부모자식과 형제간의 가족관계가 이뤄지고, 가족이 모여 향촌의 장유질서와 국가의 군신관계가 비로소 성립하는 것이다. 국가의 통치기강이자 실정 사회규범으로서 禮와 法은 그 이후에나 존재 가능한 것이 당연한 사리다. 易傳은 恒卦와 관련해, 인간사회의 형성과 禮義규범의 발생 순서를 사실로 적확히 기술하고 있다.

"천지가 있은 연후에 만물이 생기고, 만물이 있은 연후에 남녀가 존재한다. 남녀가 있은 연후에 부부가 있고, 부부가 있은 연후에 부자가 있다. 부자가 있은 연후에 군신이 존재하고, 군신이 있은 연후에 상하가 있으며, 상하가 있은 연후에 禮義가 생겨난다. 그래서 부부의 도는 항구적이지 않을 수 없는 까닭에 '恒'卦로 이어진다. 恒은 久라는 뜻이다."(周易, 序卦편)

易傳은 인간사회의 기본 출발점이 부부며, 사회규범의 시원도 '夫婦之道'라는 중요한 존재적 사실을 뚜렷이 밝힌다. 부부는 혼인으로 맺어지는데, 사회의 평화로운 질서유지를 위해서는, 인간의 기본관계인 남녀 혼인이 안정을 유지해야 한다. 즉, 혼인의 항구성이 윤리도덕 규범으로 필요한 것이다. 이것이 婚禮의 필요성이자 기원이다. 禮에서 특히 혼례를 중시하는 것도, 그것이 모든 사회규범의 기본 출발점이기 때문이다.

"禮는 부부관계를 삼가는 데서 시작하므로, 집을 지어 내외를 분별한다."(禮記, 內則편)

"천지가 배합한 후에 만물이 생겨난다. 무릇 혼례는 자손만대의 시작이다. 異姓끼리 혼인하는 것은, 먼 사람을 가까이하되, 엄격히 분별함이다. 남녀간에 분별이 있은 연후에 부자가 친근해지고, 부자가 친근한 연후에 義가 생기고, 義가 생긴 연후에 禮를 제정하며, 禮를 제정한 연후에 만물이 안정한다. 분별과 義가 없으면, 이는 금수나 다름없다."(禮記, 郊特牲편)

"(부부가) 바르고 공경하며 신중한 후에 서로 친애하는 것은, 禮의 요체이자, 남녀의 분별을 이루어 부부의 의리를 세우기 위함이다. 남녀간에 분별이 있은 후에 부부간에 義가 있고, 부부간에 義가 있은 후에 부자간에 친함이 있으며, 부자간에 친함이 있은 후에 군신관계가 바르게 된다. 그러므로 혼례는 禮의 근본이다."(禮記, 昏義편)

詩三百의 첫 편인 關雎가 '窈窕淑女, 君子好逑'의 혼인을 읊은 것도, 인간사회의 출발인 부부관계의 자연스런 愛情과 正道를 칭송하고 교화하기 위해서다. 공자가 詩經의 중요성을 강조한 것은 주지의 사실이다.

그 중에서도 특히 周南·召南편을 중시하여, 사람이 이를 배우지 않으면 벽을 맞대고 서 있는 것과 같다고 비유한다.310) 그러면서 周南의 첫 편인 "關雎는 즐거우면서도 음란하지는 않고, 슬프면서도 마음을 상하게 하지는 않는다."고 평론한다. 이 사실은 공자도 올바른 부부관계의 인륜도덕을 으뜸으로 중시했음을 반증하기에 손색이 없다.311)

이는 論語에 실린 子夏의 말을 보아도 나타난다. "(아내의) 어진 덕을 어질게 여김으로써 美色을 대신(또는 경시)하고, 부모를 섬김에 그 힘을 다하며, 군주를 섬김에 몸을 바치고, 벗과 사귀면서 말에 믿음이 있으면, 비록 배우지 않았다고 하더라도, 나는 반드시 그를 학문이 있다고 말하리라."312) 여기서 학문의 실질 의미와 궁극 이념이 인간 윤리도덕을 습득하여 실행함에 있으며, 그 사회규범의 선후경중이 존재적 인간 관계의 발생순서에 부합하여, 점차 단계별로 나옴을 알 수 있다. 역사에서도 文王은 "아내에게 본을 삼아 형제에 이르고, 나아가서 국가를 다스린" 훌륭한 산 표본이다.313) 또한 "다섯 가지 인륜 중에 부부가 최우선이며, 삼천 조목 예법 중에 혼인이 가장 중대하다."는 중국 전통의 속담은, 수천 년간 인민의 정신과 생활을 지배해 온 살아 있는 규범의식으로서, 부부혼인관계의 始源性을 반영하는 결정적 자료가 된다.314)

---

310) 論語, 陽貨, §10 참조.

311) 論語, 八佾, §20 참조.

312) 論語, 學而, §7. 여기에서 '賢賢易色'의 대상을 구체로 가리키지 않아, 전통 儒學者들은 모두 일반 尙賢·尊賢의 의미로 해석해 왔다. 그러나 尙賢은 군주나 재상의 정치적 주관심사이지, 다른 윤리도덕과의 상대적 경중의 형평상, 결코 일반 修身의 입문이 될 수 없다. 더구나 문자상으로 賢과 色이 명백히 대조를 이루는데, 이는 婦德을 중시하고 美色을 경계하는 전통 윤리도덕과도 실질상 완전히 부합한다. 전통 儒學의 질곡을 깨뜨리고 본래 의미의 해석을 되찾은 이는 淸末 康有爲다. "人道는 부부에서 시작하는데, 부부의 결합이 항구적이기 위해서는, 덕을 귀중히 여기고 賢을 賢으로 삼아야 한다. 賢賢易色이란, 배필을 택할 때 마땅히 好德으로 好色을 대체해야 함을 말한다. 무릇, 美色이 시들면 애정도 해이해져, 부부의 도리가 곤궁해지는 법인데, 德을 좋아하는 것만이 부부결합을 지속시켜 줄 수 있기 때문이다." 康有爲, 論語注, 9면 참조.

313) 詩, 大雅, 思齊:「刑于寡妻, 至于兄弟, 以御于家邦.」

314) 中華諺海, §1729(38면):「人倫有五, 夫婦爲先; 大禮三千, 婚姻最重.」

요컨대, 부부의 혼인관계는 인간의 최시원적 사회관계로서,[315] 존재적인 愛情의 결합으로 비롯하여, 당위적인 倫理의 결속으로 완성·유지하는 독특한 이중성을 지니는 것이다. 부부간의 당위 윤리, 특히 남녀간의 존재 애정의 결합은, 본디 수평하고 쌍방적인 相對性의 관계다. 이는 혈연의 수직관계인 父子나, 사회 계급관계인 君臣의 윤리도 본디 상대적 쌍방관계임을 상기하면, 더욱 말할 필요도 없다. 부부간의 이러한 수평하고 쌍방적인 상대성의 관계는, 妻에 관한 개념이나 호칭의 의미상에도 명백히 나타난다. 우선, 妻는 가지런할 '齊'자로 개념 규정한다.

예컨대, 禮記는 '한번 더불어 가지런해지면 종신토록 변함이 없으므로, 남편이 죽어도 재가하지 않는다.'고 말한다.[316] 물론 여기서는 여자

---

315) 인간사회의 형성이 남녀의 결합에서 비롯하기 때문에, 부부가 인간'관계'의 출발점으로서 시원적인 社會임은 사실이다. 그러나 사회 및 그 기본단위조직인 가정의 최소구성분자가 개인임은 말할 필요가 없다. 개인의 중요성이 여기에 존재한다. 비록 근대서구의 개인주의 같이 개인의 인격 그 자체에 최고의 독립 가치와 존엄성을 부여한 것은 아닐지라도, 전체 국가사회와 가족이라는 大我의 공동체 관점에서, 사회를 형성하는 기본입자로서 개인의 가치와 중요성은 충분히 인식하고 강조하였다. 특히, 개인의 인격 성숙을 인정하면서 사회구성원으로서 독립 책임능력을 부여하는 冠禮가 그 전형적 대표다. 다만, 개인보다는 가족공동체가 더 두드러지고, 冠禮도 가족단위의 공동체 안에서 시행하는 것이 일반이므로, 冠禮는 사실상 家禮에 들어가는 것으로 인식함이 보통이다.

비록 혼례가 자손만대의 시작이고, 모든 사회 禮규범의 근본이긴 하지만, 冠禮는 혼례보다 우선하여 禮의 시작이라고 정의한다. 사람이 사람인 까닭은 孝弟忠信의 사회 禮義규범을 실행할 수 있기 때문인데, 그 禮義의 시작은 개인의 용모·기색·언어 등을 단정하게 하는 冠禮에서 비롯한다. 禮가 개인 自立의 근본규범이라는 개념을 지니는 것도 바로 이러한 의미이며, 修己治人의 도덕실천도 같은 맥락이다. 冠禮의 사회 의미는 成人으로 인정해 주는 것이다. 成人이란 사람이 된다는 뜻인데, 육체의 출생과 대응하여 정신의 성숙한 自立 인격을 이룬다는 개념이다. 따라서 冠禮는 사람노릇을 할 수 있는 능력과 자격을 인정함과 동시에, 사회구성원으로서 기존 사회의 윤리도덕 규범을 승인하고 실행할 것을 요구하는 社會化의 의식절차다. 즉, 부모에 대해서는 자식의 도리, 형에 대해서는 아우의 도리, 군주에 대해서는 신하의 도리, 그리고 어른에 대해서는 아랫사람의 도리를, 각각 성실히 이행할 책임을 부여하는 것이 冠禮다. 그래서 冠禮를 모든 禮의 시작이라고 일컬으면서, 이를 중시하는 것이다. 冠禮를 家廟에서 거행하는 것도, 그 중요성에 상응하여 장엄과 경건을 갖추기 위함이다.(禮記, 冠義편)

316) 禮記, 郊特牲편 참조.

의 三從之道로서 아내가 남편을 종신 따라야 함(從夫)을 강조하여, 부부의 불평등성이 상당히 두드러지는 것도 사실이다. 여기의 '齊'자는 더러 醮자로 쓰는데, 혼례 때 부부가 함께 잔칫상을 받고 合歡酒를 마셔 尊卑가 같음을 뜻한다. 說文에서도 妻를 '자기와 더불어 가지런한 여자'라고 개념 정의한다. 說文에 의하면, 齊란 '벼나 보리의 이삭이 地面의 고저에 대응하여 상대적으로 가지런한 모습'이라는 뜻이고, '齊'의 아래에 '妻'가 결합한 글자(𪗓)는 妻의 음과 齊의 뜻을 취했다고 설명하면서, 가지런한 平等의 의미로 풀이한다.[317] (현대 中國語에서 妻와 齊가 비록 聲調는 다르지만(그러나 같은 平聲에 속함), 그 발음이 qi(치이)로 완전히 일치하는 사실도 무척 흥미롭다.) 한편, 修身·齊家·治國·平天下에서 齊가 修·治·平과 본질상 같은 의미지만, 家에 굳이 齊를 사용한 것도, 妻가 齊라는 개념정의와 의미상 일맥상통하는 연관성을 지니는 것으로 보인다.

唐律은, 妻를 妾으로 강등하거나 노비나 妾·客女 등을 妻로 삼는(승격) 행위를 엄격히 금지하고 처벌한다. 疏議에서 '妻는 齊인데, 秦과 晉에서는 匹이라고 하였다.'는 해석을 덧붙이고 있다.(§178) 또한 妻란 가지런할 齊의 의미로, 夫와 더불어 가지런한 일체를 유지한다고 말한다.(§325) 妻는 尊屬도 아니고 卑屬도 아니어서, 보통 형제에 비유한다.(§120) 다만, 법률상으로는 형제도 형과 아우의 존비 차이가 엄연히 존재하고, 실질상 대등관계를 전혀 인정하지 않는다. 그래서 부부에 대해서는 일반 친족칭호 대신 반드시 夫 또는 妻의 독자 칭호를 쓰고, 妻를 특별히 卑屬期親과 같은 신분으로 의제해 취급할 뿐이다.(§347·§294)

妻는 夫와 대등한 유일무이의 적법한 혼인관계이며, 그 배타적·절대적 지위는 妾이나 客女·노비 등과 감히 견줄 수 없는 존귀한 신분이다. 그래서 妻는 夫에 속해 있는 모든 婦女 가운데 우두머리라는 의미에서 女君이라고 부르고,(§332·§347) 특히 왕비는 小君이라고 일컫는다.[318] 그리고 이러한 맥락에서, 唐律은 妻가 있으면서 다시 妻를 취하

---

317) 說文解字, 十二篇下; 七篇上 참조.

318) 論語, 季氏, §14 참조.

는 重婚을 금지한다.(§177) 嫡妻의 유일무이의 배타적 존귀성은 일찍이 춘추시대부터 거론하고 있다. 즉, 妾을 王后처럼 총애하고, 庶子를 嫡子와 같이 대우하며, 정권을 두 사람에게 맡기고, 首都와 버금갈 만한 큰 城市를 두는 것은, 환란의 근본이라는 것이다.319)

한편, 妻와 관련한 匹·配·耦(偶)·伉儷 등의 용어도 모두 상호 대등하고 균형을 이루는 '짝'의 의미다. 따라서 配匹·配偶와 같은 현대 용어도 마찬가지로 수평하고 대등한 부부관계를 뜻함은 물론이다. 그리고 敵이란 말도 서로 신분과 지위·세력이 동등하여 팽팽하게 대적할 만한 관계를 뜻한다. 嫡(고대에는 適자로 썼는데, 보통 여자가 남자에게 시집'간다'는 의미로 해석함)도 夫와 匹敵하여 대등한 수평의 부부관계를 이룰 만한 유일무이한 婦女, 즉 嫡妻의 의미를 취한 것 같다.

妻는, 妾등에 대해서 유일무이의 獨尊的 신분으로, 夫와 匹敵할 뿐만 아니라, 자녀에 대해서도 夫와 함께 나란히 父母의 존엄한 지위에 있다. 周易 家人卦辭에 대한 彖傳(단전)은 이점을 적절히 묘사하고 있다.

"家人은 안으로는 여자가 바른 지위에 있고, 밖으로는 남자가 바른 지위에 있는 괘이다. 남녀의 지위가 각기 바른 것은 천지의 大義다. 家人에는 존엄한 군주가 있으니, 곧 '父母'를 일컫는다. 부모가 부모답고 자식이 자식다우며, 형이 형답고 아우가 아우다우며, 남편이 남편답고 아내가 아내다우면, 집안의 道가 바르게 된다. 집안을 바르게 하면 천하가 안정을 이룬다."(周易, 家人卦 彖傳)

原文에는 '父父, 子子'로 표현하고 있는데, 여기의 '父'는 바로 앞의 '父母'를 포괄해 지칭하는 개념으로, '子'가 아들뿐만 아니라 딸까지 포함하는 '子女'의 포괄 개념으로 사용하는 것과 마찬가지다. 전통시대의 일반 용어법은, 父가 母와 대비하여 개별로 쓰이면 분명히 아버지만을 단독으로 가리키지만, 父가 子와 대응하는 개념으로 쓰이면 일반으로 母까지 포함하여 父母를 뜻하는 경우가 많다.

---

319) 左傳, 桓公 18年; 閔公 2年 참조.

다만, 자녀에 대해서 父의 지위와 권한이 母보다 우선하고 우월한 것은 사실이지만, 이는 상대적인 관계일 뿐, 결코 절대적이거나 배타적이지는 않다. 더구나 父가 母에 대해서 어떠한 수직적 우월성이나 지배권을 가지는 것은 결코 아니다. 자식에 대한 관계에서 父가 母보다 우월한 지위에 있는 규범현실과 의식은, 사실 父母관계 자체에서 비롯하는 것이 아니고, 두 사람의 독립한 夫妻관계에서 夫가 妻보다 상대적 우선권을 가지는 데서 말미암는 것이다.

그리고 夫의 妻에 대한 우월성도 사실 본래의 존재법칙이 아니다. 이는 혈연을 중심으로 한 周의 가족주의 封建制와 밀접히 관련한 禮의 표현이다. 특히, 秦漢 통일왕조 이후 군주에 대한 신하의 절대 무조건의 忠誠을 이념화하기 위해, 부모에 대한 자식의 孝道와, 남편에 대한 아내의 순종 및 정절을 함께, 삼위일체의 당위규범으로 정립한 윤리도덕에 불과하다. 漢代에 등장하는 三綱이 그 전형 규범이다.

요컨대, 부부는 父子와 같은 수직적 血緣관계도 아니고, 君臣과 같은 계급적 義緣관계도 아니며, 본디 본능적이고 존재적인 수평적 情緣관계다. 다만, 가정과 국가가 성립하고 혼인을 사회제도로 규범화하면서, 당위적 義緣관계의 성격을 부여한 것에 불과하다. 妻의 夫에 대한 종속지위도 이러한 당위규범화의 부산물이라고 할 수 있다. 그 결과, 부부의 혼인관계는 본능적이고 존재적인 수평의 情緣과, 윤리적이고 당위적인 수직의 義緣이 복잡하게 결합한, 특수한 사회조직이 된 셈이다. 여하튼 부부의 분별은 원래 수평성과 비계급성을 지님이 분명하다.

2. 존재적 愛情의 규범적 반영

그러면 남녀부부간의 이러한 존재적 애정과 당위적 의리는 법에 어떻게 반영하고 있는가? 우선, 사실적인 人情의 관점에서 협의이혼(和離)의 규정을 들 수 있다.

전통 가족법, 특히 혼인법의 영역에는 禮制상의 윤리도덕을 國法에서 그대로 수용하여, 이를 법적 의무로 강제하는 경우가 많다. 특히 남녀 불평등한 일방적 의무나 제약이 대부분이다. 우선 女家는 婚書를 받고 情願에 의하여 한번 혼인을 허락하고 나면, 이를 취소하거나 철회할 수 없다. 혼인의 계약에서는 남녀 모두 情願에 의해 선택하고 결정할 자유가 있지만, 約婚 이후에는 男家만이 情願에 따라 破婚할 자유를 독점하는 것이다.(§175)[320] 그리고 七出이나 義絶 등의 법정이혼사유도 남자 중심의 국법의 간섭임은 물론이다.

그러나 지나쳐서는 안될 중요한 사실은, 夫妻가 서로 편안한 화합을 이루지 못해 더 이상 원만한 혼인공동체를 유지할 수 없는 경우에는, 쌍방의 情願에 의한 '和離', 즉 합의이혼을 인정한다는 점이다.(§190) 또한 혼인계약시 嫡庶나 長幼 등 신분 상황을 거짓으로 알린 경우에는, 본 계약대로 이행하여야 하되, 이미 계약과 달리 혼례를 치른 경우에는, 법정강제이혼 사유가 된다.(§176).[321] 중대한 요건상 사기에 의한 법률행위(의사표시)를 취소가 아니라 원천무효로 규정한 것이다.

夫가 妻의 血親을 부당하게 학대하는 범죄행위도 義絶의 사유에 포함한다. 하지만 夫가 妻를 婢로 파는 인신매매범죄의 경우에도, 정상을 참작해 이혼을 허용한다.(§294) 이는 義絶事由에는 들지 않는데, 그 이혼의 허용이 義絶의 경우와 같이 법정강제이혼을 뜻하는지, 아니면 妻에게 일방 이혼 또는 합의이혼의 자유를 부여하는 것인지는 불분명하다.

그러나 혼인의 근본기초인 '情願和合'이 더 이상 참을 수 없을 정도

---

320) 白判에는, 女家에서 이미 納幣를 행한 후, 아직 婚書를 작성하지 않았다는 이유로 파혼하려고 한 사안이 나온다. 법관은 聘財 교환으로 실질상 약혼이 성립했음을 인정하면서, 비록 입과 귀에 담은 約言이지만, 信義를 저버릴 수 없다고 판결한다.(上, §30) 한편, 定婚後 男家에서 3년간 이유 없이 혼인을 미뤄, 女家에서 다른 곳으로 개가하자, 男家에서 예물반환 청구소송을 제기한 사안도 있다. 법관은 '情'에 비추어 보면 男家의 행위가 禮에 심히 어긋나고, 女家의 책임은 전혀 없기 때문에, '法' 규정에 의해 예물을 반환하지 않아도 좋다고 판결한다.(下, §41)

321) 白判(上), §50에는 서얼이 嫡子임을 사칭하고 위장혼인 하였다가, 그 사실이 들통나 이혼하는 사안이 나온다. 女家에서 예물반환을 청구하자, 男家에서 聘財로 相計할 것을 주장하였는데, 법관은 불법혼인의 책임당사자인 男家의 빙재는 '法'상 마땅히 되돌려 주어야 한다고 판결한다.

로 완전히 破綻한 현실을 법이 이혼사유로 인정해 준다는 점에, 더욱 중요한 사실상의 의미가 존재한다. 왜냐하면, 여자는 三從之道에 의해서 남편을 버리고 떠나갈 수 없는 것이 기본철칙이기 때문이다.(§190)

그리고 철저한 계급혼 원칙 아래, 노비는 물론 雜戶나 官戶·工·樂 등도 良人과 통혼할 수 없는 것이 전통법의 또 다른 중요한 특징이다. (§191, §192) 그러나 중간계급인 部曲이 良人여자를 취하는 것까지 적극 금지하지는 않는다. 양당사자가 서로 情願으로 화합하는 혼인은 소극 허용하는데, 다만 현실로 良人여자가 비천한 部曲남자에게 시집가기를 원하는 경우는 드물 것이다.(§160)

한편, 姦淫은 강간뿐만 아니라 남녀의 情願合意에 의한 和姦(간통)도 철저하게 금지한다.(§410~§416) 강간의 경우 남자만 처벌하지만, 和姦의 경우에는 기혼·미혼을 가리지 않고, 남녀 똑같은 형벌로 징벌하는 쌍벌주의가 원칙이다.322) 특히, 간통을 주선한 媒介人도 간음죄에서 1등급

322) 이는 사유재산제와 함께 국가사회질서의 양대 지주라고 할 수 있는 혼인가족제도를 보장하기 위한 기본법으로서, 예로부터 국가의 禮制 및 실정법이 지극히 중시해 왔다. 春秋와 그 傳에는 제후의 간음을 비난하는 역사기록과 평론이 무수히 많다. 예컨대 公羊傳의 桓公 6年조에는, 秦의 군주 佗가 蔡에서 간음하다가 살해당한 經文의 기록에 직접 이름을 거론한 것은, 비천한 행위를 폄하하기 위해서라고 해설한다. 이에 대해 何休의 注는, "자식을 세워 놓고 그 어머니를 간음하는 자는 살해할 수 있다"는 漢律을 인용하여 대비시킨다. 그리고 沈家本은 이를 明·清律 상 姦婦의 본남편이 간음현장에서 간음 남녀를 즉시 살해할 수 있는 규정에 근사한 것으로 설명하면서, 강간죄의 경우 아무라도 범인을 체포하여 관가에 이송할 수 있으며, 농일한 戶籍 내의 간음인 경우, 비록 和姦(합의간통)일지라도, 良賤·親疏를 불문하고 역시 체포할 수 있다는 唐律의 규정도 동시에 거론한다. 漢律, 卷5, 賊律3, 1437면 참조. 한편, 한대에는 수레에 두 사람이 나란히 타는 경우, 간음의 혐의를 예방하기 위하여, 장막(커튼)을 내리지(치지) 못하도록 금지하는 규정이 있었으며, 각종 다양한 형태의 간음죄에 대해서는, "人倫을 문란하게 하고 天道를 거역하는 禽獸行"으로 엄금하고 처형한다. 漢律, 卷8, 雜律, 輕狡조, 1516~1523면 참조. 일찍이 秦律에도 간음 남녀를 주민이 체포하여 관가에 이송하는 신고서식이 등장하며, 同母異父(뼈 다른) 남매의 간음을 棄市에 처한다는 규정도 보인다. 秦簡, 封診式, 奸조, 278면 및 法律答問, 225면 참조. 唐律상 간음죄의 규정은 말할 것도 없는데, 특히 小功 이상 친족이나 부친·조부의 妾과 간음하는 행위는, '內亂'으로서 十惡에 해당하는 점이 주목할 만하다.

가벼운 처벌을 받는다.(§415) 또한, 처 있는 남자가 다시 처를 취하는 重婚도 금지하지만(§177), 처가 없는 남자가 남편 있는 여자[有夫女]를 취하는 것도 금지한다.(§187) 이러한 重婚의 경우, 아무리 양당사자의 情願合意에 의하였다 할지라도, 一夫一妻制(妾은 제외)의 禮法상 결코 허용할 수 없음은 자명하다. 남녀 양당사자 모두 처벌하는 쌍벌주의가 원칙이며, 後婚은 당연 무효로 법정강제이혼의 사유가 된다.

그런데 後婚이 아직 법적인 이혼절차를 마치지 않고 일응 사실혼관계에 있는 동안, 이 後妻와 夫의 친족간에 간통한 경우에, 親族相姦의 법에 의해 가중 처벌할지가 주목할 만하다. 그러나 疏議는, 妻가 있는데 다시 취한 불법 重婚의 여자는 본래 妻가 될 수 없기 때문에, '法理'상 친족상간의 주체가 아예 될 수 없다고 부정한다.(§177) 사실보다 법이론(이념)을 앞세운 게 눈에 띈다. 도망한 부녀자를 취하는 것도 금지하는데, 남자가 부녀자의 도망사실을 알았으면, 부녀자의 도망범죄와 똑같은 형벌을 받으며, 당연히 법정강제이혼 대상이 된다. 다만 남편 없는 부녀자로서, 그 도망죄가 사면령을 만나 면제받은 경우에는, 그 혼인을 사후에 인정하는 소극적 예외가 있다.(§185)

그리고 처첩이 남편의 조부모나 부모를 욕한 경우,(§330) 남편이 처나 첩을 폭행·상해하거나 처가 첩을 폭행·상해한 경우,(§325) 처가 남편을 폭행·상해한 경우(§326)에는, 피해자의 親告가 있어야만 처벌할 수 있다.[323] 특히 주목할 사실은, 처첩이 임의로 남편을 떠나가는 행위가 徒2年에 해당하는데, 부부 싸움 끝에 순간의 분노로 잠시 떠나는 행위는 처벌하지 않는다는 점이다.(§190) 부부간에는 비록 공경심을 위주로 하는 것이 禮法의 기본정신이지만, 남녀간의 음양관계는 항상 공경을 유지할 수 없는 것이 인지상정이고, 따라서 이들 사이에 쉽게 발생할 수

---

[323] 白判(下) §39에는, 처가 남편을 구타하였는데, 이웃사람이 고발하여 徒 3年형을 판결한 사안이 나온다. 그러나 아내가 남편의 친고가 없었다고 항변하자, 법관이 이를 이유 있다고 인정한 사례가 보인다. 한편, 秦代에는 남편이 아내의 사나운 성질을 구타로써 다스리다가 상해를 초래한 행위에 대하여, 아내의 고발에 관계없이 처벌한 것으로 보인다.(秦簡, 法律答問, 185면 참조)

있는 忿爭에 법이 간섭하지 않는 것이다. 이러한 맥락에서 부부 상호간에는 욕설죄도 없다.(형과 누나에 대한 욕설은 杖100, 妻의 夫에 대한 욕설은 杖80인 법규정과 대비해 보라. §329, §328, §326 등 참조.) 이들은 모두 부부간 애정결합의 특수성을 감안하여, 법이 간섭을 되도록 자제하는 조치다.

3. 당위적 義理의 法규범화

한편, 부부간의 義理(道義的 倫理)관계를 규정하는 법제도 적지 않다. 무엇보다도 十惡 중 '不義'라는 죄명에, 妻妾이 남편의 사망을 알고 이를 숨기거나, 또는 상복을 벗고 연회음악 등을 즐기거나 개가하는 죄가 들어간다는 사실이다.[324] 그런데 唐律疏議에서는 이를 풀이하기를, "禮가 존중하는 바는 그 義를 존중하는 것이다. 본 조문에 규정하는 바는 본디 血親이 아니고 義로써 서로 따르고 교유하는 관계인데, 義를 어기고 仁에 어긋나는 범죄기 때문에, 不義라고 일컫는다."고 정의한다(§6). 여기서 義란 명백히 혈연의 친족관계와 대응하는 개념인데, 실질상 道義·義理 등의 의미임이 분명하다. 또한, 처첩이 남편을 구타하거나(이는 親告罪임) 고발하는 행위는, '不睦'으로서 十惡에 해당하기도 한다. 남편은 처첩의 하늘이라는 예법상의 의리를 중시하기 때문이다.[325]

血親의 人情에 상대하는 윤리적 義의 개념은, 무엇보다도 가족인륜관

---

324) 白判에는, 남편이 도적에게 살해당하자, 아내가 그 상복을 벗기 전에, 남편의 원수 갚아 줄 자를 구해 재가한 사안이 실려 있다. 법관은 이 부녀자의 행실에 대하여, 改嫁하면 남편 집안과 이미 義絶하는데, 비록 복수한들 무슨 의미가 있겠느냐고 힐난한다. 상복을 벗기 전의 개가는 禮法이 모두 허용하지 않는데, 남편의 원수는 갚지 않아도 비난할 수 없지만, 貞節을 상실하고 婦道를 훼손하면, 진실로 양심에 수치스러운 바라고 비난하는 판결을 내린다.(上, §2) 한편, 妻가 親庭의 喪을 당한 중에, 남편이 그 처 곁에서 음악을 연주하는 행위에 대해서, 부부는 同心이 존귀하고, 吉(음악)凶(喪)은 병존하기 어려운 법인데, 이는 남편의 도의를 어그러뜨리고, 타인의 비애를 저버리는 처사라고 비난하는 판결도 있다.(上, §22)

325) 한편, 秦律에 의하면, 남편이 죄를 범한 경우, 처가 먼저 고발하면, 그 처는 官婢로 몰수하지 않는다는 규정이 보인다. 이는 國法의 권위를 우선시키기 위해, 가족 내의 윤리를 유보하는 예외에 속한다.(秦簡, 法律答問, 224면 참조)

계의 출발점이 되는 夫妻관계의 본질을 표현하는 중요한 의미를 지닌다. 唐律은 부부 및 그 인척관계에서 발생하는 '義絶'의 상황을 법정강제이혼사유로 규정한다. 왜냐하면, '부부는 義로써 결합한 관계이므로, 義가 끊어지면 이혼'하는 것이 당연한 사리기 때문이다.(§190) 疏議에 인용한 令의 규정에 의하면, 처의 조부모·부모를 구타하거나, 처의 외조부모·백숙부모·형제·고모·자매를 살해한 경우, 부부 쌍방의 조부모·부모·외조부모·백숙부모·형제·고모·자매가 서로 살해한 경우, 그리고 처가 남편의 조부모·부모를 구타 또는 폭언하거나, 남편의 외조부모·백숙부모·형제·고모·자매를 살해 또는 상해한 경우, 처나 남편의 緦麻 이상 친족과 간음하거나 남편을 해치려고 한 경우, 또는 남편이 妻의 모친과 간음한 경우 등이 義絶에 해당한다. 이러한 경우는 사면에 의해서도 해제할 수 없는 절대 法定이혼사유가 된다.(§189)326)

義絶과 함께 법정이혼사유로 규정하고 있는 '七出'은, 남편에게만 일방으로 부여한 불평등한 이혼권(出妻權)이다. 하지만, 처를 내쫓는 것은 남편의 임의 권한일 뿐이지, 七出의 사유가 있다고 반드시 내쫓아야 하는 법적 의무는 결코 아니다. 또한 七出의 사유가 생겨도, 三不去의 상황이 존재하면, 처를 내쫓을 수 없다.(§189)327)

---

326) 한편, 明律, 戶律, 婚姻,「出妻」條의 纂註에도 大明令을 인용하여, 부부의 義를 끊는 것이 義絶이라고 정의하는데, 그 범위는 전적으로 처가 남편에게 죄를 지은 경우에 한정한다. 예컨대, 남편을 구타하거나 고발 또는 해치려고 하는 경우에 불과하며, 시부모를 구타한 것과 같은 항목은 전혀 포함하지 않는다. 이 점이 唐律과 크게 다른 것을 주의해야 한다.

327) 전술한 바와 같이, 七出은 예법상의 '七去'之惡에 직접 연원하는데, 부모에 孝順하지 않음을 필두로, 無子, 음란, 질투, 多言, 절도가 그 사유에 해당한다. 반면 三不去는, 시집온 후 친정 집안에 後嗣가 끊겨 되돌아갈 곳이 없는 경우, 시부모의 3년상을 남편과 함께 치른 경우, 貧賤할 때 시집와서 그 뒤에 富貴해진 경우(이른바 糟糠之妻不下堂) 등이다.(大戴禮記, 本命편 참조) 한편 白判에는 出妻와 관련한 몇 가지 다양한 판결례가 보인다. 우선, 남편이 처를 맞이하는 혼례의 제1차 목적이, 家系를 계승하고 부모를 봉양하며 조상의 제사를 받드는 '孝'의 지상절대윤리에 있음을 전제한다. 시부모를 모심에 있어 기쁨을 사지 못한 처는, 비록 婦道에 어긋나는 과실이 없다 할지라도 쫓아낼 수 있다면서, 처의 하소연을 들어주지 않는 것이 기본 法理다.(上, §9) 그러나 결혼한 지 3년이 지나도록 자식이 없는 처

그런데 義絶이나 七出의 사유가 없는 경우에는, 원칙상 처를 내쫓을 수 없다. 부부의 관계는 살아서는 같은 방에 거주하고, 죽어서는 같은 무덤을 쓰는 道義상 인연이기 때문에, 종신토록 一心同體를 바꿀 수 없다고 한다. 물론 妻妾은 '婦人從夫'의 道에 따라야 하므로, 남편을 생전에 버리고 떠나가지 못할 뿐만 아니라, 더구나 그로 말미암아 개가하는 일은 상상조차 할 수 없다. 그런데 妻妾이 임의로 남편을 버리고 떠난 것을 기화로, 친정 부모 등이 개가시킨 경우에는, 처첩 자신은 '떠난' 죄만 지고, '개가한' 책임은 부모가 부담한다. 부모는 딸이 남편을 떠나온 경우, '理'상 모름지기 '道義'로써 잘 훈계하여 되돌려 보내는 것이 마땅한데, 도리어 '法'을 어기고 개가시킨 죄책은 主婚者가 홀로 지는 것이 마땅하다는 것이다.(§190) 또한 남편의 상복을 벗은 뒤 미망인 처가 수절하려고 하는 경우에는, 그 여자의 부모나 조부모를 제외하고는 누구도 강제로 개가시킬 수 없다. 이를 어긴 재혼은 당연 무효로서, 주혼책임자는 처벌하고 미망인은 前家(본 남편 집)에 귀환시킨다.(§184)[328]

가, 이미 되돌아갈 친정이 없어진 경우, 그 축출을 허용하지 않는다.(下, §22) 또 처가 시어머니 앞에서 개를 꾸짖자, 남편이 노하여 '不敬'죄로 축출한 사건이 있는데, 비록 柔順한 婦德에는 다소 어긋나지만, 입의 실수를 용납하지 않으면 누구인들 허물이 없으며, 작은 허물을 참지 못한다면 어떻게 부부 화합을 이룰 수 있겠느냐는 이유로, 七出 사유에 해당하지 않는다는 처의 하소연을 인정하기도 한다.(上, §36) 그런가 하면, 처가 밭에서 일하는 남편의 점심밥을 내오다가, 도중에 친정 아버지를 만나 시장하다는 말을 듣고 대접했다. 남편이 노하여 처를 쫓아내자, 법관은 아내의 순종이 부부간의 義理지만, 부친에 대한 효성은 天性에 근본하는 恩情이라는 이유로, 出妻를 허용하지 않는다.(上, §51)

한편, 秦律은 '棄妻'시에 반드시 書面으로 이혼등기(신고)하도록 규정한다. 이를 어긴 경우에는 夫妻 모두 벌금형에 처하였다.(秦簡, 法律答問, 224면 참조) 한대에는 '棄妻'시에 처가 가지고 온 고유재산은 되돌려 주어야 한다는 규정이 있었다.(漢律, 卷15, 戶律2, 1665면 참조) 이는 이혼의 법적 효과로 특기할 만한 내용이다.

328) 太平御覽 등에 전하는 기록에 의하면, 일찍이 한대에도 비슷한 규정이 있었다. 남편이 배를 타다가 풍랑으로 침몰하여 익사하였으나, 시체를 찾지 못하여 장례를 치르지 못하자, 미망인 처를 그 친정 모친이 개가시킨 사안이 발생하였다. 이에 남편 상례를 치르지 않은 상태에서는, 法이 재가를 허용하지 않는다는 자구해석에 얽매여, '사사로이 타인의 처가 된 죄'에 의하여 棄市刑에 처해야 한다는 주장도 대두하였다. 그러나 董仲舒의 春秋經義에 의한 決獄은, 남편 사망 후 개가의 道가

한편, 부인이 남편과 義絶이나 七出로 이혼한 경우에도, 자식의 功祿에 의한 혜택은 여전히 받을 수 있다. 부부간에는 義로 만나고 헤어지지만, 모자간의 혈연적 天倫은 결코 끊거나 끊어질 수 없는 절대 존재의 道이기 때문이다.(§15) 즉, 부모와 자식 간의 존재적 혈연이 비록 부부간의 당위적 義緣으로부터 비롯하지만, 일단 성립한 관계는 그 義緣의 단절과는 전혀 상관없이 자율적인 인륜으로 독립 존재하게 된다.329)

血緣과 상대하는 義緣의 개념은 가족윤리의 핵심인 喪服制에도 그대로 나타난다. 혈연의 친족에 대한 五服을 正服이라고 일컫는데 반해, 혈연 이외의 義緣으로 인한 喪服을 義服이라고 부른다. 예컨대, 妻妾이 남편이나 남편의 친족을 위해 입는 상복이나, 妾이 본처의 長子를 위해 입는 상복 등이 義服에 해당한다.(§52)

4. 婦女의 從屬性과 緣坐의 法理

그런데 義絶의 사유는 부부 쌍방에게 공평하게 인정한 이혼사유이면서, 한편으로는 국가법이 부부관계에 직접 개입하여 강제이혼을 절대 명령하는 법적 의무가 된다. 예컨대, 남편이 流罪를 범하여 귀양 가는 경우, 妻妾은 부부일체의 도리에 의해 필수로 따라가야 하는 법적 의무

존재하며, 尊長의 주혼에 의한 경우 음란한 마음이 없으므로, 처벌할 罪名이 없다고 심판하였다. 이에 대해 沈家本은, 明・清律에 의하면, 미망인 처는 본인의 자유의사에 의한 개가가 아니기 때문에 처벌할 수 없고, 남편의 상복기간인 3년을 기다리지 않고 개가시킨 그 주혼자 모친은 무죄일 수 없다고 해석한다. 그러나 남편의 장례 후 개가를 허용하는 漢律의 규정에 비추어 보아도, 남편의 행방불명으로 生死를 확인할 수 없는 경우, 종신토록 개가를 허용하지 않는 것은, 情理에 합당하지 못하다고 평론한다. 즉, 시체를 찾을 수 없는 이 사안의 경우, 개가를 허용하는 견해를 취한다.(漢律, 卷8, 雜律, 1522면 참조) 근대 민법상 실종선고 제도는 이러한 특수한 곤경을 해결하기 위해 형평정의 차원에서 고안하여, 점차 일반화하면서 기본법규로 제도화한 것으로, 인지상정에 비추어 당연한 사리(法理)다.

329) 白判에는, 남편에게 쫓겨난 처가 죄를 범하여, 자식의 官蔭으로 벌금 내고 속죄할 수 있도록 요청하자, 前夫가 허용하지 않은 사안이 있다. 그러나 법관은, 二姓의 혼인결합은 그 義가 끊길 때가 있지만, 3년간 강보의 자식을 양육한 모친의 恩情은 결코 버릴 수 없다며, 처의 청구를 받아들인다.(上, §1)

가 있다.330) (父祖나 자손은 자유로 수행을 선택할 권리가 있는 반면, 이는 법으로 강제하는 의무책임이다). 이 원칙은 이미 相見하여 成婚한 처첩을 포함할 뿐만 아니라, 일단 流刑이 확실히 정해진 뒤에는 임의이혼이나 강제축출을 결코 허용하지 않을 정도로 철저하다. 예컨대, 처첩이 七出의 사유를 범한 경우에, 남편이 처를 축출할지 여부는 남편 혼자 독점하는 자유재량권한이기 (축출하지 않아도 죄가 되지 않기) 때문에, 이 경우에는 이혼을 허용하지 않는 것이 合理라고 한다. 七出을 빙자한 위장이혼으로 流配동반을 회피하지 못하도록 방지하기 위해서다. 그런데 법정강제이혼 사유의 하나인 義絶(§189, §190) 사유가 존재하는 경우에는, 그 법적 필연성의 권위와 공신성을 관철하기 위하여, 유배에 동반하지 않을 수 있도록 이혼을 허용하는 정도가 아니라, 아예 반드시 이혼시켜 동반할 수 없도록, 緣坐의 고삐를 풀어 주는 쪽을 선택하고 있다.(§24) 즉, 義絶事由가 존재하면, 비록 연좌의 대상에 들어있더라도, 반드시 강제 이혼시킨다. 이는 부부간의 義理性을 국가의 緣坐法에 우선시키는 것이다.

심지어 謀叛大逆과 같은 극악무도한 범죄의 경우조차도, 이러한 법적 강제이혼사유에 해당하는 여자나, 강제로 정정(生家本親으로 복귀)하여야 할 繼後子 및 養子 등은, 모두 반드시 이혼시키거나 또는 본가에 복귀시킨다. 즉, 夫家나 養家의 범죄에 緣坐당하지 않음을 뜻하는데, 반면 親家의 緣坐에는 당연히 포함한다. 그런데 이 경우 刑法의 一律不二의 公信性을 관철하기 위하여, 夫家나 養家의 모반대역사건이 綻露(탄로)한 뒤에 비로소 제기하는 이러한 법정강제이혼이나 繼後 및 양자 무효소송도, 모두 인정해야 한다고 해석한다.(§248)

---

330) 이는 秦·漢 이래 역대 律令에서 시종일관 견지한 확고한 원칙이다. 秦律에 의하면, 남편의 유형죄를 처가 먼저 자진 신고한 경우에도, 연좌동행에서 제외 받지 못했는데, 다만 嗇夫의 처는 연좌유배에 끼어들지 않는 특별한 예외가 있다.(秦簡, 法律答問, 177~8면 참조) 漢律은 처와 함께 자손도 필수로 동행하도록 강제하며, 부모와 기타 동거가족의 경우 임의로 자원동행을 허용한다고 규정한다.(漢律, 卷10, 具律2, 1562~5 및 東漢會要, 卷35, 恤刑조, 379~381면 참조) 그런데 唐律은 자손과 부모에 대해서 모두 임의로 자원동행을 허용하는 점이 漢律과 다르다.(唐律, §24 및 唐會要, 卷41, 左降官及流人조, 739면 참조)

일찍이 漢代의 定陵侯 淳于長이 大逆죄로 처형당하는 사안에서, 그 죄가 들통 나기 전에 棄去 또는 개가한 죄인의 小妻 등 6인의 처벌이 문제가 되었다. 丞相과 大司空 등은 "범법자는 각기 '法時'(師古注에 의하면 犯法之時로 풀이하는데, 通典에는 '犯時'로 표기하고, 通考에는 '發時'로 기록하고 있다)의 律令으로 논죄한다."는 令의 규정을 인용하여, 長이 大逆죄를 범할 때 그들이 죄인의 처였으므로 마땅히 연좌해야 하며, 나중에 棄去한 사유로 인하여 그 죄책이 사라질 수 없다고 주장하였다. 이에 대해 孔光이 강력히 반박하였다. 大逆不道한 죄인의 가족을 모두 처형하는 연좌제의 본래 목적은 사후의 범행을 예방하기 위함에 있다. "부부의 道는 義가 있으면 결합하고 義가 없으면 이별하는 바, 長이 大逆죄를 범한 줄 스스로 알기 전에 小妻 등을 棄去함으로써, 더러 개가하여 이미 義가 끊어졌는데, 이들을 長의 처로서 처형하는 것은 名分이 바르지 못하므로, 논죄하여서는 안 된다." 그 결과 光의 연좌 부당론이 이겼다.[331]

한편, 後漢 明帝 때에는 사형수들을 1등급 감형하여 북방의 軍營에 이주시키는데, 처자는 필수로 동행하도록 규정하고, 기타 부모·동거친족은 임의로 자원동행을 허용하면서, "출가하여 남의 처가 된 여자는 연루시키지 말라."고 분명히 확인한 적이 있다.[332] 宋代에는 한 州에서 처의 부모형제를 살해한 '不道' 범죄가 발생했는데, 그 범인의 처(피해자의 딸)를 연좌 처벌한다는 州의 판결이 내려졌다. 그러나 처의 부모를 구타하기만 해도 義絶인데, 하물며 謀殺 범죄의 순간 이미 義絶한 처를 연좌시키는 것은 부당하다는 이유로, 이 州의 판결은 파기 당했다.[333] 이는 法理의 형식논리를 일관시키면서, 피해자의 혈육을 보호한다는 실질정의도 고려한 合情·合理·合法의 판결이라고 할 수 있다.

이와는 반대로, 출가한 여자는 당연히 本家가 아닌 夫家에 따라 連坐하는데, 禮法상의 윤리를 관철시키기 위하여, 이미 定婚한 여자는 명문

---

331) 漢書, 卷81, 孔光傳 참조.
332) 後漢書, 卷2, 明帝紀, 永平 16年조 참조.
333) 折獄, 卷4, 議罪, §95 참조.

의 婚書나 구두의 私約을 막론하고, 설령 아직 남녀상견의 成婚단계에까지 나아가지 않았더라도, 모두 획일로 夫家에 귀속시킨다.[334] 또한 養子는 원칙상 養家에 종속한다. 그리고 出家入道한 수행자 및 部曲·노비·부녀자 등의 범죄는, 신분상의 특수성으로 말미암아 본인의 단독책임에 그치며, 어떠한 연좌범위도 갖지 않는다.(§249)

특히, 출가한 여자의 연좌귀속문제는 일찍이 법제사상 뜨거운 논란을 야기한 매우 예민한 관심사였다. 秦漢시대까지 출가한 여자는 원래 夫族의 일원으로 그 연좌형을 당연히 받을 뿐만 아니라, 本家(父族)의 반역사건에도 연루당하는, 이른바 중첩 책임을 지는 특수한 신분이었다. 전자는 禮法의 규범상 부부의 일체성(從夫)으로 말미암은 義理의 연좌이지만, 후자는 생물학상 父子의 일관성(從父)으로 인한 血緣의 연좌인 셈이다. 이는 중앙집권 통일왕권의 성립과 함께 군주에 대한 절대 忠을 지상명령으로 삼은 秦漢시대의 준엄한 律令체계의 산물이었다. 三國시대 魏의 법도 이를 답습하고 있었는데, 毌(관)丘儉의 처형에 즈음하여, 景帝의 인척인 顗(의)가 혈연상 인연으로 毌丘儉의 子婦를 구출하기 위하여 특별히 이혼을 허락받고, 또한 출가한 子婦의 딸까지 구제하기 위하여 다른 사람을 통해 별도로 上疏한 것이다.

"魏가 秦漢의 유습을 계승하여 아직 그 제도를 개혁하지 않고 있는데, 이미 출가한 여자까지 추적하여 연좌 처형하는 것은, 진실로 죄악의 무리를 씨조차 말리기 위함입니다. 그러나 법은 중용 조화를 소중히 삼고, 형벌은 지나치게 잔혹함을 신중히 여깁니다. 생각하건대, 여인은 三從의 道義가 있어, 자주 독립의 자유가 없습니다. 다른 집안에 출가하여 (친정)부모의 상을 당하면 그 喪服을 강등하는데, 이는 출가외인의 절개를 밝히고, 本家에 있을 때의 恩情보다 소원함을 뜻합니다. 그런데 부모에게 죄가 있

---

334) 그러나 元律은, 이미 定婚하였지만 아직 成婚하지 않은 때에, 만약 夫家에 모반·대역이 발생하거나, 또는 夫가 도적 및 流罪를 범하여 婦女도 연좌해야 할 경우에는, 특별히 그 약혼녀의 개가를 허용하도록 규정하고 있다.(元史, 刑法 二, 戶婚 참조) 그렇다고 定婚한 여자를 일률 親家의 연좌에 포함시킨다는 의미는 결코 아니고, 다만 인도주의 견지에서 緣坐책임을 일부분 면제해 준 것으로 풀이된다.

다고 해서, 이미 출가한 딸까지 추적하여 처형하게 되면, 이는 남편집안의 형벌도 받고, 本姓종족의 연좌까지 당하는 것이니, 한 사람의 몸으로 안팎의 이중 죄책을 지는 것입니다. 여자가 한번 출가하면 곧 異姓의 처가 되고, 게다가 자식까지 낳으면 다른 종족의 어머니도 되는데, 이러한 사유를 중대한 죄악이라고 소홀히 하고 있는 것입니다. 무고한 자를 무겁게 처벌하는 것은, 범죄의 예방 차원에서도 간악과 혼란의 근원을 충분히 징계할 수 없을 뿐만 아니라, 人情상으로도 孝子의 마음을 해칠 뿐입니다. 남자는 다른 종족의 죄에 연루하지 않으면서, 오직 여자만 두 집안의 죄에 이중으로 처형하는 것은, 연약한 여자를 긍휼히 여기지 않으며, 법제의 본분을 망각하는 처사입니다. 생각하건대, 집안에 있는 딸은 부모의 죄악을 따르고, 이미 출가한 여인은 남편집안의 형벌을 따르도록, 종래의 법을 고쳐 항구적인 제도로 삼는 것이 마땅할 것입니다."335)

그 뒤 北魏 孝明帝 때에, 공주의 부마가 다른 유부녀와 간통하고 공주의 태아까지 손상시킨 사건이 발생했다. 이에, 황제는 분노하여 달아난 부마를 천하에 현상수배하고, 간통 상대방인 유부녀를 엄하게 처벌함과 동시에, 그 유부녀의 형제에게도 누이를 잘 단속하지 않은 죄로 流刑을 내렸다. 이에 大臣이 魏 때의 사례를 인용하면서, 출가한 여인은 남편집안의 형벌에 따르는 것이 천하고금의 보편 법제인데, 하물며 거꾸로 출가한 여자의 간통죄(이는 본디 연좌를 수반하지 않는 가벼운 죄임)로써 그 本家 형제까지 연좌시키는 것은, 律과 理에 모두 어긋나는 私刑이라고 비판하였다. 또한 春秋의 經義를 거론하여 비난하기도 하였다. 즉, 齊나라가 魯에 시집가 추악한 음행으로 친정 본국의 명예를 훼손한 哀姜을 살해한 행위에 대하여, 春秋에서는 이를 越權의 간섭으로 힐난한다. 또한 陳의 夏姬의 음란한 죄와 관련해서는, 그 아들을 책망하며, 그 친정부모를 비난하지는 않고 있다. 이들은 모두 여자가 출가외인으로서 형사책임상으로도 그 本家와 이미 끊어졌다는 논거가 되었다.336) 이러

---

335) 晋書, 刑法편 참조.
336) 魏書, 刑罰志 참조.

한 법제사의 논의과정을 거쳐 이뤄진 法理가 唐律에 정착한 것이다.

한편, 이미 출가한 여자라도 남편이 이미 죽은 경우에는, 緣坐刑의 법리적용상 자식에 종속하는 관계로 논하는데, 이는 말할 것도 없이 禮制上 婦人三從之道를 최후까지 관철한 것이다. 일찍이 南朝 宋代에 겁탈범죄인과 동일호적의 期親은 모두 補兵에 처한다는 연좌법을 시행하였다. 그런데 한 겁탈죄인의 三寸叔父(期親)는 이미 죽고, 그 처인 叔母(期親)와 그 아들인 사촌아우(從弟: 大功親)만 살아있는 사안이 있었다. 법규정의 문리해석상, 사촌아우는 補兵의 연좌에 들지 않음이 명백하다. 그런데, 법관이 叔母가 期親임을 이유로 補兵에 연좌시키면서, 大功인 사촌아우는 그 숙모의 아들이므로 마땅히 어머니와 동행해야 한다는 法理를 선언한 것이다.

이에 何承天이 緣坐法理의 근원인 禮制上의 三從之道를 근거로 이를 반박하는 새로운 法理를 의론하였다. 부인은 三從之道에 의하여 親家에서는 부친을 따르다가, 한번 혼인하면 남편을 따르며, 남편이 사망하면 자식을 따르는 법이다. 이 사안에서 겁탈죄인의 숙부인 남편이 살아있다면, 그의 緣坐刑에 그의 처로서 자식과 함께 동행하는 것이 당연하다. 하나 겁탈범죄시 숙부인 남편이 이미 죽었고, 사촌아우인 아들은 大功親으로 연좌범위에 들지 않는다. 만약 叔母가 期親이라는 이유로 연좌시키면서 그 아들까지 동행시킨다면, 이는 大功親의 연좌 제외라는 법규정에 정면으로 어긋날 뿐만 아니라, 부인의 三從之道 예법도 잃게 된다는 것이었다. 이는 법관이 단지 '期親'이라는 법조문에 구애받아, 예법의 근간인 男女之別을 분간하지 않은 중대한 과오인 셈이다. 그리하여 숙모와 사촌아우 모두 연좌 補兵을 면할 수 있었다.[337]

5. 기타 파생적 義親(姻戚)관계의 법규범

부부의 혼인관계로부터 파생하는 義親간의 법적 효과는, 그 혼인의

---

337) 宋書, 卷64 및 南朝 宋會要, 刑, 612면 참조.

義絶사유와 관련하여 이미 언급하였다. 男系 중심의 家父長制 전통사회에서 그러한 혼인으로 인한 義親(姻戚)관계는, 夫의 가족공동체 속에서 妻와 夫의 친족, 특히 夫의 부모 사이에 가장 밀접히 나타난다. 이른바 姑(舅)婦관계가 그것이다. 禮(喪服制)상으로나 법적으로나, 며느리의 시부모에 대한 관계는 자식(夫)의 친부모에 대한 관계보다는 다소 疏遠하고 경미하게 규정하긴 하지만, 일반으로 期親尊長이나 남편과 대등하게 취급할 정도로 중대하다. 여기서는 법제사에서 거론하는 특기할 만한 사례를 몇 가지 소개해, 姑婦간의 윤리적·법적 관계를 살펴보기로 하자.

漢代에 한 사람이 평소 술 주정기가 있는 장인의 요구를 제대로 들어주지 않아 욕설을 들은 뒤, 처에게 '너의 아버지가 다시 욕설을 하면, 가만 놔두지 않겠다.'고 말했다. 이에 처가 '함께 부부가 되었는데, 어떻게 서로 모욕할 수 있느냐? 만약 우리 아버지에게 손대면, 당신의 어머니를 때리겠다.'고 맞대꾸하였다. 후에 장인이 다시 욕하므로, 남편(사위)이 그를 폭행하자, 처가 시어머니의 귀를 두세 번 때렸다. 이에 대해 鮑宣은 다음과 같이 판결하였다. "부부(의 혼인결합이)란 시부모를 봉양하기 위한 것인데, 지금 사위(남편)가 장인을 모욕한 행위는, 시어머니가 시킨 것이 아니다. 군자는 매사에 분노를 남에게 이전(화풀이)하지 않는 법인데, 하물며 尊長에게 그럴 수가 있느냐? 마땅히 사형에서 1등급 감경한 형벌로 논할지어다."338) 고부간의 윤리관계를 아주 적확하게 논하고 있는데, 특히 며느리의 시부모에 대한 호칭이 '君舅'·'君姑'인 점과 함께, 이들 관계의 본질을 단적으로 반영해 준다.339)

한편, 南朝 宋代에는 반대로 黃初의 처 趙씨(시어머니)가 아들 載의 처 王씨(며느리)를 때려죽인 사건이 발생했다. 나중에 사면령을 만났지만, 王씨에게 부모와 아들 稱과 딸 葉(趙씨의 손자녀)이 있어서, 법률상 피살자

---

338) 御覽, 卷640에 인용한 風俗通의 사례인데, 鮑'宣'은 '昱'의 와전이라고 한다. 漢律, 卷5, 賊律3, 1459면 참조.

339) 이밖에도 漢律에는 며느리가 시부모를 고발하는 죄명도 이미 있었다. 漢律, 卷6, 囚律, 1476면 참조.

자녀의 복수를 회피하기 위해 2천리 밖으로 이주해야 할 형편이었다. 그런데 가해자와 피해자의 간접 姻戚 義親관계를 매개로 한 법령의 규정보다, 가해자와 피해자 자녀의 직접 祖孫 血親관계에 의한 윤리도덕을 우선시킴으로써, 결국 시어머니의 며느리 살해사건은 처벌할 수 없는 해석론으로 귀착하였다. 傳隆이 제기한 의론은 다음과 같다.

"무릇 禮와 律의 기원을 살펴보면, 대개 '自然'에 근본하고 '情理'를 추구하는 바, 하늘에서 떨어진 것도 아니고, 땅에서 솟은 것도 아니다. 父子간은 가장 가까운 혈친으로서, 血氣를 함께 하는 分身인데, 稱의 載에 대한 관계는, 載의 趙씨에 대한 관계와 같다. 비록 三代라고 하지만, 一體와 다름없어서, 결코 분별할 수가 없다. 稱의 마음이 비록 침통하겠지만, 조부모에게 복수한다는 義理는 정말 없다. 만약 稱(손자)이 趙씨(조모)를 살해한다면, 趙씨는 載(아들)한테 어떻게 대할 것인가? 父子·祖孫간에 골육상잔한다면, 이는 아마도 先王이 형벌을 시행하고 皐陶가 법률을 제정한 본래 취지가 아닐 것이다. 법령상 '타인의 부모를 살해한 자는 (그 복수를 회피하기 위하여) 2천里 밖으로 이주시킨다.'는 규정은, 父子·祖孫간에는 시행하지 않음이 명백하다. 趙씨는 王씨의 (친정) 期親이나 大功·小功親을 천리 밖으로 피하여야 할 따름이다. 또한 법령상 '무릇 유배·이주하는 자의 동거 근친이 서로 동행하고자 하면 허용한다.'는 규정은, 人情의 요체를 융통하여 친족간의 애정을 교화하는 바이다. 만약 趙씨가 이주한다면, 載는 그 아들로서 어찌 동행하지 않을 수 있겠는가? 또 載가 동행하는데 稱이 따라가지 않는다면, 또한 명의와 교화상 어찌 용납할 수 있겠는가? 이러한 즉, 稱(손자)과 趙씨(조모)는 결국 분리할 수 없으니, 趙씨가 비록 종신토록 내심 부끄럽고, 稱은 마땅히 평생토록 침통해야 할 것이로되, 조손간의 도의가 영원히 끊어질 수 없음은 사리상 당연하다."[340]

이 사건에 대하여, 王義慶도 "法 밖에서 구하고 人情으로 판단하면, 禮에는 과실을 용서하고, 律에는 조부모께 복수한다는 조문이 없다."는 논지로, '孝道를 어그러뜨림이 없도록' 하자고 의론하였다.[341]

---

340) 宋書, 卷55 및 南史, 卷15 本傳; 折獄, 卷4, 議罪, §76; 通考, 卷169, 刑考8, 詳讞조, 1467면 등 참조.

이밖에 魏 文帝 때에는, 전후에 걸쳐서 세 며느리를 심하게 매질하여 모두 자살하도록 만든 시어머니를, 사형에서 감경한 勞役刑에 처한 사례가 있다.342) 唐 敬宗 때에는, 며느리를 채찍질하여 죽인 시어머니를 사형에 처하자는 논의가 있었는데, 刑部尙書 柳公綽이 "존속이 비속을 때린 것은 싸움(鬪)이 아니며, 또한 그 아들이 있는데 그 처로 말미암아 그 모친을 처형하는 것은 윤리교화도 아니다."는 이유로 감형을 주장하여, 그대로 시행한 적도 있다.343) 그리고 宋代에는 봇짐장사를 하는 시아버지가 며느리를 부리려다가, 며느리가 말을 듣지 않자 노하여 머리카락을 자르고, '내가 너를 노비로 만들어 부리겠다.'고 위협하였다. 그런데 그 아들(남편)이 귀가해 크게 소란을 피우다가 모두 관가에 끌려온 사안이 있었다. 이때 어떤 사람이 아들에게 "시아버지가 며느리 머리카락 좀 자른 것이 무슨 대수로운 죄라고, 아들이 부친을 고발하면 그 죄는 가볍지 않다."고 귀띔했다. 그러자 아들이 며느리가 스스로 머리를 자르고 시아버지를 모함한다는 부친의 誣告에 동조했다. 이에 州의 判官은 허위를 간파하고 탄식했다. "비록 자식이 부친의 죄를 숨겨 줄 수 있다고 하지만, 어찌 그 진술이 거짓될 수 있는가? 어른을 철저히 심문할 수 없지만, 그렇다고 아랫사람한테 억울하게 재판할 수도 없다. 만약 진술대로 며느리를 처벌하면, 다음에는 시부모를 봉양하지 않을 것이다." 그리고 따로 사건조서를 작성시키고, 당사자를 모두 석방했다.344)

한편, 嫡庶 신분차별의 근원인 繼母와 嫡子의 관계 및 嫡母와 庶子의 관계도 중요한 義親으로 규정한다. 당률에 의하면, 嫡母・繼母・慈母는 親母와 같고, 養父母는 親父母와 같다고 규정한다.(§52)345) 明・淸律은

---

341) 宋書, 卷51 및 南史, 卷13 本傳; 南朝 宋會要, 刑, 611면 등 참조.

342) 通考, 卷169, 刑考8, 詳讞조, 1466면 참조.

343) 通考, 卷170, 刑考9, 詳讞조, 1473면 및 唐會要, 卷39, 議刑輕重조 참조.

344) 折獄, 卷8, 衿謹, §266 참조.

345) 주지하듯이, 근래 개정한 우리나라 현행민법은 嫡母・庶子 및 繼母子간의 법정血族관계를 폐지하여, 단순한 姻戚관계로 전환시켰다. 이는 참으로 어리석은 졸속입법이다. 中國의 婚姻法(§21)과 繼承法(§10)에서는, 계부모자녀(계부까지 포함함을

이들에 대한 喪服도, 親母와 마찬가지로 斬衰 3年으로 규정한다. 漢律상으로 繼母는 親母와 동등하게 취급하지 않았는데, 嫡庶간의 갈등 심화와 특히 嫡子의 繼母에 대한 천시를 방지하기 위한 윤리교화의 고려에서, 魏代에 그 법적 효과를 강화한 것으로 보인다.[346] 물론 嫡子의 繼母에 대한 단순한 범죄는, 父親에 대한 孝윤리의 관점에서 엄중히 처벌한다. 漢代에 繼母를 妻처럼 대하는 嫡子가 不孝죄로 고발당한 사건이 있었다. 이에 판결은 '律에 모친을 처로 삼는 범죄의 규정이 없는 것은, (禮法을 제정한) 성현이 차마 생각할 수도 없었기 때문이다'는 비난과 함께, 그를 나무에 걸어 화살과녁이 되게 하는 磔(책)刑에 처했다.[347]

그러나 계모에 대한 윤리와 親父에 대한 孝가 정면으로 상충하는 경우, 후자의 정상을 참작하여, 전자의 책임을 상당히 완화해 주는 구체 사례가 법제사에 독특하게 두드러진다. 예컨대, 漢 武帝 때 한 계모가 부친을 살해하자, 그 아들 防年이 그 계모를 복수로 살해한 사건이 생겼는데, 律文의 모친살해 규정을 적용하여 大逆죄로 논의하였다. 이에 武帝가 몹시 의혹스러워 하며, 마침 곁에 있던 12살 된 태자에게 물었더니, 태자가 이렇게 대답했다. "계모가 친모와 '같다'(如)는 것은, 친모에 이르지는 못함을 뜻하는데, 부친과 재혼한 연고로 모친에 비견할 따름입니다. 지금 계모가 무도하게 직접 그 부친을 살해하였으니, 범행의 순간 모친의 은정(義)은 이미 끊어졌습니다. 마땅히 일반 살인과 똑같이 처리할 것이지, 大逆으로 논죄해서는 안됩니다." 무제가 그 변론에 따랐다는 판례가 전해진다.

後漢 때에도 비슷한 사건이 발생하여, '계모는 친모와 같다'는 禮法의

유의할 것)간에 서로 학대 또는 차별대우할 수 없으며, 특히 실질 부양관계에 있는 경우, 친생 관계와 동등하게 취급하여, 상속권도 인정하고 있다. 다만, 일부일처제와 남녀평등의 지도이념을 관철시키기 위해, 嫡母・庶子관계는 일률 인정하지 않는다. 어쨌든 부분으로나마 전통법의 정신을 합리적・합목적적으로 수정하여 계승한 훌륭한 입법으로 평가할 만하다.

346) 漢律, 卷5, 賊律3, 1458면 참조.
347) 折獄, 卷4, 議罪, §77 및 通考, 卷169, 刑考8, 詳讞 조, 1464면 참조.

규정을 적용해 모친살해죄로 의론하였다. 이에 孔秀彦이 "모친과 같다(如)면, 친모와 동등하지 않음을 뜻하며, 단지 義로써 인륜을 독려하고자 함이다"고 반론을 펼쳤다. 그는 춘추시대 文姜이 魯桓公을 살해한 사건에 대하여, 經에서 姜氏를 제거하고, 左傳에서 '情義를 단절하여 모친으로 대하지 않은 것은 禮이다'고 평론한 사실을 인용하였다. (奸夫가 남편을 살해한) 사실을 아는 것만으로도 부부의 情義가 끊어지는데, 하물며 직접 손으로 남편을 살해한다면, 그 순간 모친의 名義는 이미 끊기기 때문에, 古義에 비추어 보면 '司寇(법관)가 아니면서 죄인을 임의로 살해한 죄'로써 처벌할 것이지, 모친 살해의 大逆죄로 논할 수 없다고 주장하였다. 그래서 그대로 시행했다고 한다.[348]

宋 太宗 때에는 계모가 夫의 前妻의 아들(嫡子)을 살해한 사건이 있었다. 이에 "법 규정이 人倫을 돈독하게 보장하고, 孝誠과 慈愛는 天性으로부터 말미암는데, 嫡繼의 관계에 愛憎의 차별이 너무 현격하다."고 탄식하면서, 계모의 惡心을 용서하기 어렵다는 이유로, 모친의 자식에 대한 범죄처럼 감형의 法理를 전혀 인정하지 않고, 시어머니가 며느리를 살상할 행위와 함께 모두 일반인의 살인죄로 논하도록 처결하였다.[349]

한편, 宋 太宗 때 嫡庶간의 유산쟁송에서 실질 情理의 중용타협을 모색한 판례가 독특하게 눈에 띈다. 庶子인 安崇緖가, 일찍이 자기 부친과 이혼한 嫡母 馮氏가 부친 사망후 귀환하여 유산을 침탈하려고 한다는 소송을 제기하였는데, 大理寺에서 安을 모친고발(소송)죄로 사형에 판결한 것이다. 太宗이 의혹스러워 조정의 의론을 수렴하였다. 徐鉉은 이 사건의 선결문제인 馮氏의 이혼 여부가, 유산의 무모한 침탈 및 모친 고발죄의 쟁송을 결판 짓는 분기점이라고 전제한 뒤, 이혼사실을 부인하는 증거를 다음과 같이 제시하였다.

---

348) 通考, 卷169, 刑考8, 詳讞 조, 1463·1466면; 折獄, 卷4, 議罪, §76; 漢律, 卷5, 賊律3, 1458~1459면 참조. 沈家本은 이상 두 사례가 너무도 흡사하여, 본디 한 사건이 약간 다르게 전해지는 것일 따름이라고 추정한다.
349) 通考, 卷170, 刑考9, 詳讞 조, 1474면 참조.

첫째, 安이 제시한 부친의 문서에, 馮씨가 스스로 본가에 귀환했다고 적혀 있을 뿐, 이혼이라는 명문은 나타나지 않고, 부친이 사망 전에 馮씨가 몇 차례 安의 집에 들른 적이 있다. 둘째, 친족 중 이혼을 증언한 자가, 자세히 추궁하려고 하자 스스로 물러난 사실이 있다. 셋째, 부친의 전답 세 곳 중 먼저 小妻 高씨가 한 곳을 점유하고, 나중에 馮씨가 두 곳을 점유하였는데, 소송이 일어나자 高씨가 스스로 물러났다. 넷째, 安의 친생모를 심문한 결과, 馮씨의 이혼사실을 모른다고 답변하였다. 이러한 이유에다 결정적으로 이혼장마저 없으므로, 敎化의 가장 중요한 不孝죄는 원심대로 사형에 처해야 한다는 철저한 '法理'였다.

이에 대해, 李昉 등 43인은 그 부당성을 '情理'의 관점에서 설득력 있게 변론하였다. 만약 五母가 모두 같다면, 安의 친생모도 비록 비천하지만, 嫡母와 다를 바 없이 존귀하다. 安이 본디 농업으로 생계를 유지하는데, 馮씨가 그 전답을 강점하므로, 친생모의 衣食이 위협받게 되어 소송을 제기하였다. 그런데, 만약 원심대로 사형에 처한다면, 그 부친은 무슨 죄로 후손이 끊겨야 하며, 또 그 친생모는 어디에다 몸을 의탁할 것인가? 따라서 전답을 모두 安에게 귀속시키되, 馮씨도 귀환하여 安의 친생모와 함께 종신토록 봉양 받게 하고, 또한 本家의 친족들도 安의 家業에 간섭하지 못하게 한다. 그러면 安이 비록 庶子지만 부친의 가업을 계승하고, 馮씨가 비록 집을 떠나갔던 여자지만 귀환하여 평생 안심할 수 있으니, 모든 소송당사자를 너그러이 용서하자는 것이었다.

이에 太宗은 '情理'에 근거한 관용론을 채택하면서, 엄격한 名分과 法理의 관철을 주장한 徐鉉은 1개월 減俸처분으로 징계하였다.[350] 이는 물론 和解를 우선시키는 (공자의) 전통 無訟이념의 반영이기도 하다. 嫡母 또는 繼母를 禮法상 親母와 동등하게 대우하는 것이 비록 孝倫理의 강화이지만, 그보다 더 근원적인 '情理'에 위배·상충할 때에는, 그 명분 또한 후퇴할 수밖에 없음을 보여준다.

---

350) 通考, 卷170, 刑考9, 詳讞 조, 1474면 참조.

양친자 관계를 둘러싼 몇 가지 판례도 흥미롭게 눈에 띈다. 漢代에 자식이 없는 甲이, 길에 버려진 乙을 주워 자기 자식으로 길렀다. 乙이 커서 살인죄를 범한 뒤 甲(養父)에게 사실을 말하므로, 甲이 乙을 숨겨준 사건이 발생했다. 董仲舒는, 비록 친생자는 아니지만 누가 그 부자관계를 부인할 수 있겠느냐고 반문하면서, 詩와 春秋의 義理를 인용해 親屬相容隱의 法理를 인정하고, 그를 처벌할 수 없다고 심판했다. 반면, 甲이 친생자 乙을 丙에게 주어 丙이 양육했다. 乙이 큰 뒤, 甲이 술 취한 김에 乙에게 '너는 내 아들이다'고 말하자, 乙이 노하여 甲을 20대나 때렸다. 甲이 분함을 참지 못해 관가에 고발했다. 이에 董仲舒는 "甲이 비록 乙을 낳았지만, 양육하지 못하고 丙에게 주었으므로, 그 恩義가 이미 끊어졌다"고 논하면서, 乙을 처벌할 수 없다고 심판하였다.[351]

한편, 五代 後晉 때에는 郭氏가 남한테 아들을 받아 義子로 길렀는데, 나중에 난폭하고 말을 잘 듣지 않으므로 되돌려 보냈다. 그 뒤 郭氏 부부가 죽고 嫡子(친생자)가 유산을 상속하게 되자, 郭氏의 친족들이 義子에게 유산분할청구소송을 교사하고, 그가 진짜 아들이라고 증언한 사건이 있었다. 이에 張希崇은 이렇게 심판했다. "부친이 계실 때 이미 떠나갔고, 모친이 사망하여도 오지 않았다. 설령 假子(義子 : 양자)라고 하더라도 20여년 양육한 은혜를 저버린 짓이고, 만약 친생자라면 불효막심한 패륜의 죄를 범한 것이다. 名義敎化를 해침이 몹시 막대한데, 어찌 감히 田宅을 넘보려고 하느냐?!" 그리고 그 유산은 모두 嫡子에게 귀속시키고, 소송을 제기한 친족들과 義子는 법대로 처벌하도록 명하였다.[352]

明 英宗 때에는 義男(양자)의 처를 간음한 죄의 처벌에 대해 논란이 일었다. (친생)자손의 처와 동등한 斬刑과, 처의 前夫의 딸에 比附(유추)한 徒刑의 주장이 대립하였는데, 결국 "親男과 義男은 情의 親疏에 차이가 있다"는 이유로, 후자의 감형론을 채택한 적이 있다.[353]

351) 漢律, 卷22, 春秋斷獄조, 1770면; 程樹德, 九朝律考上, 卷1, 漢律考7, 春秋斷獄考, 198면 참조.
352) 折獄, 卷8, 嚴明, §248 참조.

제6절   本章의 小結

지금까지 父子・君臣・夫婦의 三綱倫理를 중심으로, 전통중국법의 통치이념 차원에서 人情과 倫理를 고찰하였다. 사실적 인간관계의 발생순서라는 존재의 차원에서는, 부부의 애정결합에 의한 혼인으로부터 부모자식간의 혈연적 친족관계가 이루어지고, 그 가족이 모여 사회의 구성단위로 많아지면서 비로소 군신간의 국가 통치질서도 이루어진다. 그런데 사회 가치규범체계의 우열비중이라는 당위의 측면에서는, 도리어 최후에 생긴 군신간의 통치이념상 忠윤리를 최우선으로 강조하면서, 그것도 臣民의 군주에 대한 일방적인 절대복종을 요구하는 법규범의 지상명령으로 실정화한다. 특히, 군신간의 관계는 본디 사회의 道義에 기초하여 성립하기에 순수하게 당위적 倫理性을 지니며, 존재적 人情의 요소는 개입할 여지가 거의 없다. 따라서 군신간의 忠윤리를 반영하는 실정법제의 내용이나 그에 관한 司法판례도 대부분 비교적 단순하게 정치성을 띠기 때문에, 구체 실례를 특별히 거론할 만한 가치가 별로 없다. 반면, 부모자식간의 관계는 본래 생물학상 사실적 혈연으로 맺어지기 때문에, 제1차로 人情에 근거하여 존재한다.

그러나 사회가 이루어지고, 특히 가부장제의 봉건 종법체제가 성립하면서, 부자간에 道義적 倫理관계를 당위적 사회규범의 형식으로 강제명령하고, 忠윤리의 정당화・합리화를 위해 존재적인 親情보다 당위적인 孝道를 더욱 부각하면서, 情과 理의 관계가 본말전도의 지경에 이른 것이다. 게다가, 孝윤리도 부자관계의 '수직성'에 편승하여, 忠과 마찬가지로 일방적인 절대 통치이념으로 확립하였기 때문에, 그 구체적인 법제내용이나 관련 司法판례도 대체로 천편일률처럼 단순할 수밖에 없다. 다만 시대에 따라 그 윤리 색채가 다소 다를 뿐인데, 후대로 내려올수록 그 이념성이 강하게 굳어지는 편이다.

---

353) 明會要, 卷64, 刑1, 刑制조, 1239면 참조.

사실 親屬相容隱제도나 犯罪存留養親법과 같은 親情의 소극적 허용 및 적극적 권장도, 주로 孝道 윤리를 보급·강화하려는 통치이념상 정책으로 시행한 것이다. 따라서 그로 인한 法外의 恩情도 다분히 반사적인 부수 이익에 불과하다. 역사상 이러한 법제가 漢代 이후 중앙집권 통치체제의 확립과정에서 비로소 등장하는 사실은, 그에 대한 훌륭한 반증이다. 본디 親'情'으로부터 출발한 부자관계가 倫'理'化한 후, 그 倫'理'性을 더욱 강화하기 위하여 다시 본래의 人'情'에까지 되돌아와 법규범화하기에 이른다. 그로 말미암아 부자간의 관계에는 情과 理가 복잡하게 섞여 나타난다. 그러나 그 情과 理 자체는 孝를 중심으로 일치하고 병행하기 때문에, 역시 忠윤리처럼 단순한 일방성을 띤다. 다만, 孝와 忠의 모순대립으로 인하여 親情과 國法이 양립할 수 없는 상황이 발생하기도 한다. 그 경우 구체 情·理를 참작해 어느 일방을 우선시키고 타방을 양보하는 타협이 불가피해진다.

한편, 부부간의 혼인 및 그로부터 파생하는 다양한 義親관계는, 다소 복잡하고 특수한 성격을 띤다. 이는 자연스런 애정결합이라는 수평적·존재적 관계에다, 사회적 道義인연이라는 수직적·당위적 규범성을 부여한 통치이념의 소치다. 그로 말미암아 부부간의 혼인관계에는 수평적·존재적 人情과 수직적·당위적 倫理가 모순대립으로 交錯해 병존한다. 그래서 이 영역의 실정법제나 司法판례에서는 첨예하게 긴장하는 情·理를 중용조화로 타협시키는 일이, 부자·군신관계에 비교할 수 없을 만큼 현저하게 중대한 현안으로 부상한다. 그 구체 내용과 선후완급의 비중은 시대에 따라서, 특히 개별 사안의 정상과 인간관계에 따라서, 천차만별로 다를 수밖에 없다. 본서에서 부부 및 혼인상의 義緣관계를 둘러싼 역대의 다양한 사안과 판례를 특별히 많이 소개한 것도, 바로 이러한 특수성에 기인함은 물론이다. 따라서 情·理·法의 이념상 모순 대립 및 현실상 중용조화·타협의 생동하는 진면목을 고찰함에는, 혼인법상의 義緣관계가 가장 특징 있는 전형적 대상이 될 것이다.

正義를 위한 司法理念 : 實情과 法理

　전통사회의 법문화에서는 立法·執法(법 집행으로서 行政)·司法의 주체 및 권한이 근대 서구법처럼 명확히 분리·독립하지 않은 게 주지의 사실이다. 물론, 법의 제정·집행·심판·선언의 현실 행위도 서로 분명한 한계를 갖지 못하고, 다분히 뒤섞인 상황이었던 것이 사실이다. 이들 삼자는 상호 밀접 불가분의 연관성을 맺고 있었다. 따라서 이들이 각기 지향하는 궁극이념도 일관 상통할 것은 당연하다. 여기서 논하는 情과 理의 이념상으로도 立法·執法·司法은 대체로 일치할 수밖에 없다. 특히, 立法의 근본 동기나 궁극 지향으로 제시하고 있는 情과 理는, 執法이나 司法(특히 이 양자는 대개 동일한 주체가 일체로 시행한 경향이 강함.)의 현실에서 그대로 실현할 것을 이상으로 기대한다.

　예컨대, 宋代에 鄭克이 편집한 고대판례집 折獄龜鑑은, "당초에 情을 참작하여 법을 제정하였으니, 지금 마땅히 情을 살펴서 罪刑을 결정하여야 한다."는 司法裁判의 기본이념을 천명한다. 아울러 객관 事物의 情狀과 함께 주관 情理의 변별이 재판의 필수 선결요건임을 강조한다. 여기의 情은 실질상 이 판례집의 기본지침인 '情理'인 셈이다.1) 또한 明成祖는, "법의 제정은 간사함을 금지하기 위함인데, 지나치게 가벼우면 인민이 태만해지고; 법의 적용은 情理를 체득·실현함에 있는데, 지나치게 무거우면 인민이 조급해진다."고 인식하며, 立法과 司法이 공통으로 지향하는 情理의 중용조화 이념을 중시하기도 했다.2)

　그러나 한편 司法(執法도 포함)은, 개념을 정의하고 이상을 제시하는 입

---

1) 折獄, 卷8, 矜謹, §276의 按語 참조.
2) 明會要, 卷66, 刑 3, 寬恕條(1275) 참조.

법과는 달리, 그러한 일반 개념의 입법규정을 인간의 살아 있는 사회현실에서 개별·구체로 확인·판단·선언·실현하는 과정이다. 司法은 크게는 사실[情]의 인식과 法理의 적용이라는 2단계로 나누어진다.

입법규정에서 일반추상의 구성요건을 이루는 법률사실[情]은, 가히 현실에서 예측할 수 없는 천태만상으로 변화무쌍하게 펼쳐진다. 司法은 우선 이러한 각양각색의 주관·객관의 법률사실[情]을 사실 그대로 정확히 인식한 다음, 이를 일반추상으로 유형화하여야 한다. 그런 다음 이 법률사실이 어떠한 입법규정의 구성요건에 어느 정도 해당하는지, 그 포섭 여부를 세심히 살피고 판단하여야 한다. 이러한 구성요건 해당성을 바탕으로, 입법규정이 예정하고 있는 법률효과가 전부 그대로, 또는 일부, 아니면 다소 가감하여 발생하도록 결정한다.

그리고 법리 적용의 마지막 수순으로, 입법이 총론으로 규정하는 법적용상의 일반화한 특별효과[法理] 및, 해당 법률사실이 개별·구체로 안고 있는 주관·객관의 특수한 事情(정상·정황)을 참작하여, 최종으로 법을 심판·선언하게 된다.

이렇게 나누어 본다면, 司法은 살아 있는 법현실에서, 사실인식으로서 주관·객관의 實情을 우선 확정하고, 그에 해당하는 구성요건의 포섭과 법률효과의 추론으로서 法理를 적용하며, 다시 일반화한 예외 法理와 개별 사안의 특수한 情狀을 참작하는 3단계의 과정을 대체로 거친다. 그 어느 단계에서나 情과 理를 떠나서는 司法의 실현을 기대할 수 없음이 자명하다.

특히 立法규정이 아예 구체조문으로 열거하지 않았거나, 또는 전혀 예기하지도 못한 情況이나 法理가 현실에서 뜻밖에 출현하는 경우에는, 司法上 고도로 임기응변의 융통변화성과 순발력·기동력을 요구한다. 司法上 情과 理의 이념실현이 立法上의 지향 못지않게 생동하고 의미심장한 비중을 지니는 것은, 바로 이러한 특수한 司法의 본질속성에서 말미암는다.

제 1 절 司法의 기본원칙으로서 情理

司法의 기본원칙으로 情과 理를 일관회통의 체계로 직접 並稱한 것은, 아마도 晉律을 註釋하여 올리면서 의론한 張斐의 表文이 처음이 아닌가 싶다.

> "무릇 刑(法官·獄官)이란 理(法理·事理)를 담당하는 관직인데, 理란 情의 機微(낌새)를 추구하며, 情은 마음과 정신에 의해 부려진다(나타난다). 마음이 느끼는 바가 있으면, 情이 안에서 움직여서 말로 나타나고, 四支에 퍼져 행위로 발동한다. 이러한 까닭에, 간사한 사람은 마음에 걸림이 있어 얼굴이 붉어지고, 안으로 두려운 바가 있어 안색이 변한다. 죄를 논함에는, 그 마음에 근본을 두고 그 情을 살피며, 그 일[事]을 정확히 파악하는 데 힘써서, 가까이는 몸에서 찾고, 멀리는 사물에 비해 보면, 이내 형벌(법)을 바르게 시행할 수 있다. 이러한 마음과 情은 지극히 정밀하게 살피지 않으면, 그 理를 다 궁구할 수 없다."3)

그러나 물론, 이에 관한 단편적 언급은 그 이전에도 찾을 수 있으며, 역사기록에 전해지지 않은 잃어버린 언론들도 적지 않을 것이다. 예컨대, 尙書 呂刑편에는, '士師[법관]가 소송 양당사자의 五辭를 들어 살펴서, 그것이 진실[情]에 부합한 다음에 五刑의 법을 적용한다.'는 聽獄[재판]의 中正原則을 거듭 강조한다. 그리고 周禮에서도, 법관이 만민의 소송을 심판하여 법을 적용함에는, '情으로써 심리'하여야 하는 기본원칙을 밝힌 뒤, 구체로 "五聽으로써 소송을 심리하여 民情을 구해야 한다."고 일깨운다. 이 유명한 五聽이란, 辭聽·色聽·氣聽·耳聽·目聽인데, 이에 대한 漢代 鄭玄 注의 해석은 이러하다.

소송당사자 중 진술하는 말을 들어보면, 정직하지 못한 자는 진술하는 말에 조리가 없고 번잡하며 횡설수설하고, 그 안색은 부끄럽고 당황하는 빛을 감추지 못하며, 그 氣息[호흡]은 숨을 헐떡거리고, 남의 말을

---

3) 晉書, 刑法志 참조.

듣는 모습은 의아스럽게 민감히 반응하며, 그 눈동자는 시선이 산만하게 된다.[4] 이는 晉律의 表文내용보다 오히려 더 상세함을 알 수 있다.

여기서는 문자표현상 '情'을 중심으로 기술하고 있는데, 그 '情'을 살펴서 시비·곡직을 판단하고 '法'(刑)을 적용하는 것이 바로 (法)'理'이므로, 실질 내용상은 情理를 함께 거론하는 것이다. 이는 晉律의 表文 내용과 대비해보면 금방 분명해진다. 즉, 司法審判의 기본원칙으로서 情理는 실제로 周代부터 이미 이론체계를 갖춰 일반보편으로 실천하였으며, 漢代의 春秋決獄과 原情定罪(實情을 살펴 죄를 정함)의 사법제도에서 이에 대한 상세한 注釋과 함께 더욱 발전한 것이다.

특기할 만한 사실은, 엄형중벌의 가혹한 法治로 정평이 난 秦代의 司法裁判은, 오히려 더 엄정한 법률절차를 규정한 점이다. 소송을 심리함에는 먼저 반드시 그 진술하는 말을 문서로 기록해야 한다. 이 때 비록 그 진술의 허위와 기만이 명백하더라도, 그를 刑杖으로 고문하기는커녕 그 진실여부도 추궁하지 말아야 한다. 오직 당사자의 진술을 청취하기만 하고, 이를 객관으로 모두 기록한 다음, 비로소 그 진위를 분별하기 위해 신문하기 시작한다. 여기서 문서로 기록한 진술내용에 근거하여, 刑杖에 의한 고문을 사용하지 않고, 객관 진실[情]을 밝혀내는 것이 최고의 이상적 재판이다. 고문의 시행은 최하의 방법이며, 더구나 당사자를 공포로 위협하는 것은 완전한 실패다.[5] 情理를 실현하고자 하는 周代의 司法이념은, 秦代에도 그대로 계승하였으며, 특히 法治의 관점에서 그 절차를 더욱 상세하게 규정하여 엄격히 시행하였음을 알 수 있다.

삼국시대 魏의 明帝는, 사법관이 사형을 감경해 주도록 관대한 처분을 건의하면서, 황제의 재결이 내려지기도 전에 재판 종결을 보고하는 것은, 理를 궁구하고 情을 다하는 司法의 기본자세가 아니라고 힐난한 적이 있다.[6] 어쨌든, 漢 이후 三國과 晉代에 이르러서, 情과 理가 司法의 기본원

---

4) 周禮, 秋官, 小司寇條, 十三經注疏本, 523-4면 참조.

5) 秦簡, 封診式, 治獄·訊獄條(245-7면) 참조.

6) 三國志, 卷3, 魏書, 明帝(叡)紀 및 通考, 卷164, 刑考3, 刑制條(1424上) 참조.

칙으로 이론체계를 확고히 다진 사실은 분명하다.

이러한 원칙은 그 뒤 법제사에도 그대로 확고부동하게 계승한다. 北魏의 獄官令에는, 獄訟을 살핌에 먼저 五聽(구체 내용은 나오지 않음)의 理를 갖추어 情의 뜻을 철저히 추구해야 한다는 내용을 규정했다.[7] 이 시대의 司法 현실에서도 구체로 情과 理를 함께 거론하는 사례가 자주 나온다. 예컨대, 魏書 刑罰志는 당대의 중대한 刑案判例를 기록하는 가운데, '情을 살피고 律을 궁구하면'[原情究律] 실로 타당하지 않다든지, '情과 理에 추론하면'[推之情理] 누구의 의론이 합당하다든지, 또는 '情과 律에 비추어 보면'[準之情律] 그 어긋나는 바가 적지 않다는 등의 사법평론을 적지 않게 적고 있다. 여기서 情과 함께 일컫는 律은, 곧 理(法理)를 대표하는 法으로서, '情律'은 사실상 '情理'와 같은 개념이다. 왜냐하면, 같은 刑罰志 안에는, '律에 합당하지 않은 刑案판결은 理上 마땅히 다시 심리하여야 한다.'(非律之案, 理宜更請)는 언론이나, '法은 한결같이 긋고 理는 둘이 아님(다르지 않음)을 숭상하기 때문에, 사사로운 喜怒의 감정으로 형벌의 경중을 달리해서는 안 된다.'(法者畵一, 理尙不二, 不可喜怒由情, 而致輕重)는 의론 등이 나오기 때문이다. 물론 여기서 理는 律이나 法의 핵심 본질로서, 이들과 일관 회통하여 통일체를 이루는 개념임이 분명하다.

이러한 법제사의 전통을 隋唐까지 계승·발전하여 집대성한 것이, 죄수신문의 기본원칙을 규정한 唐律 斷獄편이다. 당률에 따르면, 죄수를 신문해야 할 경우에는 반드시 먼저 情으로써 하되, 그 진술의 辭理를 자세히 살피고, 이를 각종 증거와 되풀이하여 대조·검사해야 한다.(§476) 이는 구체로 北魏의 獄官令에서 규정한 바와 같이, 먼저 五聽의 신문법으로 刑獄의 情理를 살펴야 한다는 의미다.[8] 한편, 大唐六典에

---

7) 魏書, 刑罰志 참조.

8) 唐律疏議에는 五聽의 구체 내용을 직접 규정하지 않으나, 唐律釋文에서는 周禮의 職制를 인용하여 그 구체 내용을 열거할 뿐만 아니라, 더 나아가 그 적용 방법 및 실례까지 예시한다.(唐律疏議, 附錄, 648면 참조) 한편, 北宋代까지의 판례를 편집한 折獄龜鑑에서는 이 五聽法의 구체 실례들을 풍부히 수록하며, 그에 대한 해설과 평론을 덧붙이고 있다. 여기서도 周禮의 五聽法을 鄭玄의 注와 함께 인용하여 재판의

서는 大理卿의 직책을 규정하는 가운데, 折獄詳刑의 방법을 더욱 자세히 기술하고 있다. 즉, ○・色・視・聲・詞聽의 五聽(唐律釋文에 인용한 周禮의 직제와 명칭이 다소 다름)으로써 그 '情'을 살피고, 아울러 세 가지 사려(三慮)로써 그 '理'를 다해야 한다고 규정한다. 특히, 三慮의 구체 내용은 매우 중요한 司法의 핵심본질을 적절히 표현하고 있다. 첫째로, 현명함과 신중함으로써 의심스러운 訟獄을 잘 살핀다. 둘째는, 비애와 긍휼로써 억울한 訟獄을 풀어준다. 셋째는, 공정과 형평으로써 모든 訟獄을 바르게 심리한다.9) 바로 법관이 갖추어야 할 智仁勇 三達德의 자질이다.

唐律 이후에도 이러한 전통은 꾸준히 이어진다. 五代 後晉의 高祖는 정치교화에서 가장 절실한 급선무가 獄訟을 다스리는 刑政임을 강조하면서, 죄수의 신문추궁에는 모름지기 事情을 자세히 살펴야 하고, 罪刑의 판단은 반드시 法令을 준수하여, 欽恤과 和平의 기본정신을 실현해야 한다고 직접 역설한다.10) 宋刑統은 唐律을 거의 그대로 답습하였으므로 더 말할 나위가 없다. 그리고 刑法志에 전해지는 司法현실에도 이러한 근본원칙은 거듭 확인할 수 있다. 예컨대, 仁宗이 近臣의 죄를 두둔하고 有司에게 이송하지 않는 私情을 자주 보이자, 王贊는 犯情에 경중이 있고 法理에 고의・과실이 엄연히 판이한데, 황제의 사사로운 뜻에 따라 전후가 차이 나게 처리한다면, 刑法의 관직은 무슨 소용이 있겠느냐고 비판한 적이 있다.11) 또한 南宋 때에는 관직의 대폭 축소로 司法官員이 절대 모자라, 獄訟의 신문에 그 實情을 제대로 파악하지 못

기본원칙으로 제시한다.(卷7, 察盜, §205 按語 참조) 그러나 두드러진 특징은 그 초점이 주로 色과 辭에 쏠리는 현상이다. 周禮의 五聽이 소송당사자(신문대상)의 객체 관점에서 분류한 것이라면, 본 판례집의 色과 辭는 재판을 진행하는 법관이 신문과정에서 보고[視色] 듣는[聽辭] 주체의 관점을 중심으로 편집한 것이기 때문이다. 사실 신문주체의 입장에서 보면, 五聽은 모두(나머지 氣・耳・目도) 살펴서 보고 물어서 듣는 두 가지로 귀결한다. 일선 관리의 사법재판상 귀감으로 편집한 본서의 목적상, 이러한 현실상 주체 관점의 분류는 합리적이고 적절한 것으로 보인다.

9) 大唐六典, 卷18, '大理寺'條 참조.
10) 舊五代史, 刑法志 참조.
11) 宋史, 刑法二 참조.

하고, 法의 적용에서도 理에 부당한 경우가 잦은데도, 이를 재심해 번복·시정할 여력이 전혀 없었다는 지적도 보인다.12) 이밖에도, '情과 法이 서로 합당하다'[情法相當]든지, '情과 理상 동정할 만하다'[情理可憫]는 표현도 제법 나온다.

金 章宗은 覆審제도와 관련하여, '事理'가 명백한 경우에는 奏請하되, 문서가 많으면 일일이 살펴볼 수 없으므로, 세 번 심문한 뒤 '情狀'에 의심이 가는 것만 아뢰라고 명령하였다. 또한 笞와 杖으로만 다스리면 너무 가벼워 情理상 도저히 용서하기 어려운 경우에는, 곤장으로 신문한 뒤 다시 의론하도록 지시하기도 하였다.13) 元代에는 刑法에 司法의 기본원칙으로 情理가 명문규정으로 나온다. "무릇 獄訟을 심문함에는, 그 마음을 바르게 하고 그 氣를 온화하게 하여, 정성으로써 대하고 情으로써 움직일 것이로되, 理로써 심문하지 못하고 법 밖의 참혹한 형벌을 시행하는 행위는 일체 금지한다."14)

明清律에 이르면 唐律과 같은 죄수신문의 방법과 기준에 관한 원칙규정이 사라지고 없다. 아마도 실무상의 절차규정으로서 明令에 수록하였다가, 나중에 사실상 條例로 令을 대체하게 되면서 사라지지 않았을까 추측할 뿐이다. 다만 이와 관련한 규정으로는 明清律, 刑律·斷獄편의 '辯明冤枉'條를 들 수 있다. 죄수의 억울함을 밝혀 주는 것을 주 내용으로 하는 본 규정 자체에는, 情理에 관한 직접 언급이 없다. 그러나 그 아래 딸린 條例에는, 죄수가 억울한 경우와, '情狀이 가련하거나 의심스러운 경우에는, 마땅히 즉각 이를 밝혀 다스려야 한다.[辯理]'는 등의 내용이 자주 나온다.15)

그리고 刑法志에는 '武宗(正德) 때에 새로 증보한 問刑條例 44항목이 情과 法에 몹시 부합한다.'는 평론이 보인다.16) 또한 明末 思宗(崇禎) 때

---

12) 宋史, 刑法二 및 通考, 卷167, 刑考6, 刑制條(1454下) 참조.
13) 金史, 刑 참조.
14) 元史, 刑法二 참조.
15) 黃彰健 편, 明代律例彙編, 中央研究院歷史語言研究所, 1979년, 991-6면 참조.

에는 대규모의 참혹한 정치범 처단에 대하여, 설사 '情과 法에 모두 들어맞는다.'고 하더라도 오히려 가련한 형편인데, 하물며 준엄한 위세와 공포 분위기 속에서 이뤄지기 때문에, 후회막급의 상황이 염려스럽다는 간언도 있었다.[17] 그런가 하면 淸 仁宗은, '타인을 살해한 자는 자신의 목숨으로 상환하여야 한다.'는 이른바 '一命一抵'의 원칙에 대신들이 지나치게 얽매임을 탄식한다. 마땅히 '情理의 공평함'을 참작하여, 처단할 자와 용서할 죄를 분별해야 하는 것이 법리라고 강조하는 것이다.[18]

그러나 특히 주목할 사실은, 明 太祖가 洪武 元年에 令을 내려, "모든 죄수의 신문은 반드시 法에 의하여 情을 자세히 살피고 理를 추구하여야 하며, 불법 고문이나 교묘한 술수에 의해 사건을 조작해서는 안 된다"는 司法原則을 시달한 점이다.[19] 여기에서 '情'과 '理' 뿐만 아니라, 그 근본전제로서 '法'까지 삼위일체로 거론함이 지금까지 언론과 달리 독특하게 두드러진 특징이다. 사실 사법재판의 기본 대원칙은 法의 적용·시행이기 때문에, '法'에 의해 심판해야 함은 지극히 당연한 일이다. 그 '法' 자체가 본디 '情'과 '理'에 근거해 제정한 結晶이기 때문에, 法의 적용·시행이 곧 情과 理의 실현을 의미한다.

그러나 法이란 유한한 成文의 규정이기 때문에, 모든 일반추상의 情과 理를 총망라할 수는 없고, 반드시 흠결이 있거나 때로는 상호 모순 및 저촉도 있기 마련이다. 이러한 성문화한 情理의 흠결을 보충하고 모순저촉을 해소해 통일·조화를 이루는 것이, 그 법을 현실에 시행·적용하는 司法裁判의 당연한 주요과제가 된다. 즉, 司法裁判이란 제1차로는 성문화한 情理인 法을 객관상 공평하게 적용하되, 그것으로 모자라거나 문제가 발생하는 경우에는, 그 근원인 일반추상의 '情과 理', 현대

---

16) 明史, 刑法一 참조.
17) 明史, 刑法二 참조.
18) 淸史稿, 刑法三 참조.
19) 大明會典, 卷177, 刑部19, 問擬刑名條: 「凡鞫問罪囚, 必須依法詳情推理. 毋得非法苦楚, 鍛鍊成獄.」

식 법학용어로 말하면 條理나 사물의 본성에 소급해, 구체적 타당성과 형평 정의에 부합하는 중용조화의 해결방법을 모색하는 작업이다.[20]

사실, 지금까지 고찰한 중국전통법의 일반 사법재판원칙은 한결같이 '情'과 '理'를 하나로 통일시켜 병칭하거나, 심지어 '情'이라는 한 이념에 초점을 맞추는 것처럼 보인다. 이는 실정화한 '法'을 무시하거나 배제함을 뜻하는 것이 결코 아니다. 오히려 그 '法'의 적용을 당연한 기본 절차로 전제하여, 이를 생략하는 것으로 이해해야 할 것이다. 즉, 전통 중국의 사법재판은, 가장 구체적인 형식체계의 관점에서 표현하면 法·情·理의 삼위일체 실현이며, 가장 일반보편의 관용어 표현을 빌리면 情·理의 중용조화이고, 가장 간단하게 함축시켜 요약하면 情의 획득[得情], 즉 진실의 발견이 된다.

진실의 발견(合情性)은 당연히 合理·合法의 정의구현을 포함하며, 情理의 중용조화도 적정한 合法性을 전제로 함은 물론이다. 바로 이 점이 立法상 이념과 다른 차이점이다. 禮와 法(律令)의 제정은 '情'과 '理' 양자의 통일조화를 궁극이상으로 삼지만, 그 시행적용인 司法은 입법의 근원인 '情'과 '理'는 물론, 그 실정화의 산물인 구체 현실의 '法'까지 삼위일체로 실현함을 최고 지도이념으로 표방하는 것이다. 전술한 것처럼, 전통 언어관용에서 '情理法' 삼위일체를 병칭하는 것은, 이러한 직접적이고 구체적 사법현실에 주안점을 두기 때문이다.(따라서 情理法 삼위일체의 관점에서만 고찰하면, 司法에만 국한하고 그 전제인 입법단계가 소홀해지기 쉽기 때문에, 전체 법이념을 고찰함에 다소 불완전한 편협성을 띠게 되지 않을까 염려스럽다.)

이상에서 살핀 것처럼, 情과 理는 有史이래 중국의 전 法制史를 통하여 司法의 확고한 기본원칙으로 관철하였음을 알 수 있다. 이러한 기본원칙성을 전제로, 이제는 司法의 단계별로 조금 개별·구체적인 절차·방법 및 그와 상관한 입법 규정들을 동시에 살펴보기로 한다.

---

20) 이러한 의미맥락에서, 滋賀秀三(淸代中國의 法と裁判, 263-304면)이 淸代 민사재판의 法源으로서 情·理·法을 고찰하면서, 맨 먼저 (國)法으로서 律例를 우선 거론하고, 그 다음에 情과 理를 법에 대한 보충 法源으로 병칭한 점은, 그 형식 체계상 매우 논리 정연한 관점이다.

제 2 절   법률요건 사실로서 주관·객관의 情

1. 사실(情)은 법의 4분의 3

법을 최고의 권위로써 최종 확인·심판·선언하는 司法재판에서, 맨 처음으로 法外의 순수한 존재事實을 정확히 인식하여 확정하는 과정은, 재판의 핵심 기초로서 매우 중대한 의미를 지닌다. 객관 사실만 분명히 인식·확정하면, 이를 법이 규정하고 있는 구성요건에 포섭시켜, 그에 상응하는 법률효과를 판정하면 사법재판은 성공하는 것이다.

사실에 법을 적용하는 일은 비교적 순수한 法理(법률논리) 작업으로서, 비록 쉽지 않은 고도의 전문성을 띠지만, 그래도 단순한 기술적·지식적 차원의 문제에 속한다. 반면, 이미 실행이 완료한 객관 사실은, 인간의 주관적 心理感情과 이기적 간사성, 양당사자의 상반하는 이해대립관계 따위로 말미암아, 풍부한 사회적·심리적 경험과 명석한 통찰력 및 판단력을 두루 갖춘 고도의 지혜가 없으면 제대로 인식하기 어렵다.

(서양에서 호평 받은 日本 명화 라쇼몬(羅生門: 1951년작, 흑백)을 보면, 사건 현장의 각 당사자가 진술하는 증언이 각 주체의 관점과 시각에 따라 얼마나 현격히 달라질 수 있는지 명확히 드러난다. 인간의 인식능력과 심리가 불완전하면서 천양지차로 갈라진다.)

司法재판의 첫 출발단계로서 사실인식의 情은, 객관상 이미 실행을 마친 事實(實情)을 가리킬 뿐만 아니라, 그를 둘러싸고 감정적·심리적으로 첨예하게 대립분쟁하고 있는 양당사자의 현재의 주관적 人情까지 총망라한다. 따라서 그 복잡함과 곤란함, 그리고 중대함은 법 적용이라는 논리상의 기술조작에 비교할 수 없이 엄청 크다. 그러한 의미에서 정의실현이라는 司法의 궁극이념상, 진실의 발견은 진리의 선언 못지않게 중요한 비중을 차지한다. 영미법에서도 discovery 절차가 매우 중요한 이유가 그렇다. 일찍이 간디도 "사실은 법의 4분의 3"이라는 핀커트씨의 조언을 명심하고, 늘상 진실을 그대로 밝혀 정의를 실현하는 데 최선을 다했다고 한다.[21) 또한 우리나라가 최근 사법 및 법학교육 개혁을 위해 Law School 제도를 도입한 이유도 바로 여기에 있다!!!

사실 법조문을 잘못 적용하거나 私情에 의해 한쪽을 편들어 왜곡 시행하는 경우에는, 그 폐단이 법적 효과(특히 형벌)상 경중의 정도 차이로 나타나는 것이 일반이다. 하지만 법률요건으로서 객관 사실 자체를 잘못 인식하는 경우에는, 시비곡직과 正邪가 완전히 뒤바뀌는 질적인 차원의 심각한 결과를 초래한다. 억울한 누명으로 인한 원한과 부당한 요행으로 말미암는 正義의 상실은 司法理念을 뿌리째 마비시키기 때문에, 단순한 법적용의 착오에 비할 바가 못되는 중대한 문제다.

따라서 재판주체에게는 법에 대한 객관적인 전문지식 습득과 기술연마 못지않게, 일반사물과 인간에 대한 풍부한 경험 및 명석한 통찰력이라는 주관적 정신지혜의 함양·계발이 아주 중요한 필수 자격요건이된다. 근대서구 법제도에서 법관의 객관적 자격요건을 전자에 치중하는데 반해, 전통 중국법체계에서는 오히려 후자를 더욱 중시하는 것이 특징적 차이이다. 양자 모두 장단점을 지니는데, 그 장점만을 취하는 통일조화가 동서고금을 막론한 司法正義實現의 궁극 이상일 것이다.

이러한 본질 성격 때문에, 周初부터 비롯하여 역대의 法制 및 司法현실에서 사실인정의 情을 유일한 기본원칙이자 궁극이념으로 천명하는것이다. 즉, 객관 및 주관의 實'情'을 사실 그대로 확인하는 일은, 司法의 기본출발이자 그 완성에 가까운 작업으로서, 眞實의 '情'만 발견하면眞理의 '法'을 선언하는 處'理'는 그리 어렵거나 멀지 않게 된다. 실질상 情의 인식단계에 理의 선언까지도 포함하는 종합성을 지니기도 한다. 周禮에서 司法官의 직책을 '五聽으로써 民情을 구하는 것'이라고 규정하며, 唐律에서는 죄수신문을 반드시 먼저 情으로써 하되 그 辭理를자세히 살펴야 한다고 규정하는 것이 그러한 대표 실례다.

그런가 하면, 曾子는 士師가 된 陽膚에게, "정치가 도덕성을 잃어 民心이 흩어진 지 오래 되었으므로, 만약 범죄사실(情)을 발견하게 되면,

---

21) 간디자서전, 제2부, 소송의 준비, 함석헌역, 삼성출판사, 1979년13판, 149면~ 참조.

이를 슬퍼하고 연민하며, 결코 기뻐하지 말라."고 충고한다.(如得其情, 則哀
矜而勿喜). 춘추시대 齊가 魯를 침범해 오자, 曹劌(귀)는 자청하여 莊公을
알현하고 戰論을 전개한다. 그 가운데, 조그만 혜택이나 믿음 가지고는
인민을 전쟁에 종군시키기에 부족하며, 모든 獄訟을 반드시 '情'으로써
재판하는 忠이야말로 전쟁수행의 자본이 될 만하다고 평한 적이 있다.
(左傳, 莊公 10年) 齊 桓公은 國子를 사법관에 임명하여 '情으로써 獄訟을
재판'하도록 하였다.(管子, 大匡편) 또한 月令상 한해 농사가 끝난 시월 孟
冬에는 성곽수리 등 각종 토목건축공사와 기타 수공업에 힘쓰는데, 이
때 작업을 소홀히 하여 직책을 충실히 수행하지 않은 자는 그 情(况)에
따라 죄책을 철저히 추궁한다는 기록도 보인다.(禮記, 月令편)

漢代 이후 역대 司法현실에서도 이러한 기본 특성은 면면히 계승한
다. 後漢대에는 春秋折獄의 기본정신을 논하면서, 情을 살펴 죄책을 결
정하여 그 뜻을 처벌하되, 그 일(행위)은 용서할 수 있다고 주장하는 언
론이 나온다. 크고 작은 獄訟을 반드시 '情'으로써 심판하되, 그 마음을
살펴 죄를 정한다는 原心定罪의 이론이다.[22] 여기의 情은 객관 범죄행
위로서 事實보다는, 주로 주관상 심리동기로서 情意에 치중하는 다소
독특한 개념이다. 이는 유교를 최고통치이념으로 표방하여 春秋의 학문
을 전성시킨 漢代의 역사적 특수성에서 말미암은 것으로 보인다. 남북
조시대 北齊의 武成帝는, 정치의 가장 중요한 방편이 상벌인데, 상은 理
에 적합한 것이 중요하고 벌은 情을 얻는 게 핵심이라고 강조했다.(隋書,
刑法) 金 世宗은 법관이 곤장으로 고문해 허위자백을 강요하는 사법현실
을 개탄하면서, 어찌하여 獄訟 심문을 情으로써 행하지 않느냐고 엄중
히 문책한 바가 있다.(金史, 刑)

특기할 만한 사례가 있다. 後周 때 한 사람이 아내를 칼로 찔러 죽였
는데, 처가에서 뇌물을 받고 관가에 거짓으로 범인(사위)이 정신병에 걸
려 말을 못하는 미치광이라고 증언하였다. 이에 법관은 심문조차 하지

---

22) 後漢書, 卷48, 霍諝傳 및 應奉傳 참조.

않고 사안을 기록해 상부에 보고했고, 大理寺에서 곤장형으로 판결하였다. 刑部郎中이던 高防이 기록을 살펴본 뒤, "정신병으로 말을 못한다는데, 의사의 진단서도 없이 무엇을 증거로 곤장형에 처하는가?"라고 반문하면서, 그 사건을 다시 심리하여 반드시 본래 사실[本情]을 확인하라고 파기·환송하였다. 이에 결국 罪(의 情)狀이 드러나 의법 처결하였다. 이에 대한 평론은, "소송을 재판하는 도리(절차)는, 반드시 먼저 그 사실[情]을 심리한 뒤에 죄와 형벌을 의론해야 한다. 지금 사실[情] 인식조차 아직 미진한데, 곧바로 죄와 형벌을 먼저 처단하는 것이 法'理'上 가능하겠는가?"라고 적확하게 지적한다.[23]

한편 明 憲宗은 재판의 지체와 관련하여, 情을 사법의 기본핵심으로 지적하였다. 비록 刑獄이 人命과 직결하는 중대한 일로서 매우 신중히 처리하여야 함이 기본원칙이지만, 이는 그 情을 명확히 얻지 못한 의심스러운 사건을 두고 일컫는 것이다. 만약 그 情(범죄사실)이 명백하여 의심의 여지가 없는 경우에는, 마땅히 즉시 처결하여 재판의 지연으로 인한 당사자의 피해와 고통을 최소한도로 줄여야 한다는 것이다.[24]

淸代에는 사형에 해당하는 중죄를 모아 심리하는 秋審에서, 그 판결을 情實·緩決·可矜·疑(현실로 별로 없었음)·留養承祀(雍正 이후 추가) 등으로 분류하였다. 여기서 情實이란, 곧 객관 범죄實情이 명명백백하고 주관 동기로서 犯情도 용서할 여지가 없어, 원칙으로 처형대상이 되는 가장 무거운 범죄를 지칭한다.[25] 그런가 하면, 당률은 만약 범죄에 직접 관련한 贓物이나 범죄행위의 '實狀'이 확실히 드러나 '事理'상 의심할 여지가 없는 경우에는, 설령 피의자가 스스로 승인하지 않더라도 객관 '情狀'(이른바 증거)에 의거하여 재판할 수 있다고 규정한다.(§476)

한편, 의심스러운 범죄는 벌금으로 贖罪하는 것이 전통법의 큰 특징이다. 여기의 '疑罪'란 증인·증거의 虛實이나 是非의 事理가 각기 팽팽히

---

23) 折獄, 卷4, 議罪, §87 참조.
24) 明史, 刑法二 참조.
25) 淸史稿, 刑法三 참조.

맞서는 경우를 말한다. 즉, 情과 理가 서로 일치하지 않고 어긋나서, 범죄혐의는 다분히 있지만 그렇다고 이를 확증할 근거가 없는 경우다. 그 결과 판단기준에 관해서도, 합의심리에 참여하는 다수 법관의 律과 情에 대한 의론이 3차례까지 분분하게 엇갈리는 경우에는 '疑罪'로 확정한다. (§502) 여기서 법관이 재판심리에서 의론하는 구체 내용이 사실로서 情과 그에 대한 법적용으로서 律임을 확인할 수 있는데, 律이란 실질상 '法理'(법논리)를 뜻한다. 이처럼 情은 사법심판의 기본 출발점이자 가장 중요한 핵심요소를 이루는 것이다. 이제 입법 규정을 중심으로 이러한 법률요건인 사실의 情을 세분하여 살펴보면 다음과 같다.

2. 행위자의 주관 동기로서 故意나 惡心의 情

(1) 原心定罪의 사법원칙

이는 법률행위의 구성요건이나 죄책 가감의 가장 중대한 요인이 된다. 즉, 범죄행위를 처벌함에 객관적 행위결과로서 사실의 情 못지않게, 주관의 내면동기로서 心理적·意志적 情을 우선 중시한다. 이러한 주관적·유심주의 사법원칙이 전통중국법의 가장 중대한 본질이자 특징이다. 이 원칙은 '마음을 살펴 죄악을 결정한다.'는 '原心定罪'(論心定罪·原心論罪)의 명제로 일컬어지는 전통중국법의 기본정신이다. 이는 문헌상 일찍이 周初부터 확립한 형법의 기본원칙이다. 설령 아무리 작은 죄라도, 과실이 아니라 고의로 지은 것이고, 개전의 정이 없이 줄곧 不法을 고집할 때는, 이를 처형하지 않을 수 없다. 반면, 비록 큰 죄라도 우연한 과실이나 불가항력의 외부 원인에 의해 이루어지고, 또한 자신이 잘못을 인정하고 고치는 경우에는, 이를 처벌하지 아니한다.[26] 이것이 곧 '과실을 용서함에는 큰 것을 따지지 않고, 고의를 처형함에는 작은 것을 가리지 않는다.'는 명제로 간추려지는 전통법의 중요한 정신이다.[27]

---

26) 尙書, 康誥편 참조.
27) 僞古文尙書, 大禹謨편: "宥過無大, 刑故無小."

같은 행위라도 행위자의 주관 동기(목적)에 따라 죄형을 차별하는 유심주의 司法原則은 秦律에도 나타난다. 예컨대, 문의 자물쇠를 여는 행위는, 그 목적이 절도에 있으면, 객관상 불능에 의한 미수범이든 또는 주관 의사에 의한 중지범이든, 모두 문을 연 죄와 똑같이 처벌한다. 허나 절도 목적이 아닌 경우, 미수범이나 중지범은 감경 처분한다. 또 官物을 차용한 뒤 도망한 경우, 나중에 자수한 자는 도망죄만 논하지만, 체포당한 자는 도망죄와 함께 借用官物의 절도죄까지 병합해 논죄한다. (이 경우 장물의 수량에 따른 절도죄가 도망죄보다 가벼우면 도망죄만 부과한다.)[28]

原心定罪의 대원칙은 漢代 동중서가 집대성한 春秋決獄의 기본정신으로 확고해진다. 春秋筆法의 핵심은 역사사실을 평론함에 인간의 주관 意志, 즉 내면의 心情을 가장 중시한다. 禮가 소중히 여기는 바도 意志[마음]에 있다.[29] 무엇보다도 이는 司法재판에서도 그대로 반영한다.

> "춘추에서 訟獄을 심판함에는, 반드시 그 사실을 바탕으로 하여 그 뜻을 살핀다. 뜻이 사악한 자는 범죄행위가 완성하기를 기다리지 않는다. 범죄 주모자는 그 죄책이 특별히 엄중하고, 본래 의도가 정직한 자는 그 처벌이 가볍다. 범죄사실이 같은데도 그 처벌을 달리하는 것은, 그 本意(本心)가 다르기 때문이다."[30]

이는 심지어 "뜻(본래 동기)이 착하면 법에 어긋나더라도 면죄해 주고, 뜻이 악하면 법에 들어맞더라도 처형한다."는 論心定罪의 극단 명제로까지 표현하기도 한다.[31]

(2) 당률상 가벌 근거로서 故意(犯意)

이러한 형법(司法)의 대원칙은 물론 唐律도 근본 立法정신으로 계승하고 있다. 唐律疏議는 형법의 근본 처벌대상이 죄악의 주관 동기로서

---

28) 秦簡, 法律答問, 164 · 207면 참조.
29) 董仲舒, 春秋繁露, 玉杯편 참조.
30) 董仲舒, 春秋繁露, 精華편 참조.
31) 鹽鐵論, 刑德편 참조.

心·意·情에 있음을 자주 강조한다. 우선 가장 악질의 謀反·謀大逆의 不忠罪는 군주의 존재를 무시하는 마음(無君之心), 즉 惡心과 逆心에 있다.[32] 부모 생존시에 분가독립[別籍異財]하거나 봉양을 소홀히 하는 不孝罪도 내면의 '情에 지극히 효성스러운 마음이 없는' 데에 존재한다.(§6) 특히, 각종 共謀罪의 경우에는 本情에서 협동·화합하여 計謀한 자만 포함하며, 본래 情을 함께 하지 않고 무력위협 등에 의해 강제로 동원당한 자는 원칙상 제외한다.(§251) 그리고 궁궐 내에서 언성을 높여 다투는 행위도 공경스럽고 정숙한 情이 없기 때문에 처벌한다.(§311) 부모님이나 기타 존속혈친을 고발하는 告親罪도, 이들을 범죄형벌에 빠뜨리려고 하는 惡한 情을 특히 중시한다.(§345)

그리고 일반범죄로서 각종 謀殺(§252~§256)처럼, 행위의 결과발생은 물론 실행의 착수여부와도 관계없이, 두 사람 이상이 단지 모의·계획한 사실만으로도 독립 범죄를 구성하는 것은, 바로 이러한 原心定罪의 전형이다.(이미 언급한 謀反 등도 마찬가지임.)[33] 특히 '憎惡'하는 마음에서 부적·圖書·언어 따위의 각종 저주로써 타인을 살상하려고 한 행위는, 어떤 구체적 실행에 직접 착수했음을 객관상 확인하기도 어렵고, 그 결과발생을 기대하기도 어려운 迷信인 경우가 많다. 이렇게 순수한 주관 唯心의 행위조차 謀殺에 준하여 다소 감경 처벌하는 사실은 原心定罪의 절정을 이룬다.(§264)[34] 또한 共謀竊盜罪(§298)나 同謀共毆傷人(§308)과 같

---

32) 沈家本은 漢律의 규정을 근거로, 謀反과 大逆이 본디 한 가지인데, 다만 (謀)反은 모의에 그치기만 해도 처벌하고, 大逆은 이미 실행한 경우에 처벌하는 점이 다르다고 정의하기도 한다. 漢律, 卷3, 賊律1, 大逆無道條(1414) 참조.

33) 秦簡, 法律答問(184면)에서는, 사람을 賊殺하려고 계획했다가 살해하지 못하고 체포당한 것을 謀(牧)라고 개념 정의한다.

34) 宋代에 한 妖人이 귀신에 의지하여 요술로써 사람을 저주하여 죽인 사건이 발생하였다. 사안이 상부에 올라가 의론하는 가운데, 법관 모두 상처가 없다는 이유로 유죄판결을 주저하였다. 이에 梁適은 "칼로 살해하는 경우에는 오히려 저항하거나 피할 수 있지만, 저주로써 살인하면 어떻게 면할 수 있단 말인가?"라고 강력히 주장하여, 결국 중형에 처하였다. 折獄, 卷4, 議罪, §92 참조. 이와 관련하여, 孟子(梁惠王上, §4)가 막대기에 의한 살인이나 칼에 의한 살인이 다르지 않듯이, 정치[暴政]에 의한 살인도 마찬가지라고 주장하는 논법을 참고할 만하다.

은 공동모의범죄가 단순한 共犯에 비해 형벌이 무거운 원인도, '한 마음으로 사전 계획한'(同心計謀) 주관적 情이 중대하기 때문이다. 물론 共謀범죄는 모의를 주도한 造意者를 무겁게 처벌한다. 일반 共犯에서도 범죄를 먼저 제의한 造意者를 正犯(首犯)으로 논하고, 나머지는 從犯으로 감경 처벌함이 원칙이다.(§42, §296)[35]

그리고 자신이 직접 범죄를 실행하지 않으면서 타인을 敎令(敎唆)하여 죄악을 저지르는 각종 간접 범죄의 경우에는, 正犯으로써 또는 正犯과 동일한 죄로써 논하는 것이 일반이다. 일찍이 晋律은 남을 폭행하도록 敎令한 행위가 폭행자와 동일한 죄임을 규정하면서, 다만 피교사자의 부모를 폭행하도록 교사한 경우에는 특수한 신분관계로 인한 가중처벌까지는 할 수 없음을 한정한 적이 있다.[36] 그런데 唐律은 90세 이상이나 7세 이하의 절대 형사책임무능력자를 敎令[교사]하여 범행한 경우에는, 敎令者만을 (간접)正犯으로 처벌한다. 피교사자가 의사능력 및 행위능력[智力]이 거의 없기 때문이다. 다만, 피교사자와 피해자 간의 특수한 신분관계(친족)로 인한 형벌의 가중 또는 감경처분은 교사자에게 적용하지 않는다.(§30)[37] 그리고 남을 범행하도록 속이거나 유혹하거나(행위자 자신은 범행인 줄 모르는 상태) 또는 교사한(행위자도 범행을 인지한 상태) 뒤, 그(범행자)를 손수 체포 또는 증오나 원한으로 남을 범죄에 빠뜨린 자들은, 모두 범죄자와 동일하게 처벌한다.(§378) 또한 남을 敎令하여 제3자를 誣告한 경우, 그 反坐의 책임은 행위자를 首(正)犯, 교사자를 從犯으로 각기 처벌한다. 만약 피교사자의 존친속이나 主人을 고발하도록 告

---

35) 실제 사법재판에서, 다수의 共盜 중 억울한 의심이 가는 사람을 별도로 심문하여, 共謀가 아니라 고용에 의해 참가했다가 중도에 위협에 의해 중지하지 못하고 부득이 범행한 사실을 밝혀내, 사형을 감면한 사례가 있다. 또한 군중의 반란모의에 대해, 그 처벌대상이 절대로 많아 그 중 특별히 극악한 주모자만 처형하고, 단순가담자는 감경 처벌한 경우도 있다. 折獄, 卷8, 矜謹, §275, §277 참조.

36) 晋書, 刑法志 참조.

37) 현행법의 간접정범에 해당하는 본 범죄유형에 관하여, 일찍이 秦律은 신장이 6尺 미만(미성년)인 자를 시켜 살인강도를 저지른(謀遣) 자는 車裂刑(磔)에 처한다는 구체 예를 거론하고 있다. 秦簡, 法律答問, 180면 참조.

親(干名犯義)罪를 교사한 경우에는, 피교사자는 친족관계로 인한 律上의 중벌을 받고, 교사자는 그보다 1등급 감경한 형벌에 처한다.(§357) 그리고 인명을 살상할 수 있는 毒蟲을 기르거나 비축하도록 교사한 경우에도, 행위자와 함께 絞刑에 처한다는 특별규정도 있다.(§262)[38]

이밖에도 주관의 마음이나 뜻을 특별한 처벌사유로 거론하는 경우가 적지 않다. 예컨대, 황제의 문서[制書]를 위조한 죄 및 관직을 사칭하거나 관원의 성명을 도용한 죄는, 그 위조나 사칭을 감행한 '뜻'[意]에 있다.(§367, §372) 그런데 위조한 인감이나 符節, 또는 훔치거나 습득한 인감·부절 등을 타인에게 빌려주거나 매각한 경우, 이를 빌리거나 매수하여 사용한 자도 '僞造'의 본죄로써 논한다.(§365·§366) 이들은 비록 손수 훔치거나 위조한 것은 아닐지라도, 그 본래 의도[情]의 간사함은 위조나 절도 자체와 전혀 다를 바가 없기 때문이다.[39]

(3) 犯意에 따른 살인죄의 분류

특히 살인은 객관 상황이나 방법보다 주관동기에 의해 여러 종류로 구분한다. 謀殺이 가장 중대함은 물론인데, 사전의 故意로 행해진 故殺도 마찬가지로 斬刑의 극형에 해당한다. 그리고 폭행으로 살인에 이른 경우는, 폭행 자체에 본래 '殺心'은 없었던 까닭에, 故殺보다 다소 가벼운 絞刑에 처한다. 그러나 흉기를 가지고 폭행하다가 살인한 경우에는, 본디 '해칠 마음'(害心)이 주관상 다분하기 때문에 故殺과 동일시한다.[40]

---

38) 이상 전통법의 敎令犯罪와 근대서구의 교사범·간접정범의 개념 비교는, 蔡墩銘, 唐律與近世刑事立法之比較硏究, 五洲出版社, 1962, 再版, 216-224면 참조.

39) 白判(下), §29 참조.

40) 張斐의 晉律注는, "알면서 범하는 것이 故이다"고 개념 정의한다.(晋書, 刑法志 참조) 한편, 漢律에는 '故意'의 의미에 해당하는 '故'의 개념이 널리 쓰이고 있다. 다만, 살인과 관련하여 '故殺'의 용어는 아직 나타나지 않고, 故와 함께 謀도 포함하는 듯한 좀 더 일반추상의 '賊'殺 개념이 적지 않게 나온다.(沈家本, 寄簃文存, 卷2, 論故殺條 참조.) 그런데 '賊'은 尙書에서도 이미 등장하여, 살인·상해·법질서파괴 등의 일반 의미로 해석하는데, 漢律上의 '賊'개념은 '해칠 마음이 있는'(有心傷害: 有心) 상태를 의미하는 것으로서, '賊殺'은 곧 唐律上의 故殺에 해당한다고 이해하

다만 상대방의 흉기사용에 대항하여 부득이 흉기로써 싸우다가 살상한 경우에는, 일반 폭행살인으로 다룬다.(§306) 또한 폭행 중에 옆 사람을 잘못 살해한 誤殺이나,(§336) 서로 악의 없이 장난하다가 致死한 戲殺 (§338) 등은 훨씬 감경 처벌한다. 그러나 비록 서로 동의하고 행한 장난 이라도, 칼과 같은 흉기를 사용하거나 높고 위험한 곳 또는 물속 등에 서 행해진 경우에는 다소 가중한다. 살인의 위험을 충분히 인식하였을 가능성이 높기 때문이다. 그리고 관리가 죄인을 체포하는 과정에서 죄 인이 무기로 저항하는 경우, 이를 쳐서 죽이거나 자살하도록 궁지에 몰 아넣은 경우에는 무죄다. 이는 정당한 법집행으로서 살해의 의도가 없 는 부득이한 자위행위기 때문이다.(물론 저항의사 및 저항행위가 없거나 저항할 수 없는 자를 해친 경우에는, 고의를 인정하여 처벌함은 물론이다. §452)

일반인이 야간에 까닭 없이 자기 집안에 침범한 자를 현장에서 즉시 살해한 경우에도, 살해의 고의가 없는 긴급한 정당방위로 인정받는다. (§269) 明淸律上에는 처나 첩이 남과 간통하는 것을 현장에서 목격하고 즉시 살해하는 행위를 처벌하지 않는 독특한 규정이 있다. 이 규정도 마찬가지 法理인데, 당시 현장에서는 묵인하였다가 시간이 지난 뒤 나 중에 보복한 경우에는 완전한 고의범죄를 구성한다.[41] 한편 부모님이나 조부모님이 자손을 살해하거나 주인이 노비·부곡을 살해한 경우, 그것

기도 한다.(漢律, 卷3, 賊律1, 1413면 및 卷5, 賊律3, 1463·1466면 참조.). 한편 晉 律 注에는, "특별한 변고 없이 갑자기 공격하는 것이 賊이다"는 개념정의가 '故'와 별도로 등장한다. 李悝의 法經에 盜法과 賊法이 나란히 등장한 이후, 北齊律에 이 르러서는 '賊盜'로 병칭하기 시작하였다. 이러한 일반개념상으로는, 사물을 해치거 나 劫取[강탈]하는 것이 賊이고, 단순히 슬쩍 훔치는 것이 盜라고 대비해서 정의한 다.(折獄, 卷7, 察賊, §225 참조)

41) 明律, 刑律, 人命, 殺死姦夫條 참조. 한편, 宋代에 음식을 훔쳐 먹는 사람을 주인이 때려죽인 사건을 지방관이 사형으로 심판했다. 그런데 杖刑에 불과하다는 강력한 이의를 제기하여, 조정에 보고한 결과 그대로 인정받은 경우가 있다. 이는 일반 상 호 폭행치사와 달리, 본래 살해의도[殺意]가 없는 과잉방위로 인하여 야기한 단순 과실치사인 '情理'를 참작한 것이다. 그러나 흉기를 사용하거나 시간이 지난 뒤 별 도의 장소에서 행해지거나, 혹은 심하게 난도질하는 등 살해의 의도가 분명한 경우 에는, 용서받지 못하게 된다.(折獄, 卷4, 議罪 §96 참조)

이 훈계나 징벌 등으로 인한 過失致死이면 처벌하지 않는 것이 원칙이다. 또한 夫가 처첩을, 또는 처가 첩을 과실로 살해한 경우에도, 惡心이 없기 때문에 무죄다. 그러나 폭행치사나 살인의 '本心'에 의한 故殺이면 처벌대상이 된다.(§322, §325, §329, §337)

그리고 사람을 아프게 한 유독성 음식물의 잔여물을 바로 소각하지 않고, 일부러 사람에게 주어 살상시키려고 한 행위는, 謀殺에 준하여 엄벌한다. 이는 '해치려는 마음'(害心)이 있기 때문이다.(§263) 시체를 손상시키거나 불태우거나 물에 버리는 등의 행위는 살인죄에 버금갈 만큼 중하게 다스린다. 이는 원칙상 시체를 해치고자 한 사악한 뜻(惡意)을 전제로 한다. 따라서 유언에 의한 火葬이나 水葬 등과 같이, 惡心이 없는 특수한 장례방법은 처벌대상에서 제외한다.(§266)

(4) 고의 없는 과실범의 감면

반면, 故意나 惡心 또는 本情이 없는 과실범죄는 감경 처벌하며, 때로는 아예 형벌을 면제해 주기도 한다.[42] 이는 근대 서양법을 계수한 현

---

42) 전통 중국법상 '過失' 개념이 근대서구 법률용어상 '과실'과 완전히 일치하지 않음은 물론이다. 우선, 역대 律令上 등장하는 용어만도 크게 '過失'·'失'·'誤'의 세 가지가 있으며, 이와 밀접히 관련한 '戱'(殺傷)의 용어도 있다. 張裴의 晋律注에는, "알면서 범하는 것이 故이고, 그럴 것이라고 생각한 것이 失이며, 양방이 다투면서 서로 공격하는 것이 鬪이고, 양방이 합의 아래 서로 다치게 한 것이 戱이며, 무단히 갑작스럽게 습격하는 것이 賊이고, 뜻하지 않게 잘못 범한 것이 過失이다."고 정의한다.(晋書, 刑法志) 그런데 唐律의 규정을 중심으로 살피면, '過失'은 人命殺傷의 경우에 한정해 사용하고, '失'은 관리의 공무상 과실을 표현하며, '誤'는 문자 그대로 일반 잘못·과오로서 상황·대상이나 자신의 행위에 대해 오인·오해가 있어 방법·수단·행위를 잘못한 것을 지칭한다.(西田太一郎, 中國刑法史硏究, 130-9면 참조) 그러나 誤는 故와 대비로 병칭하여, 고의에 상응하는 과실의 의미를 포함하기 때문에, '錯誤'에 국한하는 것은 아니다. 따라서 근대 서구법처럼 과실과 착오를 엄격히 구분하지 않는 점도 주의할 필요가 있다.

그러나 일찍이 周禮, 秋官, 司刺의 직책으로 거론하는 三宥는 不識·過失·遺忘이다. 鄭司農의 注에 의하면, 不識은 어리석은 일반 백성이 알지 못하는 것(보통 法令의 착오로 이해함)을 용서하는 것이고, 過失은 漢律上의 과실살인은 사형에 처하지 않는 것이라고 해석한다. 반면 鄭玄의 注에 의하면, 不識은 不審[잘 살피지 못한 것]으로서, 甲에게 복수해야 하는데 乙을 甲으로 잘못 보고 살해한 대상의 착오를

행 형법체계에서도 보통 고의책임이 원칙이고, 과실범은 본조의 구성요
건에서 특별히 처벌한다고 명문으로 규정한 경우에 한하여 처벌하는 것
과 비슷한 법리라고 이해할 수 있다.

예컨대, 비록 입으로 謀反의 말을 진술했어도, '本心에 眞實한 計謀가
없는' 경우 流刑으로 감경 처벌하며, 謀逆이나 謀叛의 경우에는 律令에
명문의 규정이 없으므로 不應爲重罪로서 杖80에 그친다.(§250)[43] 남의
무덤을 발굴한 경우에도, 무덤이 있는 줄 모르고 땅을 파다가 시체를
발견한 뒤, 이를 다시 매장하지 않거나 훔친 때는 원래 '惡心'이 없었던
정상을 참작해 감경 처벌한다.(§277) 본래 다른 사유로 남을 폭행하다가
그로 말미암아 재물을 탈취한 행위는, 이른바 '先强後盜'로서 强盜罪로
논하는 게 원칙이다. 다만, 본디 재물을 탐낸 '盜心'이 없었던 점을 감
안해, 그 죄가 탈취한 재물의 수량에 따라 死刑에 이르는 경우에는, 加
役流(勞役을 부가하는 流刑)에 그치도록 규정한다.(§286) 官物이나 남의 기
물·수목·비석 등 재물을 과실로 훼손하거나 유실한 경우, 원상회복이
나 손해배상 의무만 부과하고 형사책임은 묻지 않는다.(§442, §443)

특히, 失火나 過失溢水로 남의 재산에 손해를 끼친 경우에는, 형사처
벌만 하고 민사 배상책임은 면제한다.(§434)[44] 이는 본디 과실범으로 형

가리키고, 過失은 도끼로 나무를 치려다가 잘못하여 사람을 맞힌 경우이며, 遺忘은
장막 안에 사람이 있는 것을 잊어버리고 화살을 쏜 것에 해당한다.(十三經注疏, 539
면). 기타 전통 중국법상의 過失과 錯誤 일반에 관하여는, 西田太一郎, 위의 책,
121-151면을 참조. 특히 淸律上의 過失에 관하여는, 中村茂夫, 淸代刑法硏究, 東京
大學出版會, 1973년, 17-150면 참조.

43) 唐 則天武后 때 절대 권력을 확립하기 위해 密告를 장려하여 공포정치를 실시하였
다. 그로 인해 誣告와 혹형의 남용이 치성하였다. 한번은 집안간의 분쟁으로 인하
여 서로 反逆罪를 고발하여 37인이 연루한 사건이 있었는데, 刑曹에서는 斬刑과 광
범위한 가족 연좌형을 판결하였다. 이에 徐有功은 律文의 본 규정을 인용하면서 流
刑으로 감경 처분한 뒤, 나중에 사면을 만나 석방하도록 의론한 적이 있다. 通考,
卷170, 刑考9, 詳讞(1471) 참조.

44) 秦律에는, 官舍에 거주하는 관리가 失火로 그 건물을 태운 경우, 비록 公物이 함께
끼어 있더라도 그 배상책임을 면제한다는 규정이 보인다. 다만 형사책임에 대한 언
급은 보이지 않는다. 그러나 일반실화로 里門이나 城門을 소각한 경우에는 형벌을
받는다. 秦簡, 法律答問, 219면 참조.

벌을 면제하고 민사배상책임만 지워야 마땅하나, 물불로 인한 피해가 보통 엄청 커서 일반 개인이 손해배상을 감당할 수 없기 때문에, 특별히 민사배상책임을 형벌로 대체·전환한 것으로 이해할 수 있다. 현대에도 물불로 인한 손해는 보험으로 손해배상을 해결하는 법리를 보라!

한편, 가축으로 인한 인명·재산상의 손해가 발생한 경우, 그 주인(소유자)이나 관리책임자의 주의의무에 대한 고의과실 책임의 규정이 있다. 예컨대, 개가 스스로 남의 가축을 살상한 경우에는, 주인이 그 손실 가액의 전부를 배상하고; 기타의 가축이 서로 살상한 경우에는, 그 손실 가액의 절반을 배상해야 한다.45) 주인이 고의로 방종하거나 시켜서 발생한 손해에 대해서는, 가축에 대한 고의살상의 책임(형사책임도 포함)을 진다.(§206) 개는 비교적 총명하고 활동적이며 공격적이기 때문에, 다른 가축에 비해 주의의무를 배가시키는 것이다. 그리고 일찍이 사람을 물거나 들이받거나 걷어찬 적이 있는 사나운 요주의 가축에 대해서는, 令에 의해 특정한 표지를 해야 한다. 이를 어겨 인명 살상을 초래한 경우에는 (주인 자신이 살상한 것과 같은) '過失'죄로 贖刑에 처하며, 만약 고의로 방종 또는 사주한 경우에는 鬪殺傷[폭행치상·치사]죄에서 1등급 감경한 實刑을 부과한다. 다만 고용한 가축관리인이 있거나, 피해자가 괜히 가축을 건드려 살상을 야기한 경우에는, 소유자는 책임이 없다.(§207) 또한 官私 가축을 방목하여 公物이나 사유재산을 손상시킨 경우에는(곡식을 먹는 경우 포함) 笞30의 처벌을 받고, 그 피해액이 큰 경우에는 贓物罪까지 져야 한다. 다만 과실로 인한 경우에는 2등급 감경 처벌하되, 그 손해는 배상해야 한다. 官의 가축이 官物을 손상시킨 경우에는 관리자만 형사 처벌하며, 민사상의 손해배상책임은 면제한다.(§209)46)

---

45) 白判(下) §21에는, 소가 말을 들이받아 죽인 사건에서, 말의 전 가액을 배상하라는 청구에 대해, 방목처에서 자연 발생한 것으로 주인의 고의가 없으므로, '情理'상 과실로 논하여 '律典'의 규정에 의해 그 반액을 배상함이 타당하다고 판결한다.

46) 秦律에는, 신장 6尺 미만의 미성년이 말을 스스로 사육하는데, 그 말이 사람에 놀라 타인의 곡식을 먹은 경우에는, 형사책임은 물론 손해배상책임도 지지 않는다는 단편 내용이 보인다. 秦簡, 法律答問, 218면 참조.

⑸ 법제사상 과실범죄에 대한 감형 논쟁

역대 법제사상 과실범죄에 대한 감형처분의 논쟁으로 특기할 만한 사례가 몇 건 있다. 漢 文帝의 행차가 다리를 지날 때, 한 사람이 행차가 다 지난 줄 알고 다리 밑에서 걸어 나와 말을 놀라게 한 일이 있었다. 이 사안에 대해 張釋之는 과실범으로 벌금형에 처했는데, 황제가 너무 가볍다고 노하자, 법의 공평성과 법관직책의 독립성으로 조리 있게 설득한 것이다.[47) 後漢 明帝 때에는 형제가 공동으로 살인한 사건에 대해 主從을 논의한 끝에, 형은 도의적 책임이 무겁다는 이유로 사형에 처하고, 아우는 감형한다는 판결을 내렸다. 이 때 詔書를 선언하는 관리가 두 사람 모두 사형에 처하는 것으로 잘못 말하여, '矯制'죄(詔書의 내용을 임의로 바꾼 죄)로서 腰斬刑에 해당한다는 논의가 일었다. 이에 郭躬이 "법령에는 고의와 과실이 있다"며, 詔書 선언행위는 과실로서 가벼운 형벌에 해당한다고 의론한 것이다. 이에 황제가 그 관리와 죄수가 同鄕이라는 이유로 고의가능성을 의심하였다. 곽궁은 "周道는 숫돌처럼 평평하고 화살처럼 곧다."는 詩句와, "군자는 타인의 詐欺를 자의로 지레짐작하지 않는다."[君子不逆詐]는 공자의 말을 인용하여, 법의 객관적 공평무사를 강조함으로써 황제를 수긍시켰다.[48) 또한 같은 明帝 때 詔書에 十을 百으로 잘못 처리한 일이 발생하자, 황제가 노하여 즉석에서 笞刑을 시행하려고 하였다. 이에 鍾離意가 입실하여, "過誤의 실수는 일반 사람에게 누구나 흔히 있을 수 있는 일이다."고 일깨우면서, 직무태만의 허물을 묻자면 지위가 높은 자신의 책임이 크다고 처벌을 자청하여, 그 분노를 가라앉힌 적이 있다.[49)

이밖에도, 南朝 宋代에 한 사람이 새를 잡는다고 화살을 쏜 것이 잘못하여 행차중인 장수한테 맞았는데, 비록 상처는 없지만 법률상 棄市刑에 해당하였다. 이에 何承天이 "소송심판은 情을 중시하여 의심스러

---

47) 漢書, 卷50, 張釋之傳 참조.
48) 後漢書, 卷46, 本傳 및 折獄, 卷4, 議罪 §78; 漢律, 卷4, 賊律2, 矯制條 등 참조.
49) 後漢書, 卷41, 本傳 및 漢律, 卷11, 具律 3, 鞭杖條(1579) 참조.

운 경우에는 관대히 처분한다."는 원칙을 천명한 뒤, 漢 文帝의 고사를 인용하였다. 활 쏜 사람의 뜻이 새를 잡는 데 있지, 사람을 맞히는 데 있었던 것이 아니므로, "과오로 사람을 상해한 자는 3년형에 처한다."는 律文의 규정에도 해당하지 않으며, 본죄는 벌금형이면 충분하다고 의론하였다.50) 唐 德宗 때에는 한 玉工이 황제의 腰帶를 세공하다가 실수로 玉을 훼손하여, 시장에서 비슷한 玉을 구해 보충해 넣었는데 그만 들통났다. 황제는 그의 은폐기만행위에 노하여 사형을 명했다. 이에 柳渾이 황제의 의복기물을 과오로 손상시킨 행위는 법상 杖刑에 불과하다고 간언하여, 玉工의 사형을 면해 준 적도 있다.51) 唐 太宗은 궁중의 한 관리가 황제의 주방에 私藥을 가지고 들어간 행위에 대하여, 신하가 중형으로 처벌하자고 건의함에도 불구하고, 착오로 인한 것이라며 사면해 주었다.52) 그런가 하면 明 成祖는 刺字刑을 범한 죄인을 "사람이 누군들 과실이 없겠는가?"라며 용서하여 주고, 또한 初犯을 대부분 관대히 사면해 주면서 개과천선을 기대하기도 하였다.53)

　무엇보다도 주목할 만한 특징은, 사람을 '過失로 殺傷'한 범죄도 實刑을 집행하지 않고 벌금으로 贖罪한다는 원칙이다.(§339) 다만 자손이 부모·조부모님을 過失로 살해한 流罪와, 期親 이상의 존속·외조부모님·남편·남편의 조부모님 등을 과실로 살상한 徒罪의 경우에는, 예외로 벌금에 의한 속죄가 되지 않는다.(§11)54) 또한 전술한 大不敬罪 중에

---

50) 南史, 卷33, 本傳 및 折獄, 卷4, 議罪, §81 참조.
51) 唐書, 卷142, 本傳 및 折獄, 卷4, 議罪, §86 참조.
52) 唐會要, 卷40, 君上愼恤條(717) 참조.
53) 明會要, 卷64, 刑1, 刑制條(1237) 및 卷66, 刑3, 寬恕條(1274-5) 참조.
54) 漢律은 정신병으로 미쳐 本性을 상실한 자의 살인행위에 대해 감형할 수 있었으나, 한 사람이 미치광이 병이 발작해 모친과 아우를 살해한 후 사면령을 만난 사안에서, 감형을 부인하고 梟首刑에 처한 일이 있다. 漢律, 卷5, 賊律3(1469) 참조. 한편, 부친이 남과 싸우는데 남이 부친을 칼로 찌르는 것을 보고, 아들이 몽둥이로 그를 친다는 것이 잘못하여 부친을 맞혀 상해한 사안이 있었다. 이에 대해 原心定罪의 원칙에 입각한 董仲舒의 春秋決獄은, 律文에서 梟首로 규정한 부친구타죄로 처벌할 수 없다고 판결한다. 太平御覽, 卷640 ; 漢律, 卷5, 賊律3(1457) 및 程樹德, 九朝律考(上), 漢律考7, 春秋決獄考條 (臺灣商務印書館, 1973, 臺2版, 198-9면) 참조.

서, 군주의 약을 과실로 本方과 달리 처방하거나 조제한 행위,(§102) 군주의 음식을 요리함에 과실로 금기사항을 범한 행위,(§103) 군주가 사용할 선박을 과실로 부실하게 제작·관리한 행위(§104) 등에 대하여는, 이를 주관한 의사·요리사·목공을 絞刑에 처한다. 그런가 하면, 국가에 전쟁이 터져 병력을 동원하는데 그 징발을 회피하거나 지체한 행위에 대하여는, 고의와 과실을 불문하고 모두 참형에 처한다.(§230)

이처럼 부모님에 대한 不孝나 군주에 대한 직무상의 중대한 不忠, 그리고 국가 중대사에 관한 不忠 등에 대하여는, 법의 가장 기본원칙인 과실범의 개념을 인정하지 않는다. 이는 忠과 孝의 윤리도덕을 강조하는 통치이념에서, 자손과 신하의 각별한 공경과 존중의 주의의무를 강화함으로써, 실질상 無過失責任을 요구하는 法理로 이해할 수 있다.[55] 서구 근대법의 '업무상 중과실' 개념과 대비하여 음미해 본다면, 아마도 전통 중국법의 '신분상 중과실'로 불러도 괜찮을 성싶은 독특한 法理다.

3. 범죄의 객관 사실로서 情

이는 범죄(법률행위)를 성립시키는 제1차 구성요건일 뿐만 아니라, 형벌경중을 결정하는 중요한 요인이 된다. 情狀·情況·事情·實情 등의 개념이 그것인데, 때로는 순수한 객관 사실 이외에 죄인의 주관 동기로서 情도 함께 뒤섞여 복합 의미를 가리키는 경우도 많다. 물론 이는 故意나 惡心과 같은 순수한 내면의 心理적·意志적 情을 뜻하는 게 아니

---

55) 일찍이 唐 太宗 때 長孫無忌가 황제의 부름을 받고 입궐하면서, 허리에 찬 칼을 풀지 않고 上閣에까지 이르렀다. 이에 궁문 수위장교의 불찰죄는 사형에, 그리고 無忌는 八議에 의해 贖刑으로 각기 의론하였다. 그런데 戴胄가 無忌의 오만불손과 법적용상의 불공평성을 반박하기 위해, "신하와 자식은 군주와 부모에 대해 과오를 일컬을(변명할) 수 없다."는 대원칙을 천명하였다. 한 사건의 같은 과실죄를 다르게 처벌할 수 없다고 반박해, 황제가 마침내 모두 사면하였다. 唐會要, 卷29, 議刑輕重條(707) 및 折獄, 卷4, 議罪, §83 참조. 한편, 秦律에서는 人戶·牛馬 및 가액 660錢을 초과하는 재산에 관한 과실을 "大誤"[중과실]라고 개념 규정한다. 다만, 이에 대한 구체 법률효과는 전해지지 않아 알 수 없다. 秦簡, 法律答問, 242면 참조.

라, 범죄인이 구체로 처한 주관적 환경상황을 뜻한다. 이 情이 행위의
구체 결과로서 범죄사실의 情과 불분명하게 섞여 쓰이는 것이다.

우선 순수한 객관 사실은 그 자체가 범죄성립의 핵심요소가 된다. 법
에서 법률행위 구성요건으로서 특별히 거론하는 객관사실로서 情은 소
극적 · 부정적 개념으로 규정하는 경우가 일반이다. 즉, 實情을 말하거나
행하여야 할 의무를 소극으로 어기거나, 사리사욕을 위해 虛僞를 적극
실행하는 행위가 모두 해당한다. 여기에도 행위자의 주관 악의나 고의
의 情을 기본전제로 함은 물론이다. 예컨대, 家長이 戶口를 누락하거나
가족의 연령 및 상황을 사실과 다르게 증감하는 행위,(§151. 부역회피가 있
는 경우 가중 처벌한다)56) 또는 관리가 천재지변으로 인한 농사재해 상황을
事實대로 조사보고하지 않은 경우,(§169) 건축토목공사의 자재 및 인력의
예산편성 · 집행 보고를 사실과 다르게 한 경우,(§240) 戶籍 및 인구를 누
락하거나 연령 · 상황 등을 사실과 다르게 증감해 작성 · 보고한 경우,
(§150~§153) 황제의 문서나 官文書를 잘못 작성하거나(§114) 기타 實情과
다르게 처리 · 응대한 경우(§17) 등이 있다.

특히, 이에 속하는 전형 범죄로 각종 誣告罪와 詐僞罪를 들 수 있다.

① 誣告罪 : 誣告란 타인을 해치기 위하여 虛僞의 범죄事實을 고발하
는 행위다. 전혀 事實무근한 허위가 아니더라도, 고발한 내용이 事實과
경중 · 다소가 다른 경우에는, 그 차이에 의해 처벌하는 것이 원칙이
다.57) 다만 '本情'이 誣告가 아닌 경우에는 감면해 주기도 한다.(§341~
§347, §350)58) 주지하듯이, 가혹한 法治로 절대 군주권을 확립하려는 법

---

56) 일찍이 秦律도 戶口隱匿罪에 대한 상세한 규정을 두고 있다. 秦簡, 秦律雜抄, 傅律
條 143면 참조. 그리고 漢代에는 인민이 각종 租稅를 사실과 다르게 신고한 경우에
는 家長을 벌금형에 처했는데, 특히 賣酒나 일반상인들의 영업자본에 대한 허위신
고와 은폐는 고발을 장려하여 포상하기도 하였다. 漢律, 卷14, 戶律1(1436-8) 참조.
57) 고발을 적극 장려한 秦律도, 그 고발내용이 사실과 차이나는 경우에는, 그 차액만
큼의 '허위'고발(誣告)에 대한 죄책을 묻는다. 예컨대, 110錢을 훔쳤다고 고발했는
데, 실제로 100錢만 훔친 경우에는, 10錢의 무고책임을 진다. 다만, 고발수량과 실
제 범행수량이 동일한 형량등급에 속하여, 실질상 형벌가중 결과를 초래하지 않는
경우에는 논죄하지 않는다. 秦簡, 法律答問, 167-9면 참조.

가의 통치술에서는 告奸을 적극 장려하고 법적 의무로까지 강요하였다. 秦律 이래 중국 역대律令은, 비록 정도의 차이는 있지만, 이에 관한 상세한 규정을 두고 있다.[59] 또 한편으로는 그로 인한 남용 및 악용의 폐단을 방지하기 위해, 사실무근한 고발을 금지하는데, 이것이 誣告罪다.

흥미로운 사실은, 일반범죄에 대한 고발을 장려·강요하는 강도에 비례하여, 무고죄에 대한 금지·처벌의 정도도 매우 엄격한 점이다. 즉, 무고자에게는 원칙으로 그 무고한 범죄에 해당하는 형벌을 거꾸로 부과하는 '反坐'제도를 시행했다.(§342)[60] 그래서 법은 타인의 범죄를 고발할 때는 반드시 고발자의 성명은 물론 年月과 犯罪事實을 명확히 진술하도록 요구하며, 이를 위반한 고발은 수리하지 못하도록 규정한다.(§355)[61] 이는 물론 사사로운 원한을 보복하거나 또는 포상을 탐내 발동하기 쉬운 간사한 죄악을 두절하고, 그로 인한 불필요한 소송의 범람이 초래할

---

58) 宋代 한 관리가 元昊가 반드시 반역할 거라고 상소했다가 무고죄로 좌천당했다. 이 듬해 元昊가 실제로 반란을 일으켜 西夏를 세우자, 상소한 자가 무고가 아님을 제소했다. 수리하지 않자, 거주지에서 몰래 도망쳐 수도에 가서 다시 상소했다. 관리로서 소재를 일탈한 도망죄가 문제였으나, 반역고발의 사후실현을 이유로 석방하였다. 折獄, 卷4, 議罪, §98 참조. 先見之明과 惑世誣民(誣告)의 차이가 얼마나 날까?

59) 秦簡, 法律答問, 207-211면 참조.

60) 예컨대, 漢 宣帝는 80세 이상은 원칙상 형사책임을 면제하도록 명령하면서, 유일한 예외로 人命殺傷罪와 무고죄만은 처벌하도록 제한한 적이 있다. 漢書, 宣帝紀, 元康 4年 및 漢律, 卷6, 囚律, 誣告條(1476-8) 참조. 明 孝宗 때에도 誣告罪에 대하여, 70세 이상이나 15세 이하 및 廢疾者는 收贖의 律文規定에도 불구하고 본죄로 처벌하며, 80세 이상 및 篤疾者는 (자손 대대로) 영원한 변방수비형의 경우 자손을 대신 보내고 (종신)充軍 이하의 범죄만 면제해 주도록 개정한 적이 있다. 明史, 刑法1; 明會要, 卷66, 刑3, 矜老弱條(1278) 참조. 그리고 明初에 太祖와 成祖는 선량한 사람의 억울한 누명을 예방하기 위해, 謀反과 비방의 무고죄를 엄히 다스리라고 특별히 분부하기도 하였다. 明會要, 卷65, 刑2, 決斷條(1263-5) 참조.

61) 모반대역 이외에는 고발 자체를 수리하지 못하며, 고발한 자는 그 죄로 처벌한다는 反坐法을 시행하였다. 三國 魏初에 한 관리가 금지구역 내에서 몰래 수렵한 자를 고발하여, 황제가 고발자의 이름을 감추고 被告者를 의법 처결하라고 명령한 일이 있었다. 이에 廷尉인 高柔가 고발자의 성명을 요구하자, 황제는 자신의 권위에 대한 도전으로 여겨 분노하였다. 廷尉는 천하의 공평한 법관으로서 황제의 희노감정에 의해 법을 어길 수 없다고 주청하여, 결국 피고자와 함께 고발자도 의법 조치한 사례가 있다. 折獄, 卷4, 議罪, §79 참조.

행정 낭비를 절감하기 위한 형사정책상 입법이다. 특히, 誣告를 예방하기 위해 匿名投書(飛書)를 엄격히 금지한다.62)

② 詐僞罪 : 詐僞란 眞實하지 않은 가짜를 만들어 내는 각종 僞造罪(§362~§366)와, 진실을 숨기거나 거짓을 말하는 다양한 詐欺罪(§367~§388)를 총망라한다. 특히 당률에서는 독립의 篇名을 이룰 정도로 비중이 크다.63) 이중 '詐'는 추상적인 事를 목적으로 하고, '僞'는 구체적인 物을 대상으로 삼아, 원칙상 양자의 구별이 확실하다. 즉, '僞'란 옥새나 기타 관청의 인감·符節 등과 같은 구체 물건을 가짜로 만드는 '僞造'를 뜻하고,64) '詐'란 각종 신분(관원·嫡長子)이나 사리·상황(질병·부모님喪) 등을 거짓으로 속이는 '詐稱'을 지칭한다. 다만, 각종 문서에 대해서는, 僞造라는 개념 대신 詐僞라는 용어를 쓰는 점이 특기할 만하다. 이는 문서의 외부형식으로서 구체 '物'건의 성격보다는 실질내용의 不實이라는 추상 '事'건의 성격을 중시하기 때문일 것이다.

이 중에서 특별히 언급할 만한 범죄로는, 관직을 물러나지 않기 위해 부모님 喪을 숨기거나, 반대로 부모님 喪을 사칭해 휴가를 청하거나 의무를 회피하는 경우,(§382) 질병이나 신체장애를 사칭해 부역을 회피하거나 검사에 不實하게 응하는 경우,(§381, §384)65) 의원이 처방과 다르게 약을 조제하여 부당하게 재물을 취한 경우,(§382) 증인이나 통역관이 사

---

62) 일찍이 秦律도 (익명)投書는 펴 보지도 말고 소각하도록 규정한다. 투서한 자를 체포한 경우에는 소각하지 않고 논죄의 증거물로 삼으며, 투서자의 신고 및 체포에 대하여 후하게 포상한다. 秦簡, 法律答問, 174면 참조. 漢律은 투서자를 棄市의 극형에 처했는데, 魏代에 다소 가볍게 개정했다. 漢律, 卷6, 囚律, 投書條, 1478 참조.

63) 漢律에 이에 해당하는 범죄를 다수 규정하여 엄중히 처벌했는데, 詐取·詐疾·盜鑄錢·非子·非正(嫡) 등이 그것이다. 漢律, 卷4, 賊律2, 詐僞條(1439-1444) 참조.

64) 다만, 동전 위조는 唐律상 雜律에 들어있으나, 明·淸律은 刑律·詐僞편에 분류한다. 律文 표제는 모두 '私鑄(銅錢)'으로 되어있고, '僞'字를 직접 쓰지 않는 것이 특징이다. '私'가 法의 '公'적 속성에 대응하는 불법 개념으로 쓰임을 음미할 만하다.

65) 明 孝宗 때 浙江의 한 사람이 充軍罪를 범하여 변방에 이송 도중, 질병을 칭탁하여 치료받겠다고 귀가한 후, 條例를 援用하여 贖罰金을 납부한 사건이 발생하였다. 이에 이송호위관을 파직하고 범인은 원래대로 이송한 뒤, 해당지역의 속벌금 납부사건을 모두 재조사한 적이 있다. 明會要, 卷64, 刑1, 刑制條(1241) 참조.

실과 다르게 거짓으로 진술한 경우(§387) 등이 있다. 이러한 경우는 모두 事實情況을 은닉·왜곡하거나 가감·손익한 죄악을 다스린다.

③ 형벌의 경중을 결정하는 情狀 : 한편, 구체적 형벌의 경중을 결정하는 기본요소로서 情은 대체로 주관·객관의 종합상황을 뜻한다. 이러한 情狀·情況은 물론 司法상 재판과정에서 현실로 참작하기도 하지만, 입법 단계에서 미리 고려하는 경우도 적지 않다. 예컨대, 같은 도둑이지만 절도와 강도는 罪狀이 같지 않기 때문에 별도의 죄목으로 분리한다. (§288) 共謀罪에서는 주모자가 首犯이며 단순가담자는 從犯인 것이 원칙인데, 공모한 집단폭행상해죄의 경우에는 실제 情狀에 의거하여 구체 폭행 사실이 중대한 자를 重罪로 처벌하고, 元謀者는 오히려 1등급 감형해 주며, 단순 가담한 從犯은 또 1등급 더 감형한다. 물론 元謀者가 실제로도 가장 심하게 폭행하였으면, 그가 主犯으로서 重罪를 지며, 나머지는 모두 2등급씩 감형한다. 또한 사망에 이른 경우에는 가장 직접 결정적 死因을 제공한 자가 重罪를 진다. 그리고 공동모의하지 않은 임시우발의 집단폭행의 경우에는, 각각의 상해결과에 의해 개별로 처벌하되, 사실을 분별하기 어려운 경우에는 최후의 폭행자를 重罪로 삼는다. 亂打로 선후와 경중을 분간할 수 없는 경우에는, 주모자와 맨 처음 폭행한 자를 重罪로 처벌한다.(§308) 권세나 富豪 등의 위력을 빙자하여 타인을 시켜 폭행한 자는, 비록 직접 실행하지 않았더라도 重罪의 책임을 지며, 직접 실행한 자는 1등급 감형한다.(§309)

그 중에서 특히 용납하기 어려운 情狀의 경우, 酌量減輕의 대상에서 명백히 제외하거나 오히려 가중처벌하기도 한다. 예컨대, 80세 이상이나 10세 이하 또는 심한 篤疾者는 원칙상 상대적 형벌책임무능력자이지만, 謀反·大逆이나 사형에 해당하는 살인을 범한 경우에는, 그 情狀을 획일로 완전히 면죄해 주기 어려우므로, 황제에게 奏淸하여 개별·구체로 처결하도록 규정한다.(§30) 그리고 폭행 중에 과오로 옆 사람을 살상하거나, 甲인 줄 알고 乙을 잘못 살상한 경우와 같이, 이른바 대상(객체)의 착오는 죄책의 경감사유가 못된다. 원래 殺心을 지니고 구체적인 폭

행의 情狀까지 갖추었기 때문이다.(§336)

물론 감면의 사유로 참작하는 정상도 있다. 예컨대, 謀反·大逆 등의 중대한 죄를 알거나 고발 받은 관원은 즉각 출동해 체포해야 한다. 반 나절을 지체하면 고발하지 않은 죄와 똑같이 처벌하는데, 다만 그 수가 많고 위세가 강하여 체포에 필요한 인력과 兵器를 준비하느라고 지체한 경우에는 무죄다.(§340) 또 제방 등을 제때 수리하지 않아 水害 등을 초 래한 담당관원은 엄하게 처벌한다. 다만, 비정상의 홍수와 같이 인력으 로 막을 수 없는 자연災害의 경우에는 죄를 묻지 않는다.(§424) 그리고 牛馬는 다른 가축과 달리 농경과 兵戰의 필수품으로 매우 중시하기 때 문에, 타인은 물론 주인도 원칙상 도살할 수 없다.(§203) 남의 마소를 훔 쳐 도살한 경우에는 徒2年半으로 더욱 가중 처벌하며, 만약 그 가액에 의한 일반절도죄의 형량이 이를 초과하면 일반절도죄보다 1등급 가중한 다. 그런데 지방풍속에 따라 농경이나 수레에 사용하지 않는 마소를 훔 쳐 도살한 경우에는, 정상을 참작하여 일반절도죄로 논한다.(§279)

4. 타인의 범죄사실에 대한 주관적 인식으로서 '知情'

'어떤 사정을 안다'는 '知情'의 일반 의미는 본디 현대법의 '惡意'에 대체로 상응하는 법률용어다. 그러나 현대법에서는 주로 민상사 거래관 계에서 '어떤 특수한 사정을 모르는' '善意'의 제3자의 이익과 거래의 안전을 보호하기 위한 법률요건으로 중요한 비중을 차지한다. 반면, 전 통 중국법에서는 사회 전체의 안전망과 통치체계 유지를 위해 주로 형 법과 행정법상 連坐책임 부과의 법률요건으로 중시하는 게 다르다. 이 러한 독특한 차이점을 염두에 두면서 전통법상의 '知情'의 법적 의미를 차례로 살펴보기로 한다.

범죄를 예방하는 방법으로 범죄 자체의 직접 원인 및 동기를 제거하 거나 범죄자 자신을 처벌하는 일이 가장 중요한 기본임은 물론이다. 義 理에 근거한 禮法으로써 인간의 감정욕구를 절제시키고 다스리거나, 인과응보의 형벌로써 심리강제 효과를 기대하는 것이 그 전형 방법이다. 그러나 한편 범죄는 범죄주체의 단독 요소에만 기인(因)하는 것이 아니라, 흔히 주변 환경과 상호 긴밀한 연관성(緣) 속에서 이루어지는 것이 일반이다. 범죄의 사회적 원인과 책임이나 범죄에 대한 정상참작의 이론근거가 바로 여기에 존재한다.

따라서 범죄를 예방하는 또 하나의 중요한 간접 방법으로는, 범죄주체에게 사전 원인(緣分)을 제공·조장하거나 사후에 범죄목적을 완성하고 그 효과를 파급하는 데 촉매역할을 하는 주변의 상관요소를 제거하는 일이다. 범죄인 줄 알면서 적극 이에 가담·협조하거나 또는 이를 소극으로 묵인·허용하는 행위를 처벌하는 법규정들이 모두 이에 해당한다. 대개 범죄 자체의 사회적 해독성이 비교적 큰 경우나 또는 관리들의 행정 감독책임을 강화하기 위한 직무 등에 이러한 법규정이 많다. 특히 禮義와 같은 사회 윤리도덕을 강조하고 중앙집권의 절대法權을 요구하는 전통사회의 본질 특성으로부터 말미암는 내용이 적지 않다.

(1) 행정관료의 관리감독 소홀 책임

범죄인 줄 아는 상태, 즉 객관 범죄事實을 주관으로 인식하는 '知情'의 요건을 범죄행위로 규정하는 가장 두드러진 영역은, 관원들의 각종 직무상의 관리감독책임을 규정하는 行政法 분야다. 우선 자신의 직무와 직접 관련하여 타인의 범죄행위가 발생한 경우, 해당 관원이 그 사실을 사전에 알았으면 그 범죄인과 동등한 죄로 처벌하는 것이 일반이다. 예컨대, 驛馬를 사용할 권한이 없는 자가 詐僞로 타거나,(§379) 비록 권한이 있더라도 법규정을 초과하여 사용한 위법을 안 경우에는, 범인과 동등하게 처벌한다.(§127) 그러나 이러한 예는 일반으로 對民行政에 특히 많다. 戶口의 누락이나 허위작성을 안 경우,(§151, §152) 度牒을 발급 받지 않고 사사로이 出家入道한 사실을 안 경우,(§154) 租稅 및 기타 官物의 運輸 및 出納과 관련한 각종 불법비리를 안 경우,(§217, §218, §221) 代理軍役(§228)이나 각종 詐僞에 의한 군역회피(§236)를 안 경우, 官戶나 官

奴婢의 출산을 누락하거나 은닉한 사실을 안 경우(§376), 각종 도량형이나 器物의 표준미달 사실을 안 경우(§417, §418) 등이 있다.

이 경우에는 그러한 위법 또는 불법 사실을 알면서도, 이를 적극 시정하지 않고 소극으로 묵인·방치한 직무상의 행정책임을 묻는데, 보통 해당 범죄행위의 故意와 동등하게 처벌하는 것이다. 즉, 이들은 사실의 소극 인식만으로 不作爲犯의 故意가 성립하는 셈이다. 이는 허가 없는 사사로운 關門통과(§86)나 각종 賦役의무자·죄수 및 官戶·관노비의 도망을 알면서도 막지 않은 행위를 고의석방으로 간주하여, 해당 범인과 동등하게 처벌하는 法例와 대비해보면 더욱 명확해진다.(§457, §459, §461, §463, §466) 또한 도로를 침범하거나 오물을 함부로 버리는 경범죄를 금지하지 않은 행위도 해당 범죄와 같이 처벌하기도 한다.(§404)

특히 많은 경우에는 그 사실을 부주의로 알아차리지 못한 '不覺'[불찰]이나 '不知情' 요건도 과실죄로 감경 처벌한다. 또한 상·하급 관원간의 직무상 감독책임을 요구하는 連坐의 경우, 同職관원의 불법비리를 알지 못한 경우에도 과실로 논한다.(§40) 뿐만 아니라 관할 행정구역 내에서 도둑이 발생하거나 다른 지역에서 도둑질한 범인의 잠입을 허용한 경우에는, 里正으로부터 州에 이르기까지 모든 계층의 관원이 知情이나 過失의 여부와 관계없는 治安행정상의 감독책임을 지게 된다.(§301) 이는 범죄발생의 예방 및 저지 자체가 해당 관직의 주요한 직책이기 때문에, 일종의 직무유기책임을 엄중하게 묻는 것이다.66)

---

66) 관리의 이러한 행정책임을 묻는 범죄는, '以吏爲師'의 吏治를 표방한 秦代부터 이미 엄격한 통제대상이 되어 왔다. 현전하는 秦律의 단편 내용에 의하면, 상인과 관리는 금전과 베[布]의 2종류 화폐를 선택적으로 사용할 수 없다. 이를 위반한 자는 물론 그 위반사실을 고발하지 않은 列伍長 및 감독을 소홀한 관리도 처벌한다. 또 인민의 公債를 제때 회수하지 않다가 채무자가 사망한 경우에는, 담당관리 및 책임 관리가 대신 배상하여야 한다. 관리가 창고에 보관하는 곡물이나 사료의 출입·통계를 은닉하고 임의로 조작하는 행위를 감독관이 알면서 징계·시정하지 않은 경우에는, 해당관리와 동일한 죄로 처벌한다. 秦簡, 秦律18種, 金布律, 57·60면 및 效律, 100면 참조. 또한 도적의 침범을 당한 인민이 구조의 소리를 외친 경우, 일반 이웃사람은 외출로 부재중인 경우 처벌하지 않지만, (반대해석하면 집에 있어 듣고도 구조하지 않으면 처벌한다는 의미가 됨) 행정조직 책임자는 비록 현장에 부재중이었

(2) 家長의 행정상 대표 책임

행정조직상 관원의 직무상 감독책임과는 달리, 일반 民家의 대표자로서 家長이 행정상 지는 대표책임은, 가족이 범죄사실을 인식한 것에 대해 형사 연좌책임을 수반하지 않는 것이 원칙이다. 즉, 一家 내부의 최고 통솔자이자 대외 대표자인 家長이 국가와 民家 사이의 행정관계, 특히 국민으로서 戶婚・賦役・租稅 등 국가에 대한 의무를 이행하는 책임은 개별 가족의 연좌 또는 연대책임이 아니라, 一家 전체의 대표책임이다. 형사상으로도 가족공범의 경우 최존장자인 남자를 首犯(正犯)으로 취급하는 대표책임은 규정하지만,(§42) 자신이 관여하지 않은 가족구성원의 일반범죄에 대한 감독상의 연대책임을 지는 것은 아니다.(물론 謀反・大逆과 같은 대규모의 가족 전체 緣坐책임은 특수한 예외다. §248)

그런데 혈연 가족공동체의 특성에서 말미암는 특별한 예외가 있다. 예컨대, 사람을 해칠 수 있는 毒蟲을 사육비축한 '不道'罪는 十惡의 하나로 絞刑에 해당하는데, 그 동거가족은 비록 그 범죄사정을 몰랐다고 하더라도 流3천리에 해당한다. 이는 혈연 가족공동체의 특성상 다분히 그 사정을 알거나 알 수 있는 것으로 보기 때문이다. 이는 실질상 무과실책임을 인정하는 것으로, 앞서 말한 것처럼 근대법의 '업무상 중과실'에 상응하는 '신분상 중과실'이나 일종의 '擬制知情'으로 이해할 수 있

더라도 책임을 면치 못하며, 위조문서의 전송과정에 그 위조사실을 알아차리지 못한 관리도 처벌한다. 秦簡, 法律答問, 193・176면 참조.

한편, 漢律에도 이와 관련한 범죄가 적지 않게 나타난다. 武帝 때 잦은 북방정벌로 말[馬]의 사망이 많아지자, '씨암말'[母馬]법을 시행하였는데, 관청의 씨암말 절도를 알면서 감춘 죄를 엄히 다스린 경우가 있다. 漢律, 卷13, 廐律, 1612 참조. 관리의 장물죄가 30萬 이상인 경우, 이를 糾察하지 못한 刺史나 二千石도 연좌책임을 진다.(後漢書, 桓帝紀, 建和 元年條) 사회기강 해이와 더불어 도적이 치성해지자, 도적이 발생한 郡의 해당관리의 행정책임을 그 빈도수에 비례하여 강화하고, 또한 그 행정책임을 면탈하기 위해 집단도적의 발생도 발각하지 않고 묵인하거나 또는 체포를 게을리 한 관리는 사형에 처하기도 하였다. 漢律, 卷7, 捕律, 1504・8면 참조. 특히, 張湯과 趙禹 등 酷吏가 제정한 見知故縱(타인의 범죄를 알면서 일부러 놓아준 죄)과 監臨部主(관리의 직무상 連坐責任)의 법은 商鞅의 相坐法에 버금가는 가혹한 것이었다. 漢律, 卷10, 具律2, 1559-60면 참조.

다. 다만 그 독충으로 자기의 동거가족을 해친 경우에, 그 사실을 모른 피해자의 부모님·처첩·자손 등은 면죄한다. 왜냐하면 자기 동거가족을 해친 경우에는, 범인이 감쪽같이 비밀보안을 유지했을 것이기 때문에, 그 가족이 그 사실을 모르는 것은 당연하다고 보는 것이다.(§262)

한편, 노비나 부곡의 범죄에 대하여 주인이 家長으로서 감독책임을 지는 경우도 있다. 주인이 자기의 奴에게 良人여자를 처로 구해주는 행위는, 계급내 혼인의 신분질서를 문란하게 하는 범죄가 된다. 이는 주인이 노비의 主婚者로서 지는 가장의 대표책임으로서, 부모가 자녀의 위법혼인에 대한 책임을 지는 것과 같다. 그런데 奴가 스스로 良人여자를 처로 취한 경우, 주인이 이 범죄사정을 알았으면 杖100에 처하고, 그로 인하여 奴의 처를 자기의 婢로 올리면 流3천里에 처한다.(§191) 그리고 도둑공범의 경우, 주인이 노비나 부곡을 보내 도둑질한 때에는, 비록 그 재물을 취하지 않았더라도 주인이 교사범으로 首犯(正犯)이 되는 것은 당연한 법리다. 그런데 노비나 부곡이 임의로 도둑질한 경우, 주인이 나중에 그 범죄사실을 알면서 장물을 받으면, 강도나 절도를 막론하고 모두 절도의 從犯으로 처벌한다.(§297)

또 다른 특수한 예가 있다. 지방행정책임 관리의 가족이 관할 행정지역 안에서 재물을 받거나 구걸하거나 또는 임대차·매매·使役 등에 종사하여 이익을 취하는 행위는, 관리의 利財에 비하여 2등급 감경 처벌한다. 官權을 빙자하거나 위세에 의지할 불법비리의 가능성이 현실로 매우 높기 때문이다. 그런데 관리 자신이 가족의 이러한 범죄사정을 안 경우에는 가족과 똑같은 죄로 간주하며, 설사 사실을 몰랐더라도 가족보다 다소 감경한 형벌에 처한다.(§146) 이는 관리의 청렴결백 의무를 그 자신에게만 요구하는 것이 아니라, 친인척비리까지 미연에 방지하기 위하여, 그 가족의 청렴에 대한 家長으로서 감독책임을 擬制過失의 정도로 엄격히 요구하는 것이다.

(3) 不告知罪

국가의 존립과 사회질서유지를 위한 공동체 윤리도덕의 일환으로, '知情'은 해롭고 의롭지 못한 범죄행위를 알면서 고발·구제하지 않는 [不告知] 不作爲犯의 핵심 구성요건이 되기도 한다. 이에 속하는 대표 범죄유형은 이른바 범인은닉죄다.[67] 그 중에서도 특히 국가사직 및 王權의 존립을 위태롭게 하는 謀反·大逆 및 謀叛의 사실을 알면서고 고발하지 않거나, 관청에서 그 고발을 받고 즉시 체포하지 않는 행위는, 모두 絞刑이나 流3천리의 중형에 처한다. 황제에 대한 비방이나 망언 또는 妖言을 알면서 고발하지 않은 행위는 해당 本罪보다 5등급 감경 처벌한다.(§340) 또한 국가의 전쟁·군사·외교상 機密保安에 관한 간첩죄도 매우 중대하다. 자국의 기밀을 적극 누설하는 간첩행위 자체도 謀反에 준하여 斬刑에 처하지만, 타국의 간첩을 알면서도 소극 숨겨 주고 각종 편의를 제공해 주는 不告知罪도 謀反에 대한 不告罪와 마찬가지로 絞刑에 해당한다.(§232)

물론 이러한 不告知罪는 모든 범죄 일반에 공통으로 적용한다. 범인인 줄 알면서, 즉 범죄사실을 認知하면서 그를 관가에 고발하지 않는 행위 전반이 모두 이에 해당한다. 가장 가볍게는 범인에게 은닉처를 제공하는 행위부터, 그에게 은신·도피 자금을 제공하는 행위는 물론, 관가의 체포로부터 그를 면탈시켜 도피하도록 적극 방조하는 행위까지 총망라한다.(§468) 다만, 일정한 범위의 친족간에는 혈연상 人情을 감안하여 예외로 범죄은닉을 허용하는데, 이것이 바로 親屬相容隱 제도다.

특히, 절도·강도·살인이 발생한 경우, 피해가족 및 그의 이웃[同伍]은 즉각 坊正·村正·里正 등의 지역 행정책임자나 관가에 고발하여야 할 법적 의무가 있다.[68] 이들 제1차 고발의무자가 집안에 壯丁(16세 이상

---

67) 明初에 한 인민이 도망죄수를 유숙시켜 준 행위가 논죄의 대상이 되었다. 太祖는 斷獄은 情을 귀하게 여기는데, 죄수인 줄 모른 상태에서 길손을 유숙시켜 주는 것은 人之常情으로 처벌할 수 없다고 석방한 적이 있다. 明會要, 卷65, 刑2, 決斷條 (1263) 참조.

남자)이 없어 고발할 능력이나 형편이 안 되는 경우, 比伍(同伍의 상위 조직)에 그 책임이 옮겨간다. 고발 받은 관가는 즉각 상부에 보고하여 체포하여야 한다. 이들 범죄사실을 알고도 고발 또는 체포하지 않은 자는, 그 지체한 날짜에 비례하여 가중 처벌한다.(§360)

절도・강도・살인과 같은 기본범죄에 대하여는 당사자의 고발 및 관가의 체포 의무뿐만 아니라, 이웃의 윤리(道義)적 의무까지 법적 책임으로 규정하고 있다.[69] 즉, 마을에서 발생한 이들 범죄사실을 보고 받거나 또는 전해들은 이웃사람들은 모두 즉각 구조하여야 한다. 만약 세력상 직접 구조할 능력이나 형편이 안 되는 경우에는 즉각 가까운 관가에 신고해야 한다. 구조하지도 않고 신고하지도 않은 자는 모두 杖刑에 처한다.(§456) 그리고 관가나 기타 법적으로 현행범을 체포할 수 있는 일반인이 법에 의해 죄인을 체포하는 과정에서 능력이 모자라 주위의 행인에게 협조를 요청한 경우, 그 요청을 받고도(즉 범인체포 사실을 알고도) 이에 협력하지 않은 자도 杖刑에 처한다.(§454) 또한 상부상조의 윤리도덕 의무를 부담하는 기초 행정자치조직인 '同伍'의 구성원은, 그 안에서 발생하는 범죄행위에 자치로 적극 糾正해야 할 법적 책임이 있다. 범죄사실을 알고도 규정하지 않은 경우에는, 범죄의 경중에 비례하여 처벌한다.(§361) 특히 인명을 해칠 수 있는 毒蟲을 사육비축한 범죄에서는, 그 범인의 동거가족은 그 사실을 모른 경우에도(즉 사실인지 여부와 관계없이) 流3천里에 해당하는데, 사전에 이를 알고도 糾正하지 않은 里正 등의 행정자치 책임자도 똑같은 형사책임을 진다.(§262) 범죄 이외에도 화재가 발생한 경우에는, 즉시 관가 및 이웃에게 알리고 함께 진화작업을

---

68) 秦律은 다른 곳에서 절도한 뒤 자기 집에 찾아온 범인을, 주인이 알아차리고도 체포하지 않으면, 벌금형에 처한다. 秦簡, 法律答問, 155면 참조.

69) 일찍이 秦律은 가족의 자살을 관가에 신고하지 않고 임의로 매장한 죄를 벌금에 처한다. 또, 큰길에서 강도살상의 범죄가 발생한 경우, 백보 이내 근거리에 있는 사람이 이를 구조하지 않는 행위도 벌금형에 처한다. 秦簡, 法律答問, 184・194면 참조. 이에 상응하여 범죄피살자나 자살자의 신고를 받고 그 현장검증을 상세히 기록하는 문서양식도 규정하고 있다. 秦簡, 封診式, 賊死・經死條 264-9면 참조.

도와야 한다. 이러한 告知 및 협조 의무를 이행하지 않은 경우, 失火罪보다 2등급 감경 처벌하는데, 다만 궁전이나 창고 및 감옥의 수위직책을 수행 중인 자는 그 책임을 면제한다.(433조) 이들은 모두 자치 禮制상 患難相恤의 道義的 윤리를 법적 책임으로 확대·강화한 것이다. 이는 현대 서구에서 대두한 '착한 사마리안법'과 같은 정신에 기초한 입법으로, 전통법의 특색을 살려 '患難相恤法'으로 부르면 좋을 것이다.70)

(4) 贓物罪 및 기타 범죄의 知情(惡意)

한편, 범죄사실을 알면서 범죄로 인한 부당이득을 취득하는 행위도 贓物罪로 처벌한다. 예컨대, 남을 略取·유인하거나 강도·절도한 범죄사실을 알면서, 그로 인해 취득한 불법재물(贓物: 부당이득)을 나누어받으면 처벌받는다. 비록 이러한 범죄의 모의나 실행 등에 전혀 가담하지 않았다 할지라도, 받은 贓物의 양에 비례하여 절도죄에 준하여(받은 장물을 훔친 걸로 여겨) 처벌하되, 단지 1등급 감경할 뿐이다. 이러한 범죄사실을 알면서 그 贓物을 고의로 사거나 숨겨준 행위도 처벌한다.(§296) 사기로 타인의 재물을 취득한 죄도 절도에 준하여 처벌하는데, 그 사취한

---

70) 한편, 현재에도 법적 책임으로까지 규정한 이러한 순수한 도의적 윤리가 존재한다. 예컨대, 적의 침공이나 재난으로부터 주민의 생명과 재산을 보호하기 위해 설치한 民防衛조직에 소속한 대원은, 긴급한 민방위사태의 발생 또는 발생우려에 즈음하여 명령하는 '動員'에 응하여, 防空·防災·救助·復舊 및 군사작전상 필요한 노력지원 등 일체의 자위 활동에 적극 참여하여야 할 법적인 의무가 있다. 이를 위반한 경우에는 1년 이하의 징역 등에 처한다.(民防衛基本法, §1·2·22·32)
  또한 海上에서 선박이 충돌한 경우, 船長은 서로 인명과 선박의 구조에 필요한 수단을 다하고, 이 사실을 통고해야 한다. 다른 선박 및 항공기의 조난을 알았을 때는, 인명 구조에 필요한 수단을 다해야 할 법적 의무가 있다.(船員法, §13·§14) 이 중 전자는 직무의 성격이 다소 농후하여, 이를 어기면 5년 이하의 징역(단순한 통고의무위반은 벌금형)에 처한다. 후자는 순수한 재난구조의 윤리도의를 법적 의무로 규정한 것으로, 이를 어기면 2년 이하의 징역에 처한다.(同法, §131-3)
  한편, 중화민국 형법은 법령 또는 계약상 부조·양육·보호할 의무에 위반한 일반 유기죄(§294) 외에, 어떠한 의무도 전혀 없는 자가, 自救能力 없는 사람을 구조하지 않은 독특한 유기죄를 규정한다. 그 형벌은 6月 이하의 有期徒刑(징역)·拘役 또는 벌금에 해당한다. 만약 유기로 인하여 중상을 초래한 경우에는 3년 이하, 그리고 사망에 이른 때에는 5년 이하의 有期徒刑에 각기 처한다.(§293)

물건을 알고 취득하거나 매매하거나 은닉한 행위도 처벌한다.(§373)[71]

이밖에 필요적 共犯 중, 특히 상대적 지위에 있는 쌍방당사자를 필요로 하는 대립적 범죄의 경우, 주된 범죄주체가 적극 범죄행위를 완성하는 데 필수 불가결한 소극적 共犯(협조·동반) 행위는, 그 범죄사실의 認知를 처벌요건으로 한다. 예컨대, 사람을 약취 또는 유인하여 거래하는 인신매매범의 경우,(물론 약취·유인 행위 자체만으로도 독립 범죄가 된다.) 약취 및 유인의 범죄사실을 알고서 산 자는 판 자보다 1등급 낮은 형벌을 받는다. 비록 몇 단계의 전매과정을 거쳤다고 하더라도, 약취 및 유인의 사실을 안 구매자는 모두 똑같이 처벌하며, 설사 살 때는 몰랐더라도 산 뒤 그 사실을 알고도 이를 관가에 신고하지 않은 자도 또한 마찬가지다.(§295) 그리고 이러한 구매자는, 사면령 공포 이후 백일 이내에 자수하지 않으면, 그 혜택을 받을 수 없다. 이른바 사면무효의 특례에서도 약취 및 유인 판매자와 똑같이 취급한다.(§35)

부녀자가 죄를 범하거나 남편을 임의로 버리고 도망한 경우, 그 도망 사실을 알면서 그를 처첩으로 삼은 자는, 그 부녀자의 죄와 똑같은 형벌을 받는다. 이들의 결합은 원칙상 법정강제이혼 대상이 되는 무효혼이다.(§185)[72] 그리고 良人을 노비라고 속여 채무의 담보(人質)로 제공한 경우, 그 사실을 알면서 볼모로 잡은 자는 인질을 제공한 자보다 1등급 낮은 형벌에 처한다.(§400) 특히 身分犯의 경우, 그러한 신분 해당성이 없는 상대방은 다소 감경 또는 가중 처벌하기도 한다. 부모나 남편의

---

71) 일찍이 秦律은, 훔친 돈으로 산 비단을 보관해 준 자가 그 절도사실을 몰랐으면 처벌하지 않는다. 반대해석하면, 그 사실을 안 경우에는 처벌할 것이다. 또, 남편이 절도한 장물을 처가 알고서 숨겨 주면, 숨겨 준 액수만큼 동일한 절도죄로 처벌하고; 처와 자식이 절도사실을 알면서 그 장물을 함께 소비한 경우에도, 범인자신과 동일한 죄로 처벌한다. 秦簡, 法律答問, 155-8면 참조.

72) 秦律에 의하면, 남편을 버리고 도망한 처는, 체포한 경우는 물론 자수한 경우에도 원칙상 처벌한다. 신장 6尺 미만의 미성년인 경우에도, 관가에 신고(등기)한 혼인이면 역시 처벌한다. 도망한 타인의 처와 결혼한 사람은, 그 사실을 처음부터 안 경우는 물론, 후에 비로소 안 경우에도, 그와 이혼하기 이전에 발각당하면 처벌받아야 한다. 秦簡, 法律答問, 222-3면 참조.

喪中에 혼인하는 행위는 徒3年에 해당하는 당연무효혼으로서, 강제로 이혼시킨다. 상대방이 상중에 있는 사실을 알면서 그와 결혼한 사람은 5등급 감경한 처벌을 받는다.(§179) 조부모나 부모가 자손이나 자손의 첩 또는 자기의 첩을 매각한 경우, 그 사실을 알면서 사들인 자는 매각한 자보다 1등급 가중 처벌한다. 이는 조부모나 부모 또는 자신이라는 범죄주체의 신분적 특수성이, 일반 약취·유인의 인신매매보다 다소 가볍게 처벌하는 책임감경사유가 되는데, 이러한 신분이 없는 상대방은 그로 인한 감형혜택을 줄 필요가 없기 때문이다.(§295)

한편, 간통죄를 범한 姦夫가 姦婦의 본남편을 살해한 경우, 그 姦婦가 비록 謀殺 사실을 몰랐더라도 姦夫와 똑같은 형벌을 받아야 한다.(§253) 간통죄의 특수성을 감안해 사실을 認知했다고 간주하는 '擬制共謀'라고 볼 수 있다.[73] 인명을 살상할 수 있는 毒蟲을 사육 비축한 범죄의 경우, 혈연공동체의 특수성에 근거해 그 동거가족도 그 사실을 안 것으로 간주하는 법규정(§262)의 '擬制知情'과 비슷한 법리인 셈이다.[74] 그러나 사람을 치료할 수 있는 毒藥(極藥)의 경우, 구매자의 주관적인 살인의도를 판매자가 모르고 판 때는 처벌하지 않는다는 예외규정도 있다.(§263)

제3절 전통 중국법의 해석론

1. '전통 中國'의 法治와 罪刑法定의 원칙

전술한 바와 같이, 춘추 이전까지는 비록 禮와 刑이 존재하긴 했지만, 국가의 대소 정치는 물론, 범죄와 형벌에 관한 순수 법률사항까지 개

---

73) 秦律에 의하면, 두 남자가 한 여자와 각각 간통한 뒤 서로 투쟁하여 살상한 경우, 그 여자는 이 사실을 몰랐으면 처벌하지 않는다. 이는 두 姦夫의 특수한 관계를 감안한 규정인 듯하다. 이를 반대로 해석하면, 안 경우에는 처벌한다는 뜻일 것이다. 秦簡, 法律答問, 225면 참조.

74) 漢律에는, "죄인과 3일 이상 내왕교유(交關)한 경우에는 모두 마땅히 그 情을 알 것이다."는 간주규정이 있다. 내왕교유 개념은 단순한 음식제공이나 은닉·도피방조와 달리, 제법 광범위한 내용으로 풀이된다. 漢律, 卷6, 囚律, 斷獄條(1501) 참조.

별·구체의 방식으로 해결하는 이른바 '議事以制'가 입법·사법의 주된 관행을 이루었다. 요즘말로 'case by case' 방식의 臨機應變인 셈이다. 이때에도 물론 중대한 사항에 관하여는 成文의 禮와 刑이 그 적용의 기본 준거가 되었을 것이다. 그러나 본격적인 '法治' 사상과 제도는 춘추 말엽 刑鼎의 주조 및 공포로부터 시작하여, 전국말엽 秦이 상앙의 변법으로 중앙집권 통일왕조의 律令體系 근간을 확립할 때까지, 긴 세월에 걸쳐 법가사상과 그 변법개혁(특히 법전편찬)을 통해 점차 이루어졌다.

물론 법가 법치사상의 기본핵심은 성문화한 國家公法의 엄격한 해석·적용을 통해 정치(행정)와 법률(사법)을 시행함이다. 법의 객관화와 공개화는 곧 법적 안정성과 사전예방을 지향하는 법의 규범기능의 강화를 뜻한다. 이는 곧 법 시행주체의 公信性과 법 적용객체의 획일·평등성, 그리고 법 자체의 공평무사 등의 관점으로 표현하기도 한다. 특히 이러한 법치사상은, 형법의 영역에서 범죄의 구성과 형벌의 부과가 법의 성문규정에 근거하여야 한다는, 이른바 죄형법정주의의 사고로 직결하는 것이 당연한 사리다.

그러나 법제사에서는 그토록 철저한 법치를 주장·시행한 秦이 실정법만능주의 발상으로 중형엄벌을 시행하면서, 게다가 지나친 자구해석과 가혹한 견강부회 적용(흔히 '深文'으로 표현함)으로 미증유의 참화를 남겼다. 이러한 극단의 폐해를 완화하기 위해서, 漢代에는 春秋經義와 禮를 바탕으로 하는 原心定罪의 決獄(司法)이 성행하였는데, 律令의 흠결을 보충하거나 불확실하고 애매모호한 의미를 유권해석 하는 기능을 수행하였다. 그러나 한편 그 지나친 남용으로 말미암아 오히려 成文의 律令 규정까지 개폐하는 본말전도의 현상도 출현하고, 때로는 정치권력이 자의로 악용하는 폐해도 적지 않았다.

어쨌든 법가의 법치사상이 통치 권력의 중심에 삼투하여 律令체계를 확립한 이래, 전통왕조의 행정·사법은 통치이념의 대의명분상 국가성문법[律令]의 해석·적용을 제1차 준거로 삼은 것이다. 비록 그 구체 내용이 질로나 양(정도)으로나 근대서구의 개념과 제법 차이나는 것은 사실이지만, 이러한 '전통 中國'의 法治主義와 罪刑法定主義는 역대 법제사의 이념 및 현실에서 상징으로나 실질로나 아주 중요한 의미를 지님이 분명하다. 전술한 것처럼, 법가의 법치사상은 법의 객관 공개화와 그 엄격한 시행을 통해 관리를 법에 羈束시키고, 나아가 법의 독자적 자율성으로까지 발전한다.75) 이러한 철학사상의 이론은 차치하고라도, 秦漢 이후 법제사의 현실에서도 '法治'의 원칙성은 면면히 이어져 발현한다.

唐 이전의 律令은 온전히 현전하는 것이 없어 법규정상의 제도는 확인할 수 없으나, 史書에 단편으로 전해지는 내용에 의하면, 漢代부터 이미 기본상 法治·죄형법정주의가 제도화한 것으로 보인다. 예컨대, 後漢의 馮緄(붕곤)은 長沙에 출정하여 오랑캐를 대패시키는 혁혁한 무공을 세우고 귀환하였다. 그런데 환관의 지시를 받은 張敞(창) 등 酷吏가, 馮緄이 출정할 때 女婢 2사람이 군복을 입고 스스로 따라갔으며, 또한 江陵에 비석을 세워 그 전승공적을 새겼다는 일을 들면서, 처벌해야 한다고 주장했다. 이에 尙書令 黃儁(준)이 그 죄를 규정하는 正法이 없다는 이유로 처벌할 수 없다고 반박한 것이다.76) 비록 현실로 어느 정도 엄격히 시행했는지 그 실효성은 확인할 수 없지만, 범죄의 처벌은 '正法'에 의거해야만 한다는 죄형법정주의의 관념과 제도가 이미 보편이었음을 반증해 준다. 사실 律令이라는 법체계가 국가의 공식 제도로 확립해 있음은 그러한 원칙을 당연히 함축하지 않겠는가?!

한편 晉代에는 정치가 다소 불안정해지면서, 법의 시행적용에 대신들의 私情이 끼어들어 법의 안정성과 통일성·공평성이 상당히 문란해지자, 그 기강을 바로잡자는 法治主義의 원칙론이 강하게 일었다. 당시 三公尙書인 劉頌의 상소가 대표다.

우선 그는 "法이란 理를 다하기 때문에 法이다"고 전제하면서, 군주가 매사에 善을 다하려고 情에 따라 法文을 견강부회하게 되면 법이 온전해질 수 없다고 강조한다. 비록 때로는 情에 꼭 부합하지 않더라도,

---

75) 그 구체 내용에 관하여는, 제2장 제3절 제2항을 참조.
76) 後漢書, 卷38, 馮緄傳 참조.

法文을 충실히 지켜 시행하면 매사가 곧 理에 합당해진다는 것이다. 또한 이른바 "議事以制"라는 임기응변 조치는 上古시대에나 가능한 것으로서, 夏代부터 이미 法을 공포하여 그 法文에 의해 통치하였으며; 개별·구체적 타당성을 원만히 실현한다는 '議事以制'의 이념은 듣기에는 매우 훌륭한 것처럼 보이지만, 실제 이치에 비추어 보면 크게 어긋난다고 역설한다. 그러나 광활한 천하의 잡다한 사무는 律令의 조문에 의해서만 처리하기에는 사실상 불가능하므로, 별도로 수시의 格에 위임하며, 律令을 시행하는 자는 생사를 걸고 그 法文을 지켜야 하고, 조그만 私見이라도 그 안에 개입시켜 경중을 달리하는 일이 없으면 法이 항상 온전할 것이라고 제시한다. 특히 그는 "범죄의 처단은 모두 반드시 律令의 正文에 의하며, 만약 正文이 없는 경우에는 부가한 名例에 의하여 심판하고, 正文과 名例에서 모두 규정하지 않은 바는 모두 처벌할 수 없다."는 죄형법정주의를 강조한다. 법을 시행하는 관리는 오직 율령을 받들어 지키되, 만약 법률에 대한 견해가 같지 않아 異議가 발생한 경우에는, 法曹의 관리들이 법률을 토론·해석하여 올바르게 통일시켜 시행하며, 어떠한 외부의 영향이나 간섭을 받지 않아야 한다는 司法獨立의 법치주의로 결론을 맺는다. 이 상소에 대한 조정의 의론도 한결같이 찬성하여, 詔書도 '조문을 지켜 법대로 시행하며'(守文直法) '다시는 法 밖의 작은 善을 추구하지 않는' 통일적 법치를 분부하게 되었다.77)

이러한 법제사 전통이 언제부터 律의 正文에 국가의 공식 제도로 정착했는지는 확실히 알 수 없으나, 현전하는 最古의 唐律은 이에 관한 거의 완벽한 원칙을 규정하고 있다. "범죄를 처단함에는 모두 반드시 律·令·格·式의 正文을 그대로 인용하여야 하며, 만약 한 조문에 다수의 사항을 규정한 경우에는, 그 범한 죄만을 인용하는 데 그쳐야 한다."(§484) 그리고 범죄를 처단함에 법의 해석·적용에 의문이 있거나 기타 법의 규정에 의하여 상부에 보고해야 할 사안인데 보고하지 않거나,

---

77) 晋書, 刑法志 참조.

상부의 회답을 기다려야 하는데 기다리지 않고 임의로 결단하는 행위는 엄격히 금지한다.(§485) 또 황제의 특별재결에 의해 범죄를 처단한 임시처분으로서, 항구적인 格으로 삼지 않은 판례는, 후에 이를 인용하여 재판의 준거로서 比附適用할 수 없다는 제한도 명백히 규정한다.(§486)[78]

이와 함께 법체계의 형식논리상 죄형법정주의를 완전하게 관철하기 위해서, 유한한 律文으로 직접 규정할 수 없는 잡다한 경범죄에 대해서는, 그 하위법인 令과 格·式에 포괄 위임하는 명문의 규정도 두고 있다. 즉, 律文에는 罪名(범죄구성요건)이 없지만 令에서 금지하는 행위를 저지른 '違令'罪는 일률로 笞50에 처하며, 기타 별도의 格式에 규정한 행위를 저지르면 이보다 1등급 감경한 笞40에 처한다.(§449) 비록 근대서구의 죄형법정주의처럼 엄격한 '法律'(律)적 규정에 한정하지는 않지만, 그 범죄행위와 그에 대한 처벌의 경미성을 감안하면, 하위법에 대한 포괄 위임은 크게 무리는 아닐 것이다. 특히, '笞'刑이 본디 가벼운 죄를 회초리로 다스려(治) 부끄러움(恥)을 일깨운다는 상징을 머금은 '치'형이라는 어원론상의 역사유래를 되새긴다면, 충분히 수긍할 수 있다.[79]

唐 이후의 律도 이러한 원칙을 그대로 계승한다. 다만, 明代에 일회

---

78) 唐 中宗 때는, 공로에 대한 포상을 반드시 格·式에 의해 시행하고, 格·式에 명문의 규정이 없는 경우에 한하여 비로소 (先)例를 인용하되, 그 (先)例의 칙서에 "지금 이후로 영원히 常式을 삼는다."는 문구가 없는 것은 (先)例로서 인용할 수 없다는 칙령을 내렸다. 또한 玄宗 때는, "(先)例로써 勅 및 令·式을 파괴(개폐)하는 재판관행은 심히 道理에 어긋난다."고 질책하면서, 앞으로는 그러한 일이 없도록 하라는 칙령을 내리기도 하였다. 唐會要, 卷39, 定格令條(705-6) 참조.

79) 笞는 전통법상 가장 가벼운 회초리 형벌이다. '笞'는 字典에 의하면 '抽之切, 音痴, 支韻'으로 정의하여, 本音이 '치'다. 그런데 흔히 통속에서 '태'로 잘못 발음하고 있어, 바로잡아야 할 필요가 있다. 현대 中國音도 痴와 같은 'chi(츠)'이며 (恥도 음은 같으나 聲調만 다름), 日本語의 讀音도 'ち(찌)'로서 恥·治·痴 등과 같은 사실이 이를 명확히 입증한다. 아마도 '台'의 음을 생각하여 지레짐작으로 무심코 '태'로 발음하는 것 같다. (사실, '台'가 들어가는 한자는 그 발음이 '태'와 '치'로 나눠진다.) 그러나 笞는 본래 경미한 죄악에 대해 회초리질로써 羞·恥·心을 자극하여 다스린다(治)罪는 상징 의미와 그 발음을 함께 취한 命名의 소산이다. 唐律疏議, 名例, §1, 笞刑조: 「笞者, 擊也. 又訓爲恥. 言人有小愆, 法須懲誡, 故加捶撻以恥之.」 唐書, 刑法志에도 비슷한 내용이 나온다.

성 판례의 條例化가 급증한다. 唐宋까지 律의 하위법으로서 율령체계의 근간을 유지해 오던 令의 지위를 條例가 실질상으로 점차 대체하여, 마침내 '律例'로 일컬어지기 시작한다.[80) 이러한 현상과 관련하여, 明代에는 특히 일시의 條例를 원용하지 말고, 항상적인 律에 의하여 재판하라는 칙령이 자주 내려져 주목을 끈다. 예컨대, 成祖는 즉위 초부터 "大明律은 一代의 항구적인 법인데, 武臣들을 재판함에 律을 놓아두고 오직 先例를 인용하여 武臣들이 방자해진다."는 건의를 받아들여, "사법기관이 죄수를 심리함에는 일체 大明律에 의하여 논죄하고, 망령스럽게 榜文이나 條例를 인용하는 폐단이 없도록 하라."는 조서를 내렸다.[81) 그리고 太祖 때에 일시 시행한 적이 있던 例에 의하여 사기죄를 梟首刑으로 논한 재판에 대하여, 律에 의하면 流刑에 불과하다고 시정하기도 하였다. 仁宗 때에는 관리들이 律文의 자구에 지나치게 얽매여 죄인을 중형에 처하려고 애쓴 이른바 '深文'의 폐단과 관련하여, 불법 고문을 금지하고, 모두 律에 의해 논죄하도록 분부한 적이 있다.[82)

이러한 법치와 죄형법정의 원칙을 강조하는 현실은, 한편으론 그 실효성이 적음을 반증하는 역설의 웅변이기도 하지만, 적어도 행정과 사법의 통치행위를 기본상 成文의 입법규정에 충실히 의거해 실행하고자 한 법치주의 원칙과 이념은 역대왕조를 관통하는 주류라고 할 수 있다.

2. 立法解釋과 有權解釋

법의 객관 명료성을 위해 입법 및 사법의 주체가 미리 법조문의 의

---

80) 明代의 條例에 관하여는, 金池洙, 「受教의 法的 性格과 理念 -傳統 中國法上의 條例
와 대비하여-」, 朴秉濠教授還甲紀念(Ⅱ) 韓國法史學論叢, 博英社, 1991. 113-143면
참조. 金池洙, 전통법과 광주반정, 전남대출판부, 2006년 초판, 17-60면에 수록.

81) 이는 쿠데타로 정권을 탈취하여 즉위한 成祖가, 그 후유증으로 만연하는 武臣들의
방종과 발호를 법의 권위에 의해 진압함으로써, 조정과 민심을 안정시키려는 사후
수습의 통치정책의 일환으로 파악할 수 있다.

82) 이상의 내용에 관하여는, 明會要, 卷64, 刑1, 律令條(1245-9) 및 卷66, 刑3, 守正
(1269)·寬恕(1275)조 참조.

미를 律규정 자체나 또는 律에 부수하는 注疏에서 명문으로 선언하는 경우가 있다. 이것이 이른바 立法解釋 및 有權解釋인데, 전통 중국법의 경우도 이러한 해석이 일찍부터 보편으로 이루어졌다.

(1) 立法解釋

우선 立法解釋은, 전 律令체계를 통하여 가장 중요한 기초 개념이나 용어에 대해, 법률의미를 더욱 분명하게 확인하거나 또는 일반통속의 의미와 구별하여 한정하는 법률상 定義로서, 법의 총칙에 해당하는 名例篇에 집합으로 존재한다. 唐律을 예로 들면, 期親과 祖父母를 일컫는 경우에는 曾·高祖도 마찬가지로 포함하며, 반대로 孫의 개념에는 曾·玄孫도 포함한다. 嫡孫(장손)이 부모님을 대습하여 조부모님을 직접 계승(상속)하는 경우, 嫡孫(장손)의 조부모님에 대한 관계는 부모님에 대한 관계와 똑같이 취급한다. 또한 養父母님은 親父母님과, 그리고 嫡·繼·慈母는 親母와 각기 같다. 子의 개념은 남녀(아들·딸)를 모두 포함하되, 다만 연좌의 경우에는 엄격히 구분하여 딸을 별도로 칭한다. 義服도 律의 법적효과상 正服과 동일하게 적용한다. 이러한 것들이 친족(호칭)관계에 대한 입법해석이다.(§52)

그리고 日(하루)을 일컫는 경우에는 百刻(24시간)을 기준으로 하는 만기 계산법을 원칙으로 하되, 다만 임금계산에는 아침부터 저녁까지로(일출부터 일몰까지 자연시간으로 이해함) 규정하며, 하루가 차지 않는(반나절) 경우에는 하루로 계산하는 예외를 인정한다. 또한 1年은 360일로 계산하고, 사람의 연령은 호적을 기준으로 한다는 규정은, 기간의 계산에 관한 입법해석이 된다.(§55) 한편 律文上의 주요한 기초개념과 관련하여, '衆'(다중)은 3인 이상을 일컫고, '謀'(議)는 2인 이상을 일컫되, 모의의 실상이 명백히 드러난 경우에는 비록 1人이라도 예외로 2人과 같게 취급한다.(§55) 법의 적용과 관련해서는, 「加」重은 五刑의 刑名 순서에 따라 무거운 쪽으로 단계로 올라가며, 반면 「減」輕은 거꾸로 가벼운 쪽으로 차례대로 내려온다. 특히, 本條에 별도의 예외규정이 있는 경우를 제외하고는, 형

벌의 가중이 사형에까지는 이를 수 없음을 규정하기도 한다.(§56)

이밖에 스승은 백숙부모와 같고, 제자는 형제의 자식(친조카)과 같다는 義親關係의 의제규정이나, 監臨・主守・道士 등의 개념에 대한 정의도 입법해석하고 있다.(§57・54) 그리고 各則에 해당한 本律의 正文 중간에 작은 글자로 보충 설명하는 夾注나 間注도, 그 본질속성은 단순한 유권해석이 아니라, 律의 일부로서 규정한 입법해석에 속하는데, 그 실례와 분량이 매우 많다.

이러한 立法解釋은 秦律에 이미 등장한 것으로 보인다. 근래 출토한 秦簡의 法律答問 중에는 "무엇을 '四隣'이라고 하는가?" 등과 같은 개념 정의가 상당수 실려 있다.[83] 물론 이는 唐律上의 疏議問答에 해당하는 有權解釋으로 파악할 수도 있는데, 그 중에는 律文의 규정을 직접 인용한 것도 존재할 가능성을 배제할 수 없다. 예컨대, 高大父母(증조부모)님께 대한 폭행을 大父母(조부모)님에 준하여 처벌한다는 해석(184면)은 唐律上의 입법해석과 동일한 내용인데, 秦律에 이러한 실질 규정이 있었을 것으로 여겨진다. 왜냐하면, '名例'律의 최초근원은 法經의 여섯째 具法인데, 상앙이 이를 具律로 개칭하여, 漢律도 이 명칭을 답습하고, 魏가 刑名으로 다시 개칭하여 律의 첫 편에 두었으며, 이것이 名例로 정착한 것이기 때문이다.[84] 따라서 秦律의 전신인 法經의 具法에도 다소간의 立法解釋이 실려 있었을 것으로 여겨진다. 최근 중국에서 法經이 출토했다고 하는데, 어떤 내용이 실려 있을까 궁금하다.

(2) 有權解釋 : 공식 疏議・注釋・問答

律의 正文에 규정하는 입법해석은 그 절대수량에 한계가 있다. 이를 보충하기 위해 사용하는 방법이, 律에 대한 입법자의 권위 있는 공식 의견을 疏議・注釋・問答의 형식으로 공표하는 有權解釋이다. 이는 체

---

83) 이밖에 거론하는 주요개념으로는, 梃・州告・公室告・非公室告・家罪・贖宮・犯令・匿戶 등이 있다.

84) 唐律, 名例에 대한 疏議 참조.

제상 律의 正文에 부속하여 幷刊하는 것이 일반이다. 따라서 실질상 법적 권위 및 효력은 律文의 형식으로 규정하는 立法解釋과 거의 같다.

우선 현전하는 唐律과 明淸律은, 불명확하거나 불특정한 律文의 내용에 대해 부연·해석하는 注를, 律의 일부로 함께 규정하고 있음이 특징이다. 唐律은 그 자체가 그때까지의 율령을 집대성한 가장 체계 있는 最古의 法典으로서도 유명하지만, 한편으로는 律에 대한 상세한 법리상의 公的 疏議로도 더욱 명성이 높다. 高宗이 明法의 貢擧기준이 없다는 이유로 長孫無忌를 중심으로 한 律學之士들에게 唐律疏議를 편찬시킨 것이다. 이를 반포한 뒤로는 斷獄에 모두 疏議를 인용해 분석·적용하였다고 한다.[85] 이는 법관이 法을 자기 마음대로 높낮이를 다르게 적용하거나, 교활한 獄吏가 무고한 백성을 법망에 빠뜨리는 폐단을 없애기 위해서였다. 특히, 律文의 해석상 흠결이 있거나 구성요건 및 법적 효과가 불명확한 경우에 보충할 해석적용의 지침을 제시한 것이 많다.[86]

明 太祖는 明律 편찬지침을 시달하면서, "법은 간명하고 타당하여 인민이 쉽게 알 수 있는 것이 가장 소중하다. 조목이 복잡하고 번거로워, 한 사실에 적용할 법조문이 여럿으로 갈라지거나 경중을 달리할 소지가 있으면, 관리들이 이를 기화로 농간을 부려 法의 본래정신을 해치게 된다."고 강조하였다. 그리하여 손수 매 조문을 의론하고 참작하여 율령을 제정하였다. 그리고도 일반백성들이 두루 잘 알지 못할 것을 염려하여, 주로 민간에서 시행 적용하는 律令을 가려 모아 그 뜻을 해석한 律令直解를 특별히 반포하였다. 물론 이는 백성들이 법령을 쉽게 알고 잘 준수함으로써, 범죄를 줄이고 法의 실효성을 증대시키기 위함이었다.[87]

그러나 이러한 유권해석의 전형은 법제사에서 일찍이 秦律의 法律答問이나 晉律의 張裵注 등에서 이미 완벽한 체계로 등장한다. 특기할 점

---

85) 舊唐書, 刑法. 자세한 편찬 경위는, 楊廷福, 「唐律疏議制作年代考」, 唐律初探, 天津 人民出版社, 1982년, 1-30면 참조.

86) 長孫無忌, 進律疏表 참조.

87) 明史, 刑法一 참조.

은, 漢代에 벌써 하급심 재판관이 의심스러운 사안에 대하여 중앙의 廷尉에게 나아가 그 법적용을 의론하였다는 기록이다. 이는 司法裁判의 실무상 유권해석의 청구를 뜻하는 것일 텐데, 멀리 周禮의 秋官·訝士 제도로부터 유래한다고 해설하고 있다.[88] 적어도 '以吏爲師'의 법치정책을 실행한 秦의 律令 해석적용에서는, 실질상의 최종 유권해석권자가 현대의 법무부장관에 해당하는 法'吏'였을 것이 분명하다.

(3) 巨儒의 학문 注釋의 정식 채택

한편, 군주의 명령에 의한 국가의 공식 律令解釋은 비록 아니지만, 학자들의 학문적인 注釋도 때로는 법의 적용시행에 정식으로 채택하는 경우가 있다. 漢代 조정에 의심스러운 사안이 발생하면, 廷尉를 대유학자 董仲舒(B.C. 179-104)의 집에 파견하여, 春秋經義에 비추어 律令의 합당한 해석적용을 諮問(의뢰)하여, 그대로 재판한 春秋折獄이 232건이나 되었다고 한다. 이는 해당사안에 대한 司法상의 최고 유권해석으로 뿐만 아니라, 후대 재판의 표본 준거로서 유권적인 先例가 되기도 하였다. 그리고 특히 後漢代에 이르면, 건국 초 律令의 제정단계에 참여할 수 없었던 유가집단이, 사후에 그 해석적용 단계에서 유가의 經義와 仁·禮 사상을 실질상 삼투시키기 위해 대거 활약한다. 叔孫宣·馬融(79-166)·鄭玄(127-200) 등을 비롯한 巨儒 십여 사람이 經傳의 注解와 함께 현행 律令의 학문적 注釋작업에 적극 종사하게 된다.

그리하여 晉書 刑法志의 기록에 따르면, 서로 다른 해석으로 논박하는 대표 학설만도 3家나 되고, 매 학자마다 수십만 자의 章句를 달아, 실제재판에 적용한 것만도 도합 26,272條에 7,732,200여 자나 되었으며, 魏代에 이르러서는 鄭玄의 章句를 국가의 유일한 공식 注釋으로 채택하였다고 한다. 특히 魏는 律博士를 설치하여 律學을 敎授하기 시작하였다. 이러한 전통은 그 후로도 계승·전수하여, 남북조 시대의 梁때에는

---

88) 漢律, 卷6, 囚律, 鞫獄條(1493-4) 참조.

律令의 주석을 대표 1家 위주로 정하고, 나머지 학설은 부수로 채택하되, 그 견해가 판이하게 다른 경우에는 함께 수록하여 참고하기도 하였다.(隋書, 刑法志) 요컨대, 唐代에 국가 차원의 통일된 공식 유권해석으로 疏議問答을 시행하기 이전에는, 漢代부터 남북조에 이르기까지 학자들의 학문 차원의 私的인 다양한 注釋들이 펼쳐졌고, 국가가 이를 공식 유권해석으로 인정·시행하였음을 알 수 있다.

로마에서 아우구스투스 황제(Augustus: B.C.27-A.D.14 재위)가 유명 법학자한테 구체 사안에 관한 자문에 답변할 해답권을 수여해 유권해석으로 인정했다고 하는데, 이는 董仲舒의 春秋折獄에 비해 대략 130년 정도 뒤늦은 역사로 보인다. 또 로마에서 426년경 시행한 인용법은 가이우스(Gaius: 2세기경) 파피니아누스(Papinianus: 150-212경) 파울루스(Paulus: 3세기경) 울피아누스(Ulpianus: ?-223) 모데스티누스(Modestinus: 3세기경)를 인용법학자로 지정했다고 하는데,[89] 後漢代 巨儒의 律令注釋 작업은 이들보다 1백년 이상 앞선 법학연구의 선구인 셈이다. 고대 중국 유학자들의 율학주석이 비록 전해지지 않아 매우 안타깝고 애석하지만, 그 시기나 규모나 내용에서 고대 로마의 법학에 비해 결코 손색이 없었던 것으로 보인다.

(4) 讀律의 장려와 律學·律博士의 시행

한편, 국가가 官學의 차원에서 장려·시행한 讀律과 律學도 法文의 객관 명료성을 부각시키기 위한 중요한 작업에 속한다. 秦代에 法과 法吏를 스승으로 삼도록 한 가혹한 法治는 거론할 필요조차 없다. 漢이 秦의 法治에 대한 반작용으로 崇文政治를 시행하면서 그 폐단도 점차 쌓였는데, 그중 하나는 법률을 지나치게 천시한 풍조다. 그리하여 後漢代에 樊準(번준)은 文官이 법률을 덮어놓고 비방과 기만을 일삼는 폐단을 지적하며, 郡國의 관리들을 소집하여 律令을 읽도록 하자고 상소기에 이르렀다.[90] 사실 有司가 律學을 밝히 알지 못하면, 하급관리들이

---

89) 이상 로마법학(자)에 관한 史實내용은, Max Kaser저, 윤철홍역, 로마法制史, 법원사, 1998년, 초판, 274-9면 및 360-1면 참조.

이를 기화로 농간을 부리는 폐단이 막심하기 때문에, 이는 대민행정의 실무 차원에서도 매우 중요한 문제다.[91]

법제사상 특히 획기적인 사실은 삼국시대 魏에서 衛覬(위기)의 건의에 따라 律博士를 설치하여 법학을 가르치기 시작한 점이다.[92] 그 후 宋代까지 거의 끊임없이 계승하였는데, 그 소속은 시대에 따라 조금씩 달라졌다. 明 太祖는 元末의 문란한 기강을 바로잡기 위해 大誥라는 특별형법을 제정해 엄하게 다스렸다. 學宮과 里까지 널리 반포해 이를 가르치고 배우게 하였다. 이를 장려하기 위해 죄수 중에 大誥를 가지고 있는 사람은 죄를 경감해 주었는데, 이에 大誥를 강독하는 師生 19만여 명이 조정에 모여들기도 하였다.[93]

3. 學理解釋

學理解釋이나 文理解釋·論理解釋·勿論해석 등의 법률용어는 근대법학에서 학자마다 개념 분류 및 사용에 약간의 차이가 있는 듯하다. 그러나 일반으로 말하자면, 學理解釋은 학문의 입장에서 法理에 따라 행하는 해석 전반을 널리 가리키고, 넓은 의미에서 文理解釋과 論理解釋을 포함하는 것으로 이해할 수 있다. 文理解釋은 법조문의 결에 따라 '文字'상 의미를 그대로 해석하는 것이다. 조금 좁은 의미에서 論理解釋이란 법조문에는 식섭 표현하고 있지 않지만, 경험적인 事理나 필연적인 論理에 의해 당연히 포함하는 것으로 인정할 만한 문자 밖(行間)의 의미를 밝히는 것으로 풀이된다. 그리고 文理상으로나 論理상으로 지극히 당연하여, 수학의 집합에서 완전포함 관계처럼 항상 참(眞)으로 여겨지는 해석을, 특히 따로 구분 지어 형식논리상의 勿論해석이라고 부른다. 이중 문리해석이 법적용상 제1차 필수작업임은 물론이다.

---

90) 後漢書, 卷32, 樊宏傳 참조.
91) 孫星衍, 重刻故唐律疏議序 참조.
92) 晉書, 刑法 참조.
93) 明史, 刑法一 참조.

(1) 형식적 勿論해석 : 「斷罪無正條」

우선 唐律은 勿論解釋의 기본대원칙을 일반조항으로 규정한다. "어떤 범죄행위의 구성요건을 그대로 규정한 조문(正條)이 없는 경우, 만약 죄책을 감면하는 행위면 중대한 구성요건으로 경미한 사실을 포함하고,[94] 반대로 죄책을 가중하는 행위면 경미한 구성요건으로 중대한 사실을 포괄한다." 이는 묻거나 따질 필요도 없이 논리상 自明한 필연의 해석법칙이다. 이것이 이른바 당률상의 유명한 「斷罪無正條」 규정이다. 다만, 후술할 바와 같이, 明淸律上 同條(같은 표제어)의 규정이 이른바 유추해석을 인정하는 比附制度인 점과 대비하여, 그 실질 내용이 전혀 다름을 주의하여야 한다. 이러한 물론해석은 논리적 포함관계를 기초로 하여 그 진리치가 항상 참인 당연한 논리해석에 속한다.

예컨대, 밤중에 까닭 없이 타인의 주거를 침입한 경우, 주인이 그 자리에서 그를 죽여도 범죄가 되지 않는데, 단지 두들겨 패 내쫓은 행위가 무죄임은 물론 당연하다. 친족의 재물을 훔친 경우 혈연상 人情을 감안하여 일반도둑보다 감경 처벌하는데, 친족을 속여 그 재물을 詐取한 행위는 도둑보다 더 경미하므로, 비록 律令에 명문의 규정은 없지만 당연히 도둑의 예에 준하여 감경 처벌한다. 그리고 期親 이상의 존속을 살해하려고 모의한 행위가 斬刑에 해당하는데, 살인모의에 착수하여 이미 살상한 경우에는, 비록 명문의 규정이 없지만 참형에 속할 것이 당연한 이치다. 大功이나 小功의 존속을 구타하거나 고발한 경우 官蔭의 특혜를 받을 수 없는데, 이보다 더 친근한 期親이나 부모님을 구타하거나 고발한 경우에도 역시 그러한 혜택에서 제외할 것은 자명하다.(§50) 또한 전술한 바와 같이, 唐律은 처가 夫와 夫의 조부모님을 고발하는

---

94) 春秋公羊傳 莊公 10年에는, 국가 간의 무력충돌을 적는 역사기록 방법에 대하여, "戰(爭)을 기록하면 (征)伐을 말하지 않고, (包)圍는 戰을 말하지 않으며, 入(城)은 (包)圍를 말하지 않고, 滅(亡)은 入(城)을 말하지 않는데, 이는 가장 중대한 것을 기록하기 때문이다."는 내용이 보인다. 이에 대한 注에서는, 이것이 (漢)律上 한 사람이 여러 罪를 범한 경우 가장 무거운 죄로 논하는 것과 같다고 해석한다. 논리적 포함관계에 근거한 점에서, 논리해석과 동일한 구조를 보인다.

행위만 모두 徒2年으로 처벌한다고 규정하고, 疏議에서도 夫의 부모님에 대한 고발은 언급이 없다.(§346) 그러나 이는 다른 조항규정과 대비해 볼 때 형평정의상 명백한 흠결로서, 夫의 부모님은 夫의 조부모님보다는 더 친근하고 夫보다는 약간 소원한 관계이므로, 이에 대한 고발은 논리상 당연히 徒2年刑에 해당하는 것으로 해석하여야 한다.[95]

이러한 물론해석의 원칙규정에는 '理'라는 개념을 직접 거론하지 않지만, 여기에 해당하는 기타 개별 조문해석상에 '理'라는 용어로 명백히 설명하는 경우는 적지 않다. 예컨대, 부모를 욕하거나 말로 저주한 행위가 不孝罪에 속하는데, 만약 부적이나 기타 구체적 邪術을 동원해 해치려고 한 행위(厭魅: 염매)는 '理'상 이보다 훨씬 중대한 죄악이므로 당연히 不孝罪에 해당한다.(§6) 또한 緦麻 이상의 친족을 謀殺한 행위가 不睦罪에 해당하는데, 이보다 훨씬 중대한 故殺이나 鬪殺이 不睦罪에 해당할 것은 역시 '理'치상 자명하다(§6). 그리고 部曲이나 노비가 官吏나 皇族을 해치는 행위는, 비록 명문의 가중처벌 규정이 없지만, 이들이 良人을 폭행·상해하는 행위도 일반인의 죄보다 가중 처벌하는 규정에 비추어 '理'치상 마땅히 가중하여야 한다.(§316)

(2) 學理解釋·文理解釋·論理解釋의 필요성

무릇 법이란 사람들이 구체 사건에서 경험한 情理를 점차로 일반추상화해 놓은 역사적·문화적 結晶이다. 따라서 일반통속의 언어문자상 개념과는 달리, 간결하면서도 함축성이 농후한 고도의 전문기술 용어로 표현하는 것이 보통이다. 특히 다양한 구체적·개별적 사물이나 행위를 유형화하여 유한한 적은 조문으로 망라하자면, 법의 일반추상적 개념화는 불가피하다. 때로는 통속용어로 표현하기에 부적합하거나 부족한 경우도 있겠고, 때로는 법의 획일 평등성과 객관 명료성의 본질상 별도의 개념이 필요한 경우도 있겠다. 그래서 다른 전문분야와 마찬가지로, 법

---

95) 漢律, 卷6, 囚律, 告劾條(1476) 참조. 한편 明淸律의 刑律, 訴訟, 「干名犯義」조에서는 이 흠결을 보완하였다.

의 영역에서도 다소간 특수한 전문기술 용어가 생기기 마련이다.

이러한 이유에서 법률용어는 일반인에게 전혀 생소하거나 불명확한 개념이 되기도 하며, 심지어 그들의 통속 용어법과 서로 달라 혼동이나 오해를 초래할 수도 있다. 뿐만 아니라 법률전문가인 행정·사법 관리 한테도 다소 불분명하여 개인마다 주관상의 해석의견이 다르기도 하다. 특히 독자적인 법률전문가 계층의 형성이 미약한 전통 중국사회에서는, 法의 문자상의 의미 해석까지도 심한 편차를 보이는 경우가 적지 않았다. 그래서 법을 잘 모르는 관리들은 해당 법조문을 두고도 엉뚱한 규정을 인용하거나 다른 條例를 원용하기도 하고, 심지어 經傳이나 일반 관행을 임의로 빗대어 붙이는[比附] 유추해석도 널리 자행하였다. 따라서 법의 學理解釋·文理解釋·論理解釋은 가장 중요한 기초작업이면서도, 자칫 소홀하기 쉬운 맹점을 안고 있는 셈이다.

(3) 문리해석의 실례

문리해석의 실례는 唐律의 疏議나 明淸律의 註에 널리 등장한다. 이는 국가가 관리의 공평하고 통일된 법의 시행·적용과 인민의 분명하고 간편한 법 준수를 계도하기 위한 정책으로 실행한 有權解釋의 상당부분을 차지한다. 평이하고 명료한 일반 통속용어로 간결하고 함축적인 법개념을 부연·설명하는 방법이 有權解釋의 제1차 과제가 되는 셈이다. 다른 조문에 규정한 내용을 추상적으로 인용하는 경우에는, 그 참고열람의 번잡을 줄이고 착오가능성을 막기 위하여 다시 해석하기도 한다.

예컨대, 唐律의 共犯에 관한 疏議의 일부를 예시해 보자. 우선 律文上 "'共犯罪者'란 2인 이상이 함께 죄를 범한 경우, 먼저 범행의도를 계획한 자를 首(正)犯으로 하고, 나머지는 모두 從犯으로 삼는다."고 해석하여, '共'의 개념을 명확히 규정한다. 그리고 "'家人共犯은 尊長을 처벌하는 데 그친다.'는 규정은, 祖·父·伯·叔·子·孫·弟·姪이 함께 범죄한 경우, 오직 동거하는 尊長만 홀로 처벌하며 나머지 비속친은 무죄다."고 해석한다. 家人의 개념을 구체로 예시하면서 그 처벌원칙을 부연·설명한 것이다. 律注에 '法上 처벌하지 않는 경우에는, 그 죄를 다음 尊長에게 귀속시키는데, 尊長이란 男夫다.'는 원래 입법해석이 있다. 이에 대해 疏議는, "'법상 처벌하지 않는 경우'란 80세 이상이나 10세 이하 또는 篤疾을 가리킨다.(이는 §30의 규정내용임) '죄를 그 다음으로 귀속시킨다' 함은, 가령 존장과 비속이 공범인데, 존장이 연로(80세 이상)나 (篤)疾로 인하여 律上 처벌하지 않는 경우, 공범 중 그 다음 존장에게 죄를 맡긴다는 의미다. '존장은 男夫다'는 말은, 가령 부녀자가 존장(최고령)으로서 男夫 비속친과 공범한 경우, 비록 부녀자가 주모하였더라도 男夫 홀로 처벌한다는 의미다."고 해석한다. 한편, 家人共犯의 예외규정으로, '타인을 침해·손상한 경우, 일반인의 首(正)從관계로 논죄한다'는 내용에 대해서, "침해란 재물을 절도한 것이고, 손상이란 폭행·살상과 같은 종류를 가리킨다. 가령 父子 전 가족이 함께 죄를 범했는데, 모두 일반인의 首從法에 의해 처벌하는 것은, 타인을 침해·손상한 까닭이니, 尊長만 홀로 처벌하는 게 아님을 뜻한다."고 해석한다.(§42)

司法裁判에서도 그 준거가 되는 律令의 인용은 명시든 암시든 제1차로 文理解釋이 되기 마련이다. 따라서 그 실례는 일일이 다 거론할 수 없다. 법제사에서 특히 참고할 만한 흥미로운 文理解釋의 사안을 한둘 소개하면 다음과 같다. 宋 刑統은 唐律처럼 "날(日)을 일컫는 경우는 百刻으로 계산한다."(卷6, 雜條)는 규정을 두고 있다. 또한 폭행상해의 행위가 사망을 초래하는 경우, 그 인과관계를 법적으로 인정하는 죄책담보(保辜) 기한제도(卷21)를 두고 있다. 馬宗元이 어렸을 때, 그 부친이 사람을 폭행하여 保辜期限 내에 사망하여 처형당할 운명에 놓였는데, 宗元이 사망시각으로부터 폭행시각까지 역으로 추산한 결과, 법정기한보다 4刻이 더 초과함을 알고, 郡에 訴願하여 부친의 살인죄를 면하게 한 일로 유명해졌다. 즉, 초일과 말일을 모두 포함시키는 일반 통속의 날짜계산법과 달리, 百刻(지금의 24시간)을 하루로 정하는 律文上의 철저한 滿期計算法96)에 의한 문리해석이 한 생명의 생사분기점이 된 셈이다.97) 법정기간계산에서는 길고 짧은 차이가 전혀 없어서, 비록 4刻(약 1시간)에 불과하지만, 期限 밖인 점에서는 몇 달이나 몇 년과 평등하게 취급한다. 마치 평형한 저울을 한쪽으로 기울어지게 하는 중량은 1兩(g)이나 수십 斤(kg)이나 전혀 다르지 않은 것과 같다.

그런가 하면, 남편이 처의 부모형제 몇 사람을 살해하여 '不道'죄로 처형당할 사건에서, 州의 裁判官이 그 처(피해자의 딸)의 연좌형을 선언한 적이 있다. 이에 대해 중앙의 刑部에서는 "처의 부모를 구타하기만 해도 곧 '義絶'이 되는데, 하물며 謀殺한 경우야 말할 것이 있는가? (전술한 바와 같이, 義絶은 절대적인 법정강제이혼사유로서 연좌형에도 우선하는 기본 法理이다.) 그런데 다시 그 처를 연좌하는 것은 부당하다."고 파기 처분하였다. 또한 일가족이 도적한테 몰살당하였는데, 그 부부는 즉시 사망하고 그 아들은 다음날 죽은 사건이 있었다. 이에 州에서는 그 유산을 戶絶法(후손단절로 인한 廢家)에 의해 출가한 친생녀에게 귀속시켰다. 그런데 刑部에서는, "그 집안의 부모가 사망할 때에 그 아들은 아직 생존해 있었기 때문에, 그 재산은 아들의 소유가 된다. 부모에게는 출가 친생녀이지만, 그 아들에게는 출가한 자매이기 때문에, 그 재산의 상속권이 없다."고 판결하였다.(다만 그 최종귀속에 관한 구체 언급이 없어서 아쉽다.)[98] 앞의 사안에서는 文理解釋의 관철과 함께 중국법 특유의 情理를 표면상의 직접이유로 제시함이 특징이다. 뒤의 사안에서는 현대의 법실증주의 해석논리에 조금도 손색이 없는 문리해석의 전형을 보여 주는데, 이것이 이른바 名分을 바르게 한다는 전통 중국의 '正名'사상의 법적 표현이다.[99]

---

96) 현행민법은 원칙상 초일을 산입하지 않는 만기계산법을 채택하는데, 예외로 오전 0시부터 起算하는 경우와 연령의 계산에서는 초일(출생일)을 산입한다.(§157-9)

97) 折獄, 卷4, 議罪, §89. 본편의 按語에서는, 법관이 원판결에서 마땅히 이와 같이 해석 적용했어야 하는데, 그 자식의 이의제기 후에 비로소 알아차린 것은 심한 불찰이라고 평론하면서, 억울함을 면하기 위해 訴願을 제기할 수 있는 아들을 칭찬하고 있다.

98) 折獄, 卷4, 議罪, §95, 按語 참조.

99) 한편, 宋刑統은 唐律과 마찬가지로 사람의 연령을 국가의 공식 戶籍에 의하여 정한다.(卷6, 雜條) 일찍이 자손이 없는 부자의 유산을 한 소녀가 그 딸임을 사칭하고 가로채려다가, 이웃사람의 증언으로 실패하여 국고에 귀속한 적이 있었다. 그

이밖에 白居易의 甲乙判에도 文理解釋과 관련한 판결이 눈에 띈다. 예컨대, 관리가 황제의 문서를 임의로 공개한 행위를 법관이 기밀누설죄로 심판하자, 피고인이 '기밀'은 아닌 점을 이유로 본죄의 형벌을 요구하였는데, 이에 法文上의 구성요건에 따라 형벌의 경중이 달라짐을 당연히 인정하는 판결문이 있다.[100] 관리가 황제문서의 발송을 지체한 죄는 1일에 笞50을 처하고, 매1일마다 1등급씩 가중해 10일이 되면 徒1年에 처한다.(§111) 그런데 10일이 안된 것을 徒1年에 처하여 불복 상소하자, 국법의 기일계산법이 엄연하므로 그 '文'理解釋에 의하는 것이 정당하고 공평하다는 심판을 내리기도 했다.[101] 또, 집안에서 남편이 아내에게 구타당하자 이웃사람이 고발해, 縣의 법관이 徒3年으로 처단한 사건이 있었다. 그런데 그 처가 남편의 親告가 아님을 이유로 불복하자, 상급심에서는 "禮上 비록 처의 유순함을 존귀하게 여기므로 포학함을 마땅히 禁絶시켜야 할 것이지만, 그 죄를 남편이 친히 고발한 것은 아니니, (法文 규정상) 형벌에 처할 수 없다."며 불복사유를 인정했다.[102]

(4) 법의 객관 명료성과 深文의 폐단

이러한 文理解釋과 관련하여, 법의 객관 명료성이 법제사에서도 매우 중요한 관심대상이 되어 왔다. 이는 본질상 道의 평이성과 직결하는 속성이다. 法의 궁극근원이 道고, 道가 法을 낳는다는 규범체계 속에서 보

런데 그 증인이 사망하자, 이 여자가 다시 유산반환소송을 제기하여, 오랫동안 판결을 내리지 못하고 있었다. 이에 尹洙는 그 나이를 묻고, 戶籍에 근거하여 그 부자의 사망 시와 대조함으로써, 소녀가 부자의 사후에 출생했음을 밝혀내어 해결하였다. 그런가 하면, 토지쟁송사건에서 계약서도 잃어버리고 경계도 불분명한데, '稅籍'을 근거로 시비곡직을 판결한 사건도 있다. 이들은 비록 증거법과 관련한 규정이지만, 실체적 진실의 규명에 결정적 계기가 된 것이다. 折獄, 卷6, 覆姦, §167 및 證慝, §191 참조.

100) 白判(下), §27. 唐律 §109에 의하면, 기밀누설죄는 絞刑이고, 기밀이 아닌 사항인 경우에는 徒1年半에 해당한다.

101) 白判(下), §28 참조.

102) 白判(下), §39 참조. 唐律 §326은 처가 남편을 폭행상해한 죄는 친고죄로 규정하나, 妾과 媵(잉)의 행위는 妻보다 가중하며, 또 친고죄가 아님을 주의해야 한다.

면, 이는 지극히 당연한 논리다. 특히 평이하고 간단해야 알기도 쉽고 따라 행하기도 쉽다는 老子나 易傳의 道論은, 法의 평이성과 명료성을 연역하는 직접 근거가 된다. 唐書 刑法志는 이점을 적확히 지적한다.

> "무릇 법령은 간단하여야 하나니, 간단하면 명료하고; 그 시행이 항구적이어야 하니, 오래 되면 공신력이 있게 된다. 그런데도 평범한 君主나 용렬한 관리는 흔히 이를 제대로 지키지 못하고 즐겨 자주 고친다. 하물며 법령이 번잡하고 많아지면, 비록 정밀하고 현명한 선비라도 두루 익힐 수 없으며, 관리들이 이를 빌미로 위아래로 조종하여 농간부리게 되니, 이것이 法典의 폐단이다."[103]

사실 법제사에서 보면, 간사하고 잔혹한 法吏들이 편협하고 일그러진 法治의 名分 아래, 고의로 律令의 문자를 지나치게 엄밀히 천착해 해석·적용하는 이른바 '深文'의 폐단이 상당히 심했다. 순수한 法治의 관념에서 행해지는 맹목적인 법실증주의 해석·적용도 法家의 刻薄性을 한층 부각시키는 악명의 요인이 된다. 하물며 法吏가 사리사욕을 채우거나 개인 및 당파의 원한을 보복하려는 저의에서 法文의 자구를 악의로 해석하는 경우에는, 그 해독은 특정 개인이나 집단에 그치지 않고 국가사회 전반에 큰 파란을 일으키곤 하였다.

법제사의 공식기록에만 의해도, 元代의 刑法은 남북간의 제도가 다르고 事類가 번잡하여, 관리들이 정실에 따라 法文을 조작·농간하고 罪刑을 들쭉날쭉 유추해석해 사사로움을 교활히 행한 폐단이 많았다.[104] 특히 말기에는 간신들이 法文의 해석에 농간을 부려 정의로운 사람을 해치기 일쑤였다.[105] 明 仁宗은 法司의 濫刑을 상당히 염려하였다. 특히 현대의 국가보안법의 이적행위가 그러한 것처럼, 大逆不道罪의 적용이 왕왕 정치적 목적으로부터 말미암아 法文에 대한 의도적인 편협한 자구해석으로 흐름을 잘 인식하였다. 아울러 法司의 모함으로 충직한 諫言

---

103) 唐書, 刑法 참조.
104) 元史, 刑法一 참조.
105) 新元史, 刑法志 참조.

이 誹謗罪로 몰리기 때문에 言路가 자주 막히는 폐단도 지적하였다. 그리하여 사형은 반드시 네댓 번 반복하여 올리라고 명령하면서, 그래도 주의하지 않는 법관은 '酷吏'의 칭호를 달게 받으라고 경고하였다.106) 宋代에도 관리들이 법 적용에 간교한 조문해석을 통하여 충신들의 뜻을 해치는 폐단이 심했다.107)

그러나 한편, 법문의 해석적용상의 폐단은, 君主의 위엄이나 가혹한 성격에 거슬리지 않으려는 해바라기 근성과, 刑政의 엄격성을 지나치게 요구하는 성과주의 풍조, 그리고 법규정을 위반하지 않으려고 하는 관리의 무사안일한 보신주의 태도로부터 비롯하는 경우도 많았다. 法文을 깊이 파헤쳐 자구대로 해석하면, 지극히 공정하고 법을 철저히 받드는 훌륭한 법관이라고 칭찬 받는다. 이에 반해, 法의 본의를 살펴 大體에 부합하게 적용하면 모두 바보라고 일컫는다. 이러한 법조계의 풍토 속에서, 붓과 칼을 쥔 관리가 오직 명성을 구하여 각박해질 것은 당연한 사리다. 그래서 杖刑이면 충분할 죄도 徒刑에 적용하고, 法理上 살려줄 수 있는 사람도 애써 사형에 처하려고 한다. 죄인을 미워해서가 아니라, 名利가 자기에게 돌아오기 때문이다.108) 그런 의미맥락에서, 동서고금을 막론하고 獄吏는 稅吏와 아주 비슷한 직업근성을 지니기 십상이다. 그래서 맹자는 직업선택이 심성수양에 아주 중대하다고 강조했다.

한편, 唐 太宗때에는 법관의 재판과실에 대한 형벌규정상의 문제로 이러한 法文의 자구해석 폐단이 더욱 커진다는 지적이 있었다. 본래 律文에 의하면, 무고한 사람에게 형벌을 내리거나 가벼운 죄에 무거운 형벌을 적용하는 失入罪는, 그 적용형벌에서 3등급밖에 감경하지 않는 비교적 重刑을 받는다. 이에 반해, 무거운 죄에 가벼운 형벌을 적용하거나 범죄인을 무단히 방면하는 失出罪는, 그 적용하여야 할 형벌에서 5등급 감경하는 비교적 輕刑을 받도록 규정하고 있었다.109) 그런데 당시 법현

---

106) 明史, 刑法二 참조.
107) 宋史, 刑法二 참조.
108) 舊唐書, 刑法 참조.

실에서는 失入은 무죄인데, 失出은 도리어 大罪에 해당하는 것이 관례가 되었다. 그래서 법관들이 자신의 안전을 도사리기 위해, 失出하느니 차라리 失入하는 악의적인 자구해석을 더욱 자행한 것이다.[110] 이에 太宗은 律文대로 시행하도록 조처하였다. 한편, 법관의 재판이 律文에만 집착하면, 참작할 만한 정상이 있는데도 감히 法을 어기지 못하고 法文대로 형벌을 정하여, 억울하고 원통한 사람이 생길 것이라고 염려하여 五覆奏를 명령하기도 하였다.[111]

이러한 법실증주의 자구해석과 관련한 深文之弊를 대표할 만한 역사상 구체 실례로, 呂氏春秋가 전하는 紂의 즉위절차를 들 수 있다. 紂의 同母兄弟는 셋으로, 첫째가 微子啓이고, 紂는 막내였는데 매우 어렸다. 그런데 紂의 생모가 두 아들을 낳을 때까지는 妾의 신분이었다가, 妻로 상승한 뒤에 紂를 낳았다. 紂의 부모님은 장남인 微子啓를 태자로 삼으려고 했는데, 太史가 '妻의 아들이 있으면, 妾의 아들을 태자로 책봉할 수 없다'는 법규정을 문자 그대로 해석하여 고집함으로써, 부득이 紂를 後嗣로 삼았다는 것이다. 그리하여 殷이 포학무도한 학정으로 멸망한 것이니, 역사의 역설은 실로 苦笑와 悲泣을 자아낸다. 이에 대하여 呂氏春秋는, 法의 해석·적용을 '이렇게 할 바에는 아예 法이 없는 것만 못하다'고 탄식 섞인 비판을 가하고 있다.(當務편)

(5) '죄가 의심스러울 때는 가볍게!'

그래서 唐律의 疏議도, 律의 조문이 간명하고 的確해야 해석·적용상 자구에 천착(집착·구애)하는 폐단이 발생하지 않는다고 강조하면서, 특히 이러한 '律外生文'을 매우 경계하였다.[112] 淸의 勵廷儀는 이러한 당률에

---

109) 이는 太宗代에 제정한 貞觀律의 규정인 듯하다. 현전하는 高宗의 永徽律(斷獄律, §487)에 의하면, 失入과 失出 모두 부당하게 잘못 적용한 형벌과 본래 적용하여야 할 형벌의 차이만큼 형량을 가감 없이 해당법관에게 부과(反坐)하도록 규정한다. 참고로 元律은 貞觀律의 내용과 같게 규정하고 있다. 元史, 刑法二, 職制下 참조.
110) 舊唐書, 刑法. 唐書, 刑法志에도 같은 내용이 실려 있음.
111) 舊唐書, 刑法 참조.

대하여, 法의 본의를 왜곡하여 무고한 사람을 죄에 모함할 수 있는 深文의 폐단을 미리 봉쇄하고, 法의 그물을 죄어 인민을 괴롭힐 학정을 근절시킨 훌륭한 입법이라고 칭찬한다.[113]

그러나 구체 사실은 무궁무진한데, 법조문은 수량으로나 문자로 적힌 의미로나 지극히 유한하고 불완전한 흠결투성이다. 구체 사실을 진실에 부합하도록 객관으로 認定하는 준비단계도 무척 어려운데, 인정한 사실에다 유한하고 불명확한 법조문을 진리에 합당하도록 적용하는 일 또한 그리 쉽지 않다. 이렇듯 법 시행상의 곤란이 거듭 겹치다 보니, 자칫 무고한 인민의 생명과 자유를 침해하기 쉽다. 물론 法은 결국 나라를 잘 다스려 인민의 평화와 자유를 보장해 주기 위한 수단방편에 불과하다. 인민이 법의 궁극 목적인데, 그 인민을 해칠 위험성을 높이는 것보다는, 차라리 수단방편인 법의 시행·관철을 다소 양보하는 편이, 法의 존재적 본질과 가치에 비추어 더욱 합당함은 당연하다. 특히 수단이 목적으로 둔갑하는 본말전도의 深文의 폐단을 두절하기 위해서는!

그래서 일찍이 尙書는 구체 사실에 대한 법조문의 적용에 관하여, 五刑에 正合하지 않으면 五罰에 비추어 보고, 五罰에도 正合하지 않으면 五過에 맞추어 보되, 五刑이나 五罰에 의심스러운 바가 있으면 사면하도록 규정하였다.(呂刑편) 그리고 左傳은 夏書의 말을 인용하여, '무고한 사람을 살륙할 바에는, 차라리 무도한 자를 놓치는 것이 낫다.'고 강조한다. 상과 형벌의 시행 모두가 참람하지 않는 것이 국가통치의 최고 이상이다. 상이 참월하면 간사한 자들이 요행을 얻고, 형벌이 넘치면 선량한 사람들에게 화가 미치게 된다. 그래서 賞罰 모두가 적당한 중용의 균형을 이루어야 하는데, 만약 그러지 못할 바에는 차라리 상이 헤플망정 형벌이 넘쳐서는 안 된다는 것이다.[114] 여기다가 僞古文尙書는 '죄가 의심스러울 때는 가볍게 처리하고, 공이 의심스러울 때는 후하게 베풀

---

112) 唐律, 賊盜, §263; 名例, §30 참조.

113) 勵廷儀, 唐律疏議序. 唐律疏議, 665면에서 인용.

114) 左傳, 襄公26年 참조. "與其殺不辜, 寧失不經."

어라'는 구절을 덧붙이고 있다.115)

이 세 문헌의 명제는 전국시대 이래 철학사상으로나 법제사에서 모두 자주 거론하는 중요한 法諺이 된다. 순자와 呂氏春秋는 상이 헤플망정 형벌이 넘치지 않아야 한다는 左傳의 내용을 언급한다.116) 禮記에는 '형벌은 가볍게, 사면은 후하게'라는 명제와 함께, 의심스러운 刑獄은 사면하도록 규정한다.(王制편) 한편 법제사에서는 거의 모든 역대 刑法志에서 이들 명제를 그대로, 혹은 표현을 다소 바꾸어 약방의 감초처럼 빈번히 거론한다. 이는 단순한 사실인정의 차원에서뿐만 아니라, 법조문의 해석적용에도 함께 관련하는 중요한 문제다. 따라서 이는 법규정이 내용상 불완전하거나 그 문자 표현이 충분히 명료하지 못해서 말미암는 深文之弊를 최소화하고자 하는 법정책상의 배려이기도 함에 틀림없다.

4. 실질적 推理(類推)해석: 比附制度

전통법은 이상의 여러 해석방법 외에, 일반보편의 실질 法'理'에 미루어 대등한 개념상호간을 연결시키는 推理·類推해석도 인정한다. 즉, 직접 적용할 만한 해당조문이 없을 경우, 同類의(類似한) 義理를 함축하는 조문에 나란히 빗대어 붙인다. 이를 '比附'제도라고 부른다. 형법의 조문이 제아무리 주도면밀하고 완벽한 체계일지라도, 변화무상한 범죄의 情狀을 모두 구성요건으로 자세히 망라할 수는 없다. 따라서 법에서 부득이 '比附'를 통용하게 된다. 물론 刑名의 경중이나 尊卑貴賤의 계급질서와 같은 禮法의 기본체계는 명확한 구별이 있어서, 律令의 명시 규정 이외에 比附를 허용할 수 없다.(§277) 그러나 법조문상 사용하는 법률용어의 개념 의미는 그 범위를 일일이 열거할 수 없으므로, 그 대강만을 규정한 뒤 구체상황에 따라 적절히 해석·적용할 수밖에 없다.

---

115) 僞古文尙書, 大禹謨편 참조. "罪疑惟輕, 功疑惟重."
116) 荀子, 致士篇 및 呂氏春秋, 開春篇 참조.

(1) 推理(類推)해석에 관한 荀子의 철학사상

이러한 유추해석의 比附制度는 이른바 고대 '議事以制'라는 죄형비법정주의 원칙 아래서는 수시로 자연스럽게 적용하고, 오히려 그 내용의 일부분을 이루었을 것이다. 그런데 比附制度를 직접 명시하는 철학사상의 연원은 아마도 荀子에게서 비롯하는 것 같다. 순자는 일반 추상의 質 차원에서 목적적 道理를 뜻하는 '義'와, 그 '義'를 표현하는 구체적 量 차원에서 수단적 부호 · 문자기재라는 '數'를 대비 개념으로 사용한다. 이는 易學에서 '義理'와 '象數'의 대비에 상응하는 개념이다. 義와 數의 대비개념은 '法'에도 그대로 적용한다. '法의 數'는 법을 기록하는 구체적 成文의 도서, 즉 법률조문이고, '法의 義'는 그 법률문서에 담긴 추상적 道理로서 법의 정신 · 원칙 · 원리를 뜻하는 '法理'에 해당한다.

예컨대 "法則 · 度量 · 刑辟의 문서에 따라 시행하되, 그 '義'理를 모르고 단지 그 조문 '數'만을 근신하여 지키면서, 삼가 증감하거나 손익할 수 없는" 것은, 일반 하급관리들의 직책으로 여겨진다.(榮辱篇) 이러한 말단 행정관리처럼 "법의 '義'理를 모르고 법의 조문 '數'만을 그대로 지키는 사람은 제아무리 해박할지라도, (법을 해석 · 적용 · 시행하는 실무) 일에 닥쳐서는 반드시 혼란스러워지게 된다."(君道篇) 왜냐하면, 법의 조문 수는 지극히 유한하지만, 세상일과 인간행위는 천태만상으로 변화무상하기 때문에, 법의 근본원리를 모르고 법조문의 자구만 해석하다 보면 금방 곤궁해질 것이다. 그래서 愼子같이 법에만 가려(얽매여) 인간의 현명한 지혜를 모르는 법가의 경우, 그들이 말하는 법의 道란 곧 그 數[조문]에서 다하고 만다고 순자는 비판한다.(解蔽篇)

이와 함께 순자는 '類'라는 개념을 끌어들여 '法' 개념의 본질속성으로 거론한다. '類'는 유한한 구체 법조문 '數'로부터 말미암는 곤궁을 변통하고, 그 부족함을 보충하는 법의 원리 차원에서 쓰인다. 즉, "법이 있는 경우 그 법을 적용하고, 법이 없는 경우 類를 들어 시행하면, 소송의 심리를 다할 수 있다." 그러므로 "군왕의 관리들은 禮義로써 정치를 행하고, 類로써 소송을 심리·판단하여, 그 밝기가 터럭 끝도 모두 분별하고, 그 해석·적용이 변화에 부응하여 무궁하게 된다."(王制篇) 그래서 공로에 대한 상과 범죄에 대한 형벌은 類를 통용한 다음에야 合理하고 타당하게 된다.(大略篇) 이러한 법의 數·義·類라는 삼자의 관계를 종합하여, 순자는 다음과 같이 거론한다.

"사람이 法이 없으면, 어떻게 해야 할 줄을 모른다. 法이 있으면서 그 義를 이해할 수 없으면, 융통성이 없어 막히게 된다. 法에 의지하면서 또한 그 類를 깊이 통찰한 연후에야, 비로소 자유자재로워진다."[117]

여기서 '類'란 실질상 법의 원리나 정신에 비추어 그 본질이 서로 비슷하고 상통하는 '義'理를 가리키는데, 그 상통하는 '義'理가 담겨 있는 비슷한 구체 事例나 判例까지 포함한다고 이해할 수 있다. 즉, 원칙상 明文의 실정법 규정에 의거해 시행하되, 어떠한 사실이나 행위에 整合하는 法條文(數)이 없는 경우에는, '義'理상 그와 상통하는 비슷한 법조문이나 판례를 '類'推하여 적용한다. 이것이 전통 중국의 類推解釋인 比附制度의 철학사상적 연원이다. 아쉽게도, 순자의 제자인 韓非조차도 法家思想을 집대성하면서, 法의 '數'만을 논하고, 법의 '義'와 '類'의 해석 적용을 별로 주의하지 않았다.[118] 이는 아마도 漢代 유가의 原心定罪와 經義에 의한 春秋折獄을 통하여 법제사에서 본격으로 구체화한 듯하다.

(2) 推理(類推)해석의 역사

넓은 의미의 比附制度는, 일찍이 尙書 呂刑篇의 '上下比罪'나 禮記 王制篇의 '疑獄'에 대한 '小大之比' 규정에 존재하였다. 이는 先例(決事)나 事理에 의해 경중을 참작하여 결정함을 의미하는 것으로 여겨진다.[119]

---

117) 荀子, 修身편 참조. 이상의 내용에 관하여는, 兪榮根, 儒家法思想通論, 406-410면 및 陳大齊, 「荀子所說的義」, 孔孟學報, 第21期, 44-5면을 참조.
118) 兪榮根, 앞의 책, 409-410면 참조.
119) 沈家本, 明律目箋, 卷1, 「斷罪無正罪」조 참조. 沈은 여기에서 '比'가 明淸律上 他律에 比附하는 제도와 본질상 다르다고 주장한다.

그리고 '以法爲敎' 뿐만 아니라 '以吏爲師'를 동시에 표방한 秦의 法治政策에서도, 律文의 흠결이나 부족을 보충하는 재판의 준거로서 '廷行事'라는 判案先例를 널리 활용한 사실이 드러난다.120) 한편, 漢 高祖는 지방관리가 재판하기 어려운 의심스러운 소송을 중앙의 廷尉에게 보고하고, 廷尉도 결단할 수 없는 경우에는 적용할 만한 律令을 '比'附(비교첨부)하여 황제에게 아뢰라고 분부한 적이 있다. 그리고 武帝 때는 張湯·趙禹 같은 酷吏가 법치만능시대를 구가하면서, 律令 총359章 중 死刑이 409條에 1,882항목이나 되고, 死刑에 해당하는 決事比(재판의 유권근거가 되는 先例)만도 13,472건에 이르렀다고 한다. 後漢 때에는 이러한 決事比 중 중요한 판례를 선별해 辭訟比·決事都目·法比都目 등의 방대한 책으로 편찬하였다.121) 여기에서 재판실무상 한 사안에 적확히 해당하는 律令의 조문이 없는 경우, 義理상 비슷한 상하·경중의 규정에 빗대어(比附) 보아 참작·결정하였을 것이다. 董仲舒가 春秋經義에 근거하여 재판한 春秋折獄도 그 주요한 내용임은 물론이다.

특히 주의할 점은, '比附'의 개념은 법제사상 唐律(宋刑統)과 明淸律에서 그 실질내용이 상당히 판이하며, 그 규정형식(조문명칭)상 同名異實인 관계로 말미암아, 혼동과 오해를 일으킬 소지가 많은 점이다. 일반으로 유추해석을 뜻하는 '比附'制度는 후술할 明淸律上의 '斷罪無正條'의 규정을 가리킨다. 당률상 같은 제목의 조문은 그 내용이 단순 형식논리상 勿論解釋의 원칙을 입법규정으로 확인·선언한 것에 불과하다.122) 즉, 당률상 '斷罪無正條'에 규정한 형식논리상 당연한 해석원칙(명문의 입법규정을 기다릴 필요 없이 반드시 참인 법리해석의 일반원칙)을 대신해, 明淸律은 실질 논리해석의 원리인 '比附'(類推)제도를 새로이 입법한 것이다.

---

120) 秦簡, 法律答問(149-150) 說明 참조.
121) 漢書, 刑法志 및 漢律, 卷22, 決事類(1767-1770) 참조.
122) 구체적 형벌집행상의 특례로서 형벌의 종류나 양을 일률로 상호 대비해 환산하는 '比·當·準·折'(단, 明淸律上 例分八字之義에는 比가 나오지 않음) 제도가 있는데, 名例律(총칙)의 일반원칙으로 입법 정의하는 '比'를 해석원리인 '比附'와 혼동해서는 안 된다. 戴炎輝, 唐律通論, 國立編譯館(正中書局), 1977, 臺4版, 192-4면 참조.

한편, 당률도 비록 正文에서는 이러한 '比附'의 원칙을 규정하지 않지만, 疏議問答에서는 명백히 '比附'라는 명칭으로써 실질 논리(유추·추리) 해석의 원칙을 인정한다. 즉, 賊盜篇 '發冢'조의 疏議問答에서는, "五刑의 규정이 비록 3천 조문에 이른다고 할지라도, 범죄의 상황이 너무 복잡·다양하므로 '比附'를 통용하게 된다."는 대원칙을 선언한다.(§277) 또한 다음에 자세히 기술할 바와 같이, 법 흠결시 최후로 보충 적용할 개괄규정인 不應爲罪의 적용요건을 疏議에서는 다음과 같이 해석하기도 한다. "律과 令에 모두 正文의 조항이 없고, 경중의 논리적 포함관계에 입각한 물론해석도 해당하지 않으며, 또한 실질 논리(유추)해석인 '比附'의 준거로 원용할 同類의(유사한) 조문조차 없는 경우, 정상을 참작하여 임시 처단하는 것이다."(§450) 여기서 '比附'의 원칙이 법의 해석적용 순서상 셋째의 기준으로 명백히 공인받고 있음을 확인할 수 있다.

宋代에 이르면 입법형식에 조금 바뀐다. 刑統은 당률의 '斷罪無正條' 조항을 그대로 답습해 형식논리상의 물론해석 원칙을 선언한다. 이와 별도로, 당률의 疏議에서 해석의 기본원리로 인정하는 실질논리상의 유추해석으로서 '比附'制度는, 律의 하위법인 斷獄令에 명문으로 이렇게 규정한다. "죄를 처단함에 正文의 조항이 없는 경우에는 (유사한 조문에) 比附하여 형벌을 결정하되, 정확히 적중하지 않을까 염려스러운 때는 상부(刑部 또는 황제)에 재결을 奏請한다."[123]

宋 斷獄令의 규정과 당률소의에서 比附를 인정한 사실 등을 감안하면, 唐代에도 비록 律에는 명문규정이 없지만, 宋과 마찬가지로 斷獄令에 비슷한 내용의 比附를 규정했을 가능성이 전혀 없지는 않다. 사실 실질논리상의 유추해석으로서 比附제도는 일찍이 漢律에도 '決事比'의 규정이 있었고, 그를 적용한 결과 이루어진 판례집에 상당하는 게 '科'라는 법형식이었다.[124] 晉과 北魏 때도 비슷한 규정이 있었음을 알 수 있다.[125] 이러한 경과를 거쳐 明律은 唐律의 「斷罪無正條」 조문을 실질

---

123) 慶元條法事類, 卷73, 刑獄門3, 檢斷條, 斷獄令 참조.
124) 程樹德, 九朝律考(上), 34-40면 및 戴炎輝, 唐律通論, 14면 참조.

논리상의 유추해석 원칙인 '比附'制度로 환골탈태한 것이다.

　　"무릇 律令의 조문은 事理를 모두 규정할 수 없으므로, 만약 죄를 처단할 때 正文의 조항이 없으면 律을 인용하여 比附한다. 가중하거나 감경하여야 할 경우에는, 罪名을 잠정하여 刑部에 보고한 뒤 의론을 거쳐 황제에게 奏請한다. 만약 그냥 임의로 결정·처단하여 죄를 가감시킨 경우에는, 그 고의·과실에 따라 논죄한다."

　　이것이 그 유명한 유추해석의 명문근거로서 比附制度다. 清律도 이를 거의 그대로 계승하였는데, '(他)律을 (援)引하여'라고 夾注를 보태 넣고, '刑部에 보고한 뒤'라는 律文을 뺀 다음 '上司에 보고하여'라는 夾注를 대신 보충한 정도다.

(3) 推理(類推)해석의 근본정신과 남용의 폐단

　　비록 법규정(존재)형식은 시대에 따라 다소 다르지만, 比附의 실질내용과 근본원칙·입법정신은 漢律이나 당률 또는 명청률을 막론하고 일맥상통으로 이어진다. 이는 清律의 注文에 집대성한 것처럼, "法制는 유한한데 事情의 변화는 무궁하여" 부득이 "有限으로써 無限에 대처하는 (일종의 臨機應變, 즉 事變의) 道"로 요약할 수 있다. 물론 여기서 구체적 범죄 事情의 경중을 적절히 참작하는 기준은, 유한한 法制(律文)에 담겨있는 근본정신이나 내면상의 실질원리(논리)가 된다. 그래서 比附의 원칙상 방법은 "그 情과 理를 추구(유추)하여 律意(법의 근본정신)에 합당하도록 형평을 유지"하는 것이 핵심 요지다.126)

　　요컨대, 法條文의 흠결을 法原理에 의하여 합목적적으로 보충함으로써, 情理法의 원만한 통일조화를 이루는 것이 유추해석원칙인 比附制度가 지향하는 궁극이상인 것이다. 이렇게 보면, 서양의 법해석학에서 최

---

125) 仁井田陞, 中國法制史研究(刑法), 東京大學出版會, 1959년, 188면 및 戴炎輝, 唐律通論, 14면 참조. 특히 실질적인 比附制度의 법제사적 구체 내용과 그에 대한 평가는, 沈家本, 明律目箋, 卷1, 「斷罪無正條」조에 상세히 정리하고 있음.

126) 大清律例會通新纂, 卷4, 名例律下, 「斷罪無正條」(561면) 참조.

후의 보충 法源으로 거론하는 '條理'나 '사물의 본성', 또는 영미법상의 '형평법'도, 결국은 전통 중국법상 법조문 '數'가 곤궁할 때 類推 比附해야 할 '義理'나 '法理'와 별로 다르지 않을 것이라는 확신이 든다.

물론 형법과 의무 위주의 전통 司法현실에서, 유추해석의 比附制度는 알게 모르게 남용하거나 악용하였을 가능성이 상당히 크다. 특히 포학무도하거나 우매한 군주, 또는 간사하고 교활한 신하나 酷吏를 만나면, 明文의 법규정조차 '귀에 걸면 귀걸이, 코에 걸면 코걸이'식으로 해석 · 적용하기 일쑤였을 텐데, 하물며 법의 원리 · 정신 · 목적 등에 비추어 상통하는 비슷한 조문이나 先例의 유추 比附는 더욱 말할 것도 없으리라! 법제사상 이러한 유추해석의 폐단은 일찍이 唐 中宗 때(705년) 趙冬曦(희)가 상소한 건의에 단적으로 잘 드러나고 있다.

"신이 듣건대, 지금의 律은 옛날에는 천여 조에 달하였는데, 근래 隋代의 간신이 장차 법을 농간하려고 '어떤 범죄행위가 律에 正文의 조항이 없는 경우, 죄를 감면하여야 할 사항이면 중대한 요건으로 경미한 사실을 포함하고, 가중하여야 할 사항이면 경미한 요건으로 중대한 사실을 포함한다.'는 규정을 律에 신설하였습니다. 이 한 조문의 설정으로 수백 조가 없어졌는데, 지금까지 끝내 개혁하지 못하고 있습니다. 그리하여 생사가 법률로부터 말미암지 않고, 죄형의 경중이 반드시 愛憎에 의해 결정 나니, 형벌을 받는 사람은 그 까닭을 모르고, 사건을 처리하는 사람도 그 범죄를 알지 못합니다. 무릇 입법이란 인민이 모두 잘 알아 천하에 범죄가 없도록 하는 것이 소중한데, 어찌 꼭 조문의 의미(文義)를 수식하여 그 조항을 간략히 할 필요가 있겠습니까? 무릇 조항이 간략하면 인민이 알기 어렵고, 조문의 의미가 심오하면 法吏가 이에 편승하게 됩니다. 인민이 알기 어려우면 함정을 숨겨놓은 것이 되니, 어찌 범법자가 없을 수 있겠으며; 法吏가 편승하게 되면 比附(견강부회)로써 해석 적용하게 되니, 어찌 법을 농락하는 간신이 없겠습니까? 그래서 臣은, 律令格式의 조항을 다시 개정하여, 범죄를 규정함에 그 사항(요건)을 직접 표현함으로써 그 문장을 수식할 여지가 없도록 만들기를 청합니다. 그리하여 準用이나 가감 · 比附 · 정상참작(量情) 및 가벼운 요건으로 무거운 사실을 포괄하는 斷罪無正條(물론

해석), 마땅히 하지 않아야 할 것을 행한 죄(不應爲) 등은 모두 그 적용을 폐지하십시오. 일반 평범한 인민도 들으면 반드시 분명히 알아 서로 범죄를 멀리하게 한다면, 어찌 알면서도 일부러 범하는 일이 있겠습니까? 그런데도 범하는 자가 있는 경우에는, 비록 아무리 존귀하더라도 반드시 논죄한다면, 우주 안이 모두 숙연히 복종하게 될 것입니다. 그래서 말하기를, '법이 명료하면 인민이 믿고, 법이 한결같으면 군주가 존엄해진다'고 하며, 書經에는 '刑(法)은 刑(法)이 없음을 기약한다.'고 전하는데, 이 말은 참으로 진실합니다."[127]

이 견해는 '물론해석' 같은 필연의 法理를 오해한 잘못이 있어 전폭 수긍하거나 공감하기는 어려운 논의다. 하지만, 比附制度 뿐만 아니라 유추해석의 폐단을 야기할 소지가 있는 모든 개괄규정들을 전면 폐지하고, 비록 방대해지긴 하지만 구성요건을 개별 구체로 세분화하여, 엄격하고 철저한 죄형법정주의를 실행하여, 너무 소략한 법의 폐단이나 법관의 자의적 남용을 방지하자는 건설적 주장임에 틀림없다. 마치 周初의 五刑 3천을 연상케 하는 복고풍의 법제개혁론 같기도 하다. 이러한 맥락에서, 이는 전술한 晉代 劉頌이 주장한 法治 및 죄형법정의 원칙론과 일맥상통하는 견해다. 그런데 金代의 世宗은 법관이 개인 견해를 고집하거나 상관의 의중을 관망하는 非法治的 태도를 질책하면서, "법제에 正文의 조항이 없는 경우에는 모두 律文을 기준으로 하라."는 법치원칙을 손수 분부하기도 하였다.[128]

그러나 明淸律이 '斷罪無正條'를 새로이 규정하여 다른 律文의 比附에 의한 유추해석을 명문으로 인정하면서, 그 폐단은 더욱 심각해졌다. 대개 誣告와 정치상의 黨爭, 특히 淸代 文字獄의 대부분이 지극히 사소한 언행을 가장 중대한 妖言이나 大逆不道 등의 죄에 比附함으로써 참혹한 환란을 초래하기도 하였다.[129] 그리하여 淸末 修訂法律館의 '刑律

---

127) 唐會要, 卷39, 議刑輕重條(709-710) 및 通考, 卷166, 刑考5, 刑制條(1438) 참조. 新唐書, 卷200, 儒學(下), 本傳에도 같은 내용을 기록하고 있으나, 다소 간략하다.
128) 金史, 刑志 참조.
129) 沈家本, 明律目箋, 卷1, 「斷罪無正條」에 실린 曹一士의 上疏文과 沈의 평론참조.

草案'에서는 이러한 比附制度를 정식으로 삭제하고, 律例에 正文의 조항이 없는 경우에는 어떤 종류의 행위를 막론하고 죄가 될 수 없다고 규정하기에 이르렀다.[130]

(4) 唐律疏議상 推理(類推)해석의 구체 예시

그러면 이제 唐律疏議에 나타나는 합리적이고 정당한 比附(유추)해석의 구체 실례를 열거해 보고,[131] 법제사에 등장하는 흥미로운 유추해석의 재판사례도 약간 인용해 보기로 하자.

우선, 唐律上 '盜'의 개념은 일반으로 '動産'을 기준 삼아, 물건을 원래 소재지로부터 이탈시키는 행위를 그 본질 요소로 삼는다. 그런데 가축처럼 울타리 쳐진 물건은 그 영역을 벗어나야 하며, 새처럼 움직이는 동물은 그 활동자유를 통제하는 정도에 이르러야 한다. 그리고 도둑질한 가축에 스스로 따라온 동료는 그 목적물에 포함시키지 않지만, 이를 자기가 점유하는 행위는 어미를 훔치는데 따라온 새끼가 있는 경우와 마찬가지로 합산한다.(§300) 한편 土地는 움직일 수 있는 물건이 아니므로, 일반 동산과 같은 '盜'의 개념을 그대로 적용할 수 없다. 그래서 토지에 대해서는, 남의 전지를 몰래 또는 강제로 '훔쳐 경작하는'(盜耕種) 행위와 자기의 소유인 것처럼 속여 제3자에게 '훔쳐 팔아먹는'(盜貿賣) 행위의 개념범주를 설정한다. 남의 재산권을 가로채는 점에서는 盜의 개념과 유사하지만, 그 '理'가 일반 재물과는 다르기 때문에, '眞盜'와 별도의 立法 조치를 취한 것이라고 설명한다.(§165, §166)

이밖에 구성요건상 법률개념의 해석에서 유추원리를 적용하는 구체적 '比附'의 실례도 적지 않게 나온다. 예컨대, 私有 및 제조를 금지하는 비일상적인 병기의 종류에, 甲(갑옷)이 매우 중대한 대상으로 들어있다.

---

130) 沈家本, 明律目箋, 卷1, 「斷罪無正條」에 실린 「刑律草案」原奏, 「草案」第10條 참조.
131) 근대서구법의 죄형법정주의 원칙 아래서도 모든 유추해석을 완전히 금지하는 것은 결코 아니다. 이른바 '피고인에게 유리한 유추해석'은 허용한다고 해석하는 게 일반이다. 劉基天, 全訂刑法學(總論講義), 一潮閣, 1980, 全訂初版, 29-31면 참조.

律 本文의 注에는 甲(갑옷)이 가죽(皮)이나 쇠붙이(鐵) 등으로 만든 것을 가리킨다고 규정하고 있다. 여기에서 가죽이나 쇠붙이가 아닌 재료로 만든 갑옷의 경우에는, 그 정도가 다소 경미하므로 창과 같은 일반 병기에 준하여 처벌하는 것이 '理'의 중용에 적합하다고 풀이한다.(§243)

그리고 律에는 奴가 良人여자를 아내로 취한 경우만 규정하고 있는데, 良人보다 천하지만 노비보다는 귀한 客女를 취한 행위의 처벌에 관하여 역시 유추해석을 적용한다. 우선 名例律(§47)에 의하면, 客女는 법률상 部曲과 동등한 신분계급으로 본다. 그런데 鬪訟律(§320)에는 部曲이 良人을 폭행한 경우 良人상호간의 일반폭행보다 1등급 가중하고, 노비가 良人을 폭행한 경우에는 다시 1등급을 더 (도합 2등급) 가중하며, 폭행의 주체와 객체 신분이 반대인 경우에는 같은 비례로 감경 처벌한다. 그리고 部曲과 노비 상호간의 범죄행위에 대하여는 良人과 部曲 상호간의 법규정에 의하며, 기타 계급간의 범죄행위에 대하여도 별도의 명문이 없는 한, 이 원칙을 準用한다고 규정하고 있다. 따라서 이들 규정을 종합 정리하여 유추해석하면, 奴가 部曲을 취한 죄는 良人을 취한 죄보다 1등급 감경 처벌한다는 논리가 성립하는 것이다.(§191)

또한 주인이 部曲을 고의나 과실로 살해한 행위의 처벌규정과 관련하여, 妾이 夫의 部曲을 살해한 죄책의 경중을 어떻게 정할 것이지 문제된다. 妾이 夫의 다른 妾의 자식을 폭행하면 일반인보다 2등급 감경하되, 妾의 자식이 父의 다른 妾을 폭행하면 일반인보다 3등급 가중 처벌한다.(§332) 여기서 疏議는 이러한 신분관계를 部曲과 주인의 妾 상호간의 범죄행위에 빗대어 처리한다고 설명한다. 즉, 部曲은 주인의 妾 자식에 준하는 것이 된다. 그런데 그 妾에 자식이 있는 경우, 妾의 대우는 현저히 달라진다. 妾의 자식이 집안을 계승할 家主이면 그 妾은 妻와 동등하게 격상하여 主人의 예에 의하고, 그렇지 않고 일반 庶子에 불과하면 主人의 期親에 준하여 처리한다.(§332) 이 경우의 比附는 논리 필연성이라기보다는, 情況의 유사성을 바탕으로 추론한 것이 된다.

또 하나의 주목할 만한 독특한 유추해석으로, 남편을 여의고 守節 중인 妻妾과 쫓겨나거나 개가한 시어머니(남편의 生母) 간의 신분관계 설정이다. 妻妾 자신이 쫓겨나거나 개가한 경우, 그와 옛 시부모와의 신분관계는, 비록 현재의 시부모보다는 다소 소원해져 감경 처벌의 사유가 되지만, 그래도 옛 情理상 일반인보다는 친근한 까닭에 가중하는 특수한 상황이다. 그런데 妻妾 자신이 수절하는 한, 남편집안과 혼인관계가 끊어지지 않아서, 비록 시어머니가 비록 시아버지 집안과 義絶한다고 할지라도, 母子(즉 개가하여 쫓겨난 시어머니와 죽은 남편)의 혈연상의 天倫은 결코 끊어질 수 없으므로, 법적으로 현재의 친어머니와 동등한 관계를 유지하는 것이 '理'상 당연하다는 것이다.(§331)

그리고 嫡庶의 신분질서를 철저히 요구하는 宗法주의 律令은, 妻를 妾으로 강등하거나 妾이나 婢를 妻로 격상하는 비윤리적 감정행위를 엄금한다. 婢가 妾으로 상승하는 행위도 원칙상 금지하나, 다만 婢가 주인의 총애를 받아 자식을 갖거나 良人으로 신분해방이 된 경우에는 妾이 될 수 있다. 하지만 이 경우도 결코 妻까지 될 수는 없는데, 이를 처벌할 명문 규정이 없으므로, 妾(婢가 법적으로 상승할 수 있는 최고 신분)을 처로 삼은 죄에 유추 적용하는 것이 法理상 比附해석으로 가능하다.(§178)

법률행위 개념상의 유추해석에도 흥미로운 예가 존재한다. 타인을 증오하여 각종 저주로써 죽이려고 한 경우에는 '謀殺'에 준하여 처벌하되, 다만 병들게(疾苦) 하려고 한 경우에는 이보다 다소 감경한다. 그런데 大功 이상의 尊長이나 小功 존속을 병들도록 저주한 행위가 十惡에 해당하는지가 문제된다. 여기에서 병드는(疾苦) 상태가 폭행상해(毆傷)와 같다는 개념상 유추를 전제로 삼아, 이들을 폭행하려고 단지 모의한 단계는 十惡에 들지 않지만, 구체로 폭행에 착수하면 不睦에 해당한다는 法理를 다시 比附한다. 즉, 병들도록 저주한 데에서 그치고 구체 효과가 생기지 않으면, 폭행모의에 준하여 十惡에 속하지 않지만; 저주 결과 질병이 생기면 폭행실행에 해당하므로 不睦이 된다는 해석이다.(§264)

條理라는 개념을 사용한 유추해석도 있다. 條理란 律令條文상의 구체적인 義理·文理라는 의미로 쓰인다. 예컨대, 조부모님이나 부모님이 사형죄를 범하여 구속 중인데 혼인하거나 宴樂을 벌이는 관리는 파면 당한다. 여기서 宴樂을 벌인다는 개념에는 스스로 하거나 남을 시켜서 하는 경우 모두 포함한다. 이는 부모님의 喪中에 宴樂을 벌이는 不孝罪의 개념해석에 비추어 '條理'상 전혀 다르지 않기 때문이다.(§6, §19)

또한 奴婢나 部曲 등의 賤民은 법적으로 半人半物의 특수한 신분계급인데, 良人에 준하여 대우할 것인지 아니면 재물로서 취급할 것인지 여부는 일정불변의 理가 존재하지 않는다. 따라서 구체 條文의 입법취지에 나타나는 '義理'에 의해 개별로 결정하는 것이 '合理'인데, 이것이 곧 '條理'에 해당한다.(§18) 다만 條文에 별도의 正文이 없는 경우, 노비 등의 범죄주체로서 신분은 원칙상 良人에 준한다.(§47) 예컨대, 사형죄를 범하지 않은 一家族 3인 이상을 살해한 '不道'죄의 객체에는 원칙상 노비가 해당하지 않는데, 같은 신분계급에 속하는 노비나 部曲 상호간의 살인행위에는 良人상호간에 준하여 '不道'죄가 성립한다.(§18, §259) 또한 서로 다른 신분계급간의 폭행·상해·살인 등의 행위도 일반범죄에 비하여 가중 또는 감경 처벌하는데, 이는 노비 등이 良人과 동등하지 않음을 전제로 하는 입법이다. 그러나 自首의 특혜를 인정하지 않는 예외로, 사람을 損傷시킨 결과적 범죄가 들어있는데, 노비 등을 상해한 경우에도 良人과 마찬가지로 自首의 혜택을 받을 수 없다.(§37)

條理란 事理의 한 특수한 개념으로, 특히 法條文의 論理적 맥락이라는 뜻에서 '法理'라고 표현할 수 있다.[132] 이는 현대 법해석 방법의 한 중요한 기준인 '文理'·'論理'와 상통한다. 이러한 文理해석의 준거로는 '條理'보다 일반 '理'의 개념이 훨씬 보편으로 쓰인다. 예컨대, 故意의 殺人은 斬刑에 해당하는데, 칼을 들고 싸우다가 살인한 경우에도 '文'脈에 비추어 故意살인과 다를 '理'가 없다고 해석한다. 비록 '文'과 '理'가 이어져 쓰이지는 않지만 실질상 '文理' 개념을 뜻함은 물론이다.(§306)

---

132) '法'과 '理'의 개념은 본질상 밀접 불가분의 일체성을 지닌다. '法理'라는 복합어도 일찍부터 널리 쓰이고 있음이 드러난다. 後漢書, 循吏列傳; 三國志, 魏書, 武帝紀; 隋書, 刑法 등 참조. 唐律疏議(§177)에는 '理法'이라는 뒤바뀐 용어도 나온다.

이밖에도 법의 직접 존재 및 도출 근거로서 다양한 의미를 함축하는 복합적인 '理'의 개념도 자주 등장한다. 예컨대, 혼인에서 남녀 당사자의 자유의지는 전혀 용납하지 않는다. 오직 부모·조부모님 등 主婚者의 명령에 절대 복종해야 함이 윤리도덕인 禮와 국가실정법의 공통 요구다. 그래서 법은 혼인이 律令을 위반한 경우, 원칙상 主婚者만 처벌하며 당사자인 남녀는 논죄하지 않는다. 혼인을 主宰할 절대유일의 권한을 지닌 자가 그 책임도 온전히 지는 것이 합리일 뿐만 아니라, 혼인에 대해 전혀 '自由'가 없는 당사자에게 어떠한 책임이나 의무를 물을 수 없는 것이 事理와 法理상 당연하기 때문이다.(§195)[133] 마찬가지 이유로, 조부모님이나 부모님이 죄수로 갇혀 있는 중에 자손이 혼인하는 '不孝罪'의 경우에도, 그 혼인이 부모님 등의 명령에 의한 경우에는 범죄를 아예 구성하지 않는다. 기타의 尊屬親이 主婚한 경우에는, 그 주혼자를 首犯(正犯)으로 처벌하되, 남녀당사자는 從犯으로 다룬다.(§180)

또한 법은 重婚을 엄금하여, 그 夫는 물론 이에 응한 女家도 1등급 감경 처벌하는 것을 원칙으로 삼는다. 다만, 夫家의 欺罔에 의한 경우에는, 女家는 처벌하지 않는다. 官員이 관할지역 안의 여자를 妾으로 삼거나, 법을 위반 또는 이용하여 妻妾을 취한 경우에는 엄하게 처벌하는데, 이때도 女家는 책임을 묻지 않는다. 왜냐하면 관원의 실질상 권력이나 위세가 직간접으로 작용하는 것이 상례이기 때문이다.(§187) 여하튼 이러한 경우에는 女家의 自由意志를 기대하기 어려운 것이 일반 事理다.

마찬가지 이유에서, 타인으로부터 위탁받은 물건을 유실한 경우에는 배상책임이 있지만, 강도당한 때에는 배상하지 않아도 된다. 受託者의 자유의지에 반하는 불가항력에 의한 것이기 때문이다.(§397) 각종 형태의 共犯에서 그 首從의 판정기준도 이와 비슷한 事理에 근거한다. 가족공범인 경우에는 最尊長을 首犯(主犯)으로 여기고 기타 가족은 從犯으로 삼되, 여자는 비록 나이가 가장 많거나 심지어 造意(주모)한 경우에도 首

---

133) 白判(上) §43에는, 庶子의 신분을 숨기고 駙馬가 되길 지원한 자가 들통 나자, 格式한 위반한 죄책을 家長에게 부과하는 것이 당연하다는 판결이 보인다.

犯이 되지 못한다. (다만 인명을 살상한 경우에는 일반 首從관계에 의한다.) 그리고 관할지역의 관원이 共犯한 경우에는, 설령 일반인이 주모하였더라도, 관원을 주범으로 단정하고, 일반인은 언제나 從犯으로 여긴다.(§42)

한편, 관리가 범죄로 인한 파면이 아니라, '理'(합법의 정당한 절차 및 방법)에 의해 관직을 떠난 경우에는, 현직 관원과 동등하게 각종 법적 (특히 죄책 처벌상의) 혜택을 받을 수 있다.(§15) 또한 관리가 재직시 법적 공무를 수행하다 순직한 경우, 이를 '理'에 의해 사망했다고 표현하는데, 소속 관청에서는 그의 시신을 家鄕까지 호송해주어야 할 법적 의무가 있다.(§407) 한편, 채무불이행의 처벌대상인 '負債'의 법적 개념은 '令에 의해 合理적인 것'에 국한한다.(§398) 해당관원이 사육하는 관가의 畜産이나 타인의 위탁을 받은 가축이, '理'에 의해 사망하면 배상책임이 없지만, 非理에 의해 사망한 경우에는 배상하여야 한다.(§128, §397) 이상의 각종 '理'는 合法·合理적 정당성을 대표하는 개념으로 실질 의미상 '法'과 직결한다고 볼 수 있다.

(5) 法制史上 推理(類推)의 재판사례

이제 법제사에 보이는 흥미로운 유추해석의 재판사례를 몇 가지만 소개해 보자. 우선 漢代에 세 남자가 한 여자를 공동의 처로 삼아 한 자식을 낳았는데, 서로 헤어지게 되자 자식을 서로 가지려고 소송을 제기하였다. 이에 지방의 관리가 결단하지 못하여 조정에 보고하였는데, 법관이 이렇게 심판했다. "이들은 인간이 아니고 짐승에 불과한데, 짐승은 자식이 암컷에 따르고 수컷에 따르지 않으므로, 세 남자는 처참하고 자식은 어머니에게 돌려주라!" 이에 대해 황제는 통쾌한 듯, '理에 합당하고 人情에 만족스럽다'고 찬탄하기도 하였다고 한다.[134]

---

134) 이 사건의 구체적 시대·인물·내용 등에 대한 기록이 각종 문헌마다 조금씩 다른데, 기본 줄거리는 상통한다. 折獄, 卷4, 議罪, §77 및 §88의 按語, 그리고 漢律, 卷8, 雜律, 輕狡條(1522-3) 참조. 이에 대해 沈家本은 漢代의 原心定罪 春秋折獄의 재판이 때로는 스스로 총명한 척하지만, 실제 法理에 비추어보면 반드시 합당한 것은 아니며, 특히 그 준거가 되는 구체적 經義를 밝힐 수 없는 것도 있다고 평한

宋代에는 한 아들이 부친의 초상화를 훼손하자, 그 근친이 고발하였다. 법관이 무슨 법조문을 적용할 줄 몰라 고심하던 차에, 법관의 아우가 "승려나 道士가 불상이나 天尊(道家의 神仙)像을 훼손한 죄에 比附할 만하다."고 조언하자, 기특히 여기고 사건을 심판하였다.[135] 한편, 宋代에 민간 전답 가운데 발견한 銀礦을 강도한 범죄에 사형을 논하던 판례가 계속 나왔다. 그런데 曾公亮이 銀은 禁物로서, 일반 인민의 재물에 대한 강도와 차이가 나기 때문에, 사형까지 해당할 수는 없다고 이의를 제기하여, 조정에서 마침내 禁物을 겁탈한 법에 比附하여 감형하도록 결정한 사안도 있다.[136]

한편, 比附의 유추해석을 부정한 사례도 존재한다. 南朝 宋 文帝 시에 분묘도굴사건이 발생하자, 인근 부락 주민들을 "이웃이 도적을 당하는데 가서 구조하지 않은" 죄책으로 連坐 처벌하려는 논의가 일었다. 이에 沈亮이 그 比附適用이 情理에 부적합함을 이유로 반대하였다.

> "분묘도굴의 정상을 살펴보면 단순한 절도에 불과하지만, 다만 사망한 사람(의 유해)을 침범하는 까닭에 엄한 법으로 다스린다. 무릇 도굴범은 반드시 복면을 하여 그 자취를 숨기는 데 반해, 겁탈하는 도적들은 공공연한 폭력으로 위협을 가하기 때문에, 도적에 대응하기는 쉬워도 은밀한 잠복자는 알아차리기 어렵다. 또한 산과 들은 사람이 살지 않고, 구릉과 계곡은 인적이 잘 닿지 않기 때문에, 그 방비와 구조를 성안이나 부락에 비견(比附)할 수 없다. 명분과 실질을 모두 살펴보아도, 그 事理가 도적과 다

다. 또 이 사안은 야만 풍속의 폐단을 먼저 도덕정치로 교화해야 할 것인데, 단지 형벌로써 인간을 금수로 취급하는 비인도적 처사는 이해하기 어렵다고 비판한다.

135) 折獄, 卷4, 議罪, §88 참조. 여기에 인용한 조문은 宋刑統, 卷19의 규정임.

136) 折獄, 卷4, 議罪, §93 참조. 한편 앞서 인용한 것처럼, 귀신에 의한 요술과 저주로써 사람을 죽인 사건에서, "칼로 살인하면 저항할 수라도 있지만, 저주를 행하면 피할 수도 없다."며 사형에 처한 사건이나, 벽지의 관직에 3년간 근무 중 부친의 사망을 모르고 전근한 후 비로소 알아 發喪한 관리에게, "비록 고의로 親喪을 숨긴 것은 아니지만, 3년간 소식 불통한 행위를 어찌 효도라고 할 수 있겠는가?"라는 죄명으로 파문한 사안도, 모두 유추해석의 전형에 속한다. 折獄, 卷4, 議罪, §92 · §99 참조.

르기 때문에, 이웃의 연좌책임을 그대로 적용할 수는 없다. 또한 처벌할 법규정이 비록 이웃의 연좌책임 범위에 해당한다고 할지라도, (이 사건에 그대로 적용하면) 거리상 원근의 구분이 없게 된다. 무릇 분묘는 부락경계가 없기 때문에, 인접성으로 처벌요건을 삼아야 한다. 만약 경계로 구분하지 않는다면, 수십 步 안이나 수십 리 밖이 모두 동일한 죄책을 지게 된다. 인민의 범죄를 예방하는 금지령은 그냥 제거할 수도 없지만, 비리를 방지하는 법은 마땅히 律에 합당해야 한다. 생각하건대, 백 보 이내의 거리에서 구조나 신고를 제때 하지 않는 자는 1歲刑에 처하고, 그 밖의 경우에는 처벌하지 않도록 차등지어야 한다."137)

5. 법 흠결을 보충하는 개괄 범죄규정[不應爲罪]과 백지위임규정[違令罪]

(1) 不應爲罪의 개념과 역사

전통 중국법의 한 중요한 특징은, 개별구체의 특수 구성요건에는 해당하지 않지만, 사회에 해악을 끼치는 실질 범죄행위를 다스리기 위하여, 최후의 보충 法源으로서 事理를 명시로 규정한 점이다.138) 즉, 律令의 유한한 조문으로 세상의 잡다한 경범죄를 모두 열거할 수 없으므로, '마땅히 하지 않아야 할 행위'(不應爲)라는 일반추상의 범죄구성요건을 규정하고 있다. 律과 令에 모두 正文의 해당조항이 없고, 형식논리(물론)해석의 원칙 규정으로도 포섭할 수 없으며, 또한 실질논리(유추)해석상 '比附'의 準據로 원용할 만한 유사한(同類의) 조문조차 없는 경우에, 이

---

137) 宋書, 卷100, 自序 및 南朝宋會要, 刑, 律令條(611-2) 참조.

138) 물론, 근대서구법의 죄형법정주의를 채택하는 현대법체계에서는 이러한 개괄적 처벌규정은 허용할 수 없는 것이 일반이다. 오히려 반대로 우리 형법 제20조는 행위자인 일반국민의 자유와 권리를 보장하는 관점에서, 법령에 의한 행위, 업무로 인한 행위, 기타 사회상규에 위배하지 않는 '正當행위'는 처벌하지 않는다는 위법성조각사유를 규정하고 있다. 중화민국형법도 비슷한 규정을 두고 있는데, 소속 상급 공무원의 명령에 의한 직무상의 행위(명령의 위법성을 몰랐을 것)를 추가로 열거하며, 사회상규에 위배하지 않는 행위라는 일반규정은 두지 않는다.(§§21·22)

조항을 근거로 행위의 실질 죄악성을 따져 정상에 따라 임시 처단하는 것이다. 따라서 이 조항은 최후로 법흠결을 보충하는 근거규정이 된다.[139] 즉, 律이나 令에는 개별의 명문의 금지규정이 없지만, '理'(事理·道理·義理·倫理 등의 일반 개념으로, 현대법상 최후의 보충 法源인 條理에 해당함)에 비추어 할 수 없거나 또는 하지 않아야 할 행위를 범한 자는 笞40에 처하고, 특별히 '事理'가 무거운 경우에는 杖80으로 처벌한다.(§450) 그런데 疏議에서는, 수시로 "情을 참작하여 罪를 결정하되, 情이 가벼운 경우에는 笞40이고, 事理가 무거운 경우에는 杖80"이라고 해설한다. 律文에는 '理'와 '事理'만 언급하는데, 이를 '情輕'과 '事理重'으로 대비시켜 해석한 것이다. 이는 情과 理가 사실상 밀접 불가분의 상관관계에 있으며, 실제로도 자연스럽게 상호 통용하고 있음을 뜻한다.

그런데 마땅히 하지 않아야 할 개괄적 범죄규정은 일찍이 漢律에서도 등장한다. 예컨대, 宣帝時에 비교적 가벼운 범죄에 대한 벌금속죄를 허용하여 군비를 축적하자는 정책이 크게 논란의 초점이 되었다. 이때 찬성론자들이 지목한 대표 죄목으로는 범인은닉죄와 함께, 반대론자들이 폐지하자고 주장한 '마땅히 하지 않아야 할 바'(所不當得爲)라는 범죄가 있었다. 이에 해당하는 구체 행위로서 역사기록에 나타나는 실례는, 상인이 이곳에 눈이 어두워 상서롭지 못한 禁物을 축적하는 행위가 있다. 또, 諸侯王의 음악에 종사하는 良人으로서, 전문 舞姬가 아닌 자는 제후왕의 사망 후에 해방·귀환시켜야 하는데, 이를 임의로 억류하여 왕릉에 소속시킨 행위도 여기에 해당하였다.[140] 특히 군주에 대한 不敬·不道의 죄와 관련하여, '非所宜言'('마땅히 말할 바가 아닌' 또는 '마땅히 말하지 않아야 할 바'라는 의미로 풀이됨)이라는 언론죄는, 위에서 말한 '所不當得爲'('마땅히 하지 않아야 할 바')의 일반규정에 대한 특별한 독립의 입법규정으로서,

---

139) 後唐 때에는 형식논리상 물론해석의 「斷罪無正條」 규정과 함께, 범죄의 처단에 조문이 없다 함은 律典 내에 죄명이 없는 죄악을 범한 경우 雜律의 '不應爲'죄에 준하여 笞40에 처함을 뜻한다는 해석이 동시에 등장하기도 한다. 五代會要, 卷9, 議刑輕重條(114) 및 通考, 卷170, 刑考9, 詳讞條(1473) 참조.

140) 漢律, 卷8, 雜律(1531) 참조.

중앙집권 절대주의의 반영이기도 하다.[141]

한편 尚書大傳에는, "할 일이 아닌데 종사하고(非事而事之), 道義에 어긋나는 행동으로 출입하며, 상서롭지 못한 말을 지껄이는 자는 墨刑에 처한다."는 구절이 있다. 이 중 非事而事之에 대한 鄭玄의 注는 지금(漢)의 '所不當得爲'에 해당한다고 해설한다.[142] 요컨대, 漢律에는 '마땅히 하지 않아야 할 바'라는 개괄규정이 확실히 존재하였는데, 先秦시대에도 그에 상응하는 법이 있었던 것으로 볼 수 있다. 이는 '議事以制'라는 임기응변의 사법재판 관행에 비추어도 충분히 짐작할 수 있다. 절대왕권의 확립을 위해 간사한 죄악을 철저히 금지하고 소탕하려고 꾀한 秦代에도 당연히 이러한 개괄 범죄규정이 있었을 것이다.

(2) 唐律 해석상 不應爲罪의 실례

이제 唐律의 해석을 중심으로 그 구체 실례를 들어보자.

律令은 良人을 노비나 部曲으로 잘못 취급하는 등과 같이, 권세를 빙자해 인민의 신분을 억압하는 각종 행위를 금지하고 있다. 그런데 疏議에 의하면, 타인을 자기의 자손으로 잘못 취급하는 행위는 비록 이 구성요건에 해당하지는 않지만, '情狀'을 참작하여 '마땅히 하지 않아야 할 가벼운 죄'(不應爲輕)로 처벌한다. 흥미로운 사실은, 만약 타인의 妻妾이나 딸을 자기의 처첩으로 잘못 취급한 자는, '情과 理가 모두 중대'하므로(情理俱重) '마땅히 하지 않아야 할 무거운 죄'(不應爲重)로 처벌하며, 이들을 실제로 데려간(점유한) 경우에는 姦淫의 情況이 다분하므로 姦淫法으로 다스리는 점이다.(§401) 실질상으로 비슷한 신분 억압이지만, 妻妾으로 삼는 행위는 자손이나 노비로 취급하는 것과는 달리, 단순과실이라고 인정하기에는 일반 경험법칙상 지나치게 부자연스럽다. 事理와 人情에 비추어 볼 때, 자신의 妻妾을 오인하기는 기대가능성이 매우 희

---

141) 漢律, 卷3, 賊律1, 大逆無道條(1425-7) 참조.
142) 漢律, 卷8, 雜律(1531-2) 참조.

박하며, 대개는 간사한 고의의 음모나 꾐수가 깔려있다고 여겨지기 때문이다. 그래서 특별히 간음법으로 다스리는 간주규정을 둔 것이다.

또 다른 실례로 들 수 있는 개별 입법규정으로, 관리가 황제에게 아뢰어야 할 일을 아뢰지 않거나, 아뢰지 않아야 할 일을 아뢴 행위가 있다. 여기서 아뢰어야 할 것인지 여부는, 물론 律·令·格·式의 실정법규를 순차적 기준으로 판단한다. 그런데 소극적으로 아뢰지 않아야 할 일을 법규로 모두 규정할 수는 없기 때문에, '事理'에 비추어 아뢰지 않을 일이라는 일반조항을 보충 법원으로 포함시킨 것이다. 하급관청이 상급관청에 行政상 보고하는 일이나, 반대로 상급관청이 하급관청에 하달 시행하는 일도 이에 준하여 해석한다.(§117)

이밖에도 법에 명문 규정은 없지만, '事理'상 하지 않아야 할 '不應爲'죄로 해석하는 경우가 적지 않다. 예컨대, 서로 다른 신분계급간의 養子는 비록 구체로 금지규정이 있는 것은 아니지만, 계급내 혼인의 법규정에 비추어 事理상 마땅히 하지 않아야 한다.(§159) 妻·妾·客女·婢 등의 지위를 서로 바꾸어 가족 내 신분질서(특히 嫡庶)를 어지럽히는 행위는 절대 금지하는데, 媵(잉: 妻보다 낮고 妾보다 높은 신분)을 妾으로 삼는 행위는 비록 律令에 명문규정이 없지만 '不應爲重'罪로 처벌한다.(§178) 그리고 兵力을 임의로 발동한 경우에 律에는 10인 이상부터 처벌대상으로 규정하는데, 9인 이하로 발동한 때에는 律令의 구성요건 해당성이 없지만 不應爲重罪로 처리한다고 해석한다.(§224) 또한 부모의 사망은 人情상으로 뿐만 아니라 禮法 의무상으로 막대한 영향을 초래하기 때문에, 타인을 혐오하여 그 부모의 喪을 허위로 訃告한 경우에도, 율령에 규정이 없지만 不應爲重罪로 처단한다.(§385) 타인을 속여 위험에 빠뜨림으로써 상해치사한 죄는 律에 명문규정이 있는데, 이 경우 비록 상해는 없더라도 事理상 단순폭행과 같으므로 역시 不應爲罪에 해당한다.(§385) 또한 官戶나 奴婢를 고의 또는 과실로 도망하게 하는 행위는 律에 명문의 처벌규정이 있는데, 官戶나 部曲을 꾀어 도망하게 하는 행위도 명문의 규정은 없지만 不應爲重罪에 해당하는 것으로 해석한다.(§463) 증인이나 통역인이 허위로 타인의 죄를 가중 또는 감경시킨 경우에는 물론 명문의 처벌규정이 있지만, 이들의 허위사실이 재판확정 이전에 드러나 죄의 가감에 영향을 미치지 않은 경우에도 不應爲罪로 처벌한다.(§387)

한편, 事理상 마땅히 하지 않아야 할 不應爲罪를 律에서 개별로 규정한 예도 적지 않다. 벼슬할 수 없는 禁錮사유를 허위로 숨기고 벼슬을 구한 경우,(§370) 집안의 嫡長子孫이 아닌데 이를 사칭하여 爵位나 官蔭을 계승한 경우,(§371) 夜警이 허용하지 않아야 할 야간 통행을 허용한 경우,(§406) 驛馬를 傳送할 事理가 없어서 이를 제공하지 않아야 하는데도 관리가 사사로이 驛馬를 취해 사용한 경우,(§408) 관청의 酒食을 먹을 자격이 없는데도 이를 먹은 경우(§441) 등이 대표적인 예이다.

(3) 백지위임 규정인 '違令' 罪

不應爲罪 이외에도, 律의 부족함을 보충하기 위한 입법 조치로서, 律의 하위법인 令으로 범죄구성요건을 규정할 수 있도록 개괄해서 백지위임하는 이른바 '違令'罪의 律文조항이 특기할 만하다. 즉, 律에는 正文의 죄명이 없지만, 令으로써 금지하는 행위를 하면 일괄 笞50에 처하고, 令 이하의 別式에 규정한 행위의 경우는 1등급 감경한 笞40에 처한다는 律文의 규정이 있다.(§449) 구체 예로는, '길을 통행함에 신분이 서로 다른 계층이 마주치는 경우, 비천한 자가 존귀한 사람을 피하고, 가는 (去) 자는 오는(來) 이를 피해 주어야 한다.'는 儀制令의 규정이나, '5品 이상의 의복은 紫色이고 6品 이하의 의복은 朱色이다.'는 禮部式의 조항을 거론한다. 후자와 같이 법령에 위반하는 기물은 별도로 관에 몰수하기도 한다.(§449 疏議)[143] 이 중에서 주택이나 기타 건축·마차·의복·기물 및 분묘·비석 등이 신분 차등성의 禮制를 규정하는 令에 어긋나는 경우에는 별도로 杖1百에 처하며, 비록 사면령을 만나더라도 모두 令에

---

143) 이 밖에, 개인 집에 종이나 북·편경 등 중요한 악기를 비치할 수 없고, 아무리 부유하더라도 관직품계에 따라 한정 수량을 초과하여 노비를 소유할 수 없다는 신분적 차등성도 令에 규정한 것으로 보인다. 白判(上) §46 및 (下) §1 참조.

맞게 개조하도록 명령하되, 매각할 수 있는 물건은 백일의 매각기한을 허용한다는 특별규정이 있다.(§403)

한편 특기할 만한 사실은, 違令罪가 不應爲罪의 바로 앞 조문에 위치하고, 그 일반 처벌도 전자가 笞50으로 후자의 笞40보다 1등급 무겁다는 사실이다. (물론, '事理'가 違令罪보다 무거워 不應爲重罪로 杖80에 처하는 경우는 예외다.) 이는 입법체계상 令과 式은 비록 律보다는 하위법이지만 엄연한 국가의 成文法으로서, 律의 위임에 의해 범죄 및 그 처벌을 규정하는 '죄형법정'의 형식을 갖춘 데 반하여, 不應爲罪는 그러한 부차적인 간접의 法文規定도 없는 최후의 보루로서, 죄형법정주의로부터 가장 자유로운 법제도라고 할 수 있다.

違令罪에 해당하는 개괄 처벌법규도 일찍이 秦漢代부터 시행하였다. 예컨대, 秦律에는 '犯令'과 '法[廢]令'의 개념이 나오는데, '犯令'이란 令에서 '행하지 말라'고 규정한 내용을 행한 作爲犯을 의미하고, '法[廢]令'이란 令에서 '행하라'고 한 것을 행하지 않은 不作爲犯을 뜻한다. 그런데 판결례인 '廷行事'(廷尉가 적용·시행한 사안)는 모두 '犯令'으로 논죄한다고 해석한다. 이와 함께 '小犯令'이라는 법률용어도 나온다. 예컨대, 郡·縣에서 임명한 하급보좌관이 직무에 부임하지 않고 다른 군현에 가서 종사하는 경우가 이 '小犯令'의 구체 실례가 되는데, 이는 비교적 작은 '犯令'으로서 唐律上의 違令罪에 해당하는 경범죄로 보인다.[144]

漢代에도 令의 규정과 같이 행하지 않은 '不如令'과, 작은 허물이라는 '小愆乏(소건핍)'의 규정이 있었다. 제후들이 종묘나 산천에 대한 祭祀를 令의 규정대로 봉행하지 않은 경우, 특히 바칠 희생을 예법대로 갖추지 않아서 제후 직을 파면당한 기록이 자주 보인다. 또 궁전문을 출입할 때 令의 규정대로 수레나 말에서 내리지 않은 경우, 벌금 4兩에 처한다는 규정도 보인다. 태자와 제후왕이 이 규정을 어기자, 張釋之가 入門하지 못하도록 저지시켰을 뿐만 아니라 不敬罪로 탄핵까지 한 사실은 유

---

144) 秦簡, 法律答問(211-2면) 참조.

명하다. 그리고 令이 황제의 직접 입법(명령)인 사실로 말미암아, '不如 令'의 가장 경미한 행위는 이따금씩 '詔書를 받들어 행하지 않은 죄'로 比附(유추) 의론하고, 심지어 斬刑까지 처한 불상사도 적지 않게 있었다. 이는 秦의 절대군주제 법치주의의 악몽이 되살아난 것으로 보인다.[145]

제4절   법 적용(시행)의 기본원칙

1. 法理를 구체로 실현하는 理官의 審理

司法재판의 기초 근거와 대상이 객관 사실로서의 情과 주관 동기로서 의 情에 있음은 거듭 詳論하였다. 그러나 재판이 존재(Sein)의 情을 인식 하고 확정하여 바로 끝나는 것은 결코 아니다. 사법의 궁극임무는 존재 의 情況을 종합·정리하고, 이에 대한 당위(Sollen)의 시비선악을 평가하 여야 비로소 완성한다. 우선 철학사상의 역사 유래로 보면, 춘추전국시 대의 제자백가 중 法家가 바로 '理官'에 근원함은 주지의 사실이다.[146] 이 법관의 명칭인 '理'官은 전국시대 이후로 역대 법제에서 지속해서 애용한다. 즉, 舜이 설치한 士와 周의 秋官 大司寇에 상당하는 大理의 관직은, 漢이 秦의 廷尉를 계승하여 사용하다가 景帝시에 명칭을 大理 로 바꾸면서 법제사의 공식제도로 등장한다. 그 후 廷尉와 大理의 명칭 이 서로 번갈아 바뀌다가, 隋·唐이후에는 대체로 大理로 정착한다.[147] 뿐만 아니라 理는 추상적인 의미파생을 통하여 道 및 義의 개념에 이 어짐으로써, 禮·法의 궁극 이념으로까지 고양하기에 이른다. 즉, 玉人 이 옥돌을 결(理)에 따라 다듬어(理) 옥을 만들듯이, 理官은 소송당사자의

---

145) 이상 내용에 관하여는, 漢律, 卷8, 雜律(1531)·卷13, 廐律, 不承用詔書條(1623)· 卷16, 傍章(1668) 등을 참조.

146) 漢書, 卷30, 藝文志 : 「法家者流, 蓋出於理官.」

147) 이에 관하여는 通考, 卷56, 職官10, '大理卿'조 참조.

시비곡직을 분쟁사실의 결(理)에 따라 살피고 분별하여(審理) 재판한다. 여기서 분쟁을 시와 비, 곡과 직으로 나누어 가르는 심리판단의 기준이 곧 사실의 결인 事理·理致다. 법이라는 규범은 바로 이러한 事理·理致들 중 일반보편의 내용들을 경험·귀납의 방식으로 수집·정리하고 점차 일반추상의 형태로 체계화함으로써 이루어진 文化結晶에 불과하다.148) 이것이 바로 法理의 핵심 본질을 구성함은 물론이다.149) 또한 사법관이 법을 최종 선언·적용하여 죄악을 다스리고 소송의 시비를 확정하는 절차에 대한 고금의 호칭도 理와 의미상 이어진다.

오늘날의 '裁'·'判'은 물론, 옛날의 '折'獄, '決'獄(訟), '斷'獄 등의 용어는, 모두 끊다·가르다·자른다는 의미다. 이는 곧 玉을 결(理)에 따라 쪼개듯이, 소송도 是非曲直의 결(事理·法理)에 따라 끊고 가르고 자른다는 뜻이다. 聽訟이나 訊問·審理는 이러한 시비곡직의 결을 듣거나 물어 살핀다는 의미다. 즉, 일반추상의 법을 형식논리에 따라 적용하기 전에, 그 전제로 밟아야 할 구체 사실의 인식·확정 단계에 중점이 놓인 용어일 따름이다. 요컨대, 주관의 마음과 객관 행위로 나타난 법적 사실에 대하여, 법을 적용하여 그 죄책(형벌)이나 상호간의 시비곡직을 심판하는 司法이란, 결국 존재(Sein)의 情을 당위(Sollen)의 理(기준)에 비추어 그 시비선악을 최종 선언하는 사회·윤리상의 가치판단(評價)제도인 셈이다.

---

148) 韓非子는 사물의 형체에 나타나는 長短·大小·方圓·堅脆·輕重·黑白의 상태 분별을 '理'라 규정하며, 이렇게 분별할 결(理)이 정해지면 쉽게 잘라 나눌 수 있다고 말한다.(解老편 참조) 이러한 사물의 구체 모습과 마찬가지로, 추상 사물의 是非·曲直·善惡과 같은 가치 분별이 곧 事理로서 法규범의 핵심 본질을 이룬다. 韓非子가 거론하는 方圓은 그 자체가 곧 법규범의 비유개념인 規矩의 속성이다.

149) 한편, 禮도 天道의 화신인 天'理'에 근원함을 궁극 이상으로 삼는데, 이 天'理'도 禮의 실질 기능상의 특성과 직접 관련한다. 즉, 禮는 인간의 무한한 욕망으로부터 생기는 투쟁과 혼란을 막기 위해, 상호간의 권리의무관계에 각자의 몫을 정하여 그 한계를 획분하는(度量分界: 荀子, 禮論篇) 규범표준이다. 그 표준이 되는 경계의 결이 곧 理며, 그 理를 일반추상으로 보편화한 규범 총체가 유가의 禮인 셈이다. 유가의 禮가 名分을 바르게 하는 正名論에 근거하는 것과 상응하여, 법가의 法은 名分을 배정해 주는 定分論에 기초한다. 상호간의 정당한 몫(本分·職分)을 올바르게 배정해 주는 기능에서 禮나 법은 실질상 상통하므로, 법가의 법도 禮와 마찬가지로 그 규범 표준인 경계의 결, 즉 理에 근원하는 것은 자명한 이치다.

이러한 최종 평가행위를 그 주체인 有權의 국가기관 입장에서 말하면 곧 司法이요 裁判이 되지만, 그 가치판단을 구하고 받는 대상(객체)인 인민의 관점에서 보면 訴訟 또는 獄訟이 된다.[150] 공익을 해치고 사회질서를 어지럽히는 범죄행위에 대해 국가기관이 직접 주동으로 평가 및 처벌을 단행하는 형사재판의 경우, 고대 중국의 죄형법정주의로 비견할 만한 이른바 '斷罪具引律令'의 원칙(§484 : 罪刑을 처단함에는 반드시 律令格式의 正文을 갖추어 인용해야 한다는 규정)에 따라야 한다. 범죄사실(情)이 구성요건에 해당하는지 여부를 인식·판단한 다음에, 그가 규정하고 있는 법률효과(理)를 적용하는 것이다. 따라서 형사재판의 경우 情을 심판할 기준은 원칙상 '律令에 의하여 실정화한' 윤리도덕의 理에 의한다.

그러나 인민상호간의 대등한 수평적 민사소송의 경우에는, 당사자의 소송제기에 의하여 국가 사법기관이 소극·수동의 입장에서 시비곡직을

---

150) 주지하듯이, 고대 중국법 체계에서는 民·刑事가 엄격히 나눠지지 않은 것이 특징이다. 그래서 민·형사소송(재판)에 해당하는 개념도, 고대에는 訟과 獄이 명확히 나눠지 않고 통했다. 그러나 조금 후대로 내려오면 獄은 刑事, 訟은 民事를 주로 가리키는 듯한 개념이 등장한다. 예컨대 周禮, 大司徒편 鄭玄의 注에서는, '죄를 가리는 것이 獄이고, 재산을 다투는 것이 訟이다.'(爭罪曰獄, 爭財曰訟)고 개념 정의한다.(참고로 우리나라 조선시대에는 獄訟과 詞訟의 개념으로 구분한 듯하다. 朴秉濠, 韓國法制史攷, 251면 참조.) 그러나 告·訴·訟의 개념은 주로 고발하고 소송을 제기하는 인민의 입장에서 표현한 용어(기본상 民事이겠지만 刑事의 요소도 복합해 있는 것이 일반임)고, 獄의 개념은 범죄와 형벌에 관한 순수한 형사소송(재판)이나 인민이 제기한 민사소송(그러나 형사 요소가 혼합해 있어 언제든지 형사소송을 병행시킬 수 있는)을 심리·판단하는 국가 사법기관의 관점에서 규정한 용어인 듯하다. 예컨대, 律의 체계상, 인민의 범죄 행위를 규정한 告·訴·訟에 관한 내용은 唐律의 鬪訟이나 元·明·清律의 訴訟편에 실려 있고, 국가사법기관이 소송(재판)을 진행·심리·판단하는 절차는 斷獄편에 실려 있다.

한편, 현행 中國 刑事訴訟法은 비록 두 조문(§§77-78)의 간단한 규정에 불과하지만, 제1편 총칙 중 제7장에 '附帶民事訴訟'이라는 명칭의 專章을 설치하여, 피해자가 피고인의 범죄행위로 인하여 물질상 손실을 받은 경우, 또는 국가재산이나 공공재산이 손실 당한 경우에는 형사소송 과정 중에 민사소송을 附帶해 제기할 수 있다고 규정한다. 더구나 중화민국 형사소송법은 끝에 '附帶民事訴訟'이라는 專篇(§487-512)을 두어 더욱 상세한 내용을 규정한다. 물론 이는 실질 사회정의의 원만한 실현과 소송경제라는 이념에서 비롯한 것이겠지만, 그러나 民刑事의 구분이 없는 전통 중국법문화의 직간접의 영향을 강하게 받은 유산임에 틀림없다.

심판하게 된다. 그 심판의 기준은 제1차로 국가의 律令에 규정한 實定法理에 의하는 것이 원칙이지만, 그러나 律令이 모든 사정을 총망라할 수는 없으므로 실정화한 法理가 존재하지 않은 경우 不成文의 일반 道理·義理·條理·事理 등에 의하지 않을 수 없게 된다.

요컨대, 인민상호간의 수평의 민사소송이든 국가와 범죄인 간의 수직의 형사재판이든, 司法이란 구체적인 존재의 법률요건(情)에 가장 적합하고 타당한 법률효과(理)를 발견·확인·판단·선언하는 절차가 된다. 이러한 사법재판의 본질특성은 소송의 제기 및 재판의 실행과 관련한 용어들에 직접 그대로 드러난다.

우선, 인민이 관가에 대하여 주동으로 범죄를 고발하거나 소송을 제기하는 행위를 '自理訴'라고 표현한다. 예컨대, 자손이 부모·조부모님이나 가까운 존속혈친을 고발할 수 없음은 물론, 그들의 범죄행위도 고발할 수 없다. 하지만 국가황실에 관한 중대범죄나, 친족간의 중대한 윤리도의를 침해하는 죄악, 또는 자신의 생명이나 재산을 위협하는 행위는, 특별히 고발할 수 있는 예외를 허용한다.(§345, §346) 部曲이나 노비가 주인을 고발·고소하는 경우도 마찬가지다.(§349) 또한 황제의 행차에 나아가거나 登聞鼓를 쳐서 자신의 억울한 사정을 호소하는 행위도 '自理訴'로 표현한다.(§358)[151] 그리고 재판이 끝난 뒤, 徒 이상의 형벌을 선고받은 죄수가 이에 불복하는 경우에는, '自理'를 허용하여 더욱 상세히 심리하도록 규정하기도 한다.(§490)[152]

---

151) 일찍이 周禮, 夏官의 太僕은 鼓聲을 천자에게 알리는 직책이라고 한다. 鄭司農의 注에 의하면, 漢代에도 급박한 변고를 상소하거나 중요한 군사문서를 전달하는 擊鼓制度가 있었다고 한다. 王符의 潛夫論에 의하면, 지방장관이 법령을 봉행해 공덕 세울 생각은 않고 탐욕스럽고 방자하게 인민을 괴롭히는 경우, 대궐에 나아가 제소할 수 있는 법제도도 존재한 것으로 보인다. 따라서 唐律의 규정은 멀리 漢代로부터 연원하는 것으로 여겨진다. 漢律, 卷13, 廐律, 登聞道辭條(1618-9) 참조.

152) 唐律은 재심청구를 죄수 자신에게만 허용하는데, 일찍이 秦律은 죄수 자신과 가족의 (죄수를 위한) 재심청구를 판결 이후 수리하도록 규정한다. 이것이 이른바 '乞鞫(걸국)'제도로서, 漢律은 물론 晉令에도 그대로 계승하였다. 그러다가 魏代에 이르러 가족의 재심청구는 폐지하였다. 秦簡, 法律答問, 200-1면 및 漢律, 卷6, 囚律, 鞫獄條(1493) 참조.

여기서 '理'란 파생 의미로 '處理'라고 해석하는 것이 자연스럽고 일반보편일 것이다. 즉, 스스로 訴를 처리(제기)한다는 의미다. 그러나 애당초 본래의미로 말한다면, '處理하다'라는 동사의 의미는 (목적 대상을) '理에 處한다', '理에 둔다', '理에 놓는다', 다시 말해 '理로써 행한다.'는 명사의 의미에서 파생한 것이라고 볼 수 있다. 그러므로 '理訴'란 理로써 呼訴한다는 의미로, 訴訟이란 곧 理가 있는 경우에 한하여 理로써(理에 근거하여) 제기할 수 있다는 의미다. 예컨대, 소송의 근본목적이 理를 구하여 억울한 정을 호소하는 경우에는 처벌대상이 되지 않는다.[153] 또한 元律은, '訴를 開陳(제기)함에 理가 있는데' 지방 관사에서 수리해 주지 않으면 省이나 중앙 司法府에 제소하고, 그래도 수리해 주지 않으면 황제에게 직접 하소연할 수 있다는 규정을 두고 있다.[154] 이러한 실례들은 소송이 是・直・善 등의 정당한 理를 근거로 자신의 理를 확인하고 보호해 주도록 관가에 요구하는 청구행위임을 뜻한다. 즉, 理가 소송의 핵심본질인 셈이다.

위에서 열거한 告親罪의 규정은 혈연의 親情과 윤리도덕의 禮法을 중시하여 法理를 다소 억제한 것이다. 그에 대해 특별히 허용한 예외 규정은, 法理・事理가 참을 수 없을 정도로 지나치게 침해당하기 때문에, 결국 法理・事理를 人情과 倫理에 앞세워 보호한다는 취지가 된다. 또한 허위사실을 고발・고소하는 각양각색의 誣告罪는, 객관 사실인 '情'에 반하기 때문에 금지하는 것으로서, 이는 동서고금을 막론한 일반보편의 법현상이다. 그러나 객관 사실(情)에 부합하는 일반 범죄행위는 고발할 수 있을 뿐만 아니라, 또한 당연히 고발하여야 할 윤리도덕상 의무와 법적 의무까지 규정하고 있다. 즉, 告親罪는 주관 血親의 人情을 위하여 규정하고, 誣告罪는 객관 사물의 實情을 위하여 규정한 것이다. 이는 소송이 제1차로 情에 기초한다는 반증이 된다.

誣告나 告親 이외에도, 전통 중국법에서는 일반 민사소송의 제기도

---

153) 汪士鐸, 南北朝刑法志, 南朝, 宋 및 南朝宋會要, 刑, 律令條(615) 참조.
154) 元史, 刑法四, 訴訟편 참조.

억제하는 경향이 농후한 것은 사실이다. 예컨대, 明淸律에서는 타인에게 소송을 敎唆하거나 타인의 詞狀(訴狀)을 대리 작성할 때 情狀을 증감시키는 행위를 처벌한다. 일찍이 공자는 "소송의 심판은 나도 남만큼 할 수 있지만, 반드시 (사전에) 소송이 없도록 할진저!"라고 無訟의 궁극이상을 제시했다.[155] 이는 "刑(法)은 刑(法)이 (필요)없는 상태를 기약한다."는 '無刑'의 이상과 함께, 중국 전통법사상의 핵심 이념을 이룬다.

그래서 수천 년간 전통 법의식과 법관념도, 국가위정자들의 관점에서는 소송을 되도록 줄이는 '省訟'이나, 아예 종식시키는 '息訟'의 사전예방의 도덕교화, 그리고 刑(法)이 쓰이지 않는 '刑措'의 仁政을 王道실현의 근본지표로 삼았다.[156] 또 인민의 입장에서는 소송을 싫어하고(惡訟) 천시하여(賤訟) 되도록 회피하는 것이 최상의 방책이라고 여겨 왔다. 소송을 사전에 예방·종식시키기 위하여, 관가는 자신이 직접 나서거나 향리의 원로나 또는 族長들을 주선하여 당사자간의 자치 調停·和解를 적극 권장·유도 또는 강제하기도 하였다.[157] 또, 소송의 간접 근원을

---

155) 論語, 顏淵, §13: 「聽訟吾猶人也, 必也使無訟乎!」
156) 역대 판례 중에는 모자·형제 등 친족간의 쟁송이나 고발사건에 대해, 재판관이 그 원인을 궁핍이나 교화부족으로 판단하고, 私財를 주거나 훈계하여 돌려보낸 사건이 적지 않다. 折獄, 卷8, 矜謹, §262·265·267 등 참조. 또, 평화적이고 합리적인 분쟁해결책을 제시하면서, 無訟이나 息訟의 이상을 判決文에 직접 표현하기도 한다. 白判(上), §13·(下), §21·30 등 참조. 또한 교활한 악당들의 발호를 엄히 징계하고 간사한 무리들의 술책을 철저히 파헤치는 지혜와 용기는, 법관이 지녀야 省訟의 방도로 칭송한다. 折獄, 卷5, 懲惡, §121 및 卷6, 覆姦, §169 참조.
157) 자세한 내용은, 김지수, 「傳統 法文化의 현대적 발전 – 분쟁의 예방과 평화적 해결의 法史를 중심으로 –」, 법사학연구, 제27호, 2003년, 283-320면 참조.
   구체 실례를 소개해보자. 종족간의 재산분쟁을 10여 년간 질질 끌며 해결하지 못한 사건에 대해서, 부유한 자가 약간의 재산을 떼어주어 쟁송자가 멀리 이주하도록 타협안을 제시하였는데, 쌍방의 동의로 화해한 경우가 있다. 시아버지와 며느리의 불화로 생긴 고발사건에 대해, 윤리적 명분으로 며느리를 처벌하면 사후에 다시는 시아버지를 봉양하지 않을 것이라는 이유로, 법관이 쌍방을 잘 훈계하여 방면한 사례도 있다. 손자가 술에 취해 조부를 욕하여 고발한 사건에서, 나중에 조부가 손자 외에 봉양할 친족이 없음을 이유로 울면서 고소취하를 간청하자, 특별히 용서한 경우도 있다. 折獄, 卷8, 嚴明, §258 및 矜謹 §266·268 참조.
   한편, 현행 中國 민사소송법은 제1편 제8장에 '調解'라는 제목의 專章을 설치하

단절시키기 위하여, 소송을 교사 또는 사주·권유하는 奸吏나 訟師들을 철저히 금지하고 엄중히 다스렸다.158)

그러나 간과해선 안 될 중요한 점은, 객관 진실(實情)을 얻도록 소송을 敎唆하거나, 남을 위해 선의로 情狀의 증감·변동 없이 사실대로 詞狀을 代書해주는 행위는, 결코 금지하지 않는다. 唐律에는 소송교사죄에 관한 직접 규정은 없고, 남의 고발장(辭牒)을 대리 작성하면서 사실을 증감·변동시킨 행위만 금지한다.(§356)159) 남에게 고발하도록 敎唆한 경우, 그 내용이 허위면 誣告罪에 준하여 反坐의 대상이 되지만, 만약 그 내용이 사실이면 상을 받는다.(§357) 고발의 대리나 교사 자체를 금지하는 것이 아니라, 사실무근한 허위의 내용을 고발하여 무고한 타인을 모함하고 是非曲直의 법질서를 교란시키는 행위를 불허함이 분명하다. 元律의 경우 대리소송을 원칙으로 금지하는데, 예외로 노인이나 병자·관원 등 특수한 신분주체는 가족의 대리소송을 허용하기도 한다.

이러한 일련의 법규정은 전통법의 소송억제 경향이, 단순히 권위주의

고 있다. 법원이 수리한 민사사건 중 調解(調停和解)가 가능한 경우에는, 사실관계를 분명히 조사해 調解를 진행하여 당사자간의 양해·협의를 달성시켜야 한다. 필요한 경우 협조요청을 받는 기관이나 개인은 법원의 調解過程에 적극 협력해야 한다고 규정한다.(§85-91) 심지어 상소를 받은 제2심법원도 調解를 진행할 수 있으며, 협의를 이룬 경우에는 원심판결은 취소한 것으로 간주한다.(§155) 그리고 실제로 수리한 민사안건 중 70-80%가 調解로 해결하며, 또한 일반민중조직으로 존재하는 '人民調解委員會'가 1980년 현재 전국에 81만여 개에 달하고, 그 인원은 575만 명, 그 調解案件은 같은 기간 동안 人民法院이 수리한 민사사건의 10.8배, 그로 인한 비정상적 사망의 방지는 24,714명이나 된다고 한다. 徐平,「論調解」, 中國法學文集 第一輯, 法律出版社, 1984년, 237-243면 참조.

158) 左傳, 定公 9年에는 鄭나라에서 法家의 시조로 일컬어지는 鄧析이 소송교사죄로 처형당한 사실이 실려 있다. 역대 사법재판실무에서도 허위조작으로 소송을 일삼는 교활한 인민, 또는 이익을 도모하거나 신임지방관을 농락하여 휘어잡기 위해 인민에게 소송을 교사하는 奸吏들이 통제의 주대상이 되었다. 折獄, 卷8, 嚴明, §251·252 참조. 이상의 訴訟 억제의 이념과 현실에 관한 전반 내용은, 范忠信·鄭定·詹學農, 情理法與中國人, 157-214면 참조.

159) 後周 때에는, 스스로 訴狀을 쓸 수 없어서 타인을 고용해 代書하는 경우에는, 반드시 대서인의 성명과 거처를 기재하도록 칙령을 내렸다. 이는 代書의 진실성을 담보하기 위한 조치임에 틀림없다. 通考, 卷166, 刑考5, 刑制條(1443上) 참조.

일방통제로 외형상 평화를 가장하기 위한 통치이념상의 명분만은 아님을 말해준다. 이는 현실에서 간사한 자들이 實情과 다른 허위고발이나 事理에 어긋나는 억지소송으로 관청의 직무부담을 가중하고, 眞僞·是非·曲直·善惡의 가치관념과 윤리도덕을 파괴하며, 나아가서 사회질서를 혼란시키기는 고질적인 폐단과 죄악을 근절하기 위한 예방책인 것이다. 요컨대, 사실(情)에 부합하고 사리(理)에 합당한 소송까지 완전히 금지하거나 억제한 것은 결코 아니다. 그래서 元律은 합리적인 소송제기를 직접 허용하고 있다. 또 明淸律은 인민의 告狀을 수리하지 않는 관리를 처벌하도록 규정하는데, 물론 혼인이나 재산에 관한 일반 민사소송도 당연히 포함한다. 唐律도 마땅히 수리하여야 할 소송을 관원이 수리하지 않은 행위를 처벌한다는 명문 규정을 두고 있다.(§359) 그리고 秦代에는 이러한 민사소송을 공식 허용할 뿐만 아니라, 그 모범 訴狀의 양식까지 구체로 예시하고 있음이 특히 눈에 띈다.160)

한편, 사법기관이 인민의 고발이나 고소를 받아 재판을 진행하는 행위는 흔히 '受理'·'聽理'라고 일컬으며, 더러는 '問理'·'分理' 등의 용어로 표현하기도 한다.161) 이들 용어의 통상 의미도, 고발이나 고소를 '받아서' '듣고' 또는 '묻고' '나누어서' 처리한다고 풀이된다.(조선시대 및 현대법에서 통용하는 '審理'라는 용어도 이와 마찬가지로 '살펴서' 처리한다고 풀이될 것이다.) 그러나 이들의 어원상 본래의미는, 인민의 입장에서 소송을 제기하는 '理訴'의 용어보다 훨씬 명확히, 명사로서 '理'의 개념에 근원함을 쉽게 알 수 있다. 즉, 受理란 인민이 제기하는 理(訴狀에서 청구하는 소송 내용)를 받아준다는 뜻이며, 다른 용어도 마찬가지로 이를 듣고 묻고 분별하고 살핀다는 의미로부터 출발한 개념이다.

이는 元·明·淸律에서 보편으로 관용하는 '受理'라는 개념이, 唐律에서는 합성단어로서 등장하는 것이 아니라, 한결같이 '관가에서 받아서 심리한다.'(官司受而爲理 : §352, §354, §355)는 문구로 나타나는 사실로도 분

---

160) 秦簡, 封診式, 爭牛條(254면) 참조.
161) 元·明·淸律의 訴訟편의 律文 및 附例·條例 등을 참조.

명히 미루어 알 수 있다. 여기의 '爲理'란 물론 '處理'와 마찬가지로 '理를 행한다'는 뜻이다. 그리고 그 '理'란 법이 궁극으로 추구하는 事理·道理·義理·倫理 등을 포괄하는 보편 法理일 것이다. 특히, 獄官은 사실을 명확히 변별하고 분석하여 '事理를 궁구하여야' 하며,162) 죄수의 신문 및 刑案기록·법령적용에 이르기까지 '일일이 理를 다해야' 한다.163) 따라서 刑法을 시행하는 王道는 마땅히 '事理의 경중을 살핀' 다음, 그에 합당한 형벌을 적용하는 것이다.164) 이러한 표현들은 그러한 사실을 입증하는 훌륭한 실례다. 요컨대, 재판을 담당하는 사법주체의 입장에서도, 理가 소송의 핵심본질이자 궁극이념임을 알 수 있다.165)

법률요건(범죄사실)을 인식·확정한 뒤 거기에 법을 적용하는 '理'의 단계에서 특히 강조하는 중요한 문제는 통일(획일)성과 평등성이다. 법은 한 筆劃처럼 획일·통일하고, 理는 둘이 아니어야 함이 法理적용에서 가장 소중한 생명이다. 이는 곧 法官(특히 최고 司法權者로서 군주)의 개인적인 喜怒愛惡의 감정으로 인하여 시비·곡직·경중 등이 불공평하게 달라지지 않음을 뜻한다.166) 理上 통일 표준을 확립하면, 인민이 분수에 넘치는 비정상의 요행을 바라거나 꾀하는 일이 없어진다. 법이 두 문을 열어 놓으면, 관리들이 이를 기화로 위세를 부리고 부정한 이익을 탐하게 된다.167) '不二法門'이란 법리의 통일·평등성을 일컫는 전형 명제다.

---

162) 汪士鐸, 南北朝刑法志, 南朝, 陳 참조.
163) 舊五代史, 刑法志 참조.
164) 舊唐書, 刑法 참조.
165) 물론, 理는 소송에만 고유한 개념이 아니며, 일반 행정의 전 영역에 걸친 보편 용어다. 특히, 모든 公事는 '正理'에 의해야 하는데, 公務를 수행하는 관리가 '私'를 지니는 것은 곧 '正理'에 어긋남을 뜻한다. 따라서 '法을 굽히는' 이른바 '曲法'이나 '枉法'은 가장 큰 犯法행위다. 특히 재판관이 '私情'을 품고 '理'를 굽혀(曲理) 誤判하는 행위는 不法행위의 전형이다.(§40, §135~§140) 각종 軍役 담당 관원이 防衛의무자를 '理'로써 사역하지 않아, 그 苦樂의 '均平'을 상실한 결과 도망을 초래하면 엄벌한다는 규정도 있다.(§239) 여기의 理는 곧 법의 공평성을 의미한다.
166) 魏書, 刑罰志 참조.
167) 汪士鐸, 南北朝刑法志, 北朝, 後魏 참조.

2. 公正한 法理를 해치는 私情의 방지

(1) 法制史의 司法현실에서 거론하는 私情의 문제

법의 본질 속성이자 생명인 法理의 통일성과 공평성을 해치는 주범은 말할 것도 없이 私情이다. 역대왕조의 司法현실에서 심각하게 문제가 된 私情의 폐해는 이루 다 헤아릴 수 없이 많다. 특히 法制史에서 중요하게 거론하는 대표 실례를 들어보면 다음과 같다.

唐律疏議를 지은 長孫無忌는, 황제가 희노의 개인감정을 사사로이 개입하지 않으면, 형벌은 저절로 적정한 중용을 유지할 것이라고 강조한다.168) 法理를 통일로 공평히 적용할 것이기 때문이다. 則天武后 때 魏靖은 국가의 기강이 刑法의 生殺權에 달려 있음을 지적하면서, 역대의 혼란 무도한 暴政이 근본상 죄를 私情에 따라 가중하고 형벌을 恣意에 의해 바꾸는 刑政의 문란에 기인한다고 강조한다.169) 한편, 宋의 高宗은 성품이 온유하고 인자하여 법적용을 지나칠 정도로 관대히 시행하였는데, 죄수를 감정대로 처형할 수 없기 때문이 아니라, 法理에 어긋남을 생각하기 때문이라고 스스로 밝히기도 하였다.170)

무고한 인민이 억울한 죄를 받거나, 죄수가 불법 고통을 당하는 근본원인은, 결국 法官・獄吏로 하여금 私情과 恣意를 저지르도록 방종하는 어리석고 혼미한 군주에게로 귀결한다.171) 그리고 인민상호간의 민사소송에서도, 법관이 겉으로는 公道(法)를 빙자하면서 속으로는 私情에 따라 法을 굽히면, 不義의 악인이 불합리한 일을 가지고 터무니없이 억지 쓰며 시일을 질질 끌고, 의로운 善人은 합리적 사유와 정당한 근거를 가지고도 오히려 주눅 들어 물러날 생각을 품게 된다.172)

---

168) 舊唐書, 刑法 참조.
169) 舊唐書, 刑法 참조.
170) 宋史, 刑法二 참조.
171) 舊五代史, 刑法 참조.
172) 舊五代史, 刑法 참조.

인간의 私情이 法理의 통일·평등성을 파괴하는 이러한 폐단에 대하여, 일찍이 東晉의 熊遠은 다음과 같이 적절히 지적하고 있다.

"생각하건대, 법이란 대저 조잡한 방편술에 불과할 뿐, 궁극의 오묘한 道는 아니다. 物情을 다스리고 바로잡기 위하여 法을 이루었을 따름이다. 그런데 만약 항상 物情에 따라 수시로 法制를 고친다면, 이는 情으로써 法을 파괴하는 것이다. 法이 한결같지 못하면 문이 많다(多門)고 일컫게 된다. 이는 인간적인 사정(人事)의 길을 터놓고 사사로운 청탁(私情)의 실마리를 넓게 풀어놓은 것으로, 先王이 法을 제정한 본의가 아니다. 무릇 반박하거나 의론하고자 하는 자는, 만약 그 주장이 律令제도에 어긋나면, 마땅히 經傳이나 前例에는 부합하여야 하며, 결코 사사로운 人情에 따라 통일법제(成法)를 파괴해서는 안 된다."173)

律令이란 군주 개인의 희노 감정과 자의를 충족시키는 도구가 결코 아니며, 그 대상의 親疏나 빈부귀천에 따라 적용을 달리해서는 안 되는 천하통치의 방편이라고 원칙상 인식하였다.174)

주목할 만한 흥미로운 사실은, 이민족이 중원을 지배한 시대에, 법의 평등한 통일 적용을 유난히 두드러지게 강조하는 점이다. 특히, 통치자인 군주 자신이 權貴親戚에 대한 법 시행상의 사사로운 특혜를 각별히 경고하고 있다. 생각하건대, 이는 소수의 이민족이 무력으로 중원을 정복하여 다수의 漢族을 지배하는 과정에서, 흔히 흥성하기 쉬운 소수지배계층의 공로에 대한 교만한 특권의식을 통제함으로써, 그로 인해 일기 쉬운 민족적 반발감정을 사전에 진정·무마하기 위한 정치적 고려가 다분히 내재해 있다고 여겨진다. 물론 군주 개인으로 보아도 權臣의 지나친 발호는 군주의 지위에 대한 도전과 위협이 될 수 있다. 어쨌든, 법의 공평무사한 통일 시행은 소수의 다수지배를 정당화하고 안정시키는 정치 초석으로서 매우 중요한 의미를 함축하는 것이다. 遼 聖宗의 詔書는 이러한 사정을 잘 대변해 주고 있다.

---

173) 晋書, 刑法 참조.
174) 魏書, 刑罰志; 隋書, 刑法; 宋史, 刑法二; 遼史, 刑法志上 등 참조.

"짐은 국가가 契丹과 漢人으로 이루어진 까닭에 남과 북의 二院으로 나누어 통치하는데, 이는 한결같이 관리의 부정부패와 기강의 문란을 제거하고자 함이다. 만약 귀천에 따라 법을 달리한다면, 반드시 원망이 생겨날 것이다. 무릇 일반백성은 죄를 범하여도, 결코 사법관리를 움직여 조정에까지 뜻을 전달시킬 수 없다. 오직 짐의 內族이나 外戚들이 대개 권세를 믿고 뇌물을 써서 법망을 회피하려고 꾀하는데, 이와 같으면 법은 곧 부서지고 만다. 지금부터는 權貴親戚이 범죄로 고발당하면, 사건의 대소를 막론하고, 일체 관할기관으로 하여금 법대로 심문한 뒤, 남과 북 二院의 복심 결과를 첨부하여 올리도록 하라. 만약 곧장 법대로 심문하지 않거나, 청탁을 받고 짐에게 減輕을 奏請하는 자가 있다면, 범인과 같은 죄로 논할 것이다."[175]

金史가 金의 법제 전반을 평가하는 언론도 대체로 이와 일맥상통하고 있다. 金의 초기법제는 매우 간이하고 귀천에 따른 경중의 차별이 없었다. 그 입법의 본래 의도는 귀천·친소·고하·대소를 막론하고 평등하게 대하여, 모두 한결같이 律令의 제한에 구속받고 군주의 법령 앞에 손발이 가지런히 복종하도록 함에 있었다. 이는 秦이 군주의 권위를 강력하게 도모한 의도와 상통하는데, 왕족에 대해서도 恩典을 별로 베풀지 않고, 사대부에 대해서도 특별한 禮遇를 행하지 않았다.[176]

실제로 金 世宗은 왕후친족의 범죄에 대하여 尙書省이 八議중 議親을 인용하여 奏請하자, '법은 천하를 다스리는 공평한 그릇'이라고 전제하면서, 친척이라고 해서 감경해 주면 오히려 이를 믿고 방자하게 전횡을 일삼도록 조장하는 결과를 초래할 것이라고 이를 반박하였다. 아울러 八議의 원칙을 본질의 차원에서 논하고 있다. 즉, 외가는 本親인 宗室과는 다른데, 漢이 지나치게 강대한 외척의 권세로 쇠운을 맞이한 역사경험을 교훈 삼아, 외척이나 공주에게 특권을 부여하지 않는다는 것이다. 다만, 국가에 공로가 있는 자에 대한 議勳은 가능하다. 한편, 議賢에

---

175) 遼史, 刑法志上 참조.
176) 金史, 刑 참조.

대해서는, 賢人이라면 어찌 범법할 리가 있겠느냐고 반문하면서, 원칙상 부정하는 견해를 보였다. 다만, 친척의 범죄로 인한 연좌를 감면해 줄 경우에 한해, 의론의 여지와 가치가 있을 것이라고 매우 합리적인 법이론을 펴고 있다.177) 그리고 元 英宗은 자신을 오래 섬긴 近臣이 죄를 범한 사건에 대해, 祖宗 대대로 전승하는 법을 군주의 사사로운 정으로 굽힐 수 없다고 말하면서, 법대로 처리하라고 명령하기도 하였다.178)

(2) 행정·사법관리의 私情을 방지하기 위한 법제 규정

그래서 국가 행정·사법관리의 私情을 방지하기 위한 법제 규정은 전통 중국법의 매우 중요한 영역을 이룬다. 군주와 인민을 매개하는 관리의 公私야말로 인민의 생명·자유·재산을 좌우하는 직접의 實權이자, 국가 정치사회경제의 안정과 혼란 및 심지어 왕권자체의 흥망존립까지 결정하는 관건이 되기 때문이다. 전통법의 거의 전 분야에 걸쳐, 관리의 공무집행과 관련한 직책 및 그 위반에 대한 처벌규정은, 모두 국법집행의 公私 문제라고 해도 과언이 아니다.

사실 법이 범죄로 규정하는 행위는, 일반으로 公平한 正義의 이념을 해치는 사리사욕의 私情이다. 따라서 거의 모든 범죄의 구성요건에서, 私情은 비록 직접 명문의 언급이 없다 할지라도, 그 실질상 핵심요소를 이룬다고 볼 수 있다. 더구나 가족과 국가의 공동체 윤리도덕을 중시한 전통사회에서 법규범으로 각별히 私情을 금지하고 公理를 강조하였음은 말할 나위도 없다. 다만, 그 중에서도 특히 국가왕권을 대리하여 인민을 다스리는 官員의 각종 公事(公務: 행정)에 관한 법의 영역에서, '私情'을 범죄의 기본 필수요건으로 직접 거론하는 것일 따름이다.

무릇 관리가 '公事'를 처리함에는 항상 '正理'에 의하여야 한다. 즉, 국가의 公法에 따라 公務를 집행하며 개인 感'情'으로 인하여 法을 굽

---

177) 金史, 刑 참조.
178) 新元史, 刑法志 참조.

히거나 어기는 일이 없어야 한다. 私情으로 公法을 침해하는 전형 행위가 이른바 '枉法' 또는 '曲法'으로 일컬어지는 관리의 각종 직무상 범죄다.(§135~§148. 이밖에도 '枉法'에 準하거나 또는 '枉法'으로써 論罪하는 관리의 범죄도 적지 않다. §53) 역대 正史에서 관리를 循吏(또는 良吏)와 酷吏의 두 범주로 구분하여 각각 列傳을 기록함으로써, 준엄한 역사 평가를 내려온 사실은 이미 전술한 바와 같다. 그런데 法治와 吏治를 시행한 秦代에 이미 이러한 개념구분이 명확하였다. '良吏'는 법률과 명령을 밝히 알고 公心과 端正·청렴으로써 매사를 능숙히 처리하는 자다. 반대로 '惡吏'란 법률과 명령을 잘 모르고 공정·청렴하지 못하며 무능한 자인데, 특히 법령을 제대로 봉행하지 않고 과실이 많은 '不直'한 관리는 '惡吏'로서 관문서에 기록하여 전국에 통보하기도 하였다.[179] 그리고 漢代에는 역시 법을 굽히고 뇌물을 받거나 公物을 횡령하는 등의 각종 행위를 '不廉'이라는 죄목으로 엄하게 다스렸으며, 그 贓物의 가액이 많은 경우에는 '不道'로 논죄하기도 하였다.[180]

특히 관리의 범죄는 公罪와 私罪의 두 종류로 구분하여, 관리의 형사책임 특례상 그 법적 효과를 달리한다. 여기에서 私罪의 범주에는 기본상 公事로 말미암지 않은 순수한 개인 범죄가 해당함은 물론이다. 그러나 비록 公事로 인한 범죄라 할지라도, '阿曲'의 사사로운 뜻이 개입한 행위는 私罪로 간주한다. 예컨대, 制書에 대하여 實情을 은폐하거나 기만한 행위는 私情을 품은 까닭에 私罪에 포함하고, 청탁을 받고 공법을 굽히거나 어긴 각종 非理행위도 私情을 기본전제로 하기 때문에 당연히 私罪가 된다. 그리고 公罪란 公事의 처리에서 法을 굽히는 사사로운 情이 없이 법령을 어긴 범죄를 말한다. 그런데 관리의 형벌책임상, 私罪의 경우 5品 이상은 1官으로 徒2年, 9品 이상은 1官으로 徒1年씩 각기 충당(상쇄)하는 특혜를 받는 데 그친다. 이에 반해, 公罪의 경우에는 각각

---

179) 秦簡, 語書, 19-20면 참조.
180) 漢律, 卷2, 盜律(1397-1400); 卷2, 賊律 1, 受財枉法條(1406-8); 卷8, 雜律, 不廉條 (1512-5) 등 참조.

徒1年씩을 추가로 더 충당할 수 있게 된다.(§17) 즉 私情으로 인한 범죄의 경우 형벌대체의 특혜가 비교적 가벼운 셈이다.

한편, 公事처리에서 '連署'의 의무가 있는 '同職'관리 상호간에 법적으로 부담하여야 할 連坐책임의 경우에는 이와 상반한다. 同職관리는 직위에 따라 등급의 서열을 정한 뒤, 公罪의 경우 직접 행한 행위주체를 首犯(正犯)으로 삼고, 나머지는 모두 從犯으로 연대책임을 지운다. 위아래로 상승 또는 하강하는 등급만큼 각기 감경한 형벌을 부과하게 된다. 그런데 連坐책임 있는 同職관리가 그 事情을 알지 못하는 私情이 끼어든 私罪의 경우에는, 그 私情을 알지 못한 過失로써 從犯의 책임을 지기 때문에, 그 실제 형벌은 더욱 감경한다.(§40) 오직 公理·公法에 의한 범죄의 경우에만, 故意로 간주하는 일반 업무상의 높은 주의의무와 연대책임을 지는 것이 당연하다. 이에 반해, 한 개인이 표출하지 않은 내심의 私情으로 저지른 범죄의 경우, 아무리 同職관리라 할지라도 이를 사전에 알 수 있다고 기대하기 어려운 것이 인정과 사리에 합당하기 때문이다.

'公法을 놓아두고 私情을 사용하는'(捨法用情) 또 하나의 중요한 범죄는, 인민의 행위 情狀을 고의로 증감시켜 그 罪刑을 허위로 조작하는 '出入人罪'다. 즉, 무고한 자에게 범죄를 뒤집어씌우거나 가벼운 사실을 중죄로 날조하는 '入罪'와, 권세나 재력 있는 자의 죄악을 눈감아주거나 축소 조작하는 '出罪'가 그것이다.(§487) 이 경우에는 사실과 다르게 축소 또는 확대한 차액(잉여분)만큼, 즉 관리가 公法을 버리고 私情을 쓴 만큼의 형벌을 스스로 받아야 한다. 이는 불법고문의 경우와 함께 관리의 전형적인 反坐책임이다.(§477) 秦代에 관리를 엄격히 통제하였다. 관리의 각종 사사로운 불공평한 위법행위 중에서, 특히 범죄의 심리와 형벌 부과상의 과실을 '失刑罪'로 처벌함과 동시에, '不直'(공평정직하지 못함)이라는 죄명을 부여한다. 예컨대, 절도범의 장물가액을 잘못 환산하여 형벌의 가감을 초래하거나, 체포시 바로 환산하지 않고 심판시에 비로소 환산하여 장물가액의 변동을 초래하는 등, 일반으로 죄형의 경중을 달리 한 모든 경우가 해당한다.[181] 漢代에도 이러한 재판상의 '不直'죄를 계승하여 엄히 다스렸다. 고의인 경우에는 棄市에 처하기도 했으며, 實情대로 심판하지 않았다는 뜻에서 '不實'이라고 일컫기도 한다.[182]

(3) 親嫌(친족회피) 제도

특히 주목할 만한 법은, 관리의 私情을 미연에 예방·두절하기 위하여 설치한 친족'회피'(親嫌) 제도다.[183] 私情은 혈연의 親情보다 더 크고 무서운 것이 없다. 물론 여기에는 혈연이 아닌 남녀 부부의 愛情과 그를 매개로 하는 윤리·도의적 人情도 동시에 거론할 수 있으며, 사실 이러한 私情예방 제도의 규율대상에도 함께 포함한다.

관리가 국법을 집행함에 혈연의 친정이나 기타 윤리상 人情의 간섭을 받아 公理를 굽히고 정의를 해치는 친인척비리가 없도록 하기 위하여, 집행할 공무, 특히 소송이 해당 관원의 친인척과 관련한 사항일 때는, 그 사안처리에 아예 간여할 수 없도록 회피시키는 제도다. 이는 주관상 해당관원의 私情을 야기할 모든 가능한 단서와 인연을 아예 처음부터 단절하고, 객관상 특수한 인간관계로 말미암는 외부의 부당한 오해와 혐의의 소지를 완전히 없앤다는 양면을 동시에 배려한 정책입법이다.

당률에는 비록 명문의 규정이 보이지 않으나, 明淸律은 刑律, 訴訟편에 '聽訟回避'조를 싣고 있다. 즉, 관리는 수리한 소송의 당사자 중에 유복친이나 혼인관계의 집안, 수업 받은 스승 및 묵은 원한이나 혐오의 관계가 있는 경우, 그 담당을 회피하고 해당 公文을 다른 관원에게 이송시켜야 한다. 이를 어긴 경우에는 笞40에 처하되, 사건처리에 私情으

---

181) 秦簡, 法律答問, 165-6·191·201면 등 참조.

182) 漢律, 卷6, 囚律, 鞫獄條(1494-6) 참조. 한편 後漢 章帝 때에는, 관리가 희노의 감정으로 죄를 조작하거나 무고한 자를 협박하여 자살하도록 만드는 사안이 공식재판에 의한 사형건수보다 오히려 많음을 통탄하며, 그 시정을 지시한 적도 있다. 東漢會要, 卷35, 恤刑條(379) 참조.

183) 이에 관한 연구로는, 仁井田陞, 支那身分法史, 東方文化學院, 1942년, 287-302면 및 그 註에 인용한 참고문헌이 있음.

로 인한 사실의 조작 및 판결의 부당 등 불법이 구체로 발생한 경우에는, 그에 해당하는 공무상 범죄로 엄중히 처벌한다. 여기에서 호의적이고 긍정적인 親情 뿐만 아니라, 악의적이고 부정적인 怨情까지 함께 회피하도록, 양자를 동시에 규정한 상대적 형평성이 특히 눈에 띈다.

이러한 상피제도의 필요성과 이념은, 물론 쌍방 당사자의 이해관계가 팽팽하게 대립하여, 공평무사한 객관중립성을 엄격히 요구하는 소송(사법재판)의 영역에서 가장 두드러진다. 그러나 쌍방 당사자가 대립하지 않더라도, 국가사회의 전체 공익과 관련하여 불특정 다수의 인민을 대상으로 하는 정치 영역에도 이 법의 존재가 필요할 수 있다. 관리의 임용과 관련한 천거 및 고시(과거)의 영역이다.

예컨대, 明淸律은 吏律, 職制편에 '大臣擅斷選官'조를 두고 있는데, 대신의 친척은 황제의 特旨에 의한 경우가 아니면 관직에 제수할 수 없다고 규정한다. 이를 어긴 경우에는 대신이 조정의 선발과정을 거치지 않고 자의로 인재선발권을 전횡한 죄와 마찬가지로 斬刑에 처해진다. 물론 이는 군주의 專權을 침해하는 無君之心을 예방함과 동시에, 권세를 빙자한 私情을 두절하기 위함이다. 그리고 律文에는 명시하지 않지만, 注에 따르면 대신은 그의 친척을 임용하는 選官의 지위에서 마땅히 回避하여야 할 의무가 있었던 것이 당시의 사례(慣例)였다.(단, 律文의 뒤에 條例로까지 기재되지는 않고 있다. '擅'의 讀音은 본디 '선'이나 우리는 '천'으로 잘못 읽음.)

또한 '貢擧非其人'조에는 인재등용과 관련한 각종 천거 및 고시위원의 사사로운 비리불법행위를 엄단하는 규정과 조례가 상세히 실려 있다. 여기서도 친인척회피에 관한 명문의 조항이 비록 나타나지는 않지만, 역시 당시의 事例나 慣例에 의해서 그에 상당하는 내용을 시행했을 것으로 보인다.184) 적어도 해당 고시에 참여한 친인척에 대하여 고시위원이 비리불법의 私情을 실질상 자행하는 경우에는 본 규정에 의한 죄책을 져야 한다.

---

184) 예컨대 大淸律例會通新纂은 刑律·訴訟篇의 「聽訟回避」조에 "이 조문은 選官의 친족접촉회피 및 고시회피의 例와 서로 보충 참고한다."는 輯注를 달고 있다.

한편, 이러한 관리의 친족회피 제도는 비록 당률의 正文에는 규정하지 않지만, 실제로는 令이나 格式에 의해 이미 시행하였다. 즉, 玄宗 때 이미 재판관이 피고인 또는 소송당사자와 5服親이나 大功 이상의 혼인 가족 또는 師弟 및 원한의 관계에 있거나, 本部의 都督·刺史·縣令인 경우에는, 모두 해당 사안의 심리를 회피하고 담당재판관을 바꿔야 한다는 令을 시행하였다.185) 그리고 同司聯事 및 勾檢의 관리는 大功 이상의 친족을 기용하거나 천거할 수 없다는 제한규정도 보인다.186)

그리고 송대에는 이 제도를 '親嫌'이라는 통일 명칭의 조문으로 상당히 많은 부분의 勅과 令에 의해서 상세히 규정한다. 실질상 각 부문의 상관 규정을 총망라하고 있으며, 내용상으로도 매우 다양하고 포괄적이다. 우선 名例勅에서는 회피해야 할 친족 및 인척의 범위를 명청률보다 구체로 상세히 열거하며, 인척의 경우 成婚은 물론 定婚관계까지 포함한다는 규정을 두고 있다. 職制勅에서는 친척회피의 절차방법 및 그 위반에 대한 처벌을 규정하는데, 특히 소송 및 刑獄관리에 관한 내용을 별도로 명시하는 점이 눈에 띈다. 그리고 職制令·儀制令·斷獄令·軍防令의 상관규정 약 20조문이 각기 구체적인 내용을 싣고 있다. 또 인재 등용과 관련한 「選擧門」에는, 법상 마땅히 회피해야 할 친척의 천거를 금지하는 명문규정 2조문과 함께, 薦擧式(천거문서양식)에도 피천거인이 천거인과 有服親이나 법률상 서로 容隱할 수 있는 친족, 또는 마땅히 회피해야 할 친척의 신분관계가 전혀 없음을 서약하는 문구가 나온다.187)

---

185) 唐令拾遺, (仁井田陞, 東京大學出版會, 1933년) 獄官令, 786-7면 참조. 또한 唐六典, 卷6, 刑部郎中員外郎條와 唐律을 직접 바탕으로 편찬한 宋刑統, 卷29, 斷獄篇에 인용한 獄官令에도 비슷한 규정이 보인다. 뿐만 아니라 이 제도는 멀리 漢代부터 발원하여 晋과 南朝의 宋 때에도 시행한 사실을 암시하는 자료가 나타난다. 仁井田陞, 支那身分法史, 287-8면 참조.

186) 唐令拾遺, 選擧令, 286-7면 및 唐六典, 卷2, 吏部尙書侍郞條; 唐會要, 卷57, 尙書省條 元和 13년(988) 등을 참조.

187) 이상 각 규정 내용은, 慶元條法事類, 卷8, 職制門, 「親嫌」조(101~103면)와 卷14·15의 選擧門, 「薦擧總法」조(199면), 「擧辟」조(218·221면) 참조. 본 法典은 南宋 寧宗 때(1202) 편찬한 것으로, 宋代 100여종의 여러 法典 중 하나에 불과하다.

법제사에서는 元代에 이르러 詔制·條格·斷例를 체계로 분류해 편찬한 법전이 元의 기본 형률을 이루는 사실을 주목할 필요가 있다. 이는 실질상 宋代의 勅令格式을 편찬한 법전과 동질이면서, 형식상으로는 唐律이나 明淸律과 같은 국가의 최고 법규범인 이중성을 띤 것이다. 元律의 이러한 이중성이 친척상피제도의 규정형식을 宋의 勅令格式에서 明淸의 律文으로 격상시키는 역사적 전환점이 되었을 듯하다. 元律은 明淸律과 거의 같은 실질내용을 職制편에 규정하고, 訴訟편에도 상관규정을 두고 있는데, 그 법형식은 기본상 宋代의 勅令을 계승한 것이다.188)

(4) 私情예방 제도의 역사·철학상 연원

국법을 집행하는 관리의 공평성과 私情예방을 제도화한 이러한 법의 정신은 역사로나 철학사상으로나 그 연원과 유래가 자못 深遠하다. 이는 거의 모든 제자백가에 공통하는 '無親'의 공평사상으로 귀결한다.

우선 老子는 天道가 사사로운 친함이 없이 항상 善人의 편을 든다(天道無親, 常與善人. §79)고 언명한다. 그런데, 宮之奇는 周書의 말을 인용해, "皇天은 사사로이 친함이 없이 오직 德있는 자를 도와준다."(皇天無親, 唯德是輔 : 左傳, 僖公5年 B.C.655)고 말한다. 또, 같은 말을 晉의 范文子는 "天道는 친함이 없이 오직 德있는 자에게 더불어 준다."(天道無親, 唯德是授: 國語, 晉語6 B.C.575)고 표현하기도 한다. 皇天이나 天道의 無親性이 춘추시대에 이미 보편임을 알 수 있다.

義의 公平無親性도 쉽게 보편으로 나타난다. 춘추시대 衛의 石碏(착)은, 公子 州吁가 桓公을 시해하고 스스로 즉위하자, 陳나라의 협조를 얻어 그를 처치한 뒤, 그와 어울려 난에 가담한 자기 아들 石厚도 사람을 시켜 살해하였다. 이를 두고 史筆은 '大義滅親'이라는 격언을 들어 극구 칭송하였다.189) 또 晉의 刑侯와 雍子의 토지쟁송을 叔向의 아우인 叔魚

---

188) 元史, 刑法一의 序文과 職制上 및 刑法四의 訴訟 참조.
189) 左傳, 隱公 4年 참조.

가 대리 심판을 맡은 일이 있었다. 죄책이 있는 雍子가 叔魚에게 딸을 뇌물로 바쳐 刑侯에게 패소판결이 나자, 刑侯가 노하여 두 사람을 조정에서 죽여 버렸다. 이에 韓宣子가 叔向에게 사건처리를 諮問했는데, 叔向은 이렇게 판결했다.

"雍子는 자기 죄책을 알고 뇌물로써 勝訴를 매수하고, 叔魚는 뇌물을 받고 소송을 매도하였으며, 刑侯는 국가형벌권을 침범하여 독단으로 살인을 자행하였으니, 세 사람의 죄가 모두 같다. 산 자는 처형하고, 이미 죽은 자는 戮屍를 하라!"

이 사건의 전말을 듣고, 孔子는 叔向의 正直함을 칭송하면서, 刑法으로 나라를 다스림에 血親을 비호하거나 두둔함이 없는 그의 행위를 義롭다고 평가한다. 아울러 친족을 죽임으로써 영예가 더욱 뚜렷해지는 것은 義를 행하기 때문이라고 덧붙인다.[190]

義는 道의 '無親'에서 한 걸음 더 나아가 '滅親' '殺親'까지도 서슴지 않음을 보여주는 전형의 史實이다. 無親은 自然的 道의 존재성을 표현하고, 滅親이나 殺親은 人爲的 義의 당위성을 표시하는 어감을 다분히 풍긴다.

한편, 義는 인재등용의 공평무사성과 관련하여 언급하기도 한다. 여기서는 특히 어질고 능력 있으면 자신의 血親이라도 망설이지 않고 떳떳이 천거한다는 적극적·긍정적 관점이 일반 특징이다. 晉의 韓宣子를 계승하여 집권한 魏獻子가 왕실에 공이 있는 자와 관직을 감당할 능력 있는 자 및 어진 이를 두루 등용하면서, 血親이 낀 사실에 관해 내심 여론을 걱정하였다. 그런데 孔子는 그의 인재등용이 '가까이는 친족을 빠뜨리지 않고, 멀리는 공로 있는 자와 어진 이의 천거를 잃지 않았으니, 義라고 일컬을 만하다'며 칭송한다.[191]

晉의 王生은 자신의 원수를 昭子에게 천거하면서, 원수를 추천한다고

---

190) 左傳, 昭公 14年. 孔子家語 卷9, 正論解에도 같은 내용을 싣고 있고, 國語, 晉語 9(483)에는 사건의 전말만 적고 있음.
191) 左傳, 昭公 28年.

의아해 하는 그에게, "사사로운 원수의 감정을 公事에까지 연장시키지 않고, 좋아한다고 허물을 은폐하지 않으며, 싫어한다고 착함을 버리지 않는 것이 義의 대원칙이다"고 설명한다.192) 晉의 趙宣子는 義로써 두루 인재를 등용하는 것이 군주를 섬기는 도리라고 말하면서, 사사로운 감정으로 천거하는 것이 당파 짓는 일이라고 비난한다.193) 이상의 史例에서 인재천거의 공평무사성이 義의 한결같은 본질임을 알 수 있다.194)

요컨대, 사사로이 친함이 없는 공평무사성은 義와 法을 연결하는 중요한 매개 개념이 된다. 사실 법의 중요한 이념이 正'義'이며, 그 정의의 핵심 내용이 平等의 원리인데, 평등이란 형식 관점에서 보면 곧 공평무사가 된다. 그리고 이는 자연적 道의 존재적 無親에 근원하는 것이다. 先秦 제자백가의 사상 속에서도 義와 法이 '無私無親'의 속성으로 이어지는 흐름을 발견할 수 있다.

秦에 거주하는 한 墨家 首領의 아들이 살인하였는데, 秦 惠王은 그의 나이가 연로하고 다른 아들이 없어 法吏에게 처형하지 말라고 분부하고서, 그에게 자기 말을 들어 달라고 자청하였다. 이에 묵가의 수령은 '살인자는 사형에 처하고 상해자는 형벌에 처하'는 것이 묵가의 法이자 천하의 大義라고 전제한 뒤, 비록 왕이 사면해 줄지라도 묵가의 法을 시행하지 않을 수 없다고 답변하면서, 스스로 아들을 죽였다. 이에 대해 呂氏春秋는 '자식은 사람의 가장 가까운 私情인 법인데, 그 사사로움을 참고 大義를 행한 것은 公이라 일컬을 만하다.'고 칭송하고 있다.195) 여

---

192) 左傳, 哀公5年 참조.

193) 國語, 晉語5 참조.

194) 춘추전국시대에 인재천거의 공평무사성은, 반드시 義의 개념을 원용하지 않고서도 일반보편으로 강조한 중요한 도덕규범이었다. 左傳 襄公3年 기록에, 晉의 祁奚가 퇴직하면서 자기의 원수와 아들을 차례로 천거한 사실에 대하여, 商書의 '無偏無黨, 王道蕩蕩' 구절을 인용하면서 그 공평무사함을 칭찬하고 있다. 禮記 儒行편과 孔子家語 儒行解편에는 공자의 말을 인용해, '안으로 칭송함에 혈친을 피하지 않고, 밖으로 천거함에 원수를 피하지 않는다.'(內稱不避親, 外擧不避怨.)는 명제를 싣고 있다. 또, 呂氏春秋 去私편, 韓詩外傳 卷9에서는, 인재등용에 관한 비슷한 내용의 故事와 논평을 특히 公'이라는 개념으로 칭송하는 것이 눈에 띈다.

기에서 법은 親疏에 관계없이 공평무사하게 실행해야 하며, 그렇게 법을 집행함으로써 私親을 죽이고 大義를 실현한 행위가 '公'平하다고 평가받음을 알 수 있다. 즉, 法은 '大義滅親'을 실현하는 공평무사를 핵심 본질이자 궁극 이상으로 삼고 있다.

法家의 집대성자인 韓非子도 인재를 등용함에 자식과 원수를 모두 가리지 않는 공평무사를 거듭 강조하는 사실이 눈에 띈다.[196] 韓非子는 어리석은 군주가 사사로운 이익에 눈이 어둡고 '法義'를 망각한 간신을 가까이하여 亡國亡身의 환란에 이른다고 경고한다. 聖王明君은 오직 공평무사한 법치로써 인재등용에 血親과 원수를 피하지 않고, 옳은 자를 천거하며 그른 자는 처벌한다고 강조한다. 특히, 堯의 丹朱·舜의 商均·啓의 五觀·商의 太甲·周의 管叔과 蔡叔 등이 모두 聖王의 父兄子弟이면서 살륙 당한 것은, 나라를 어지럽히고 백성을 해치며 法을 문란하게 했기 때문이라고 평가하면서, 大法誅親의 공평무사를 역사상의 사례로 引證하고 있다.[197]

이상에서 살핀 바와 같이, 제자백가의 일반 철학사상에서는 無親이나 滅親의 공평성은 血親에 대한 무조건 일방적인 부정만을 의미하는 것이 결코 아니며, 경우에 따라서는 객관적인 긍정까지도 동시에 포함하는 균형 잡힌 개념이었다. 그 개별 기준은 오직 道와 義에 있으며, 현실사회에서는 구체로 합법성과 정당성 또는 능력 등의 요소를 반영한다.

그런데 왜 漢代 이후 역대 법제사에서는 血親에 대한 부정적인 私情의 혐의만을 일방으로 제도화하였을까? 왜냐하면, 철학사상의 관점에서는 주로 인간의 착한 본성과 자율 의지가 이상으로 부각하는 반면, 사회현실의 구체 인간은 다분히 간사하고 이기적인 감정욕망의 유혹에 쉽게 넘어가는 열악하고 취약한 존재이기 때문일 것이다. 즉, 법이란 道와 義에 근거한 公平無親한 인간의 이상적이고 착한 '理'性을 궁극으로 지

---

195) 呂氏春秋, 去私편 참조.
196) 韓非子, 外儲說左下편 참조.
197) 韓非子, 說疑편 참조.

향하면서, 한편으로는 이기적이고 사사로운 '情'性을 절도 있게 통제하기 위한 일반보편의 수단방편이기 때문이다. 구체적인 수많은 인간의 감정을 직접 규율대상으로 삼는 법은, 언제 어느 누가 저지를지도 모르는 私情을 최대한 예방하기 위해서, 가능한 모든 상황을 주도면밀하게 총망라해야 하는 현실의 사명을 지니는 것이다.

이러한 맥락에서, 私情을 예방하기 위한 친족상피 제도의 직접적인 철학사상의 연원은 인간의 현실성에서 구하는 것이 자연스럽다. 일찍이 武城의 수령을 지내던 子游에게 공자가 인재를 얻었느냐고 물었다. 이에 子游는, "지름길을 다니지 않으며, 公事가 아니면 자기 집무실에 찾아온 적이 없는" 澹臺滅明(담대멸명)이라는 인물을 들어 자랑스럽게 대답했다.198) 이 일화에 등장하는 澹臺滅明이 바로 이 법제가 지향하는 이상이자 전형일 것이다.199)

---

198) 論語, 雍也 §14 참조.

199) 친족회피 제도는 우리나라에도 시행하여 '相避制度'로 일컬었는데, 구체적 친족범위는 婚俗의 특수성으로 말미암아 중국과 달랐다. 한편, 관리등용과 관련한 情實이나 기타 사사로운 청탁을 방지하기 위한 奔競禁止 제도에서는, 오히려 人情을 감안하여 일반범위의 근친은 서로 일상 왕래를 허용하는 相反의 측면도 있었다. 朴秉濠, 韓國法制史攷, 337~9면 및 朴秉濠, 韓國의 傳統社會와 法, 서울대학교출판부, 1985년, 272~281면 참조.

그리고 친족회피제도는 동방의 강한 친족관념 및 그에 기초한 전통법의식, 그리고 그 제도의 합리성 등으로 인하여 韓・中・日의 현대 소송법에도 계승하고 있다. 中華民國의 民事訴訟法(§32~§39)과 刑事訴訟法(§17~§26)상의 「法院職員의 廻避」, 中國 刑事訴訟法 제1편 제3장(§28~§31)과 民事訴訟法 제1편 제4장(§45~§48)의 「回避」, 우리나라 民事訴訟法 제1편 제1장 제2절(§41~§50)과 刑事訴訟法 제1편 제2장(§17~§25)의 「法院職員의 除斥, 忌避, 回避」, 日本의 民事訴訟法(§35~§44)과 刑事訴訟法(§20~§26)상의 「裁判所職員의 除斥, 忌避 및 回避」 제도가 그것이다. 물론 현행법상 회피의 상황은 다양한데, 그 중 法官(서기관 및 통역에게도 준용하는 것이 일반임)과의 친족이나 인척・배우자 등의 신분관계가 제1차의 주요사유가 된다. 그 범위는 우리나라의 경우 일반 친족개념의 범주에 의하고 中華民國은 8親等 이내의 혈친과 5親等 이내의 姻親으로 규정한다. 日本은 4親等 이내의 血族과 3親等 이내의 姻族 및 동거가족으로 한정하고, 中國은 특이하게 '近親'으로만 규정하고 구체적 회피여부의 결정은 각 院長이나 委員會가 결정하도록 한다. 그리고 中華民國과 中國은 우리와 달리 법관의 자발적인 회피의무를 제1차로 규정하는데, 이는 전통 친족회피제도의 특성을 직접 반영하는 요소로 보인다.

3. 법의 公平無私性

(1) 법은 천하의 공평한 저울

역대 법제사의 핵심과제인 私情의 방지는 사실 법의 본질속성으로부터 직접 연원한다. 법의 본성을 一言以蔽之하면 '公平'이라고 할 수 있다. 흔히 公平無私라고 일컫는데, 無私란 公平을 강조하기 위해 부정적 표현으로 同義 반복해 부연한 것에 불과하다. 公平이라는 법의 본성과 이념은 동서고금을 막론한 모든 법규범에 공통한 일반보편성이다. 다만, 역사와 민족과 문화의 시각 차이에 따라 구체 표현과 강조점이 다소 다를 뿐이다. 흔히 正義로 일컬어지는 근대서구법의 지상이념도, 이 公平의 개념으로 자연히 포섭할 수 있다. 전통 中國法의 관점에서도 義가 法의 상위규범으로서 법의 지향목표가 됨은 당연한데, 正은 義의 본질속성으로 正義라고 병칭하는 합성어까지 일찍이 등장했다. 물론 두 역사적 개념의 구체 내용이 같은 것은 아니다. 그러나 적어도 公平이라는 법의 궁극이념과 본성의 관점에서 보면 대체로 상통한다고 여겨진다.

漢代에 法의 公平性과 관련한 유명한 일화가 있다. 文帝의 행차가 다리를 지나는데, 다리 밑에서 한 사람이 걸어 나와, 말을 놀라게 한 죄로 그를 체포하여 廷尉에게 이송하였다. 심문 결과, 행차가 이미 지난 줄 알고 나온 과실범으로서, 벌금에 해당한다는 판결이 내려졌다. 처벌이 너무 가볍다고 황제가 노하자, 廷尉인 張釋之는 法의 본질속성과 법관 본연의 직책을 설명하며 조리 있게 답변하여 황제를 수긍시켰다.

> "法이란 천자가 천하와 더불어 함께 하는 公共의 그릇(도구)입니다. 지금 법이 이와 같은데, 이를 바꾸어 가중 처벌한다면, 이는 法이 인민에게 公信性을 잃게 되는 것입니다. 그리고 당시에 황제께서 사신을 시켜 그를 처형했다면 그만이지만, 지금 이미 廷尉에게 이송하였는데, 廷尉란 천하의 公平正直한 저울(직책)입니다. 저울을 한번 기울이면, 천하 모든 法의 적용이 그로 말미암아 경중을 달리하여야 할 텐데, 백성들은 어디에 손발을 두어야 하겠습니까?"[200]

이에 文帝는 한참 생각하더니, "廷尉(법관)는 마땅히 이래야 한다."고 칭송한 것이다. 法이 천하 公共의 그릇임과 함께, 法을 집행하는 관리가 '天下之平'임을 동시에 거론한 것인데, 이는 그 후 역사에서 자주 인용하는 법제사의 名言이 되었다.[201] 그리고 後唐 때는 律令을 정비하는 가운데, "법은 천하의 큰 이치(理)며 한 사람의 법이 아니니, 곧 천하의 법이다."는 의론이 나오기도 하였다.[202] 그런가 하면 宋代에 한 縣令은, 자신이 막료로서 재판한 州의 사건을 조정의 大理寺에서 파기 환송하자, "法은 천하가 함께 준수하는 것인데, 이 사안의 죄가 법규정상 사형에 해당하지 않기 때문에 쟁론하지 않을 수 없다"면서, 원 판결을 고집하였다. 결국 황제가 詔書에 의해 조정의 광범한 의론을 거쳐, 현령의 법적용을 인정한 적도 있다.[203] 또한 漢 宣帝때에는 기존의 廷尉 아래 네 명의 廷平을 신설하여 決獄의 公平에 각별히 힘쓰도록 조처한 적이 있다.[204] 淸代의 孫星衍은 당률소의에 대한 序文에서 法은 天下之平이라는 명제를 거론하기도 한다.[205] 특히 '法은 平正을 유지하는 천하 公共의 그릇이다'는 金 世宗의 말은 法의 公平性을 함축성 있게 간명히 표현하는 전형 명제다.[206]

중국에서 '法'자가 'ㆍ'변을 취한 것도 물의 수평성으로 법의 공평성을 상징한 것이고, 서양에서 정의의 여신이 왼손에 저울(天平)을 든 것도 공평성을 상징한다.

(2) 법의 公信性과 특히 사면의 公信性

한편 공평무사는 법의 제정 및 시행 주체, 특히 군주의 관점에서 파

---

200) 漢書, 卷50, 張釋之傳 참조.
201) 예컨대, 三國志, 卷24 魏書, 高柔傳; 또한 同志 卷13, 王肅傳에서는 張釋之傳의 언론을 그대로 인용하고 있다.
202) 五代會要, 卷9, 定格令조(111) 참조.
203) 折獄, 卷4, 議罪, §101 참조.
204) 漢書, 刑法志; 漢書, 卷8, 宣帝紀 참조.
205) 孫星衍, 重刻故唐律疏議序. 唐律疏議, 667면에서 인용.
206) 金史, 刑志 참조.

악하면, 公信性의 문제로 부각하는데, 이는 근대 법철학상 법의 實效性과 상통한다. 법이 제아무리 훌륭해도 제대로 시행하지 못하면 법이라고 할 수 없다. 법의 實效性은 법의 존재의의와 가치를 결정짓는 한 중요한 요소다. 실효성 없는 법은 법으로서 존재가치가 없을 뿐만 아니라, 때로는 아예 그 법이 없는 것보다 못한 경우도 있을 수 있다. 법의 공신력과 권위가 떨어지면 국가 정치와 사회질서까지 혼란해지기 때문이다. 법이 실효성을 지니기 위해서는, 무엇보다도 執法・司法기관의 주체적인 시행의지와 실천이 중요하다. 입법 당사자인 군주와 일선 행정관리 모두가 법시행 주체로서 자격과 권한을 지닌다. 그리고 이들은 법을 법대로 적용하여야 할 직책과 의무도 부담한다.

이것은 법가의 信賞必罰論과도 관련한다. 법제사에서는 항구적 律과 현재 군주의 일시적 칙령, 그중에 특히 赦免令의 관계에 대해서 치열한 논쟁을 불러왔다. 우선, 唐律은 사면령이 내린 뒤, "사면 이전의 일(행위・사건)을 告言하는 자는 그 죄로써 처벌하며, 관가가 이를 수리한 경우에는 고의로 타인의 죄를 조작한 죄로써 논하되, 그 죄가 사형에까지 이른 경우에는 노역을 부가한 流刑에 처한다."고 규정한다.(§354) 물론 혼인・良賤 등 법률상 당연 무효인 신분행위의 시정(환원) 및 장물의 추징, 기타 사면에서 제외하는 범죄의 경우, 이 규정을 적용하지 않는다.

이처럼 사면 이전의 행위는 일반인이 관가에 고발하지도 못하고, 관가도 이를 수리하지 못하며, 조정의 대신조차 이를 거론・탄핵하지 못한다. 이렇게 절대 금지하는 까닭은, 처벌의 실익이 없는 소송의 낭비를 줄이자는 법경제적 관점과, 타인을 모함・음해하려는 간사한 저의를 두절하자는 정책적 배려가 다분히 내재해 있다. 그래서 誣告罪와 동등하게 간주하여 '反坐'로 엄격히 처벌하는 것이다. 그러나 더욱 중요한 입법목적은 법의 公信性, 즉 사면령을 내린 최고 입법권자인 황제의 권위와 신임을 확보하기 위함에 있다.

이러한 법은 일찍이 漢代부터 시행하였는데,207) 특히 사면 이전의 일을 거론하여 군주의 恩德을 훼손하는 자는 지위고하를 막론하고 '不道'

죄로 논하였다. 平帝의 즉위 초 詔書가 이를 정확히 표현하고 있다.

"무릇 사면령이란 장차 천하와 함께 새로 시작함으로써, 진실로 백성들로 하여금 개과천선하여 본성과 생명을 보존하도록 하기 위함이다. 예전에 담당 관리들이 사면 전 사실을 자주 아뢰어 죄책을 증가시키고 무고한 이를 모함하였는데, 이는 신임을 중시하고 형벌을 신중히 하여 자아혁신 하도록 권장하는 의도가 아니다. 특히 인재등용(選擧)과 관련하여서는, 작은 허물을 용서하고 현명한 인재를 천거하는 뜻에 크게 어긋난다. 앞으로 신하들은 사면 이전의 일을 거론하거나 상소할 수 없다. 만약 詔書대로 행하지 않아 황제의 은택을 훼손시키는 자가 있으면, 不道로써 논할 것이다. 이를 令으로 규정하고 천하에 포고하여 분명히 알리도록 하라"[208]

이러한 사면의 公信性에 관한 강조는 明初에 다소 두드러진다. 太祖 때 한 군인이 두 번 죄를 용서받은 뒤 다시 杖罪를 범한 사안이 발생하자, 신하가 전죄까지 합병하여 주류하자고 주청했다. 이에 대해 太祖는, "전죄는 이미 용서했는데, 지금 다시 거론한다면, 이는 신의가 없는 것이다"며, 杖刑을 시행하였다. 成祖 때는 사형을 감경한 사면령에 불신을 초래한다며, 棄市에 해당하는 도적 몇 명을 변방수비군에 충당하였다. 또 앞 황제 때 범한 언론에 관한 죄의 고발을 수리하여 처벌하자는 건의에 대해서, 즉위 초 이미 불문에 부치기로 공약한 명령에 不信을 끼친다며, 이를 거절하기도 하였다. 仁宗도 즉위 초에 "어제 범죄사면의 詔書를 내리고, 오늘 갑자기 사면 이전의 일을 논죄한다면, 어떻게 公信을 보이겠느냐?" 고 강조한 사례가 있다.[209]

한편 사면령이 내려진 뒤나 또는 일단 판결이 내려진 뒤에, 군주가 분노의 감정으로 다시 처벌하려는 경우에, 신하가 법령과 판결의 公信

---

207) 철저한 신상필벌의 법치와 엄형준법의 절대군주제를 실시한 秦代에는 사면 자체를 생각조차 하기 힘들므로, 사면의 公信性을 새삼 거론할 여지가 없을 것이다.

208) 漢書, 卷12, 平帝紀; 漢律, 卷11, 具律3 (1586-7) 참조. 이러한 내용의 언론은 사면의 역사와 함께 거의 끊임없이 등장한다. 예컨대, 北宗 仁宗때 長方平이나, 南宋 孝宗 때 王尙之의 언론이 대표다. 通考, 卷173, 刑考12, 赦宥조 (1496-8) 참조.

209) 明會要, 卷65, 刑2, 決斷조(1265) 및 卷67, 刑4, 赦宥雜錄조(1291-3) 참조.

性을 근거로 만류하는 경우도 적지 않다. 唐 高祖가 일반사면에서 제외하는 중죄까지 포함하는 특별 대사면을 실시한 뒤, 반란자의 잔여세력을 추후에 유배 보내도록 명령하자, 孫伏伽가 이렇게 간언하였다.

"대사면은 천하와 더불어 새 출발을 하는 것입니다. 사면 후 다시 처벌하려는 것은, 폐하가 스스로 본래 마음을 어기는 것이니, 이로써 신하를 부리려 하면 어떻게 법도(信任)를 취하겠습니까? 만약 자세히 심문하기로 하면, 성안 사람 중 누군들 죄가 없겠습니까? 법이란 폐하가 스스로 제정했지만, 또한 폐하도 이를 반드시 준수하며, 천하 백성으로 하여금 신임하고 경외하도록 해야 합니다. 지금 스스로 위신이 없으면, 억조창생은 어떻게 믿고 경외하겠습니까? 상벌의 시행은 귀천을 가리지 않고, 성인의 법제는 親疏를 제한하지 않습니다."210)

또한 中宗 때에는 역모사건을 처결한 뒤 잔여세력의 밀고가 있자, 군주가 이를 수리해 다시 심문하도록 명령했다. 이에 大理卿인 鄭惟忠이 "이제 방금 큰 사건을 처결하여 민심이 아직 안정을 찾지 못하는데, 만약 다시 수사를 개시한다면, 반드시 놀람과 공포로 사회가 혼란스러워질 것이다"는 이유로 재판을 종결하도록 건의하였다.211)

(3) 律의 大信(公信)과 令의 小信(私信)

그리고 군주가 자신의 일시적인 칙령에 대한 公信性을 고집하며 私情을 부리자, 신하가 국가의 항구적인 律의 大信을 거론하여 칙령의 小信을 철회하도록 간언하는 경우도 있다.

唐 太宗이 즉위하던 해에 대규모의 選擧(인재등용)를 실시하였는데, 이 때 조상의 官蔭을 사칭하는 자가 있었다. 이에 太宗이 자수를 명령하면서, 자수하지 않는 자는 사형에 처한다고 공언하였다. 그래도 사칭한 자가 있자, 大理少卿인 戴冑(대주)가 流刑을 판결하였다. 이에 太宗이 못마땅하여, "짐이 자수하지 않는 자는 사형에 처한다고 칙령을 내렸는데,

---

210) 唐會要, 卷40, 臣下守法조(721) 및 新唐書, 卷103, 本傳 참조.
211) 唐會要, 卷40, 臣下守法조(723) 참조.

지금 流刑에 처하면 이는 천하에 不信을 보이는 것이니, 卿이 재판을 매도하려고 하는가?" 라고 심하게 질책하였다. 그러자 胄는 다시 이렇게 대답했다. "폐하가 당시 즉각 처형했으면 신하가 관여할 수 없는 바지만, 지금 재판에 회부하였으니, 법관은 감히 國法을 훼손할 수가 없습니다." 라고 당당히 답변하였다. 이에 太宗이 다시 "卿 자신이 법을 준수하여, 지금 나로 하여금 위신을 잃도록 할 셈인가?" 라고 반문하자, 胄는 "법이란 국가가 천하에 大信을 보이는 것이며, 말(칙령)이란 잠시 희노감정을 표현한 것입니다. 폐하가 한순간의 분노를 발하여 처형을 공언하였지만, 이미 그 불가함을 알아서 流刑에 처한 것입니다. 이는 곧 작은 분노를 참아 큰 公信을 보전하는 것인데, 만약 분노에 따라 公信을 어긴다면, 이는 폐하께 몹시 애석한 일입니다." 이에 太宗도 수긍하여, "법에 잘못된 것이 있으면 그대가 바로잡아줄 수 있으니, 짐이 무슨 근심이 있겠는가!" 라며 칭찬하였다.212)

그런가 하면, 明 太祖 때는 소금의 불법판매(私鹽)를 고발·체포하는 경우, 그 소금으로 포상한다는 律文의 규정이 있었다. 그런데 그러한 사안에 대하여, 戶部가 條例에 어긋난다는 이유로 몰수하여 국고에 귀속시키자, 그 원심 판결관인 龐(방)安은 "律은 만세의 항구적 법이고 條例는 일시의 명령인데, 지금 條例를 적용하여 律文의 규정을 어기는 것은 천하에 公信을 잃는 것이다"고 반박하였다. 이에 太祖도 그렇게 여겨, 律대로 시행하라는 詔書를 내렸다.213) 明 成祖 때는 범죄정상에 비하여 律文의 형벌이 지나치게 가벼운 사안에 대하여, 刑部에서 중형을 시행하자고 청하였다. 이에 군주 자신이 "律이란 공평한 법인데, 지금 경중을 달리하면, 그 형벌이 비록 지극히 타당할지라도, 인민이 不信하게 될 것이니, 律대로 처벌하라."고 지시하기도 하였다.214)

---

212) 唐會要, 卷39, 議刑輕重조(707) 참조. 한편 新唐書, 卷99, 本傳 및 唐會要, 卷40, 臣下守法조(722)에도 비슷한 사안이 다소 다른 내용으로 실려 있다.
213) 明會要, 卷65, 刑2, 決斷조(1264) 및 明史, 刑法1 참조.
214) 明會要, 卷64, 刑1, 律令조 (1246) 참조.

(4) 공신성과 실질 정의

그런데 특기할 만한 사례가 있다. 隋 文帝 말엽에 王伽가 70여인의 流刑囚를 지방에서 수도까지 호송하는 총책임을 맡았다. 王伽는 무거운 刑具를 차고 행진하는 죄수들을 불쌍히 여겨, 그 형구를 풀어 주고 호송인도 모두 없앨 테니, 기일 내에 전부 자발로 수도에 집합하면, 자신이 목숨을 걸고 석방을 건의하겠다고 약속하였다. 그런데 과연 한 사람의 이탈도 없이 신의를 지켜 모이자, 그 경위를 황제에게 보고하였다. 이에 황제가 경이롭게 여겨 칭송하면서, 그들을 모두 사면함은 물론, 심지어 그 隨從 처자까지 모두 궁전 안에서 연회를 베풀어준 일이 있었다. 한편 唐 太宗은 죄수록을 살펴보다가, 사형수 390인을 모두 고향에 귀환시키면서, 다음해 가을에 다시 돌아와 형벌을 받으라고 명령하였다. 기한이 되어 모든 죄수가 지각함이 없이 되돌아오자, 太宗이 그 '誠信'을 가상히 여겨 모두 사면해 준 사례도 있다.[215]

이 두 사례는 비록 그 주체가 다르긴 하지만, 외형으로 보면 사면의 사전적 기약에 대한 조건의 성실한 이행과 그 약속의 확실한 실시라는 쌍방 간의 '信義'로 나타난다. 물론 이들은 아주 드문 예외 特赦다. 그런데 歐陽修는 특히 후자에 대한 비판에서, 사전에 예약한 사면의 信義가 허구의 명분에 불과함을 정확하고 예리하게 지적한다.

사형의 범죄는 극악한 소인의 행위고, 죽음을 고향에 돌아가는 것처럼 여기며 구차한 생존을 구하지 않는 信義는 비범한 군자의 절개다. 그런데 唐 太宗의 조치는, 비범한 군자도 행하기 어려운 것을, 극악한 소인에게 반드시 실현하도록 기대한 虛榮심리의 소치에 불과하며, 인지상정에 부합하지 않는다. 왜냐하면, 모두 반드시 복귀하리라고 생각하고 놓아준 것은, 군주가 죄수의 心(情)을 해친(이용한) 것이다. 반드시 사면하리라고 믿고 모두 되돌아온 것은, 죄수들이 군주의 心(情)을 해친(이용한) 것이다. 그러므로 이는 상하가 서로의 심리를 간파하고 이용하여 虛名

---

215) 通考, 卷72, 刑考11, 赦宥조(1491-2) 참조.

을 이룬 것일 뿐, 진정한 사면의 은덕이나 신의 같은 것은 존재하지 않는다. 그리고 이러한 조치는 어쩌다 한번 있었으니 그만이지, 만약 자주 시행하여 살인자가 모두 죽지 않는다면, 이는 천하의 항구적인 法이 못되며, 또한 성인의 法이 될 수 없다. 성인의 항구적인 법은 반드시 人情에 근본하며, 기이한 것을 특별히 내세우지 않을 뿐만 아니라, 人情을 거꾸로 이용하며 명예를 구하는 일은 더구나 없기 때문이다.[216]

일찍이 有子는 "믿음이 (正)義에 가까우면 그 말을 반복(하여 관철·실행)할 수 있다(하여도 좋다)"고 말한 적이 있다.[217] 즉, 법령의 公信性도 正義에 합당할 때에 비로소 그 관철을 고집할 가치가 있는 것이다. 不正·不義의 惡法에 대해서조차 公信性의 명분을 내세우는 것은, 군주 자신의 허영 심리의 권위나 포학한 恣意, 또는 불공평한 私情을 가식하기 위한 구실에 지나지 않는다. 사면의 公信性 논의도 이러한 실질 正義의 관점에서 이해하면, 그 본질 의미가 더욱 명확해진다. 현대 법철학의 개념으로 말한다면, 법적 안정성과 구체적 타당성(正義), 또는 절차 정의와 실체 정의의 문제로 부각할 수 있을 것이다.

한편, 歐陽修도 지적한 '살인자의 불처형'은 사면의 가장 큰 일반 폐해로서, 자고로 사면에 대한 비판이 끊임없이 일어 왔다. 후술할 바와 같이 (형)법의 근본이념인 권선징악의 정의실현 이념을 결정적으로 훼손할 뿐만 아니라, 특히 사면의 시기와 범위에 따른 범죄인 상호간의 상대적 형평성은 물론, 범죄 피해자의 억울하고 원통한 보복심리(이것을 국가의 공적인 형벌제도가 대행하는 것이기 때문에)의 불만에 따른 실질정의의 문제에서, 커다란 결함과 모순을 초래한다. 그리고 잦은 사면의 시행은 公信性보다는 요행을 바라는 기대심리를 조장하여, 간사한 자들한테 사면을 사전에 예견하고 죄를 자행하도록 유발하기도 한다. 특히 전통 사면제도는 旣決囚의 선별적인 석방이 아니라, 기결·미결은 물론 체포 및

---

216) 歐陽修, 「縱囚論」참조. 通考, 卷172, 刑考11, 赦宥조(1492)및 沈家本, 赦考11(767-8)에 인용하고 있음.
217) 論語, 學而, §13 :「信近於義, 言可復也.」

발각 이전의 행위까지 포함하여 범죄의 종류를 열거해 모두 불문에 부치는 포괄 면제의 형태를 취한다. 그런데 사면을 자주 시행하면서 사면전 사실의 거론을 금지하면, 실질상 조정 신하들이 탄핵·규찰하는 언론기능까지 거의 마비시킬 정도에 이른다. 따라서 범죄에 대한 형사정책은 물론, 조정의 인재등용에 대한 選擧정책상으로도 실질 정의를 크게 해치는 폐단이 속출하였다.[218]

(5) 執法·司法기관의 독립성과 전문성

그런데 법시행 주체의 公信性과 관련한 또 다른 중요한 요소가 있다. 법의 실효성을 보장하기 위한 절차상의 방편제도로서 거론하는 執法·司法기관의 독자성(독립성)과 전문성이 그것이다. 입법자인 군주가 법을 일단 제정해 시행주체인 관리의 수중으로 넘기면, 법은 더 이상 입법자의 자의적 간섭을 받지 않고 독자로 시행해야 한다는 의미다. 물론 이는 근대 서구의 사법권 독립과 동일한 차원의 개념은 아니다. 중앙집권통치체제의 정점에 위치한 군주는 입법뿐만 아니라, 司法에서도 궁극의 최고절대권을 행사한 것이 사실이다.

그러나 철학사상에서 보면, 법의 공평무사한 신뢰성을 확보하기 위하여 법 집행의 독립성을 상당히 강조한다. 또한 군주의 최고사법권도 법의 범위를 벗어나 자의로 남용해서는 안 된다는 의미에서, 법 집행의 독립적 자율성을 언급할 여지가 존재할 수 있다. 특히 법이 고도의 전문성을 요구하는 현실 관점에서도, 법적 지식과 논리에 밝지 못한 권력의 월권 간섭은 私情의 폐단만을 초래하기 쉽기 때문에, 더욱 그 필요성과 당위성이 두드러지는 것이다.

일찍이 周公은 어린 成王에게 관리의 선임의 방도를 훈계하면서, 특히 司法官의 독립성을 간섭하지 말도록 당부하고 있다. 우선 文王과 武王이 獄訟을 신중하게 여겨, 사법관리의 법 집행을 매우 존중하고 이에

---

218) 이 점은 宋 信宗 때 司馬光의 상소에서 적절히 지적하고 있다. 通考, 卷173, 刑考 12, 赦宥조(1497) 참조.

간여하지 않은 사실을 거론한다. 아울러 文王과 武王을 계승한 成王도 이들을 본받아, 결코 법관의 재판에 간여하여 이를 그르치는 일이 없도록 거듭 강조하는 것이다.[219]

老子는, 집권통치자들이 법을 무시하고 권력을 남용하여 형벌을 자행하는 춘추말엽의 정치 현실을 비판하는 관점에서, 司法官의 전문성과 독립성을 거론한다. 형벌은 항상 일정한 사법기관이 공평무사하게 전담해야 한다. 그런데 통치자가 사리사욕과 자의 감정을 충족하기 위해 권력을 빙자하여 이러한 전문 사법기관의 기능까지 월권으로 전횡한다면, 이는 마치 도끼도 잡을 줄 모르는 사람이 목수를 대신하여 도끼질하다가, 십중팔구 자기 손을 다치게 되는 것과 마찬가지로 어리석은 짓에 불과하다.[220] 형벌을 잘못 남용해 무고한 인민을 살상하게 되면, 억울과 원한이 쌓여 그 재앙이 결국 통치자 자신에게 되돌아올 것은 역사 경험 법칙상 자명한 이치다. 군주가 자신의 삶만 추구하여 가렴주구와 포학무도를 자행하면, 인민은 죽음까지 가벼이 여기게 된다. 죽음도 불사하는 사람은 어떠한 잔혹한 형벌로도 더 이상 위협할 수 없다. 결국 군주 통치권에 대한 저항과 도전이라는 가장 큰 위세를 초래하게 된다.[221]

禮記에 의하면, 군주의 친족이 죄를 범한 경우, 司法官이 군주에게 범죄사실과 해당 형벌을 보고하는데, 이때 군주가 감형을 건의할 수 있지만, 이는 법적으로 사법관리를 구속하지 못한다. 세 차례의 사면요청이 거절당한 경우에 甸(전)人에게 이송해 처형한다. 사법권의 독립성을 거의 절대로 보장하는 셈이다. 군주가 血親의 은정으로도 司法官의 권한을 침범하거나 간섭하지 못하는 것이, 백성의 평등을 보장하는 통치의 正道라고 일컬어진다.[222]

---

219) 尙書, 立政편 참조.
220) 老子, §74:「常有司殺者殺, 夫代司殺者殺, 是謂代大匠斲, 夫代大匠斲者, 希有不傷其手.」
221) 老子, §75; §72 참조.
222) 禮記, 文王世子편 참조.

물론, 이러한 사법권의 독립성을 실제로 어느 정도 보장하고 실현하였는지는, 전적으로 개별 통치자의 덕성과 사법관리의 지혜·능력에 달려있다고 하겠다. 그러나 앞서 언급한 漢 文帝 때의 張釋之는 사법권을 황제의 권한으로부터 거의 완벽하게 독립시켜 행사한 대표로서, 후세에 훌륭한 모범을 보여준다. 이밖에도 唐 穆宗은 최고사법기관인 大理司 위에 다시 옥상옥 격의 參酌院을 설치하여 그 최종심판 결과를 의론하도록 한 적이 있다. 이에 大理少卿인 崔杞가 大理寺가 국가의 최고 守法기관임을 상기시키면서, 參酌院의 의론으로 법관이 그의 전문적·독립적 직책을 더 이상 지킬 수 없다고 간언하여, 이를 폐지하였다.223) 또한 宋 仁宗 때 近臣의 범죄를 法司에 회부해 다스리지 않는 사례가 빈번하였다. 이에 王贄(지)는 범죄사실에 경중이 있고 이치로는 고의와 과실이 갈라지는데, 모두 군주 자신의 판단에 따라 전후가 다르게 심판하여 정치의 요체를 훼손하면, 전문 법관은 무슨 소용이 있느냐고 반문하면서, 모든 범죄를 法司에 이송하여 한결같이 법에 의해 다스리도록 건의하여 받아들여진 적도 있다.224) 따라서 법제사에서도 사법권의 독립이 순전히 허구의 관념에 불과한 것만은 결코 아님을 확인할 수 있다.

(6) 법 앞의 만인 平等

한편 법의 공평무사성은 그 적용시행의 대상인 인민의 관점에서 '법 앞의 平等'으로 나타난다. 법은 신분의 귀천이나 지위 고하를 막론하고 통일로 집행하여야 비로소 그 공평무사성을 원만히 실현할 수 있다. 이는 법과 신분 차등성을 본질로 하는 禮를 구별하는 가장 중요한 핵심징표다. 물론 전통 중국법(律令체계)은 전술한 바와 같이 禮의 본질 정신을 직간접으로 상당부분 계승·수용하고 있기 때문에, 봉건 신분계급사회의 차등성을 완전히 배제하지는 못한다. 八議제도나 五服제도에 근거한 親疏·尊卑간의 형벌 차등화가 그 典型이다.

---

223) 唐書, 刑法志 참조.
224) 宋史, 刑法二 참조.

중국법이 비록 근대서구법의 '법 앞의 만인 평등'의 수준까지는 미치지 못하지만, 先秦시대의 禮制에 비하면 상당히 진보한 평등성을 지향하고 있다. 또한 통치이념에 근거한 실질내용상의 기본 차등성을 예외로 한정한다면, 일반 법 시행, 특히 형벌의 집행에서 객체의 평등성은 기본 원칙으로 두드러진다. 이는 전술한 군주의 私情 방지의 언론에 충분히 드러나 있다. 특히 八議제도의 시비득실에 관한 찬반논의가 법의 평등성과 禮의 차등성(신분질서)을 중심으로 치열하게 지속하기도 한다. (이 점에 관하여는 本章 제6절 제1항에서 따로 논술한다.)

(7) 贖刑의 유래와 목적 · 기능

법제사에서 법의 객체상 평등성과 관련하여 치열한 논란을 일으켜온 특기할 만한 문제로는 贖刑(속죄벌금형)의 결과적 빈부차별을 들 수 있다. 贖刑은 일찍이 虞舜 임금 때부터 등장한 유구한 역사전통을 지닌 법제로서, 물론 사유재산제의 사회경제 기초 위에 성립했다. 贖刑의 본래 유래와 목적 · 기능에 대하여는, 그 중점의 인정상 다소 견해의 차이가 있지만 대강 다음 네 가지로 요약할 수 있다.

첫째, 司法의 형사정책상 범죄행위에 해당하는 律令의 正文규정이 없거나 증거 불충분으로 正刑을 적용하기에는 다분히 의심스럽지만, 그렇다고 죄악을 완전히 사면할 수도 없는 경우에, 절충 타협책으로 시행하는 緩刑조치다. 전술한 것처럼, 역대 律令에서 각종 과실범죄를 원칙상 벌금형에 처하는 제도는, 바로 이러한 법사상의 연원에서 비롯한 것이다. 특히 明代에는 엄격한 律의 규정으로 인하여 정상참작이 어려운 법의 경직성과 重刑주의를 다소 완화하는 변통책으로도 많이 활용하였다. 이 경우 贖刑은 正刑에 대한 보충형 또는 대체형의 성격을 지닌다.

둘째, 형벌의 본질 기능과 형평정의의 실현이라는 立法의 관점에서, 재물과 이익이 일반인의 강한 소유욕망의 대상인 사실에 근거하여, 그 욕망을 박탈하거나 제한함으로써, 그에 대한 혐오나 공포의 감정을 이용하여 범죄의 사전예방 및 억제를 기대하는 심리강제 기능이다. 이는 특히 재산범죄에 대한 인과응보의 同害刑이다. 자고로 約法三章 중 절도죄에 대하여는 몇 배의 벌금을 물리고, 상해형에 대하여 거액의 속죄금을 배상시키는 법제사의 실증 연원이 있다. 이 경우 贖刑은 그 자체가 독립한 재산형으로서, 신체형이나 자유형과 동등한 正刑이 된다.

셋째, 국가의 사회경제 정책 차원에서, 전쟁이나 凶荒(경제불황) 기타 국가 중대 사업이 있는 경우, 긴급히 필요한 방대한 재정 자원을 충당하기 위해 실시하는 임시변통책이다. 이러한 실례는 후술할 바와 같이 漢과 明代에 널리 이용하였는데, 특히 明代에는 일반 국고(궁궐의 비용) 충당을 위해 일상 제도로 정착하기에 이르기도 하였다.225)

넷째, 국가의 행정정책 차원에서 황실의 宗親이나 高官 또는 유공자 및 그들의 가족에 대한 특별 우대책으로서, 實刑 대신 官職이나 벌금형으로 속죄시키는 제도다.(§11-16) 이는 중국법의 한 본질 특징인 八議제도로 대표할 수 있는데, 禮의 신분 차등성을 계승한 것으로서, 특히 '刑不上大夫'의 尙賢정책과 관련한 관리의 贖刑이 가장 두드러진다.

이 네 가지 목적과 기능은, 각기 양립할 수 없이 고립한 것이라기보다는, 오히려 서로 관련성을 지니고 상호 보충·병행하는 것이 법제현실이었다. 특히 첫째와 둘째는 상호표리관계를 이루며, 贖刑의 시원적인 법이념을 이룬다. 셋째와 넷째는 다분히 인위 정책으로서 통치이념을 반영하며, 비본질적 성격을 지닌다. 따라서 贖刑의 폐단으로서 거론하는 결과적 빈부차별의 문제는 대부분 후자와 관련한다. 특히 국고충당이라는 有爲의 사회경제정책은 그 후유증이 자못 심각하게 발생했다.

일찍이 漢 惠帝 때 사형수가 爵位 30등급을 매수해(그에 해당하는 벌금을 납부해) 속죄할 수 있는 제도를 시행했으며, 景帝 때는 가뭄으로 인하여 역시 작위를 파는 (국가는 팔고, 인민·죄수는 사는) 속죄령을 실시했는데, 이들은 일시의 權變정책이었다. 武帝때 대외원정을 시작하면서, 그 막대한 군비충당을 위하여 50萬錢의 벌금으로 사형을 1등급 감경해 주었다. 軍

---

225) 通考, 卷162, 刑考1, 刑制(1409) 및 卷171上, 刑考10上, 贖刑조(1481-2), 그리고 明會要, 卷67, 刑4, 贖罪조(1282) 등 참조.

法上 斬刑에 해당하는 죄수도 벌금으로 속죄하여 庶人이 될 수 있었고, 王子 諸侯 중에도 속죄금으로 사형을 면한 자가 매우 많았다.

(8) 贖刑의 빈부 불평등과 폐해

그런데 宣帝시에 西羌(강)의 반란을 평정하기 위해 군비를 조달하고 춘궁기에 국고부족을 비축하자는 목적에서, 張敞이 도적과 뇌물수수·살인 및 사면배제 범죄를 제외한 죄수들에게 그 형벌의 경중에 따라 차등으로 곡식을 납부하고 속죄하도록 하자고 건의함으로써, 蕭望之와 李彊의 강력한 반론을 야기하였다.

"인민이 음양의 기질을 부여받아, 義理를 좋아하고 利益을 탐하는 마음을 동시에 겸비하는 것은, 모두 敎化의 보조 방편이 됩니다. 堯가 천자라도 인민의 이익에 대한 탐욕심을 완전히 제거할 수 없으며, 단지 탐욕심이 義理 좋아하는 마음을 이기지 못하도록 할 수 있을 뿐입니다. 반면 비록 桀이 황제라도 인민의 義理 좋아하는 마음을 완전히 박탈할 수는 없으며, 다만 의리 좋아하는 마음이 탐욕심을 이길 수 없도록 할 따름입니다. 그러므로 堯와 桀의 차이는 오직 義理와 利益의 구분에 있을 뿐이니, 인민의 통치는 삼가 조심하지 않을 수 없습니다. (필자 註: 義理와 利益에 관한 이 의론은 제2장 제2절에서 전술한 荀子의 人性論을 그대로 계승한 내용이다.)
지금 인민으로 하여금 곡식을 납부해 속죄하도록 허용하자고 주장하는데, 그렇게 하면 부자는 살고 오직 빈민만 죽게 되어, 빈부의 형벌이 달라지고 법이 평등하지 못합니다. 인간의 情이란 몹시 취약하여, 부모형제가 죄수로 갇혔는데 재물을 바치면 살아날 수 있다는 소식이 일단 알려지면, 자식이나 형제들은 죽음의 두려움이나 패륜의 행위조차 무릅쓰고, 재물을 얻어 친족을 구제하려고 혈안이 될 것입니다. 한 사람이 살려고 열 사람이 죽게 되면, 伯夷의 행실도 무너지고 公綽의 명예도 망가질 것입니다. 정치교화가 한번 흔들리면, 비록 周公이나 昭公과 같은 성현이 보필한다고 하더라도, 아마 회복할 수 없을 것입니다."

이에 張敞은 중대한 범죄는 원칙으로 제외하고, 또한 贖刑제도의 역사 유래가 오래 되었기 때문에 (그러나 실제 그 목적기능은 본질상 전혀 다름을 간과하고 있음) 별 폐단이 없을 거라고 반박하였다. 그러나 반대론자가 武帝때 贖刑실시 결과 초래한 민심의 흉포화와 도적 횡행 등 역사교훈을 거론해 재반박함으로써, 결국 그 건의는 시행하지 않았다. 그뒤 元帝 때 貢禹가 武帝시 贖刑시행의 폐단을 거론하면서, 禮義보다 財富가 득세·횡행하는 배금주의 말폐를 소탕하기 위해 贖罪法을 폐지해야 한다고 상소하였다. 그런데도 통치자들은 벌금의 사회경제 기능이 주는 유혹을 결연히 뿌리치지 못해, 贖刑은 後漢말까지 간간이 이어졌다.[226]

빈부의 법적용상 불공평, 특히 형벌집행상의 불평등은, 贖刑제도를 실시하는 한 발생하지 않을 수 없는 현실의 모순이다. 따라서 漢 이후로도 그러한 문제가 대두하였다. 예컨대, 宋 仁宗은 贖刑이 정상참작의 변통기능과 속죄금 준비로 인한 경제촉진, 특히 권농의 효과 등을 지닌다고 거론하며, 이를 시행하려고 詔書를 내렸다. 그러나 "부자는 모두 속죄할 수 있고, 빈민만 형벌을 감면 받지 못하여, 조정의 공평한 법 시행의 본래 정신에 어긋난다."는 반론이 강하게 일어나, 결국 그만두고 말았다.[227] 하지만 속형제도를 가장 상세히 규정하여 항구적인 법으로 시행한 明代에 이르러, 그에 상응해 빈부불평등의 폐단도 더욱 커졌다. 앞에 소개한 것처럼, 부자가 변방수비군에 유배 가던 도중 병을 사칭하고 치료 명분으로 귀향한 뒤, 條例규정을 원용하여 벌금속죄를 시도하였다가 들통 난 사례는, 현실로 적지 않게 발생했을 것이다.

그런데 成祖 때는 노역형에 대해 쌀을 납부하면 속죄를 '허용'한다고 했는데, 그 시행 과정에서 죄수 자신이 심리상 강제 '의무'로 인식한 때문인지, 가난으로 속죄미를 마련할 수 없음을 근심하다가 죽는 자가 생겼다. 이는 노역의 수고를 덜어 주려다가 도리어 죽음을 재촉한 것이다. 속죄 허용의 본래 의도와 정반대의 부작용을 야기하자, 결국 원칙상 徒·杖刑에만 시행하되, 원하는 자만 속죄미 납부를 허용하기로 하였다.

---

226) 漢代의 贖刑실시 및 찬반논의에 관한 史實기록은, 西漢會要, 卷62, 贖罪조(615-8); 通考, 卷171上, 刑考10上, 贖刑조 (1481-2); 漢律, 卷10, 具律2(1553-5) 등을 참조.
227) 通考, 卷171 上, 刑考10 上, 贖刑조 (1483下) 참조.

물론 그렇지만 빈부 불평등 자체는 여전히 존재하는 셈이다. 그뒤 즉위한 仁宗은 벌금에 의한 노역대체형의 시행이 재산 있는 자의 요행스러운 회피만 조장한다면서, 일체 律대로 논죄하도록 잠시 시행하였다.

그러나 宣宗 때 다시 속형을 실시하였다. 쌀을 납부하는 자는 형벌을 면할 뿐만 아니라, 관리의 경우에는 곧 재임용하기도 하였다. 반면, 납부할 자력이 없는 자는 비록 笞杖刑을 받고도 풀려나지 못하고 오래 구속당해, 1년 남짓 동안 옥사자가 96인이나 발생하였다. 英宗 때는 속죄미 납부제도가 古法이 아닐 뿐만 아니라, 탐욕스러운 자는 벌을 모면하고 청렴한 사람만 죄를 뒤집어쓰기 때문에, 文武 관리들의 公罪 이외에는 속죄를 허용하지 말자고 劉球가 상소했다. 그러나 당시 대세는 이미 속죄 중단을 받아들일 수 없는 형편이었다. 그리고 神宗 때 刑部尙書 李世達의 건의는 속죄제도의 또 다른 본질상 폐단을 정확히 지적한다. "법은 폐지할 수 없으므로, 차라리 아예 사면해 줄지언정, 속죄를 허용해서는 안됩니다. 사면은 그 은택이 군주로부터 나오기 때문에 법이 그런 대로 위신을 유지하지만, 속죄는 그 힘(벌금 재력)이 신하(범죄인)로부터 나오기 때문에 인민이 오만하고 방자해지기 마련입니다."228)

사실 속형제도의 폐단은 단순한 빈부불평등의 靜적인 내면 모순만 안고 있는 데 그치지 않고, 부유한 재력으로 부정당한 죄악을 요행으로 모면한 자들에게 파렴치한 動적인 발호를 자행하도록 조장하는 경우가 많다. 특히 지방 토착호족세력의 경우에는 鄕吏인 아전들과 결탁하여, 중앙에서 파견한 지방장관(守令·縣監등)을 능멸하면서 부역을 회피하였다. 또한 徒·流刑을 거듭 범하면서도 재산으로 속죄하여, 안하무인의 오만과 무법천지의 포학을 자행하면서 선량한 인민을 공포에 떨게 만들기도 하였다.229) 그리하여 형벌의 빈부불평등은 단지 속형제도의 폐단으로서만 문제가 되는 것이 아니고, 본질상 정치사회의 계급모순으로 터져 나

---

228) 이상 明代 贖刑제도에 관한 논란은, 明會要, 卷64, 刑1, 刑制조 (1239) 및 卷67, 刑4, 贖刑조 (1282-6) 참조.

229) 折獄, 卷8, 嚴明, §253 참조.

온다. 이는 宋 徽宗 때 翁彦深의 상소에서 적확히 지적하고 있다.

"폐하께서 獄囚를 欽恤하는 刑政은 미치지 않는 바가 없이 자상한데, 州郡에서는 이를 헤아리지 못하여, 관리들이 틈만 있으면 간사하게 기승을 부립니다. 그래서 형벌은 빈민에게만 미치고 부자는 모두 빠져나가, 법이 천하의 공평성을 상실합니다. 근래 보고하는 刑案에는 사소한 것은 모두 상세히 기록하면서, 정작 (가장 중요한) 호구의 등급은 생략합니다. 지금 이후로는 刑案의 보고에 그 호구의 상하등급을 반드시 병기하게 하여, 관리의 간사함을 살펴 징계하고, 나아가 빈약한 인민들이 능멸이나 학대를 당하는 일이 없도록 합시다."

"淮東 11州의 지난 2년간 사형안건은 모두 132건이나, 오직 12인만 처형했습니다. 그 이유를 물으면, 해당관리가 '처형하지 않은 자는 '情理'의 (情狀과 법리상 의심스럽거나 용서할 만한) 사안이다'고만 답합니다. 五帝와 三代 이래 漢唐에 이르기까지, 살인하고서 처형당하지 않는 법은 일찍이 없었습니다. 律에 의하면 남에게 욕설한 자는 笞40에 처하는데, 한번 욕설한 죄를 빌미로 笞에 맞아 죽는 경우가 적지 않습니다. 이는 살인자는 죽지 않고, 욕설한 자가 도리어 죽음을 당하는 것이니, 형벌 경중의 도치가 이보다 심한 것이 없습니다. 120인은 모두 사형감인데, 州郡에서 '情理'로 보고해 죽음을 면한 것은 '仁心'이라고 할 만하고; 욕설로 죽음을 당한 자는 무고한 학살로 보복할 수 없는 원한을 품고 있는데, 도리어 구휼할 수 없단 말입니까? 廷尉(법관)란 천하의 公平한 저울인데, 포학한 자에게는 어질고 빈약한 자는 그 생명을 보전할 수 없도록 한다면, 그 공평성이 어디에 있겠습니까? 1路(宋의 최대 지방행정단위)의 2년 통계가 이와 같을진대, 천하에는 또한 얼마나 되겠습니까? 지금 관리는 밖으로는 억울한 누명을 밝혔다는 상(명예)을 구하며, 안으로는 죄수로부터 陰德의 보답을 바라고서 서로 다투어 일대 풍조를 이루기 때문에, 한번 刑案을 작성·보고하면 누구도 감히 이의를 제기할 수 없습니다. 그리하여 胥吏들이 이를 틈타 부리는 농간의 폐단은 천태만상이며, '情理'로 보고한 문서는 이를 파헤칠 수도 없어서, 東市(棄市의 처형장)에 나가는 자는 대개 빈민일 따름입니다."[230]

---

230) 通考, 卷167, 刑考6, 刑制조(1452下-3上) 참조.

(9) 법과 상벌의 공개 시행

한편 법의 객체적 평등성과 관련하여, 법의 시행은 공개해야 한다는 대원칙이 일반보편으로 확고히 서있다. 이는 법적용의 실질상 통일공평성을 확보하기 위한 절차와 방법으로서 매우 중요한 의미를 지닌다. 우선 모든 형벌은 숨김없이 공개로 집행한다. 甲兵을 사용하는 大刑은 들판에서, 그리고 일반 小刑은 시장이나 조정에서 만인이 지켜보는 가운데서 행해진다.231) 만인에 대해 경고하는 위하 기능도 지니는 것이 사실이지만, 그보다는 객관적인 공평무사를 확보해 법의 공신력을 얻기 위함이 좀 더 본연의 목적이다.

이 사실은 형벌의 집행뿐만 아니라, 포상의 시행도 또한 마찬가지로 공개해야 한다는 대칭 명제에서 분명히 드러난다. 禮記에는 爵祿은 조정에서 백관과 더불어 함께 수여하고, 형벌은 시장에서 만민과 더불어 함께 집행한다는 기록이 나온다.232) 더불어 함께한다는 데 본래의미가 있는 것이다. 그런데 묵자는 그 이유까지 아예 분명히 밝힌다. 옛 성왕이 법을 시행함에, 상은 반드시 종묘에서 나눠주고 형벌은 반드시 社稷에서 집행한 까닭은 무엇인가? 공로에 대한 분배의 균형과 죄악에 대한 심판의 중립을 공개로 알리기 위해서다.233) 다시 말해, 개인의 공로에 상주거나 개인의 원한에 벌주는 사사로움이 없음을 밝히는 것이다.234)

이것이 군주가 법을 시행하여 나라를 다스리는 정치의 근본요체다. 사실 상벌의 시행이 객관 공신력을 얻게 되면, 위협하거나 공포를 주는 심리강제의 효과보다도, 먼저 자연스럽게 勸善懲惡하는 교화의 기능을 발휘할 수 있게 된다. 덕망과 공로가 없는 사람에게 높은 官爵을 부여하지 않고, 무고하고 무죄한 인민을 살륙하지 않으면, 요행심이 꿈틀거릴 여지가 없다. 백성들이 모두 개인의 선행도 조정에서 상을 받고 은

---

231) 國語, 魯語上편 참조.
232) 禮記, 王制편 참조.
233) 墨子, 明鬼下편 참조.
234) 孔子家語, 卷9, 正論解편 참조.

밀한 악행도 공개로 처형당한다는 사실을 확신하게 될 때, 법의 규범기능은 저절로 그 실효성이 높아지게 된다.[235]

상벌의 공개시행 원칙은 법제사에서도 역대 형법지에서 자주 거론한다. 北魏 孝明帝 때 駙馬가 간통을 범하였는데, 황제가 분에 못 이겨 간통 상대방 여인의 형제에 대한 연좌책임을 명하게 되었다. 이에 何曾이 諫爭하는 가운데, 禮記의 상벌공개 원칙에 관한 명제를 인용한다. 이는 천하에 사사로움이 없음을 밝히고, 만인의 이목을 속이지 않는다는 의미라고 부연 설명하면서, 아울러 국가의 공식 刑書가 아니면 천하에 시행할 수 없다고 주장한다.[236] 한편 형벌을 시장에서 집행하는 공개성의 본래 취지를 관철하기 위하여, 밤에는 달이 밝아야 하고, 낮에는 맑게 개어야 한다는 규정이 있고, 아예 未時(오후 3시) 이전에 行刑을 마치도록 정하기도 하였다.[237] 宋 太宗 때는 유배수들을 수도에 모아 사역하는 처사에 대하여, 시장에서 공개 처형한다는 명제의 취지가 황제의 거소에서는 형벌을 집행하지 않는다는 의미를 함축한다고 해석하면서, 이를 즉각 중단하라고 주장한 사람도 있었다.[238] 그러나 왕족과 고관에 대해서는 禮의 비공개성에 근거하여, 법에서도 은밀한 行刑 방법을 그대로 계승하였다.[239]

한편, 형벌의 공개집행 원칙과 관련하여, 재판과정 및 그 법적 근거의 객관 공평성을 보장하기 위한 절차상의 제도도 역대 律令에 규정하고 있다. 우선 모든 罪刑의 재판에는 반드시 律令格式의 正文을 인용하여, 그 정당한 법적 근거를 명시하여야 한다.(§484)[240] 재판이 끝난 뒤에는, 徒刑 이상의 경우 반드시 죄수와 그 가족을 불러 해당죄명을 분

---

235) 韓詩外傳, 卷3 참조.

236) 魏書, 刑罰志 참조.

237) 隋書, 刑法; 明史, 刑法二 참조.

238) 宋史, 刑法一 참조.

239) 隋書, 刑法 참조

240) 이는 지금의 판결문 宣告에 해당한다. 일찍이 周禮, 小司寇의 '讀書則用法'으로부터 유래하여, 漢代에 '讀鞫' 제도로 정착하였다. 漢律, 卷6, 囚律(1492-3) 참조.

명히 알려주고, 죄수의 승복진술을 받아야 한다. 죄수가 승복하지 않는 때는 그 이유를 듣고, 다시 더욱 상세히 심판해야 한다.(§490)[241] 이러한 법적 심판절차가 완전히 종결한 사형수를 시장에서 공개 처형할 때도, 죄수가 차는 木製수갑에 그 성명과 죄명을 기록해야 한다.[242] 억울한 罪刑이 없도록 배려한 司法精神은 전통 법철학의 꽃이라고 할 만하다.

제 5 절 전통 中國法에 내재하는 기본원리

1. 전통 中國의 黃金律 '恕'와 '仁'의 법원리

(1) 법과 도덕에 공통하는 근본원리 황금률

전통 중국법이 不應爲罪나 違令罪와 같은 일반추상의 개괄규정을 범죄의 구성요건으로 입법화한 것은, 형식적 합리성을 중시하는 근대서구의 죄형법정주의 원칙에 확실히 어긋난다고 볼 수 있다. 그러나 실질정의의 관점에서 보면, 不應爲罪의 입법규정 자체는 합리성과 타당성을 지닌다. 사실 대부분의 범죄(구성요건)가 사회 윤리도덕상 '마땅히 하지 않아야 할'(不應爲) 행위의 최소한도를 일반조문으로 유형화해 놓은 것임은 물론이다. 다만, 입법자나 법 집행자가 권력을 남용해 국민의 자유와 권리를 자의로 부당하게 침해할 가능성을 최소화하기 위하여, 그 규정을 개별화·구체화한 것일 따름이다. 이것이 형식적·절차적 합리성을 숭상하는 근대 서구법의 죄형법정주의(법치주의)의 근본정신이다.

반면 국가와 사회에 해가 되는 모든 범죄행위를 최대한 모두 처벌해

---

241) 전술한 漢代 이래의 죄수 및 가족의 재심 청구(乞鞫) 제도가 이에 해당한다. 漢律, 卷6, 囚律(1493) 참조.

242) 이 제도는 周禮 秋官, 司烜(훤)氏로부터 유래하며, 春秋시대 기록에도 이에 해당하는 罪의 聲討 사실이 자주 나온다. 漢代에도 시행한 기록이 보인다. 漢律, 卷6, 囚律(1499-1500) 참조.

실질 정의와 평화질서를 최대한도로 보장하려고 하는 전통 중국법은, 형식적 법조문의 기본 한계와 흠결 가능성을 솔직히 인정(직시)하고, 그를 보완하기 위한 대책으로 일반규정을 입법함으로써 그 형식적 합법성과 절차적 정당성의 근거를 마련한 셈이다. 이는 법의 근본정신(취지)에 의한 실질 유추해석(比附제도)을 인정하는 해석원칙과 상통하는 전통 중국법의 고유한 특징이다.

이러한 실질 정의의 원만한 실현을 이상으로 지향하는 전통 중국법의 기본원칙은, 좀 더 근원에 내재하는 黃金律을 기초로 한다. 사실 이는 법의 근본원리이자 일반 윤리도덕에 두루 공통하는 핵심정신이기도 하다. 특히, 공자가 가르친 대로 "자기가 바라지 않는 바는 남에게 베풀지 말라."(己所不欲, 勿施於人.)는 소극적인 '恕'와, '내가 서고자 하면 남도 세워 주고, 내가 통달하고자 하면 남도 통달시켜 주라.'(己欲立而立人, 己欲達而達人.)는 적극적인 '恕'의 원리는, 이른바 '전통 中國의 黃金律'이라고 부를 수 있다. 좀 더 중요한 사실은, 중국법의 기본원칙이 이 '恕'의 원리를 통하여 '仁'의 도덕에까지 고양한다는 점이다.

현대 서양법철학상의 黃金律(golden rule)이란 황금같이 측정할 수 없는 소중한 가치를 갖는 실천적 규율 내지 원리라고 정의할 수 있다. 이는 인간이 공동생활에서 서로 對外로나 객관으로 행하여야 할 행위에 대한 보편 타당한 실천적·도덕적 원리이자, 동시에 법의 최고원리인 正義나 平等原理와 동등한, 아니 오히려 그보다 더 근원적인 실질상의 法原理라고 이해하는 것이 일반이다.243) 따라서 中國의 황금률인 恕도 기본으로 일반보편의 윤리도덕 원칙이자, 근본 法原理의 하나라고 인정할 수 있다. 따라서 恕와 法의 이러한 기본관계를 전제로, 仁과 恕의 관계 및 恕의 본질 내용을 살펴보면, 仁·恕와 法의 실질관계도 대강 밝힐 수 있을 것이다.

---

243) 沈憲燮, 「黃金律과 法」, 法律硏究 第二輯, 91-108면 참조. 黃金律의 개념과 성격, 그 역사적 논의 및 法과의 관계 등에 관한 자세한 내용 전반을 잘 정리하고 있음.

(2) 恕의 개념 및 仁과 恕의 관계

子貢이 종신토록 행할 만한 말 한마디를 묻자, 孔子는 '恕'자를 들면서, "자기가 바라지 않는 바는 남에게 베풀지 말라"고 부연·해석해 주었다. 이것이 유명한 中國 황금률의 비조다.[244] 물론 이 명제는 단순히 恕를 개념 규정할 뿐, 仁과 '恕'의 관계는 전혀 언급하지 않는다. 그런데 한편 仲弓이 仁을 묻자, 孔子는 仁을 설명하는 가운데 '자기가 바라지 않는 바는 남에게 베풀지 말라'는 恕를 언급하면서, 이러한 恕道를 실행하여 나라에서나 집에서나 모두 원망을 받지 않는 것이 곧 仁이라고 답변한다.[245] 여기서는 恕를 실천적 仁의 일부로서 표현하고 있다.

또한 子貢이 구체적인 덕행을 들어 仁을 묻자, 공자는 '무릇 어진 자는 내가 서고자 하면 남도 세워 주고, 내가 통달하고자 하면 남도 통달시켜 준다.'고 정의하면서, 가까운 데서 비유를 취할 수 있으면 仁의 실천방도라고 할 수 있다고 답변한다.[246] 여기서는 다소 구체적인 예시의 방법을 취하면서 그 관점이 바뀌었지만, 실질 내용은 곧 恕를 말하고 있음이 분명하다. 즉, 앞에 나온 恕의 명제는 부정적·소극적 황금률을 표현하고 있는데 반해, 후자는 긍정적·적극적 황금률을 표현하고 있는 점이 다를 뿐이다.[247] 여하튼 여기에서 恕의 실질 내용과 방법론을 '仁의 方道'라고 직접 규정하고 있음이 확연하다.

맹자도 힘써 恕의 도를 실행하는 것보다 더 가까운 '求仁'의 방법은 없다고 한다.[248] 또 顔回도 '한 마디의 말로써 仁에 有益한 것은 恕보다

---

244) 論語, 衛靈公, §23 : 「子貢問曰: '有一言而可以終身行之者乎?' 子曰: '其恕乎! 己所不欲, 勿施於人.」

245) 論語, 顏淵, §2 : 「仲弓問仁. 子曰: '己所不欲, 勿施於人. 在邦無怨, 在家無怨.'」

246) 論語, 雍也, §28 : 「夫仁者, 己欲立而立人, 己欲達而達人. 能近取譬, 可謂仁之方也已.」

247) 흔히 전자를 소극적 황금률, 후자를 적극적 황금률이라고 일컫는다. 양자를 법철학상으로 엄격히 구분하면 미묘하면서도 상당히 중대한 차이가 있을 수 있지만, 孔子가 말한 의미에서는 그리 심각한 본질 차이까지 초래하는 것은 아니다.

248) 孟子, 盡心 上, §4 : 「彊恕而行, 求仁莫近焉.」

나은 것이 없다.'고 말한다.249) 따라서 원칙상 恕가 仁을 실천하는 중요한 方法이라는 기본 관계를 재확인할 수 있다. 형식상으로는 恕가 仁에 종속하는 하위범주라는 논리상의 포함관계로 이해할 수도 있다. 그렇다고 恕가 반드시 仁보다 열등한 도덕규범이라는 의미는 물론 아니며, 또한 양자의 관계를 항상 확연히 구분할 수 있는 것도 결코 아니다.

子貢이 '남이 내게 행하여 내가 달갑지 않은 바는, 나도 또한 남에게 행함이 없고 싶습니다.'라고 자기 뜻을 말하자, 孔子는 '네가 행할 수 있는 바가 아니다.'고 단언으로 부정한다.250) 子貢에게 恕를 종신토록 행할 한 글자의 격언으로 추천하면서, 한편으로는 그의 실천능력을 결단코 부인한 것이다. 이는 恕의 실천이 몹시 어려움을 반증해 준다. 한편, 공자는 자신의 道가 하나로써 관통(一貫)함을 천명하는데, 曾子가 이 말을 받아 '夫子의 道는 忠과 恕일 뿐이다'고 다른 제자들에게 해석해 주고 있다.251) 中庸에서도 '忠과 恕는 道에서 그리 멀리 떨어져 있지 않다'고 말하면서, '자기에게 베풀어 원하지 않거든, 또한 남에게도 베풀지 말라'는 恕의 내용을 부연 서술한다.252) 즉, 恕는 忠과 함께 공자의 一貫之道를 이루고 있다. 공자사상에서 恕의 지위나 비중이 매우 귀중함을 단적으로 보여준다. 또한 管子는 '자신이 바라는 바가 아니면, 남에게 베풀지 말라는 것이 곧 仁이다'면서, 恕를 직접 그대로 仁이라고 규정한다.253) 이쯤 되면 仁과 恕는 구분 없는 혼연일체가 된다.

한편 宋의 程子는 孔子의 仁과 恕의 개념을 구분하여, '자기로써 사물에 미치는 것'(以己及物)이 仁이고, '자기를 미루어 사물에 미치는 것'(推己及物)이 恕라고 해석한다. 그리고 朱子는 이를 다시 부연하여, '자기로써'(以己)란 의식(유위)적인 생각이나 계획 없이 저절로 유출하는 '自然'

---

249) 孔子家語, 卷五, 顔回 : 「一言而有益於仁莫如恕.」

250) 論語, 公冶長, §11 : 「子貢曰 : '我不欲人之加諸我也, 吾亦欲無加諸人.' 子曰 : '賜也! 非爾所及也.」

251) 論語, 里仁, §15 : 「子曰 : '參乎! 吾道一以貫之.' 曾子曰 : '夫子之道, 忠恕而已矣.」

252) 禮記, 中庸 : 「忠恕違道不遠, 施諸己而不遠, 亦勿施於人.」

253) 管子, 小問 : 「非其所欲, 勿施於人, 仁也.」

스런 존재의 차원을 의미하고, '자기를 미루어'(推己)란 자신의 마음을 살펴서 입장을 바꾸어 놓고 생각하고 의지적으로 힘써 실행하는 '不自然'스런 당위의 수준을 뜻한다고 설명한다.254) 또한 程子의 해석에 의하면, 子貢이 내가 남에게 당하고 싶지 않은 일은 나도 남에게 행함이 '없고' 싶다(欲無加諸人)고 말한 것은, 그 자체가 仁이기 때문에 孔子가 허락하지 않은 것이다. 다른 한편으로 孔子가 子貢에게 자기가 바라지 않는 일은 남에게 베풀지 '말라'(勿施於人)고 권장한 것은, 仁에 이르는 실천 방도로서 恕의 차원에 머물기 때문이라고 한다. 이에 대해 朱子는 仁의 '없다'(無)는 '自然'히(저절로) 그러한 존재의 차원이고, 恕의 '말라'(勿)는 금지를 요구하는 당위의 차원이라고 부연 설명한다. 더 나아가 양자의 본질 속성을 구별하는 개념으로, 仁은 익숙하여 자연스러우며 아무 이해타산의 동기가 없는 것인 반면, 恕는 아직 서툴며 의지로 힘써 행하기 때문에 아무래도 부자연스럽고 내심에 계산심리가 다소 존재하는 것이라고 해석한다.255)

여하튼 宋代 性理學의 註釋에 의하면, 仁은 앞서 살핀 개념대로 내면의 心情으로부터 흔연히 우러나오는 자연스런 사랑으로서, 德과 마찬가지로 道를 체득한 결과 존재(Sein) 차원의 윤리도덕이다. 반면 恕는 자신을 反省하여 인간의 보편 심리와 감정을 인식하고 그것을 그대로 남에 대한 자신의 행위준칙으로 삼아 힘써 실천하는 당위(Sollen) 차원의 사회규범이라고 정의할 수 있다. 恕가 황금률로서 최고의 실천 윤리도덕이자 기본 法原理가 될 수 있는 근거는, 바로 恕의 본질속성 자체에 고유하게 내재한다. 그래서 恕가 존재의 자연도덕인 仁과 당위의 인간규범인 法을 연결시켜 주는 매개 고리 개념으로 자리 잡는 것이다.

恕의 개념규정 및 恕와 仁의 관계설정은 공자가 처음으로 천명하였지만, 恕의 실질 내용은 그 이전부터 일반보편으로 전해져 왔다. 左傳에는 昭子가 '군자는 자기 몸을 귀하게 여긴 뒤에 남에게까지 미칠 수 있기

---

254) 論語集註大全, 里仁, §15의 註疏(經書 128면) 참조.
255) 論語集註大全, 公冶長, §11의 註疏(經書 142면) 참조.

때문에 禮가 있다.'고 한 말을 기록하고 있다.[256) 이는 실질상 '推己及人'의 恕를 뜻하며, 특히 仁이 아닌 禮와 연결시키고 있음이 눈에 띈다. 또한 國語에는 晉의 子餘가 당시의 古典인 듯한 禮志의 말을 인용하여, "남에게 요청하고자 하면, 반드시 먼저 바쳐야 한다. 남이 나를 사랑하길 바라면, 반드시 먼저 남을 사랑해야 하고; 남이 나를 따르길 바라면, 반드시 먼저 남을 따라야 한다. 남에게 德을 베풀지 않고 남이 베풀어 주길 바라는 것은 罪다."는 명제를 언급한다.[257)

여기서는 실질적인 恕의 구체내용을 예시하여, 그 솔선수범을 당위로 명령하고 있다. 적극적 황금률의 관점과 함께 禮志의 내용으로 거론하는 점이 앞의 左傳의 언급과 공통함을 확인할 수 있다. 禮가 춘추전국 시기를 포함한 周代의 기본법제였음을 상기한다면, 恕의 당위 윤리규범성이 禮法의 최고 근본원리로 뿌리박힌 사실을 인정할 수 있다. 특히 恕의 당위 명령에 어긋나는 마음과 행위를 罪라고 규정하는 점은, 이를 확실하게 입증한다. 여기서 罪란 제1차로 도덕적·양심적 죄책(sin)을 뜻하겠지만, 그 정도와 방법이 심한 경우에는 국가실정규범(禮法)상의 범죄 (crime)도 구성할 수 있음은 당연하다. 한편 禮記 曲禮편에는, "최상(또는 태고)의 규범은 도덕을 존귀하게 여기고, 그 다음은 보시와 보답에 힘쓰는데, 禮는 왕래를 숭상한다. 가는데 오지 않는 것은 예가 아니며, 오는데 가지 않는 것도 또한 예가 아니다."는 유명한 명제가 나온다.[258) 여기서 非禮로 단정하는 것이 위에서 罪라고 규정한 것과 실질상 별 차이가 없음을 확인할 수 있다.

뿐만 아니라 左傳에는, 齊 莊公이 본디 臧武仲에게 토지를 주려고 했는데, 臧武仲이 대화 중에 군주를 쥐에 비유하자, 결국 주지 않았다는 사실이 적혀 있다. 이에 대하여, 孔子는 臧武仲이 그토록 智略이 있는데

---

256) 左傳, 昭公 25年: 「君子貴其身, 而後能及人, 是以有禮.」
257) 國語, 晉語 4: 「禮志有之曰: '將有請於人, 必先有入焉. 欲人之愛己也, 必先愛人. 欲人之從己也, 必先從人. 無德於人, 而求用於人, 罪也.'」
258) 禮記, 曲禮: 「太上貴德, 其次務施報, 禮尚往來. 往而不來, 非禮也; 來而不往, 亦非禮也.」

도, 魯나라에서 등용하지 않은 까닭이 진실로 있다고 탄식하면서, 不順하고 恕를 베풀지 못하기 때문이라고 지적한다. 아울러 夏書의 '念玆在玆'(이것을 생각하면 이것이 있다)라는 구절을 인용하여 恕를 설명한다.259)

또한 孟子는 齊 宣王에게 王政을 논하면서, 내 어른 섬기는 마음을 남의 어른에까지 미치고, 내 아이 사랑하는 마음을 남의 아이에까지 미치면, 천하를 손바닥 안에서 움직일 수 있다고 '恕'道를 설명한다. 아울러 '자기 아내에게서 법을 삼아 형제에 이르고 나아가 천하를 다스린다.'(刑于寡妻, 至于兄弟, 以御于家邦.)는 詩 大雅의 구절을 인용하면서, 이는 내 마음을 들여다가 남에게 비춰본다는 뜻이라고 풀이한다.260) 이로 미루어 보면, 詩・書가 이루어진 周初와 심지어 夏代에도 이미 恕의 실질 내용이 보편으로 존재했음을 알 수 있다. 사실 사회 있는 곳에 법이 있다면, 그 법의 근본원리인 '恕'道가 인간의 문명사회 안에 항상 보편으로 존재할 것임은 당연한 사리다.

(3) '恕'道의 실질내용상 제약

그러나 推己及人의 恕를 언급할 때 주의할 점이 있다. 恕의 실질 내용이 긍정의 善에 한정한다는 사실이다. 즉, 자기마음을 본위로 한다는 恕의 본질이, 결코 利己的 감정과 욕망을 뜻하는 것은 결코 아니다.261) 이점은 일찍이 맹자가 명확히 지적했다.

맹자는 사람이 지니는 차마 하지 못하는 마음을 차마 하는 바에 확대 발전시키는 것이 곧 仁과 義라고 개념 규정한다. 그러면서 사람이 '남을 해치지 않고자 하는 마음'(無欲害人之心)을 확충하면, 仁이 이루 다 쓸 수 없을 정도로 넘친다고 부연한다.262) 恕의 기준이 되는 자기의 마

---

259) 左傳, 襄公 23年 참조.
260) 孟子, 梁惠王 上, §7 참조.
261) 서구의 황금률의 본질도 에고이즘의 극복이지, 결코 소박한 에고이즘의 도덕은 아니라고 일반보편으로 강조한다. 단순한 형식논리가 초래할 부조리를 예방하기 위해, '正常的이고 理性的인' 실질 요건을 전제한다. 이에 관하여는, 沈憲燮, 「黃金律과 法」, 101-104면 참조.

음이 '남을 해치지 않을' 실질 내용에 국한하는 것이다. 또 仁者는 사랑을 사랑하지 않는 바까지 확장시키는데, 不仁者는 거꾸로 사랑하지 않음을 사랑하는 바까지 미치게 된다고 규정한다. 즉, 남을 해치는 사리사욕을 형식논리로 추론하는 恕는, 이미 恕가 아니고 명백히 不仁이라고 배척한다. 그래서 맹자는 토지 때문에 전쟁을 일으켜 인민을 희생시킨 뒤, 다시 사랑하는 子弟들을 동원하여 살상을 확대시킨 梁惠王은 어질지 못하다(不仁)고 비난한다.263)

朱子도 推己及人의 恕를 힘써 행하면, '사사로운 개인 욕심을 극복하고 공평한 天理를 보전'할 수 있다고 말한다.264) 恕의 실질 내용은 私欲을 배제한 天理에 국한하는 것이다. 사실 恕를 '仁'의 실천 방도로 규정한 공자의 본의 자체에 그러한 의미는 이미 듬뿍 담겨 있다. 특히 눈에 띄는 언론은 明의 呂坤이 남긴 呻吟語다.

呂坤은 恕가 매우 좋은 道理라고 칭송하면서, 한편 어떠한 念頭로 자기 마음을 미루는지(推心) 잘 살펴야한다고 경고한다. 단순히 형식논리로 '恕'道를 이해하면, 여색 좋아하는 자가 음란함을, 재화 좋아하는 자가 탐욕을, 술 좋아하는 자가 醉亂을, 안일 좋아하는 자가 나태를, 각각 남한테 긍정하거나 용서하거나 요구하는 따위의 비천한 마음을 내면서도, 모두들 자기를 미루어 남한테 미치고 남 보기를 자기처럼 하는 '恕'라고 강변할 수 있다.(masochist가 남도 자기 같은 줄 알고 남을 학대하며 '恕'라고 궤변을 늘어놓는다면?) 이러한 것은 실질상 道를 해치는 도적으로서, '恕'道를 논하고 실행할 때 삼가 살피지 않을 수 없다고 呂坤은 강조한다.265)

恕가 仁의 발현으로서, 또는 仁의 실천 방도로서 긍정적인 실질을 지니지 않을 때, 문자상의 유희나 형식논리의 함정에 빠져 惡을 옹호하고

---

262) 孟子, 盡心 下, §31 : 「人皆有所不忍, 達之於其所忍, 仁也. 人能充無欲害人之心, 而仁不可勝用也.」

263) 孟子, 盡心 下, §1 : 「仁者以其所愛, 及其所不愛; 不仁者, 以其所不愛, 及其所愛.」

264) 論語集註大全, 雍也, §28의 朱子注(經書 180면) 참조. 「推其所欲以及於人, 則恕之事而仁之術也. 於此勉焉, 則有以勝其人欲之私, 而全其天理之公矣.」

265) 呂坤, 呻吟語, 人情篇 참조.

조장할 위험성이 있음을 경고하는 것이다. 이점이 어쩌면 '恕' 자체가 그대로 곧장 仁이 되지는 못하는 형식논리상의 근거일지도 모른다. 또한 법의 근본원리는 원칙상 소극적 恕에 국한하며, 적극적 恕는 자율적 윤리도덕의 원리로 고취하는 데 머무를 뿐, 당위의 법 원리로까지는 요구하지 않는 것도 이 때문이다.

그러면 中國의 황금률인 恕가 법의 근본원리로서 과연 어떻게 구체화하는 것일까? 인간은 누구나 이익을 좋아하고 해악을 싫어하는 것이 보편 감정이다. 따라서 자기가 바라지 않는 바는 남에게 베풀지 말라는 恕의 기본원칙을 좀 구체로 표현하면, 자기가 당하기 싫은 해악을 남에게 끼치지 말라는 뜻이 된다. 이것이 윤리도덕의 정언명제로서, 법의 근본원칙으로 자리 잡는다. 다만, 일반 법조문의 표현형식에서는, 이 원칙이 明言으로 드러나지 않고, 묵시적인 전제로 깔릴 뿐이다. 이 정언명제를 전제로, 이를 위반해 자기가 받기 싫은 해악을 남에게 끼친 자는 응분의 대가로 해악(형벌, 손해배상)을 되돌려 받는다는 내용을 규정한 것이 법의 명시 조문이다. 여기서 응분의 대가로 부과할 해악으로서 형벌(손해배상)은 同種・同量의 因果應報를 원칙으로 한다. '이에는 이, 눈에는 눈'이라는 고대의 法諺은 이러한 復讐刑罰이론의 전형 명제다.[266]

따라서 恕의 도덕규범은 인과응보의 法과 서로 대응하는 표리관계를 이룬다. 恕를 어긴 자에게 恕의 원칙을 거꾸로 적용하는 것이 곧 법이다. 法은 逆의 恕이다.

법의 간접적・내면적 원리로서 소극적 恕(仁)와 대응하는 직접적・표면적 원칙으로서 적극적 報에 대해서도, 일찍이 공자가 적절히 언급한

---

266) 周禮, 秋官・司刑조의 鄭玄注에서 인용한 尙書大傳에 의하면, 고대에는 남녀가 義로써 교제결합(즉, 六禮에 의한 합법 혼인)하지 않은, 이른바 간음죄에 대해서는 宮刑을 시행했다고 한다. 十三經注疏本, 539면 참조.
한편, 明淸律, 名例律, 工樂戶及婦人犯罪조에 따르면, 부녀자의 杖刑은 원칙으로 그 연약함과 수치심을 감안하여 着服 상태에서 시행하는데, 예외로 간음죄에 대해서만은 옷을 벗기고 곤장을 쳐서, 수치를 폭로함과 동시에 풍속교화를 유도한 점이 흥미롭다. 明會要, 卷64, 刑1, 刑制조, 1238면 참조.

적이 있다. 어떤 사람이 德(善)으로써 怨恨(惡)을 갚으면 어떻겠느냐고 물었다. 그러자 공자는 그러면 德에 대해서는 무엇으로써 (어떻게) 보답할 것인가 반문하면서, '正直으로써 怨恨(惡)을 갚고 德으로써 德에 보답하라'고 명령한 것이다.(論語, 憲問, §36) 이는 실질 정의와 형평의 원리에 바탕을 둔, 다분히 현실적인 철학사상임이 분명하다. 이는 소극적인 해악의 금지 및 적극적인 선행의 실행을 강조한 恕의 원리와 함께, 공자의 핵심사상인 仁 철학의 두 중심축을 구성한다. 나아가 중국 전통법의 표리상응하는 양대 근본원리의 기초를 이룬다. 즉, 자기가 하기 싫은 바는 남에게 베풀지 말라는 소극적 恕의 원리와, 타인의 해악행위에 대한 원망은 정직하게 갚으라는 적극적인 보복의 원칙이, 전통 중국법의 양대 이론 지주로 확고히 서는 것이다.

(4) 유가와 묵가의 仁義의 법원리

사실 공자의 仁이 사랑(親愛)을 핵심 본질로 하지만, 그것은 무조건 무차별의 절대 평등의 사랑이 아니다. 공자의 仁에는, 원수를 사랑하라는 예수의 박애나 묵자의 겸애, 또는 善한 사람이나 악한 사람 모두 똑같이 착하게 대해 주며(老子 §49) 더구나 德으로써 怨恨을 보답하는(報怨以德 : 老子 §63) 老子의 道德(慈), 그리고 은혜와 원한에 관계없이 일체 중생의 절대 평등을 강조하는 부처의 慈悲와는 기본상 다른 특성이 존재한다.

우선 仁은 親愛·尊卑·上下의 신분 차등성을 본질로 하는 전통 중국의 봉건 禮制에 상응하여, 사랑에서도 혈연의 친소에 따른 선후·완급의 차별성을 인정한다. 이러한 차별성을 바탕으로 자기를 미루어 남에 미치고, 친근함으로부터 소원함에 이르며, 작은 것을 확충하여 큰 것에 이르고, 자신을 닦아 천하를 다스리는 유가의 철학사상이 이루어지는 것이다. '恕'의 원리는 바로 이러한 차별적인 사랑을 점차로 확대·발전시키는 仁의 실천방도로서 제시하는 수행방법이다.

한편, 공자의 仁은 사랑과 善·好 일변도의 편면적인 윤리도덕이 아니다. 仁이 공자 철학사상의 핵심 본질이자 실질상 궁극의 道(人道)임은 사실이다. 그래서 일찍이 맹자는 공자의 말을 인용하여, 道는 仁과 不仁의 두 가지 뿐이라고 단정한 바 있다.(孟子, 離婁 上 §2) 그러나 공자는 오직 어진 자만이 (진실로) 사람을 좋아할 수도 있고, 사람을 싫어할 수도 있다고 말한다.267) 그런가 하면, 그는 아직 仁은 좋아하고 不仁을 싫어하는 사람을 본 적이 없다고 탄식한다. 仁을 좋아하면 더할 나위가 없지만, 不仁을 싫어하면 적어도 不仁이 자신에게 가해지는 일은 없도록 한다는 것이다.268) 요컨대, 善과 仁은 좋아하고 不善과 不仁은 싫어하는 것이 진정한 의미의 仁이라는 결론이 된다. 그래서 공자는 모든 사람이 좋아하거나 싫어해도 반드시 살펴보아야 한다고 주의를 환기한다.(衛靈公 §27) 사람이 비록 많아도 그 중에는 진정한 仁者가 하나도 없을 수 있으며, 그 경우에 그들의 시비선악 판단 자체가 공정한 형평성을 상실하고 衆愚로 부화뇌동할 수 있기 때문이다. 단지 仁을 좋아하기만 하고 학문을 좋아하지 않으면 어리석음(愚)의 폐단에 빠진다는 경고도 바로 이러한 맥락에서 제기한다.269) 온 동네 사람이 모두 좋아하거나 싫어하는 것보다는, 차라리 그 중에 단 한 명의 선한 사람이 좋아하거나, 단 한 명의 不善한 자가 싫어하는 것이, 실질상의 선악을 판단하는 정확한 기준이 된다.270)

유가사상의 또 다른 핵심인 중용(中)과 조화(和)조차도, 편면적이고 일방적인 집착을 경계하고 時中과 禮節을 강조한다. 맹자는 단순한 善만으로는 정치(仁政)를 할 수 없다고 주장한다. 이 모두가 일맥상통하는 특성을 지닌다. 요컨대, 仁은 시비·선악·호오의 가치판단이 명확히 갈라지는 차등적인 분별의 윤리도덕이다. 이러한 仁의 본질 특성으로부터, 자기가 하기 싫은 바는 남에게 베풀지 말라는 소극적 恕의 원리와, 타인의 해악행위에 대한 원망은 정직하게 갚으라는 적극적 보복의 원칙

---

267) 論語, 里仁 §3 참조.
268) 論語, 里仁 §6 참조.
269) 論語, 陽貨 §8 참조.
270) 論語, 子路 §24 참조.

이, 전통 중국법의 양대 이론 지주로서 우뚝 선다.

물론, 소극적인 恕의 원리와 표리관계를 이루는 적극적 보복의 원칙은, 보답을 바라지 않고 무조건 베푸는 德의 정신이나,[271] 심지어 타인의 해악과 원망까지 덕으로써 갚는 도덕원리의 숭고함에는 비할 바가 못 된다. 그러나 비록 공자 말씀이 아닐 거라는 강력한 회의적 비판이 일긴 하지만, 禮記에는 공자의 말씀으로 인용하여, 덕으로써 원망을 보답하는 것은 최고 관용하는 仁(民)이고, 원망으로써 덕을 갚는 것은 형벌을 당해야 마땅할 비천한 사람이라는 언론을 싣고 있기도 하다. 그와 함께, 덕으로써 덕을 보답하면 백성들한테 선을 권장할 수 있고, 원망으로써 원망을 갚으면 백성들한테 악을 징계할 수 있다는 유가 특유의 명제도 실려 있어 특히 주목할 만하다.[272]

그러나 정직한 인과응보의 '恕'와 '禮'의 원칙은, 적어도 인간사회의 질서와 평화를 유지하는 실질 정의와 형평의 원리로서 매우 중대한 의미가 있다. 이는 단순히 각박한 당위의 실정법이나, 특히 형벌의 인과응보 법칙에 불과한 것이 아니라, 왕래와 보답을 기본정신으로 하는 禮의 근본원리기도 하다. 나아가 '콩 심은 데 콩 나고, 팥 심은 데 팥 난다.'는 자연의 존재법칙으로서 因果律과,[273] '선을 행한 자는 하늘이 복으로써 보답하고, 악을 저지르는 자는 하늘이 재앙(禍)으로써 갚는다.'는 天道觀으로부터 유래하는 심오한 철학사상의 연원을 가지기도 한다.[274] 요컨대, 이는 善을 상주고 악을 벌하는 것이 만세불변의 天道나 국가의 憲法이라는 명제와 부합하는 법의 내면적 실질 원리인 것이다.

先秦 제자백가에 이르면, 이러한 自然스런 기본 법원칙에 관한 이론 근거가 철학사상에서 대두한다. 물론 法의 묵시적 전제원리가 恕이고,

---

271) 禮記, 曲禮上편 참조.
272) 禮記, 表記:「子曰 : 以德報德, 則民有所勸; 以怨報怨, 則民有所懲. …… 以德報怨, 則寬身之仁也; 以怨報德, 則刑戮之民也.」
273) 國語, 晋語4 및 晋語7 참조.
274) 孔子家語, 卷4, 六本편 및 同 卷5 在厄편 참조.

恕는 곧 仁으로 이어지며, 仁은 형식으로나 실질로나 모두 義와 함께 병칭하며 혼용하는 게 보통이다. 따라서 이러한 법 원칙의 이론근거는, 仁義를 사상 핵심으로 주장한 墨子와 孟子가 가장 활발하고 깊이 있게 논의하고 있다. 그리고 이러한 논의에서도 仁과 義는 서로 대응해서 병칭하거나 혼용하는 경향이 강하다.

우선, 남의 과일이나 가축을 몰래 훔치는 짓을, 사람들이 모두 도덕적으로 비난하고 국법에서 범죄로 규정하여 형벌을 주는데, 묵자는 바로 그 이유를 밝힌다. 즉, 노동을 하지 않고 결실을 획득하고, 자기의 소유가 아닌 것을 취하며, 남에게 손해를 끼치면서 자기를 이롭게 하기 때문이라는 것이다. 그리고 이러한 행위를 不仁·不義로 규정한다.275) 이는 공자가 먼저 수고를 하고 난 뒤에 그 대가를 얻는 것(先難而後獲)이 곧 仁이라고 말한 의미와 일맥상통한다. 훔친 물건이 귀중하고 많을수록 그 不仁·不義의 정도도 심해져서, 그에 대한 비난과 형벌도 비례해서 증대할 것은 자명하다. 재물을 훔치는 것이 不仁·不義일진대, 사람을 살해하는 것은 더 큰 不仁·不義가 된다. 따라서 이에 대한 비난과 형벌은 더욱 준엄해진다. 묵자의 표현에 의하면, 한 사람을 살해하는 不義는 한 死罪에 해당하며, 열 사람을 죽이면 열 배의 不義로서 열 번의 死罪가 되고, 백 사람을 죽이면 백 배의 不義로서 백 번의 死罪가 된다. 이는 군주와 인민을 막론하고 모든 사람이 공인하는 不義의 범죄행위이다. 그런데 제후 상호간에는, 대국이 소국을 공격하여 무수한 인민을 살상하고 재화를 파괴하며, 작게는 도읍을 빼앗고, 크게는 나라를 훔치면서, 스스로 의롭다고 자처한다. 작은 것은 알면서 큰 것은 모르는 인간의 자기모순의 현실을 묵자는 통렬하게 비판하는 것이다.276)

맹자도 법의 기본원칙을 仁義로 규정한다. 그는 '무죄한 사람을 살해하는 것은 仁이 아니고, 자기 소유가 아닌 물건을 취하는 것은 義가 아니다'고 직접 규정한다.277) 그리고 이웃집 닭을 슬쩍하는 것은 군자의

---

275) 墨子, 天志下: 「不與其勞, 獲其實; 已非其有所取之故.」; 非攻上: 「以虧人自利也.」
276) 墨子, 非攻上, 天志下 및 魯問 각 편을 참조.

道가 아니라고 말하면서, 의롭지 못한 행위는 빨리 그칠수록 좋다고 강조한다.278) 또한 묵자와 마찬가지로 공격전쟁을 몹시 비난한다. 토지를 빼앗기 위해 인민을 살상하여 들판을 가득 메우고, 성을 함락시키기 위해 백성의 시체로 성을 가득 채우는 것은, 토지에게 사람고기를 먹이는 행위로서, 그 죄악은 사형으로도 완전히 징벌할 수 없다고 한다. 따라서 전쟁을 잘하는 제후가 '최고의 형벌'(上刑)을 받아야 한다고 주장한다.279) 군대의 진을 잘 벌이고 전쟁을 잘하는 짓을 大罪라고 규정하는 것도 그 때문이다.280) 衛靈公이 공자에게 陳法을 물었을 때, 공자가 제사지내는 예법은 들은 적이 있어도 군사에 관해서는 배운 바가 없다고 답변한 것과 똑같은 의미맥락을 머금는다.281)

맹자는 살인의 실제 해악이 결국 자기에게 되돌아오는 恕의 원리를 들어, 죄악의 중대성을 강조한다. 남의 부모나 형제를 살해하면, 남도 내 부모나 형제를 살해할 것이다. 결국 자기 부모나 형제를 스스로 살해한 것과 간발의 차이밖에 없다는 것이다.282) 인간의 보편적 復讐심리로서 私的 보복이라는 점만 다를 뿐, 인과응보의 형벌 法理와 일맥상통하는 恕의 원리다. 묵자도 이러한 원리를 논거로 兼愛를 주장한 것이다.

이상에서 살핀 바에 따르면, 원리로는 恕가 仁과 法의 관계를 매개하는 연결고리의 핵심개념이 되지만, 실제 사상에서는 법의 기본원칙이 仁에 직결하여 나타나고, 恕는 내면의 원리로 잠재하는 것이 일반임을 알 수 있다. 그리고 仁을 단독으로 거론하기보다는, 義와 함께 대비하여 병칭하는 경우가 많다. 이는 仁과 義가 실질상 밀접 불가분의 관계에 있기

---

277) 孟子, 盡心上, §33 : 「殺一無罪, 非仁也; 非其有而取之, 非義也.」

278) 孟子, 滕文公下, §8 : 「攘其鄰之鷄者, 是非君子之道. 如知其非義, 斯速已矣.」

279) 孟子, 離婁上, §14 : 「爭地以戰, 殺人盈野; 爭城以戰, 殺人盈城. 此所謂率土地而食人肉, 罪不容於死. 故善戰者服上刑.」

280) 孟子, 盡心下, §4 : 「我善爲陳, 我善爲戰, 大罪也.」

281) 論語, 衛靈公, §1 : 「衛靈公問陳於孔子, 孔子對曰: '俎豆之事, 則嘗聞之矣. 軍旅之事, 未之學也.'」

282) 孟子, 盡心下, §7 참조.

때문에 말미암는 당연한 현상이다. 仁의 존재적인 自然性에 대응하여, 義의 당위적인 社會性이 法의 본성에 더욱 밀접히 접근하기 때문이기도 할 것이다. 그러나 恕의 원리 자체는 본디 仁의 고유한 본성에 근거하며, 義와 직접 관련해 언급하는 경우는 거의 없는 것이 사실이다.

(5) '恕'道의 自然法 규범화

恕와 法이 표리상응하는 본질관계는, 自然적인 기본법의 영역에서 가장 명확히 나타난다. 즉, 인간의 生命權과 身體權, 그리고 財産權에 관한 기본적인 法의 영역을 말한다. 이를 전통 中國法의 용어로 표현하면 '約法三章'이 된다. 이는 국가의 통치권이 實定化하기 이전부터 원시상태의 개별 인간관계에서도 요구하던 최소한도의 自然的 법규범이다. 물론, 이러한 개념은 논리상 역으로 추론한 산물이며, 생명권·신체권·재산권 같은 約法三章의 법은 국가 통치권이 실정규범으로 인정한 것이 분명하다. 다만 발생순서로 보면, 원시상태에서도 가장 먼저 요구하였고, 국가사회 체제 및 통치 권력의 성격에 관계없이 언제 어느 곳에서나 일반보편으로 인정하는 최대공약수로서 기본 법원칙임을 뜻한다.

사람을 죽인 자는 사형에 처하고, 사람을 해친 자는 형벌에 처하며, 남의 물건을 훔친 자는 몇 배로 배상하게 하는 고대법의 기본원칙을 상기해 보자.[283] 주지하듯이, 古朝鮮의 八條法禁 중 역사에서 명시로 기록하여 현전하는 세 조문도 바로 이것이며, 漢高祖가 秦을 대신하여 中原을 평정하면서 인민에게 선포한 約法三章도 또한 이것이다.[284] 사회가 복잡해지고 분명히 발전함에 따라, 이러한 恕의 원리가 더욱 수많은 법

---

283) 唐律에서는 '인명을 (고의로) 손상시키거나 (따라서 살인은 당연히 포함함) 물건을 (파손·유실하여) 반환할 수 없는' 범죄에 대하여는, 원칙상 自首의 특례를 아예 허용하지 않는다.(§37) 또한 일찍이 漢 宣帝때는 군비를 축적하기 위해 특별히 벌금 속죄 조치를 의론하는 가운데, '도적과 재물 수뢰·살인죄' 및 기타 사면할 수 없는 범죄는 속죄의 대상에서 제외하였다. 西漢會要, 卷62, 贖罪조 616면 참조.

284) 漢書, 卷1上, 高帝紀: 「與父老約法三章可: 殺人者死, 傷人及盜抵罪. 餘悉除去秦法.」 刑法志에도 같은 내용이 적혀 있다.

제를 체계화한 것이, 인류의 역사 및 법제사가 발전해 온 발자취이다. 그러나 제아무리 복잡하고 정교한 성문 실정법의 체계라도, 천태만상의 인간행위와 사회현상을 모두 망라할 수는 없다. 그러기 때문에, 법의 한계와 흠결을 보완하기 위해, 합리성과 정당성을 유지하는 범위 내에서, 유추해석의 방법과 일반추상적인 범죄구성요건의 입법을 부득이 허용한 것이, 전통 중국법의 특색인 것이다.

한편, "자기가 대접받고 싶은 대로 남에게 먼저 대접하라.(Do as you would be done by!)"는 예수의 적극적 황금률은 자발적인 윤리도덕의 차원에 속하며, 당위적인 강제 실정법규범의 원칙으로까지 요구하지는 않는 것이 일반이다. 그러나 소극적 恕와 함께 적극적 恕까지 仁의 실행방도로 제시하는 공자의 윤리도덕은, 적극적인 恕의 황금률을 단순한 도의적 책임으로 뿐만 아니라, 당연한 법적 의무로까지 실정화하는 사상 근거가 되기도 한다. 인민 상호간의 다급한 어려움을 구제함과 동시에, 국가사회의 정의를 실현하기 위하여 특별히 규정하는 患難相恤의 제도는, 적극적 恕를 입법화한 대표 전형이다. 이러한 규정은 이른바 不作爲犯의 대표 영역을 구성하는 행위유형으로서, 전통 중국법의 또 다른 고유한 특색이기도 하다.[285]

주지하듯이, 현대 서유럽의 여러 선진국에서는 극도로 각박해진 인심으로부터 위급한 인명을 구제하고자, 예수의 적극적 황금률을 형법으로 실정화하여 이른바 '착한 사마리아인 법'이라고 부르고 있다. 이는 바로 도덕 원리인 적극적 황금률을 법률 영역으로 끌어들인 실례인데, '恕'와 '仁'에 기초한 전통 중국법의 患難相恤 예법이 이름과 모습을 바꿔 현대 서양에 再現(再臨)한 것임에 틀림없다. 어쩌면 잔인하리만치 각박해진 말세 중생을 구제하려고, 공자와 예수가 함께 고고한 윤리도덕의 봉우리에서 뛰어내려, 속세의 진흙탕 법률 속에 한 송이 연꽃으로 再臨한 것인지도 모를 일이다. 인당수에 텀벙 뛰어든 심청처럼!

---

285) 구체 입법례는 앞서 언급한 바와 같이 '知情'을 구성요건으로 하는 각종 不告知罪와 不作爲犯이 있다. 蔡墩銘, 唐律與近世刑事立法之比較硏究, 72-79면 참조.

2. 天道의 好生之德과 人本主義 사상

(1) 하늘을 본받는 人本主義

지금까지 恕와 仁에 내재하는 법원리를 고찰하였다. 이제 그 恕와 仁의 법원리가 구체적인 철학사상과 법제를 통해 어떻게 발현하는지, 그 실질 내용의 측면에서 전통 中國의 人道主義 법원칙을 살펴보고자 한다. 그렇게 함으로써 체계 논리와 실질 내용이 상호보완의 표리관계를 이루어, 恕와 仁의 법원리를 좀 더 원만히 이해할 수 있기 때문이다.

현상으로는 천지가 존재하고, 원리로는 天道의 존재법칙이 無爲自然으로 운행하며, 인격화한 주체의지로는 하늘님(上帝: 造物者, 造物主)이 천지자연을 지배하는 삼위일체의 사실은, 삼라만상의 생명이 생존·생장·생활하는 데에 그 궁극 가치와 의미를 지닌다. 다시 말해, 천도의 무위자연의 본체가 구체로 발현하여 만물의 생명현상이 존재하게 되는데, 흔히 이를 인격화한 주체의지의 관점에서는 하늘님(上帝)의 '好生之德'이라고 표현한다. 인간이 자연법칙을 본받는 '人法天'의 궁극이상으로 보면, 군주가 인민을 다스리는 통치와 그 수단방편인 예법도 하늘(上帝·天道)의 好生之德을 법삼아야 할 것은 당연한 사리다.

인민의 생존과 생활·생명이 국가통치 및 군주존재의 근본기반이자 궁극 목적이라는, 民本주의 정치사상과 법이념도 여기에서 연역해 나오는 것은 논리상 필연이다. 民本主義 군주론·仁政王道·德主刑輔의 사상들이 그러한 전형이요 대표임은 물론이다. 특히 유가의 仁을 親·人·愛·惠 같은 사랑의 의미로 풀이하는 것은, 仁政이 民本주의와 人道主義의 好生之德의 구체 표현임을 뜻한다. 묵자의 兼愛와 老子의 慈 개념도 仁과 실질상 동의어인 범주임은 물론이다. 여기에서는 天道의 好生之德에 상응하여, 특히 인간의 生命을 존중하는 주요한 인도주의 정치사상과 法이념 및 그 法制상의 표현을 대략 고찰하고자 한다.

夏와 殷이 각기 桀과 紂의 포학무도한 暴政으로 멸망한 사실은, 周初 통치자들에게 敬德保民과 明德愼罰의 역사귀감을 보여주었다. 특히, 紂

가 炮烙刑(포락형)과 같은 중형엄벌로 인민을 잔인하게 학살한 포악성은 민심 離叛의 직접요인이었다. 인민의 생명을 좌우하는 법제와 형벌은 곧 국가의 治亂 및 君權의 存亡을 결정하는 관건이다. 그리하여 有史이래 善政을 베푼 모든 聖王明君은 한결같이 법과 형벌을 정성스럽고 신중한 마음으로 제정하여 시행하는 것을 통치의 최대 급선무로 삼았다. 이른바 欽刑 · 恤刑 정신이 그것이다.

이미 夏代의 堯 · 舜 · 禹는 일반통치의 공경성과 함께 특히 법 · 형벌의 신중성을 매우 강조하고 있다.[286] 周初의 明德 '愼罰'은 물론이고, 周 穆王이 德에 근거한 刑을 제정하여 이를 공경스럽게 시행하도록 당부한 '德刑' · '祥刑'도 이러한 好生之德의 발현이다.[287] 殷 말엽에 周文王이 아직 殷의 臣民으로서 紂를 섬길 때, 문안과 조공 · 제사 등 모든 일에서 공경스럽게 신하의 예를 깍듯이 지키자, 紂가 기뻐하여 西伯이라는 칭호와 함께 千里의 땅을 하사하였다. 그런데 이때 文王은 땅을 사양하고, 인민을 위해서 炮烙刑을 제거해 달라고 요청하여, 民心을 얻었다고 한다. 이 사실은 시사하는 바가 매우 뜻 깊다.[288]

법의 제정과 시행에 관한 이러한 기본이념 이외에도, 이와 더불어 쌍벽을 이루는 欽刑사상으로, 특히 皐陶(고요)가 禹임금과 대화하면서 상벌을 구체로 적용하는 방법과 기준을 명확히 제시한 원칙이 있다.

(茶山 정약용의 '欽欽新書' 명칭도 이러한 정신을 바탕으로 한 書經에서 따온 것임.)

"황제의 덕은 허물이 없어, 신하들을 간명하게 대하고 백성들을 관대히 통솔하소서. 벌은 자손에게 미치지 말고, 상은 후세까지 이어주며; 과실을 용서함에는 큰 것을 가리지 말고, 고의를 처형함에는 작은 것도 빠뜨리지 마소서. 죄가 의심스러울 때는 되도록 가볍게 처리하고, 공이 의심스러울 때는 되도록 후하게 논하되, 무고한 사람을 살해할 바에는, 차라리 무도한

---

286) 尙書, 堯典 및 皐陶謨편 참조.
287) 尙書, 呂刑편 참조.
288) 呂氏春秋, 順民편 참조. 한편, 司馬遷도 史記, 殷本記에 같은 고사를 전하고 있으나, 文王이 紂한테 자발로 땅을 바치면서 그 보답으로 炮烙之刑을 제거해 달라고 요청한 것으로 다소 다르게 적고 있다.

죄인을 놓치는 편이 낫습니다. 이렇게 생명을 사랑하는 덕이 백성의 마음에 흡족히 스며들면, 인민이 저절로 관리를 범하지 않게 됩니다."[289]

이는 僞古文尚書에 皐陶(고요)의 말로 적혀 있는 내용인데, 일부 구절을 다른 古典에서 인용하고 있는 점으로 미루어보아, 적어도 춘추이전의 법사상을 직접 반영하고 있음이 거의 확실하다. 이러한 緣坐刑의 금지, 故意책임의 원칙, 엄격한 증거책임의 원칙 등은, 다른 일반 恤刑 이념과는 달리, 秦漢 이후 역대 중앙집권 왕조의 實定律令에서는, 특히 忠孝를 강조하는 君權지상의 절대주의 통치이념에 밀려 상당히 후퇴한 것이 사실이다. 허나 이미 말한 것처럼 이러한 법이념은 역대 형법지에서 지속 거론·강조하는 걸로 보아, 적어도 법철학사상으로는 궁극에 刑期無刑의 이상을 지향하는 실천 방도로서 인식하였음이 분명하다.

사실, 생명의 살상과 자유·재산의 침해를 죄악으로 규정하여, 이를 예방하고 처벌하는 禮法을 비롯한 모든 사회규범 자체가, 天道의 好生之德을 구현하려는 인도주의 문화의 結晶일 따름이다. 따라서 법의 실질 내용 대부분이 好生之德의 직접 발현이나 간접 반영이 아닌 것이 드물다. 그 중에서 두드러지게 인간의 生命을 존중하는 개별·구체의 내용을 살펴보면, 인도주의 好生之德의 특징을 인상 깊게 확인할 수 있다.

우선 춘추전국시대의 정치·법률 현실이나 철학사상에서 구체로 거론하는 주요한 내용을 살펴보면 다음과 같다.

(2) 재물보다 인명이 최우선! (先人後物)

첫째, 人命을 재산이나 짐승에 비하여 우선으로 중시하는 인간의 절대 존엄성을 들 수 있다. 한번은 공자의 마구간에 불이 났다. 공자는 퇴청하여 그 사실을 알았는데, 다만 다친 사람은 없느냐고 물을 뿐, 말(馬)에 대해서는 말(言)조차 꺼내지 않았다고 한다.[290] 이 유명한 고사는 공

---

289) 僞古文尚書, 大禹謨편 :「帝德罔愆, 臨下以簡, 御衆以寬. 罰弗及嗣, 賞延于世; 宥過無大, 刑故無小. 罪疑惟輕, 功疑惟重. 與其殺不辜, 寧失不經. 好生之德, 洽于民心, 兹用不犯于有司.」

자의 人本主義 仁사상을 잘 대변해 준다. 일찍이 魯의 季文子는 세 군
주의 재상을 지내면서도, 비단옷 입는 첩과 양곡을 먹는 말(馬)이 없을
정도로 청렴하고 검소하여, 이를 두고 史筆은 '忠'의 전형으로 극구 칭
송한 적이 있다.[291] 전통시대에 말(馬)은 전쟁뿐만 아니라 평상시 驛馬
등의 교통공구로 매우 긴요하였다. 秦漢代에는 天子의 馳道와 특별 마
구간의 설치로 인하여, 律에 독립의 廐律(구율)편이 별도로 생길 정도였
다. 漢 景帝 때는 흉년이 들어 말에게 양곡을 사료로 주지 못하게 금하
고, 이를 어긴 자는 그 말을 몰수하는 법령을 시행한 사례도 있다.[292]

한편, 魯 哀公 때 선조의 廟堂에 불이 나서 진화하는 과정에서도, 재
물을 구해내기 위해 사람이 다치는 일은 없도록 하라고 명령한 적이 있
다. 종묘의 기물이 아무리 중요해도 부서지면 다시 복구할 수 있지만,
인명은 다치면 회복하기 어렵다는 인도주의 배려 때문이었다.[293]

晏子는 齊 景公이 동식물로 인하여 인민을 처형하려고 한 비인도적
사욕을 여러 차례 만류한 적이 있다. 景公이 새를 사냥할 때 野人이 모
르고 새를 놀라게 하자, 그를 처형하도록 명령한 적이 있었다. 이에 안
자가 사람을 봉양하기 위한 금수로 말미암아 인간을 죽이는 일은 본말
이 뒤바뀐 不仁이라고 간언하여, 그를 구한 것이다. 또 마부가 景公의
愛馬를 관리 소홀로 죽게 하자, 경공이 그를 능지처참(刀解; 支解)하도록
명한 일도 있었다. 이에 안자는 일부러 경공이 듣는 앞에서 마부의 死
罪를 셋이나 열거했다. 그 중에 특히 군주로 하여금 말 한 마리 때문에
사람을 죽이게 하는 不仁을 범하도록 한 죄가 사형에 해당한다고 말해,
경공을 깨우치기도 하였다. 그런가 하면 경공이 사랑하는 槐樹(괴수)를
침범하면 처벌하고, 이를 손상시키면 사형에 처한다는 禁令이 있었다.
그런데 이를 모르고 술에 취한 사람이 그 금령을 범하자, 경공이 그 사

291) 論語, 鄕黨, §12 참조.
291) 左傳, 成公 16年 및 襄公 5年 참조.
292) 漢書, 景帝紀, 後2年 참조.
293) 左傳, 哀公 3年 참조.

람을 처형하라고 명령했다. 이때 안자는 짐승이나 초목 때문에 인민을 해치는 것은 현명한 군주가 아니라고 하소연하는 범인 아내의 구원요청을 받고, 景公에게 간언하여 그 禁令을 해제시키기도 하였다.294)

군주의 절대 권력이 개인의 향락이나 감정의 사치로 치우치면, 자칫 애완동물이나 기타 사물의 과잉보호로 인하여 인민의 생명조차 가벼이 여기는 무지몽매한 비인도성을 드러내기 십상이다.295) 景公의 不仁은 다행히 안자의 지혜와 충성으로 포학무도로까지 비화하지 않은 것이다. 그러나 이러한 군주의 비인도적 호화사치는 전국시대 부국강병의 기치 속에 일반보편으로 만연한 듯하다. 民本주의 관점에서 民生안정을 위하여 제후의 각종 不仁을 적절한 비유로써 깨우치는 맹자의 문답대화 기록은 이러한 상황을 잘 반영해 준다. 齊 宣王이 사방 40里의 정원을 설치하고, 그 안의 사슴을 죽이면 살인죄로 처형하겠다고 명령하였는데, 맹자가 인민을 잡는 함정으로 비유하는 것은 그 좋은 본보기다.296)

그러나 신하의 병을 고치도록 자신이 총애하는 흰 노새를 잡아 간을 꺼내주면서, 사람을 죽여 가축을 살리는 것은 不仁이며, 가축을 죽여 사람을 살리는 것이 仁이라고 말한 趙簡子 같은 인도주의 통치자도 있었다.297) 그리고 唐 太宗이 奸吏를 肅正하기 위하여 사람을 시켜 짐짓 뇌물을 주는 계책을 사용하였다. 한 관리가 그런 줄 모르고 비단 1필을 받자, 太宗이 분노하여 그를 처형하려고 하였다. 이에 裵矩(배구)가 이렇게 간언했다. "이 사람이 뇌물을 받았으니 진실로 중형에 해당합니다. 그러나 폐하가 재물로써 사람을 시험하여 극형을 시행하려는 것은, 이

---

294) 晏子春秋, 內篇諫上, §24·§25 및 內篇諫下, §2 참조.
295) 앞서 자세히 살펴보았듯이, 역대 律令은 군주의 절대 권위와 왕실의 존엄을 보호하기 위해 종묘·왕릉은 물론, 군주가 사용하는 각종 기물과 관련한 광범위한 '不忠'·'不敬'의 죄를 엄중한 형벌로 규정하고 있다. 일찍이 沈家本은 군주와 관련한 가중주의 입법이, 재물로 인하여 인명을 살해하는 규정까지 둔 것은, 天理에 어긋나는 비인도주의 처사라고 심하게 비평하였다. 漢律, 卷2, 盜律, 1396-7면 참조.
296) 孟子, 梁惠王下, §2 참조.
297) 呂氏春秋, 愛土편 참조.

른바 사람을 죄의 함정에 빠뜨리는 것으로, 德과 禮로써 인민을 교화하는 통치에 어긋납니다." 太宗이 그 말을 듣고 받아들인 적도 있다.[298] 이른바 함정수사의 부도덕성과 부당성을 강조한 것이다.

(3) 노비의 인권 존중

둘째, 전통시대에 노비는 현실로나 법규범으로나 모두 半人半物로서 취급한다. 특히 노비는 家畜財産과 같은 物件으로서 소유·매매를 허용할 뿐만 아니라, 人間의 생명체로서도 엄격한 신분계급 질서의 최하층에 속하는 賤民이었다. 따라서 그들에게 인격의 존엄성은 상상하기도 어려운 것이 보편 현실이었다. 그 가운데서도 몇몇 안 되는 인도주의 사상과 법제의 片鱗이나마 밤하늘의 별빛처럼 반짝인다. 우선 주인도 노비를 자의로 살해할 수 없으며, 반드시 관청에 신고하여 허락을 받아야 하는 것이 자고로 전해지는 법원칙이다. 後漢의 光武帝는 "천지간의 생명 중에 인간이 가장 존귀하므로, 노비를 살해한 죄는 감형할 수 없으며", "노비를 감히 불로 지지는 자는 律대로 논죄하되, 불로 지짐을 당한 노비는 해방하여 서민으로 만든다."는 칙령을 내리기도 하였다.[299] 唐律은 노비에게 죄가 있는 경우, 그 주인이 관가에 신청하지 않고서 자의로 살해하면 杖1百에 처하고, 무죄의 노비인 경우에는 徒1年에 처한다.(§321) 비록 그 형벌이 가벼워 실질 의미와 효과가 다소 감소하긴 하지만, 국가의 공식 형벌권에 의하지 않은 私的 형벌이나 처벌은 원칙으로 금지한다.(물론 과실치사의 경우에는 무죄다. §324 참조)[300] 그리고 범죄의 주체 및 객체상, 노비는 官戶나 部曲과 마찬가지로 本條에 正文의 규정

---

298) 唐會要, 卷40, 臣下守法조(721) 참조.

299) 漢律, 卷5, 賊律3, 「殺奴婢當告官」조(1462) 및 「殺奴婢」조(1468) 참조. 이 역사 사건에 대하여 沈家本은 인격 존중의 濫觴(남상)으로 극구 칭송하는데, 다만 그 후로 이 정신을 체득하여 계승한 군주가 없음을 몹시 애석하게 탄식한다.

300) 宋 眞宗 때에는, 일반 士庶人의 머슴(僮僕)이 주인의 재물을 5貫 이상 훔치면, 등에 곤장을 시행하고 얼굴에 먹물을 刺字하는 칙령을 내리면서, 주인의 자의적인 私刑은 엄금한 적이 있다. 通考, 卷166, 刑考5, 刑制(1445) 참조.

이 없는 경우에는 원칙으로 良人에 준한다.(§47) 예컨대, 自首감면을 원천으로 허용하지 않는 인명살상죄에는, 노비도 良人과 마찬가지로 그 객체에 포함하여 인격의 존엄성을 보장한다.(§37) 다만, 사형죄에 해당하지 않는 일가족 3인 이상을 살해하는 이른바 '不道'죄의 경우에는, 노비나 部曲은 거기에 들어가지 않는다. 하지만 노비 상호간(동일 계급내)의 경우에는 형평의 법리상 당연히 良人에 준한다.(§259) 良人과 部曲·노비의 서로 다른 계급 사이에 생긴 폭행·살상 죄에는 각기 차등적 형벌을 부과하는 것이 禮制에 근원하는 신분사회의 특징인데, 노비 상호간의 범죄에는 역시 良人에 준하여 일반으로 논죄한다.(§320)

한편, 고대의 官奴婢는 대부분 범죄인이나 피정복민이 아니면, 謀反大逆罪의 被緣坐人으로 沒官한 자들이다. 그런데 漢代에는 관노비를 서민으로 해방하는 일종의 사면조치를 적지 않게 시행하였으며, 노비 자신의 贖錢 납입에 의한 해방도 허용하였다.[301] 그리고 양민이나 해방 또는 贖身에 의해 서민이 된 舊노비를 약취하여 다시 노비로 삼는 행위는 중징계에 처하였다. 이는 '天心을 거역하고 人倫에 어긋나며 천지간 생명 중에 인간이 가장 존귀하다는 道義를 저버리기' 때문이다. 특히 漢律의 인신매매 금지규정은, 노비매매 시장을 가축과 함께 개설한 秦代의 폐습을 혁파하기 위한 것이었다.[302] 唐律도 양민을 약취하거나 매매하여 노비로 삼는 비인도적 행위를 絞刑에 처한다.(§292) 또한 양인을 노비로 사칭하여 채무의 담보(人質)로 삼는 행위도 엄격히 금지하여, 인신매매 죄보다 3등급 감경한 형벌에 처하며,(§400) 양인을 오인하여 노비로 삼는 행위는 徒2年에 처한다.(§401) 이러한 규정들은 인간의 존엄성을 보장하기 위한 법제로서, 특히 부호나 권세가의 양인억압 횡포를 방지하기 위한 정책 배려도 깊다.[303]

---

301) 漢律, 卷10, 具律2, 1555·1568-9면 참조.

302) 漢律, 卷2, 盜律, 1402면 참조.

303) 일찍이 秦律도 채무에 대한 인질 담보를 강제로 요구하는 채권자를 처벌하는데, 쌍방 합의에 의한 경우에는 인질 제공자도 처벌하는 규정이 있었다. 秦簡, 法律答問, 214면 참조.

(4) 귀신보다 산 사람이 먼저!

셋째, 산 사람의 생명을 죽은 사람이나 귀신보다 중시하는 人本主義도 好生之德의 중요한 내용이 된다. 춘추시대에 宋 襄公(상공)이 邾文公으로 하여금 鄫文子를 제사에 희생으로 바치게 한 일이 있었다. 이에 대하여 馬子魚는 작은 일에는 큰 희생도 사용하지 않는 법인데, 하물며 사람을 희생으로 쓸 수 있느냐고 힐난하였다. 제사란 인간(산 사람)을 위한 것이므로 인민이 곧 鬼神의 주인인데, 산 사람으로 제사를 지내면 어떤 귀신이 감히 흠향하겠느냐는 것이었다. 또한 魯 平子가 莒(거)를 정벌한 뒤, 포로를 亳(박)社의 제사에 희생으로 바친 일이 있다. 이에 대해 臧武仲은, 周公이 더 이상 魯의 제사를 흠향하지 않을 것이라고 탄식하였다. 周公은 義로운 제사를 흠향할 터인데, 사람을 죽여 지내는 제사는 義롭지 못하다는 것이었다. 그리고 楚 靈王이 蔡를 멸망시키고 그 太子를 岡山에 희생으로 바치자, 申無宇는 제사에는 본디 정해진 희생도 서로 대체하지 않는 법인데, 하물며 제후를 희생으로 쓸 수 있느냐고 말하며, 몹시 상서롭지 못하다고 비판한 적이 있다.

이러한 기록들은 모두 춘추시대에 이미 보편으로 등장한 人本主義 鬼神論과 祭祀觀을 구체로 반영하는 실례들이다. 인민을 이롭게 하는 통치에 충실하고, 귀신을 정당한 믿음과 정성으로 받드는 것이 곧 '道'라는 인도주의 神論인 셈이다. 이는 인민을 귀신보다 우선하여 국가사직의 주인으로 여기는 民本사상의 표현이다.[304] 그래서 공자는 귀신을 공경하되 멀리하면서, 인간의 道義에 먼저 힘쓰는 것이 지혜라고 말한다. 그리고 제자인 子路가 귀신 섬기는 일과 죽음을 묻자, 산 사람도 제대로 섬기지 못하는데 귀신은 어떻게 섬길 수 있으며, 삶도 모르는데 죽

---

304) 左傳, 僖公19年 및 昭公10年·11年조를 차례로 참조. 한편 법제사에서는, 宋 仁宗 때 荊湖(강남) 지방에 사람을 살해하여 귀신에게 제사지내는 야만 풍습이 있다는 소문을 듣고, "앞으로 주모자와 가담자 모두를 능지처참하고, 이를 고발한 자에게는 범인의 家産을 모두 상금으로 주며, 이를 체포하거나 살해한 자도 후하게 포상한다."는 詔書를 내린 기록이 보인다. 通考, 卷167, 刑考6, 刑制(1447) 참조.

음을 어찌 알 수 있느냐는 반문으로 호되게 질책하기도 하였다.[305]

또 子貢이 죽은 자한테도 知覺(영혼)이 있는지 묻자, 공자는 자공한테 죽은 자가 지각(영혼)이 있는지 없는지는 당장 급한 문제가 아니고, 나중에 때가 되면 저절로 알게 되니, 지금 그런 것을 알려고 애쓰지 말라고 타일렀다. 사후 영혼세계가 있다고 하면, 효성스러운 자손이 죽은 부모를 차마 매장하지 못할 것이다. 반대로 없다고 하면, 불효자손이 부모의 시체를 장례 지내지 않고 버릴지도 모른다. 공자는 이러한 인간의 이율배반 심정을 염려한 것이다.[306] 산 사람을 중시하는 현세주의 인도주의는, 공자가 평소 귀신이나 죽음을 말하지 않은 가장 중요한 이유다.[307]

또, 군주나 귀족의 장례에 신하나 노비를 생매장하는 殉葬에 대해 강렬한 비판이 일어남도, 춘추시대 人本主義 好生之德의 중요한 특징이다. 秦 穆公이 죽어 훌륭한 신하 3형제를 순장한 일은, 당시 세간의 커다란 비난과 애도를 불러일으킨 역사적 사건이다. 詩經 秦風의 黃鳥편은 秦의 인민들이 이들을 애도해 읊은 詩歌다. 左傳의 史家도 훌륭한 군주는 훌륭한 법도를 후세에 남기는데, 그러하지는 못할망정 죽으면서까지 선량한 사람을 빼앗아가는 짓은 인민을 크게 해치는 일이라고, 장편의 신랄한 비평을 적고 있다.[308] 또, 晋의 魏武子는 병이 들자 아들을 불러 자식 없는 애첩을 개가시키라고 유언했는데, 병이 심해지자 다시 그 첩을 殉葬하라고 바꾸어 명령했다. 그가 사망하자 아들 魏顆(위과)는, 병이 심해져 혼미한 정신 상태서 바꾼 말보다는, 비교적 맑은 정신에서 처음 행한 유언을 따른다는 이유로, 그 애첩을 개가시켜 주었다.[309] 이는 곧

---

305) 論語, 雍也, §20 및 先進, §11 참조.
306) 孔子家語, 卷2, 致思 참조.
307) 論語, 述而, §20 참조.
308) 左傳, 文公 6年 참조.
309) 左傳, 宣公15年 참조. 이는 유명한 '結草報恩' 成語의 직접적인 근원 故事다. 魏顆가 나중에 전쟁에 나가 적군과 교전 중 죽임을 당할 위기에 처했는데, 그 순간 어떤 노인이 나타나 풀을 서로 맺어주는데, 적의 말발굽이 풀매듭에 걸려 넘어짐으로써 죽음을 모면하였다. 나중에 꿈에 그 노인이 나타나, 자기 딸을 순장하지 않고 개가시켜준 은혜에 보답한 것이라고 감사의 인사를 올리고 사라졌다고 한다.

순장을 반대하는 인도주의 好生之德의 직접 발현임에 틀림없다.

이러한 사실들은 殉葬이 殉祭(산 사람을 죽여 제사의 희생으로 바치는 殺人以
祭)와 마찬가지로, 춘추시대에 이미 정치상으로나 윤리도덕상으로나 강
한 비판의 대상이 되었음을 뜻한다. 특히, 禮記에 등장하는 두 고사는
순장을 명백히 '非禮'라고 규정하는데, 이는 법규범으로도 이미 인륜에
반하는 不法으로 인식하였음을 나타내준다.[310] 그리하여 춘추말엽의 공
자 때는, 산 사람을 매장하는 진짜 순장뿐만 아니라, 흙이나 나무로 人
形을 만들어 산 사람에 대용하는 俑이나 偶와 같은 상징적 순장도 혹심
하게 비평하기에 이르고 있다. 심지어는 죽은 사람에게 산 사람의 器物
을 사용하여 附葬하는 것조차 심하게 힐난한다. 이들은 한결같이 비인
도적 순장에 대한 강렬한 부정의식과 혐오감이 신경성 조건반사로 나타
난 것이리라![311] 과거의 비인도적인 잔인한 순장의 재연가능성을 미연
에 두절하기 위하여, 그 심리적 연상작용까지도 철저히 거부한 것이다.

(5) 行刑과 軍禮 상의 흠휼정신

넷째, 법의 구체 시행과 관련하여, 범죄인을 처형하는 경우에도, 刑期
無刑의 대의명분을 위하여 부득이 好生之德에 반하여 생명을 빼앗는다
는 마음으로, 敬刑과 欽恤의 본질을 잊지 않는 것이 禮의 기본정신이다.
그래서 司寇(법관)가 형벌을 시행할 때는, 군주는 경외하는 마음을 지녀
야 하며, 진수성찬이나 宴樂은 거행하지 않는 것이 보편 常禮였다.[312]

---

310) 禮記, 檀弓下편 참조. 陳子車의 장례는 그 遺妻와 家臣이 순장을 결정하고, 陳乾昔
의 장례에서는 본인이 순장을 유언하였는데, 喪主가 된 子車의 아우 子亢과 乾昔
의 아들 尊已가 '以殉葬, 非禮也.'라는 법규범의 논거로 각기 순장을 취소하였다.

311) 예컨대, 孟子는 梁惠王上편(§4)에서, '처음 俑을 만든 사람은 후손이 없을 것이라'
는 仲尼의 저주 같은 평론을 인용하면서, 사람의 형상을 본뜨기 때문이라고 그 이
유를 설명한다. 그리고 禮記 檀弓下편과 孔子家語, 卷10, 曲禮公西赤問편은, 葬禮
車에 풀섶으로 만든 허수아비를 장식하는 것은 괜찮으나, 나무인형인 偶를 사용하
는 것은 喪禮에 무익할 뿐만 아니라, 산 사람을 순장하는 것에 거의 가까울 정도
로 不仁하다는 비평을 공자의 말로 인용하고 있다. 또한 같은 편에는 죽은 사람이
산 사람의 기물을 사용하는 것도 순장에 거의 가깝다는 논평이 실려 있다.

이와 관련해 참고로 언급할 사실이 있다. 승리를 위하여 적군의 살상을 주임무로 삼는 전쟁에서조차, 사람을 차마 죽이지 못하는 好生之德은 軍禮의 핵심으로 매우 중요했다. 일찍이 宋 襄公은 楚와 전쟁하면서, "이미 다친 병사는 다시 공격하지 않고, 흰머리가 섞인 연로자는 사로잡지 않는다."는 옛날 군자의 義戰論을 실천궁행하다가 패한 적이 있다.[313] 그런가 하면, 楚의 工尹商陽은 왕명을 받들어 吳와 전쟁에 참여하였는데, 활로 한 사람씩 쏘아 떨어뜨릴 때마다 손으로 눈을 가리고 차마 보지 못하다가, 세 사람을 죽인 뒤에는 이제 자신의 직위에 합당한 소임을 다하였다고 공격을 그쳤다. 이를 두고 공자는 殺人 중에도 禮가 있다고 말하며, 그의 好生之仁을 칭송하였다고 한다.[314] 또, 군주가 인민을 전쟁에 동원할 때도, 노약자나 어린애·고아·병자 등은 물론, 부모가 연로한데 달리 봉양할 형제가 없는 독자, 형제 모두 징병당해 집안의 後嗣가 끊길 염려가 있는 자들은 出戰 대상에서 빼내어 귀가시켰다. 이것이 仁政과 軍禮가 요청하는 최소한의 흠휼 정신이었다.[315]

3. 법제사에서 구현한 인도주의 好生之德

한편, 漢 이후의 법제사에서는 이러한 인도주의 好生之德이 인명과 직접 관련하는 각종 형벌의 구체적 시행에 다양하게 발현한다.

(1) 의심스러운 경우에는 인민에게 유리하게!

첫째, 법의 해석적용과 시행에서 불확실하거나 의심스러운 경우에는, 그 적용대상인 인민(특히 피의자·피고인)에게 유리하도록 재판하는 각종 제도다. 이는 기본상 전술한 古文尙書의 司法재판원칙으로부터 연원·

---

312) 左傳, 莊公21年 및 國語, 周語上 ; 左傳, 襄公26年 ; 韓非子, 五蠹(오두)편 참조.
313) 左傳, 僖公22年 및 穀梁傳, 文公11年과 淮南子, 氾論訓편 참조.
314) 禮記, 檀弓下편 참조.
315) 左傳, 襄公26年 및 國語, 吳語 참조.

파생하는데, 好生之德에 바탕을 둔 이들 欽恤의 법사상과 법제는, 先秦시대의 문헌뿐만 아니라 漢代 이후 법제사료에도 일일이 열거할 수 없을 만큼 꾸준히 자주 나온다.

우선, 죄를 후손에게 미치지 않도록 하는 緣坐금지의 사상은, 중앙집권 절대군주제의 성립과 더불어, 특히 법가사상에 의해 크게 제약당한 것이 사실이다. 전술한 바와 같이, 忠 윤리의 절대지상명령을 보호하기 위해서도, 상당범위의 연좌제가 역대 律令제도에 면면히 존재하여 왔다. 그러나 그에 대한 반작용으로, 그 범위와 대상을 되도록 축소·제한하려는 인도주의 정신이 또한 철학사상과 法理에 입각하여 꾸준히 성장해왔다. 반면, 상을 대대로 이어주는 것은 八議제도에 입각한 각종 優惠조치가 대표다. 특히 官蔭과 형벌집행상의 官當(관직으로 대체)이나 贖罰金제도가 두드러지는데, 이들은 법의 공평무사를 해치는 폐단도 적지 않았다. 그리고 과실의 관대한 처분과 고의의 엄중한 처벌은, 原心定罪의 대원칙으로 표현할 수 있는 전통 중국법의 가장 큰 특색이기도 하다.

欽刑恤囚 정신과 관련하여 특히 비중 높은 점은, 죄가 의심스러운 경우에는 되도록 가볍게 관대히 처분하는 원칙이다. 심지어 무도한 죄인을 놓칠망정, 무고한 사람을 처벌해 억울한 원한을 초래하지 말라는 원칙이다. 일찍이 尙書의 呂刑은, 五刑에 합당하지 않으면 五罰로 다스리며, 五罰에도 부합하지 않으면 五過로 다스리되, 五刑이나 五罰에 모두 의심스러운 경우에는 贖罰金에 의해 사면하라는 상세한 규정을 두고 있다.316) 唐律도 虛實의 증거가 엇비슷하거나 是非의 이치가 균등한 경우, 또는 범죄혐의가 거의 확실하나 결정적 증거가 없는 경우, 또는 증거는 있지만 별다른 심증이 없는 등의 '疑罪'는, 그 혐의범죄에 의해 벌금으로 속죄하도록 규정한다.(§502)

---

316) 이 원칙은 晋書 및 隋書의 刑法志에도 각기 그대로 인용하고 있다. 禮記, 王制편에는 '법령(형벌)의 적용은 가벼운 규정에 의하고, 사면은 무거운 쪽을 택하라.'(附從輕, 赦從重.)는 내용이 보인다. 後漢書, 應奉傳 및 隋書 刑法志, 南北朝 刑法志(陳)에는 '罪[罰]疑從[惟]輕'의 명제를 인용하기도 한다.

특히, '무고한 사람을 처형하느니, 차라리 죄인을 놓치는 편이 낫다.' 는 尙書의 法諺은, 법제사의 거의 전 시기를 통하여 줄기차게 꾸준히 인용·강조하는 欽恤의 핵심명제다. 일찍이 漢書 刑法志에서는, "옛날에 법을 아는 자는 근본을 밝히 살펴 형벌을 간략하게 줄일 줄 알았는데, 지금 법을 아는 자는 말단지엽에 얽매여 오직 죄인을 놓치지 않으려고 하고", 또한 "지금의 재판관은 처형할 꼬투리(단서)만 찾는데, 옛날의 재판관은 살려줄 방도를 구했다"는 孔子의 말을 인용하면서, 바로 위 法諺으로 총 평론을 내렸다. 그 이래로 '무고한 사람을 처형하느니, 차라리 죄인을 놓치는 편이 낫다.'는 法諺은 역대 刑法志에서 대부분 빠짐없이 거론하는 약방의 감초가 되었다.[317]

한편, 춘추시대 蔡의 聲子도 晋과 楚의 대부를 비교 평론하는 가운데, 이 명제를 夏書의 구절로 인용하였다. 동시에 그는 刑政의 기본원칙을 이렇게 논하고 있다. "국가를 잘 다스리는 사람은, 상이 참월하지도 않으며 형벌이 범람하지도 않는다. 상이 참월하면 간사한 자에게까지 미치기 마련이고, 형벌이 범람하면 선량한 사람에게까지 미치기 쉽기 때문이다. 불행히 어느 한쪽이 지나친다면, 차라리 상이 참월할망정 형벌이 범람하지 않아야 한다." '상이 지나칠망정 형벌은 넘치지 말라'는 명제도 앞의 명제와 더불어 欽恤의 대명사로 널리 人口에 膾炙해 왔다.[318]

그래서 역대 법제는 獄吏들의 자의적인 범죄 조작이나 면제 및 형벌의 가중이나 감경을 엄중히 다스렸다. 그 중에서도 죄인을 잘못 놓아주거나 감경 처벌하는 '失出'죄는, 무고한 사람에게 착오로 죄를 덮어씌우거나 가중하는 '失入'죄보다 비교적 관대히 처벌하는 경향을 보인다.[319]

---

317) 예컨대, 三國志, 魏書, 盧毓傳; 魏書, 刑罰志; 南北朝刑法志의 齊와 陳편; 舊唐書, 刑法志의 陳子昂 상소문; 宋史, 刑法3 등에서 그 인용을 확인할 수 있다. 이중 공자의 말을 함께 인용하는 곳도 적지 않다.

318) 左傳, 襄公26年 참조. 예컨대 荀子, 致仕편; 呂氏春秋, 開春편; 晋書, 刑法志, 後漢書, 陳寵傳 등에도 이 명제를 인용한다.

319) 전술한 바와 같이 唐律(§487)과 元律(元史, 刑法2, 職制下)은 失入罪에 대하여는 3등급밖에 감경하지 않으면서, 失出罪에 대하여는 5등급이나 감경해 준다. 宋代에는 死刑에 失入한 관리는 관직에 의한 감형이나 贖刑을 인정하지 않고, 失出죄는

특히 宋代에는, "失入罪를 중시하는 것은 恤刑의 소치인데, 失出罪는 신하의 작은 허물이지만, 그 好生의 결과는 聖人(군주)의 큰 은덕이므로, 失出罪에 대한 처벌을 폐지하여 재판관이 忠恕에 힘쓰도록 하자."는 건의를 황제가 수용하였다. 한편, 어떤 법관이 범죄정상에 비해 법규정이 가벼운 경우에는 가중처벌을 요청하면서, 반대로 법이 지나치게 무거운 경우에는 감경 처분을 건의하지 않았다. 이러한 사실에 대하여, "이는 사람의 처벌을 즐기며, 恕의 도리를 적용하는 데 인색한 것으로서, 欽恤의 정신에 어긋난다."고 논평하면서, 情(狀)과 法의 중용적정에 힘쓰지 않는 자는 군주의 명령을 위반한 죄로 처벌하도록 詔書를 내리기도 하였다.[320] 이는 인간에게 남의 불행을 기뻐하는 아주 못된 고약한 심보가 있는데다가, 특히 獄吏는 그 직책상 범인의 체포 및 처벌이라는 외형상의 성과와 공적을 자신의 명예와 출세의 유력한 방편으로 삼기 때문이다. (이점은 稅吏의 직책상 근성과 대비해보면 더욱 분명해진다.)[321]

(2) 피의자에게 유리한 時際法의 선택

둘째, 법의 개정으로 말미암아 행위의 시점 및 발각·재판 시점의 규정이 서로 달라, 과연 어느 법을 적용해야 할지 의심스러운 경우에는, 적용대상(피의자·피고인)에게 유리한 시점의 법을 적용하는 것이, 또한 전통법에 일관하는 欽恤의 정신이다. 이른바 '時際法'의 문제인데, 입법에 매우 다양하게 나타나는 각종 '時際'에 관한 규정 중, 특히 눈에 띄게 두드러지는 것을 소개하면 다음과 같다.

우선, 관리에 대한 贖刑이나 그 가족에 대한 官蔭의 혜택 적용은, 관직이 없을 때 범한 죄가 관직에 부임한 뒤 드러난 경우, 流罪 이하는

아예 벌하지도 않다가, 나중에 사형수 5人의 失出은 失入 1人, 그리고 徒流刑의 경우 失出 3人을 失入 1人에 각각 대비시켜 논죄하였다. 宋史, 刑法志 참조.

320) 宋史, 刑法3 참조.

321) 漢 宣帝 때 路溫舒의 상소문(漢書, 刑罰志), 唐 太宗 때 劉德威의 답변과 高宗 때 長孫無忌의 답변 및 則天武后 때 陳子昂의 상소문(舊唐書, 刑法志) 등에서, 이러한 獄吏의 생리를 정확하게 지적하고 있다.

속죄를 허용한다. 낮은 관직 때 범한 죄가 승진한 뒤 드러나거나, 관직에 있을 때 범한 죄가 해직한 뒤 드러나거나, 또는 범죄가 드러난 뒤 해직당한 자도, 그 죄가 公職으로 인한 流罪 이하인 경우에는 아예 논죄하지도 않는다. 그리고 관직이 있을 때 범한 죄가 해직 후 드러나거나, 官蔭이 있을 때 범한 죄가 官蔭이 없을 때 드러난 경우, 또는 반대로 官蔭이 없을 때 범한 죄가 官蔭이 있을 때 드러난 경우, 모두 官蔭의 혜택을 받을 수 있다.(§16) 또 범죄로 인해 해직당하지 않고 정상 사유로 관직을 떠난 경우, 현직과 동등하게 八議에 의한 감경 또는 속죄 혜택을 받을 수 있고, 官蔭의 경우 그 친족이 사망한 뒤에도 생존시와 마찬가지로 혜택을 받는다.(§15) 이는 특별히 관리에 관한 優惠조치로서 신분상 귀족주의 계급특권이라는 비판을 피하기 어려운 게 사실이지만, 순수하게 인도주의 법원리에서 보자면 훌륭한 선진 입법임에 틀림없다.

그런가 하면 연령이나 질병에 의한 형사책임감면규정의 적용에서도, 범죄의 실행과 발각 사이의 時際法은 한결같이 피의자에게 유리하게 결정한다. 범죄 시에 비록 노년이나 질병에 해당하지 않았더라도, 발각 시 노년이 되거나 질병에 걸린 경우에는, 노년이나 질병에 의한 감면규정을 적용한다. 徒刑 복역 중 이러한 사유가 발생하여도 마찬가지로 처분한다. 반면, 범죄 시에 연소자였다가 발각 시에 성장한 경우에는, 연소자의 책임감면 규정을 적용한다.(§31) 그리고 2죄 이상이 함께 드러난 경우에는 重罪에 의해서 처벌하는데, 만약 한 죄가 먼저 드러나 이미 판결한 뒤 다른 죄가 드러난 경우, 후죄가 전죄보다 경미하거나 동등하면 동시 발각과 마찬가지로 논죄하지 않는다.(§45) 또한 사면 이전에 내려진 부당한 판결이 사면 뒤에 바뀐 경우, 만약 새 판결이 종전보다 가벼워졌으면 새 판결에 의하고, 무거워졌으면 종전의 판결에 의하여 사면의 혜택을 결정하게 된다. 사면 詔書에 특별히 죄명을 지정하여 경미한 죄로 취급하는 범죄구성요건은, 律文의 比附 유추해석에 의한 가중적용을 엄격히 금지하기도 한다.(§488) 그리고 사면조서가 내려진 뒤 백일 안에 자수하지 않으면 혜택을 받을 수 없는 일정한 범죄의 경우, 그 사실이 백일 기한 안에 비로소 들통 난 때는, 비록 자수하지 않더라도 자수기한 백일이 다 차지 않은 점을 고려하여, 형평의 원리상 혜택에서 배제하지 않는다.(§35) 또한, 범죄대상의 주관적 신분관계(예컨대 존속친)나 객관적 특수성(예컨대 종묘의 기물)으로 인하여 일반범죄보다 가중 처벌하는 특수한 구성요건의 경우에는, 범죄 시에 이 사실을 몰랐으면 일반범죄로 보아 감경 처벌한다. 반대로 감경 처벌하는 구성요건(예컨대 비속친)인 경우에는, 비록 몰랐더라도 本法에 의해 감경 처벌한다.(§49)[322]

한편, 범죄의 실행 이후 재판의 종결 이전에 법이 바뀐 경우, 그 법의 적용에 관한 일반 '時際法' 규정이, 明淸律에 이르러 '新法 우선의 원칙'으로 조문화한 사실도 특기할 만하다. "무릇 律은 반포일로부터 시행하는데, 만약 범죄가 그 이전에 행해진 경우에도 모두 新律에 의해 처단한다." 그런데 明律의 이 규정에 대한 纂註에는, 舊律 적용금지의 원칙에 대한 설명과 함께, 明律의 제정 초기 개별 조문에서 특별히 언급한 시행 기준일에 대한 구체 경과규정을 예로 들어 해석하고 있다.[323] 따라서 본 조문의 '律'이 勅令格式이나 條例까지 포함하는지 여부가 불분명하다. 만약 포함하지 않고 엄격히 '律'만 지칭한다면, 이는 太祖 때 완성·공포해서 형식상으로는 전혀 바뀌지 않은 '明律' 자체를 시행하기 위한 경과규정에 불과하게 된다.

한편, 淸律의 해당 조문은 공식 律註에서 고정불변의 '律'과 함께 임시가변의 '(條)例'의 제정을 명백히 거론하고 있다. "범죄가 新條例의 제

---

322) 그러나 특정 범죄행위를 각별히 엄중 징계하기 위하여, 오히려 행위자에게 불리하게 사후의 행위에 대한 소급처벌을 규정하는 경우도 있다. 예컨대, 관리가 공무수행과 관련하여 처음에는 재물(뇌물)을 받지 않았다가 그 사무를 처리한 뒤에 뇌물을 받은 경우, 해당 사무 처리에 위법이 없으면 단순 수뢰죄로 처벌하고, 위법이 있으면 枉法수뢰죄로 처벌한다.(§139) 또한 人身 약취 및 매매의 죄에서, 그 사실을 알지 못한 매수자는 원칙으로 논죄하지 않으나, 설령 매수 시에는 몰랐더라도 매수 후 그 사실을 알고 관가에 신고하지 않은 자나, 또는 아무리 몇 사람의 轉賣를 거쳤더라도 간접으로나마 그 사실을 안 모든 매수인도, 매수 시 알았던 경우와 마찬가지로, 매도인보다 1등급 감경한 중형을 면치 못한다.(§395) 이는 국가 공직 기강 및 사회질서 유지 차원에서 청렴윤리 및 인도주의를 특히 우선한 것이다.

323) 大明律集解附例, 卷1, 名例, 斷罪依新頒律조(368-370) 참조.

정 이전에 행해진 경우에는 律과 이전 條例에 의해 판결하고, 새로 제정한 條例 안에 시행 年月의 규정이 있는 경우에는 그에 의하되, 만약 新條例의 규정이 가벼운 경우에는 新條例에 의해 적용한다." 그런데 이 律註(의 마지막 구절)에 대한 별도의 주석에는, "新條例가 엄중한 경우에는, 그 조례 이전에 행해진 범죄에 대해서는 마땅히 舊條例를 적용해야 한다."고 해설한다.324) 따라서 淸 律例의 규정과 주석에 따르면, 新法우선의 원칙과 함께, 新法이 그 제정(시행) 이전에 행해진 범죄에 대하여 피의자에게 불리한 경우에는 여전히 舊法을 적용한다는 예외가 동시에 지켜져, 그 인도주의 정신이 근대서구법과 상통함을 알 수 있다.

그러나 이 時際法의 원칙은, 비록 唐律 正文에는 규정이 보이지 않지만, 勅令에 의해 唐代부터 이미 실행하였음을 확인할 수 있다. 宋 刑統 斷獄律에는 다음과 같은 唐의 獄官令 규정을 준용한다고 선언한다. "범죄가 드러나기 전이나, 또는 드러난 뒤 아직 판결하기 전에 格의 개정을 만난 경우, 만약 새 格이 무거우면 (피의자에게 불리하면) 범죄시의 格에 의하고, 가벼우면 그 가벼운 새 法에 의한다." 이는 宋이 律 本文 및 疏議와 마찬가지로 唐制를 그대로 계승한 것으로 보인다. 그런데 刑部式에 의하면, 式의 준용은 格·勅·律·令을 모두 포함한다는 규정이 있다. 그러므로 여기의 格도 문자형식상의 '格'에 국한하지 않고, 勅·令·律까지 포괄하는 '法'체계 전부를 지칭하는 것으로 여겨진다.

이와 함께 唐 穆宗 때 내려진 다음 칙령도 준용한다고 적혀 있다. "後勅에 의하면 前格을 깨뜨리는 것이 마땅한데, 지금 이후로는 法文의 적용에 있어 일체 최후의 勅을 취하도록 규정한다." 또한 後唐 明宗 때 시행한 다음 칙령도 준용하고 있다. "무릇 형사재판에는 모름지기 범한 죄명에 의거하여 律·令·格·式을 인용해야 하는데, 순차로 正文의 유무를 살핀 다음에 後勅을 검토한다. 만약 명목과 조건이 같다면 後勅에 의해 죄를 정하되, 後勅 안에 正條가 없으면 格文에 의해 죄를 정하고,

---

324) 大淸律例會通新纂, 卷4, 名例律下, 斷罪依新頒律조(559) 참조.

格 안에도 正條가 없으면 律文에 의해 죄를 정한다. 律·格 및 後勅 안에 모두 正條가 없으면 比附(유추해석)로 형벌을 정하는데, 이 또한 먼저 後勅부터 比附하기 시작한다."325) 요컨대, 唐宋代에 이미 피의자에게 유리한 내용을 전제로 하는 新法우선의 원칙이 확고히 정립하였다.326)

(3) 司法재판관의 기본 자질 智仁勇

셋째, 司法재판 실무상으로도 법의 해석·적용 방법과 방향에서 인도주의 성향은 매우 뚜렷이 두드러진다. 의심스러운 경우에는 되도록 피의자(범죄인)에게 유리하게 해석·적용하여 '살릴 방도를 구하는'(求所以生之) 것이 전술한 역대 正史 列傳 중의 이상적인 '循吏' 또는 '良吏'의 전형이다. 그 구체적 실천방도는 바로 유가의 仁(義)과 (忠)恕의 인도주의 도덕원칙이자 법원리다. 이는 주요 법제와 재판사례들을 편찬한 각종 법제사료에 나타나는 분류항목의 표제어에도 직접 찾을 수 있는데,327) 그들이 수록하는 실질내용은 더욱 말할 필요가 없다. 따라서 그 구체 실례는 이루 다 열거할 수 없이 많다. 여기서는 判例集(折獄龜鑑)의 평론을 중심으로 유가의 인도주의 법원리인 '仁'과 '恕'의 관점에서 몇 가지 전형 사례를 소개하기로 한다.

우선 가장 중요한 재판심리의 원칙은, '자기의 心情을 미루어 남(피의자)의 心情을 헤아려' 용서해 주는 恕의 황금률, 즉 仁의 법원리다. 이는 앞서 인용한 後漢代 형제 공범살인죄에 대한 판결을 관리가 잘못 선고한 사례에서 명확히 표출한다. 즉, 황제가 그 관리와 죄수가 동향인 사

---

325) 宋刑統, 卷第30, 斷獄律, 斷罪引律令格式조(485-6) 참조.

326) 한편 漢代에는, "범법자는 각기 法時(범죄시)의 律令으로써 논죄한다."는 令의 규정이 있던 걸로 보인다.(漢書, 孔光傳) 沈家本은 이를 明淸律 상의 '斷罪用新頒律' 규정과 의미가 상통하는 것으로 이해하여, 그 역사 연원이 유구함을 강조한다. 그러나 이는 宋 刑統상의 勅令은 미처 확인하지 못한 상태서 펼친 견해로 보이며, 그 文理해석상 다소 납득하기 어렵다. 漢律, 卷11, 具律3, 1583면 참조.

327) 예컨대, 역대 會要상의 '詳讞'·'寬恕'·'議刑輕重'·'君上愼恤'·'臣下守法'(守正) 등의 항목이나, 通考의 '詳讞'(平反) 또는 折獄龜鑑의 '釋冤'·'辨誣'·'鞫情'·'議罪'·'宥過'·'矜謹' 등이 대표다.

실을 이유로 고의 가능성을 의심하자, 郭躬이 군자는 타인의 '거짓(詐欺)을 지레짐작하지 않는다.'(不逆詐)는 공자의 말을 인용하면서, "帝王은 하늘을 법삼기 때문에, 형(법)을 자의로 왜곡·해석해서는 안 된다"고 간언하여 칭송받은 것이다. 그러한 郭躬에 대해, 역사는 "寬大와 公平에 힘쓰고 주로 矜恤과 容恕에 의했다"고 기록하면서, 특히 "자기를 미루어 남(사물)을 의론하고 (객관) 증거(행위결과)를 넘어서 그 (주관) 情理(동기·목적)를 살피는" 恕心은 法家의 만세귀감이라고 평론한다.[328] 그런데 宋代 鄭克이 편집한 판례집 折獄龜鑑도 이를 인용하여 재판의 모범 원칙인 '忠恕'의 도리로 칭송한다.[329] 또, 淸末 修訂法律大臣을 지낸 최후·최고의 法家인 沈家本도 이를 인용하여 法家의 표본이라고 극찬한다.[330]

그런데 司法재판관은 물론이고, 재판을 감찰·의론하는 상급 司正관리들에게 필요한 또 하나의 중요한 소양과 자질로서, 法理와 民情을 두루 살펴 밝히 아는 智慧와, 피의자의 억울한 원통과 일반인민의 무지한 범법을 긍휼히 여기는 사랑의 仁心, 그리고 관리들의 자의나 과실에 의한 부당한 법 적용·집행을 탄핵·시정함으로써, 무지하며 무기력하고 무고한 피의자들의 억울한 원통을 펴서 풀어주는 과감한 勇氣가 특히 중요하다. 이것이 바로 유가의 智·仁·勇 三達德이다.(中庸 §20) 이 삼자가 혼연일체를 이룰 때, 司法의 실질 正義가 원만히 이루어질 수 있다.

우선 범죄인의 심리나 범죄행위와 관련한 각종 사회경험과 통찰력이 모자라면, 죄악을 실효성 있게 예방·통제·징계하기 어렵다. 물론 律令의 규정에 대한 지식이나 그 내재 法理에 대한 식견이 없어도 마찬가지다.[331] 그러나 일반인민의 常情이나 관리들의 간사한 기교와 농간을 모

---

328) 後漢書, 卷46, 本傳 참조.
329) 折獄, 卷4, 議罪, §78 · §80 · §81 · §83 · §98 등을 참조. 특히 '推己以議物'은 恕로, '捨狀以探情'은 忠으로 개념화하여 양자를 병칭·대비하여 강조한다.
330) 漢律, 卷4, 賊律2, 1450-1면 참조.
331) '以法爲教, 以吏爲師'를 표방한 秦의 법치 아래서, 律學의 전문성을 지극히 중시한 것은 물론이다. 그런데 漢의 儒家獨尊 통치이념 표방 이후, 율령에 대한 경시풍조가 점차 만연하게 되었다. 그래서 後漢代 樊準은 文官이 법률을 덮어놓고 비방과

르면, 무고한 양민의 억울함을 풀어줄 수 없게 된다. 특히 중앙에서 파견하는 지방장관(牧民官)이 法과 民情을 파악하지 못하면, 지역실정에 밝은 실무 鄕吏(특히 獄吏)의 조작과 농간에 말려들기 쉽다.[332] 그리고 인민에 대한 仁愛는, 군주를 대신하는 인민의 父母이자 師表로서 牧民官에게 가장 중요한 기본 덕성임은 말할 나위도 없다. 그런데 仁心의 덕성에서 특히 강조할 점은, 仁을 결단력 있게 적극 실행할 수 있는 勇氣다. 이는 '어진 자는 반드시 용기가 있다'(仁者必有勇:論語, 憲問 §4)는 공자의 가르침에 대한 정치・司法상 실천의 의미로서 중요하다.

예컨대, 後漢의 寒朗은 楚王의 逆謀사안에 억울하게 연루당한 제후들의 무혐의를 밝혀 주기 위해, 죽음을 무릅쓰고 明帝의 면전에서 간쟁하였다. 모반대역과 관련해 獄吏들이 되도록 많은 사람을 연루시키는 것

기만을 일삼는 폐단을 지적하면서, 郡國의 관리를 소집하여 律令을 읽히도록 상소하기에 이르렀다.(後漢書, 樊宏傳) 魏代에 律博士를 설치한 이후 律學이 다소 일어나기는 했어도, 文官들이 법률을 천시하는 무지의 풍조는 지속하였다. 예컨대, 宋哲宗 때 韓維는 근래 법관들이 법률지식에 어두워 律文을 적당히 해석・적용하는 便文의 폐단이 막심함을 지적하였다.(通考, 卷170, 詳讞조, 1477면 참조) 또한 明代에는 馬文昇이 明律意疏를 강론하는 가운데, 律學의 중요성과 전문성을 강조하면서, 관리들이 律學을 배우지 않고 法意를 알지 못해 야기하는 司法재판 실무상의 엄청난 착오와 폐단을 예리하게 지적한다. 劉玉은 刑獄을 논하는 상소문에서, 역시 인간의 생명을 좌우하는 재판의 중대성에 비추어, 관리들이 법률에 대한 전문지식이 너무 부족함을 통탄하며, 관리의 등용과 승진에 律例의 강독경력 연한제를 채택하자고 건의하기도 하였다.(續文獻通考, 卷168, 刑制下 참조) 律令의 부지로 인한 오판사례는 많은데, 이에 대한 평론은, 折獄, 卷4, 議罪, §102 참조.

332) 지방의 실무 獄吏가 토호세력과 결탁해, 신임 지방장관(守令)을 시험・농간하여 실권을 장악하려는 술수계책이 흔하였다. 특히 전문성과 실무성이 필요한 刑政과 관련하여 두드러지는 경우가 많다. 즉, 獄吏가 수령 부임 직후에 인민을 시켜 誣告 등 불필요한 소송을 대량 제기하여 골탕 먹이는가 하면, 토호들의 뇌물을 받고 사건을 조작하거나 법적용을 왜곡하여 수령의 법령지식 및 판단력 등을 시험하는 수법 등이 대표다. 이들을 현명하고 결단력 있게 통제한 지방장관의 모범적 사례는, 折獄, 卷5, 察姦 및 懲惡편, 卷6, 覆姦편, 卷8, 嚴明편 등에 다수 전해진다. 특히 §119・§134・§138・§160・§247・§251・§252 등이 참조할 만하다. 한편 宋徽宗 때는 縣官이 친히 죄수를 심문하지 않고 獄吏에게 대리 위임하는 행위를 徒2年에 처한다는 특별 詔書를 내린 적이 있다. 이는 지방 司法行政실무의 상황을 간접 반영해주는 특기할 만한 사례다.(通考, 卷167, 刑制조, 1453면 참조)

은, 만에 하나 피의자를 잘못 놓아주어 초래할 자신의 후환을 미연에 철저히 예방하기 위한 자구책의 소치인데, 그로 인해 매번 큰 사건이 터질 때마다 한 사람에 대한 신문으로 수십 명씩 무고하게 연좌하는 刑政의 현실을 寒朗이 과감히 진언한 것이다. 그래서 황제가 분노를 풀고, 이틀 뒤 친히 洛陽獄에 행차해 죄수록을 살펴보고 천여 명을 석방했다.

唐 德宗 때는 大將 令狐運이 사냥하던 부근에서 강도겁탈 사건이 발생했다. 평소 그를 미워하던 杜亞가 그를 체포·신문해 누명을 씌웠다. 어명에 의해 監察御史가 진상을 조사해 무혐의로 보고하자, 杜亞는 어사까지 군주기망죄로 탄핵했다. 德宗이 杜亞를 신임해, 사안은 더욱 확고히 굳어졌다. 그런데 御史 李元素가 억울한 누명을 알아채고 피의자를 모두 석방했다. 杜亞가 다시 그를 죄수방종죄로 탄핵하자, 덕종은 몹시 분노하며 그를 즉각 처벌하라고 명령했다. 이때 李元素는, "刑獄을 감찰하는 어사의 직책으로 피의자의 억울함을 알고 말하지 않을 수 없는데, 이로 인해 폐하를 다시 뵐 수 없게 되었다."고 강직한 용기로 답변했다. 마침내 덕종의 분노가 풀리고 자초지종이 밝혀지게 되었다.[333]

이들은 모두 진실을 밝히고 억울한 무고를 해명하기 위해 최고 절대권력자인 황제 앞에서 목숨을 걸고 正義와 法理를 굽히지 않은 仁者의 勇氣를 대표하는 전형이다. 이밖에도 이미 인용한 사례 중에 비슷한 간쟁이 적지 않은데, 상급심의 감독관과 法理를 다투거나, 상관의 압력이나 재물의 유혹에 굴하지 않은 사례도 많다. 예컨대, 宋의 單孟陽은 한 관리의 수뢰죄를 受理하여 혐의사실이 밝혀지지 않자, 中丞의 증언에도 불구하고 석방하였다. 畢仲遊는 丞相의 소속 병졸이 한 소년의 옷을 약탈했다는 고발을 접수받아, 刺字유배형에 처하라는 승상의 분노에도 불구하고, 사건 자체가 人情에 맞지 않는다며, 그 誣告 사실을 밝히기도 하였다. 악의와 음모로 계획한 모함무고는 그 진실을 밝히기 어려운 경우가 많은데, 智慧가 모자라면 미혹하기 쉽고, 용기가 모자라면 두려워

---

333) 折獄, 卷3, 辨誣, §42 및 卷1, 釋寃上, §13 참조.

하여 쉽게 알 수 있는 것도 제대로 분별할 수 없게 된다. 中丞의 의향에 아부하지 않고 丞相의 분노를 피하지 않은 이들 법관이야말로, 진실로 正義와 仁心에 勇氣 있는 자들이다.[334]

또한 宋代에는 州 장군의 생질과 異母(腹)兄이 함께 사람을 구타하여, 생질이 살인한 사건에 생겼다. 州 장군은 '가해자가 내 친척이며 大姓(세력 있는 집안)이니, 잘못 처리하여 나중에 파기당하는 일이 없도록 하라'고 은근한 청탁과 위협을 가해왔음에도 불구하고, 葛源은 조금도 굽힘없이 법대로 처리하였다. 또, 십여 명의 군졸이 죄를 범하여 도망했다가 체포당했는데, 監押(특별관리)이 반역모의죄로 사형에 처하여 포상을 받으려고 조작하였다. 그럼에도 불구하고, 司馬宣은 사실대로 심리하여 모두 杖罪에 처하였다. 이들은 권세의 위협에도 굴하지 않는 勇氣와, 공로나 포상의 名利 유혹에도 흔들리지 않은 仁心의 모범이 될 만하다. "사건의 진실을 밝혀내는 현명한 智慧가 있더라도, 마음이 仁愛롭지 못하거나 勇氣가 없다면, 권세의 위협이나 名利의 유혹에 움직여 그 진실을 왜곡하게 되니, '오직 선량한 자만이 재판을 할 만하다'는 呂刑의 명제는 이를 일컫는다."[335]

일찍이 춘추시대 齊 景公을 보필한 晏子는 검소하기로 유명했다. 군주가 거듭 강권함에도 불구하고, 그는 시장 부근의 누추한 거처를 계속 고집했다. 한번은 景公이 시장 가까이 사니까 물건가격의 귀천을 잘 알겠다고 조롱 섞인 말문을 열자, 晏子는 어찌 모를 수 있겠느냐고 답변했다. 景公이 무엇이 귀하고 무엇이 천하냐고 묻자, 이에 晏子는 기다렸다는 듯이, "보통사람이 신는 신발은 싼데, 발뒤꿈치 자르는 형벌을 당한 죄인이 신는 신발은 몹시 비쌉니다."고 답하였다. 당시 齊나라 형벌이 무척 번잡하게 많고 무거움을 은근히 풍자하여 우회로 간언한 것이다. 景公이 晏子의 말뜻을 깨달아 형벌을 대폭 줄였다. 이에 대해 당시 史官은, "仁人의 말은 그 이로움이 진실로 크도다. 晏子의 말 한마디에

---

334) 折獄, 卷3, 辨誣, §63·§64 참조.
335) 折獄, 卷3, 鞫情, §73·§74 참조.

齊 景公이 형벌을 줄였구나!"라고 칭송한다.336) 인민을 긍휼히 여기는 仁恕의 마음이 刑政을 통해 죄수를 이롭게 한 欽恤정신의 표본이다.

(4) 行刑 상의 흠휼과 죄수 구휼

넷째, 刑이란 본디 定'型'의 틀과 같아서, 한번 그 집행이 이루어지면 변경할 수 없으며, 특히 사형으로 인명을 빼앗으면 다시 부활할 수 없기 때문에, 각별히 공경과 신중을 요구하는 것이 刑政의 기본이념이었다.337) 이는 법제사에서 현명한 군주가 통치하는 시대에는 끊임없이 강조한 欽刑의 전형이다. 특히, 漢 文帝가 '죽은 자는 다시 회생할 수 없고 한번 끊은 肢體는 다시 이을 수 없다'고 하소연한 한 죄수의 딸의 청원에 감동하여 肉刑을 폐지한 사실은 너무도 유명하다. 景帝도 "刑獄은 인간의 생명이 걸린 중대사로서, 죽은 자는 부활할 수 없으니, 의심스러운 사안은 비록 法文의 규정에 딱 맞더라도, 人情에 부합하지 않으면 반드시 보고하라"고 분부한 적이 있다.338) 그리고 北魏의 太武帝는 자신이 친히 사형수들한테 다른 억울함이나 원망이 없는지 최후진술을 들은 뒤 처결을 명령하였다.339) 元 世祖가 태자 때, 刑官이 하루에 28人을 처형하였다. 그 중 한 사람은 말을 훔친 죄로 이미 곤장을 맞고 풀려났다가, 刑官이 새로 선물 받은 칼을 시험하기 위해 그 사람을 추격하여 처참한 것이었다. 이 소식을 들은 世祖는 하루에 28人을 처형한 것만도 이미 원한이 많을 텐데, 이미 처벌한 뒤 석방한 사람을 보고도 없이 처참한 것은 무슨 형벌이냐고 심히 질책하였다.340)

---

336) 左傳, 昭公 3年 및 晏子春秋, 內篇雜下 §21 참조.
337) 禮記, 王制편 참조.
338) 漢書, 卷5, 景帝紀, 中元 5年 9月조 참조. 그 후에도 漢 宣帝 시 路溫舒의 상소문, (通考, 卷163, 1416면) (北)魏書, 刑罰志 서문, 南朝 梁武帝의 詔書,(會要, 刑, 律令조, 534면) 唐 高宗의 언론,(舊唐書, 刑法志) 後唐 明宗 시 大理寺의 奏請,(通考, 卷166, 1442면) 宋 仁宗의 훈시,(通考, 卷167, 1448면) 明 世宗의 유시(明會要, 卷64, 刑制조, 1241면) 등에 이러한 명제가 欽恤의 기본 이념으로 계속 등장한다.
339) 魏書, 刑罰志 참조.
340) 新元史, 刑法志 참조.

법제사상 특히 자주 거론하는 문제는, 笞나 杖을 맞거나 불법고문을 당하다가 致死하는 일이다. 일찍이 漢 文帝가 肉刑을 폐지하면서 코를 베는 劓(의)刑은 笞3百, 왼 발꿈치를 자르는 斬左趾刑은 笞5百으로 대체하였다. 그러나 실제 시행에서는 그 형량이 결코 가볍지 않아서, 겉으로 감형한 명분과는 달리, 안으로는 실질상 사형의 결과를 적지 않게 초래하였다. 그래서 景帝는 元年에 이미 "笞刑의 시행이 重罪(사형)와 다를 바 없으니, 비록 다행히 죽지 않더라도 사람 꼴이 못된다."고 탄식하며, 笞5백은 3백으로, 笞3백은 2백으로 각각 낮추라는 칙령을 내렸다. 그 후 얼마 안 가서 "笞刑의 시행에서 죄수가 이미 사망했는데도 그 형량이 다 끝나지 않았음을 짐이 몹시 가엾게 여긴다."며, 다시 笞3백은 2백으로, 笞2백은 1백으로 각각 낮추라고 명령하였다. 아울러 笞刑은 교화의 형벌임을 강조하면서, 그 刑具(회초리)의 규격을 입법하도록 지시하였다. 그리하여 길이는 5尺, 두께는 1寸으로 하되, 마디를 매끄럽게 다듬고, 그 시행은 엉덩이에 하되(그 이전에는 등에 시행하였음) 중간에 형 집행자를 바꾸지 못하도록 규정하였다.[341]

唐 太宗은 針灸圖를 보다가 등에 치명 급소가 많은 것을 알고, 가장 가벼운 笞刑의 죄로 가장 무거운 사형의 결과를 초래하는 비극을 예방하기 위하여, 죄인의 등을 채찍질하지 못하도록 금하기도 하였다.[342] 金世宗도 곤장질하다가 致死하는 猛暴한 行刑에 대하여, 사형죄도 더러 참작할 정상이 있으면 유념해야 하는 법인데, 하물며 작은 허물을 다스리는데 어찌 인간의 생명을 경시할 수 있느냐고 개탄한 적이 있다. 아울러, 범인을 색출하기 위하여 다수의 무고한 피의자를 가혹하게 심문하다가 살상을 초래하는 일이 없도록, 사실 증거에 의지하라고 각별히 경계하기도 하였다.[343] 元 世祖는 唐 太宗이 죄수의 등을 채찍질하지 못하도록 금지한 기록을 읽고 만세의 귀감이라고 찬탄하면서, 법령의

---

341) 漢書, 刑法志 참조.
342) 唐書, 刑法志 참조.
343) 金史, 刑志 참조.

규정에 의하지 않고 분노나 흉포로 刑杖을 남용하여 인명을 살상하는 불법고문은 好生之德에 어긋난다고 엄금하였다.[344] 淸代에 明律을 거의 그대로 답습한 刑律을 반포한 뒤, 笞杖刑을 世祖 때에는 본 규정의 절반으로, 聖祖 때에는 4/10로 일률 감경 시행한다는 별도 注文을 규정하였다. 이 역시 笞杖의 과중으로 생명을 빼앗는 위험을 줄이기 위한 '法 밖의 仁政'이었다.[345]

한편, 경미한 笞杖 범죄에 대한 가혹한 불법고문으로 살상이 빚어지는 비극을 예방하기 위한 제도 장치도, 漢代의 箠(추)令을 계승하여 역대 律令에 규정하였다. 北魏의 獄官令에는 杖의 대소와 채찍(鞭)의 장단을 규정하였고, 죄수의 신문도 그 사람의 강약을 고려하여 불법 고문을 금지하였다.[346] 隋文帝도 가혹한 고문법을 모두 제거하고, 杖의 대소를 정함과 동시에, 죄인 신문시 杖2百을 초과하지 못하되, 곤장 치는 刑官을 도중에 바꿀 수 없도록 규정하였다.[347] 唐律도 이를 계승하여 죄수 신문을 3회로 제한하고, 총 刑杖도 2백을 초과할 수 없되, 杖罪 이하 죄인의 경우 本罪에서 정한 수치의 범위 안에서만 신문하도록 규정하였다. 또한 笞杖을 비롯한 각종 刑具의 규격을 좀 더 상세히 규정하고, 笞杖을 시행할 때 장딴지·엉덩이·등에 나누어 받을 수 있도록 하였다. (斷獄, §477)[348] 특히 이러한 법정 신문절차를 어겨 불법고문을 자행하거나, 笞杖의 형벌을 법규정대로 시행하지 않은 경우에는, 해당 刑官을 처벌하였다.(斷獄, §477·§482)

그러나 好生之德의 欽恤정신에 근거한 이러한 각종 제도장치에도 불구하고, 법현실에서는 언제나 刑官이 사사로운 감정과 자의로 잔인한 불법을 남용할 수 있었다. 오히려 欽刑이념을 지나치게 강조하는 사실

---

344) 新之史, 刑法志 참조.
345) 淸史稿, 刑法二 참조.
346) 魏書, 刑罰志 참조.
347) 隋書, 刑法 참조.
348) 舊唐書, 刑法志 및 唐律, 斷獄, §482의 疏議에 인용한 獄官令의 규정도 참조.

이, 오히려 잔혹한 行刑현실을 역설로 반증하는 지표일 수도 있다.[349]

이밖에도 사형을 집행하는 날에는 古禮에 따라 宴樂과 酒肉을 베풀지 아니하고, 군주 자신이 蔬食(채식)을 먹으며 궁내의 敎習도 정지하여 恤刑의 마음을 잊지 않았다.[350] 특히 사형수의 인명을 중시하여, 三審五覆奏의 상세하고 신중한 심리절차를 시행한 것도 주목할 만하다.[351] 그리고 獄訟의 聽斷을 질질 끌어 더욱 커지는 죄수들의 고통과 원망을 최소한으로 줄이기 위하여, 일반으로 斷獄期限을 규정하고,[352] 감옥생활의 각종 고충을 해소하기 위한 구휼정책도 적지 않게 시행하였다.

일찍이 漢 宣帝는, 수감 중인 죄수가 고문이나 飢寒 또는 질병으로 옥사하는 것은, 獄吏가 人道에 반하여 고의로 직무를 유기한 소치로 간주하고, 옥사자가 발생하면 담당 관리의 성명·소속 縣·官爵·거주지를 기록하여 보고하도록 詔書를 내린 적이 있다.[353] 徒罪囚가 병이 들어 勞役에 복무할 수 없는 경우에 휴가를 주는 제도도 있었다.(雜律, §396 및 斷獄, §473·§500) 또한 後唐 때에는 죄수병원(病囚院)을 설치하여 의약을 급여하고, 죄수가 병이 생기면 의사를 즉시 보내 진료하게 했다. 이를 소홀히 하여 죄수를 病死케 한 관리는 엄단하고, 5일에 한번씩 獄具를 세척하도록 의론하였다. 后周 때에도 獄吏로 하여금 항상 감옥을 깨끗

---

349) 예컨대, 舊唐書, 刑法志(則天武后 때의 혹형고문)와 宋史, 刑法二에 열거하고 있는 각종 잔인하고 가혹한 불법고문의 명칭과 방법은 그 전형이다. 이는 어느 시대 어느 곳에서나 포학한 권력자가 은밀히 또는 공개로 자행할 수 있다. 唐 則天武后 때의 혹형·고문의 기술과 도구에 대해서, 宋의 胡寅은 인간의 이성(人理)으로는 도저히 상상할 수 없는 것으로서, 불교의 地獄개념으로부터 유래하였을 것이라고 추측한다. 권선징악을 위한 불교의 본의와 정반대로, 포학한 군주에 의해 악용당한 점을 몹시 탄식한다.(通考, 卷166, 刑制, 1438-9면 참조) 그리고 宋代 軍에 설치한 '後司'도 혹형·고문으로 유명하였는데, 그중 英德府는 '人間生地獄'으로 일컬어지기도 하였다.(宋史, 刑法2) 그리고 明代에도 廷杖·錦衣衛·東廠·西廠을 중심으로 혹형·고문을 극심하게 자행하여, 그로 인해 치사한 사람이 적지 않게 줄을 잇고 있다. 明史, 刑法3 및 明會要, 卷67, 刑4, 1295-1305 참조.

350) 舊唐書, 刑法志 및 唐會要, 卷40, 君上愼恤조(718) 참조.

351) 舊唐書, 刑法志 및 唐書, 刑法志, 그리고 明史, 刑法二 참조.

352) 예컨대 舊唐書, 刑法志 및 金史 刑法 참조.

353) 漢律, 卷6, 囚律, 繫囚조(1482-3) 참조.

이 청소하고 獄具를 세척하며, 죄수가 배고프고 목마르면 물과 음식을
공급하고, 질병이 생기면 친척으로 하여금 간호하게 하되, 보호자가 없
는 경우에는 의원을 보내 구료하여, 부당하게 사망하여 和氣를 손상시
키는 일이 없도록 죄수구휼에 각별히 주의하였다.354) 南朝 齊 때는 지
방에서 獄吏가 죄수의 병을 치료하기 위한 약물 공급을 악용하여, 私怨
으로 독살한 사건이 발생했다. 그래서 죄수의 질병치료는 반드시 먼저
郡에 보고하여 그 감독을 받고, 관리와 의사가 함께 진찰·처방하되, 먼
지방에서는 가족의 입회 아래 처리하여, 죽은 자는 원한이 없고 산 자
는 원망이 없도록 하라고 지시한 적도 있다.355) 宋代에도 죄수병원(病囚
院)을 설치·운영하고 獄具세척과 점검을 5일마다 정기로 시행하며, 상
급 관청의 관리감독도 강화하는 恤囚정책이 줄곧 이어졌다. 특기할 만
한 점은, 한해에 病死하는 죄수가 2인 발생하면 담당 獄吏를 杖60에 처
하며, 그 인원수의 증가에 비례하여 형벌도 가중하되, (지역이 큰 관할구역
은 그 표준치를 다소 높여줌) 죄수의 병사가 전혀 없는 관리는 반대로 승진
시켜 주는 제도도 시행하였다.356)

明代에는 決獄기한의 지체를 특별히 경계하였다. 노약자와 질병자는
분산 수용하며, 범죄의 경중을 구분하여 수감하고, 가난하여 자급자족할
수 없는 죄수에게는 매일 쌀 한 되씩 급여하며, 날씨가 지나치게 덥거
나 추울 때에는 경범죄수를 특별히 贖罪시켜 석방하기도 하였다. 특히
憲宗 때에는 惠民藥局을 널리 설치하여 죄수치료를 더욱 강화하였다.
그러나 成祖 때는 한겨울(11月) 한 달 동안 질병과 飢寒으로 930여명의
죄수가 옥사하는 처참한 사건이 발생하여, 담당 관리를 엄중히 문책하
면서, 流刑囚 이하는 모두 3일 내에 석방시킨 적이 있었다.357)

欽刑恤囚 정책과 관련한 특기할 만한 점은, 漢代 이후 역대왕조가 계

---

354) 舊五代史, 刑法志 참조.
355) 南朝 齊會要, 刑, 刑制조(489) 참조.
356) 遍考, 卷 166, 刑制(1444-5) 및 卷 167, 刑制(1448-9·1454) 참조.
357) 明會要, 卷 66, 刑 3, 囚繫조(1278-1281) 참조.

승하여 시행한 이른바 錄囚제도다. 唐宋代에는 慮囚로 일컬어지고, 明代에는 審錄이라 불리어진 이 제도는, 상급 감독관청이 죄수의 범죄사실 및 그 심리재판의 情狀에 억울함이나 지체 등이 없는지 여부를 살핌으로써, 冤獄을 방지하기 위한 것이었다.[358] 災異(천재지변)와 관련한 죄수 사면도 기본상 이러한 인도주의 恤刑정신에 입각한 것이었다. 그밖에 임신한 부인이 사형죄를 범한 경우에는, 해산 후 백일이 지난 다음에야 처형하며, 기타의 죄를 범한 때에도 출산 후에 비로소 笞杖刑이나 심문을 시행할 수 있었다. 만약 이를 어긴 刑官은 당연히 처벌받는다. 唐律에 의하면 그 결과 落胎를 초래하면, 徒2年의 형벌을 받는다.(斷獄, §494 · §495) 이는 특히 倡妓들의 낙태나 영아살인을 엄격히 금지한 元律의 규정과 함께 눈에 띄는 立法규정이다.[359]

(5) 肉刑의 폐지

다섯째, 法制史上 가장 획기적이고 중요한 인도주의 恤刑조치는 漢文帝의 肉刑폐지다. 아들이 없는 淳于公이 사형을 범해 후손이 끊길 것을 탄식하자, 그 딸 緹縈(제영)이 비통하게 상심한 끝에, 마침내 부친을 따라 長安에 가서 황제에게 상소하였다. 한번 죽은 자는 소생할 수 없고, 한번 끊긴 肢體는 다시 이을 수 없어서, 후에 비록 개과천선하고자 해도 어찌할 방도가 없다고 하소연하면서, 자신이 官婢가 되어 부친의 사형을 속죄하길 원하니, 개과천선의 기회를 달라고 간청했다. 文帝는 緹縈의 정성스런 효심에 감동한 나머지, 德敎의 시행이 모자라 인민이 죄악을 범한다고 스스로 탄식했다. 더구나 肢體를 끊고 살을 도려내는 잔인무도한 肉刑은 인민의 부모라는 천자의 도리에 적합하지 않다고 판단하여, 이를 폐지하고 일반 노역형과 笞刑으로 대체한 것이다.[360]

---

358) 各史 刑法志에 상세히 기록하고 있는데, 沈家本, 救考12(791-805)에 이들 내용을 종합 정리하고 있다.

359) 元史, 刑法四, 禁令 참조.

360) 漢書, 刑法志 참조.

그 후 淸末에 이르기까지, 사회가 혼란스러워지고 죄악이 흉포하게 급증할 때마다, 그 강력한 징벌책으로 肉刑의 필요성과 향수가 자주 고개를 쳐들곤 하였다. 後漢 말엽에 崔寔·鄭玄·陳紀 등의 名儒가 肉刑의 부활을 강력히 주장한 것을 비롯하여, 魏·晋·東晉 때도 그 논의가 끊이지 않고 이어졌으나, 채택하지는 않았다.361) 그러다가 唐 太宗이 죄수를 한번 처형하면 다시 소생시킬 수 없음을 긍휼히 여겨, 특별히 絞刑에 속하는 50조를 斷右趾刑으로 감경해 준 적이 있었다. 그러나 이도 잠시뿐, 그를 시행한 뒤 곧바로 태종은 발뒤꿈치 잘린 죄수들의 고통을 또한 차마 볼 수 없어서, 이를 다시 流三千里刑으로 바꾸어주고 말았다.362) 宋 神宗 때 다시 肉刑의 부활이 조정을 들썩였으나 실패했으며, 元 世祖 때는 절도범에 대해 刺字하고 팔 자르자는 건의가 일었으나, 이는 회교의 법이라며 거절하기도 하였다.363) 明 宣宗은 신하들과 옛날의 肉刑을 논하면서, 漢이 肉刑을 없앤 뒤 사람들이 죄악을 가벼이 범하게 되었다는 신하의 견해에 대하여, 인민의 敎化는 肉刑의 유무와 전혀 상관없다고 반박한 적이 있었다.364)

그러나 일부분이나마 肉刑이 잠시 행해진 경우가 없지 않다. 唐 太宗의 조치 이외에도, 宋代에는 특히 극심한 盜賊을 징계하기 위하여 刺字의 형벌을 부가하기도 하였으며, 元末에도 절도죄를 다스리기 위하여 刺字의 肉刑을 일시 시행하였다.365) 淸代에도 盜賊에 대한 刺字刑을 시행했는데, 특히 條例에 의한 규정이 상당히 급증하였다. 그러나 刺字 후 2-3년 동안 죄를 짓지 않고 개과천선하면, 다시 이를 없앨 수 있도록 허용한 점이 특기할 만하다.366) 明 太祖는, 元末의 혼란으로 말미암아

---

361) 晋書, 刑法志 참조
362) 舊唐書, 刑法志 참조.
363) 宋史, 刑法三 및 新元史 刑法志, 刑律上 각기 참조.
364) 明史, 刑法二 참조.「侍臣對: '漢除肉刑, 人遂輕犯法.' 帝曰: '此自由敎化, 豈關肉刑之有無?'」
365) 宋史, 刑法三 및 新元史 刑法志, 刑律上 참조.
366) 淸史稿, 刑法二 참조.

사회기강이 해이해지고 인민이 간사하고 포악해진 것을 바로잡기 위하여, 洪武 18年부터 세 차례에 걸쳐 大誥라는 임시 특별형법을 제정하였다. 이 大誥는 大明律을 완성할 때까지 잠시 시행하였는데, 거기에는 凌遲·梟首 등을 비롯한 각종 준엄한 肉刑이 제법 많이 들어 있었다.[367]

일시로 행해진 일부분 刺字刑을 빼면, 肉刑제도는 漢 文帝 때 폐지한 뒤로, 다시는 공식 국가형벌제도로 전면 부활한 일이 없었다. 文帝가 肉刑을 없애고 笞刑으로 대체한 결과, 더러 致死의 불행을 다소간 초래한 건 사실이다. 그럼에도 불구하고, 文帝의 肉刑 제거는 中國法制史上 유례가 드문 '大人虎變' '君子豹變' 같은 혁명이며, 가장 훌륭하고 찬란한 인도주의 欽刑 정신의 금자탑이다. 또한, 형벌제도의 기본 '五刑'개념을 先秦시대 肉刑의 墨·劓(의)·刖(월)·宮·死刑에서, 漢 이후 自由刑의 笞·杖·徒·流·死刑으로 전환시키는 획기적인 분수령이 되었다.[368]

중국 전통법제사에서 肉刑의 폐지 및 부활과 관련한 줄기찬 논란에는, 현대 자유민주주의 법치사회에서 인간의 존엄성 차원에서 치열한 찬반 공방을 벌이고 있는 死刑폐지 논의와 상당히 비슷한 공통성이 느껴진다. 비록 2천2백년 가까운 시차를 두고 서로 다른 두 주제를 둘러싸고 펼쳐지는 철학사상의 향연이지만, 인류 문명사의 큰 틀에서 인도주의의 발전과 성숙이라는 역사관으로 바라본다면, 사형제의 존폐에 대한 기본인식과 나갈 방향은 점차 더욱 뚜렷해지리라 여겨진다. 인류가 하늘님의 好生之德을 타고난 빛의 존재로서, 지혜와 仁愛와 용기의 三達德을 몸소 실천하는 만물의 영장이라면, 그 길은 자명하지 않겠는가?

---

367) 明史, 刑法一; 沈家本, 明大誥峻令(歷代刑法考 1899-1947면에 수록) 및 寄簃文存, 「大誥跋」 등을 참조.

368) 先秦시대의 五刑은 尙書·堯典(僞古文尙書의 舜典)에 처음 등장하며, 尙書, 呂刑편과 周禮·秋官·司刑편에 구체로 거론한다. 다만, 五刑의 죄목 수는 두 책의 기록이 좀 다르다. 그리고 國語·魯語上에는 五刑을 그 시행도구에 따라 甲兵·斧鉞·刀鋸·鑽鑿(찬착)·鞭扑(편복)의 사용으로 규정하기도 한다. 한편, 漢 이후의 五刑은 北齊 때 그 원형이 싹터, 隋代에 唐律과 같은 五刑제도가 확고해졌다. 다만, 五代나 宋·明·淸代에 絞·斬 이외의 잔혹한 死刑 방법으로 凌遲·梟首를 시행하였으며, 특히 盜賊에 대한 일시의 刺字刑이 기본 五刑의 가장 큰 예외였다.

(참고로, 몇 해 전 자료를 찾으러 중국의 누리망(인터넷 사이트)을 뒤지다가, 우연히 한 중국 女 律師(변호사)가 漢 文帝를 감동시켜 肉刑을 폐지시킨 緹縈의 고사를 소개하며, 여성 법조인의 이상적 귀감처럼 치켜세워 칭송한 글을 본 기억이 난다. 지금 세계에서 사형 집행이 가장 많은 나라에 드는 중국에서, 앞으로 인권이 향상 발전하면, 언젠가 지극 정성으로 天人과 공산당을 감동시켜 사형제도를 폐지시킬 인연을 마련할 緹縈의 化身이 나타날지도 모르겠다.)

요컨대, 앞서 서술한 각종 인도주의 恤刑의 사상과 제도는, 확실히 無爲自然의 天道로 만물을 길러주는 上帝의 好生之德을 본받고자 하는 人法의 구체 발현임에 틀림없다. 그래서 일찍이 唐 陳子昂은 則天武后의 혹독한 형벌시행에 대하여, "天意를 공경히 받들어 인민을 은택으로써 구휼해야 하지 않겠느냐?"고 간언하였다.369) 그리고 明 太祖는 "天道는 생명을 좋아하고 人情은 사망을 싫어한다."고 말하면서 형벌의 중용·적정을 강조하였다. 또 宣宗은 "上帝의 好生之心을 체득하여 형벌을 欽恤하는 것"이 군주의 도리라고 자부하면서, 특히 지방 죄수의 억울함이 없도록 상급관리의 철저한 감독을 당부하기도 하였다.370) 好生之德의 天道(天理)는 실질상 삶을 좋아하고 죽음을 싫어하는 생명체의 본능이자 人之常情이며, 법의 집행에서는 사형을 두려워하고 형벌로 인한 온갖 고통을 피하려는 죄수들의 人情이 된다. 欽刑恤囚의 사상과 제도는 결국 天理와 人情의 合一이라는 이념을 바탕으로, 나의 心情을 미루어 남(죄수)의 心情을 헤아리고 긍휼히 여기는 '恕'와 '仁'의 법원리인 셈이다.

4. 법제에서 구현한 실질 정의와 형평성의 법원리

법 시행절차상의 형식적 통일평등성에 관하여는 앞에서 이미 살펴보았다. 그러나 간과해서는 안 된다. 법 시행의 통일평등성이 실질 내용상의 구체적 차이까지 완전히 무시하는 단순한 획일적 균등을 의미하는 것은 결코 아니라는 사실을! 이른바 형식적·평균적 정의에 못지않게,

---

369) 舊唐書, 刑法志 참조.
370) 明會要, 卷 66, 刑 3, 寬恕조(1273) 및 卷 65, 刑 2, 詳讞조(1257) 참조.

그에 대응하는 실질적·배분적 정의의 문제도 법의 중요한 이념인 것이다. 법체계 전체가 시대 상황에 상응하여, 지나치게 무겁거나 가볍지 않고 중용이어야 함은 물론, 개별 법령의 관점에서도 구체 행위에 대한 법적 효과의 경중이 서로 균형조화를 이루어야 한다. 다시 말해서, 상은 공로의 대소에 따라 비례로 수여하고, 형벌은 죄악의 경중에 따라 형평 있게 부과해야 한다. 같은 것은 같고, 다른 것은 다르게 대우하면서, 각자에게 각자의 합당한 몫을 배분하는 것이다.

이러한 법의 실질 내용상의 형평성은 형식 절차상의 통일평등성과 대비하면, 일견 불평등한 차별로 인식할 수도 있다. 그러나 본질로 보면 양자 모두 법의 궁극이념인 正義와 平等으로 귀결한다. 그리고 이는 禮의 차등성이라는 본질과도 밀접히 관련한다. 사실 禮의 차등성도 시대의 가치와 이념에 따른 역사성을 감안하면, 본질로는 각자에게 합당한 명분과 실질을 차등지게 규정하는 질서규범이다. 이는 법의 실질적 형평성이라는 배분적 정의와 크게 다르지 않다. 다만, 전국시대 본격 등장한 법은 그 시행적용상의 형식적·절차적 통일평등성을 또 다른 중요한 특징으로 부각시키면서, 다른 한편으로는 새로운 통일을 지향한 역사적 대전환기의 시대상황을 그 기본이념과 가치에 강하게 반영함으로써, 구체 내용상 禮와 다른 면모를 보이는 것일 따름이다.

사실 아리스토텔레스 이래 서양법철학의 고전 정의론에서도 "각자에게 각자의 몫을" 나눠주는 배분(비례)적 정의(distributive justice)를 기본으로 삼고, 그 바탕 위에서 매매 등 사적 거래상 산술적 균형을 이루는 등가교환의 교환적 정의(commutative justice)나, 배분정의에 대한 침해(불법행위)를 바로잡아 원상회복(배상)시키는 矯(正)正적 정의(corrective justice)와 같은 평균(산술)적 정의가 세워진다고 하지 않은가?

법의 실질 내용상의 형평성, 즉 배분적 정의를 구체적인 법제사의 관점에서 고찰하자면, 사실 실정법의 개별 내용 하나 하나가 모두 이러한 법이념의 실현을 궁극 목적으로 지향하지 않은 바가 없다고 해도 과언이 아닐 것이다.[371] 그중 특히 두드러지는 주요한 법원칙이나 법규정

내용을 예시해 보는 것도 실제 이해에 참고와 도움이 될 것이다.

(1) 別籍異財

첫째, 부모·조부모님의 생존시나 喪中(服喪기간)에 자손들이 호적을 달리하거나 재산을 분할하는 別籍異財는, 전통법에서 엄격히 금지한 중대한 불효죄다.(唐律 §155, §156) 사회 윤리관념상으로나 경제적 재산행위상으로나 모두, 가족공동체의 일체성 유지를 지상목표로 삼은 것이다. 뿐만 아니라, 자손은 원칙상 尊長의 허락 없이는 家産을 임의로 사용할수도 없다.(唐律 §162) 그런데 부모가 사망하여 그 服喪을 마친 뒤에는, 특정인이 따로 처가로부터 얻은 개별 고유재산을 빼고는, 모든 재산을형제간에 공평하게 균등 분배해야 한다. 죽은 형제가 있으면 그 자손이그의 몫을 대습 상속한다. 이러한 均分상속을 실행하지 않은 경우, 부당하게 침해한 상속분은 臟罪(불법취득, 부당이득 죄)로 논한다.(戶婚, §162)

그런데 明淸律에서는 別籍異財를 친고죄로 규정하여, 尊長의 명령이나 동의에 의한 別籍異財를 법으로 허용하는 예외가 나타난다. 이와 상응하여 家産의 배분도 상속분할에 국한하지 않고, 마땅히 分財해야 할모든 경우를 일반으로 규정한다. 또, 불균분의 책임은 현실정황에 비추어 尊長에게 전속시킨 점이 특징이다. 다만, 家産에 관해 尊長도 管掌의권한만 가질 뿐, 독점 소유권까지 가지는 것은 아니기 때문에, 그의 사사로운 처분을 管掌의무 위반으로 해석함이 특이하다.(明律, 戶律, 戶役)

(2) 軍役과 각종 賦役 분담

둘째, 軍役을 비롯한 각종 賦役은 국가방위 및 재정조달에 필수 불가결한 사회경제적 통치체계의 중추로서, 인민에게는 가장 중대한 의무이자 고통스러운 부담이다. 賦役은 국가와 인민 간에 정면으로 충돌하는

---

371) 이는 전통 中國法의 立法 및 司法의 최고지도이념인 情과 理의 기본원칙과도 부합하는 것으로, 구체적인 人的·物的 情況과 객관적인 事理·法理에 합당할 것을요구하는 법원리는 바로 법의 실질적인 형평성·배분적 정의와 직결한다.

가장 큰 이해관계로서, 양당사자의 관점에서 모두 治亂의 관건이 된다. 지나치게 가혹하고 무거운 부역이 민생을 파탄시켜 민란을 초래하고 왕조의 운명까지 좌우한 사례는 역사에 셀 수 없이 많이 전해진다. 그런데 부역의 절대 과중 못지않게, 상대적인 불공평 또한 그 결정적 원인이 됨은 물론이다. 그래서 역대 律令은 부역을 담당한 관리에게 兵役 및 조세의 공평한 부과를 법적 의무로 엄격히 규정한다. 특히 중요한 사실은, 부역의 공평성이 산술평균의 형식적 평등의 의미가 아니라, 실질평등의 배분적 정의의 관점에서 명확한 기준을 제시한다는 점이다.

예컨대, 정규 방위병사(衛士)나 임시 전쟁병사(征人)를 징발하는 우선순위의 기준으로, 재산이 균등한 경우에 강건한 자를 우선 뽑고, 힘이 균등한 경우에는 부유한 자를 먼저 뽑으며, 재산과 힘이 모두 균등한 경우에는 장정수가 많은 호구를 우선 뽑도록 법은 규정한다. 이밖에도 老少와 재능 등의 비교기준에 의해 실질상 공평을 실현하고자 하는 것이 부역법의 기본원칙이다. 이러한 제반원칙에 위반한 불공평한 징병은 물론, 이미 징발이 정해진 대상자를 순서에 맞지 않게 파견(징집)하는 것도 모두 처벌한다.(擅興, §227)

丁夫의 차출 및 파견에서도 軍役과 마찬가지로, 빈약하고 장정수 적은 자보다 부강하고 많은 자에게 우선 부과해야 한다. 이러한 기본원칙을 어긴 불공평한 차출·파견은 물론, 기한만료 후 부역을 해제하지 않는 부당행위도 형사책임의 대상이 된다.(擅興, §245) 鎭이나 戍(수)의 방위인원에 대한 부역도 합리적이고 공평하게 집행할 법적 의무가 있다. 이들의 방위근무는 원칙상 만 1년마다 (唐의 경우 매년 10월 1일) 교대시켜야 한다. 이 파견교대기한을 어긴 경우는 물론, 방위근무 중에 불공평하고 불합리한 가혹한 사역행위로 근무이탈(탈영)을 초래한 경우에도, 응분의 형벌을 받아야 한다. 합리적 사역이란 방위근무상 苦樂의 균등·공평한 대우와 능력을 감안한 적정수준의 노역을 뜻한다.(擅興, §239)

(3) 쌍방범죄 처벌상의 공평성

셋째, 쌍방범죄에 대한 처벌상의 공평성을 들 수 있다. 예컨대, 쌍방 폭행의 경우에는, 쌍방이 상대방에게 입힌 상해결과에 따라 각각 독자의 형사책임을 져야 하는 雙罰主義가 원칙이다. 다만, 잘못 없는 일방이 무고한 피격에 대해 반격한 후발 폭행은 감경 처벌한다.[372] 또한 간통죄(和姦)의 경우도, 남녀 쌍방의 자발 감정과 자유의사의 합치에 의한 것이므로, 律文에 특별한 신분관계로 인한 婦女의 죄명을 별도로 규정하지 않는 한, 남녀 모두 같은 형벌을 공평하게 받는 雙罰主義가 원칙이다. 다만, 강간의 경우에는 부녀자에게 책임이 없으므로, 남자만 처벌한다.(雜律, §415) 한편, 일반간통의 경우에, 관원이나 道士 · 女官 및 부모 · 남편의 喪中에 있는 자는, 그 신분상 특수성으로 말미암아 가중 처벌한다. 그런데 이때 가중책임 사유인 주체의 신분이 개별화하는 점도 실질 공평성의 원칙에 부합한다. 예컨대, 관원 · 道士 · 女官의 간통 상대방으로서 일반인이나, 부모 · 남편의 喪中에 있지 아니한 자는, 상대방의 특수신분으로 인한 가중책임을 함께 지지는 아니한다.(雜律, §415)

(4) 功過에 대한 賞罰의 형평성

넷째, 동일한 법적 구성요건에 해당하는 功過에 대한 賞罰의 시행기준에 상호 형평의 法理를 적용하는 경우가 있다. 법이 고발을 허용하는 범죄를 남한테 告發하도록 시킨 경우, 그 고발내용이 허위면 誣告罪로서 고발한 죄에 해당하는 형벌을 반대로 받아야 하고, 그 내용이 사실로서 越境 · 도박 · 도적 · 禁物 등과 같은 현상범죄면 상을 받는다. 이때

---

372) 앞서 인용한 것처럼, 宋代에는 폭행투쟁의 풍속을 근절하기 위해, 먼저 폭행한 자는 비록 상해가 없어도 반드시 처벌하며, 나중에 반격한 자는 골절 이상의 중상해가 아니면 모두 용서해 준 司法 관리가 있다. 또한, 먼저 下手한 자로 하여금 벌금을 내어, 나중에 반격한 자에게 배상하도록 명령하는 편법으로 폭행을 억제하기도 했다. 이는 행위결과인 상처의 경중보다는, 그 동기인 事理의 시비곡직을 더욱 중시하는 것으로, 原心定罪 司法이념의 반영이다. 折獄, 卷8, 嚴明, §250 참조.

에 상이나 벌 모두 실제 고발행위자를 首犯(正犯), 고발 교사자를 從犯으로 각기 논한다. 誣告罪의 형벌인 경우, 일반 공범의 首從 法理에 따라 從犯의 형벌을 首犯보다 일정량 감경해 주면 된다. 그런데 포상의 경우, 분배가 문제된다. 흥미롭게도, 포상분배의 기준으로 형벌부가의 비율을 준용하는 것이 상대적 형평성의 원리로 특히 눈에 띈다. 예컨대, 고발내용이 허위로 誣告罪를 구성하는 경우, 首犯이 杖一百이고 從犯이 杖九十에 해당한다면, 그 내용이 진실하여 포상하는 경우에는 首從에 따라 10 대 9의 비율로 분배한다. 해당 형벌의 경중이 같지 않아 비율화하기 어려운 경우에는, 이상의 10분 비율을 준용한다.(鬪訟, §357)

(5) 공평이 본질 생명인 사물

다섯째, 사물의 본성상 공평을 본질 생명으로 삼는 경우가 있다. 사물을 측정하는 기준으로서 각종 度量衡의 기구가 그것이다. 공평성을 확보하기 위하여, 度量衡은 사사로이 제작하는 행위를 금지할 뿐만 아니라, 공적으로 제작한 기구도 이를 변형해서는 안 된다. 각종 변형을 방지하기 위하여, 매년 8월에 정기로 담당관서의 검사(平校)를 받아야 한다. 이때 검사를 공평하게 시행하지 않으면 처벌한다.(雜律, §417) 또한 시장의 물가나 범죄 관련 贓物을 평가하는 담당관리가 그 귀천을 공평하게 평가하지 않는 행위도 범죄를 구성한다. 특히 장물의 평가는 범죄 및 형벌의 경중을 결정하는 근본기준이 되기 때문에, 그 불공평으로 인한 형량가감의 책임까지 져야 한다.(雜律, §419) 그리고 각종 기물이나 옷감을 법정기준에 미달하게 제작하여 부당이득을 취하는 행위도 금지함은 물론이다.(雜律, §418) 이러한 각종 경우에 사사로이 취득한 부당이득(贓)에 대해서는 별도로 도둑이나 횡령의 죄책을 추궁한다.

(6) 행위결과에 따른 형사책임의 차등화

여섯째, 전통법의 가장 광범하고 두드러진 특징이자, 형평성과 실질

정의를 대표하는 중요한 요소로서, 행위결과의 수량 및 품질에 따른 형사책임의 차별화다. 특히 수량 차원에서 기준량으로부터 일정한 한도까지는 형량이 정비례로 누증하는 경우가 상당히 많다. 그리고 그 기준이 되는 내용도 매우 다양한 편이다. 이하 唐律을 중심으로 그 주요한 대강을 살펴보면 다음과 같다.

① **期間** : 우선, 가장 자주 나오는 표준으로 期間을 들 수 있다. 기간을 어기는 모습도 가지각색인데, 관리의 직책이나 인민의 부역의무와 관련한 사례가 압도로 많다. 법정 기한에 지각하거나 사후에 도망하거나 아예 결석함으로써, 자신의 고유한 직책·의무를 저버리는 경우가 있다. 일반관리가 무단결근하거나 당번근무를 빼먹거나 휴가종료 후 늦게 歸任한 경우,(職制, §95) 법정기한 안에 부임하지 않은 경우,(同, §96) 황제 등의 행차에 수행해야 할 관리가 지체하거나 도중에 먼저 귀환한 경우,(同, §97) 관리가 공무상 出行을 지체한 경우,(同, §132) 조정의 각종 祭祀담당관원이 지정 장소에서 留宿齋戒하지 않은 경우,(同, §98) 將兵이 정기 校閱에 지각한 경우,(擅興, §229) 전쟁에 출정할 병사나(同, §231) 보충으로 차출한 丁夫·雜匠(同, §246) 또는 궁전 등의 호위병사(衛禁, §75)가 정해진 기한에 到任하지 않은 경우, 從軍중인 병사나(捕亡, §457) 방위병사,(同, §458) 복역중인 徒流罪人,(同, §459) 당직중인 호위병사,(同, §460) 복무중인 丁夫·雜匠·工樂·雜戶,(同, §461) 官戶나 官奴婢(同, §463) 및 일반관원(同, §464)이 직무를 이탈하여 도망한 경우에는, 그 빠진 日數에 따라 누증하여 가중처벌을 받는다.

물론 구체 형량은 직책의 경중 및 상황의 완급에 따라, 가장 가벼운 笞刑부터 가장 무거운 斬刑까지 천차만별이다. 예컨대, 관리가 임지에 늦게 부임한 경우에는, 1일 笞10의 기본형에다가 매10일마다 1등급씩 가중하여 최고 徒1年에서 그친다. 한편 從軍병사가 출정에 지각한 경우에는, 1일 杖一百의 기본형에다가 매2일마다 1등급씩 가중하여 만20일이 되면 絞刑에 처하고, 전쟁이 발발한 위급한 상황에서는 조금이라도 지체하면 流三千里에 처하고 3일만 늦으면 斬刑에 처한다.

관리가 직무에 태만하여 公事를 지체시킨 경우에도, 그 일수에 따라 누증하여 가중처벌을 받는다. 국왕의 각종 문서나 명령 기타 官文書의 작성·이행이 법정기한을 초과한 경우,(職制, §111) 驛使가 傳送을 지체한 경우,(同, §123) 共犯이나 상호관련범의 대질신문을 위하여 관할이 서로 다른 죄수 일방의 이송을 요청받고 즉시 압송하지 않은 경우,(斷獄, §479) 徒流犯을 配役所에 늦게 이송한 경우,(同, §492) 사형수의 처형기한을 어긴 경우,(同, §497) 徒流犯을 복역시키지 않은 경우(同, §500)는, 각각 공무집행을 태만한 책임을 진다. 한편, 국경의 關門이나 河海의 나루터에서 행인의 통과를 담당하는 관리가 정당한 이유 없이 그 통과를 지체시킨 경우,(職制, §84) 官物의 출납담당 관리가 역시 정당한 사유 없이 그 출납을 지체한 경우,(廐庫, §219) 鎭이나 戍(수)의 방위근무자의 파견교대를 담당한 관리가 그 교대자의 파견을 지체한 경우,(擅興, §239) 노비나 牛馬의 매매당사자 및 시장담당관리가 그 매매확인 문서인 市券의 立案 및 발급을 지체한 경우(雜律, §422)에는, 그 직무태만으로 인해 상대방에게 불이익을 끼친 죄책이 성립한다.

또한 공무상 符節 사용이 끝난 뒤 반납을 지체한 경우,(職制, §131) 官物을 공식으로 빌려 쓴 자가 일이 끝난 뒤 10일 이내에 반납하지 않는 경우,(廐庫, §211) 兵器를 지급받아 사용을 마친 뒤 10일 이내에 반환하지 않는 경우,(雜律, §444) 公私器物의 유실에 대한 배상·贖罪벌금·범죄에 쓰인 물건의 몰수·기한 내 수령하는 주인이 없는 유실물의 귀속 등을 기한 안에 납부 또는 이행하지 않는 경우(斷獄, §493)는 물론, 절도·강도·살인사건 발생시 법률상 고발책임이 있는 피해가족이나 이웃이 고발을 지체하거나, 담당관리가 상급기관에 보고를 게을리 한 경우,(鬪訟, §360) 상업이나 遊學과 같은 일정한 직업도 없이 객지에 浮浪하거나, 또는 업무를 마친 뒤 귀환하지 않고 무단히 체류하는 경우(捕亡, §462 : 이 경우 부역의 기피가 있으면 逃亡罪에 해당함)와 같은 특수한 사례도 있다.

② 人員數 : 다음으로 사람 수에 따라 그 罪責이 누증하여 가중하는 경우를 들 수 있다. 먼저 관서마다 법정 인원수를 초과하거나 규정에

없는 관원을 둔 경우,(職制, §91) 덕행의 표준이나 시험에 불합격한 사람을 貢擧하거나 마땅히 공거해야 할 사람을 누락한 경우,(同, §92) 家長이 戶籍에 人口를 누락하거나 연령을 허위로 기재한 경우,(戶婚, §151 : 이 경우 부역을 면탈할 목적이 있으면 가중 처벌함) 里正이나 해당관원이 戶口를 함부로 누락하거나 연령을 조작하여 부역을 가감한 경우,(同, §153) 황제의 명령이나 허락 없이 임의로 병력을 차출·동원한 경우,(擅興, §224) 호위병사나 從軍兵士의 징발이나(同, §227) 賦役대상인 丁夫의 차출을(同, §245) 법정기준에 따라 공평히 시행하지 않은 경우, 官船에 법정허용기준을 초과하여 사사로이 사람을 태운 경우(雜律, §426)에는, 각각 그 사람 수에 따라 누증하여 가중처벌을 받는다. 이 경우에도 직책 및 상황의 경중에 따라 그 형벌이 각기 다른데, 천명 이상의 병력을 사사로이 동원한 경우에는 絞刑에 해당하는가 하면, 官船에 사사로이 한 사람을 태운 경우에는 笞50에 해당하기도 한다.

한편, 자신의 직접 행위에 대한 고유책임이 아니라, 타인의 행위에 대한 관리감독 소홀의 행정상 連坐책임도 적지 않다. 里正이나 州縣의 행정책임자가 戶口의 누락 및 연령의 증감이나(戶婚, §151, §152 : 이 경우 그 사실을 알았으면 家長과 같은 직접책임을 짐) 또는 從軍兵士의 대리출정(擅興, §228)의 사실을 관리감독 소홀로 사전에 발각하지 못한 경우, 또는 관할 행정구역 안에서 절도·강도·살인의 범죄가 발생하거나 이러한 범죄인의 진입을 허용한 경우,(賊盜, §301) 타 지역으로부터 각종 도망자나 부랑자의 진입을 허용한 경우(捕亡, §467) 등이 그러하다. 이들은 관할행정구역을 실제로 잘 다스리지 못하고 그 인민을 제대로 교화하지 못했다는 정치(행정)상 간접 책임추궁의 성격이 짙다.

③ 事物 : 시간과 사람 외에 각종 事物도 행위의 결과책임을 수량화하는 기준이 된다. 우선 각종 범죄와 관련한 부당이득이 대표다. 행정책임관리나 사안담당관원이 신분지위로 말미암아 각종 재물을 소극으로 받은 경우에는, 公事와 직접 관련 여부나 사전·사후 또는 그로 인해 위법 처리를 했는지 여부를 막론하고, 모두 그 받은 재물의 양에 따라

누증하여 가중책임을 진다. 다만 객관상 구체상황에 따라 그 죄책의 경중이 다소 달라진다. 예컨대, 公事와 관련하여 사전에 뇌물을 받고 법을 어겨 집행한 '枉法'의 경우에는, 布를 기준으로 1尺 杖一百에 매1필마다 1등급씩 가중하여 15疋에 이르면 絞刑에 처한다. 公事로 인하지 않은 사사로운 재물수수의 경우에는, 1尺 笞40에 매1필마다 1등급씩 가중하여 50疋에 이르면 流二千里에 처한다.(職制, §138~§140) 그리고 이러한 처형기준은 각종 재산범죄에 모범으로 준용한다. 특히 공무원의 직무(職制)와 관련한 부당이득의 경우가 많다. 예컨대, 재판이나 죄수를 관장하는 관리가, 죄수로부터 뇌물을 받고 말을 다르게 번복하거나, 외부와 내통하여 그 죄를 증감시킨 경우에는, 枉法으로써 논죄한다. 다만 그 최고형의 한도에서, 15疋이면 노역을 부가한 유형인 加役流에 처하고, 30필이면 교형에 처한다.(斷獄, §472) 관원이 아닌 일반사람이 각종 사안과 관련하여 재물을 받아 위법행위를 구성한 경우에는, 다소 감경한 기준에 의해 처벌한다.(雜律, §389)

또 하나 중요한 전형 사례는, 강도와 절도로 재물을 적극 탈취한 범죄다. 실제로 재물을 얻지 못해도 행위의 착수만으로 범죄를 구성하여 처벌의 대상이 되지만, 취득재물의 수량에 따라 누증하는 결과책임이 이들 범죄의 핵심 징표가 된다. 강도의 경우, 재물을 얻지 못하면 徒2年인데, 1尺을 얻으면 徒3年에, 每2疋마다 1등급씩 가중하여, 10疋에 이르거나 사람을 상해하면 絞刑에 처하고, 그로 인해 살인하면 斬刑에 해당한다. 더구나 막대기 이상의 무기를 휴대한 때는 더욱 가중한다.(賊盜, §281) 절도의 경우는, 재물을 얻지 못하면 笞50에 해당하고, 1尺 杖60에 매1필마다 1등급씩 가중하여 5필에 이르면 徒1년에 처하며, 다시 매5필마다 1등급씩 가중하여 50필 이상이면 加役流에 이른다.(賊盜, §282)

한편, 관리가 官物이나 관할구역 인민의 재산을 훔친 경우에는, 일반절도보다 2등급 가중하여 처벌하며, 30필에 이르면 絞刑에 처한다.(賊盜, §283) 본연의 직책을 위배하면서 더구나 직위와 직권을 악용한 범죄이기에, 책임을 가중하는 것은 당연한 사리다. 창고담당 관원이 관리소홀로 관물을 도둑맞은 경우에도, 5疋에 笞20부터 시작하여 그 수량에 따라 누증 형벌을 받는다. 강도를 당한 경우에는 객관적 불가항력의 사유로 책임을 묻지 않지만, 사정을 알고도 도둑을 용인한 경우에는 도둑 자체보다도 더 엄중한 죄책을 묻는 것도 특기할 만하다.(廐庫, §210)

조금 독특한 범죄는, 한 집안에 동거하는 자손이 尊長(家長)의 허락 없이 家産을 임의로 사용·처분한 경우다. 10疋에 笞10부터 시작하여, 매 10疋마다 1등급씩 가중하되, 최고 杖一百에서 그치는 비교적 경미한 형벌이다.(戶婚, §162) 그러나 형벌의 경중 차원을 떠나서, 이는 본질상 家長의 家産에 대한 경제 독점권을 법적으로 인정함으로써, 家長한테 실질상 최고 절대의 통솔권을 부여하고 家父長 신분질서를 확고하게 보장하는 제도장치라고 할 수 있겠다.

이밖에도 각종 재물과 관련한 범죄에서, 각기 해당 사물의 구체 수량을 기준으로 그 죄책을 누증하여 결정하기도 한다. 예컨대, 국경을 넘어 외국인과 私貿易을 거래한 경우에는, 布의 尺疋을 기준으로 한다.(衛禁, §88) 관리가 법정기준을 초과하여 驛馬를 판 경우나,(職制, §127) 官馬의 양육관리를 담당한 관원이 이를 소홀히 한 경우에는,(廐庫, §202) 말의 疋수에 따라 형벌을 가중한다. 각종 가축의 축산을 담당한 관리가 법정 사망·증식률을 초과해 사망하도록 관리를 소홀하거나, 유실 수량을 보충하지 않거나, 정기 점검을 허위로 행한 경우, 그 양육이나 질병치료를 법규정대로 시행하지 않아 사망하게 한 경우,(廐庫, §196~§198) 또는 국가의 각종 祭祀用 犧牲을 규정대로 양육하지 않아 병들거나 수척하게 한 경우에는,(廐庫, §200) 각기 해당 가축의 頭數에 따라 가중처벌을 받는다.

口分田은 법적으로 사적 거래를 금지하는데 이를 어기고 팔거나, 법정최고한도를 초과해 토지를 점유하거나, 公私田을 盜耕 또는 盜賣하거나, 또는 권세를 끼고 인민의 私田을 침탈한 경우에는, 해당 田地의 면적(畝: 무)에 따라 누증하여 처벌한다.(戶婚, §129) 公事로 인하여 驛馬나(職制, §129) 일반 관용 가축인 마소·노새·낙타 등이나(廐庫, §199) 또는 官船을(雜律, §426) 타는 때, 각기 법정 최고한도를 초과하여 개인의 화물을 신는 경우에는, 각각 그 무게(斤)에 따라 문책한다. 驛馬를 타는 자가 규정 노선을 벗어나 우회한 경우에는, 그 거리(里)를 문책 기준으로 삼는다.(職制, §128) 里正이 田地의 분배·환수 및 植樹의 부과·권장을 법규정대로 시행하지 않은 경우에는, 실책한 안건 수(事)를 죄책 결정의 표준으로 삼는다.(戶婚, §171 : 이 경우 州縣의 장관도 행정상의 연좌책임을 짐.) 인민이 제기하는 정당한 합법 절차의 소송을 담당관원이 수리하지 않은 경우에는, 그 사안 수(條)에 따라 형벌을 가중한다.(鬪訟, §359)

④ 동시 병합 : 두 가지 표준을 동시에 병합 적용하는 특별한 경우도 있다. 군대진영이나 鎭·戍에서 군인이나 방위병사를 사사로이 놓아준 장교나 감독관은, 놓아준 날수에 비례해 도망죄로 처벌하는데, 2인 이상인 경우 각자의 날수를 총합한 연일수에 의해 논죄한다.(擅興, §235) 또 계약기한을 어겨 빚을 갚지 않는 경우에는, 1疋 이상 30疋 미만까지를 기본액수로 삼아, 20일 지체시 笞20의 기본형을 가하는데, 매20일 추가 연체할 때마다 1등급씩 체증하며, 30疋 이상 때는 2등급, 100疋에 이르면 3등급씩을 각기 다시 가중한다.(雜律, §398) 물론, 이 형벌은 사채상환 연체에 대한 형사책임이며, 빚은 민사책임으로 여전히 갚아야 한다.

⑤ 상대 비율 : 특히 주목할 만한 사실은, 절대 수량화가 곤란한 경우에 전체상 상대적 형평성을 확보하기 위하여, 각자의 개별 몫에 대한 비율로써 문책기준을 삼는 점이다. 예컨대, 관할행정구역 내의 농지가 경작되지 않아 황폐해지는 경우, 里正 및 州縣의 행정책임자는 전 농토에 대한 10분 비율로써 행정책임을 지고, 개별 호주는 자기소유토지에 대한 5분 비율로써 처벌받는다.(戶婚, §170) 관할행정구역 내의 각종 조세 징수를 기한 내에 완수하지 못한 경우에도, 행정책임자는 10분 비율로 연좌책임을 진다.(戶婚, §174) 官의 가축을 잘 방목·사육하지 않아 수척해진 경우에도, 담당관원은 역시 10분 비율로 처벌한다.(廐庫, §201) 軍器를 지급받아 사용한 자가, 實戰의 陣中이 아닌 곳에서 분실하거나 훼손한 경우도, 10분 비율에 따라 가중하는 죄책을 져야 한다.(雜律, §444)

⑥ 행위결과의 정도 차이 : 수량으로 환산할 수 없는 행위는, 그 행

위결과의 질적(정도) 차이에 따라 누증 책임을 진다. 이 경우 산술상 평균비례의 가중은 사실상 어렵다. 가장 전형적인 경우가 인명 살상죄다. 상해의 부위 및 정도, 살인의 동기와 방법 등에 따라 형량을 차별화하는 것이다. 이는 근대법의 형사책임 원칙에서도 객관 형평성의 원리에 따라 기본으로 채택하지만, 전통법의 경우 각종 요소를 종합 표준으로 삼아 죄책을 개별·구체로 더욱 세분화하고, 그에 대한 형벌도 체계 있게 차등화한 점이 두드러진 특징이다. 예컨대, 謀殺의 경우, 살인의 모의만으로 이미 徒3년의 죄책이 성립하고, 이를 실행해 상해의 결과를 낳으면 교형, 살인에 이르면 참형에 처한다.(賊盜, §256) 이는 각종 살인죄 중 죄질이 가장 중대한 경우다. 이밖에 鬪毆殺人·兵刃殺人·故殺人(鬪訟, §306)·鬪毆誤殺人(鬪訟, §336)·戲殺人(鬪訟, §338)·過失殺人(鬪訟, §339) 및 强盜殺人(賊盜, §281) 등의 각종 살인은, 그 주관 동기와 객관 방법에 따라 죄책이 각기 달라진다. 물론 범죄의 주체와 객체 사이의 주관적 신분관계에 따라 다시 그 죄책이 천차만별해짐은 주지의 사실이다.

상해죄의 경우, 질적 정도에 따른 죄형의 차별화는 더욱 뚜렷이 두드러진다. 일반인의 범행을 기준으로 보면, 단순폭행은 笞40, 기물을 사용한 폭행이나 유혈을 초래한 상해는 杖60, 머리카락을 뽑은 부위가 方寸(가로·세로 각 1촌, 또는 둘레 4촌)에 이르면 杖80, 귀나 눈에서 출혈하거나 내출혈(吐血)이면 다시 2등급을 가중한다. 이(齒)나 손발가락 하나를 부러뜨리거나 귀·코·눈 하나를 손상하거나 뼈를 다치게 하거나 화상을 입히면 徒1年, 이(齒)나 손발가락 둘 이상을 부러뜨리거나 머리카락을 잘라 상투를 틀지 못할 정도에 이르면 徒1年半에 해당한다. 그리고 창·활·칼 따위의 흉기로 사람을 공격하면 杖1백이고, 그로 인해 상해를 입히면 徒2年이 된다. 일반상해의 경우에는 힘줄을 끊거나 두 눈을 다치거나 낙태시킨 경우에 각기 徒2年에 해당한다. 손발을 골절·탈골시키거나 한 눈을 실명시키면 徒3年이다. 두 가지 이상의 상해를 입히거나, 기존의 질환을 가중·악화시켜 篤疾(두 눈 모두 실명하거나 두 肢體를 못 쓰는 등 법정 최고의 신체장애임)에 이르게 하거나, 혀를 끊거나 생식기능을 잃게 하면, 流3千里에 해당한다. 그리고 폭행투쟁으로 致死하면 교형에 처하고, 흉기살인이나 고의살인은 참형에 처한다.(鬪訟, §302-6)

이처럼 상해의 질적 정도 차이에 따라 범죄행위의 결과책임을 일목 요연한 체계로 차별화하는 것이 전통법의 큰 특징이다.[373] 이와 함께 특기할 만한 흥미로운 사실이 있다. 상해를 원인으로 일정한 기한 안에 사망의 결과를 초래하면, '傷害致死'의 인과관계를 일률로 확정하는, 이 른바 保辜(보고)라는 법정기한이 있다. 그런데 이 기한의 장단도 상해의 질적 정도 차이에 따라 차등지게 규정한다. 예컨대, 맨손발로 때린 일반 상해의 경우 10일 안에 죽으면 상해치사로 인정한다. 보통기물을 사용 한 상해는 20일, 흉기로 인한 상해나 화상은 30일, 골절·탈골·破骨은 50일로 그 保辜기한이 각기 정해져 있다.(鬪訟, §307)

⑦ 기타 질적 高下 : 한편 수량의 多寡와 달리 질적인 高下에 따라 형량을 가중하는 경우도 있다. 범죄행위의 진행정도, 범죄객체인 보호법 익의 貴賤 및 그에 접근한 정도(深淺) 같은 기준이 그러하다. 예컨대, 궁 전에 출입할 신분자격이나 허락이 없는 자가, 함부로 또는 남의 신분을 冒用하여 난입한 경우, 그에 대한 죄책은 宮門에 들어서면 徒2年, 殿門 에 들어서면 徒2年半, 殿內의 上閤안에 들어서면 絞刑, 그리고 황제가 있는 곳에 이르면 斬刑에 각기 해당한다. 물론 막대기나 흉기를 소지한 경우에는 더욱 가중하고, 문턱을 넘지 않은 때에는 감경한다.(衛禁, §59~ §61) 호위병이나 당직수위가 직무를 태만하거나 대리한 경우, 公事로 정 당히 진입하였더라도 용무를 마친 뒤 곧장 퇴장하지 않고 머무르거나 유숙한 경우, 公事로 인한 때라도 출입허가증을 발급받지 않거나 허가

---

373) 한편, 현대 법제는 상해의 정도를 이처럼 구체로 차별화하지는 않는다. 다만, 重傷 에 대한 가중처벌 규정을 두는 정도인데, 그 개념도 생명에 대한 위험이나 불구, 또는 불치·난치의 질병 야기 등과 같이 대부분 일반추상의 규정으로서, 법관의 정상참작의 재량에 맡기는 것이 보통이다. 그런데 특기할 만한 사실은, 중화민국 형법 제10조와 중국형법 제95에서는 형법상의 "重傷"개념을 구체로 열거 규정한 다는 점이다. 그 내용상 중화민국형법 규정이 더욱 자세한데, 이는 전통 중국법의 篤疾·廢疾 개념규정 및 상해 정도에 따른 형벌의 차등화로부터 연원하는 중국 특유의 법문화유산으로 보인다.

받은 수를 넘게 인솔하여 진입한 경우도, 각기 난입죄에 준하거나 다소 가감하여 누증한 형벌을 받는다.(衛禁, §62~§65) 높은 곳에 올라가서 궁전 안을 내려다보거나, 활·탄환·돌 따위를 궁전 안에 쏘는 행위도, 마찬가지로 그 深淺의 정도에 따라 죄책이 체증한다.(衛禁, §66, §73) 그리고 궁궐 안에서 화를 내며 다투거나 언성을 높여 싸우는 경우에도, 존엄을 모독한 죄는 御所에 가까워질수록 체증하여 가중한다.(鬪訟, §311) 각종 문의 개폐를 관장하는 수위가 규정을 어겨 직무를 잘못 수행한 경우에도, 宮殿門·皇城門·京城門과 같이 御所에서 멀리 떨어질수록 그 형벌이 체감한다.(衛禁, §71, §80) 지방의 수비방위상 책임도 그 행정조직이 하부단위에 속할수록 점차 감경함은 물론이다.(衛禁, §81)

한편, 국가·왕실·관가의 각종 공물을 도둑질하거나 위조한 죄의 경우에는, 그 대상물의 존귀한 정도에 따라 그 형량을 가감한다. 예컨대, 御寶를 훔치면 絞刑, 황제가 사용하는 수레나 의복 또는 종묘사당의 신성한 제사용 기물을 훔치면 流二千五百里, 황제의 법령문서나 官印을 훔치면 徒2年, 일반 官文書를 훔치면 杖1百 등과 같다. 위조는 일반으로 도둑질보다 형량이 다소 무거워진다.(賊盜, §270-6; 詐僞, §362-7)

⑧ 誣告 反坐 : 상대적인 형평성의 원리를 관철하는 또 하나의 법 영역은, 허위의 범죄사실로써 無辜(무고)한 사람을 고발하는 법적 모함인 誣告(무고)를 들 수 있다. 남을 誣告한 자에게 그 誣告로 인하여 남이 받은 불이익과 똑같은 형벌을 거꾸로 뒤집어씌우는 反坐가 그것이다. 이는 전통법에 특유한 완전무결한 因果應報의 복수형이다.374)

---

374) 현행 법제에서는, 무고죄에 대하여 특별히 형평의 원리에 입각한 인과응보의 복수형을 인정하지 않는 게 일반이다. 다만, 이를 단순한 개인의 명예·권리에 대한 침해가 아니라, 공공질서와 사회정의에 대한 범죄행위로 간주하고 무겁게 처벌하는 것이 통상이다. 대개 일반상해죄보다는 무겁고 중상해죄보다는 다소 가벼운 법정형을 규정한다. 중화민국의 형법도 이러한 입법례를 따른다. 다만 中共과 대치 중인 準戰時의 간첩죄와 마약죄에 대한 특별법에서는, 그 범죄의 중대성에 비추어 특별한 예외로, 이를 무고한 자에 대해서는 해당 무고죄의 형벌로써 처벌한다는 反坐 조항을 규정한다.(戡亂時期檢肅匪諜條例 §9 및 戡亂時期肅淸煙毒條例 §15 참조). 우리나라 국가보안법(§12)과 반공법(§16)도 동일한 규정을 두고 있다. 한편,

다만, 같은 사람에 대해 둘 이상의 죄를 동시에 무고한 경우에, 그중 중형에 해당하는 범죄행위가 사실이거나, 형량이 모두 균등한 범죄행위 중 어느 하나가 사실이면 죄책을 면제해준다. 또, 중형에 해당하는 범죄행위가 허위고, 경형에 속하는 행위가 사실인 경우에는, 허위인 중형에서 사실인 경형을 뺀 나머지만큼의 형벌만 反坐한다. 한편, 형벌의 최고한도가 정해진 범죄를 무고한 경우에, 그중 사실에 속하는 일부 범죄행위만으로 이미 그 법정최고한도의 형벌에 충분히 해당하면, 그 나머지 허위인 부분이 비록 아무리 많더라도 反坐의 책임을 묻지 않는다.375)

고발한 내용 중 허위에 속하는 형량에서 사실에 속하는 형량을 공제한(뺀) 만큼만 책임을 지는 것은, 誣告罪가 단순히 被誣告者의 불이익에 대한 보복이라는 상대 차원의 형평 원리뿐만 아니라, 동시에 국가형벌권의 실현이라는 절대 차원의 실질 정의의 원칙에도 함께 근거하고 있음을 보여준다.

이러한 까닭에, 여러 사람을 고발한 경우에는, 비록 사실이 많더라도 허위로 인한 誣告의 피해를 당한 사람이 존재하는 한, 그에 대한 反坐 책임을 져야 한다. 행위자체는 합병할 수 있어도, 행위주체인 인간은 독립하여 개별화하기 때문이다.

그리고 무고한 허위사실로 인하여 獄官이 신문하는 도중에, 그와 동등하거나 더 중대한 범죄사실이 새로이 드러난 경우에는, 서로 비슷한

중국의 구 형법(§138)은 일반 무고죄의 처벌에 대하여 "모함한 바 죄악의 성질·정황·결과 및 양형 표준을 참작하여 형사 처분한다"고 규정했었다. 특정의 법정형이 아니라 일반추상의 처벌원칙을 규정한 본조의 내용은, 실질상 형평의 원리에 입각한 동해보복의 反坐를 지향하거나 그에 접근한 입법으로 풀이하였다.(王作富, 中國刑法研究, 中國人民大學出版社, 1988년, 572-3면의 해석론 참조.) 여하튼 이들은 물론 전통법상 誣告 反坐 원칙의 직접 영향으로 보인다. 그러나 새로 개정한 중국의 현행 형법(§243)은 일반범죄와 비슷한 규정형식을 취하고 있다.

375) 秦代에도 범죄고발의 착오로 인한 誣告 부분의 처벌원칙에 대하여, 각종 구체적인 예를 들어 상세히 규정하는데, 그 내용은 이미 唐律과 큰 차이가 없다. 특히, 고발한 범죄수량과 실제 범죄수량이 비록 차이가 나더라도, 동일한 형량 등급 안에 속하여 형벌가중 가능성이 없는 경우에는, 처벌하지 않는 점이 눈에 띈다. 秦簡, 法律答問, 167-170·193·202면 등 참조.

범죄구성요건에 해당하면 誣告罪를 면제해 주고, 상호관련성이 전혀 없으면 본래의 誣告罪를 그대로 부과한다. 뿐만 아니라, 流刑 이하의 범죄를 무고한 뒤 피무고인이 刑杖의 신문을 당하기 이전에, 무고한 자가 스스로 허위를 자백하여 실제 형벌을 받지 않게 막은 경우에는, 1등급을 감경해 준다. 무고 자체만으로도 이미 범죄는 완전히 성립하지만, 그로 인한 현실상의 처벌 결과도 量刑의 참작사유로 삼는 것이, 구체적인 실질 정의의 구현을 지향하는 한 징표가 된다.(鬪訟, §341-4) 그리고 전술한 것처럼, 사면 이전의 범죄사실을 고발하거나 탄핵하는 경우에도, 誣告에 준하여 그 죄로써 처벌하는 反坐제도에 해당한다.

⑨ 獄吏와 法官의 反坐 책임 : 이밖에도, 형평의 원리상 反坐 책임을 요구하는 법 영역으로 獄吏와 法官의 직무가 있다. 죄수를 감시하는 獄官(主守)이 죄수를 고의로 놓아준 경우, 그 죄수의 죄로써 처벌(反坐)한다. 감시소홀로 죄수가 도망한 경우에는, 죄수의 죄보다 2등급 감경 처벌한다.(捕亡, §466) 그런데 유배 중이거나 노역에 종사하는 流·徒囚의 경우에는, 고의로 놓아주면 죄수의 죄를 온전히 反坐하며, 감시소홀로 도망치게 하면. 죄수의 죄보다 3등급 감경 처벌한다.(捕亡, §459)[376]

法官이 고의로 사람에게 죄를 부과(入罪)하거나, 죄수를 무죄로 석방(出罪)시켜 주는 경우에는, 각기 그 죄로써 처벌(反坐)한다. 만약 실제범죄와 판결형벌 사이에 刑名(형의 종류)은 같고 단순히 형량의 경중만 다른 경우에는, 그 차액만큼의 형벌로써 논죄한다. 그런데 예컨대 杖罪를 流罪로 판결한 것과 같이, 刑名이 달라진 경우에는, 원칙상 全罪를 부과한다. 다만, 과실로 인한 경우에는, 죄의 가중(失入)은 3등급을, 죄의 감경(失出)은 5등급을 각각 감경하여 처벌한다. 또, 비록 범죄판정에는 경중

---

376) 일찍이 秦律도 범죄인(不仁者)을 압송 도중 놓아준 자는, 그를 다시 체포할 때까지 그 놓아준 범죄와 동등하게 처벌한다는 규정이 있었다.(秦簡, 法律答問, 178면 참조) 그리고 三國 魏 때는, 孫禮가 전란 통에 이별한 모친을 찾아준 사람한테 바로 家財를 털어 사례했다. 그럼에도 불구하고, 나중에 그가 사형죄를 범하자, 孫禮가 그를 몰래 탈옥시키고 자수했다. 이 보고를 받은 太祖가 가상히 여겨, 두 사람 모두 死刑에서 1등급 감경 처분한 사례가 있다.(折獄, 卷4, 宥過 §104 참조)

의 出入이 있을지라도, 실제 형벌집행(決罰)상 차이나지 않은 경우에는, 논죄하지 않는다.(斷獄, §487)

허위증언으로 피고인의 죄를 가감시킨 경우에는 가감한 형량에서 2등급 감경하고, 허위통역의 경우에는 가감한 형량 그대로 논죄한다.(詐僞, §387). 그리고 죄인의 은닉·도피 방조죄나 보증 등의 연좌책임과 같이, 죄인으로 말미암아 죄를 얻은 자는, 죄인이 죽거나 자살하면 본 죄에서 2등급 감경한다. 만약 죄인이 자수하거나 사면을 만나 감면받으면, 이들도 죄인에 준하여 감면해 주며; 죄인이 杖刑이나 贖刑에 해당하면, 각각 그에 의해 처벌한다. 형평성을 고려한 법규정이다.(名例, §38)[377]

한편, 獄官이 죄수를 刑杖으로 신문할 때는, 세 차례 한도에서 도합 杖二百을 초과할 수 없는 절대적 제한 규정이 있다. 이와 함께, 杖刑 이하의 범죄 경우에는, 그에 해당하는 杖數를 초과할 수 없다는 상대적 형평 원칙도 있다. 그리고 이러한 법규정을 초과하여 가혹한 신문을 시행한 刑官은, 초과한 刑杖의 수만큼 反坐의 책임을 져야 하는 사실이 특히 눈에 띈다. 물론 법규정을 위반하거나 초과한 기타 불법 신문도 처벌한다.(斷獄, §477)

비록 근대법의 관점에서 보면, 전통 중국법이 잔혹한 拷問을 합법 신문으로 허용하는 비인도주의 전근대성을 벗어나지 못했다고 비판할 수 있겠지만, 그러한 역사적 한계 속에서나마 상대적인 형평성과 특히 실질 정의를 최대한도로 구현하려고 한 법이념은 높이 평가해야 하지 않을까? 설령 아무리 중대한 결함이 있더라도, 그로 인하여 그가 지닌 훌륭한 미덕까지 완전히 부정하는 것은, 그 자체가 형평 정의에 어긋나기 때문이다. 하물며 그 결함이 인류의 문명발전 과정에서 공통으로 경험

---

377) 宋 神宗 때에는 劉裒이, 관리가 피고인의 죄를 가감(出入)시킨 죄와 관련하여, '죄수로 말미암아 얻은 죄는 그 죄수가 사면을 받으면 그 죄수에 준하여 용서하여야 한다.'는 형평의 法理를 주장하였다. 그런데 죄수의 죄를 가중시킨 경우에는 시행하기 어렵고, 과실로 죄수의 죄를 감경시킨 경우에만 한하여 적용하도록 의결하였다. 실질 정의와 함께 欽刑恤囚의 인도주의 정신을 동시에 곁들인 조치로 여겨진다. 通考, 卷170, 刑考9, 詳讞조(1476) 참조.

한 일반보편의 '역사적 한계'라고 한다면!

⑩ 기타 贖罪罰金과 신분관계 : 일정한 법적 사유가 존재하는 경우, 正刑에 대신하여 부과하는 贖罪罰金의 액수도, 그 형량의 경중에 비례하여 차등지게 정해지는 것은 지극히 당연하다. 이는 마치 현대법에서 벌금을 납부하지 않는 경우에, 법정 하루 임금으로 환산한 날짜만큼 강제노역을 부과하는 원리와 마찬가지다. 唐律을 기준으로 보면, 笞刑과 杖刑은 贖銅 1斤부터 10斤까지 차례로 가중하며, 徒刑은 20斤부터 10斤씩 체증하고, 流刑은 80斤부터 역시 10斤씩 가중하여 100斤에 이르며, 死刑은 120斤에 해당한다.(名例, §1-5)

그리고 범죄의 주체와 객체(대상) 사이의 각종 신분관계가 형량결정의 또 다른 핵심 표준이 됨은 주지의 사실이다. 예컨대, 혈연이나 의리상의 신분관계의 親疏와 官職品階의 고하에 따라 형량이 달라짐은 이미 소개하였다. 이는 물론 봉건 禮制의 신분 차등성을 법에 그대로 계승·반영한 산물이다. 그런데 이러한 신분적 표준은 지금까지 서술한 각종 형평정의의 기준과 서로 조합하여 종횡으로 복합적 축을 이루게 된다. 그리하여 각종 범죄의 책임과 형벌은 다각도로 천차만별로 분화한다. 바로 여기에 전통법의 복잡하고 다채로운 특징이 존재하는 것이다.

지금까지 다양한 여러 가지 형평성의 기준들을 두루 살펴보았다. 근대서구법제에 익숙한 현대인이라면, 좀 덜 발달한 고대 법문화기 때문에 지나치게 자세하고 복잡한 구체 규정을 산만하게 늘어놓고 있다고 느꼈을지도 모른다. 그러나 관점과 입장을 바꿔놓고 생각해본다면, 전통법이 오히려 근대법보다 더욱 철저하고 엄격한 죄형법정주의를 지향하며, 법관의 자유재량을 엄격히 제한하여 법관도 철저히 법에 羈束받기를 바라는 마음에서, 좀 더 원만한 실질상의 형평 정의를 실현하는 그들 나름대로 특유한 법치주의를 꿈꾸었지 않았을까? 歷史를 보는 눈!

5. 형평 정의를 해치는 赦免의 폐해

한편, 법의 실질 정의 및 형평성과 관련하여, 역대로 가장 크게 논란이 되어온 문제는 赦免의 폐단이다. 앞서 사면(시행 주체인 군주)의 公信性에 대한 논술에서도 약간 언급하였지만, 범죄인(가해자)을 사면석방하면, 보복을 못하는 범죄 피해자는 새로이 반사적 피해의식이 커지고, 그 결과 법(형벌)의 상대적 형평성과 실질 정의가 크게 망가지게 된다. 즉, 피해자의 억울하고 원통한 보복심리가 끝내 풀리지 못함으로써, 피해자 개인은 물론 사회 전체의 正義가 不均衡 상태에 빠지게 되는 것이다. 더러는 피해자가 풀려난 범죄인한테 새로운 보복·가해를 당할까 우려해야 하는 정신상의 압박감도 커질지 모른다.

이와 관련하여 사면제도의 본질이나 목적·기능 자체의 한계성도 큰 문제다. 사면이란 본디 일시 과오로 저지른 죄악을 반성참회하고 개과천선하도록 새 출발의 기회를 주는 것이다. 그런데 실제로 사면으로 풀려난 모든 죄수가 그러한 사면의 본래의도에 부응하는 것은 아니다. 특히, 현대같이 개별·구체로 선별해 형집행정지로 가석방하는 게 아니라, 전통 사면은 일정한 범죄의 시기와 종류에 따라 일반보편으로 범죄자체를 면제해주었다. 그러한 특성은 사면의 實效性을 크게 떨어뜨리고, 사면의 존재의미까지 회의케 하는 중대한 폐단이다. 더구나 잦은 사면령으로 인해, 간사한 무리는 사면의 시행시기를 예견하고, 미리 사사로운 원한감정을 고의로 보복하거나 악질 범죄를 자행하기도 하여, 사면은 범죄를 유발·조장하는 적극적인 폐단까지 낳았다. 이러한 부작용은 贖刑이 초래하는 상대적 빈부불평등 못지않게 중대한 본질적 모순결함이어서, 사면을 강력히 반대하는 부정 비판이 역대로 끊임없이 일어왔다.

우선, 사면의 본래 목적과 기능은, 그 情狀이 연민할 만하거나, 그 행위사실이 증거 불충분으로 의심스러운 경우, 또는 이른바 三赦(幼弱·老旄모·惷愚준우 : 지나치게 어리거나 늙었거나 또는 정신박약으로 책임(행위)능력을 상실한 자)·三宥(不識·過失·遺亡)·八議 등에 해당한 경우에 한하여, 수시로 개별·구체의 상황을 종합 참작하여 용서하는 이른바 '議事以制'에 있다. 따라서 사실 이는 후술할 '情狀 참작'이라는 법 적용 단계, 즉 量刑 단계의 문제. 춘추전국시대 이후에 죄의 경중이나 정상의 深淺을 불문하며, 또한 旣決과 未決도 가리지 않고, 군주가 특별한 恩情으로 사후의 형집행을 정지하거나 범죄 자체를 아예 면제해주던 일반보편의 사면제도는, 이러한 본래 성격이 판이하게 변질한 것이다.378)

이처럼 변질한 일반 사후적 사면을, 그 본질 목적과 기능의 관점에서 전면 부정하는 최초의 이론주장은, 이미 전술한 法家사상의 대표자인 管子의 견해다.(제2장 제3절 1.(3) 참조) 이는 철저한 法治주의의 표현으로서, 군주통치의 효율성을 강조할 뿐, 범죄인의 改過遷善의 실효성이나 피해자의 상대적 형평성 문제는 별로 고려하지 않고 있다. 후자의 문제는 일반 사면제도를 본격 시행하기 시작한 漢代에 비로소 고개를 든다.

元帝 때 匡衡은 "대사면 이후 간사한 죄악이 줄어들지 않고, 오늘 대사면하면 내일 다시 범법하여 감옥에 들어오는" 비실효성을 지적하면서, 사면제도의 改過遷善 기능은 '德義'와 '好惡'(상벌)에 의한 근본 교화통치에 종속하는 보조수단에 불과함을 강조한다.379) 後漢 때 王符는 국가통치를 질병의 치유에 비유하여,380) 인민의 고통과 재앙의 원인을 발본색원하는 관점에서 사면의 폐단을 본격 논술한다.

"지금 선량한 인민을 해치는 것은, 잦은 사면보다 중대한 것이 없다. 사면과 속형이 잦으면, 악인이 흥성하고 선인이 손해 보기 때문이다. 어찌 그런 줄 아는가? 효성스럽고 공경스러운 사람은 근신·수행하여, 국가의 금지령을 범하지 않고, 태어나서 죽을 때까지 털끝만한 죄도 없는데, 사면과 속형을 자주 시행하면 한번도 그 은택을 입지 못하니, 항상 반사적으로 禍(손해)를 입는 셈이다. 또한 정직한 선비는 관리가 되면, 강포한 자나

---

378) 通考, 卷171下, 刑考10下, 赦宥조 (1485) 참조.

379) 漢書, 卷81, 本傳.

380) 범죄와 분쟁을 질병에 비유하고, 정치법률을 의약에 비유하는 전통 법철학에 관하여는, 김지수, 전통 중국법문화에서 사회적 질병을 치료하는 의약으로서 법의 비유와 그 상징 의미, 전남대법학연구소, 법학논총 제30집제2호(2010) 247-304쪽 참조.

부호를 피하지 않고, 상관의 눈치를 보지 않으며, 직무를 공평하고 엄격히 독려하여, 항상 미움과 위협을 받는다. 그런데 간사하고 교활한 무리들이 誣告모함까지 하는 것은, 모두 사면이 머지않아 있을 줄 알기 때문이다. 선량한 군자가 모함을 당하여 대궐에까지 나가 陳情할 수 있는 자는 만에 몇 사람도 안되며, 또한 그 진정을 접수하는 경우는 백분의 1도 안되고, 접수하더라도 기각하는 경우는 10분의 6·7이나 된다. 경박하고 흉악한 무리들이 무고한 사람을 학살하고 서민을 침탈하면, 피해자들은 모두 聖王이 이들을 주륙하여 원한을 풀어주길 바란다. 그런데 도리어 한번 사면령이 내리면, 악인은 기고만장하고 도적은 버젓이 행세하도록 하여, 효자는 원수를 눈앞에 보고도 토벌할 수 없으며, 주인은 제 물건을 보고도 되찾을 수 없으니, 그 원통함이 막심하다.

　무릇 피와 쭉정이를 그대로 두면 벼와 양곡을 해치며, 간사한 무리에게 은혜를 베풀면 선량한 인민을 해친다. 그래서 尙書에 이르기를 '文王이 형벌을 제정하여 죄인을 처형함에는 사면이 없었다.'고 하는데, 간사한 자를 위압하고 포악한 자를 징계하여 인민의 해악을 제거함을 말한다. 옛날에는 오직 처음으로 天命을 받은 군주만이, 지극히 혼란한 말세에 처하고 전 왕조의 포학무도함을 당하여, 인민이 모두 서로 원수처럼 해치고 약탈하기 때문에, 혁명개국 초기에 인민의 부모로서 한번 사면을 낼 수 있었다. 지금 본성이 사악한 자는 사납고 경박하게 자주 王法을 범하여, 비록 수갑과 족쇄를 벗고 감옥을 나가더라도, 끝내 참회의 마음과 개전의 정이 없이 다시 범법한다. 무릇 중대한 죄악을 감행하는 자는 그 재주가 반드시 출중하여, 윗사람에게 자신을 잘 보이고, 부당하게 모은 재산을 무수히 뿌리며 그럴듯한 말로 아첨하는데, 아주 청렴·강직한 관리가 아니면 누가 이를 단호히 거절하겠는가? 지금 洛陽에서 살인을 감행하는 자들은 많으면 수십 명, 적으면 네댓 명을 해쳤는데, 그 자신이 죽지 않고는 살인을 그칠 줄 모르니, 이는 모두 잦은 사면의 소치다. 이로 볼진대, 극악한 무리들은 끝내 교화할 수 없으며, 비록 해마다 사면한다고 할지라도, 다만 간사한 죄악을 조장할 따름이다.

　무릇 王道는 선행을 상주고 죄악을 벌하는데, 하늘의 법칙을 인간이 대행한다. 그래서 군왕을 옹립하는 것은, 사악을 제거하고 정의와 선행을 보호하기 위함이다. 또한 국가는 항상 태평한 것도 아니고, 항상 혼란스런 것도 아니다. 법령이 행해지면 국가가 태평하고, 법령이 해이해지면 국가도 혼란해진다. 그런데 법은 항상 잘 행해지는 것도 아니고, 항상 해이해지는 것도 아니다. 군주가 법을 공경하면 법이 행해지고, 군주가 법을 태만히 하면 법도 해이해진다. 도적을 체포하여 박멸하는 것은, 분명한 법에 있지, 잦은 사면에 있지 않다. 무릇 죄가 있으면 형벌을 받고, 원통함이 맺혔으면 풀어야 하는 것이, 하늘의 正道이자 군왕의 公法이다. 악인의 죄는 비록 작더라도, 과오로 범한 것이 아니라 고의로 저지른 것이기 때문에, 처형하지 않을 수 없다. 반면, 살인처럼 큰 죄라도 고의로 저지른 악질이 아니고 과오인 경우에는, 설사 사면해도 괜찮다. 벌금에 의한 贖刑으로 죄를 용서하는 것은, 선량한 사람이 잠시 잘못하여 불행히 죄를 범한 경우다. 先王이 獄訟을 의론함에 정상을 참작하고 본의를 살피는 것은, 이러한 선량한 사람을 구제하기 위함이지, 결코 흉악한 무리까지 함께 놓아주어 인민을 해치고자 함이 아니다. 지금 세상을 구제하려면 이보다 심한 급선무가 없다."381)

법의 상대적 형평 정의와 관련하여, 사면의 폐단과 부작용에 대한 비판은, 管子가 선창한 이래, 王符가 거의 완벽하게 논술한 셈이다. 그 뒤로도 법제사에서 사면의 폐해를 지적하며, 사면의 신중한 시행이나 금지를 강조하는 언론이 꾸준히 이어지는데, 그 기본논점은 이 범위를 크게 벗어나지 않는다. 특기할 만한 언론으로는, 三國시대 蜀에서 사면을 결코 시행한 적 없었는데, 先主와 諸葛亮이 차례로 사망한 뒤 後主가 대사면령을 내리자, 孟光이 "무릇 사면이란 편파적이고 몹쓸 물건(偏枯之物)으로서, 현명한 시대에 있는 제도가 아니다."고 신랄하게 비판한 비유다. 이 비유는 나중에 자주 인용하는 개념이 되었다.382)

---

381) 王符, 潛夫論, 「述赦」편을 발췌·요약한 것임. 東漢會要, 卷36, 雜錄조(389-390) 및 通考, 卷171下, 刑考 10下, 赦宥조(1487)에 간추린 내용이 실려 있고, 沈家本, 赦考11, 論赦1(760-4)에는 전문이 실려 있다.

382) 三國志, 蜀書, 孟光傳 참조. 唐 則天武后 때, 한 縣의 主薄인 劉知幾는 사면의 신중한 시행을 건의하는 상소문에서, 孟光의 고사를 그대로 인용한다. 唐會要, 卷40, 論赦宥조 728-9 참조. 후술할 바와 같이, 宋 胡寅도 '偏枯'의 비유를 원용하여, 사면의 폐단을 심하게 비판한다.

한편, 漢代에는 董仲舒의 음양오행이론에 근거한 天人感應의 災異論이 이론체계를 갖추었다. 그래서 天災地變이 발생할 때마다, 그 주요한 근본원인의 하나로, 決獄의 지체와 부당으로 말미암아 죄수들의 冤痛과 怨恨이 天心을 진동시켜 不平不和를 초래하기 때문이라고 인식하게 되었다. 그런데, 하늘의 震怒를 진정시키고 災異를 조속히 해소시키기 위해서는, 그 원인으로 여겨지는 죄수의 억울한 원한을 풀어 줄 대책이 필요한데, 그 대책의 전형이 곧 赦免의 시행이라는 논지다. 이는 중국이나 우리나라 역대 왕조의 사면역사에서 상당히 중요한 비중을 차지한다. 이에 상응해, 사면의 폐단과 부작용을 재이 해소의 非實效性 및 미신화한 맹목적 재이관의 관점에서 비판하는 주장도 적지 않다.

즉, 재이로 인한 사면이 원한을 풀어주고 和氣(국민화합)를 진작시키려는 본래 의도와는 정반대로, 오히려 죄악을 저지른 범인에게는 뜻밖의 요행을 주면서, 피해자의 상대적 원한을 가중시키는 결과를 초래한다. 이러한 형평 정의의 침해는 사면 일반의 공통 폐단이기도 하지만, 재이로 시행하는 사면에서는 더욱 심각한 부정적 심리효과까지 야기한다. 즉, 범죄인은 사면의 요행을 위해 천재지변을 간절히 바라고, 상대적 피해자는 재이와 사면을 원망한다. 따라서 재이론의 근거인 天人感應說에 따르면, 쌍방의 사회심리가 상반하여 기존 재이의 해소는커녕, 도리어 새로운 재이의 가중을 초래할 것이다. 五代 後晉의 張允은 재이로 인한 사면의 폐단을 적확하게 비판하는 탁견과 용기를 보여준다.

"예로부터 홍수가 나거나 가뭄이 들면, 군주들은 모두 사면령을 내려 죄악을 용서하고 감옥 문을 열어 죄수를 풀어줌으로써, 天心을 감동시켜 재난을 구제하고자 기원했으나, 이는 잘못입니다. 가령 두 사람이 쟁송을 하면, 한 사람은 죄가 있고, 한 사람은 죄가 없기 마련입니다. 그런데 사면이 내려지면, 죄 있는 자는 요행히 면죄 받고, 죄 없는 사람은 원통함을 품게 될 것입니다. 그 원한의 기운이 하늘에 올라가면, 다시 재이를 초래할 것이니, 이는 재이를 해소하는 방책이 못됩니다. 어리석은 백성들은 큰 재이를 당하면 오히려 기뻐하며 모두 죄악을 저지르면서, 나라에서 사면을 시행하기 좋아하므로, 반드시 나를 사면하여 재이를 구제할 것이라고 말할 것입니다. 이렇게 되면, 사면은 인민에게 죄악을 범하도록 조장하는 격이 됩니다. 또한 天道는 착한 사람에게 복을 주고 악한 자에게 화를 내리는 법인데, 만약 사면해 준다면 죄악을 범한 자가 재이로 인하여 복을 받는 것이니, 이는 하늘이 악한 자를 돕는 꼴이 됩니다. 하늘이 재이를 내리는 것은 군주한테 경각심을 불러일으키기 위한 것인데, 어찌 함부로 죄인을 놓아주어 그 재앙을 구제할 수 있겠습니까?"[383]

한편, 지나친 崇文정치의 폐단이 刑政에도 극도로 만연한 宋代에는, '刑措'(형벌을 놓아두고 쓰지 않는다는 의미로 '無刑'의 次善 理想)의 태평성대라는 허영의 명분을 추구하기 위하여, '情理'라는 미명 아래 무분별하게 법 적용을 완화하고 범죄인을 관용하였다.[384] 물론 사면의 시행도 남발하였을 텐데, 胡寅의 비판도 형평 정의의 관점에서 매우 예리하고 적확한 사실을 지적한다.

　　"만약 진실로 죄가 있다면, 어찌 모두 용서할 수 있겠는가? 죄가 있는 데 용서하면, 선량한 인민은 어찌한단 말인가? 甲이 乙을 살해했는데 사면을 만나면, 乙은 이미 회생할 수 없는데 甲은 죽지 않게 되니, 사면이 편 파적인 몹쓸 물건(偏枯)이라는 것은 이 때문이다. 만약 乙이 이미 무고하게 죽었는데, 甲을 과연 마땅히 처형해야 할지 잘 모르겠다고 말한다든지, 또

---

383) 五代會要, 卷9, 論赦宥조(118); 通考, 卷173, 刑考12, 赦宥조(1495); 沈家本, 赦考 11, 論赦1(769-770) 참조.

384) 예컨대, 이미 언급한 것처럼, 北宋 徽宗 政和 6年(1116)과 7年 두 해 동안 淮東 1 路(11州)에서 발생한 사형수는 132人인데, 실제로는 12人(9%)밖에 처형하지 않았다. 南宋 寧宗 嘉泰 元年(1201)에 전국의 사형 안건은 1811人인데, 181人(10%)밖에 처형하지 않았다. 이를 가리켜 '好生之德'으로 칭송하고 '刑措'에 가깝다고 묘사한다. 한편, 唐 玄宗 開元 18年의 전국 사형죄가 24人에 불과하다는 기록에 대해, 宋의 胡寅은 명분상 '刑措'에 가깝지만, 태평성세의 명예를 사모하여, 시비곡직과 죄의 경중을 가리지 않고 사형수도 용서해 주었을 것이라고 추측하면서, 무고한 자의 억울함을 지적하며 司法정의의 불공평이라고 비판한다. 또한 開元 25年에는 사형수가 58人에 불과하고, 평소 殺氣가 치성하여 까막까치가 서식하지 않던 大理獄院 정원의 나무에 까치둥지가 지어진 것을 '刑措'의 상징으로 君臣이 함께 경하한 사실이 있다 이에 대해서도 馬端臨은 회의적인 평론을 가하고 있다. 通考, 卷167, 刑考6, 刑制조 (1452-1455) 및 卷166, 刑考5, 刑制조(1440) 참조.

는 의심스러운 바가 있으니 '차라리 不法無道한 자를 놓칠지언정, 무고한 자를 해치지 말라'는 경전의 말을 원용하여 되도록 너그럽게 사면한다면, 乙의 무고한 죽음은 끝내 구휼할 수 없으니, 사면이 편파적인 몹쓸 물건이라는 것은 이 때문이다. 간사한 도적떼들은 사면이 내려질 줄 알고, 미리 그 때를 미루어 짐작해 간사한 도적질을 자행하여, 요행으로 용서받고 풀려난 경우는 이루 말할 수 없다. 또한 간사한 도적떼들은 뇌물로 바칠 재산이 있고 구원해 줄 권력이 있으며, 의지할 만한 배경이 있고 사용할 만한 수단이 있기 때문에, 한번 감옥에 들어가더라도, 이러한 방법을 동원하여 질질 끌다가 끝내 무사히 풀려난다. 반면, 이러한 도적을 체포한 관리나 피해자, 또는 범죄를 발각·신고한 사람들이 도리어 처벌당하는 경우가 왕왕 있으니, 이에 선량한 인민이 도적에게 곤욕을 당하고, 온 동네가 포학한 무리들에 두려워 떨면서도, 감히 말할 길조차 없으니, 이것이 또한 편파적인 몹쓸 사면의 심한 폐단이다."[385]

그 후로도 사면의 폐단을 비판하면서, 신중히 절제하자고 건의하는 언론은 끊임없이 등장한다.[386] 특기할 만한 점은, 元 英宗이 일찍이 신하들의 사면 건의를 거듭 거절한 사실이다. "은혜는 항상 베풀 수 있지만, 사면은 자주 내릴 수 없다. 살인자를 사면해 준다면, 죽은 사람만 무슨 죄인가?" "악인을 자주 사면하면, 도리어 선량한 사람만 해치게 되니, 무슨 복이 있겠는가?" 라는 이유에서였다.[387]

6. 中國法의 배분적 정의 : 죄형형평주의

(1) 禮의 신분 차등성도 法의 실질 형평성

신분 차등성이 禮의 핵심 속성이고, 통일적 공평무사성이 法의 중추

---

385) 通考, 卷171下, 刑考10下, 赦宥조(1488) 및 沈家本, 赦考11, 論赦1(774-6) 참조.

386) 通考, 赦宥조 및 沈家本, 論赦조에 많은 사례가 실려 있으며, 唐會要, 卷40, 論赦宥조(728-9) 및 明會要, 卷66, 刑3, 守正조(1271-2)에도 몇 건의 언론이 보인다.

387) 元史, 英宗紀, 至治 元年 正月 및 2年 12月 참조. 법제사에서 사면 받은 후 더욱 기승을 부리고 발호한 악질 도적들의 환난이 적지 않다. 이들을 과감히 의법 처형해 민심을 안정시킨 관리들도 특기할 만하다. 折獄, 卷5, 懲惡, §120-§123 참조.

적 본질임은 앞서 서술했다. 양자는 사실 法과 禮를 서로 대비해 구별할 만한 대표적 차이다. 그러나 양자의 외형 차이만을 지나치게 부각하다 보면, 법과 禮의 공통 본질이 자칫 소홀해지기 쉽다. 法과 禮가 국가의 근본기강이자 사회의 기본규범인 점에서 일맥상통하는 동질성은 이미 언급하였다. 바로 이 동질성의 관점에서, 禮와 法의 내면적 상호관련성을 그 외형적 차이점과 함께 동시에 균형 있게 강조할 필요가 있다.

법의 통일성과 공평무사성이란, 우선 형식 절차상으로 절대로 평등하게 시행·적용함을 주로 뜻한다. 이는 평균적 정의로서 '법 앞에 만인의 평등'을 가리킨다고 이해할 수 있다. 그러나 공평무사성은 한층 진일보하여, 본질 내용상으로 상대적 실질 형평성까지 포함한다. 같은 것은 같고 다른 것은 다르도록, 각자에게 합당한 몫을 각자에게 정하여 나누어주는 '배분적 정의'를 가리킨다. 전통 中國法의 철학사상 관점에서 이는 '正名' 및 '定分'의 개념으로 거론하고 있다.

한편, 禮의 신분 차등성은 일견 단순한 외형적 불평등으로 보일 수 있다. 봉건 禮에 대한 기존의 부정 일변도의 비판도 주로 이러한 가시적 형식성에 주로 근거한 것이다. 그러나 좀 더 깊게 내면을 통찰해보면, 禮의 신분 차등성도 법의 실질 형평성과 같이 근본상 배분적 정의의 실현이라는 이념적 연원을 가진다. 혈연상 親疏와 의리상 尊卑의 실질 차이를, 상대적 형평성의 관점에서 禮라는 사회규범이 승인하고 제도화한 것에 불과하다. 다만, 무엇을 같게, 무엇을 얼마나 다르게 대우할 것인가 문제는, 시대·지역·민족에 따라 구체로 결정할 사회의 기본 가치관 및 윤리도덕의 차원으로 귀결한다. 혈연 중심의 宗法制를 주축으로 하고 의리 중심의 崇德尙賢을 보조 축으로 삼아 형성한 周의 封建統治體制에서, 근간 규범으로 제정·시행한 禮가 혈연상 친소와 의리상 존비의 차등성을 근본이념으로 지향한 사실도, 실질 정의와 상대적 형평성의 관점에서 보면 또한 당연한 합리성의 소산이 아니겠는가?

그리고 禮를 중추적 사회규범으로 시행한 周代에도, 그 보조 방편으로 刑을 병행하였다. 또, 刑의 적용에서는 통일성과 공평무사성의 이념이, 禮보다는 법 쪽에 훨씬 가깝게 지향하고 있는 점도 유의할 필요가 있다. 어쨌든 禮의 신분 차등성은 실질적 형평성의 차원에서 법의 공평 무사성과 서로 이어질 가능성이 있는 셈이다. 그리고 역대 왕조의 법제 는, 전국시대 이래로 강력하게 대두한 법의 통일성 및 공평무사성의 이 념과, 전통 禮制의 신분 차등성의 본질을, 실질적 형평성과 배분적 정의 의 차원으로 함께 융합하여 계승한 것이다.

(2) 묵자의 罪責 형평론388)

한편 철학사상의 관점에서 죄와 책임 사이의 형평 원칙에 대한 본격 인식은 묵자한테서 비롯한다.

"여기 한 사람이 남의 농장에 들어가 복숭아를 훔쳤다면, 사람들은 이 소식을 듣고 그를 비난하며 관리는 그를 잡아 처벌할 것이다. 왜 그러한 가? 남을 해쳐 자신을 이롭게 하기 때문이다. 남의 개나 닭·돼지를 훔치 면, 그 不義가 남의 농장에 들어가 복숭아를 훔친 것보다 훨씬 심하다. 왜 그러한가? 남을 해친 정도가 클수록, 그 不仁이 더욱 심하고, 그 죄 또한 더욱 무거워진다. 남의 외양간에 들어가 마소를 훔치면, 그 不仁不義는 닭 이나 개·돼지를 훔친 것보다 더욱 심해진다. 왜 그러한가? 남을 해친 정 도가 더욱 크기 때문이다. 무고한 사람을 죽이는 행위는, 그 不義가 또한 남의 외양간에 들어가 마소를 훔치는 것보다 훨씬 심하다. 왜 그러한가? 남을 해친 정도가 더욱 커지기 때문이다.

한 사람을 죽인 不義에는 반드시 하나의 살인죄가 성립한다. 이와 같이 추론해 간다면, 열 사람을 죽인 열 배의 不義에는 반드시 열의 살인죄가 성립하고, 백 사람을 죽인 백 배의 不義에는 반드시 백의 살인죄가 성립한 다. 이러한 행위에 대하여는, 천하의 모든 사람이 다 알고 비난하며 不義 라고 일컫는다. 그런데 다른 나라를 침공하는 가장 큰 不義에 이르러서는,

---

388) 본디 이 항목의 표제는 '묵자의 罪刑형평론'이었으나, 재판 교정시 '묵자의 罪責형 평론'으로 바꾸고, 제법 긴 두 단락을 새로 추가로 보충해 논술했다. 法專院에 '전 통법의 정신' 교과목을 쳐녀 개설한 2010년 2학기 기말시험에 金鍾甫 同學이 본 서의 묵자 내용에 제법 뜻 깊은 의문과 이의를 제기해, 곰곰이 사유하다가 7월15 일(辛卯年 유두) 논점을 재발견하고 떠오른 영감으로 수정 보충한다. 감사한다.

비난할 줄 모르고, 도리어 함께 따라서 칭송하며 義라고 일컫는다. 뿐만 아니라, 진실로 그것이 不義인 줄 모르기 때문에, 그러한 말과 사실을 기록하여 후세에 남기기까지 한다."[389]

　죄악과 책임 사이의 균형 잡힌 비례관계를, 양적으로 뿐만 아니라 질적인 차원까지 포함하여, 산술로 정확히 추론하는 것은, 묵자에게서나 찾아볼 수 있는 거의 유일무이의 특유한 사례다.

　물론, 겸애를 바탕으로 공격전쟁을 절대 비판한 묵자 철학사상의 큰 틀에서 볼 때, 이러한 논법은 제후들이 부국강병을 빌미로 토지약탈과 인민학살을 서슴지 않는 겸병전쟁의 현실을 통박하기 위해서, 묵자가 고육지책으로 고안해 활용한 극단적 논증일 것이다. 따라서 법가의 각박한 법치논리보다 철저한 인과응보 논리로 범죄를 응징해야 한다는 듯한 논조로 추론한 법실증주의 話法은, 어쩌면 묵자의 진실한 본심에서 우러난 것이 아닐 수도 있다. 왜냐하면, 묵자의 겸애는 사실 원수도 사랑하는 예수의 박애나, 선악시비를 모두 포용하는 老子의 자애와 부처의 자비에 가까운 넓고 큰 사랑이기 때문이다. 그러한 사랑이 살인범죄의 수에 정확히 비례해서 열 번 백 번의 사형에 처해야 한다고 무자비한 응보를 주장할 리는 드물기 때문이다.

　그러나 적어도 관념적 사유와 형식 논리상으로는, 묵자는 분명히 죄악과 그에 대한 책임 및 비난가능성 사이에 논리적으로 정확히 상응 비례하는 형평성의 관계로 인식하고 주장하였다. 묵자의 논리학은 논리학파인 名家 못지않은 精緻한 수준에 이르렀다고 여겨진다. 게다가, 묵자가 주장하는 형평관계의 두 범주는, 정확히 표현하자면, '범죄와 형벌'이 아니라, '죄악과 책임(비난)'이다. 당위의 국가 실정법 차원에서 '범죄(crime)와 형벌(punishment)'을 주장한 것이 아니라, 존재의 윤리도덕 차원에서 '죄악(sin)과 책임(responsibility)'을 묘사한 것이다. 존재 차원에서 인간의 행위로 말미암은 業(karma)과 業障의 果報는 정확히 비례한다고

---

389) 墨子, 非攻上篇 참조.

보는 것은 자연의 인과법칙에 부합하며, 불교에서도 인정한다. 따라서 묵자의 사상은 형벌권 발동에 관한 당위적 가치판단과 주장이 아니라, 인과응보에 관한 존재적 인식론으로 보고, 그를 바탕으로 공격 침략 전쟁의 범죄성을 극적으로 부각시키기 위한 논법을 펼친 걸로 이해하는 것이, 묵자 본연의 진실한 내심 의사에 합치할 수 있겠다.

(3) 荀子의 賞罰 형평론

한편, 荀子는 묵자와 조금 다른 관점에서, 죄형 상호간의 형평성을 법이론상 상당히 정밀하게 의론한다. 고대 태평성세에는 참혹한 肉刑이 없고, 눈에 띄는 의복으로 차별하여 죄인의 수치심을 자극하는 경미한 象刑만 있었다는 것이, 당시 일반 世論의 주류였던 것 같다. 이에 대해, 荀子는 죄와 형벌의 인과응보와 형평성의 원리를 근거로 반론을 제기한다. 우선 진정한 태평성세라면, 사람들이 죄를 범하지 않기 때문에, 肉刑뿐 아니라 象刑조차 사용하지 않았을 거라고 전제한다. 만일 사람이 범한 죄가 몹시 무거운데, 그에 대한 형벌이 지극히 가볍다면, 일반사람들이 죄악에 대한 판단기준을 알 수 없게 되어, 세상이 몹시 혼란스러워질 것이라고 추론한다. 난포한 죄악을 미연에 금지하는 형벌의 본래 목적이 제 기능을 발휘할 수 없기 때문이다. 그래서 그는 象刑이 고대 법제가 아니라, 아마도 당시에 생겨난 학설에 불과할 거라고 추정한다.

> "무릇 벼슬이나 관직, 상과 형벌은 모두 類類相從의 인과응보다. 한 사물이 형평을 잃으면 곧 혼란의 실마리가 된다. 무릇 덕이 지위에 합당하지 못하고, 능력이 관직에 어울리지 못하며, 상이 공로에 적당하지 않고, 형벌이 죄악에 적절하지 않으면, 이보다 더 상서롭지 못한 것이 없게 된다. 살인자는 사형에 처하고, 사람을 해친 자에게 형벌을 내리는 것은, 모든 통치자에게 공통하는 법으로, 그 유래를 알 수 없다. 형벌과 죄악이 적정한 균형을 이루면 세상이 다스려지고, 그렇지 못하면 혼란스러워진다. 그러므로 治世에는 형벌이 무겁고, 亂世에는 형벌이 가볍다. 치세를 어지럽히는 범죄는 무겁지만, 난세에 범하는 죄악은 가볍기 때문이다."390)

"형벌이 죄에 합당하면 위엄이 있고, 합당하지 못하면 권위가 실추한다. 官爵이 어진 덕에 합당하면 존귀하지만, 합당하지 못하면 비천해진다. 옛날에는 형벌이 죄를 초과하지 않고, 官爵이 덕에 넘치지 않았다. 그래서 부친을 처형하더라도 그 자식을 등용하고, 형을 처형하더라도 그 아우를 등용하였다. 각기 그 誠心에 따라 분별해서 대한 것이다. 이런 까닭에 선행을 권장하고 악행을 억지하며, 형벌이 간략한데도 그 위엄이 물 흐름처럼 통하고, 정치와 법령이 분명하여 그 교화가 神처럼 쉽게 행해진다.

난세에는 그렇지 않다. 형벌이 죄를 초과하고 관작이 어진 덕에 넘쳐서, 가족의 연좌로 죄를 논하고 세습의 신분으로 관리를 천거한다. 그래서 한 사람이 죄를 범하면 三族을 함께 처형하기 때문에, 덕행이 비록 堯舜과 같은 자라도 공동 형벌을 면할 수 없으니, 이것이 곧 가족의 연좌로 죄를 논하는 것이다. 반면 선조가 고관을 지냈으면 자손들이 반드시 영화를 누리기 때문에, 악행이 비록 桀紂와 같은 자라도 관직이 반드시 존귀해지는데, 이것이 곧 세습의 신분으로 관리를 천거하는 것이다."(君子편)

荀子는 죄와 형벌뿐만 아니라, 공덕과 상(관작)까지 포함한 법의 전반적인 형평성 원칙을, 그 기능 및 실효성과 관련지어 이론체계로 주장하는 것이 특징이다.

(4) 管子의 政法 합당성론

관자는 법의 적정한 형평성을 실효성의 필수 불가결한 전제조건으로 더욱 상세히 논술한다. 우선 관자는, 성인의 道가 존귀한 까닭은 내용이 풍부하면서 때에 合當하기 때문이라고 설명하면서, 구체 사정의 변화에 적응하여 형평을 잃지 않는 것이 合當이라고 정의한다.(宙合편) 법의 합당성이란, 살아야할 자는 살리고 죽어야할 자는 죽이는 것으로, 선악에 대해 마치 동서나 좌우처럼, 다만 믿음으로써 바르게 중립으로 임함을 뜻한다.(白心편) 이러한 合當性은 정치와 법령의 가장 중요한 근본이다. 명분과 실질이 서로 합당하면 다스려지고, 합당하지 못하면 혼란해진다.

---

390) 荀子, 正論편 참조. 漢書 刑法志도 이 구절을 그대로 인용하고 있다.

그런데 명분은 실질에서 생겨나고, 실질은 德에서 생겨나며, 德은 이치에서 생겨나고, 이치는 지혜에서 생겨나는데, 지혜는 곧 合當에서 생겨난다.(九守편) 따라서 합당성이란 모든 정치·법률상 대의명분의 궁극 근원인 셈이다. 그래서 관자는 군주가 살펴야할 세 가지 治亂의 근본으로, 덕과 지위의 합당성, 공로와 爵祿의 합당성, 능력과 관직의 합당성을 든다.(立政편) 사실 政治란 곧 正인데, 正이란 지나침이나 모자람이 없는 중용의 덕으로써 만물을 바르게 안정시키고 나라를 바르게 다스리는 것이다. 이러한 중용의 正이란 또한 법의 형평성을 뜻한다. 법이 망가지고 문란해지는 것은 中正의 형평성을 상실하기 때문이다.(法法편)

형벌이 편파적이지 않고 죄에 합당하게 내려지면, 죄인은 물론 모든 백성이 원망의 마음을 품지 않고 기꺼이 승복하게 된다. 또한 명분이 바르고 분명하면 법도에 의혹이 없어, 가벼이 소송을 일으키는 폐단이 없어진다.(君臣上; 問편) 따라서 현명한 군주가 나라를 다스리는 요체는, 합당성을 잘 살펴 올바른 義理를 행함에 있다. 마땅히 상 줄 자는 비천함을 가리지 않고, 마땅히 처벌할 자는 존귀함도 피하지 않아야 한다. 공로를 상주고 죄악을 처벌하는 것은, 천하를 위해 이익을 가져오고 해악을 제거하는 핵심 통치방편이기 때문이다.(明法解편)

이처럼 현명한 군주의 법령이 義理에 부합하여, 상벌의 시행이 공로와 죄악에 각기 합당하게 되면, 민심이 이에 순종할 뿐만 아니라, 천지 귀신까지 모두 함께 돕기 때문에, 만사가 형통하고 복록이 넘친다고 관자는 강조한다. 반대로, 난포한 군주의 법령이 義理를 상실하고 민심을 거역하여, 상벌이 죄와 공에 합당하지 못하면, 천지와 귀신도 돕지 않아서, 일마다 재앙이 뒤따르게 된다.(形勢解편) 다시 말해서, 국가의 재앙이나 정치사회의 혼란은 백성의 원망으로부터 말미암는데, 그 원망은 정치와 법령의 불합리와 특히 상벌의 부당함에서 생긴다. 따라서 법령의 도덕적 정당성과 상벌의 합리적 公信性이, 백성의 원망과 국가의 혼란을 예방하는 근본이 된다.(版法解편)

그런데 관자는 이처럼 국가사회의 治亂의 근원이 되는 법령의 합리적 정당성을 궁극에는 군주의 인격적 性情과 관련지어 거론한다. 즉, 君主가 군세고 사나우면, 무고한 백성을 가벼이 처벌하여, 훌륭한 인재들이 망명함으로써, 外患을 야기하기 쉽다. 반대로 지나치게 유약하면, 난포한 무리를 처형하지 못하여, 邪惡한 무리들이 발호함으로써, 內亂을 초래하기에 마땅하다는 것이다.(法法, 參患편) 君權의 절대지상성이 통치체제의 핵심을 이루던 전통 왕조사회에서, 법령과 상벌의 적정한 합당성이 군주 개인의 인격적 도덕성과 性情상의 중용조화에 결정적으로 의지한다는 사실은, 누구나 쉽게 공감할 수 있는 합리적 설명이다.

(5) 한비자의 賞罰 합당성론

한편, 荀子의 제자들을 중심으로 형성한 법가가 荀子의 사상을 계승하여, 특히 道와 法에 관한 이론을 발전시킨 것은 주지의 사실이다. 법령의 타당성과 상벌의 적정성에서도 그러한 일맥상통하는 전승관계가 보편으로 나타남은 자연스러운 현상이다. 특히 법에 엄격히 기속할 것을 요구하는 법가 특유의 철저한 법치와 밀접히 직결한다. 예컨대, 한비자는 군주가 상벌로써 신하를 제어함에, 그 언행이 명분과 직책에 합당한지 여부를 엄격한 기준으로 삼도록 강조한다.

> "신하가 말을 개진하면, 군주는 그 말에 따라 일을 부여하고, 그 일에 의해 공을 평가한다. 공이 일에 합당하고 일이 말에 합당하면 상을 주며, 반면 공이 일에 합당하지 않고 일이 말에 합당하지 않으면 벌을 준다. 그러므로 신하가 말은 큰데 공이 작아서 처벌하는 것은, 공이 작음을 벌주는 것이 아니라, 공이 말에 합당하지 않음을 벌주는 것이다. 또한 신하가 말은 작은데 공이 커도 처벌하는 것은, 큰 공을 기뻐하지 않음이 아니라, 명분에 합당하지 않으면 그 해악이 큰 공보다 더욱 심하기 때문에 벌주는 것이다. 그러므로 현명한 군주가 신하를 부림에는, 신하가 관직을 초월하여 공이 있을 수 없고, 합당하지 않은 말을 개진할 수 없다. 관직을 초월하면 사형에 처하고, 말이 합당하지 않으면 처벌한다."(二柄편)

이처럼 韓非子는 상벌시행의 합당성 이전에, 그 시행근거가 되는 기준행위 자체의 합당성을 필수 전제요건으로 강조하는 것이 특징이다. 물론 상벌 자체도 행위결과에 합당하게 시행해야 한다. 상벌이 죄와 공에 합당하면 아무리 많거나 무거워도 지나침이 없으며, 반대로 합당하지 못하면 아무리 寬厚하거나 가벼워도 통치에 별 도움이 못된다. 따라서 합당성 여부가 아니라 단순한 多少만으로써 상벌을 논하는 것은, 법치의 요체를 모르는 어리석은 소견이 된다. 단지 형벌을 완화하고 상을 후하게 베푸는 것은, 간사한 무리를 이롭게 하고 선량한 사람을 해치는 부당한 법이다.(難二編) 그러나 합리성을 초월하는 重刑嚴罰도 또한 결코 혼란이나 간악을 퇴치할 수 없는 부당한 법이다. 합당한 법령은 민심에 거스르지 않기 때문에, 아무리 무거워도 폐해가 생기지 않는다, 하지만 부당한 법령은 천하인민과 원수를 맺기 때문에, 국가의 혼란은 물론 군주의 존립위험까지 초래하게 된다.(難四編)

한비자를 비롯한 법가사상에 공통하는 일반 특징은, 사면에 대한 강경 일변도의 부정론인데, 이 또한 법의 합당성을 관철하기 위한 논리적 일관성의 표현에 불과하다. 죄인을 구제하거나 사면하면, 법의 권위가 실추하여 국가통치가 어지러워지기 때문이다. 이는 무고한 사람을 처벌해 民怨을 야기함으로써 국가가 위태로워지는 것과 더불어, 부당한 법의 양대 폐해가 된다.(難一編) 상이 지나치면 백성의 신임을 잃고, 형벌이 지나치면 백성이 두려워하지 않기 때문에, 자연히 상벌의 勸善懲惡의 규범기능과 법령의 실효성이 약해지고, 마침내 국가 정치도 어지러워진다.(飾邪編) 따라서 성인이 상벌의 경중과 다소를 논하여 천하를 다스림에는, 형벌의 경미함이나 상의 중후함을 자애롭게 여기지 않으며, 반대로 형벌의 준엄함이나 상의 미약함을 각박하게 여기지도 않는다. 오직 사회여건에 합당하고 사실 상황에 적절하게 시행할 뿐이다.(五蠹編)

역대 왕조의 정치현실에서 엄형중벌을 애용하면서 잦은 사면으로 황제의 권위와 은택을 널리 과시한 행태는, 사실 법가사상의 진수를 크게 벗어나 왜곡하고, 단지 통치명분으로 내세워 악용한 것임을 알 수 있다.

(6) 呂氏春秋의 賞罰 합당성론

呂氏春秋도 상벌의 합당성을 매우 중시한다. 상벌이란 군주가 신하를 부리며 인민을 다스리는 통치의 핵심 방편이다. 따라서 상벌의 시행상황을 살펴보면, 그 나라의 정치 득실이나 법령의 실효성이 저절로 드러날 뿐 아니라, 군주의 성격이나 능력도 알 수 있다. 군주의 상벌시행이 義롭고 宜當하면, 忠信의 道가 밝게 떨쳐지며, 친소원근이나 賢愚를 막론하고 모든 臣民이 진심 진력한다. 반면 상벌의 적용이 의롭지 못하고 부당하면, 간사한 도가 기세를 떨쳐 민심이 이반하고, 법령의 실효성이 크게 떨어진다. 그래서 상벌은 주관의 愛憎이나 好惡의 감정에 의해서가 아니라, 오직 객관의 선악이나 행위결과에 합당하게 시행하여야 한다.(義賞; 當賞편) 상이 지나치면 간사한 무리가 요행의 이익을 꾀하고, 형벌이 넘치면 정직한 군자가 불의의 해를 당하기 쉽기 때문이다.(開春편)

그래서 관리는 법령을 밝게 시행하며, 특히 형벌의 집행이 죄악과 형평을 잃지 않도록 각별히 주의해야 한다. 만약 訟獄을 부당하게 심판하여 억울한 원망을 야기하면, 그 죄책을 스스로 져야 한다.(仲秋紀편; 禮記, 月令편에도 보임.) 뿐만 아니라, 법을 준수하는 일반 臣民의 입장에서도 상벌은 오직 자신의 功過에 합당하게 받아야 한다. 군자의 행동은 반드시 義에 따라 이루어지는데, 義로운 행동이란 공로에 합당하게 상을 받고, 죄악에 합당하게 벌 받는 것을 포함한다. 공을 초과하여 명분이 없는 부당한 상은 기필코 사절하며, 罪過에 합당한 형벌은 비록 군주가 사면해주어도 이를 피하지 않는 것이다.(高義편)

7. 유가의 正名論과 법가의 定分論

이상에서 살핀 법의 형평성, 특히 상벌의 功過에 대한 합당성은, 법의 핵심 본질로서 실질 正義의 내용을 이룬다. 義는 본디 法의 근원이되는 상위규범으로서, 또한 법이 지향하는 근본이념이기도 하다. 그리고義의 실질의미는 正·宜·當 등으로 개념 정의하고 해석한다. 그런데 여기에서 살핀 법의 합당성과 상벌의 형평성도, 본질상 '當'이나 '稱'의 개념뿐만 아니라, 직접 '宜'와 '義'의 개념을 사용하여 규정하고 있다. 이는 법의 형평성・합당성이 곧 법의 근본이념인 실질 正義를 의미하며, 또한 법의 實效性이 법의 도덕적 正當性에 근원한다는 법이론을 구성할 수 있게 하는 논거가 되기도 한다.

실질 正義란 각자에게 마땅히 주어야할 합당한 몫(分)을 공평히 나누어주는(配) 행위를 말한다. 이른바 '配分적 正義'다. 법은 상벌로써 이러한 작업을 수행함으로써 실질 正義를 配分하고자 하는 규범적 수단방편이다. 따라서 配分적 正義가 법의 중추적 이념이 되는 것은 당연하다. 전통 中國法의 철학사상에서도 이러한 배분적 정의를 법의 본질 사명이자 근본이념으로 삼았음은 물론이다. 다만 개념의 표현에서, 각자의 합당한 '몫을 정한다'는 '定分'의 용어를 널리 쓰는 것이 다를 뿐이다. '配分'이 動的인 어감을 강하게 풍기는 반면, '定分'은 다소 靜的인 인상을 주는 편이다. 그러나 몫을 '정해주는' 것은 곧 몫을 '나누어주는' 것과 실질상 다르지 않다. '定分'은 곧 '配分'의 의미까지 포함하는 개념이다.

(1) 법가의 定分論

초기 법가를 대표하는 商君書에는 '定分'편이 있는데, 法官・法吏를 설치・운영하는 法治의 구체 방법 및 簡明・平易한 법의 시행과 함께, 名分을 배정하는 법의 규범 기능을 자세히 논술하고 있다.[391] 특히 법적인 名分배정의 필수불가결성을 강조하는 비유 설명은 전국시대 법치사상의 조류를 잘 반영하는데, 당시 매우 널리 퍼진 일화다.

"토끼 한 마리가 뛰면, 모든 사람이 그를 잡으려고 쫓는다. 이는 토끼가 모든 사람의 몫으로 나눠질 수 있기 때문이 아니라, 그 名分이 아직 정해지지 않았기 때문이다. 그런데 팔 토끼는 시장에 가득하여도, 도둑조차 감히 훔칠 엄두를 못내는 것은, 名分이 이미 정해졌기 때문이다. 그러므로 名分이 정해지지 않으면, 堯舜禹湯과 같은 성인도 모두 분주히 쫓아간다.

---

391) 상앙의 법치주의는, 송영배, 「고대중국 상앙학파의 법치주의」, 251~155면 참조.

하지만 名分이 이미 정해지면, 빈곤한 도둑도 훔칠 수 없다. 법령이 분명하지 않아 그 名分이 확실하지 않으면, 천하의 모든 사람이 모두 이를 의론하게 된다. 그 의론은 사람마다 달라 정론이 없게 되니, 이것이 名分의 불확정이다. 무릇 名分이 정해지지 않으면, 堯舜같은 성인도 오히려 수단방법을 가리지 않고 간악을 저지를 수 있거늘, 하물며 보통사람들은 말할 나위가 있겠는가? 이것이 바로 간사한 죄악을 크게 일으켜, 군주의 권위를 실추시키고 국가를 멸망시키는 길이다. 名分이 정해지면, 큰 사기꾼도 정직과 신용을 지키고, 백성들이 모두 성실해져 스스로 바르게 된다. 그러므로 名分의 확정은 통치의 大道이며, 名分의 불확정은 혼란의 첩경이다."(定分편)

여기서 말하는 名分이란, 좁게는 법적 권리의무관계로서 名義와 몫을 뜻하고, 넓게는 정치사회상의 신분과 지위·직책까지 포괄하는 개념이다. 그런데 名分의 확정으로 법의 배분적 기능을 설명하는 이 비유는 전국시대에 매우 널리 퍼진 언론이었다. 商君書 이외에도, 呂氏春秋는 愼子의 말을 인용하여 토끼의 비유를 거의 같게 거론한다.(愼勢편) 尹文子도 彭蒙의 말을 빌려서 같은 내용의 비유를 요약해 소개하면서 名分의 필요성을 역설한다. 名이 정해지면 사물이 서로 다투지 않는데, 이는 경쟁심이 없어서가 아니라, 名이 정해져서 마음 쓸 곳이 없기 때문이다. 分이 분명하면 私利가 통용하지 못하는데, 이는 욕망이 없어서가 아니라, 分이 분명하여 욕망을 부릴 수가 없기 때문이다. 경쟁심과 욕망은 사람마다 가지고 있지만, 누구도 이를 사사로이 부릴 수 없도록 통제하는 것이, 바로 名分의 道라는 것이다.(尹文子, 大道上편)

그런가 하면, 한비자는 관점을 다소 달리하여 비슷한 비유를 든다. 아무리 하찮은 물건이라도 아무도 보지 않는 은밀한 곳에 두면, 비록 曾參이나 史魚와 같은 정직한 현인이라도 욕심을 낼 수 있다. 반면 황금 백 냥을 모든 사람이 보는 시장에 걸어 놓으면, 비록 큰 도둑이라도 감히 손댈 수 없다는 것이다.(六反편) 비록 信賞必罰의 실효성 있는 법집행이라는 측면에서 언급하고 있지만, 몫(名分)을 확정하여 객관으로 분명히 공개하면, 사람들의 탐욕심이나 분쟁을 야기할 수 없다는 법의 규범

기능의 관점에서는 일맥상통한다.

　지금까지 살핀 법가의 定分은 실질 내용상 소박하게 근대법의 소유권 명의에 상응하는 개념으로 이해할 수 있겠다.

(2) 유가의 正名論

　그러나 名分의 확정 이론이 법가의 법치주의 사상에만 고유하게 깔려 있는 것은 아니다. 앞서 말한 것처럼, 名分을 바로잡는 것을 정치의 최 급선무로 삼은 공자의 正名論도 형벌의 중용과 합당성을 필수로 요청한 다. "명분이 바르지 못하면 말이 공순하지 못하고, 말이 공순하지 못하 면 일이 이뤄지지 않으며, 일이 이뤄지지 않으면 예악이 흥성하지 못하 며, 예악이 흥성하지 못하면 형벌이 적정하지 못하고, 형벌이 적정하지 못하면 백성들이 손발 둘 곳이 없게 된다."[392]

　이 유가의 正名論과 법가의 定分論은 그 논점과 대상에서 다소 차이 가 나지만, 궁극에 실질내용은 일맥상통한다. 예컨대 맹자는, 비록 井田 論에 국한한 언급이긴 하지만, 공자의 正名論을 더욱 일반화한 법의 定 分論으로 확장시키고 있다. 仁政은 井田의 경계를 구획·정리하는 데서 시작하는데, 田界를 바르게 구분 지어야 땅의 면적과 수확도 따라서 공평하고 균형 있게 배분할 수 있다는 것이다.(滕文公上편, §3) 맹자의 井 田論은 산술적인 平均을 전제로 하지만, 땅의 경계구분이 각자의 몫을 정해주는 定分의 의미를 함축함은 물론이다.

　또, 맹자의 定分이 획일적 평등만을 뜻하는 것은 결코 아니다. 농민 에 국한한 井田論이 과연 실질상으로도 산술평균의 획일적 分田 방법을 취하는지는 논외로 해도, 맹자 자신이 士農工商의 分業論을 천하의 보 편 정의로 규정하는 사실은 이를 반증한다. 사물이 획일로 가지런하지 못한 것은 '존재'하는 사실이다. 군자가 통치에 마음을 써서 녹봉을 받 는 것은, 일반 백성이 생업에 힘써서 세금을 납부하는 것과 마찬가지로

---

392) 論語, 子路 : 「必也正名乎! …… 名不正則言不順, 言不順則事不成, 事不成則禮樂不
　　興, 禮樂不興則刑罰不中, 刑罰不中則民無所措手足.」

실질 정의에 부합한다. 양자가 상호보완으로 통일조화를 이룰 때 사회 分業은 원만해진다.(滕文公上편, §4) 고대 신분사회의 기초를 역사적 한계로 전제한다면, 이는 자질에 따른 신분분화와 그에 따른 분업을 정당화한 플라톤의 正義관념과도 자못 상통하는 분업론이라고 볼 수 있다.

荀子는 正名論과 定分論을 동시에 거론한다. 군주가 천하를 통치하는 요체는 名分을 제정해 실질을 변별하는 正名에 있다. 따라서 궤변이나 형식논리로써 正名을 어지럽히고, 인민을 미혹시켜 쟁송을 야기하는 것은 매우 중대한 간악이다. 그런데 사회 현실은 귀천의 신분 차이가 엄연히 존재하므로, 이를 규정하는 禮法의 名分 또한 다를 것은 필연의 사리다. 다시 말해, 正名이란 구체적 차이를 분별하여 실질 정의에 부합하도록 名分을 바르게 규정하는 것이다.(正名편) 사실 차등적 名分은 禮의 핵심 본질이고, 禮論은 荀子 사상의 중추이므로, 군주가 禮로써 천하를 다스림에 귀천과 親疏의 차등적 名分을 바르고 분명히 규정하는 것보다 더 긴요한 일이 없음은 당연하다.(非相, 富國, 君道편)

이는 정치사회의 통치조직의 관점에서 보면, 맹자와 같은 분업론이 된다. 농민은 땅을 나누어 경작하고, 상인은 재화를 나누어 판매하며, 工人은 사업을 나누어 경영하고, 사대부는 관직을 나누어 행정을 담당하며, 제후는 영토를 나누어 다스리고, 公卿은 만방을 총괄하여 정치를 의론하며, 천자는 그 지위를 공경스럽게 지키기만 하는 것이, 천하를 공평하고 균등하게 다스리는 길이다. 이것이 禮法의 가장 큰 직분이라는 것이다.(王覇편) 또한 이는 법규범의 관점에서 보면, 앞서 언급한 법령의 합당성, 특히 상벌의 형평성이 된다. 요컨대, 名分을 바르게 규정하는 것이 법의 실질 정의이자 배분적 정의(分義)인데, 이러한 배분적 정의가 행해져야만 천하가 제대로 다스려지게 된다.(大略편) 물론 배분적 정의를 실현하기 위해서는, 훌륭한 통치자가 군주의 자리에 있어야 한다.

"성왕이 위에 있어 배분적 정의를 천하에 실행하면, 사대부는 방자한 행동이 없고, 모든 관리는 태만하지 않으며, 일반백성들은 간사하고 기괴한 풍속과 도적질하는 죄악이 없을 뿐만 아니라, 국가의 법령을 어기는 일도 없게 된다. 천하의 인민이 모두, 절도한 사람은 부자가 될 수 없고, 남을 해친 사람은 장수할 수 없으며, 국가의 법령을 어긴 사람은 편안할 수 없음을 훤히 알기 때문이다. 그런 까닭에 형벌이 간략하면서도 권위 있게 널리 행해진다. 세상 사람이 모두 간사한 죄악을 범하면, 비록 숨거나 도망하여도 형벌을 피할 수 없음을 알기 때문에, 스스로 죄에 승복하여 벌을 청하게 된다."(君子편)

(3) 管子와 呂氏春秋의 正名사상

한편, 관자는 正名論을 통치의 관건으로 규정하면서, 이를 法과 刑의 개념에 직접 연결시키는 것이 특징이다. 우선 名은 성인이 만물을 통치하는 기강으로서, 名이 바르게 존재하면 다스려지고, 名이 어그러지면 혼란해지며, 名이 없으면 멸망하게 된다.(心術上, 霸言, 君臣下편) 그래서 名은 통치에서 필수 불가결한 소중한 존재인데, 여기서 名이 바르게 존재한다는 것은 곧 실질에 부합하는 正名을 뜻한다. 그런데 바르게 존재하기만 하면 천하가 저절로 다스려지는 名은, 제정해 놓기만 하면 인민이 스스로 다스려지는 법이나, 똑바로 세워 놓기만 하면 만물이 저절로 바르게 되는 규범적 표준과, 실질상 상통하는 개념이 된다. 즉, 名이 바르고 法이 갖추어지면, 성인은 가만히 있어도 천하가 저절로 다스려진다고 해서, 名과 法을 병칭한다.(法法, 白心편)

그리고 관자는 천하를 다스리는 다섯 가지 正名으로서, 權·衡·規·矩·準을 거론한다. 이들은 모두 규범적 표준으로서 실질상 법을 비유하는 대명사다.(揆度편) 또한 名을 刑의 개념정의에 핵심 용어로 사용하기도 한다. 형벌을 제정함에 각기 그 名에 합당하도록 규정하여, 죄인은 원망함이 없고 선량한 사람은 공연히 두려워할 필요가 없도록 하는 것이 刑이라는 것이다.(正편) 물론 여기의 名은 구체로 罪名을 지칭한다고 볼 수 있지만, 일반적인 법적 名分을 널리 통칭하는 것으로 이해할 수도 있다. 형벌이 죄명에 합당함은 名分이 실질에 부합하는 正名論과 이

어지는 것이다.

呂氏春秋도 名을 바르게 하고 分을 살펴 정하는 것이 통치의 관건임을 강조한다. 名分이 바르게 정해지면 나라가 잘 다스려지지만, 名分이 바르지 못하거나 없어지면 군주가 아무리 수고로움을 다해도 관직이 혼란스러워진다. 특히, 刑名의 不當은 혼란의 큰 요인일 뿐만 아니라, 국가멸망의 직접 원인이 된다. 따라서 실질에 부합하게 名分을 정하는 것이 군주의 급선무다.(正名, 審分, 白心편) 통치의 요체인 이러한 名分이 귀천·장유·異同의 분별성을 인정하는 실질 정의와 배분적 정의를 의미함은 물론이다.(處方편)

이상에서 고찰한 正名論과 定分論은, 이론을 주장하는 학파에 관계없이, 실질 내용에서 결국 법적인 權利·名義나 몫·직분을 바르게 정해준다는 동일한 의미로 상통함을 알 수 있다. 이는 정치·사회·경제·법률상으로 인민 상호간의 제반 이해관계를 조정해 주는 규범적 기능을 뜻한다. 동시에 법의 궁극이념으로서 각자에게 각자의 합당한 몫을 나누어준다는 배분적 정의를 뜻한다.

사실 엄격히 구분하자면, 正名이란 정치·사회적인 신분·지위나 법적인 名義와 같은 전제요건에 치중하고, 定分이란 그러한 신분·지위·名義에 합당한 직책·자격·권한이나 권리의무관계와 같은 결과적 효과나 작용을 주로 뜻한다. 허나 실제로 正名은 그에 후속하는 定分의 내용까지 함축하고, 定分은 그 기초로서 正名을 전제한다. 흔히 '名分'이라고 合稱하는 것도, 이러한 의미상의 통일적 연관성을 반영한다. 초기의 유가나 도가의 사상에서는 일반론으로 正名을 간단히 언급하여 名分을 포괄한 데에 반해, 후기의 유가나 법가의 사상에서는 구체적 定分을 상세히 거론하여 名分을 동시에 취급하는 경향이 두드러진 특징이다.

역사발전 과정으로 눈을 돌리자면, 정치사회경제의 변화추이에 따라 커다란 시대흐름의 차이를 감지할 수 있다. 周나라 봉건제의 근간이 비교적 확고하여 禮治論이 주류를 이루던 춘추시기까지는, 주로 유가나 道家 풍의 正名論에 치중한다. 그러나 철기사용으로 농업생산력이 급격히 발전하고, 춘추오패 이후 제후들의 패권다툼이 치열하게 본격화하면서, 周나라 封建禮制는 뿌리째 흔들리기 시작하고, 성문법 공포와 법치개혁론이 천지와 역사를 뒤바꾸던 전국시대에는, 순자와 그 뒤를 이은 법가의 定分論이 대세를 이룬다. 관념과 현실은 그렇게 함께 나아간다.

제6절   情理(法)의 중용조화를 위한 情狀참작

1. 人情 事情 없는 法은 없다

司法재판은 구성요건에 해당하는 범죄사실(情)에, 정해진 법률효과를 공평무사하게 일률로 부여하는 法理를 적용함으로써 곧 완결하는 것이 아니다. 논리적 법 적용 이후 반드시 거쳐야 할 최종 과정이, 곧 행위자의 개별·구체적인 각종 情狀의 참작이다. 특히 인명에 직결하는 형사재판에서는 인도주의 欽恤정신에 입각하여 愼獄과 恤刑의 이념을 항상 강조한다. 그래서 일응 死刑에 해당하는 중대한 범죄는, 때를 기다리지 않고(不待時) 卽決할 악질 범죄를 제외하고는, 秋審 때 일괄하여 황제와 大法官의 세 번 내지 다섯 번의 신중한 覆審을 거치는 것이 전통 법제의 원칙이다. 근대 서구법과는 달리, 전통법은 法官이 주관적 자유재량을 발휘할 여지가 거의 없다. 선택 가능한 不定期刑의 法定刑 개념도 존재하지 않을 뿐만 아니라, 구성요건 사실도 매우 구체로 세분하고 있기 때문에, 이론상으로는 일단 확정한 사실(情)에 대한 법 적용 절차는 기계적으로 획일화할 수밖에 없다. 사실인식 및 그 사실에 대한 구성요건 해당성 판정의 단계에서 私情이 개입할 소지가 있을 뿐이다.

그러나 천태만상으로 변화무상한 인간의 감정과 행위사실은, 불과 수백 조문의 고정 成文의 법령으로 총망라하여 간단히 해결할 수가 없다. 어떠한 특수한 행위와 예외 사정이 돌발할지는 누구도 예측할 수 없다. 그래서 법 해석·적용의 단계에서 이미 逐字적인 文理해석과 형식적인

論理(勿論)해석 및 국가의 公的인 立法해석 · 有權해석 이외에도, 유학자의 私的인 學理해석(學說)을 공식으로 인정한다. 또한, 실질 論理(法의 義理 · 정신 · 목적)에 근거한 類推해석(比附)과 법의 흠결을 보충하는 개괄 규정으로서 不應爲罪와 違令罪의 제도까지 채택하여, 형식상으로 거의 완벽한 법체계를 갖추고 있다. 뿐만 아니라, 판결 선언 시에는 明文의 律令格式에서 개별 · 구체의 근거조항을 인용하면서, 죄수와 그 가족에게 이를 상세히 설명한 뒤 그의 승복을 받도록 한다. 만약 판결에 불복할 시에는 재심을 청구하는 乞鞫제도도 허용한다. 또한 비교적 중대한 범죄에 대한 최종 재결권을 최고 사법권자인 황제가 장악하고, 극히 예외적인 사건에 대해 특별한 陳情(예컨대 登聞鼓)이나 奏請을 허용함으로써, 중용의 변용과 타협을 꾀하기도 한다. 이 경우 조정의 法官은 사실의 정확한 정리와 그에 적용할 法條文을 갖추어 보고할 뿐이며, 어느 법을 적용하고 구체적 정상을 어떻게 어느 정도 참작하여 어떠한 판결을 내릴 것인지, 최종재량권은 오직 군주만이 독점한다.393)

漢 孝文帝 13년에는 太倉令인 淳于公이 사형죄를 지어 長安으로 끌려가면서, 아들이 없이 딸만 다섯인 처지를 탄식하였다. 이에 작은딸 緹縈(제영)이 상심하여 슬피 울며, 아버지를 따라가 長安에 이르러 황제에게 陳情書를 올렸다. 아버지는 관직생활이 본디 청렴 · 공평하여 인민의 칭송이 자자한데, 불행히 법을 범하여 사형이 처해지게 된 딱한 사정을 아뢰었다. 아울러, 인간의 생명은 한번 처형하면 부활할 수 없고, 육신을 처단하면 다시 이을 수 없는 것이 형벌인지라, 죄인에게 개과천선의 기회가 없음이 안타까우므로, 자신이 스스로 官婢가 되어 한평생 나라를 위해 헌신하겠으니, 아버지의 사형을 대신 속죄해 주도록 간청한 것이다. 이에 孝文帝가 딸의 지극한 효성과 情意를 긍휼히 여겨 그 아버

393) 晋 元帝 때 熊遠은, 법관의 재판과 대신의 의론은 모두 마땅히 律令과 經傳을 인용하여야 하고, 수시의 權宜에 의한 정상의 참작은 人君만이 행할 수 있으며, 신하가 전용할 수 없다고 강조하였다.(晋書, 刑法志) 唐代에는 '정상을 참작할 만한 안건도 왜 모두 律令대로만 처단하느냐?'는 太宗의 질문에, 胡演이 이는 신하가 감히 행할 수 있는 바가 아니라고 답변하였다.(唐會要, 卷40, 君上愼恤조 717면)

지를 사면해줌과 동시에, 그 언론의 합리성과 자비로운 마음에 감동하여 마침내 肉刑을 폐지한 것이다. 이 史實은 중국법제사의 획기적 금자탑을 이루었다.(漢書, 刑法志)

그리고 金 章宗은 한 法官이 獄案을 주청하면서 독특하게 情見(범죄의 정상을 참작한 법관의 재판의견)을 제출한 사건에 즈음하여, 이를 긍정할 뿐 아니라, 法官의 독자적 정상참작 재량권을 적극 강조하기도 하였다.

> "혹자는 법관이 情見을 제출해서는 안 된다고 말하기 때문에, 의론이 분분하여 그치지 않는다. 짐의 생각으로는, 情見이란 법 밖에서 나온 것이 아니며, 다만 정상을 절충하여 法에 따르는 것일 뿐이다. 법조문은 유한하고 人情은 무궁한데, 情見 또한 어찌 없을 수 있겠는가?"(金史, 刑)

사실 이미 전술한 바와 같이, 주관의 동기와 정상이 연민할 만하거나, 객관의 행위사실이 증거부족으로 의심스러운 경우, 또는 三赦·三宥·八議에 해당하는 사안에 대하여, 개별 구체로 '議事以制'하는 赦宥 및 贖刑 제도의 본래 목적이, 바로 이러한 정상참작을 대표하는 전형이다. 그리고 淸代에는 秋審의 최종판결을 5종류로 구분하였다. 그런데 범죄의 주관·객관 情況이 확실하여 의심이나 용서의 여지가 없는 '情實'을 빼면, 나머지 緩決이나 可矜·可疑·留養承祀 등은 모두 범죄인의 주관 情況이나 범죄행위의 특수한 객관 상황을 고려하여, 사형을 감경 또는 보류하는 것이다. 이도 또한 정상참작의 재량권이 구체 절차로서 法制化한 대표 경우다.(淸史稿, 刑法三) 이제 거의 전 法制史를 통하여, 名例律의 총칙에서 주관적 정상참작의 일반 규정으로 제도화한 중요한 몇 가지 감형 사유들을 소개하기로 한다.

2. 八議 제도

(1) 八議 제도의 역사와 개념

周禮의 八辟으로부터 연원하는 八議(§7) 제도는, 주관적 신분 情狀을 특별히 대우하는 봉건신분제의 유산으로서, 전통 중국법의 독특한 내용이다. 첫째 황제 및 황후의 '親'族, 둘째 '故'舊, 셋째 '賢'人君子, 넷째 才'能'技藝, 다섯째 위대한 '功'勳, 여섯째 尊'貴'한 高官大臣, 일곱째 특별한 '勤'勉勞力, 여덟째 國'賓'이 그것이다. 이들이 死罪를 범한 경우에는, 범죄 정상(사실)과 적용할 法條文 및 八議의 해당 신분을 기록하여 奏請해야 하며, 군주가 구체 情狀을 살펴 죄를 의론하게 된다.(原情議罪) 流刑 이하에 해당하는 범죄의 경우에는, 관할 법관이 스스로 각기 1등급씩 감경 처분하도록 일률 규정한다. 다만 十惡의 죄를 범한 경우에는, 八議의 혜택을 전혀 받을 수 없다.(§8) 또, 八議에 해당하는 본인뿐만 아니라, 그의 일정한 血親들도 본인과 함께 감경 특혜를 받는다.(§9~§11) 이는 가족주의를 기반으로 하는 封建制의 특색으로서, 緣坐와 상반하여 대조를 이룬다. 특히 官員에 대한 형벌시행상의 각종 특혜와 그의 자손·조상·부인 등에 대한 官蔭은, 중앙집권의 관료체제 아래서 관원에 부과하는 각종 행정 책임과 법적 의무에 상응하는 보상(代償)적인 특혜로 볼 수 있다.(§15~§17, §21~§23)[394]

물론, 철저하고 엄격한 법치주의로 태자의 과실까지 그 師傅를 대신(代刑으로) 처벌한 秦代에는, 이러한 八議의 특혜를 상상하기 힘든 편이다. 그러나 최근 출토한 秦律에 의하면, 宗室의 후손은 벼슬 있는 자 뿐만 아니라 벼슬 없는 內公孫도 贖刑의 혜택을 받을 수 있다. 또, 農戰論에 의한 공리주의 부국강병책과 信賞必罰에 의한 법치주의원칙의 시행 결과, 적군의 머리를 베는 戰功에 따라서, 본인의 선택에 의해 爵位(벼슬)를 받거나 자신 또는 부모처자의 형벌을 속죄할 수 있었다.(기왕에 받았던 작위를 후에 반납함으로써 속죄할 수 있다.)[395] 즉, 秦代에도 議親과 議功은

---

394) 白判에 따르면, 은거한 현자가 등용 추천을 받아 爵位까지 하사했으나 出仕하지 않은 경우에도, 尊賢의 작위제와 外臣 장려의 君命을 폐할 수 없다는 이유로, 그 자손의 官蔭 요청을 허용한다.(上§10) 그리고 국가 호위에 순사한 忠臣의 사후 贈官에 대해서는, 그 자손이 특별히 正官과 동일한 官蔭 혜택을 받을 수 있다(일반으로 1등급 하강 처분함)고 판시하기도 한다.(下§25)
395) 秦簡, 法律答問, 231면 및 秦律十八種, 軍爵律, 93면 참조.

인정한 셈이다. 이는 아무리 大道無私와 大義滅親을 강조하는 법가의 公平無私도, 구체적인 정치법제의 현실에서는 완전히 그대로 실현하기는 어려운 한계를 드러내면서, 반면 그 특유의 철저한 공리주의 신상필벌 이론이 功過相計하는 議功으로 발현한 것을 보여주는 반증이다.

漢代에도 비록 八議제도가 전부 갖춰지지는 않았으나, 宗室(親)과 廉吏(賢) 및 墨綬를 제수 받은 600石 이상의 관리(貴)에 대한 '先請'의 규정이 보통 행해졌다. 이들이 耐罪 이상을 범한 경우, 법관은 반드시 조정에 '先請'해야 하며, 이를 어긴 자는 처벌했다.[396] 실제로 公이나 제후 및 그 자손의 범죄는, 謀反이 아닌 한 원칙상 처형하지 못하고, 그 작위를 폐하거나 변방에 유배하는 사례가 많았다. 비교적 중대한 범죄인 경우 자살하도록 명령하여, 親情과 國法의 중용타협을 꾀하였다.[397]

議貴에 관하여는, 漢初에 본디 秦의 관행을 답습하여 公卿大夫를 일반인과 다를 바 없이 처벌하였으나, 惠帝 때 이르러 爵五大夫·吏六百石 및 皇帝近臣이 범죄한 경우에 刑具로써 구금하지 못하게 예우하였다. 한번은 장군 薄昭가 중앙조정에서 파견한 사절을 살해하였는데, 薄昭를 차마 처형하지 못하고 飮毒하도록 배려했다. 그래도 듣지 않으므로, 신하들로 하여금 상복을 입고 그에게 가서 통곡하게 함으로써, 결국 자살하도록 종용한 적이 있다.[398] 특히, 앞서 법의 개념과 관련해 禮와 刑의 관계를 논할 때 언급한 '刑不上大夫'의 명제는 議貴를 전형으로 상징한다. 文帝 때 賈誼의 상소문이 이를 잘 대표한다.

> "옛날에는 廉恥와 禮節로써 군자를 다스려서, 비록 자살을 하사하기는 했어도, 刑戮의 모욕은 없었습니다. 그래서 肉刑의 죄는 대부에게 미치지 않았습니다. 지금 왕이나 제후·公卿大夫들은 존귀하여, 모두 천자가 의관을 정제하고 예우하는 신하들인데, 일반 평민과 마찬가지로 肉刑이나 笞

---

396) 漢律, 卷10, 具律2, 1551~1552면 및 西漢會要, 卷62, 刑法2, 議貴조, 613~615면 참조.
397) 漢律, 卷5, 賊律3, 1461~1465면 참조.
398) 漢律, 卷6, 囚律, 繫囚조, 1480~1481면 및 卷5, 賊律3, 1461면 참조.

刑·棄市의 법에 처하여 모욕을 당하게 하는 것은 지나치게 궁박하지 않습니까? 무릇 일찍이 존귀한 지위에서 천자의 총애를 받던 대신이 불행히 지금 죄과를 범했다면, 그를 폐하거나 강등시키거나 死藥을 하사거나 족속을 멸하는 것은 가능합니다. 하지만 그를 묶거나 구금하여 형관에게 이송하고 죄수로 편제(등록)하여, 말단 獄吏로 하여금 욕설하고 매질하게 하는 것은, 아마도 일반인들에게 보일 바가 아닌 듯합니다."[399]

文帝가 이 건의를 받아들여, 그 뒤 대신의 범죄는 모두 자살하도록 예우하고 처형하지 않았는데, 武帝 때 다시 투옥시키는 풍조가 일었다. 後漢 順帝 때는 左雄이 明帝 이래 시행해 온 대신에 대한 채찍벌이 古制가 아니라고 상소하여 폐지한 적도 있다.[400] 관리의 범죄를 爵位로써 감경해주는 제도도 이러한 議貴의 표현이다. 벌금에 의한 贖罪法이 그 형벌에 따른 爵位를 매수하는 형식으로 행해진 점도 특기할 만하다.[401]

(2) 議親과 議貴의 주요 사례

전술한 것처럼, 三國 魏 때 唐律상의 八議제도가 완전히 갖춰진 뒤로 淸末까지 거의 그대로 이어졌다. 허나 법제 현실에서 특히 비중 있게 거론한 것은 議親과 議貴였다. 둘에 관한 역대 주요사례를 소개해 본다.

唐 高宗 때는 華州刺史 蕭齡之가 廣州都督 때 금은 노비 등 거액의 뇌물을 받은 사실이 들통 나자, 군주가 분노를 이기지 못하여 조정에서 처형하도록 명령한 적이 있었다. 이에 御史大夫 唐臨이, 자고로 성왕들은 恤刑에 힘썼는데, 근래 법관들이 重法을 즐겨 행한다고 지적하고, 律文의 八議 규정 중 왕족에 대한 議親과 刑不上大夫의 議貴를 거론하면서, 堯舜성왕의 萬代常法을 시행하자고 주청해, 결국 유배형에 처했다.

唐 玄宗 때는 한 都督이 下獄당하자, 張嘉貞이 곤장 시행을 주청하였

---

399) 漢律, 卷48 本傳, 및 西漢會要, 卷62, 刑法2, 議貴조 614면; 通考, 卷163, 刑考2, 刑制조, 1414면 참조.
400) 後漢書, 卷61, 左雄傳 참조.
401) 漢律, 卷10, 具律2, 1552~1554면 참조.

다. 이에 반대하여, 張說이 刑不上大夫는 군주의 측근에 벼슬하는 존귀함 때문이라고 말하며, 사대부는 처형할 수는 있지만 욕보일 수는 없다고 주장하여, 현종이 받아들였다. 이에 張嘉貞이 몹시 불쾌하여, 퇴청 후 張說에게 무슨 말을 그리 심하게 하느냐고 불평했다. 그러자 張說은 이렇게 답변했다. "재상이란 時運이 닿으면 등용하지만, 얼마나 오래 할 수 있겠는가? 만약 존귀한 대신을 모두 곤장 칠 수 있다면, 우리들도 언제 그 처지에 당할지 모르오. 그 말은 한 都督을 위해 한 것이 아니라, 천하의 모든 士君子를 위한 것이었소!"402) 이 논설이 특히 주목할 만하다. 이는 변화무상한 정치권력의 浮沈得失 속에서, 관료지식 계층이 현재 관직의 존귀함과 향후 돌발 가능한 풍랑에 대비한 체통의 유지를 위하여, 自家保險으로 자존심을 내세운 방편인 셈이다.

明代에는 太祖가 笞刑을 범한 工部尚書에 대하여, '六卿의 관직이 지중한데 사소한 범죄로 욕보일 수 없다'고 말하며, 봉급으로 贖罪하도록 명령한 뒤, 신하들의 과오범죄는 봉급속죄를 허용하였다. 그런데 태조 때 永嘉侯 朱亮祖 父子가 채찍에 맞아 죽고, 工部尚書 夏祥이 곤장에 치사한 이래, 廷杖을 당하거나 刑具(枷)를 찬 대신이 수없이 줄을 이었다. 그중 치사한 수도 적지 않으며, 특히 鎭撫司나 錦衣衛나 東·西廠 등 특별 무단사법기관의 횡포에 文官의 체통과 권위가 크게 짓밟혔다.

武宗 때는 劉瑾이 전권을 휘두르면서, 가마(轎) 탑승 條例를 어긴 대신들을 두 달간의 구속감금(枷號)에 처했다. 이에 大學士 王鏊(오)가 瑾에게, "선비는 죽일 수 있을지언정 모욕할 수 없는데, 지금 모욕한 뒤 죽인다면, 우리들은 무슨 낯으로 벼슬하겠느냐?"고 항의했다. 李東陽은 "儒生이 관직에 들어와 어떻게 죽을 때까지 두 달이나 구금할 수 있느냐?"고 상소했다. 결국 그들은 풀려났다. 世宗 때 霍韜(곽도)의 상소문은 이러한 상황을 잘 대변해 주는데, 끝내 받아들여지지는 못하였다.

---

402) 唐會要, 卷39, 議刑輕重조, 709~710면 참조. 이밖에도 玄宗 때 한 監察御史의 범죄를 조정에서 곤장 치라는 칙령을 내렸는데, 張廷珪가 차라리 죽일지언정 곤장으로 모욕할 수 없다고 집요하게 주청한 적이 있다. 唐會要, 卷40, 臣下守法조 참조.

"刑獄은 三法司에 회부하면 족한데, 지금 錦衣衛가 전횡하고 있습니다. 옛날에 漢 光武帝는 名節을 숭상하고, 宋 太祖는 의관을 정제한 관리에게 형벌을 시행하지 않아, 충의로운 신하들이 죽음을 다투어 절개를 지켰습니다. 무릇 사대부가 죄를 범한 경우, 刑曹에 이송해도 모욕입니다. 중죄가 있으면 폐하거나 처형할 수 있습니다. 하지만, 뭇 무관들에게 구속하여 의관을 벗기고 수갑과 족쇄를 채우게 맡기면, 아침에는 조정에 섰다가 저녁에 감옥에 갇히는 꼴이니, 아무리 강직한 마음과 웅장한 기개라도 모두 꺾이고 녹아버릴 것입니다. 사안이 뒤집혀 무죄가 밝혀지더라도, 다시 의관을 정제하고 조정에 서게 되면, 무관과 옥리들이 손가락질하며, '누구는 내가 모욕하고, 누구는 내가 감금했다'고 거리낌 없이 지껄여, 군자로 하여금 性行을 바꾸게 만듭니다. 이 때문에 호걸들이 山林에 은둔할 생각을 품으며, 절개 있는 선비도 자연히 드물어집니다. 원하건대, 앞으로는 東廠은 조정의 의론에 간섭하지 못하게 하고, 관리는 차라리 유배 보내거나 폐하거나 처형할지언정, 매나 곤장이나 수갑·족쇄를 가하지 않음으로써, 廉恥를 함양시키고 人心을 진작시키며 절개를 장려해 주십시오."403)

이밖에도 議親이나 議貴, 특히 刑不上大夫를 긍정하는 법제사의 사례는 적지 않지만,404) 다른 한편으로는 이러한 특혜의 폐단을 지적하여 이를 제한하거나 금지하는 조치도 괄목할 만하게 두드러진다.

唐 文宗 때는 刺史 裴銳가 몹시 중대한 재물죄를 범하였는데, 太皇太后 등의 議親과 議貴의 친족이라는 이유로 감형을 의론하게 한 사건이 있었다. 이를 계기로 張諷과 崔坦 등이 議親과 議貴의 원칙적인 제한 문제를 본격 주청하면서 이렇게 건의하였다. 皇親이 刺史나 監臨主守와 같이 인민을 직접 다스리는 牧民官 재직시 재물죄를 범한 경우, 八議 규정에 의해 減死流罪에 처하는 것은 부득이하다. 하지만, 그 집안으로

---

403) 이상 明代 사례와 상황에 관하여는, 明會要, 卷67, 刑4, 廷杖·枷·衛獄·東廠조, 1296~1305면 참조.

404) 예컨대, 後唐 明宗 때는 御史에게 곤장을 시행하려다가, 鄭元弼의 간언에 의해 중지하였다. 宋 神宗 때는 뇌물 받은 고관에 대해 사형을 감경하여 곤장 및 먹물(黥: 경)을 시행한 후 유배 보내려다가, 蘇頌의 간언에 의해 곤장 및 먹물 시행은 면제하기도 하였다. 通考, 卷166(1442면) 및 卷167(1448면)의 刑制조 참조.

하여금 부끄러움을 알고 죄악의 마음을 혁신하게 하여 장물죄의 재발을 방지하기 위해, 그 자손은 앞으로 그러한 牧民官을 맡을 수 없도록 제한한다. 조정의 文武 3품 이상 고관을 역임한 자가 목민관 재직시 사형에 해당하는 재물죄를 범한 경우에도, 議親의 경우에 준하여 제한한다. 기타 일반 刺史 등의 범죄에는 아예 議貴 적용을 배제한다.

몹시 거센 강경론에 대해, 황제는 보통 관직을 親·賢·貴人에게 제수하는 정치현실을 감안하고, 형벌은 후손에게 미치지 않는다는 경전의 원칙을 상기시키면서, 후손에 대한 禁錮의 緣坐法은 事理를 크게 손상하기 때문에 시행하기 어렵다고 반대하였다.[405] 형식 法理상으로는 황제의 반대가 지극히 타당하지만, 당시 정치·司法의 현실에서 議親과 議貴의 특혜를 빙자한 私情이, 國法의 통일공평성을 심하게 위협할 만큼 횡행하였음을 단적으로 반영해 주는 사안 논쟁이다.

宋代에는 太祖 때, 7품 이상 관원의 친족이 저지른 범죄에 대해, 차등적인 속죄의 官蔭혜택 규정을 年代의 제한 없이 적용했다. 그래서 불초한 자손들이 선조의 관직을 믿고 국법을 두려워하지 않는 폐단이 적지 않았다. 그러한 이유에서, 高繼申이 官蔭혜택을 받는 세대와 관직에 엄격한 제한을 가하자는 상소를 올려 받아들여졌다. 또 徽(휘)宗 때는 品官이나 皇親의 범죄인 경우, 세 번 口頭 조사에 승복하지 않으면 일반 刑杖에 의한 심문을 주청할 수 있고, 특히 情理가 중대한 죄악을 범하고 이를 숨기거나 거부하는 경우, 별도로 구금 신문할 수 있다는 규정을 시행한 적이 있다. (徽宗은 당시 이 규정을 제대로 준수하지 않고, 신문을 남용함으로써 議貴와 議親의 본의를 해친다고 지적하고 있다.)[406]

---

405) 唐會要, 卷39, 議刑輕重조, 713면 참조.

406) 通考, 卷171上, 刑考10上, 贖刑조, 1483면 및 卷167, 刑考6, 刑制조, 1452면 참조. 한편, 王安石은 아예 "禮를 하층 서민이라고 해서 적용하지 않으며, 刑은 상층 大夫라고 해서 시행하지 않을 수는 없다."고 말하면서, 법의 공평성 관점에서 議貴를 전면 부정했다. 그러나 그의 본래 의도는 禮教로써 인민을 교화하고 풍속을 선도하는 데 있지 않고, 권위적인 형벌 수단을 사용하여 자신과 의견이 다른 정치적 반대파를 숙청하는 데 있었다고 역사는 평가하기도 한다. 通考, 卷166, 刑考5, 刑制조, 1442면 참조.

그리고 이민족이 지배한 遼·金·元代에는 이미 전술한 바와 같이, 군주 자신이 법의 공평무사를 내세워, 친족이나 權臣의 범죄에 대한 혜택을 단호히 부정한 사례가 많다. 특히 金 世宗은 八議세도 자체를 실질 正義와 형식 法理의 관점에서 근본적으로 비판하기도 한다.[407] 또한 明 成祖 때는 駙馬 李讓의 家人이 소금의 허위매매로 錦衣衛에 구속당하자, 담당 관원에게 뇌물을 제공하려다가 들통 났다. 이에 황제에게까지 보고하였는데, 부마의 아들이 사죄로써 형벌을 모면하려고 하자, 成祖는 단호히 거절하였다. "법도란 마땅히 천하와 함께 하여야 하며, 私親을 위해 개폐해서는 안 된다. 무릇 허위·기만으로써 財利를 도모하고 뇌물로써 형벌을 도피하는 행위는, 비록 너희들 자신이라도 면제해 줄 수 없는데, 하물며 家人이란 말인가? 律대로 다스려라!"[408]

(3) 議功 및 議能의 법리 논쟁

議親과 議貴 이외에 다른 것은 법제사상 별로 등장하지 않는 편이다. 다만, 議功 및 議能과 관련한 특수한 개별 사례를 몇 건 소개할 만하다. 秦代에 戰功에 의한 형벌감면제도를 일반으로 시행한 이후, 역대 왕조의 律令에는 그러한 일반규정이 잘 보이지 않지만, 구체로 개별 사례는 더러 보인다. 일찍이 漢 武帝는 禁錮를 당한 자나 일반 범죄자가 후한 상을 받는 경우, 그 형벌을 감면할 수 있다는 詔書를 내린 적이 있었다. 특히 북방정벌 정책과 관련하여, 匈奴族의 공격에 중죄수를 자원 모집하기도 하고, 16인을 살해한 극악무도한 제후가 흉노 騎兵 1000여 명을 포획하자, 그 형벌을 감면해준 사례가 있다.[409] 唐 憲宗 때는 李錡를 叛逆罪로 처형하면서 그 연좌범위를 결정하는데, 그 大功親인 堂兄弟는

---

407) 遼史, 刑法志 上; 新元史, 刑法志; 金史, 刑志 참조. 續文獻通考, 卷167, 刑考, 刑制 下조에는 金 世宗 26년에 太子妃의 大功 이상 친족과 皇家의 無服親 및 死罪를 범한 賢人은 모두 八議에 포함시키지 말라는 條例를 제정한 기록이 보인다.

408) 明會要, 卷65, 刑2, 決斷조, 1264~1265면 참조.

409) 漢書, 卷6, 武帝紀, 元朔 6年조 및 漢律, 卷5, 賊律3, 1465면 참조.

국가에 대공을 세워 帝陵과 종묘제사에 配享 받는 淮安王의 5대 손이라는 이유로, 그리고 친형제는 여러 차례 큰 공훈을 세우고 王事에 순국한 若幽의 아들이라는 이유로, 각기 籍沒에서 제외해준 적이 있다.410)

그런가 하면 唐 肅宗은, 王去榮 장군이 私怨으로 관할 縣令을 살해하여 사형죄에 해당하는데, 그가 石砲를 잘 쏜다는 재능을 이유로, 사형을 면제하여 변방에 白衣從軍하도록 칙령을 내리기도 하였다. 이에 賈至가 弑逆 발생의 점진적 유래를 논하는 易傳의 명제를 인용하면서, 縣君을 살해한 반역죄인은 용서해서는 안 된다고 강력히 탄핵하였다.

> "혹자는 陝(섬)郡을 갓 설치하여, 그 사람이 아니면 지킬 수 없다고 말합니다. 그렇다면 다른 郡은 去榮이 없는데도, 어찌 견고히 수비할 수 있습니까? 폐하께서 만약 石砲 쏘는 한 재능으로 사형을 면제해 준다면, 모든 군대의 기예 탁월한 수많은 장병이, 반드시 그 재능을 믿고 소속 上官을 침범하게 될 것이니, 그러면 다시 어떻게 막겠습니까? 만약 去榮만 놓아주는 데 그치고 다른 사람은 처형한다면, 이는 법령이 공평하게 한결같지 못한 것이며, 단지 사람으로 하여금 죄를 범하도록 유인하는 꼴이 됩니다. 지금 去榮의 한 재능을 아껴 처형하지 않는다면, 장래 반드시 去榮같은 인재 열 명을 처형하게 될 것이니, 그 손실이 더욱 많지 않겠습니까? 무릇 去榮은 逆亂을 저지른 자인데, 어찌 여기(本縣)에서만 반역하고 저기(陝郡)에서는 순종하며, 또한 縣君에게만 패역하고 大君(황제)에는 반역하지 않는다고 보장하겠습니까? 엎드려 생각하건대, 현명한 군주께서 遠大함을 도모하신다면, 환란은 곧 평정해질 것입니다."

그리하여 조정 百官의 의론을 수렴하였는데, 太子太師 韋見素 등 대부분의 신하가 賈至와 마찬가지로 반대론을 개진하였다.

> "법이란 천지의 大典으로서, 帝王도 오히려 감히 자의로 처형을 행할 수 없습니다. 그런데 소인이 살인을 자행한다면, 이는 신하의 권력이 군주보다 나은 것이 됩니다. 去榮이 살인했는데도 처형하지 않는다면, 軍中의 기능 있는 자들이 또한 두려움 없이 횡포하게 굴 테니, 수령이 郡縣을 통

---

410) 唐會要, 卷39, 議刑輕重조, 711면 참조.

치하는 데 애로가 있지 않겠습니까? 폐하는 천하의 주인으로 인민을 사랑함에 親疏의 차별이 없어야 하는데, 去榮 한 사람만 얻고 만백성을 잃는다면, 무슨 이득이 있겠습니까? 律의 규정상 本縣令을 살해한 죄는 十惡에 해당하는데,(역주 : 十惡 범죄는 원칙상 八議를 주청할 수도 없음. §8 참조) 폐하께서 용서해 준다면, 王法이 행해지지 않고 人倫道德이 굽혀지는 것이니, 신하들이 詔書를 받듦에 어찌해야 할 줄 모르겠습니다. 무릇 나라는 法으로 다스리고 군대는 法으로 기강을 잡는데, 은혜만 있고 위엄이 없다면, 이는 자애로운 모친이 그 자식을 호령할 수 없는 것과 같습니다. 폐하께서 戰士들만 후히 양성하여 매번 전쟁에서 작은 이익을 얻는다면, 어찌 無法 천지가 아니겠습니까? 지금 陝郡이 비록 요긴하긴 하지만, 法보다 급하지는 않습니다. 법이 없으면 陝郡 또한 다스릴 수 없으니, 이를 얻은들 무슨 소용이 있겠습니까? 去榮이 말단 기예 하나로써 陝郡의 존망을 좌우하지는 않지만, 王法의 유무는 국가의 경중(통치의 저울)이 달린 중대한 문제입니다. 신하들이 구구하게 변론하는 것은 이 때문이니, 원컨대 폐하께서는 貞觀(太宗)의 법을 준수하십시오!"

그럼에도 불구하고 肅宗은 그를 놓아주었다.[411] 八議의 궁극이념이 情理의 중용조화를 참작하는 데 있지만, 그 본질 속성상 君權의 私情과 國法의 公理가 정면으로 상충하는 긴장관계 속에서, 명분과 실질의 선택은 결국 현실 정치권력이 독단으로 결정함을 보여주는 전형 사례다.

그러나 白判에 보면 거꾸로 이러한 사례도 있다. 타인의 명의를 사칭하여 관직을 제수 받은 자가 들통 나서 법에 의해 처벌할 사안이었다. 그런데 한 節度使는, 그가 관직에서 美政을 시행한 공적을 감안하여 명의사칭 죄를 면제하고, 오히려 정식으로 그 관직을 제수하여 그 재능을 권장하자고 주청한 것이다. 이에 대해, "한 사람의 재능을 잃는 것은 가능하지만, 국법을 파괴하기는 실로 어렵다"는 이유로, 법기강 확립을 고수하려는 원심의 판결을 긍정한 것이다. 한 인재의 획득이라는 실질적인 小善보다는, 기강 문란의 예방이라는 형식적인 大義名分이 거시 관

---

411) 通考, 卷170, 刑考9, 詳讞조, 1472면 참조.

점에서 훨씬 중요하고 우월하다고 판단한 것이다.(白判(上), §4)

한편, 明 成祖 때는, 刑部가 征討官의 범죄를 그 공로로써 감경해 주자고 주청하자, 成祖는 律대로 논죄하라고 명령하였다. "刑賞이란 천하를 다스리는 大法으로서, 공로를 가지고 과실을 가릴 수 없으며, 私情으로 公法을 폐지할 수 없다. 그의 征討 공로는 이미 포상하였는데, 지금 범죄를 처벌하지 않는 것은 죄악을 놓아주는 것이니, 장차 어떻게 천하를 다스릴 것인가?" 그러나 한편, 兪讓이 한 외국인을 사서 노비로 삼았다가, 그 노비가 살인한 뒤 도망하여 讓이 流刑에 연좌당해야 할 형편인데, 成祖는 그의 이전 軍功과 재능을 아끼고, "그의 죄가 단지 노비 단속을 잘못한 것일 따름"인 정상을 참작하여, 형벌을 면제하고 복직시켜 준 적이 있다. 또 新進士 王彦이 한 奸惡 죄인의 外親과 연루하여 籍沒당할 형편임을 자진하여 아뢰고 죄를 자청해 오자, 成祖는 "학문이 中進士에 오를 정도면 그 재능이 훌륭하다"고 칭찬하면서, 연좌죄를 스스로 알아 고백한 정상까지 참작하여, 그 집안을 모두 용서해 준 사례도 있다.412) 자신의 本罪인지 타인으로 인한 연좌죄인지 여부, 주관 동기와 사후의 마음, 그의 객관 공로 및 주관 재능 등을 종합해 참작한 明 成祖의 심판 사례는, 비교적 구체적 타당성과 형평 정의에도 부합하는 재량권 행사로 보인다.

3. 自首제도

그리고 사후의 주관적 개과천선의 정상을 참작하는 자수제도가 있다.413) 범죄가 드러나기 전에 自首한 경우에는 원칙상 그 죄를 용서한

---

412) 明會要, 卷65, 刑2, 決斷조, 1264~1265면; 卷66, 刑3, 寬恕조, 1275면; 卷67, 刑4, 赦宥雜錄조, 1292면을 각기 참조.

413) 秦代의 엄혹한 法治 아래서도 自首를 허용하는 직접 증거로, 도적의 自告 양식이나 도망자의 自出 양식이 보인다.(秦簡, 封診式, 251·278면 참조) 차용한 官物을 가지고 도망한 자가 자수한 경우에는 도망죄만 묻고, 체포한 경우에는 官物의 수량에 따른 절도죄까지 추가한다는 해석이 나온다. 이를 미루어 보면, 자수에 대한 감형제도의 존재가 거의 확실하다.(秦簡, 法律答問, 207면 참조) 漢代에도 범죄를

다. 그런데 타인을 파견하여 대리자수하거나, 법적으로 서로 容隱할 수 있는 친족이 범인을 위해 대신 자수하거나 고발한 경우에도, 본인의 자수와 동일하게 여긴다. 그러나 대리자수가 있은 뒤 본인이 스스로 출두하지 않으면 자수의 혜택을 받을 수 없다. 한편, 가벼운 범죄가 드러난 뒤 다른 중대한 죄를 자수하거나, 신문과정에서 다른 죄를 자백하는 경우에는, 각기 그 죄를 면제해 준다. 내용이 사실과 다르거나 미진한 경우에는 그 부분의 죄에 따라 처벌하되, 사형에 이르는 때는 1등급 감경해준다. 또한 범죄사실을 아는 사람이 고발하거나 관가에서 검거하려고 한 뒤에 자수한 경우, 또는 이미 도망하거나 謀叛에 착수한 뒤 자수하거나 본 장소에 복귀한 경우에는, 본죄에서 2등급 감경해준다. 그러나 타인의 생명이나 신체를 손상시킨 경우나, 實物로 원상회복할 수 없는 재산범죄, 범죄가 드러난 뒤 도망한 경우, 국경의 관문을 넘어간 죄, 간음죄 및 天文을 사사로이 배운 죄 등은, 예외로 자수의 정상참작에서 배제한다.(§37)[414] 한편, 타인의 재물을 도둑질하거나 詐取한 뒤, 그 주인에게 스스로 이실직고한 경우에도, 관가에 자수한 것과 동일하게 간주한다. 기타 재물에 관한 죄를 범한 뒤 회개하여 주인에게 반환한 경

발각하기 전에 자수하는 경우, 謀反罪조차도 면제한다는 규정과 사례가 보인다. 漢律, 卷10, 具律2, 1566-7면 참조.

414) 唐나라 때 張昌宗이 謀反으로 고발당한 사건에서, 그가 자진 보고했다는 이유로 則天武后가 그를 면죄해 주려고 했다. 이에, 담당 법관이 그 자진보고가 고발로 인한 사후의 부득이한 행위였으며, 또한 모반대역사건은 본디 자수감면을 허용하지 않는다는 法理를 내세워, 그 처벌을 집요하게 주장하였다. 그러나 끝내 武后가 私情(情夫였다고 함)으로 놓아주었다. 한편 宋 神宗 때는, 살인강도나 무기를 소지한 3人 이상의 도적의 경우, 또는 원래 강도·강간을 범하였다가 사형을 감경해 유배한 죄수가 재범한 경우, 그 情理가 매우 중대하고 개과천선의 마음이 명백히 없으므로, 비록 타인의 고발 낌새를 알아채고 먼저 자수하더라도, 律文의 감경 규정을 적용하지 못하도록 의결하기도 하였다.(이상 두 사안에 관하여는, 通考, 卷170, 刑考9, 詳讞, 1471 및 1476면 각기 참조.) 그리고 唐 宣宗은 관리의 장물범죄(탐관오리)에 대해, 발각 이전의 순수한 자수만 律文에 의해 감경되, 사건이 이미 들통나거나 그 조짐이 이미 드러난 경우에는, 설사 아직 체포·추궁하지 않았더라도, 자수를 허용하지 말라는 칙령을 내린 적이 있다.(唐會要, 卷39, 議刑輕重조, 715면 참조) 자수 감경법을 남용하는 폐단을 방지하려는 대책이겠다.

우는 3등급 감경 처벌하는 특례도 있다.(§39)[415]

한편, 共犯이 함께 도망하였다가, 가벼운 범죄인이 무거운 범죄자를 체포하여(만약 무거운 범죄가 사형에 해당하는 때는 그를 살해하더라도 마찬가지임) 자수하거나, 그 범죄의 경중이 동등한 경우 공범자의 절반 이상을 체포하여 자수한 때는, 각각 그 죄를 면제해준다.(§38)[416] 이는 단순한 자수 권장 이외에, 범죄인 상호간을 이간질시키는 이른바 '以盜治盜'의 心理戰術이 합쳐진 고도의 형사정책으로서, 法·勢와 함께 법가사상의 삼대 핵심요소를 이루는 '術'의 전형적인 표본이다. 秦代에 인민상호간의 범죄비리를 고발(告奸)하도록 적극 장려·강요한 것도 이러한 術의 극단 표현이다. 漢代 이후에도 '以盜治盜'의 심리전술은, 범인은닉죄에 대한 처벌과 상호보완의 표리관계를 이루면서, 아주 적극 활용하였다.[417] 그

---

415) 전통 중국법에서 비록 일반 中止(未遂)犯의 개념 규정이 보이지는 않지만, 범행 후 스스로 회개하여 그 목적물을 주인에게 반환하는 재산범죄를, 현대 형법상의 中止(未遂)犯에 유사한 개념으로 보는 견해도 있다. 蔡墩銘, 唐律與近世刑事立法之比較研究, 186-9면 참조.

416) 宋代에 한 도적이 동료(공범)를 살해하고, 그 재물을 취해 달아났다가 체포당한 사건이 있었다. 초심 재판관은 그를 사형에 처하였는데, 그 상관이 공범을 살해했으니 (체포에 준해서) 사형은 면해주어야 한다고 기각했다. 그는 이에 불복하고, 조정에 수차례 상소하여, 1년이 지난 뒤 끝내 그 의견을 관철한 적이 있다. "공범을 살해하고 자수했으면 사형을 감면해줄 것이지만, 지금 동료를 살해하고 도리어 그 재물을 가지고 달아났다가 자수하지 않고 체포당했는데, 이를 감면해주는 것이 어찌 법의 본래 취지(法意)이리오?"라는 이유였다.(折獄, 卷4, 議罪, §91 참조).

417) 그 전형 실례를 소개한다. 後漢 때 郡國의 지방 토호·군사 및 도적떼들이 몹시 흥성하여 살상과 약탈을 일삼으므로, 光武帝가 특별히 사절을 파견하여 도적들한테 서로 체포·고발하도록 허용·권장하였다. 5人이 함께 한 사람을 처치하고 자수하면 모두 그 죄를 면제해 주는 전술로써, 이내 도적을 해산시키고 민생을 안정시켰다.(後漢書, 光武紀, 建武 16年 참조) 그리고 建武 3年에는 穎川(영천)에 3천여 도적이 봉기하여, 縣令이 역부족으로 회피했다가, 武帝의 친위군이 당도하여 평정하였다. 武帝가 도적들의 처벌을 현령에게 위임하자, 현령이 그들의 참회·개과를 보고 용서하며 본업에 충실하도록 돌려보내면서, 그들을 정보원(耳目)으로 삼았다. 그 결과, 도적이 발생할 때마다 이들이 적발해내 해결하여, 縣이 아주 淸淨해진 사례도 있다.(東漢會要, 卷34, 兵下, 盜賊조 362면 참조)

한편, 漢의 趙廣漢은 穎川 太守 시에 鄕吏들의 朋黨을 해체하기 위해, 그들의 죄를 처벌할 때 받은 진술을 고의로 누설하여, 서로 원망하는 감정을 일으켰다. 나아가 관리와 인민 상호간에 고발을 허용하여, 도적이 거의 발생하지 않고, 설사

리고 관리가 公務상의 과실이나 착오로 인해 죄를 지은 경우, 그 사실이 들통 나기 전에 스스로 밝혀 진술한 때는 그 죄를 용서하며, 직무상 連坐책임의 경우에는 그중 한 사람이 스스로 밝혀 진술하면 나머지 사람도 모두 용서해주는 규정도 있다.(§41)⁴¹⁸⁾

물론, 자수에 대한 관대한 정상참작은 동서고금의 법문화에 공통하는 제도일 것이다. 이는 철학사상으로나 종교윤리로나 죄악에 대한 참회와 개과천선을 진정한 인격수양의 입문으로 매우 중시하는 도덕 원칙과 상응하는 법규범이기 때문이다. 그런데 전통 중국법상의 자수에 대한 감면특례는, 唐律疏議에서도 밝히는 것처럼, 직접 공자의 윤리사상을 그 정신적 지도이념으로 삼는다.

당률소의는 "허물을 저지르고도 고치지 않는 것이 바로 진짜 허물이다."는 공자의 말을 직접 인용하면서, 비록 잘못을 범했을지라도, 이를 뉘우치고 고쳐서 스스로 그 죄를 고백하면 더 이상 잘못이 아니라는 논거를 설명한다.⁴¹⁹⁾ 이는 "허물이 있거든 고치기를 꺼리지 말라."(過則勿憚

발생하더라도 금방 체포했다고 한다. 漢 張敞도 도둑이 많은 長安의 행정을 맡자, 도둑 추장 몇 사람을 불러 문책하고, 각자의 범죄를 다른 도둑 체포로 속죄하도록 명령하였다. 그리고 그들에게 임시로 관리직책을 주어 돌려보냈는데, 그들이 도둑들을 연회에 초대하여 모두 체포한 적이 있다. 이밖에, 後周의 韓褒는 토호의 비호를 받는 산적들을 소탕하기 위해, 그 핵심 인물들을 불러 捕盜대장으로 임명하여 관할구역을 분담시킨 뒤, 만약 도적을 체포하지 못하면 고의방종죄로 처벌하겠다고 엄포를 놓았다. 이에 그들이 자신의 과거 도적 행적을 실토하고 그 무리 명단을 제공하였다. 그러자 한포는 모든 도적한테 자수하면 면죄하고 나중에 체포하면 엄벌에 처하겠다고 공포하여, 순식간에 모두 자수시켰다. 宋의 徐的은 荊南의 잦은 화재와 그로 인한 잦은 도적 발생을 다스리기 위해, 향리의 惡童들을 순찰 책임자로 임명하여, 화재와 도적을 모두 거의 종식시키기도 하였다. 이상의 사례는, 折獄, 卷5, 察姦, §132 및 卷7, 察盜, §200·§203·§212 참조.

418) 白判(上) §27에는, 縣官이 사안을 판결한 뒤 과실이 있음을 깨닫고, 牒文으로 추후 改正할 것을 요청하자, 刺史가 이를 허용하지 않고 처벌하려고 한 사건이 나온다. 이에 대하여, 자신의 과오를 숨기지 않고 참회하여 이를 추후 改正하려고 하는 것은, 관리로서 상관을 속이지 않고 허물을 두 번 범하지 않기 위한 가상한 행위로서, 人情에 비추어도 용서할 만하고 國法을 살펴보아도 명문의 근거조항이 있다면서, 刺史를 견책하는 판결례가 보인다.

419) 論語, 衛靈公, §29:「過而不改, 是謂過矣.」물론 이와 비슷한 명제나 언론은 춘추

改: 學而 §8, 子罕 §24)는 공자의 또 다른 도덕 명령과 표리관계를 이룬다. 인간의 이기적이고 사사로운 감정욕망이 언제든지 법도를 넘어서 잘못을 범할 수 있다는 인간성의 현실 측면을 고려하여, 개과천선의 자율의지와 실천의 문을 열어 주고 인도하는 윤리도덕상의 배려인 셈이다.

다른 한편으로는, 범인의 자발적 회개와 자수를 적극 권장함으로써, 범죄의 사후처리에 대한 국가사회의 치안유지부담을 되도록 줄이고자 하는 형사정책상의 목적도 내재함은 물론이다. 여하튼 이는 전술한 범죄의 주관 구성요건인 고의나 악의의 情을 특히 중시하는 전통 중국법의 原心定罪 유심(주관)주의와 서로 대응해 표리관계를 이루는 법제도다.

4. 기타 정상참작 제도

周禮의 三赦(幼弱 · 老旄 · 惷愚)에서 유래하는 노인 · 어린이 · 중환자에 대한 형벌감면 및 벌금대체 제도(§30)는, 주관적 책임능력 결여 및 정신박약을 고려한 정상참작사유에 해당한다.[420] 근대형법상의 책임성조각사유에 상응하는 제도로 이해할 수 있겠다. 즉, 일반 보편의 연령 및 개별 특수의 건강상태에 기초하여, 그 정신상태의 불완전성을 참작하여 죄형책임능력을 감면하는데, 정도에 따라 3단계로 구분한다.

첫째, 70세 이상 80세 미만이나, 10세 이상 15세 이하 및 廢疾(唐의 戶令에 의하면, 허리나 척추가 부러지거나 팔다리 중 하나가 없는 것이 廢疾이다. §330 疏議)의 사람이 流罪 이하를 범한 경우에는, 벌금에 의한 贖罪를 허용한다.[421] 그리고 또한 이들에 대해서는 刑杖을 사용한 신문은 금지하며,

---

전국시대의 史書나 諸子百家書에 보편으로 등장한다.

420) 이중 惷愚는, 본래 미치광이 정신병(心神 상실 또는 박약)을 포함하는 것으로 해석하는데, 唐律疏議는 외형상 신체장애(불구)의 관점에서만 규정하고 있다. 한편 後漢代 陳忠이 狂易(광역: 미쳐서 本性이 뒤바뀐) 상태에서 범한 살인죄의 감경을 건의하여 시행하였다. 그렇지만 역사평론은 이를 不善人의 다행과 善人의 불행만 초래하는 큰 실책이라고 비판한다. 後漢書, 卷46, 本傳 참조. 그러나 漢代에는 정신병이 발작하여 그 모친과 아우를 살해한 자가 있었는데, 사면령을 만났어도 법대로 梟首刑에 처한 판례가 있다. 御覽 646; 漢律, 卷5, 賊律3, 1469면 참조.

모두 證人심문에 의하여 유죄여부를 결정한다. 증거부족인 경우에는 당연히 무죄가 되며, 이들을 고발한 자에 대한 反坐도 면제한다.(§474)

둘째, 80세 이상 90세 미만이나, 7세 이상 10세 이하 및 篤疾者(두 눈이 모두 멀거나 팔다리 둘이 없는 것이 篤疾이다. §330 疏議)는, 이른바 周禮의 「三赦」法에 부합하는 전형적인 신분이다. 이들이 謀反・叛逆・살인 등 사형죄를 범한 경우에는, 황제에 보고하여 특별히 개별 裁決을 받아야한다. 도둑이나 상해죄를 범한 경우에는 벌금에 의한 贖罪를 허용하고, 그이하의 범죄는 모두 묻지 않는다.(§30)[422] 이들은 직접 신문할 수 없을뿐만 아니라, 타인의 범죄를 신문할 때 증인으로 채택할 수도 없다. 이는 刑杖신문의 면제뿐만 아니라, 증인(증거)능력의 부인도 뜻한다.(§474).

셋째, 90세 이상이나 7세 이하의 사람은, 비록 사형죄를 범하였더라도, 형벌을 받지 않는 것이 원칙이다. 다만, 緣坐로 인한 유배형이나 沒官은 피할 수 없다. 한편, 타인이 이들의 형벌면제를 이용하여 범죄를교사한 경우에는, 교사자를 正犯으로 논죄한다.(§30)[423] 책임 무능력자를

---

421) 일찍이 秦律에도 신체장애(불구)의 개념으로 '癃(륭)'과 '大痍'가 등장한다. 후자는 지체가 아직 끊어지지 않았더라도, (文理상 끊어진 경우도 당연히 포함하는 것으로 해석함) 보통 두 사람의 부축을 받아야 출입할 수 있는 상태라고 有權 해석규정이 존재한다. 전자는 문자학의 주석을 인용하여 廢疾이라고 해석하는데, 이것이 唐律상의 廢疾과 일치하는 법률 개념인지는 불분명하다. 그리고 전자에 대해서는 관가에 사실대로 신고하지 않은 죄를 처벌하며(부역 행정과 관련함), 公癃(공무로 인한 신체장애)의 처벌특례규정이 있었던 것으로 보인다. 따라서 신체장애자의 범죄에 대한 감형 규정도 있었을 가능성이 높다. 秦簡, 秦律雜抄, 傅律조 143면 및 法律答問 208・241-2면 참조.

422) 南朝 齊 때 한 縣令은, 10세 소년이 이웃집 벼 한 다발을 몰래 베어 훔치자, 주위의 권고에도 불구하고, '10세에 훔치면 나중에 커서 무슨 짓을 못하겠느냐'고 반문하며, 그를 의법 처벌하였다. 또 한 太守는 郡內에 도적이 횡행하는 것을 일벌백계하기 위하여, 길에서 유실물을 습득한 10세 소년을 처형하여 순시함으로써 도적을 근절시킨 사례가 있다.(折獄, 卷5, 懲惡, §114 참조) 그런가 하면 宋 仁宗은, 9세 소년이 棄市刑에 해당하는 폭행 살인을 범하자, 어린애가 무슨 殺心이 있겠느냐고 탄식하면서, 벌금(위자료)을 피살자 가족에게 지급하도록 명하고, 형벌은 면제해 준 사안도 있다.(通考, 卷170, 刑考9, 詳讞조, 1475 참조)

423) 법제사에서 연령에 의한 형벌(책임능력)의 감면조치는, 시대에 따라 年限 및 범위가 다소 변동하며, 周禮의 기준과도 완전히 부합하는 것은 아니다. 秦代에는 成年

범죄의 도구로 악용하지 못하게 막기 위함이다.

이 3단계의 책임감면 조치는 모두 행위자의 개별 情狀을 참작한 제도인데, 그중 둘째 유형의 사형범죄는 다시 구체로 황제의 특별한 情狀 참작재결을 받도록 재량의 여지를 남겨둔 것이 특징이다.[424] 그리고 이들의 연령 및 질병상황에 대한 판단의 기준시기에 관해서는, 원칙상 범죄시를 기준으로 하되, 범죄발각 시기의 상황이 행위자에게 유리한 경우에는 그에 의한다는 時際규정이 있다.(§31) 즉, 행위시와 발각시 중 어느 한 시점에서 이들 요건에 해당하면, 형벌감면의 혜택을 받을 수 있다는 의미로 풀이할 수 있다.

이밖에 工・樂・雜戶 등의 특수한 신분계급과 연약한 부녀자가 流罪를 범한 경우에는, 곤장을 친 후 勞役에 종사시키는데, 각기 주관적 신분정상을 참작한 대체형벌이다.(§28) 부인(妻妾)의 경우 남편의 流刑에는 의무로 동반해 따라가야 한다.(§24) 이는 남편의 官爵에 따라 封號를 받고, 또한 남편이나 아들의 관직에 의해 官蔭의 혜택을 입는 규정(§13~§15)과 함께, 여자의 신분상 종속성을 그대로 반영한 것이다.

특히 주목할 정상참작 사유로, 이미 상세히 논술한 '犯罪存留養親'法이 있다. 十惡 이외의 사형죄를 범한 죄인의 경우, 그 조부모・부모님이 연로하거나 병환으로 侍從奉養이 필요한데, 그 집안에 죄인 이외의 다른 期親 장정이 없으면, 그의 봉양을 위해 특별히 奏請하여 별도의 재결을 받는다. 流刑의 경우, 法官이 재량권으로 부모를 봉양하도록 형 집

의 기준을 신장(키)으로 삼는데, 부역에서는 築城하는 남자의 경우 6尺 5寸, 방아 찧는 여자의 경우 6尺 2寸이 각기 못되는 자를 小人으로 여기되, 5尺 2寸 이상이 되면 부역에 종사시킬 수 있다.(秦簡, 秦律十八種, 倉律, 49면) 그러나 일반형사책임에서는 일률로 6尺을 완전한 능력자(成年)의 기준으로 삼는데, 법적효과는 구체로 상세하지 않다. 6尺 미만이라고 항상 감형하는 것은 아닌 것으로 보인다.(秦簡, 法律答問, 153・180・218면 참조) 이는 先秦시대의 법제를 계승한 것인데, 일반으로 6尺은 15세, 7尺은 20세로 환산한다. 漢代도 부역부과기준으로 키를 말하는 규정이 보인다.(漢律, 卷14, 戶律1, 1631-3 ; 西漢會要, 卷62, 矜老弱조(1277-8) 참조)

424) 이 3단계의 형벌책임감면 유형은 현대 형법의 책임능력 관점에서, 첫째는 절대적 무능력, 둘째는 상대적 무능력, 셋째는 減輕능력(한정능력)의 개념으로 대비하기도 한다. 蔡墩銘, 唐律與近世刑事立法之比較研究, 130-7면 참조.

행을 유보하는데, 그 부모가 사망하거나 집안에 다른 봉양할 장정이 생기게 되면, 그 때 비로소 유배에 처한다.(§26) 범죄인 자신의 주관 정상이나 그 행위 자체의 객관 상황이 아니라, 제3자인 그 부모님의 정상을 참작하는 특수한 법제다. 이는 자식의 부모에 대한 孝 윤리를 권장하기 위한 유교 통치이념의 발현으로, 범죄인이 받는 혜택은 그 부모로 인한 반사적 이익인 셈이다. 또한 徒刑을 범해 마땅히 노역에 종사해야 하는데 집안에 다른 장정이 없는 경우에도, 원칙상 (도둑과 상해죄는 제외) 杖刑으로 대체한다.(§27) 이는 孝 윤리보다는 조금 넓게 가족주의 사회윤리를 고려한 정상참작 사유에 해당한다.

한편, 긴급한 주관 사정이나 불가항력의 객관 정상을 참작하여, 그 위법행위를 허용하고 죄책을 묻지 않는 법규정도 있다. 예컨대, 성안의 거리나 군중이 모인 곳에는 말이나 마차가 통행할 수 없는데, 公私간 급속한 일이 있는 경우에는 그 통행을 예외로 허용하고, 그로 인한 불법행위도 대폭 감경 처벌한다.(§392) 일반인의 야간통행은 원칙상 금지하는데, 긴급한 公事나 개인의 吉·凶事 및 질병이 있는 경우에는 물론 허용한다.(§406)[425] 그리고 죄인을 추격·체포하는 현장 부근에서 조력 요청을 받은 자는, 마땅히 협조해야 할 법적 의무가 있는데, 객관상 험난한 상황에 처해있거나 驛馬 또는 질병 구급과 같이 주관상 긴급한 사정이 있는 자는, 그 책임을 면제한다.(§454) 이들은 대체로 현대법의 긴급피난에 유사한 法理일 것이다.

그런가 하면, 밤에 무단히 인가에 침입하는 자를 주인이 즉시 현장에서(登時) 살해한 경우에는 논죄하지 않는다.(§269) 다만, 불법행위 목적으로 침범한 것이(또는 침범할 주체가) 아닌 줄 알고서 살상한 경우에는, 일반 폭행치사상죄보다 2등급 감형할 따름이다. 이미 붙잡혀, 침해하거나 저

---

[425] 白判(上) §44에서는, 관리가 단순히 公事로 일찍 관청에 출근하려고 새벽통금을 어긴 행위에 대해, 그 긴급성을 인정하지 않고 있다. 한편 晉代에는, 스승 댁에 서신을 전달하고 귀가하다 늦어서 통금위반한 사람을, 처벌하기는커녕 오히려 관리로 하여금 집까지 전송하도록 분부한 사례도 있다. 折獄, 卷4, 宥過, §105 참조.

항할 능력이 없는 상태에서 살상한 행위는 완전한 범죄를 구성한다.426) 明淸律은 타인과 간통하는 妻妾을 夫가 현장(姦所)에서 즉시(登時) 살해한 행위도 이와 마찬가지로 논죄하지 않는다.(刑律, 人命, 殺死姦夫조) 이는 현대법의 정당방위나 자력구제와 비슷한 法理로 이해할 수 있다.

전자는 자신과 가족의 생명·신체·재산상의 침해위협에 당하여, 사물에 대한 분명한 식별과 이성적 판단을 객관상 기대하기 어려운 긴급 상황에서, 순간의 충동에서 빚어지기 쉬운 '情理'를 참작한 것이다. 이것이 혼인과 가정의 순결을 보호하고자 하는 인간의 본능적 심리욕구로까지 확장하여, 明代 이후에 후자의 경우도 법적으로 인정한 것이리라. 물론, 이 규정이 남자에게만 일방으로 권한을 허용하여, 가부장권 제도를 굳게 유지하려는 통치이념의 발로라는 비판의 여지는 있다.

또, 조부모님이나 부모님이 남에게 공격당하는 것을 보고, 자손이 즉석에서 구원하려고 반격하는 경우, 그 결과 상해가 골절까지 이르지 않으면 논죄하지 않으며, 골절이상으로 심하면 일반 폭행치상죄보다 3등급 감경 처벌한다.(§335) 다만, 致死에 이르면 일반범죄로 논한다. 이는 복수를 제한적으로 허용하는 규정인데, 인간의 가장 가까운 혈연적 親情에 근거한 정당방위 및 자력구제의 법리로 이해할 수 있겠다.

이밖에도 감면 사유로 참작하는 개별 정상이 있다. 예컨대 謀反·大逆 등의 중대한 죄를 알거나 고발 받은 관원은 즉각 출동해 체포해야 한다. 반나절을 지체하면 고발하지 않은 죄와 마찬가지로 처벌한다. 다만, 그 수가 많고 위세가 강하여, 체포에 필요한 인력과 兵器 등을 준비하느라고 지체한 경우에는 무죄다.(§340) 또한 제방 등을 제때 수리하지 않아 水害 등을 초래한 담당관원은 엄하게 처벌하는데, 다만 비정상의

---

426) 일찍이 漢律에도, '정당한 이유 없이 타인의 집이나 마차·선박에 침입하여 사람을 침해하고 범법하려는 자는, 즉시에 때려죽여도 무죄다.'는 규정이 있었다. 唐律처럼 '밤'이나 '집'에 국한하지 않고, '낮'과 '마차·선박' 등의 시간·공간을 더욱 넓게 포괄하는 것이 특징이다. 그런데 이는 群盜를 마을사람이나 가족이 공동으로 공격하여 살해해도 무죄라는 周禮·秋官·朝士의 규정에서 연원하는 것으로 여겨진다. 漢律, 卷5, 賊律3, 1473-4면 참조.

홍수와 같이 인력으로 막을 수 없는 자연災害의 경우에는 죄를 묻지 않는다.(§424)[427]

牛馬는 다른 가축과 달리 농경과 兵戰의 필수품으로 매우 중요하기 때문에, 타인은 물론 주인도 원칙상 도살할 수 없다.(§203) 남의 마소를 훔쳐 도살한 경우에는 徒2年半으로 더욱 가중 처벌하며, 만약 그 가액에 의한 일반 절도죄의 형량이 이를 초과하면 일반절도죄보다 1등급 가중한다. 그런데 지방풍속에 따라 농경이나 수레에 사용하지 않는 마소를 훔쳐 도살한 경우에는, 정상을 참작해 일반 절도죄로 논한다. (§279) 그리고 11月부터 1月까지 법정기간 이외에 田野를 태우는 행위(쥐불)는 笞50에 처하는데, 기후와 풍토의 차이로 인한 별도의 관습법(鄕法)이 있는 지방에서는 그에 따르도록 허용하기도 한다.(§430)[428] 이들은 모두 天時나 地利, 기타 객관 사정을 존중하는 정상참작의 입법규정이다.

---

427) 白判에도 불가항력의 天災로 인한 정상참작 사안이 몇 건 있다. 홍수로 인하여 부서진 다리를 즉시 수리하지 않아 왕래교통의 불편을 하소연하는 인민의 진정에 대해, 아직 水勢가 거세어 수리할 수 없으므로, 물살이 줄어든 뒤 시공하겠다는 지방관의 답변은 합리적이고 정당한 것으로 판단한다.(下 §5) 그런가 하면, 江南지방의 조세운송이 늦어져 戶部에서 기한위배의 책임을 묻자, 관할 지방관청에서 가뭄으로 인해 水路가 얕아 漕運할 수 없는 상황을 해명하여, 그 연기를 허용하였다.(上 §11) 또, 감귤의 특산품 진상의 기간이 길어져 감귤이 상한 것을 문책하자, 도중 水路에서 심한 풍랑을 10日간 만났다고, 불가항력의 사유로 해명하기도 하였다.(上 §34) 그러나 평소에 제때 교량을 수리하지 않은 직무태만은 엄중히 문책하기도 한다.(下 §32) 한편, 明 太祖도 四川 인민의 양곡운수가 기한을 넘기고 경로를 바꾼 데 대해, 水陸 兩路가 모두 험난하기 때문이라고 이해하며, 그 처벌을 면제해 준 적이 있다.明會要, 卷67, 刑4, 赦宥雜錄, 1291면 참조. 예나 지금이나 사람 사는 세상의 보통 物情과 人情과 事情을 크게 벗어나는 법리는 없는가 보다.

428) 白判,(下) §2에는, 邠(빈)州(지금의 陝西省 지역) 刺史가, 정월에 농민들한테 농기구를 수리하도록 農政을 시행한 데 대해, 廉使가 農時에 부합하지 않다고 견책하였는데, 그 지역의 토지가 한랭하기 때문에 토속 관습에 따른 거라고 해명해 받아들인 사안이 있다. 한편 漢代에는, 漢中·巴蜀·廣漢 지역의 기후가 다른 지역과 달리 특별히 따뜻해, 초목이 일찍 소생하고 늦게 시들므로, 伏日을 자치로 선택하도록 허용했는데, 魏晉 이후 통일했다고 한다. 漢律, 卷15, 戶律2(1655-6) 참조.

5. 司法재판상의 주요 정상참작 사례

한편, 역대 법제사료에 등장하는 개별·구체의 정상참작사안을 예시해보는 것도, 司法재판의 현실에서 반영하는 '情理'를 이해하는 데 다소 도움이 될 것이다. 그중 상당수는 각종 법원리 및 실정규정과 관련하여 앞서 이미 소개하였으므로, 여기서는 제도화한 입법규정의 해석·적용이 곤란한 특수한 판례들을 소개하기로 한다. 물론 정상참작의 결과는 감면뿐만 아니라 가중도 적지 않다.

(1) 血親의 인정윤리를 감안한 감형

우선, 부모자식간이나 형제간의 人情倫理를 감안하여, 國法의 엄격한 경직성을 다소 누그러뜨려 형벌을 감면해 준 사례가 제법 많다. 明 太祖는 자식이 억울하게 誣告당한 부친을 구하기 위해 刑部에 越訴한 죄에 대하여, '지극한 人情에서 나온 행위기 때문에 처벌할 수 없다'고 용서했다. 또, 반대로 부친이 자식의 사형죄를 면제시키기 위해 뇌물을 제공한 행위도, '人情'이라고 이해하며, 자식은 그대로 의법 처형하되, 그 부친의 뇌물죄는 사면해 주었다.[429] 明 成祖 때는 자식의 범죄를 면제하도록 法官에게 청탁하겠다고 군 지휘관이 재물을 요구하자, 모친이 권유에 따라 뇌물을 제공한 사례가 있다. 이에 대해 成祖는 '人之常情'이라고 이해하고, 부녀자의 법률무지도 감안하여 용서하였다. 또, 한 관리가 자기 아우 부부를 살해한 혐의자를 刑部에 고발하였는데, 무혐의로 풀려나자 황제에게 刑部의 고의석방이라고 訴請하였다. 다시 심문한 결과 도적 아님이 확실해지자, 그 관리는 망령스런 주청(妄奏)죄로 탄핵을 당했다. 이에 成祖는, 형제동기간에 그 원수를 체포하는데, 오직 놓칠까 두려워 그리한 人情이 무슨 죄냐며, 논죄하지 않은 적도 있다.[430]

三國 魏 때는 농경용 소가 모자라 소의 도살죄가 사형에까지 이르렀

---

429) 明史, 刑法1; 明會要, 卷65, 刑2, 決斷조(1263); 卷67, 刑4, 赦宥雜錄조(1291) 참조.
430) 明會要, 卷65, 刑2, 詳讞조(1254-5) 및 決斷조(1265) 참조.

는데, 그 형편에 한 백성이 아버지의 병을 낫게 하려고 소를 잡아 희생으로 바치고 기도한 사안이 발생했다. 縣에서는 棄市刑으로 판결했는데, 君守가 '孝子'라며 사면을 주청하였다. 그리고 宋代에는 부친이 사망한 뒤 개가한 生母가 나중에 사망하여 장례를 마치자, 그 자식이 모친의 시신을 도굴하여 부친 분묘에 合葬한 사건이 있었다. 이 행위는 본디 사형에 해당함에도 불구하고, "부장품을 훔치기 위한 일반 도굴(發冢)에 어떻게 비견할 수 있느냐?"고 반문하며, 특별히 감경해 주었다. 또, 재가한 모친이 사망하자, 장례 전에 그 시신을 훔쳐 合葬한 사안도 있었는데, "이는 孝가 있는 줄만 알고 法이 있는 줄은 모른 소치다."고 용서하여 석방하기도 했다. 그런가 하면, 한 관리는 난리 통에 이별한 모친을 찾아 준 은인이 나중에 사형죄를 범하여 감옥에 갇히자, 당시 家財를 털어 사례하였음에도 불구하고, 그 죄수를 탈옥시켜 준 뒤 "(國祿을 받는) 신하는 의리상 도망할 수 없다"며 자수했는데, 특별히 그 도망죄수와 함께 모두 사형을 감경해준 경우도 있다.[431]

(2) 血親의 인정윤리를 감안한 가중 처벌

한편, 人情과 倫理에 비추어 특별히 가중 처벌함으로써 징계의 표본을 보인 사례도 많다. 明 宣宗 때, 숙부가 조카에게 구타당하자, 몹시 분해 通政司에 고발하였다. 당시 法例에 의하면 조카(卑幼)는 벌금 贖罪에 해당하고, 숙부(尊長)는 越訴罪로 遼東에 充軍해야 할 형편이었다. 이에 刑部에서 "제반 理(致)에 비추어 몹시 未安하니 다시 조정하자"고 청하여, 마침내 조정하였다. 明 孝宗 때는, 아우를 쳐 죽인 뒤, 그 딸의 혼인 聘財(夫家로부터 받은 禮物)를 가로채려다가 모친이 허락하지 않자, 도리어 모친에게 욕설하고 그 재물을 겁탈하여, 마침내 모친이 격분하여 자살한 사건이 있었다. 이 사람을 법관은 모친욕설죄로 絞刑에 판결하였다. 그런데 律에 부모를 구타한 자는 斬刑인데, 범인은 아우를 직접

---

431) 이상 사례는, 折獄, 卷4, 宥過 §103 · §104 및 議罪 §97 참조.

살해했을 뿐만 아니라, 親母를 핍박하여 사망케 하였다. 그런데 (단지 絞
刑에 처하여) 목을 온전하게 놔두는 것은, '중대한 정상에 비추어 지나치
게 가벼운 법'(情重律輕)이라고 王哲이 주청하였다. 마침내 조정에서는 부
모를 구타한 律文에 의하여 즉시 斬刑에 처단하도록 의결하고, 향후 부
모·조부모님을 핍박치사한 자는 모두 이 판례에 의하도록 규정하였다.

　한편 아들이나 아우가 타인을 시켜 부모나 형의 재산을 겁탈하는 행
위는, 종전의 條例에 따르면, '同居卑幼(비속친)가 타인을 끌고 와 (家産을)
절도한 죄' 및 '家産을 (家長의 허락 없이) 임의로 사용한 죄'에 의해, 단지
徒刑에 처하도록 규정하고 있었다. 그런데 武宗 때에 이에 해당하는 사
안이 발생하자, 劉玉이 "법률은 禮의 敎化를 보필하는 것입니다. 이러한
행위는 인륜의 참변으로서, 설사 律文에 규정이 없더라도, 마땅히 그 경
중을 저울질하여 법도를 바로잡아야 하기 때문에, 條例를 比附(유추)하여
올립니다. 종전처럼 시행한다면 이는 윤리를 불문에 부치는 것이니, 도
적이 날로 치성하여 다스릴 수 없을 것입니다."라고 주청하여, 다시 重
刑으로 고쳐 심판하고, 이를 입법화하였다.[432]

　明 英宗 때는, 가뭄으로 인하여 恤刑조치를 취하던 차에, 惡逆죄로 사
형에 처할 죄수가 아직 어리다고 불쌍히 여겨 감형해주려는 견해가 있
었다. 그런데 魏驥(위기)가, "이는 부녀자의 仁으로서, 天道(하늘)가 때에
맞지 않게 이상기후를 보이는 것은, 바로 이러한 것 때문이다"고 고집
하여, 그를 처결하자 과연 비가 내렸다고 한다.

　또한 神宗 때는 왕실의 혼인이 다가오자, 재심 사형수의 형집행을 보
류하라는 어명이 내려졌다. 이에 張居正이, 이는 世宗 말년의 일시적 특
례로서, 범행 사실이 명백한 사형죄는 법대로 棄市에 처하던 전통 '祖宗
舊制'를 손상시키는 폐단이라고 지적하였다. 그리고 해당 죄수들은 모
두 天理를 滅絶시키고 人倫을 파괴한 자인데, 지금 오직 죄수들의 처형
만 불쌍히 여기면서, 그들에게 죽임을 당한 사람들이 모두 저승에서 원

---

432) 明會要, 卷65, 刑2, 決斷조(1266-7) 참조.

한과 분노를 머금고 있는 줄은 모르고, 그 원통함을 설욕해(풀어) 주지 않는다면, 그 원한의 기운이 天地平和를 뒤흔들어 그 폐해가 반드시 막심할 것이라고 상소하였다. 결국 그대로 처형하였다.[433]

또 南朝 齊 때는, 한 高官의 형이 사망했는데, 그 高官이 형의 아들(조카)을 부양하지 않았다. 형의 아들은 자기 어머니(형수)가 다른 집안으로 개가할 때 함께 따라가 버렸다. 이에, 明帝는 그를 해직시켜 종신 禁錮刑에 처하기도 하였다.[434]

(3) 기타 정상을 참작한 개별 사례

이밖에도 주관·객관의 정상을 참작한 특수한 개별 사례가 있다. 明成祖는 市民의 사소한 상거래 위반행위에 대해, "관청에 비록 법령이 있으나 백성이 모두 아는 것은 아니다. 그들이 법령을 안다면 범하지 않을 텐데, 알고도 복종하지 않는다면 형벌을 가해야 한다. 그러나 법령을 알리지 않고 시행하는 것은 仁이 아니다."라고 말하며 풀어준 적이 있다. 또, 외국사절과 접촉하여 의복을 판 사람에 대해서도, "小民이 생계를 위해 물건을 교역하여 이익을 추구한 것인데, 어떻게 말 한마디로 처결할 수 있겠는가? 그들이 어찌 國法의 금지를 알리오?"라고 말하며 풀어주기도 했다. 한때는 軍士들의 초범을 모두 용서한 적도 있다.[435]

한편 宋代에는, 도망한 병졸이 겁탈을 자행하여 마을을 불안하게 하자, 주민들이 그를 謀殺하여 법적으로 사형에 해당하는 사람이 넷이나되는 사안이 있었다. 이에 대해, "인민을 위해 해악을 제거했는데, 도리어 사형에 처한다면, 어찌 법의 본의(法意)라고 할 수 있겠느냐?"고 반문

---

433) 明會要, 卷66, 刑3, 守正조(1269·1271-2) 참조.

434) 南朝 齊會要, 刑, 科罪條조(492) 참조.

435) 明會要, 卷66, 刑3, 寬恕조(1274-5) 참조. 근대법상 법령의 不知나 착오는 죄책 감면사유에 해당하지 않는다. 전통법에서도 원칙상 비슷한 法理다. 인용한 사례는 예외로서, 이는 유가의 先敎後刑 사상의 반영인데, 특히 '교화하지 않은 백성으로 전쟁하는 것은 백성을 버리는 것'이고, '먼저 교화하지 않고 인민을 처형하는 것은 虐殺이며, 법령을 태만히 하고서 준수하기를 기대하는 것은 도적이다'고 말한 공자의 언론에 직접 연원하는 것으로 보인다. 論語, 子路, §30 및 堯曰, §2 참조.

하며, 모두 사면해준 사례가 있다.436) 또한 주인을 해치지 않은 도둑이 들키자 훔친 재물을 버리고 달아난 경우에, 그 의도가 포악하지 않음을 참작하여 감형해준 적도 있다.437) 南朝 宋 때는, 한 郡에 관리와 인민의 도망자가 특별히 많아, 이를 다스리기 위해 엄한 연좌제와 체포 포상제를 실시하려고 하였다. 그런데 玄保가 '그 도망 사유가 모두 궁핍으로부터 나온다.'고 사회현실의 정상을 거론하여, 중지한 경우가 있다.438)

宋 仁宗 때는, 마을 서당의 訓長이 학생을 회초리로 벌하다가 치사한 사건이 발생하여, 그 부모가 관가에 고발하였다. 조정에서는 '정상이 비록 가긍하나, 법 또한 완전히 굽히기 어렵다'는 이유로, 杖刑에 처한 뒤 석방하였다.439) 唐 肅宗 때는 安祿山의 난을 일부 평정한 뒤, 포로로 잡히거나 피점령 지역에 가까이 거주함으로 말미암아 반란군과 왕래하면서 협력하지 않을 수 없었던 자들은, 자수를 허용하고 그 자녀들의 죄는 용서하였다. 미평정 지역 인민의 심리상 파급효과를 고려하여, 반란군의 관직을 맡거나 적극 부용한 자들도 6등급으로 구분하여 선별해 감경 처분한 것이다.440)

(4) 天災饑饉으로 인한 범죄의 감형 조치와 비판론

특기할 만한 사유로는, 天災饑饉으로 인한 부득이한 범죄를 들 수 있다. 일찍이 唐 高祖는 飢寒으로 도적질했다는 武功人에 대해, '내가 너의 군주로서 너를 궁핍하게 만들었으니, 내 죄다.'며 풀어준 적이 있다.441) 唐 武宗 때는 飢寒의 궁핍으로 인한 정상을 참작하여, 절도죄의

---

436) 이는 唐宋의 捕亡律상, 골절 이상의 폭행이나 절도·강도·강간 등의 현장범은 누구라도 체포하여 관가에 이송할 수 있다는 규정과 관련한다. 다만, 私的인 살상을 허용하지 않는 것은, 남용과 악용을 방지하기 위함이다. 이 사안은 그 사실이 명백하고 동기와 목적이 순수하며, 형평 정의라는 法益에 비추어 정상을 충분히 참작할 만하다고 여겨진다. 折獄, 卷4, 議罪, §90 참조.

437) 折獄, 卷8, 矜謹, §274 참조.

438) 南朝 宋會要, 刑, 律令조(609) 참조.

439) 通考, 卷170, 刑考9, 詳讞(1475) 참조.

440) 通考, 卷166, 刑考5, 刑制(1441) 참조.

사형기준을 臟物가액 千錢으로 높여, 절도로 인한 사형수가 없도록 한 적도 있다.442) 법제사상 기근으로 인한 도적발생이 가장 극심한 사회문제로 대두하고, 또한 그들에 대한 정상참작의 恤刑조치를 가장 두드러지게 취한 시기는 宋代다. 기근이 들 때마다 강도·약탈 등의 棄市刑에 해당하는 죄수들이 거의 감형 처분을 받을 정도였다.

太宗443) 때는 蔡州의 318人이 사형에 해당하는데, 知州 張榮과 推官 江嗣宗이 주모자만 비교적 엄중한 등(背) 곤장에 처하고, 나머지는 모두 일반 杖刑에 처한 뒤 상부에 보고하였다. 이에 황제는 오히려 詔書로써 이들을 포상하면서, '평민이 생계곤란으로 식량을 강취하여 목숨을 잇는 짓은 일반 盜法으로 논죄할 수 없다'는 諭示를 전국에 내렸다.444) 仁宗 때도 그러한 정상참작조치가 잦았는데, 陝西(섬서)지방의 한발을 계기로 '인민이 창고를 겁탈한 경우, 주인을 다치지 않았으면 사형을 면하여 刺字하여 他州에 유배하고, 주모자가 아니면 다시 1등급 감경하라.'는 詔書를 내렸다. 그 뒤로, 천재지변으로 기근이 들 때마다 이러한 특별 칙령이 내려져, 무수한 도적이 관례처럼 감형처분을 받게 되었다.

이러한 일시적인 刑政의 완화조치(緩刑)는 본디 周禮·地官·大司徒의 흉년구제정책(荒政) 12조목 중의 하나로, 그 유래가 자못 유구하다. 그러

---

441) 唐會要, 卷40, 君上愼恤조(717) 참조.
442) 通考, 卷166, 刑考5, 刑制(1442) 참조.
443) 刑法志에는 眞宗으로 적고 있으나, 太宗紀·通考는 太宗 淳化 5년의 일로 적는다.
444) 이밖에도 宋代에 많은 사례가 전한다. 陳執方은 江州 通判시에, 인민이 기근으로 남의 벼를 훔쳐 베다가 그 주인을 상해하였는데, 옛날 흉년시의 관대한 刑政을 거론하며 사형 감경을 주청하였다. 王延禧는 岳州의 한 縣令시에, 흉년으로 도적이 일어 친히 10여명을 붙잡았다. 그 장물액수가 모두 사형에 해당하여, 자신이 승진할 수 있는 포상기준에 됨에도 불구하고, "이들은 모두 선량한 인민으로 빈궁하여 도적이 되었는데, 지금 이들의 생업은 마련해 주지 않고 그들의 사형 대가로 자신의 공적을 얻는다니, 차마 어찌 그럴 수 있으랴?"하고 탄식하였다. 그리고 도적 피해자들에게 그 피해액수를 모두 절감시키도록 분부하여, 도적들이 사형을 면할 수 있었다고 한다. 그런가 하면, 王博文은 密州의 知事시에, 흉년으로 인민들이 해변 염전의 소금을 盜賣하다가, 관리의 추격체포에 저항하여 사형에 해당하게 되었는데, 소금의 私賣 금지법(전매법)을 잠시 완화하자고 상소하여 그대로 받아들여진 경우도 있다. 折獄, 卷8, 矜謹, §271·§273·§280 참조.

나 흉년의 기근으로 인한 잦은 형벌완화가 관례화하면서, 앞서 서술한 사면이나 贖刑, 특히 災異에 즈음한 사면의 일반 폐단처럼, 그 부작용도 적지 않게 뒤따랐다. 이는 仁宗의 잦은 감형조치에 대해, 周禮의 荒政을 전반으로 거론하면서 비판하는 司馬光의 상소문에 적절히 나타난다.

"周禮의 흉년구제 정책은 12조목입니다. 곡식의 방출(散利)·조세 감면(薄征)·형벌 완화(緩刑)·부역 감경(弛力)·금령 해제(舍禁)·시장 상업세의 제거(去幾) 등은, 모두 관대한 은택을 베풀어 인민을 이롭게 하는 조치인데, 유독 도적만은 더욱 엄중하고 철저히 다스립니다.(除盜賊) 이는 기근이 드는 해에는, 도적이 반드시 많아져 양민을 해치는 까닭에, 제거하지 않을 수 없기 때문입니다. 근래에 州縣의 관리들이 통치의 大體는 알지 못하고, 작은 仁政(小仁)에만 힘쓰는 사례가 잦습니다. 흉년을 당하여 양곡을 훔치거나 겁탈하는 행위를 이내 너그러이 놓아주면, 도적이 공공연히 횡행하여 서로 겁탈을 일삼으므로, 사회가 크게 혼란스러워집니다. 이들을 널리 체포하여 사형이나 유배와 같은 엄중한 형벌을 가하여야만 다소 가라앉는데, 지금같이 조정에서 명문의 칙령을 내려 형벌의 감경과 석방을 미리 말하는 것은, 인민의 도적질을 권장하는 꼴이 됩니다. 백성의 식량이 부족하면, 마땅히 조세와 부역을 감면하고 창고를 열어 양곡을 빌려줌으로써 죽지 않게 구제해야 하지, 그들로 하여금 서로 겁탈하도록 해서는 안됩니다. 올해 수도 부근의 水災가 극심하여, 엄형준법으로 도적을 제거한다고 해도, 春窮期에는 굶주린 인민이 군집하여 소동 피우는 것을 막을 수 없을 형편인데, 하물며 칙령을 내려 이를 부채질한단 말입니까? 아마도 국가가 처음에는 관대한 仁愛에서 시작하여, 필경에는 가혹하고 포악한 형벌로 귀결할 것입니다. 본래 의도는 인명을 살리고자 하지만, 결국에는 살인이 더욱 많아질 것입니다."

한편, 楊安國도 經筵에서 周禮의 荒政을 강의할 때, "형벌의 완화는 과오로 범한 인민을 지칭하며, 흉년의 사면은 궁박함을 연민하기 때문인데, 지금처럼 군중이 병기를 들고 창고를 겁탈하는 짓조차 모두 관대히 용서하면, 죄악을 금할 수 없다."고 진언한 적이 있다. 그러나 仁宗은, "천하 인민이 모두 나의 어린애다."고 답하며, 그들을 처형할 수 없다고 고집하기도 하였다.445) 확실히 宋代의 흉년시 도적감형정책은 중용을 벗어난 지나친 관용으로서, 이는 宋의 柔弱한 崇文政治의 체질특성과도 밀접히 관련하는 문제일 것이다.

(5) 친족 상호간의 범죄 및 쟁송에 대한 和解 권유

또 한 가지 특기할 만한 정상참작 사례로는, 친족 상호간의 범죄 및 쟁송에 대하여, 국법 원칙의 경직성을 완화해 적용을 유보하면서, 자치적인 和解를 우선시키는 경우가 적지 않다. 예컨대, 극형에 해당하는 干名犯義의 중대한 윤리범죄조차도, 고발자가 사후에 참회하고 관대한 처분을 구걸하는 경우에는, 재판관이 이를 소극 허용하기도 한다. 또한 민사상의 재산쟁송 같은 경우에는 재판관이 주동으로 화해를 적극 권유하거나 훈계하기도 한다.

앞서 인용한 사례 이외에도,446) 언급할 만한 사안이 몇 건 더 있다. 南齊 때, 형수가 쌀을 팔아가고 대금을 갚지 않는다고 시아재가 제소한 사안이 있었다. 蕭子良은 이에 대해, 古人의 義理를 탄식하며 쌀값을 대신 갚아주고 소송을 중지시켰다. 隋의 郞茂는 從兄弟간의 불화를 엄징하자는 부관들의 요청에도 불구하고, '형제간에 본래 증오하고 있는데, 이로 인해 처벌하면 그 분노가 더욱 심해질 테니, 이는 인민교화의 본의가 아니다.'고 답하며, 지방의 원로를 양가에 파견하여 부지런히 왕래하며 돈독히 타이른 결과, 스스로 참회하고 화해하도록 선처하였다.

그런가 하면, 宋代에 蘇渙은 흉년으로 도적이 성행하던 중, 형이 아우를 살해하고 의복을 가져갔는데, 아우가 우연히 죽지 않고 소생하여, 그 부친과 함께 관가에 고발한 사건을 접수하였다. 그런데 그는 궁핍함으로 범죄한 정상을 긍휼히 여겨, "네가 아우를 살해하려고 했으면서도, 죽지 않은 줄 알고 놓아준 것은 무슨 까닭이냐?"고 유도심문을 하였다.

---

445) 이상 宋代의 사례 및 비판론에 대하여는, 宋史, 刑法2와 通考, 卷166, 刑考5, 刑制 (1445) 및 卷167, 刑考 6, 刑制(1447) 참조.

446) 折獄, 卷8, 矜謹, §258·§266-268 참조.

형이 그 뜻을 알아채고, "때마침 보는 사람이 있어, 차마 다시 가해할 수 없었습니다."라고 답변하자, 형의 사형을 면해 주고 부친과 아우를 感泣시킨 경우도 있었다.447)

(6) 情理의 중용 조화를 실현하는 司法

요컨대, 객관적인 情으로서 법률사실의 인식과, 그에 해당하는 法理의 공평무사한 통일 적용, 그리고 개별·구체적 주객관의 情狀 참작에 이르는 일련의 사법재판절차는, 전체로 보아 情(事情과 人情)과 理(法理·事理 등)의 중용 조화와 평형을 실현하고자 한다. 이는 立法의 이념과 상통하는데, 오히려 立法이 근거하고 지향하는 情理得中의 궁극이념을 司法이 구체적 법현실에서 직접 실천하는 셈이 된다.

수천 년 법제사 속의 구체적 사법현실에서 그러한 궁극이념을 실현하고자 했던 개별 事例·判例는 무수히 많다. 여기에 인용 소개한 내용은, 빙산의 일각에도 미치지 못하는 몇 건의 대표에 불과하다. 잃어버린 사료는 그만두고라도, 현전하는 法制史料에서 明淸律에 附錄한 條例 자체가 그 시대의 중요한 구체 判例를 일반화한 규정이고, 淸代의 刑案匯覽이나 단편으로 전해지는 인민 상호간의 민사소송 판결기록도 적지 않다. 이들을 일일이 모두 인용·열거할 수는 없지만, 이들 속에서 실현하고자 한 궁극의 법이념도 역시 대체로 情理의 중용 조화에서 크게 벗어나지 않음은 물론이다.

특히 국가실정법의 규정이 그리 많지 않은 인민상호간의 민사소송에서는 情과 理의 비중이 더욱 커진다. 律令이나 條例의 제정근거로 깔려 實定化한 情理가, 그 법을 적용할 때 부수로 들춰지며 구체화한다. 뿐만 아니라, 법규정이 불완전하거나 아예 존재하지 않는 死角지대에서는, 일반보편의 情理가 법의 흠결을 대신하여 직접 유일한 사법재판의 準據로

---

447) 이상 사안은, 折獄, 卷8, 矜謹, §262·§265·§269 참조. 특히 마지막 사례는 '어떻게 하면 살릴 수 있을까?'(求所以生之)라는 중국 고대의 欽刑恤囚 사상을 단적으로 반영하는 전형이라고 여겨진다.

서 보충 法源이 되기도 한다.

이는 마치 현행 民法에서 條理가 法律과 慣習法의 흠결을 보충하는 최후 法源이 되는 것과 같은 法理다. 따라서 '살아 있는 法'으로서 '情理'는 그 어느 영역 못지않게 民事분야에 풍부하게 보편으로 존재하며, 앞으로 민사소송에 관한 사법판례를 분석·종합하여 구체적인 '情理의 法'에 대한 실증 연구를 확대·심화할 필요가 있다.

결국 국가의 律令이나 條例 등은 자연법인 情理의 극히 일부분을 체계로 實定化한 法制에 불과하다.448) 司法재판의 직접 근거기준인 法源의 관점에서 보면, 情理는 法을 보충하는 하위규범이거나, 때로는 法과 대등한 지위에 놓인다. 하지만, 立法의 근본정신과 궁극이념인 法源의 시각에서 보면, 情理는 法의 존재 근거이자 지도 원리로서, 法보다 우월한 최고의 근원에 위치하는 것이다.

---

448) 특히, 淸代의 구체적인 민사판례를 자료로, 司法재판의 실무에서 情理의 재판준칙으로서 지위, 그와 律例(국가 실정법)의 상호관계 등을 실증방법으로 분석 평가한 참고할 만한 귀중한 연구가 있다. 滋賀秀三, 淸代中國の法と裁判, 263~304면에 수록한 「民事的法源の槪括的檢討-情·理·法-」의 논문이 그것이다. 이 논문에 이러한 내용을 설득력 있고 체계 있게 정리하고 있다.

結　　論

　지금까지 전통 中國法의 情·理·法 삼위일체의 이념을 철학사상적인 연원과, 禮法 및 律令에서 반영한 실정제도, 그리고 그 司法재판상의 구체화 실현이라는 세 측면에서 종합 검토해 보았다. 철학사상으로는 유가의 禮論과 법가의 法治主義가 상호대립하며 융합조화를 지향해 왔다. 실정화한 律令제도로는 크게 인간의 주관 人情과 倫理가 孝와 忠으로서 통치이념화하는 정치의(political) 차원과, 事物(法)의 다양한 주관·객관의 情·理가 실질 正義실현을 지향하는 司法의(judical) 차원으로, 나누어 펼쳐졌다. 司法재판의 현실에서는 시대에 따른 정치 得失 및 人性의 善惡이나, 특히 法官의 循(良)吏·酷吏 여부에 따라 公正과 私邪가 변화무상하게 물결치는 가운데, 情理의 이념도 浮沈盛衰를 계속해 왔다.

　이상과 같이 세 분야의 내용을 더러는 개별로, 더러는 상호 긴밀한 관계 속에서 다각도로 검토함으로써, 전통 중국법의 情理法 이념 자체는 일단 하나의 커다란 종합 체계로 대강 윤곽이 잡히고, 그 실체의 본래진면목도 어슴푸레하게나마 대강 밝혀졌으리라 본다. 이것이 본서가 정한 연구주제(목적) 및 범위 상의 주요성과이자 자기한계이기도 하다.

1. 본서의 내용 요약

　본서의 내용 및 연구성과를 정리한다면, 다음과 같이 간추릴 수 있다.

　우선 서론에서는, 본서를 집필하게 된 동기와 목적을 나름대로 정리하여 제시하였다. 전통법문화의 큰 특성을 情理法으로 파악할 수 있는 현재 및 과거 역사의 실증 근거들을 지적하고, 기존의 연구업적을 살펴봄으로써, 본 연구의 집필방향과 여지를 확인하였다.

본론으로 들어가서 제2장에서는, 우선 본격 연구에 착수하기에 앞서, 전체적인 논지를 전개하는 기초 전제 작업으로서, 전통 중국법의 개념을 근대 서구법과 일단 구분 짓고 좀 더 명확한 연구범위를 설정하기 위하여, 춘추 이전의 周禮 → 전국시대의 (刑)法 → 秦漢 이후 역대왕조의 律令을 포괄하는 '광의의 法'으로 정의하였다. 이는 중국법문화의 고유한 특성을 규정짓는 데에 필수 불가결한 중요한 전제기 때문이다.

　　아울러 본서의 주제이자 전통 중국법의 주요이념인 '情' '理' 라는 막연한 용어범주에 대하여 명확하고 편리한 함의를 부여하고자, 막스 베버(Max Weber)의 理念型(理想型: ideal type)과 같은 분류법을 도입하여 나눠보았다. 우선, 세로축으로는 인식방법으로서 '情'과 '理'를 배치한다. 다음 가로축으로는, 존재 형태로서 자연의 '天'(Heaven)과 인간의 주관적인 '人'(Person)으로 나누고, 객관적 인식의 대상으로서 '事物'은 다시 구체적 '物'(Ding)과 추상적 '事'(Sache)로 구분한다. 모두 2×4의 기본 축에 따라 여덟 개념으로 분류하였다. 물론 이들 이념형의 개념은 구체로 법적 논의에서 모두 자주 나오는 것도 아니다. 또한 그 함의가 적확히 일치하지 않고, 오히려 불분명하게 혼용하거나 통용하는 경우도 많다. 그러나 이러한 개념분류 자체를 情·理 이념의 이론기초 설립에 처음으로 시도함으로써, 분석적이고 체계적인 연구 및 독자의 이해에 적지 않은 방편과 도움을 제공하리라 기대한다.

　　그 다음으로는, 지금까지 거의 연구하지 않고 막연한 일반론으로 추정 단계에 머물러 있는 情·理 이념의 이론 기초로서 철학사상의 연원을 탐구하였다. 여기서는 外儒內法·陽儒陰法으로 특징지어지는 중국법문화의 특성을 객관적으로 연구하기 위한 전제로서, 유가의 禮治論과 법가의 法治論에서 상이하게 펼쳐진 情과 理의 이론을 균형 있게 대비해 고찰하고, 아울러 秦漢 이후 律令제정의 근본 지도이념으로 표방한 '天理와 人情'의 대원칙에 대해서도 별도로 서술하였다. 비록 구체적 서술내용이 아주 잘 다듬어지지는 못했겠지만, 기존의 연구가 유가의 관점에만 주로 치중한 경향에 비추어 보면, 역대 율령이 실질내용상 법가의 법치사상을 함께 전승하고 있음을 드러내는 데에, 본서가 조그만 실마리를 제공할 수 있을 것이다.

실제로 본서의 제3장에서 상술한 바와 같이, 한비자의 三綱사상은 漢代 董仲舒와 白虎通에 의해서 三綱五倫을 골자로 한 '孝以移忠'으로 윤색을 거친 뒤, 忠孝逆位의 통치이념 창출에 이론 기초를 제공하였다. 그를 바탕으로 중앙집권 절대군주제의 대의명분이 그 존재기반을 확고히 유지할 수 있었다. 이와 함께 본래 水平한 情緣과 義緣의 결합으로 이루어진 부부혼인관계도, 군신·부자 간의 忠孝윤리에 대응하여 수직적·종속적 윤리규범으로 각색하여, 가부장제 가족제도와 전제주의 통치 질서에 직접 편입해버린 실상도 어느 정도 밝혀냈다.

국가 실정법상의 不孝罪와 不忠罪의 내용은 기존의 연구에서도 적지 않게 정리·거론하고 있다. 이에 반해, 선진시대 禮敎의 핵심이었던 孝(윤리)의 구체 내용과 忠(도덕)의 본래 의미는, 전통사회의 가부장제 봉건성에 대한 비판 일변도의 주류에 묻혀 거의 주목하지 못하였었다. 본서에서 이러한 무관심의 대상인 孝·忠의 내용을 비록 단순하나마 구체로 정리·열거한 것은, 실정법 규범상의 不孝罪와 不忠罪에 대한 역사적·사상적 연원을 밝힘과 동시에, 그 통치이념화 과정에서 변질한 내용의 실상을 부각시키기 위함이다. 물론 律뿐만 아니라 禮까지 포함하는 '광의의 법' 범주에 상응하는 孝와 忠의 윤리를, 소극적 금지규정과 함께 적극적 당위명령의 관점에서 동시에 살펴본 의미도 중요하다.

제4장에서는, 비록 일부분의 단편을 드러내며 간접 암시하는 형태이긴 하지만, 법가의 사상전통이 상당히 뿌리 깊게 면면히 전승하고 있음을 확인할 수 있었다. 사실 司法(법률:judical)의 차원에서 법의 제정·해석·적용과 관련한 제반원칙은 법가의 실정법 지상의 '法治'사상이 직접 투영한 체계이론이다. 근대 서구법에 비견할 만한 '전통 中國'의 엄격한 죄형법정주의 원칙이 대표다. 이러한 형식 체계의 완결성을 관철하기 위하여 개괄 범죄규정인 '不應爲罪'나 '違令罪'의 조항을 설치하고, 심지어 해석상 실질 類推(推理)를 허용하는 '比附'제도까지 규정한 점은,

‘法家’의 논리가 아니고서는 이해하기 어려운 일이다. 특히 타인의 범죄 사실을 아는 경우에는, 이를 소극적으로 숨겨 줄 수 없을 뿐만 아니라, 오히려 적극 고발하도록 당위의무로 명령하는 ‘知情’(不告知)罪는, 告奸과 連坐罪의 엄형중벌로써 천하를 다스리고자 한 법가의 통치술이 역대 전제군주제도에 직접 삼투한 법제이다.

그리고 國法의 公理를 해치는 私情을 단호히 발본색원하고자 시도하는 각종 입법규정과 司法원칙도, 禮의 신분 차등성을 전면 부정하고, ‘법 앞의 만인평등’이라는 공평무사한 法理를 내세워, 특히 大臣과 친인척의 君權에 대한 위협이나 도전을 근절하고, 중앙집권 절대군주제를 확립하려고 한 법가 統治‘術’의 반영임에 틀림없다. 무엇보다도, 황제가 최고의 司法權者로서 실정법의 최종 해석·적용뿐만 아니라, 의심스러운 사안에 대해 개별·구체로 情理를 참작하는 재량권을 통해, 인민의 生殺權을 독점한다. 이것도 겉으로는 유가의 ‘議事以制’와 ‘法外之仁’의 王道를 대의명분으로 내세우지만, 실질로는 전제군주의 절대권력을 상징하는 法外의 權勢와 統治術로서, 음성화한 법가 전통의 伏流에 편승한 覇權일 따름이다. 外儒內法·陽儒陰法의 전형적인 표본인 셈이다.

그러나 이와 함께, 유가의 禮治사상 전통도 각종 司法이념에 융합하여 발현하고 있음을 간과할 수 없다. 예컨대, 행위자의 주관 동기로서 心情을 중시하는 原心定罪의 원칙은, 각종 입법규정뿐만 아니라 실제의 (司法)재판에서도, 법가의 죄형법정주의를 상당히 수정·보충하는 ‘議事以制’의 전통으로 면면히 전승한다. 실질 類推(推理)해석의 원칙인 ‘比附’ 제도도 법규정 형식은 비록 법가의 ‘法治’라는 겉옷을 입었지만, 본래 정신은 역시 유가의 ‘議事以制’의 禮治원칙에 연원한다. 특히 荀子의 철학사상이 그 이론기초를 직접 제공하였음을 확인할 수 있었다.

무엇보다도 전통 중국법에 내재하는 기본원리로서 상세히 논술한 여러 내용들은, 유가의 禮治와 德化를 전형으로 대표하는 중국법문화의 精華다. 특히 중국의 황금률인 ‘恕’의 원리를 공자의 ‘仁’에 근거지우고, 이를 바탕으로 ‘法’의 기본원리와 유기적으로 연결시킨 본서의 이론 체

계는, '법철학'의 관점에서 착상할 수 있는 새로운 시도라고 하겠다. 그
와 함께, 입법·사법상의 각종 인도주의 규정과 조치도, 天道의 好生之
德을 본받고자 하는 유가의 仁政이 구체로 발현한 것으로서 중요한 의
미를 지닌다. 또, 구체 법제상의 실질적 형평성, 특히 범죄행위와 형벌
사이의 인과응보를 개별·구체로 상세히 단계화한 구분은, 기본상 人情
의 親疏와 倫理의 尊卑를 바탕으로 신분 차등성을 엄격히 분별하던 유
가의 禮治 전통이, 喪服制 등을 통하여 법(律令)에 직접 삼투·융합한 결
과로 나타난 유산이라고 하겠다. 이것은 유가의 正名論과 법가의 定分
論이 律令이라는 국가 실정법체계 안에 투영한 결과로 보인다.

　마지막으로 情理法의 중용조화와 구체적 타당성을 기하기 위해 취해
지는 情狀참작의 법제도와 재판사례들도, 유가의 '原心定罪'와 '議事以
制'의 전통을 실현하고자 지향하는 것이다. 그중 八議제도(특히 議親과
議貴)의 시행은 親疏·尊卑의 차등성을 인정하는 유가의 禮治사상이 직
접 발현한 것으로서, 역대 司法실무에서 법가의 만민평등의 공평무사
이념과 시종 첨예한 모순대립 관계를 유지해 왔다. 여하튼 유가의 禮
治와 법가의 法治가 융합해 조화를 이룬, 전통 중국법의 이러한 법 제
정·해석·적용상의 여러 원리에 관하여, 司法(법률)의 차원에서 그 철
학 배경과 법제사의 실례를 폭넓게 두루 살펴본 것이, 본서 제4장의 주
요한 목적이자 성과인 셈이다.

2. 情·理·法의 본질과 상호관계

　그러면 이제 지금까지 고찰한 본서의 전체 내용을 바탕으로, 전통 중
국법상 情·理·法의 본질과 상호관계를 체계 있게 정리해 보자.

　우선 立法의 관점에서 보면, 國法(律令)은 情(人情)과 理(天理: 실질상 禮義
등 윤리도덕)를 일부분 實定化(文字化·成文化)한 강제규범으로서, 윤리도덕
질서를 유지하기 위해 설정한 불완전하고 소극적인 최저·최후의 방파
제다. 그러한 의미에서 국가 법률은 情·理 일반의 작용·기능에 실마

리를 제공하는 매개역할을 하며, 情·理라는 바다에 떠 있는 氷山으로 비유하기도 한다.[1] 筆者의 識見으로는, 情·理라는 氷山 중 수면 위에 드러난 一角이 곧 國法이라는 비유가 더욱 적절할 것 같다. 요컨대, 國法은 중국인의 전통법문화 속에서 부차적 지위밖에 갖지 못하며, '天理' '人情' '國法'의 삼위일체야말로 법규범의 궁극 이상으로 지향한다.

한편 司法의 측면에서는, 원칙상 情과 理가 超實定的 自然法 같은 규범실체로서, 國法의 불완전한 흠결을 보충할 뿐만 아니라, 律令 조문 상호간의 논리적 모순충돌을 조정하는 최후의 근본 法源이 된다. 그러나 실제 司法재판(특히 민사재판)에서 國法(律令)의 구체 조문은, 판결의 준거로서 아예 인용하지 않거나, 설령 인용하더라도 '情·理'라는 일반추상의 근원적 법규범에 밀려 부수로 언급하는 본말전도의 현상이 적지 않았다.(이는 白居易의 甲乙判이나 滋賀 교수의 연구에서도 분명히 확인할 수 있다.)

따라서 情·理·法 삼자 간에는, 한편으로 法의 實定性과 情·理의 自然性이 강하게 대비를 이루는 기본 관계(상호보완의 대응관계이지, 상호배타의 적대관계가 아님)가 성립한다. 다른 한편으로는, 法·理의 一律性(획일·공평성)·卽物性과 情의 具體性·心情性이 특히 司法재판의 과정 속에서 첨예하게 대립하는 긴장관계를 보인다. 즉, 情(주관 人情 뿐만 아니라 객관 事情을 포함하는 포괄 情狀)은 自然的 '理'와 實定的 '法'의(왜냐하면 法의 근원은 理이기 때문에) 엄격성·획일평등성을 수정·완화하는 보충 지위에 있다.[2]

그러나 재판실무와 일반 언어관용에서 情과 理는 개별로 對稱할 뿐만 아니라, '情理'라고 並稱하여 실질상 통일 개념을 형성하는 것이 보편 현상이다. 이는 理가 단순히 법가의 객관적 事理·法理만을 가리키는 것이 아니라, 유가의 주관적 倫理까지 포괄하는 데서 말미암는 당연한 논리 귀결이다. 왜냐하면, 유가의 주관적 倫理란, 곧 父子간의 혈연적 親情과 君臣간의 도의적 情誼는 물론, 부부간의 애정·의리까지 총망라

---

1) 滋賀秀三, 清代中國の法と裁判, 284-5면 및 290면; 范忠信·鄭定·詹學農, 情理法與中國人, 8면 참조.
2) 滋賀秀三, 清代中國の法と裁判, 287면 참조.

하는 人之常情에 직접 근원하기(어쩌면 人情 그 자체이기) 때문이다.

사실 지금까지 본론에서 고찰한 바와 같이, 情·理·法의 관계나 실질 내용은 체계적 일관성과 분류법을 줄곧 명확히 유지하지는 못하는 형편이다. 우선, 國法이 自然적 情·理를 일부분 최소한도로 成文化·實定化한 거라는 기본관계는, 전통 중국법의 대부분을 차지하는 刑法의 영역에서 개별 범죄규정(조문)과 전통 중국의 '法治', 즉 죄형법정의 원칙으로 나타난다. 그러나 실질상 君父에 대한 忠孝의 통치이념 윤리는 각종 不忠罪와 不孝罪로 거의 총망라하다시피 하였다. 군주에 대한 '不敬'罪 및 부모에 대한 '不孝'罪와 '違犯敎令'罪는 특히 일반추상성을 아주 강하게 띠는 구성요건이 되어, 忠孝의 윤리를 거의 완벽하게 法制化한, 어쩌면 忠孝의 화신처럼 느껴지기도 한다. 특히 일반 형법에서는 '違令'罪라는 한 조목으로 令(律의 하위법)에 백지 위임한 규정과, '不應爲'罪라는 일반추상의 개괄 범죄규정 및 법 해석상 실질 推理(유추)해석을 허용하는 규정 등에 의하여, 사실상 거의 모든 情·理가 實定(成文)化하는 완전무결의 형식논리 체계를 이루고 있는 듯하다.

이는 '斷罪引律令'이라는 죄형법정주의 원칙을 실질상으로는 심각하게 위협·파괴하면서, 형식상으로는 그 엄격한 유지·고수를 관철하려 하는 이율배반의 성격을 띤다. 이는 중국 법가의 형식적 法治주의 원칙이 근대 서구의 실질적 죄형법정주의와 본질상 달라지는 차이점이기도 할 것이다. 즉, 범죄행위를 처벌하기 위해서는 반드시 실정'法'의 규정이 있어야 한다는 법치주의를 형식논리로 일관하기 위하여, 모든 可罰적인 情理를 백지위임과 개괄규정 및 유추해석에 의해 실정법제화하고, 이를 바탕으로 실정'법' 규정에 근거가 있는 모든 행위는 처벌할 수 있다는 전제주의 형법체계를 구축한 것이다.

이는 말할 것도 없이 중앙집권 절대군주 통치체계의 확고한 존립·유지를 위한 법가의 신상필벌 이론의 산물이다. 결국, 수면 위에 떠오른 중요한 情理의 실정법화에 그치지 않고, '情理'라는 거대한 빙산전체에 '法衣'라는 鍍金(베일)을 씌운 셈이다.

그러나 民事法의 영역에서는 지극히 일부분의 중요한 情理만이 실정법의 옷을 입고, 대부분은 수면 아래 잠겨 있는 빙산의 몸통처럼 自然의 원시순수성을 간직하고 있다. 이는 민사재판의 성격과도 관련하는 문제다. 민사재판의 절대 대부분은 증거채택이나 사실관계의 인식확정 같은 是非·有無의 존재 차원의 사항이다. 이는 입법화할 것이라기보다는, 순수한 情理의 경험법칙에 의해 규율할 성격의 것이다. 이들에 대한 분별판단은, 거의 전적으로 재판관의 학식·경험·지혜·통찰력·양심·인격 등, 다분히 주관적 자질과 성품이 좌우할 게 분명하다.

한편, 司法재판의 측면에서도, 情理法의 형식적 제도와 실질적 규범현실은 상당히 동떨어진 현상을 보인다. 우선 형식적 법제도 및 대의명분상으로는, 지방(하급심)의 재판관(臣下)은 앞서 언급한 '斷罪引律令' 조항 등을 비롯한 죄형법정주의의 엄격한 지배를 받는다. 死刑(大辟)에 해당하거나 사실관계 및 법적용이 의심스러운 사안은 조정에 보고하고, 최고 司法權者인 君主(황제)가 (大臣들의 의론을 거쳐) 개별·구체로 情·理를 참작하여 法을 적용한다. 따라서 단계적 차등성이 뚜렷이 나타난다.

예컨대, 犯罪存留養親法과 八議제도가 그 전형적 실례. 流罪 이하는 하급심 법관이 律文의 규정대로 정확히 판결하되, 死刑의 경우는 일률 황제에 보고하여 특별한 裁決을 받아야 한다. 즉, 형식적 법제도상으로 법관은 情理의 참작이라는 주관적 재량권을 거의 가지지 못하며, 法治의 원칙에 절대로 얽매인다. 이는 전통 중국법의 범죄구성요건이 지극히 세밀하게 개별화·구체화하여 있으며, 그에 대한 法定刑도 不定期刑 관념이 존재할 여지조차 없이 절대로 명확히 규정하기 때문이다.

그러나 재판실무에서는 유가적 文官을 지향하는 법관이 律令을 잘 알지 못하거나, 더러는 일부러 國法을 천시·무시함으로써, 재판의 준거에 國法보다는 自然의 情理를 주관상 강하게 표출하는 경우가 상당히 많다. 이 경우 유가의 原心定罪·議事以制의 자유재량을 대폭 휘두를 수 있다. 만약 재판관의 학식과 지혜·경험·인격 등 주관적 자질이 천박한 경우에는, 法令의 不知와 더불어 사사로운 情實(私情)의 개입으로 불공정하고 부당한 재판이 될 소지가 높아진다. 특히 법을 적용하기 전에 사실을 인식·확정하는 단계에서, 情理에 의해 是非存否를 구분·판단할 경우에는 더욱 그러하다. 더구나 律令을 장악하여 재판실무에 해박한 獄吏(아전·향리)들이 재판관을 조종·농락하는 경우에, 그 폐단은 극도에 이르게 될 것이다.

어쨌든 민사이건 형사이건, 司法재판의 현실에서는 自然의 情理가 實定의 國法과 동등하게 또는 우선하여 직접 法源이 되는 경향도 강한 편이다. 닳아 터진 法의 겉옷(外衣, 鍍金) 틈 사이로, 내면의 실질 情理가 대량으로 새어나오는 것이다. 이에 편승하여 직접·간접으로 작용하는 私情은, 國法과 公理에 치명상을 입히는 가장 부정적인 情의 폐해이자, 情理法 이념과 현실의 가장 큰 취약점이자 걸림돌이 된다.

3. 장래 연구의 확대·심화 방향

지금까지 본서의 연구 내용 및 성과를 결론 삼아 간추려 보았다. 물론 본서의 연구에는 내용이나 범위·방법·관점 상으로 적지 않은 한계가 내재한다. 통시대적이고 거시적인 종합 체계구성에 비중을 둔 결과, 각 개별 부분의 영역에서는 심도 있는 상세한 고찰이 미진한 것도 부인할 수 없다. 그러나 이 주제에 대한 기존의 연구가 양적으로 그리 많지 않을 뿐만 아니라, 그것도 질적으로 일부분을 다루면서 편면적 관점에 치중한 경향이 강하다. 특히 전통 中國法에 대한 학문적 연구가 거의 없는 것이 우리나라 학계의 솔직한 현실이다.

이러한 점을 감안하여, 필자가 부족한 자질과 천박한 학문경력에도 불구하고, 외람스럽게 분에 넘치는 큰 주제를 선택하여 전체 윤곽을 조망해 본 것은, 이 주제에 대한 새로운 관점의 문제의식을 부각시킴과 동시에, 전통 중국법문화에 대한 우리의 학문적 관심을 고조시키고, 나아가서 우리 전통법에 대한 연구를 활성화하는 데에, 조그마한 촉진제로서 보탬이 되길 바라는 마음일 따름이다.

따라서 본서의 이러한 시도가 학문상 어느 정도 의미를 지닌다고 여겨진다면, 무엇보다도 우선 실질 내용의 측면에서 각 부분 영역에 대한 좀 더 자세하고 전문적인 탐구와 분석이 뒤따라야 할 것이다. 나아가서 이를 바탕으로 장래에 전개해야 할 연구의 확대·심화 방향을 참고로 附論해 본다면, 크게 다음과 같은 세 분야의 주제를 상정하고 싶다. 물론 이는 학계 전체의 몫이다.

(1) 情理 이념의 현대적 계승발전

첫째는 시간의 차원에서, 역사(학)의 의의 및 그 현재 사명과 관련하여, 情理 이념의 현대적 계승발전의 문제다. 민족 정신문화의 일부로서 면면히 이어지는 역사와 함께, 현재의 법제 및 법의식에 전승하는 情理 이념의 구체 내용을 실증적으로 수집·조사하고, 그 비판적·창조적 계승발전의 방향을 제시해 미래의 입법정책에 반영할 필요가 있다. 이른바 古今의 변화에 통달하는 새 역사의 창조다. 이러한 차원의 문제의식을 제고하고 그에 관한 참고자료를 제공하기 위하여, 본서는 情理에 관련한 전통법문화의 영향을 받거나 반영하고 있는 中華民國(臺灣)·中國(大陸)·한국·일본의 주요 현행법제도들을 약간 수집하여 각주에 대비하는 방식으로 인용·소개하였다.

예컨대, 서론에서 문제의식으로 제기한 바와 같이, 中華民國 民法 제1조의 규정에서 法律과 習慣(法)에 이어 순차적인 흠결보충의 法源으로 명시하고 있는 '法理'(條理)는, 전통 중국법의 情·理 이념을 직접 계승한 전형적 후예로 여겨진다. 법전편찬의 역사성에 비추어 볼 때, 중화민국 민법은 우리와 같이 독일 및 일본의 체계를 따르고, 더구나 大淸民律草案의 총칙과 채권·물권편은 일본학자 松岡義正등이 기초하였다. 그런데 독일민법 제1차 초안에는 '법률의 정신으로부터 얻은 원칙'을 최후의 재판준거법원으로 규정한 바 있고, 일본은 裁判事務須知에서 우리 민법 제1조와 동일하게 條理를 최후의 재판규범으로 규정하고 있다.[3] 이는 중화민국민법의 '法理'가, 실질상으로는 일본·독일의 법체계를 통해 근대 서구법의 최후 보충 法源개념을 수용한 것이라는 유력한 증거가 될 수 있다.

그러나 민법전의 체계상, 우리나라의 通則(§1-3)편과 마찬가지로 중화민국의 法例(§§1-5)는, 독일이나 일본에 없는 독특한 형식이다.4) 또한 이 法例의 章 설정 자체가 중국 고유법계의 부흥·발전을 꾀하는 관념의 중요한 발로로 평가받고 있다.5) 이러한 점은 法理나 條理 개념이 전통법에 연원함을 대변해 준다. 그리고 大淸民律草案이 비록 일본학자의 도움을 받아 기초하였지만, 그를 주도한 沈家本은 본디 전통 중국법에 몹시 해박하고, 특히 전통법의 '法理'와 風俗民情을 매우 중시하여, 이를 법률수정작업의 지도사상으로 직접 표방하는 사실이 주목할 만하다.

우선 그는 근대서구에서 몽테스키외 등이 '法理'를 연구하여 학설이론과 저서로써 당대를 풍미하고, 서로 학파를 이루어 날로 '새로운 이론'(新理)을 세워 정치개혁에 크게 공헌하고 있음을 강조한다.6) 이와 함께 그는 法理를 '法律의 原理'로 해설하면서, 그 구체 내용으로 義·序·禮·情의 네 가지를 거론하기도 한다.7) 여기에서 그가 말하는 '法理'의 개념이 결코 근대 서구의 자유민주주의 평등의 법이념에 국한한 것은 아님을 확인할 수 있다. 오히려 그가 표현한 것처럼, 동서 각국에 공통하는 일반보편의 '선량한 법규'에 내재하는 법의 근본정신과 일반 원리를 두루 포함하는 넓은 개념이며, 여기에는 중국의 전통 '禮敎와 民情'이 당연히 들어가는 것이다.

한편, '事理의 당연성'이란 관점에서 보면, 그 궁극 근원은 동서고금이 동일하다.8) 그래서 중국의 전통 법률도 독자의 '法系'를 형성하는데, 그 정밀한 내용(精髓)은 지극한 仁義로서, 서구 근대법학의 요지를 그 안

---

3) 鄭玉波, 民法總則, 43면 참조.
4) 鄭玉波, 民法總則, 32면 참조.
5) 潘維和, 中國歷次民律草案校釋, 137면 참조.
6) 沈家本, 寄簃文存, 卷6, 「法學會雜志序」 참조.
7) 沈家本, 寄簃文存, 卷2, 「論殺死姦夫」 참조.
8) 沈家本, 寄簃文存, 卷6, 「監獄訪問錄序」 참조.

에 본디 함축하고 있다고 주장한다. 따라서 각국 법률의 근본정신은 결국 중국 법률의 범위를 초월하지 못하며, 그 대강의 근본요지는 전통 중국법의 궁극이념인 '情理'의 두 글자를 벗어나지 못한다고 단정한다. 동서고금을 막론하고 法學은 '情理'를 떠나서 법을 논할 수 없기 때문에, 情理를 일관 회통하여 동서고금의 중용조화를 이루는 것이 가장 이상이라고 주장한다.9) 그러면서 서구의 '法'이라는 문자는 중국어로 '理'·'禮'·'法'·'制'의 용어로 번역할 수 있음을 언급하기도 한다.10)

요컨대, 그가 궁극으로 추구하는 法理란, 동서고금의 법에 일반보편으로 내재해 있는 법의 원리 및 근본정신으로서, 근대 서구법의 자유민주주의 평등이념과 전통 중국법의 仁政王道사상의 禮義를 함께 포함한다. 특히 중국 고유의 禮敎와 民情·풍속 등도 인도주의 평등이념에 정면으로 어긋나는 신분적 차별성을 제외하면, 人之常'情'과 당연한 事'理'에 부합하는 일반 내용은 당연히 '法理'의 범주에 포함한다. 이처럼 大淸民律草案의 기초 작업을 주도한 沈家本의 근본 법사상의 배경을 이해하면, 현행 민법상 최후의 보충 법원으로서 條理와 法理가 전통 중국법의 내면 정신을 명실상부하게 계승한 산물임이 분명해진다.

더구나 이 시기(光緖 30年, 1904)에 梁啓超가 집필한 유명한 중국법제사 논문에서는, 漢代의 法源으로서 律·令·比·學說을 거론하는 가운데, 比를 明淸代의 條例나 현대의 판결례에 대비시키면서, 그 구체 방법으로 法文의 比附와 條理의 比附를 예시한다. 그리고 이 '條理'에 관하여 注文은 일본 법률상의 명사로서 소개하면서, 재판의 최후 法源으로서 전통 중국법상 '準情酌理'(情에 비추어 보고 理를 참작하다)와 같은 것으로 해석한다.11) 이는 현행 민법상 최후의 法源으로 규정한 法理가, 형식 명칭

---

9) 沈家本, 寄簃文存, 卷6, 「法學名著序」 및 卷1, 「刪除律例內重法」 참조.

10) 沈家本, 寄簃文存, 卷6, 「新譯法規大全序」 참조. 그런데 이는 嚴復이 번역한 몽테스키외의 "法意"(법의 정신) 按語 중의 내용(兪榮根, 儒家法思想通論, 前言 3면의 인용문 참조)을 원용한 것으로 보인다.

11) 梁啓超, 「論中國成文法編制之沿革得失」, 飮氷室文集之十六(1-61면), 臺灣中華書局, 1983, 臺3版, 12면 夾注 참조.

상으로나 실질 의미상으로나 모두, 전통 중국법의 '理' 개념을 계승한
것으로 여겨지고 있다는 또 하나의 결정적 반증이 된다.

사실 역사 차원의 비판적 계승 발전의 문제는, 중국법의 역사와 현실
에 대한 순수한 학문적 호기심에 국한하는 것이 아니다. 우리나라는 유
사 이래로 중국과 시시각각으로 직접·간접으로 교류관계를 유지해 왔
기 때문에, 우리나라의 정치·사회·법률·문화 전반의 역사와 현실에
대한 이해와 연구에도 필수 불가결한 전제조건이 된다. 法의 영역에 국
한하여 보더라도, 中國法의 전래 및 영향은 韓國法制史(특히 成文法)의 중
요한 근간을 이루는 결정 요소다. 우선 後漢書 東夷列傳의 기록에 의하
면, 殷나라의 箕子가 朝鮮에 피난 와서 八條法禁으로 교화했다고 한다.
그런데 燕人 衛滿이 침입하여 풍속을 어지럽히고, 특히 漢이 朝鮮을 멸
망시키고 四郡을 설치하여 식민 지배를 하면서 法禁이 60여 조로 불어
났다고 한다. 그 뒤 三國 및 高麗의 律令 제정과정에서 수용한 唐律, 그
리고 조선 經國大典의 明文규정에 依해서 직접 포괄 계수해서 依用한
明律 등도, 한국법제사의 중추를 이룸은 물론이다.[12]

제도적 실정법의 수용과 함께 그 정신 바탕인 철학사상·의식·관념
등 법문화 전반도 실로 적지 않은 영향을 받아왔다. 따라서 우리 전통
법의 역사에서도 실정법제(律令) 및 司法재판 현실에 모두 전통 중국법
의 情理法 삼위일체의 이념이 살아있는 법으로서 작용해 왔다고 볼 수
있다. 이 점은 한국법사학계의 원로학자인 朴秉濠 교수의 연구에서도
밝혀지고 있다.[13]

이 연구에 의하면, 중국법을 계수한 전통 한국법이 유교 법문화의 지
배 아래서 기본적으로 전통 중국법과 동일한 유교 윤리도덕의 특성을
지니는 것으로 전제한다. 禮는 天理와 人情에 합당한 법으로서, 국가의
제정법도 이러한 禮와 일치하는 것이 규범 이상이 된다. 이러한 情理法
삼위일체적 법이념은 조선조 입법자와 통치계층의 법률관에도 그대로

---

12) 朴秉濠, 韓國法制史(放通大교재), 6-13면 및 35-37면 참조.

13) 朴秉濠, 「한국에 있어서 법과 윤리도덕」, 法史學硏究 제12호, 1~9면 참조.

드러날 뿐만 아니라, 구체적인 사법재판의 실무에서도 여실히 발현하고 있다. 특히 민사 詞訟에서 국법의 부족과 흠결은 거의 전적으로 '理'에 의해 보충하였다. 형사 獄訟에서는 원칙상 국법을 적용하고, 情과 理는 法源 자체로서보다는 죄와 형벌의 경중을 결정하기 위한 참작기준으로 서 중요한 의미를 지녔다.

이 논문은 30여 년의 법제사 연구와, 특히 수많은 古文書 연구를 바 탕으로 하여, 살아있는 法源으로서 情·理의 실체를 종합·정리한 성과 로 평가할 만하다. 한국 전통법문화의 특성과 궁극 법이념을 일목요연 하게 개관하는 데는 그리 손색이 없다. 다만, 구체 내용과 자료의 인용 을 학술상 좀 더 상세하게 보완·정비하였으면 좋겠다는 아쉬운 여운을 남긴다. 이러한 귀중한 연구 성과를 바탕으로, 한국 전통법의 역사와 문 화 속에 녹아든 情理法이념의 연구를 좀 더 확대·심화하는 데에도, 본 서의 내용은 한국법제사의 관점에서 다소 참고가 될 수 있을 것이다.

한편, 이러한 전통법의 情理法 이념은, 中國에서와 마찬가지로 우리나 라의 현행법에서도 적지 않게 계승·반영하고 있으며, 법조계의 사법재 판실무는 물론 일반 국민들의 법의식·법관념 속에도 여전히 뿌리 깊 게 살아있다. 예컨대, 우리 民法 제1조는 中華民國 民法을 본받아, 법률 및 관습법의 순차적인 흠결을 보충하는 최후 법원으로 '條理'를 들어, 自然法의 法源으로 규정하고 있다. 刑法에서도 中華民國과 마찬가지로 量刑상 참작해야 할 범죄인의 주관·객관의 情狀에 관한 상세한 규정을 두고 있다. 또한 구 민법상의 戸主제도나 형법상 존속친에 대한 범죄의 가중처벌과 內亂·外患의 국가 범죄에 대한 최우선 순위의 규정 등도 전통 忠孝倫理를 중시하는 법문화의 유산임에 틀림없다.

그런가 하면, 일상 언어관용에서도 情理法의 이념이 중국 못지않게 생기발랄하게 살아있다. 예컨대, 우리는 흔히 "절대로 그럴 理가 없다" 든가, "人情事情도 없이 정말 그럴 數가 있느냐?", 또는 "세상에 그런 法이 도대체 어디 있느냐?"는 따위의 말을 자주 쓴다. 때로 몹시 흥분 하여 불만과 탄식이 뒤섞인 저항조의 반문을 제기하는 경우가 많다. 이는 물론 일반보편의 의식이나 감정, 또는 당위의 윤리나 자연스러운 사리 등의 표출이다. 더욱 중요한 점은, 현실의 불합리나 부당함에 대한 법규범적 비판의 표현이라는 사실이다. 특히 法에 대한 언급은 최후적인 항변의 분위기가 강하며, 情(數)이나 理는 법 이전에 그 타당성과 정당성·合理性·合情性 등의 근거로서 거론하는 어감이 짙다.

또한 '不法'(중국에서는 흔히 '非法'으로 표현함)이라는 개념 이전에 '非情'이나 '非理'라는 용어로 표현하는 경우도 적지 않다. 非情은 가장 기본이 되는, 특히 혈연의 親情이나 人之常情 같은 人道 윤리에 어긋나는 잔인한 감정·마음을 가리킨다. 그리고 非理는 合法이든 不法이든 간에 법 이전에 사회의 기본 도리나 정치 윤리에 어긋나는 사사로운 행위를 말한다. 특히 법을 독점하여 자의로 권한을 남용해 사리사욕에 눈이 어두운 통치 권력이나 행정당국에 대해, 일반국민의 여론이 법적·윤리도덕적 규범평가를 내리는 경우가 대부분이다. 즉, 情과 理가 法의 밑바탕에 깔려있는 규범의식, 법문화의 생동하는 일면을 직접 반영해주는 것이다.

요컨대, 전통 중국법의 제도와 철학사상·의식 등을 수용한 우리 전통법의 역사와 문화가, 중국과 어느 정도 동질이며, 또한 어떻게 변화·발전하였는지, 그리고 그 현대적 계승에서는 역사 전통이 어떠한 모습으로 얼마나 나타나고 있는지, 나아가서 그 역사적 가치평가와 미래의 법 발전에 얼마나 비판적·창조적 기여를 할 수 있겠는지 등을, 다각도로 종합 연구하는 것이 장래의 주요한 과제가 될 수 있다.

(2) 서양의 법이념과 비교 연구

둘째는 공간 차원의 문제로서, 비교법제사의 관점에서 서양의 법이념과 비교 연구하는 작업이 필요하다. 서로 다른 자연환경과 인문사회 토양에서 이루어진 법의 역사와 문화가, 그 철학사상의 근본이념 및 구체 법률내용을 어떻게, 그리고 어느 정도 달리하며, 또한 시간과 공간을 초월하는 진리의 일반보편성과 궁극 이념의 동질성을 과연 공유하는지 탐구하는 작업이다. 이는 고도의 '博而精'을 요구하는 至難한 과제로서,

장래에 수많은 연구 인력이 장기간에 걸친 분업 및 협업, 그리고 학제간의 교류를 통하여 공동으로 달성해야 할 것이다. 특히, 비슷한 시대의 동서 법제를 수평(橫)으로 비교하는 작업은, 서로 다른 두 역사를 동시에 연구해야 하는 이중의 부담이 보태져 더욱 어렵게 된다. 한편, 근대 서구법과 비교하는 일은 현행법과도 직결하여, 다소 복잡하면서도 중요한 의미를 지닌다. 淸末에 서구법을 계수하는 과정에서 빚어진 이른바 禮法論爭은, 전통 禮敎와 근대 法理를 둘러싼 첨예한 정치·법률·문화상의 대립으로서 주목할 만하다.

전통 중국법과 서구법의 역사적·문화적 이념특징을 비교할 때 가장 중요한 핵심 주제는, 막스 베버(Max Weber)가 지적하는 合理性의 문제가 될 것이다. 특히 전통 중국법의 情理 이념이 서구법의 합리성과 어떤 관련성을 지니고, 또 어떻게 대비할 수 있을지가 주목할 만하다.

주지하듯이, 막스 베버(Max Weber)는 전통 중국법이 이른바 합리화 과정을 거치지 못했으며, 그 주요한 원인의 하나는 自然法이 발달하지 못했기 때문이라고 평론하였다. 베버에 따르면, 만약에 自然法이 발달하면 법의 합리화 과정에 추진력을 부여하고, 합리화에 따르는 그 어떠한 변화도 정당화한다고 한다.14) 베버에게 법의 합리성은 실질적 합리성과 형식적 합리성 양자를 포함하지만, 그가 말하는 '법의 합리화'란 일반으로 '실질적인 합리적 법'에서 '형식적인 합리적 법'으로 바뀌는 것을 가리킨다. 특히, 형식적인 합리적 법에 대한 논의는 실질상 '논리적인 합리적 법'에 집중한다. 상정 가능한 모든 사실적 상황들을 논리로 포섭하여, 명확하고 내적 흠결 없는 규칙체계를 구성하도록 분석적으로 도출한 법명제들의 총체가, 이러한 형식적 합리성의 최고도 단계라고 베버는 특징짓는다. 즉, 합리화한 법체계의 특징은, 의미에 대한 논리 분석을 통하여 법적으로 관련 있는 사실의 특성들이 드러나고, 명확한 법

---

14) A. Hunt, The Sociological Movement in Law, Temple University Press, 1978년, 11면 및 崔鍾庫, 「막스 베버가 본 東洋法」, 法史學硏究 第6號, 1981년, 262-3, 265-7면 참조.

적 개념들이 매우 추상적 규칙의 형태로 나타난다는 점이다.[15]

이는 물론 그의 학문적 주관심사인 서구사회의 독특성과 관련하는데, 특히 사회경제적으로 자본주의가 고도로 발전한 서구 근대 사회의 내재적 요인으로서, 국가의 정치형태와 법체계의 발전이 갖는 인과관계의 중요성에 이어진다. 베버에 의하면, 형식적 합리적 법은 서구사회에 독특한 합리주의의 산물로서, 직업적 행정과 전문화한 관리 및 시민이라는 개념에 근거하며, 법학자에 의해 제정하고 합리적으로 해석·적용하는 것이다. 서구법의 합리화는, 엄격히 형식적인 법 및 법적 절차에 이해관계를 가진 자본주의와, 법전화한 체계 및 동질적인 법을 필요로 하는 절대국가의 관료제도에 의해 추진한 산물이다. 그래서 이러한 요소를 갖지 못한 다른 법체계는 형식적 합리적 법이 결코 될 수 없다고 베버는 말한다.[16]

그러나 이는 가치중립의 학문을 고수한 베버 자신이, 근대 자본주의 서구사회를 이념형으로 전제하고, 합리성(특히 형식적 합리성)이 비합리성보다 더 발전하고 나은 것이라는 가치평가를 이미 함축하고 있다. 그리고 그는 목적과 수단, 사실과 가치의 준별을 고집하여, 사회적 행위의 수단에 대해서만 합리성을 문제 삼는다. 따라서 법에서도 실질 목적으로서 정의나 실체법의 내용에는 거의 무관심하고, 오직 효율적인 수단으로서 형식적인 법적 절차와 법기술이 가지는 인과적 중요성에만 주목하였다.[17] 특히 중국법에 관해서도, 그 자신은 어떠한 정치적 동기나 색채를 갖지 않고, 순수하게 객관 중립의 학문적 관심을 견지하였다고 생각한다. 하지만, 그 자료 자체가 지극히 불충분하고, 대부분 19세기 유럽인들이 정치적으로 각색한 자료들이어서, 중국에 대한 공정한 객관적 이해가 원시적으로 거의 불가능하였다. 게다가 베버 자신이 근대자본주의 서구사회의 형식적인 합리적 법을 이념형으로 삼고, 서구의 시각과

---

15) A. Hunt, 앞의 책, 105-6, 109면 참조.
16) A. Hunt, 앞의 책, 98-9, 109-110면 및 崔鍾庫, 앞의 글, 262-4, 268-270면 참조.
17) A. Hunt, 앞의 책, 105, 99-100면 참조.

문제의식으로 중국 전통법을 관찰·평가한 근본 한계까지 존재한다.18)

베버의 중국법에 대한 부정적 평가는 이 밖에도 많지만,19) 본서의 주제와 관련하여 특히 주목할 점은, 역시 법의 합리화 실패, 즉 형식적·논리적인 합리성의 결여 및 자연법의 미발달이라고 할 수 있다. 특히 合理性의 결여는 자연법의 미발달 및 기타 여러 평가내용을 실질상 통합하는 핵심 요지가 된다. 물론 베버는 중국법의 가부장제 재판 체계와 관련하여, 윤리적 명령이나 公理적 또는 기타 합목적적 규칙이나 정치적 격률 등에 의해 사회의 실질 정의를 추구한다는 의미에서, 실질적인 합리성을 부인하지 않는다.20) 그러나 중국법에 대해서는 근대 서구법의 형식적·논리적 합리성을 전혀 인정하지 않는다.

그러면 베버의 이러한 결론적 평가는 과연 얼마나 타당한가? 중국법은 그가 말한 대로 倫理나 정치적 公理 이외에, 순수한 법률적 형식논리는 전혀 없었는가? '情'과 함께 전통 중국법의 중요한 이념적 근원으로 의식하고 있는 '理'는, 베버의 合理性 개념과 어떠한 관계를 가질 수 있는 것인가? 흔히 근대 서구법에서 법은 理性(reason)이라고 말하는데, 전통법문화에서 '理'나 '合理'는 'reason'에 상응할 만하지 않을까?

물론, 베버의 중국법에 대한 시각이 서구 중심이라는 이유만으로 이를 무조건 부정하고, 합리성이 서구법에만 존재하고 중국법에는 없었다는 평론의 오류 내지 불완전성을 지적하기 위하여, 오로지 반발의 감정으로 중국법의 情'理'이념을 연구하는 것은 결코 아니다. 더구나 중국법이 서구법 못지않게 우수한 내면의 정신·사상을 지니고 있다는 가치평가를 확인·증명하고 강변하기 위한 의도도 아니다.

그러나 베버 자신이 근본적으로 지향한 것처럼, 가치중립의 학문의

---

18) 崔鍾庫, 앞의 글, 275-8면에 소개한 칼 뷩거(Karl Bünger)의 비평 참조.

19) 崔鍾庫, 앞의 글, 261-275면에서는 베버의 中國法에 대한 부정적 평가를, 법의 비형식성, 家産制的 관료제, 자연법의 부재, 씨족의 강인성, 법률가계급의 부재, 도시법의 부재, 유교적 교육(의 성격), 시험제도(의 성격), 법학과 법이론의 미발전 등으로 분류하여 정리한다.

20) A. Hunt, 앞의 책, 108면과 崔鍾庫, 앞의 글, 261-2면 참조.

일반보편성 입장에서, 중국법에 고유하게 내재하는 내용을 사실 그대로 연구하고 밝혀, 서구 근대법과 공평하게 객관적으로 비교해 보는 일은, 매우 중요하고도 필요한 작업임에 틀림없다. 특히 역사 속의 법이 정의와 합목적성 그리고 법적 안정성을 추구해가는 규범으로서 발휘한 실질기능을 분석하고 비교·평가하는 일도, 법의 형식적·논리적인 체계완결성 유무에 대한 탐구 못지않게 의미 있을 것이다.[21]

한편, 베버의 중국법에 대한 자료의 제약성과 시각의 주관성은, 이미 충분한 지적과 비판을 받아왔다. 하지만, 특히 그가 司法裁判이라는 법적 절차와 법기술에만 거의 전적으로 의존하고, 실체법의 실질 내용은 거의 취급하지 않은 사실도, 중국법의 비합리성 평가에서 불완전한 편견의 요인으로 작용했을 것임을 빠뜨릴 수 없다. 실제로 본론에서 탐구한 바와 같이, 전통 중국법에는 실질적 합리성으로서 人情과 倫理(특히 법제화한 통치이념으로서 정치 倫理)가 두루 녹아있다. 뿐만 아니라, 순수한 법률적 절차로서 司法裁判에는, 객관 사실인 事情과 함께, 법 자체에 내재하는 형식 논리로서 事理·法理의 개념이 일반보편으로 통하였고, 나아가 司法正義 실현을 위한 핵심 내용으로도 상당히 두드러지고 있다.

그리고 베버 자신은 法典化를 근대 서구의 형식적 합리적 법이 존재하기 위한 일반 전제조건으로 주장한다.[22] 물론 법전화가 이루어졌다고 하여 형식적 합리적 법이 반드시 존재한다는 역명제가 항상 타당한 것은 아니다. 그러나 법전화 자체는 일반으로 법규범이 상당한 정도로 일반추상화하고 체계화한 산물임에 틀림없다. 적어도 법전체제의 존재 자체만으로도 그 형식적 체계논리 및 내재적 실질논리가 상당한 수준으로 발달했음을 반영한다고 할 수 있다. 실제로 현전하는 最古의 完整한 전통 중국법전으로 알려진 唐律(651년)은 이미 고도의 형식적 체계 및 실

---

21) 본 단락의 핵심내용은 崔鍾庫, 앞의 글, 284면에서 베버의 중국법에 대한 견해와 관련하여 결론으로 제기한 우리의 학문적 자각과 반성 및 앞으로 연구방향들이다. 본서는 기본상 이에 동조하는 입장에서 그 기초 준비작업의 한 출발점이라는 의미로 시도하는 것이다.

22) A. Hunt, 앞의 책, 110면 참조.

질적 논리를 지닌 것으로 평가받는다.23)

뿐만 아니라, 비록 漢代의 僞作으로 여겨지긴 하지만, 周禮의 六官(天地春夏秋冬)체계도 상당히 발달한 법전양식을 보여주고 있다. 설령 周代의 실제 禮典이 아닐지라도, 이미 2천여 년 전에 그러한 완전한 체계를 갖추었다는 사실만으로도, 전통 중국법의 형식적 논리성은 상당히 인정할 수 있다. 그리고 전국시대에 魏의 李悝가 당시 각국의 법령을 참작하여 편찬한 法經도 六篇으로 이루어져 있는데, 그 중 具法은 지금의 총칙에 해당하는 법의 공통원리로서 후대 名例律로 계승·발전한 점도 주목할 만하다.24) 여하튼 이러한 체계 논리가 2천여년 동안 생명력을 지속할 수 있었던 데도, 그럴 만한 충분한 실질적·형식적 합리성이 내재한다고 일단 추정할 수 있지 않을까?

자연법의 문제에서도, 만약 엄격한 역사적 특수성을 강조하기로 한다면, 전통 중국법의 '理' 개념이 근대 서구법의 合理性 범주에 완전히 부합·일치할 수 없는 것과 마찬가지로, 엄격한 의미의 서구 자연법 개념은 전통 중국에 결코 존재하지 않았다고 평가해도 지나치진 않을 것이다. 역사상 특정한 지역과 시대·민족·국가에 존재한 구체적 개념은 유일무이한 고유성을 지닌다는 관점에서 보면, 아무리 비슷하고 동질적인 사물이라도 서로 같을 수는 없기 때문이다. 일란성 쌍생아도 비슷하기는 할지언정 동일하지는 않은 자연현상에 비추어 보면, 역사적인 구체적 차별성과 독특한 고유성을 강조하는 견해는 지극히 타당하다.

---

23) 唐律에 관한 연구논문과 연구서 및 소개서(교과서·개론서)는 상당히 많은데, 그 제작 연대와 사회경제적 기초 및 역사적 연원, 그리고 그 체계와 실질내용 및 후대에 대한 영향 등을 전반적으로 총망라한 연구서로는, 楊廷福의 唐律初探, 天津人民出版社, 1982년이 있다. 근래 출간한 王立民, 唐律新探, 上海社會科學院出版社, 1993년 제1판, 2001년 제2판 ; 錢大群, 唐律硏究, 法律出版社, 2000년 제1판도 참고할 만하다. 그리고 唐律의 내용을 근대 서구법의 개념과 체계에 대비하여 해설한 蔡墩銘의 唐律與近世刑事立法之比較硏究도 참고자료로 독특한 편이다.

24) 法經에 관한 주요연구로는, 杜正勝,「傳統法典原始」; 小川茂樹,「李悝法經考」 등이 있다. 최근 중국에서 李悝의 法經이 출토했다는 소식이 있는데, 앞으로 구체 내용이 밝혀지면 先秦법제사 연구에 획기적 자료가 될 것이다.

그러나 그러한 엄밀한 정확성을 고집한다면, 진리의 일반보편성과 학문적 탐구가능성은 질식하고 말 것이다. 비록 전통 중국법의 철학사상, 특히 유가 중심의 법사상이 서구의 자연법과 그 구체적 실질내용이 전혀 다를 뿐만 아니라, 근사한 동질성조차 결코 없다고 할지라도,[25] 베버 자신이 정의한 것처럼, "실정법의 우위에서 실정법과 무관하게 독자적 타당성을 지니며, 그 존엄성의 근거가 자의적인 制定(enactment)에 있지 아니하고, 오히려 실정법의 구속력에 대해 그 정당성을 부여해 주는 규범들의 총체"로서,[26] 즉 실정법의 본질적인 근원규범으로서 자연법에 해당하고, 또 자연법과 비슷한 실질 기능을 발휘한 윤리도덕은 전통 중국법이라고 해서 없을 수 없다.

흔히 근대 서구법에서 말하는 법은 理性(reason)이라고 한다. 필자의 견해로는, 전통법문화에서 '理'나 '合理'는 'reason'에 상응하는 자연법의 특성을 충분히 지닌다고 확신한다. 'reason'을 '理性'으로 번역한 사실 자체가 넉넉한 반증이 되리라 생각한다.

그 구체 내용이 道나 德, 仁義나 禮, 또는 天理와 人情 등 어느 것으로 인식하든 간에, 서구의 자연법에 상응하면서 그와 대비할 만하고, 실정법의 상위에서 실정법의 근원이 되는 규범실체는 전통 중국법문화에도 존재한 것이 분명하다.[27] 다만, 그 실질 내용이나 기능의 측면에서

---

25) 俞榮根, 儒家法思想通論, 40-59면에서는, "儒家의 自然法"이라는 관념은 서구법 수용 초기에 중국과 서양을 막연하게 대비하여, 비슷한 개념을 서로 결부시킨 견강부회의 산물이라고 비판한다. 그리고 서구 자연법의 실질 내용을 구체로 자세히 열거한 뒤, 유가의 법사상을 다시 거론하면서, 상호간의 차이성을 엄격하게 구별함으로써, 그것이 결코 자연법이 아님을 강하게 주장한다. 아울러 道家와 묵가의 법사상도 마찬가지로 자연법으로 귀결할 수 없다고 부언한다. 필자는 그의 견해도 베버와 비슷하게 지나치게 역사적·지역적 특수성만 강조한 편견이라고 생각한다. 그렇지만 그가 전통 중국법을 근대 서구적인 개념과 관점이 아니라, 고유한 시각에서 있는 그대로 관찰하려고 한 점은 긍정적으로 평가할 만하다.

26) A. Hunt, 앞의 책, 112면 참조.

27) 전통 중국법사상상의 자연법 관념을 처음 주장한 사람은 梁啓超다. 그는 유가뿐만 아니라 도가나 묵가의 법사상도 자연법으로 인정하며, 다만 그 구체적인 실질내용의 異同을 지적한다. 梁啓超, 「中國法理學發達史論」, 飮氷室文集之十五(41-94면), 臺

서구의 자연법과 어느 정도 어떻게 다르고, 또한 그 이질성의 원인은 무엇인가 등의 문제를 비교법의 관점에서 탐구해야 할 것이다. 이러한 관점에서도 情과 理의 이념은 "전통 중국의 자연법" 문제를 고려하는 한 요인이 될 수 있다.

막스 베버가 전통 중국법에 대해 근대 서구법의 관점에서 가한 비평을 계기로, 이상에서 제기한 문제의식들은 본서의 주제와 연구에 적지 않은 동기와 의미를 부여하였다. 그렇다고 본서가 전통 중국법의 합리성이나 자연법 등의 문제를 베버의 관점에서 고찰하거나 재구성하고, 나아가 서구법과 비교·평가하여 그의 견해를 비판하거나 반박하려는 것은 아니다. 필자는 그런 거창한 의도나 능력까지는 솔직히 갖고 있지 않다. 다만 가능하다면, 앞으로 江湖 諸賢이 이러한 비교법적 연구에 본격 착수하여 깊은 법의 역사철학 샘에서 맑고 향기로운 샘물을 펑펑 길어 올리는 데 꼭 필요한 마중물이 되고 싶다. 법의 역사철학 기초를 튼실하게 하는 준비 작업에 조그만 보탬이나 되도록, 첫 삽질에 동참하는 마음으로 후학을 기다릴 따름이다.

그러나 더욱 엄밀히 말하면, 그러한 보탬은 어쩌면 본 연구의 다행스런 결과로 나타날 수도 있겠다는 희망일 뿐이다. 본서의 본래 출발점은, 아주 단순하고 솔직하게 말해서, 전통 중국법의 실질 내용을 구체로 분석·정리하여 그 내면의 지도이념인 情과 理의 실체를 확인해 보고자 하는 것이다. 특히, 베버가 소홀히 한 실체법의 규정을 절차법과 함께 다룸으로써, 실질적 합리성과 합목적적 정의로서 倫理 뿐만 아니라, 법 자체의 절차적인 합리성과 논리적 체계성도 다소간 밝혀졌기를 기대할 뿐이다. 그리고 이를 발판으로 중국법과 서구법의 비교법제사적 연구가 점차 활성화해서, 그 지평을 더욱 넓고 깊게 확장하고, 심오한 학문성과

灣中華書局. 53-69면 참조. 이를 이어 陳顧遠의 中國法制史, 臺灣商務印書館, 52-4면 및 中國法制史槪要, 三民書局, 47-53면에서는 中國固有法系의 특징으로, 특히 유가사상과 관련하여, 天意에 근원하는 자연법 정신의 함유를 주장한다. 그 밖에 天理와 특히 禮를 중국의 자연법으로 인정하는 수많은 연구 성과에 대해서는, 兪榮根, 儒家法思想通論, 40-3면을 참조.

가 괄목상대할 만큼 빠르게 쌓여 나타나길 염원한다.

(3) 天(하늘, 자연)의 존재법칙과 人(인간)의 당위규범의 관계

셋째는, 중국의 전통문화에 특유한 天人關係의 철학사상 관점에서, 하늘(자연)과 인간의 존재적·당위적 법규범관계에 대한 연구를 더욱 확대·심화해야 할 것이다. 물론, 이 주제가 전통 중국에만 고유한 것은 아니지만, 고대 중국도 어느 문명 못지않게, '天人'(天地人)의 개념범주로써, 특히 '天人'의 조화 및 통일 문제를 진지하고 폭넓게 추구했다.(인도의 梵我一體 思想도 비교적 이에 가까울 것이다.) '天人合一'이나 '天地人 三才一體'의 사상이 바로 그것이다. 이는 일반철학이나 종교뿐만 아니라, 정치·사회·경제·법률·음악·예술 등 거의 모든 문화영역에 걸쳐 공통하는 일반보편의 핵심주제이다.[28] 대표 영역은 '天命'과 '民本'(人本)을 바탕으로 하여 德化와 禮敎·仁政을 핵심으로 삼는, 이른바 王道政治思想일 것이다.[29] 이는 周初에 건국 통치이념으로 확고히 자리 잡은 이래, 역대 봉건왕조는 유가사상을 통해 줄곧 이를 대의명분으로 내세웠다.

법문화의 영역에서도 天人關係의 철학사상은 물론 기본상 이러한 정치사상과 긴밀한 상호연관 속에서 펼쳐진다. 유가의 '天理'와 '人情'의 개념범주가 이러한 전형에 속한다. 즉, 본서의 주제인 情理의 법이념 자

---

28) 이에 관한 주요 연구로는, 張岱年, 「中國哲學中"天人合一"思想的剖析」, 北京大學學報: 哲社版, 1985.1.(中國哲學史, 1985.3. 所收); 蘇淵雷, 「天人之際三綱領」, 華東師範大學學報: 哲社版, 1984.6.(中國哲學史, 1985.2. 所收); 程宜山, 「試論中國哲學中的天人關係問題」, 學術月刊, 1984.11.(中國哲學史, 1985.1. 所收); 騰復, 「中國天人哲學的早期發生歷程」, 人文雜志, 1990.5.(中國哲學史, 1990.11. 所收); 楊安崙, 「論天人合一與天人相分及其與美學的關係」, 湖南師大學報: 哲社版, 1985.2.(中國哲學史, 1985.5. 所收) 등이 있다.

29) 이에 관한 주요 연구로는, 傅佩榮, 儒道天論發微, 學生書局, 1985; 任繼愈 主編, 中國哲學發展史(先秦), 人民出版社, 1983년, 96-159면; 張立文, 中國哲學範疇發展史(天道篇), 66-76면; 楊子彬, 「孔子的民本思想」, 孔子思想研究文集, 山西人民出版社, 1988.; 鄭君華, 「論左傳的民本思想」, 中國哲學 第10輯, 人民出版社, 1983; 陳葛滿, 「試論孟子的民本思想」, 浙江師院金華分校學報, 1982年 第1期(中國哲學史, 1982. 3. 所收) 등이 있음.

체가 天人哲學思想에 직접 근원함을 알 수 있다. 그러나 전술한 바와 같이, '天理'와 '人情'의 對偶範疇는 先秦時代부터 정형화한 것이 결코 아니다. 더구나 본서의 '情理'範疇가 유가의 '天理'와 '人情'에 전적으로 국한하는 것도 아니다. 또한 본서에서 철학사상의 연원으로서 고찰하는 '情理'는 법의 기초근거로서 천명하는 서론적인 원칙에 지나지 않는다. 즉, '情理', 예컨대 '天理'와 '人情'의 철학사상적 실질내용 자체는 그다지 심오하게 거론하지 못한 한계점이 있다.

요컨대, 법철학사상에서 '天人'과 '情理'의 개념범주는 상호 밀접 불가분의 관계를 유지하면서도, 서로 완전히 일치하는 것은 아니다. 따라서 '情理'의 범주로써 법의 '天人'哲學思想을 완전히 포섭하기에는, 형식 논리로나 실질 내용으로나 모두 무리인 셈이다. 즉, '情理'의 법이념에 대한 이해를 더욱 심화하기 위해서는, 그 철학사상의 근원인 天人關係論을 그 고유한 범주 자체로써 깊이 연구할 필요가 있다.

情과 理는 일상적인 현실의 법의식·법감정으로서 뿐만 아니라, 근원적이고 이상적인 법철학사상·법원리로서도 매우 중요한 지위와 의미를 지닌다. 그러면서도 지금까지 기존 학계의 학문적 관심과 주의를 별로 받지 못한 것은, 주로 이러한 철학사상적 한계에 연유할 것이다. 우선, 그 개념이 진부하게 느껴질 만큼 너무도 일상적이고 평범하여, 기존의 공식적이고 엄숙한 학문 분위기상 지적 호기심과 매력적인 주의를 이끌기에는 그리 적합하지 못한 주제로 느껴졌을 것이다.

이것이 일반 정치·사회·경제상의 국가 공식제도나 학자·지식인들이 논의하는 철학사상과 달리, 情理가 학문적 관심을 별로 받지 못한 주요한 원인일 것이다. 특히, 권위주의적이고 강제적 성격이 강한 "법"의 영역에서, 전통적으로 철학사상에 관한 언급 자체도 되도록 기피한 경향에 비추어 보면 더욱 그러하다. 게다가 情理의 일상적인 언어 관용상, 법의 제정 및 시행·적용에 대해 건설적인 이념을 적극 지향하기보다는, 오히려 절대 군주나 권위주의 관료의 법현실에 대해 소극적으로 비판적 불평불만이나 자위적 체념·탄식이나 토로하는 부정적 분위기가 '情理'라는 말에 강한 점도 크게 작용했을 것이다.

한편으로 규범현실 속에 생동하는 법의식·관념·감정의 차원에서 보면, 법에 대한 일반인의 부정적 시각이나 혐오감과 기피심리에 관련할 것이다. 즉, 법은 국법·王法으로서 권위와 강제력의 상징으로 인식해 왔는데, 이는 현실생활에서 피부에 직접 와 닿는 국가실정법에 대한 관념이 거의 전적으로 지배해 온 법문화의 반영이다. 그래서 법은 곧 刑이고 賞罰이며, 국가 권력이 곧 법이라는 봉건 절대왕권사상(王土·王民사상)이 보편이었다. 이러한 문화배경 속에서, 理란 곧 혈연중심의 가족주의를 기초로 한 봉건 종법제의 세속 倫理를 지칭하며, 특히 부모에 대한 효윤리로부터 군주에 대한 충윤리를 이념상 연역해 내는 통치이데올로기의 산물이라고 곡해해 왔다. 따라서 이러한 理란 실질상 부모와 군주에 대한 무조건 절대복종을 요구하는 의무본위의 충효윤리로서, 가부장제 父權·君權의 상대적 개념으로 강하게 의식해온 것이 사실이다.

또한 情은 일반보편의 '人之常情' 개념보다는, 가족주의에 기초한 혈연상의 '親情' 관념이 더욱 지배했다. 물론 '親情'이 일반 '人情'에 비해 특별히 부정적일 필요는 없다. 하지만, 가족주의 '親情'은 효윤리의 당위의무로 귀결하는 경향이 강하며, 다른 한편으로 이기적인 가족본위의 '私情'으로 자칫 전락하기 쉽다. 전자는 심리적 거부감과 반항심을 일으키고, 후자는 도의적 혐오감과 비판을 초래할 것이다. 또, 인간의 보편적인 '常情' 자체도 이기적인 사사로운 욕망과 감정의 색채를 강하게 띤다. 理와 상대하는 개념대비로 부정의 反面이 더욱 두드러진다. 宋代이후 (性)理學에서는 아예 '天理'와 '人欲'의 對偶範疇로 정형화한다.[30]

그리고 '私情'의 특수한 일면은, 가족주의 효윤리를 기초로 국가주의 충윤리를 요구하는 군주가, 그 절대 권력의 상대적이고 반사적인 부수

---

30) 이는 본디 禮記, 樂記篇에 처음 등장하는 개념인데, 宋明(性)理學에서, 天(道)-人(道), 理-欲의 개념이 상호 대비로 결합하여 이루어진 범주다. 張岱年, 「論中國古代哲學的 範疇體系」, 8-12면 참조. 특기할 만한 점은, 일반철학상으로는 天理와 대응하는 人情의 개념이 그리 정형화하지 못하며, 특히 明淸代에 그 영향으로 법제사 및 법사 상상의 독특한 天理-人情의 대우범주가 매우 보편화한다는 사실이다.

물로 인민에게 특별히 하사하는 仁德과 혜택으로서 '恩情'이다. 법과 관련하여 군주의 특별한 '恩情'으로 베풀어지는 전형 제도는 赦免이다. 이에 대해서는 전통시대에도 자고로 예리한 비판의 筆舌이 끊이지 않는다. 요컨대, 규범현실 속의 법의식·감정과 관련하여, 情과 理가 지니는 이러한 소극적인 속성과 부정적인 측면은, 이에 대한 연구의 동기부여와 의욕 고취에 결코 우호적일 수가 없었을 것이다.

다른 한편으로, 규범이상으로 지향하는 법의 본질 정신과 내면 원리, 법의 제정 및 시행·적용상의 정당성과 타당성을 부여하는 근원적 상위규범으로서 자연법의 관점에서 보면, 情과 理는 너무도 우리 인간에게 가까이 보편으로 존재하는 일상성과 진부함으로 말미암아, 인간의 심리상 情과 理의 궁극이상과 근본속성을 대폭 평가 절하하는 효과가 뒤따른다. 즉, 情과 理의 구체적 현실적 측면이, 그 이념적 고상함과 존귀함을 삭감하는 상쇄작용을 일으킴으로써, 이에 대한 학문적 연구 가치와 의미를 더욱 저조하게 부채질했을 것이다.

이는 법의 근본이념 차원에 속하는 또 다른 範疇群과 대비해 보면 좀 더 명확히 드러난다. 즉, 일반 철학사상의 범주에 속하는 道·德·仁·義(더러 禮도 포함할 수 있음) 등의 윤리도덕은 情理와는 달리, 법과 상당한 거리를 유지하고 독자의 영역을 확보하면서, 훨씬 추상적이고 관념적인 철학사상의 범주에 자처함으로써, 법이 지향하는 근본이념으로서 존엄하고 고상한 성격을 훌륭히 보전할 수 있는 것이다. 그러면서도 이들은 情理와 이질성을 보이지 않고 오히려 동질성으로 상통함으로써, 법의 근본이념이나 근원규범으로서 情理를 능가하여 그 위에 군림할 수 있는 代替的 속성과 효과를 지니기까지 한다.

예컨대, 전술한 바와 같이, 道는 개별·구체적 사물의 理를 총괄하는 최고유일의 근원으로 인식하는데, 理의 개념은 다시 義와 연결하며 또한 법의 본질 속성이 되기도 한다. 즉, 義와 道는 理를 매개로 법의 이념적 상위규범의 지위를 확보한다. 특히 법을 포함한 모든 규범의 궁극 연원인 道는, 法의 직접적인 존재근거로까지 인식할 수 있다. 따라서 근원규범으로서 理의 의미와 비중은 상대적으로 격하하여, 道나 義에 부차적인 지위로 밀려나는 셈이다. 情도 이 점에서는 마찬가지로 비슷한 처지에 놓인다. 즉, 일반보편의 인지상정과 가족주의 혈연적 親情의 개념은 소극적 속성과 부정적 인식을 지닌다. 이와 달리, 仁의 '親'과 '愛'는 일반보편의 개념이면서도, 숭고하고 이상적인 사랑의 감정으로 승화한 철학사상의 핵심범주가 된다.

특히, 仁은 유가의 비조인 공자의 핵심 철학사상으로서, 유가에서 人道의 궁극으로 숭상한다. 뿐만 아니라, 禮는 법과 함께 현실사회에서 가장 중요한 형식적 실정규범제도의 두 축을 이루는데, 仁은 바로 禮의 본질 정신으로 부각하는 것이다. 또 본문에서 상술한 것처럼, 仁은 전통 중국의 황금률인 恕의 원리를 통하여, 禮의 왕래보답이나 법(특히 형벌)의 인과응보(보복) 원칙에 철학사상적 이론기초를 제공하기도 한다. 그리고 德은 위로는 道의 구체적 化身이 되며, 아래로는 禮나 법의 근원규범으로서, 특히 정치와 형벌의 정당성에 필수 불가결한 전제로서 지도 사상이 된다. 德主刑輔 사상이 周初 이래 3천년 동안 중국의 법제사 및 법사상을 주도해온 정신적 지주임은 주지의 사실이다. 또한 德은 仁과 함께 정치사상에서도 군주의 사사로운 恩情이 아니라, 일반보편의 윤리도덕으로서 숭고한 이념의 성격을 독점 향유한다. 즉, 仁政과 德政은 전통 중국의 정치법제사에서 절대군주에게 기대할 수 있는 최고 이상적인 人情이요 恩情이다. 뿐만 아니라, 民本思想의 바탕 위에서 통치자에게 요구하는 가장 기본적인 핵심 정치 윤리이자 도의이기도 하다.

바로 이러한 연유에서, 기왕의 학문적 관심과 연구는 情理에 거의 냉담하면서, 道德이나 仁義에 전적으로 치중한 것처럼 보인다. 물론 이 중에서, 법의 근원규범과 직접 관련하여서는, 德에 대한 연구가 압도로 많은 편이며, 仁은 禮와 내면적 관계 속에서 다루어진 것이 일반이다. 반면, 道나 義는 理의 개념을 통하여 법과 직접 밀접하게 관련함에도 불구하고, 일반 철학사상의 관점에서 접근하는 것과 달리, 법철학사상의 시각에서 접근하는 연구는 아직은 情과 理에 대한 관심만큼이나 미미한

편이다. 아마도 道나 義가 지나치게 추상적이고 관념적인 개념이고, 仁과 德을 위주로 하는 유가사상의 영향이 크게 지배한 분위기가 그 주요인이 아닐까 싶다.(사실 道는 법가나 黃老학파 등에서 법의 직접적인 궁극의 근원으로 강조한다.) 앞으로 이들에 대한 보충 연구를 통하여 균형 있는 법이념을 탐색하는 일이 필요하다.

어쨌든, 이러한 道·德·仁·義(·禮)의 범주가 情理보다 더 근원적이고 포괄적인 '天人' 관계상의 철학개념이다. 道는 天道와 人道를 포괄하는 최상위의 총체 개념인데, 특히 天道와 상통하기도 한다. 왜냐하면, 天道는 기본상 人道까지 포함하는 시원적 개념으로서, 실질 내용도 정치사상의 '天命'이나 일반철학 및 법사상의 '天理' 개념과도 직접 상통하는 광범위한 개념이기 때문이다. 이는 물론 '天'의 다양한 함의와도 관련이 있다.[31] 道家나 荀子에서와 같이, 순수한 자연의 존재원리·운동법칙으로서 天道에는, 人道의 요소가 끼어들 여지조차 없다.

그러나 天命과 상통하는 우주의 최고주재자로서 하늘님(上帝)이, 우주 삼라만상을 지배·규율하기 위하여 발하는 의지적 명령으로서 天道는, 天命과 상통하는 개념으로서, 지상(有形)의 인간세계에서 시행하는 국법(人爲法·실정법)에 상응하여, 천상(無形)의 天律·天法(無爲法)에 해당한다. 그 결과, 天命으로서 天道 개념은 그 실질 내용상 人道와 상통한다. 종교철학에서는 인간의 유형세계는 천상 무형세계를 축소한 반영이며, 따라서 人道도 天道의 모사품(副本)이라고 본다.

꼭 그런 관점이 아니더라도, 周初에 확립한 天命思想과, 그에 상응하는 敬德保民·明德愼罰의 정치철학은, 人道의 궁극이상으로서 德이 天命의 근거이자 天道의 실질내용임을 명확히 선언한다. 물론 周代의 禮는

---

31) 天의 개념은, 馮友蘭, 中國哲學史, 中華書局, 1984 北京 第2刷, 55면; 任繼愈 主編, 中國哲學發展史(先秦), 113-5면; 傅佩榮, 儒道天論發微, 271-9면; 張立文, 中國哲學 範疇發展史(天道篇), 65-6면 참조. 馮은 物質·主宰·運命·自然·義理의 天으로 5分하고, 任과 張은 自然·主宰(人格神)·義理의 天으로 3分하며, 傅는 主宰·造生·載行·啓示·審判의 天으로 5分한다. 이밖에 天地·天然·皇天·天命·天道·天理로 6分하는 견해도 있다. (張立文, 앞의 책, 65면 註에 소개한 傅偉勳의 견해 참조)

德의 외재적 표현형식으로서, 德이 人道의 핵심 본질이라면, 禮는 인도의 외형적인 文飾에 해당한다. 그 뒤 공자를 비롯한 유가가 仁·義의 개념범주를 계승·발전시킴으로써, 仁義는 德·禮와 함께 유가의 人道의 핵심 내용을 이루어 전통 중국사회의 지배 윤리로 부상하게 된다.

한편, 순수한 자연법칙으로서 객관적인 天道 개념도 人道와 무관할 수는 없다. 예컨대, 도가의 대표인 老子는, "사람은 땅을 법삼고, 땅은 하늘을 법삼으며, 하늘은 道를 법삼고, 道는 자연을 법삼는다"는 유명한 명제를 선언한다.[32] 여기에서 형식논리상으로는 人→地→天→道→自然의 단계적인 연쇄관계를 형성하여, 마치 자연·道·하늘·땅이 개별 존재로 독립·분리하고, 인간은 땅 이외에 하늘이나 道·자연을 직접 법삼을 수 없는 것처럼 보이기도 한다.

그러나 실질 내용상으로는 天地自然의 道가 혼연일체로서 인간에 대응하는 자연법칙, 즉 天道를 형성하고, 인간은 곧 이러한 天(地自然의)道를 법삼는 것이 된다.[33] 즉, 人道는 天道를 법삼아 그에 근원하고, 그와 하나가 되어(合一) 調和를 이루는 것이 도가의 天人關係論의 궁극이상이 된다. 그러한 자연법칙의 天道에 근원하고, 또 합치하는 도가의 人道도, 그 핵심본질은 역시 德으로 표현한다. 老子가 道와 德을 으레 병칭하고, 老子 자체가 道德經으로 불리는 사실만 보아도, 재언의 여지가 없다.

물론 도가의 德은 그 구체적인 실질내용 자체가 周初 정치이념 및 유가사상의 德 개념과는 다르다는 異論이 일 수 있으나, 德이 道로부터 연원하는(얻어진) 최고 궁극인 人道의 총강령임은 서로 다르지 않다. 그 결과 덕 자체도 고도의 추상적인 개념범주이기 때문에, 개별·구체적 내용상의 부분적 小異에 지나치게 천착할 필요는 없을 것이다. 또 老子 자신이 당시 사회의 도덕규범이 타락(쇠퇴)하고 유가에서 말단지엽적인 人道倫理를 선전하는 걸 신랄하게 비판하였다. 그 명제를 보면, 그의 道와 德이 유가의 仁·義·禮의 개념범주와 서로 이어져, 하나의 일관성

---

32) 老子, §25: 「人法地, 地法天, 天法道, 道法自然.」

33) 焦竑, 老子翼에 인용한 各家, 특히 李約의 註를 참조.

을 지닌 규범체계를 이루면서 차례로 점강하는 구조를 보인다.

"道를 잃은 뒤에 德이 나오고, 德을 잃은 뒤에 仁이 나오며, 仁을 잃은 뒤에 義가 나오고, 義를 잃은 뒤에 禮가 나온다. 무릇 禮는 忠信의 말단지엽이며 혼란의 괴수다."[34]

요컨대, 仁·義·禮에 대한 평가의 긍정이나 부정에 관계없이, 老子가 이들을 德에 후속하는 하위의 人道規範으로 인정하고, 이를 天道와 대응시킬 뿐만 아니라, 그 존재근거(생성연원)의 一體性 관계까지 전제함은 일단 확실하다.

이상의 내용을 종합하면, 道로부터 禮에 이르는 老子의 규범(생성)체계를 기본 출발점으로 하여, 전통중국법의 철학사상의 궁극연원에 대한 탐구는, 天道와 人道의 개념범주를 중심으로 확대·심화시킬 수 있고, 또 그 방향으로 나가야 할 것이다. 이러한 天人關係論은 본서의 주제인 '情理' 理念의 바탕 위에서, 서로 밀접한 관련성을 유지하면서 깊이 확대 연구해야 할 것이다.

道로부터 禮에 이르는 규범순서 체계는, 理를 매개로 한 道-義-(禮)法의 상관성과, 情을 매개로 한 德-仁-(禮)法의 상관성이라는 두 기본 축으로 나눌 수 있다. 宋代 이후의 (性)理學에 이르면, 유가의 仁·義·禮가 직접 天道에 근원하는 것으로 인식할 뿐만 아니라, 天道의 또 다른 대명사인 天理 개념 자체를 아예 仁義禮로 규정하기도 한다. 이에 상응하여, 법의 기본이념으로서 情理 개념도, 天理와 人情으로 정형화하는 경향을 보이기도 한다. 물론 이는 주로 유가의 人情·倫理의 개념범주에 속하며, 情理 이념의 확대심화로서 추구해야 할 道·德·仁·義(·禮)의 天人 개념범주에 대한 연구도, 실질 내용에서는 다분히 유가의 철학사상을 중심으로 이뤄질 것이다.

---

34) 老子, §38: 「失道而後德, 失德而後仁, 失仁而後義, 失義而後禮. 夫禮者, 忠信之薄, 而亂之首.」 老子의 道-禮 規範源流에 관한 자세한 내용은, 金池洙, 「老子 '無爲自然' 法思想의 철학기초(下)」, 司法行政, 1998년 5월호(통권449호), 31-38면 참조. 또한, 金池洙, 「전통 중국 법철학의 규범체계」, 심헌섭 박사 75세 기념논문집, "법철학의 모색과 탐구", 법문사, 2011년 4월 초판, 537-565면 참조.

傳統中國法之精神

— 情・理・法之中庸調和 —

中國是世界最古老文明發祥地之一, 而在人類法文化上形成獨特的中華法系. 其之所以區別於他法系(尤其近代西歐法)的特徵, 一般被稱爲儒家化之法文化: 卽以儒家的仁義道德爲核心而注重德化・禮敎・人治之倫理法觀念. 雖然歷代王朝標榜儒家倫理思想爲統治的大義名分, 但實質上法家的信賞必罰與嚴刑重罰至上之君權專制法治思想隱伏於其底裏並行, 而呈現所謂'外儒裏法'・'陽儒陰法'之雙重特性. 秦漢以後之歷代律令制度繼承西周之禮與春秋戰國時代新生之'刑'・'法', 並融合貫通儒家禮敎與法家法治之兩大思想爲其精神支柱, 而其具體的內在本質則表現爲'情・理・法'三位一體之至高法理念. 所以在研究與理解中國法的歷史文化之時, '情・理・法'三位一體成爲不可缺少之重要範疇.

第一, 情・理・法之哲學上的基礎, 可以追本溯源於儒家的禮敎與法家的法治思想. 首先自'情'觀之: 禮敎之窮極目標是, 節制與克服人的物欲感情之過度汎濫, 而同時容許並順導普通且合理的人之常情, 基於人格之道德性與自律性而以禮維持社會秩序; 反之, 法家認爲人之性情純粹是自私自利的邪惡, 所有的人與人之間, 包括父子之間在內, 皆是唯利是圖的利害交易・互相計算關係而已, 所以徹底統制利己的情欲是法治的唯一目標, 甚至於中央集權的絕對君主專制以就利避害之人情爲慶賞刑罰之統制手段. 其次, 自'理'觀之: 禮敎根本立足於人之主觀倫'理', 卽仁義之人理, 後儒所謂的天理亦不過仁義倫理之代稱; 反之, 法治主要基於源從自然之道的客觀事物之'理', 卽法理, 同時非常強調'忠'孝統治理念, 其目的當然全在絕對君主專制之確立與維持.

因之, 禮敎富於血緣性之親情與身分階級性之倫理; 而法治則始終一貫於身分之平等性與法不阿貴之公正無私性.

第二, 情·理·法之統治理念主要可從主觀的人情與倫理分析考察. 首先, 從法與人情之間的關係觀之: 有消極准許血親間之人情而退讓國法之權威者, 亦有積極勸勉子孫對父祖之孝情而保留或免除刑罰之執行者. 前者以'親屬相容隱'制度爲首, 後者以'犯罪存留養親'爲其典範. 其次, 從倫理觀察中國法, 忠孝之統治理念爲其兩大中樞. '孝'遠源於古代氏族社會之祖先崇拜思想, 至於周代之封建宗法制度便成爲禮之核心內容, 而周禮上之孝不止於道德的倫理, 且已確立法律規範化. 父祖生時, 事之以禮, 其死後, 亦葬之以禮, 祭之以禮, 其具體內容包括物質上之奉養與精神上之恭敬以及道德上的立身揚名. 而不孝已在周初被規定爲諸罪之首, 秦漢以後歷代律令亦以重罪治之. '忠'本爲人際關係上之純粹的·雙方的誠信原則, 至戰國時代隨諸侯邁向中央集權的統治要求, 法家將'忠'縮小規定爲臣民對君主之絶對服從, 從而'忠'便變爲單行倫理. 尤其, 借儒家的'齊家治國'思想, 立標榜'孝以移忠'之名義, 將孝與忠巧妙結合, 且絶對優先重視忠於孝, 以利於君主專制統治. 此外, 夫婦婚姻關係本是平行的愛情結合, 而在禮法規範上被強調其垂直的道義倫理, 同時婦對夫之順從, 同臣對君之忠誠與子對父之孝道便成爲所謂'三綱'封建統治倫理.

第三, 情·理·法在純粹法律(司法)層次上主要表現爲實現具體的·實質的社會正義之方便理念, 尤其法之統一不二·公正無私理念突出. 首先, 歷代法制與司法現實持有一脈相承之傳統: 非常强調情理之中和, 所謂的準情酌理·推之情理·衡情度理·通情達理皆是. 就行爲之情(犯情·案情)而言, 在儒家的原心定罪之原則下, 行爲者之主觀的故意或惡心最見重視, 當然純粹客觀的事實亦爲情之重要內容. 同時認知他人犯罪事實而不告官之'知情', 亦被廣泛規定爲統制人民之手段性犯罪, 此爲法家所以確立絶對君權專制之'告奸'罪的歷史繼承. 其次, 在解釋法律之基本原理上, 中國法的'法治'與'罪刑法定'之原則遠源於法家之法治思想, 雖然其與近代西歐法不盡相同, 但已具備相當完整的形式體系與論理結構. 豐富的立法解釋·詳細的有權解釋與疏議問答‧以及學者所撰之厖大的學理解釋, 無論在外在的規模之廣博或內在的實質之精密, 竝不遜色於近代西歐之解釋法學, 而代表傳統中國之法治精神. 此外, 勿論解釋之規定(唐律上之'斷罪無正條')亦反映中國法體系之論理完整性. 但所以爲類推解釋之根據的'比附'制度(明淸律上之'斷罪無正條')以及所以爲補充律文之漏洞的槪括犯罪規定(不應爲罪)與空白處罰規定(違令罪)是中國罪刑法定主義之最大例外. 此爲將一切非法犯罪根除之實質的正義理念與附之以形式的法律根據之法治思想所致之結果, 亦爲傳統中國法所以區別於近代西歐法之最大特色. 再其次, 在法之適用與施行原則上, 客觀的‧公平無私的法'理'非常突現, 而破壞國法公理之私情被徹底杜絶禁止, 是法家法治思想之優良傳統. 但傳統中國法之內在的‧實質的基本精神, 可謂存在於推己及人之'恕'與己立立人‧己達達人之'仁', 此爲中國之黃金律, 亦爲傳統中國法之精華, 是儒家禮敎思想之優秀內涵. 而基於此'仁恕'之黃金律, 各種人道主義法原則廣泛實現於立法‧司法之諸領域. 此外, 儒家之正名與法家之定分思想所論之內涵, 異曲同工的歸向於實質的‧衡平的正義實現, 可謂中國法的分配正義論. 最後, 在司法裁判階段所採取的審酌情狀而加減其刑之各種制度, 亦爲代表傳統中國法的倫理主義之主要特色. 八議與自首制度是其立法化之典型, 此外, 親屬及社會上之各種身分關係所要求之人情與倫理, 同行爲者所處之主觀的‧客觀的情況, 一幷綜合的反映於司法審判.

總之, 情‧理‧法三位一體的中和理想之追求與實踐, 可謂始終一貫於傳統中國法, 直至實質的社會正義圓滿實現爲止.

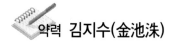
약력 김지수(金池洙)

전북 부안 곰소 출생
서울대 법대(중국문학 부전공) 졸업
國立臺灣大學 法律學研究所 3년간 유학
서울대 대학원 법학박사(전통 중국법의 情理法)
2001년부터 국립 전남대 법대에 재직 중.
수십 편의 전공 논문과 몇 권의 공저가 있고, 번역서로
『화두 놓고 염불하세(印光大師嘉言錄)』,
『운명을 뛰어 넘는 길(了凡四訓)』,
『절옥귀감(折獄龜鑑)』, 『불가록(不可錄)』,
『의심 끊고 염불하세』,
『부처님의 마지막 가르침-遺敎經』 등이 있고,
저서로 『中國의 婚姻法과 繼承法』, 『傳統法과 光州反正』,
『유불선 인생관-道 닦고 德 쌓자』, 『채식명상 20년』이 있음.

傳統 中國法의 精神
- 情·理·法의 中庸調和 -

2005년 12월 22일(冬至) 초판 발행
2011년 9월 1일   재판 발행

글쓴이 ── 김지수(金池洙)
발행인 ── 김윤수
발행처 ── 전남대학교출판부

등록 1981. 5. 21. 제53호
500-757 광주광역시 북구 용봉동 300
TEL. (062) 530-0571~3
FAX. (062) 530-0579
http://altair.chonnam.ac.kr/~cnup

값 25,000 원

ISBN 89-7598-533-4 (93360)

이 도서의 국립중앙도서관 출판시도서목록(CIP)은 e-CIP홈페이지(http://www.nl.go.kr/cip.php)
에서 이용하실 수 있습니다. (CIP제어번호: CIP2005002653)